English-
Norwegian

Norwegian-
English

Dictionary

English-
Norwegian

Norwegian-
English

Dictionary

Revised by
Egill Daae Gabrielsen

HIPPOCRENE BOOKS
New York

Eighth Printing, Third Edition, 2002.

H. Aschehoug and Co. (W. Nygaard) A/S og
A/S Gyldendal Norsk Foriag, Oslo 1980.

New, Second Revised Edition, 1986.
Third Revised Edition, 1990.

For information, address:
HIPPOCRENE BOOKS, INC.
171 Madison Avenue
New York, NY 10016

ISBN 0-7818-0199-0

Printed in the United States of America.

PREFACE

The English-Norwegian/Norwegian-English dictionary fulfills the need for a practical and handy pocket dictionary for tourists and people who are studying Norwegian. Therefore ample information about the gender of Norwegian nouns is included in the English-Norwegian section. Norwegian nouns have three genders: masculine, feminine, and neuter. For a tourist or for a student at a more elementary stage it will be sufficient to distinguish between two genders: 1) masculine/feminine = *common gender (c)*, and 2) *neuter gender (n)*. The definite form of common gender nouns has the ending -*en* (horse - hest:the horse - hest*en*). If the noun ends in e, only n or t is added to the definite form of the word. Indefinite plural is added to the stem by adding er or r, and definite plural by adding ne or ene.

At the end of the Norwegian-English section an appendix appears listing neuter gender nouns. All other nouns are common gender.

SOME SIMPLE RULES FOR THE PRONUNCIATION OF NORWEGIAN

In general, the pronunciation of Norwegian is easy. The spelling is more consistent than in English, and there is a closer correspondence between spelling and pronunciation. Still, as in English, many words contain one or more letters that are not pronounced. A few general rules can be given on his point. E.g, the final **-g** in adjectives ending in **-ig, -lig** is not heard; neither is the final **-t** in the def sg. form of neuter nouns, e.g. **huset**, «the house», nor **-t** in the very common pronoun **det**, «it, that».

For most language sounds near equivalents can be found in both languages, although they are often spelled differently. Still there are some points of difference that should be noted even at an elementary stage.

The Norwegian alphabet has three more letters than the English: **Æ æ, Ø ø, Å å.** Their sound value can be shown by the following comparison with English words:

Æ æ. long: l*æ*r «leather» cp. l*ai*r. The short *æ* sound is always spelled *e*; it is most frequently found preceding *r*, e.g. v*e*rden «world» cp. l*a*rry, l*ai*rd.

Ø ø. short: *ø*st «east» cp. d*u*st. Long: d*ø*d «dead, death» cp. b*i*rd. The common diphtong *øy*, as in *øy* «island», *øye* «eye» has no near equivalent in English; the nearest is probably the vowel sound in b*uoy*, b*uoy*ed.

Å å. short: m*å*tte «must» cp. g*o*t. The short *å* sound is very often spelled *o* e. g. k*o*nge «king», k*o*pp «cup». Long: b*å*t «boat» cp. b*ough*t.

A vowel is always short when followed by a geminated consonant or a consonant cluster. It is always long when followed by a single consonant.

Difficult sounds are:
Y y. sounds much like

French *u*, e.g. h*y*tte (short) «hut, cabin» cp. Fr. h*u*tte, and l*y*s (long, «light», cp. Fr. l*u*ne.

kj. sounds like German *ch*, e.g. *kje*mi «chemistry», *Ki*na «China» cp. Germ. *Che*mie.

ABBREVIATIONS AND SYMBOLS

~ replaces the word which is at the head of the entry
~ -replaces the head-word with a hyphen
~ -replaces the word which is at the head of the entry plus a second preceeding link (e.g.) chair – – – ~ man – – –
~ ~ ship chairmanship
| indicates that only the part of the head-word which is before the stroke is replaced by ~ or ~ -

adj adjective
adv adverb
agr agriculture
amr american
anat anatomy
art article
ast astronomy
bergv mining
bibl biblical
bot botany
brit British
c common gender
dt colloquial
el or
elektr electricity
eng English
etc etcetera
fig figurative(ly)
filos philosophy
fork abbreviation

fotogr photography
fys physics
gen genitive case
geo(l) geology
geom geometry
gram grammar
hand commerce
is especially
itr intransitive
jernb railway
jur law
kjem chemistry
koll collective
konf conjunction
konkr concrete
mar navigation
mat mathematics
med medicine
merk commerce
mil military

mly mineralogy
mus music
n neuter gender
num numeral
ogs also
o.l. and the like
omtr approximately
osv and so on
poet poetical
pol politics
pron pronoun
prp preposition

rad radio
rel(g) religion
s noun
teat(r) theatre
tekn engineering
typogr printing term
ubest indefinite
v verb
vanl general(ly)
vi intransitive verb
vt transitive verb
zool zoology

SOME NORWEGIAN
IRREGULAR VERBS

be, *ask, beg* - bad - bedt
binde, *bind, tie* - bandt - bundet
bite, *bite* - bet - bitt
bli, *be* - ble - blitt
brekke, *break* - brakk - brukket
brenne, *burn* - brant - brent
bryte, *break* - brøt - brutt
by, *ask, offer* - bød - budt
bære, *carry* - bar - båret
dra, *pull* - drog - dratt
drikke, *drink* - drakk -drukket
falle, *fall* - falt - falt
finne, *find* - fant - funnet
fly, *fly* - fløy - fløyet
flyte, *float* - fløt - flytt
fryse, *freeze* - frøs - frosset
fyke, *drift* - føk - føket
få, *get* - fikk - fått
gi, *give* - gav - gitt
gni, *rub* - gned - gnidd
gripe, *grasp* - grep - grepet
gråte, *cry* - gråt - grått
gå, *walk, go* - gikk - gått
henge, *hang* - hang - hengt
hjelpe, *help* - hjalp - hjulpet
holde, *hold* - holdt - holdt
knekke, *crack, break* - knakk - knekket
komme, *come* - kom - kommet
krype, *creep* - krøp - krøpet
la, *let* - lot - latt
ligge, *lie* - lå - ligget

lyve, *lie* - løy - løyet
løpe, *run* - løp - løpt
nyse, *sneeze* - nøs - nyst
nyte, *enjoy* - nøt - nytt
pipe, *pipe* - pep - pepet
rekke, *reach* - rakk - rukket
ri, *ride* - red - ridd
rive, *tear* - rev - revet
ryke, *smoke, burst* - røk - røkt/røket
se, *see, look* - så - sett
sitte, *sit* - satt - sittet
skjelve, *tremble* - skalv - skjelvet
skjære, *cut* - skar - skåret
skrike, *cry, shout* - skrek - skreket
skrive, *write* - skrev - skrevet
skyte, *shoot* - skjøt - skutt
skyve, *push* - skjøv - skjøvet
slippe, *let go, release* - slapp - sluppet
slå, *hit, beat* - slo - slått
slåss, *fight* - sloss - slåss
smelle, *bang, crack* - smalt - smelt
sove, *sleep* - sov - sovet
sprekke, *crack, burst* - sprakk - sprukket
springe, *run, burst* - sprang - sprunget
stikke, *sting* - stakk - stukket
stjele, *steal* - stjal - stjålet
strekke, *stretch* - strakk - strukket

stryke, *stroke, rub, iron* - strøk - strøket
stå, *stand* - stod - stått
svinne, *vanish* - svant - svunnet
synge, *sing* - sang - sunget
synke, *sink* - sank - sunket

ta, *take* - tok - tatt
treffe, *hit, meet* - traff - truffet
trekke, *pull, draw* - trakk - trukket
vinne, *win* - vant - vunnet
være, *be* - var - vært

English-
Norwegian

Dictionary

A

a [ei, ə], en, et.

aback [ə'bæk] *mar* bakk; **taken ~** forbauset, forbløffet.

abandon [ə'bændn] oppgi, forlate; **~ed**, løssluppen; **~ment**, oppgivelse *c.*

abash [ə'bæʃ] gjøre skamfull.

abate [ə'beit] minske, forringe; **~ment**, minking *c,* reduksjon *c.*

abbess ['æbis] abbedisse *c;* **~ey**, abbedi *n;* **~ot**, abbed *c.*

abbreviate [ə'bri:vieit] forkorte; **~ion**, forkortelse *c.*

ABC [eibi'si] abc, alfabet *n.*

abdicate ['æbdikeit] frasi seg; **~ion**, (tron)frasigelse *c.*

abed [ə'bed] i seng.

aberration [æbə'reiʃn] avvik *n,* villfarelse *c.*

abet [ə'bet] tilskynde, hjelpe.

abeyance [ə'beiəns] uavgjorthet *c;* **in ~**, i bero.

abhor [əb'hɔ:] avsky; **~rence**, avsky *c,* vemmelse *c;* **~rent**, avskyelig, vemmelig.

abide [ə'baid] **(by)** stå, holde fast (ved); avvente.

abridge [ə'bridʒ] forkorte, sammendra; **~(e)ment**, forkortelse *c,* utdrag *n.*

abroad [ə'brɔ:d] ute, i *(el* til) utlandet.

abrogate ['æbrogeit] oppheve.

abrupt [ə'brʌpt] bratt; plutselig.

abscond [æb'skɔnd] rømme, stikke av.

absence ['æbsəns] fravær *n;* mangel *c.*

absent ['æbsənt] fraværende; **~minded**, distré.

absolute ['æbsəlu:t] absolutt.

absorb [əbˈsɔːb] suge inn, oppta; ~ **ption**, inn-, oppsuging c.

abstain [əbˈstein] avholde seg; ~ **er**, avholdsmann c.

abstention [æbˈstenʃn] avhold n (**from** fra).

abstinence [ˈæbstinəns] avhold(enhet) n (c).

abstract [ˈæbstrækt] abstrakt; utdrag n.

absurd [əbˈsəːd] absurd, tåpelig; ~ **ity**, meningsløshet, urimelighet c.

abundance [əˈbʌndəns] overflod c (**of** på); ~ **t**, rikelig.

abuse [əˈbjuːz] misbruke; skjelle ut; misbruk n; ~ **ive**, grov.

abyss [əˈbis] avgrunn c.

academic [ækəˈdemik] akademisk; akademiker c; ~ **ician**, akademiker, medlem n av et akademi; ~ **y**, akademi n.

accede [ækˈsiːd] ~ **to** etterkomme, imøtekomme.

accelerate [ækˈseləreit] fremskynde; *mot* gi gass c; ~ **ion**, akselerasjon c; ~ **or**, gasspedal c.

accent [ˈæksənt] aksent c; uttale c; tonefall n. v

[ækˈsent] betone; ~ **uate**, betone, fremheve; ~ **uation**, betoning c. aksentuering c.

accept [əkˈsept] ta imot, si ja til, godta; ~ **able**, antakelig; ~ **ance**, godtagelse c; aksept c; ~ **or**, *hand* akseptant c.

access [ˈækses] adgang c; *med* anfall n; ~ **ible**, tilgjengelig (**to** for).

accession [ækˈseʃn] tiltredelse c; tilgang c.

accessory [ækˈsesəri] underordnet c; medskyldig (**to** i); ~ **ies**, tilbehør n.

accident [ˈæksidənt] tilfelle n, ulykkestilfelle n; ~ **insurance**, ulykkesforsikring c; ~ **al**, tilfeldig.

acclamation [ækləˈmeiʃn] bifallsrop n.

accommodate [əˈkɔmədeit] tilpasse; imøtekomme; huse; ~ **ing**, imøtekommende; ~ **ion**, tilpasning c; plass c, husly n. **seating** ~ **ion**, sitteplass c.

accompaniment [əˈkʌmpənimənt] ledsagelse c, akkompagnement n; ~ **any**, ledsage, akkompagnere.

accomplish [əˈkɔmpliʃ]

fullføre; klare, greie;
~**ed**, dannet, talentfull;
~**ment**, fullføring *c;* ferdighet *c.*

accord [ə'kɔ:d] samsvar *c;*
enighet *c; mus* akkord *c;*
v innvilge; forsone;
stemme overens **(with**
med); ~**ance**, overensstemmelse *c;* ~**ing to,**
ifølge; ~**ingly**, følgelig.

accordion [ə'kɔ:diən]
trekkspill *n.*

account [ə'kaunt] konto *c,*
regning *c; pl* **accounts**
regnskap(er) *c;* beretning *c;* **on no ~,** på
ingen måte *c;* **on ~ of,**
på grunn av; **take into**
~, ta i betraktning *c;* ~
for, gjøre rede for; forklare; ~**able,** ansvarlig;
~**ant,** bokholder *c,* revisor *c;* ~**book,** regnskapsbok *c;* ~ **current**
kontokurant *c.*

accredit [ə'kredit] akkreditere **(to** hos), gi fullmakt
c; ~**ed,** anerkjent.

accumulate [ə'kju:mjuleit]
samle, hope (seg) opp,
tilta; ~**ion,** opphopning
c.

accuracy ['ækjurəsi] nøyaktighet *c;* ~**te,** nøyaktig.

accusation [ækju'zeiʃn]
anklage *c;* ~**e,** *v* anklage; ~**er,** anklager *c.*

accustom [ə'kʌstəm] venne
(to til); ~**ed,** vant; vanlig.

ace [eis] ess *n* (i kortspill).

acetate ['æsiteit] *kjem* eddiksurt salt *n;* ~**ify,** gjøre sur.

ache [eik] smerte; verke.

achieve [ə'tʃi:v] utrette;
fullføre; vinne, (opp)nå;
~**ment,** fullføring *c;* bedrift *c,* dåd *c.*

acid ['æsid] sur; syre *c;*
~**ity,** surhet *c;* ~**ulous**
syrlig.

acknowledge [ək'nɔlidʒ]
erkjenne, bekrefte; innrømme; ~**ment,** innrømmelse *c;* anerkjennelse *c;* erkjennelse *c.*

acoustics [ə'ku:stiks] akustikk *c.*

acquaint [ə'kweint] gjøre
kjent; ~**ance,** bekjentskap *n;* kjenning *c.*

acquire [ə'kwaiə] erverve,
oppnå; ~**ment,** ervervelse *c.*

acquisition [ækwi'ziʃn] ervervelse *c.*

acquit [ə'kwit] frikjenne
(of for); ~**tal,** frikjenning *c.*

acre [eikə] eng. flatemål 4046,9 m²; ~ age, flateinnhold n.

across [ə'krɔ:s] (tvers) over; come ~, støte på.

act [ækt] handling c, gjerning c; forordning c, vedtak n, lov c; akt c (i skuespill); dokument n; fungere; handle, opptre; innvirke (on på); spille, agere; ~ ing, handling; spill n (på scenen); ~ ion, handling, gjerning c; jur prosess c, søksmål n.

active ['æktiv] aktiv, virksom; ~ ity, virksomhet c; aktivitet c.

actor ['æktə], actress, skuespiller(inne) c.

actual ['æktjuəl], ['æktʃuəl] virkelig, faktisk.

acute [ə'kju:t] skarp; gløgg.

adapt [ə'dæpt] tilpasse, bearbeide (from etter); ~ ability, tilpasningsevne c; ~ able, tilpasningsdyktig; ~ ation, tillemping c; bearbeidelse c.

add [æd] tilføye; addere; ~ up, regne sammen.

addict ['ædikt] slave av last c; ~ ed to, henfallen til.

addition [ə'diʃn] tilføyelse c; addisjon c; in ~, dessuten.

address [ə'dres] henvendelse c, adresse c; behendighet c; offentlig tale c; v henvende, tiltale; adressere.

adequacy ['ædikwəsi] tilstrekkelighet c, riktig forhold n; ~ te, passende, tilstrekkelig.

adhere [əd'hiə] henge fast (to ved); ~ nt, tilhenger.

adhesive [əd'hi:siv] klebende; ~ plaster, heftplaster n.

adjacent [ə'dʒeisnt] tilstøtende.

adjourn [ə'dʒə:n] utsette; heve (om møte).

adjunct ['ædʒʌŋkt] tilleggs-; tillegg n; medhjelper c.

adjust [ə'dʒʌst] innstille; ordne; ~ ment, innstilling c, justering c; bileggelse c (av tvist).

administer [əd'ministə] forvalte, styre; tildele, gi; ~ ration, forvaltning c; ~ rator, bestyrer c, administrator c.

admirable ['ædmərəbl] beundringsverdig, utmerket; ~ tion, beundring c.

admire [ədˈmaiə] beundre; ~ **r**, beundrer c.

admissible [ədˈmisəbl] tillatelig; ~ **ion**, adgang c; innrømmelse c.

admit [ədˈmit] innrømme; slippe inn; **no** ~ **tance**, ingen adgang! ~ **tedly**, riktignok, ganske visst.

admixture [ədˈmikstʃə] tilsetning(sstoff) c.

ado [əˈduː] ståhei n, oppstyr n.

adolescent [ædoˈlesnt] halvvoksen.

adopt [əˈdɔpt] adoptere, anta; ~ **ion**, adopsjon c, antagelse c.

adorable [əˈdɔːrəbl] bedårende; ~ **ation**, tilbedelse c; ~ **e**, tilbe; forgude.

adorn [əˈdɔːn] smykke, pryde, ~ **ment**, prydelse c, utsmykning c.

adroit [əˈdrɔit] behendig.

adult [ˈædʌlt] voksen c.

adulterate [əˈdʌltəreit] forfalske; ~ **ation**, forfalskning c; ~ **er**, ~ **ess**, ekteskapsbryter(ske) c; ~ **y**, ekteskapsbrudd n.

advance [ədˈvaːns] fremskritt n; fremrykning c; avansement n; forskudd n; (pris) forhøyelse c; v gå (sette) fram; ~ **ment**, forfremmelse c.

advantage [ədˈvaːntidʒ] fordel c.

advantageous [ædvənˈteidʒəs] fordelaktig.

adventure [ədˈventʃə] opplevelse c; eventyr n; ~ **er**, eventyrer c.

adversary [ˈædvəsəri] motstander c; ~ **e**, fiendtlig, ugunstig.

adversity [ədˈvəːsiti] motgang c; ulykke c.

advertise [ˈædvətaiz] reklamere, kunngjøre, avertere; ~ **ement**, annonse c; ~ **er** annonsør c; ~ **ing**, reklame c; ~ **ing agency**, reklamebyrå n; ~ **ing film**, reklamefilm c; ~ **ing space**, annonseplass c.

advice [ədˈvais] råd n; underretning c; **a piece of** ~, et råd.

advisable [ədˈvaizəbl] tilrådelig.

advise [ədˈvaiz] underrette (**of** om); råde; advisere; ~ **edly**, med velberådd hu; ~ **er**, rådgiver c.

advocacy [ˈædvəkəsi] forsvar n; ~ **te**, talsmann c; advokat c; forfekte.

aerial [ɛəriəl] luft-, luftig; antenne c.

aero [ˈɛərou] fly-; ~ **dro-**

me, flyplass *c;* ~**gram,** trådløst telegram *n;* ~**plane,** fly *n.*

afar [əˈfɑː] langt borte.

affair [əˈfɛə] sak *c,* affære *c.*

affect [əˈfekt] virke på; berøre; hykle; ~**ation,** påtatt vesen *n;* ~**ed,** affektert; ~**ion,** hengivenhet *c;* ~**ionate,** kjærlig, hengiven.

affiliate [əˈfilieit] knytte **(to** til); ~**ion,** tilknytning *c.*

affirm [əˈfəːm] forsikre; bekrefte; ~**ation,** bekreftelse *c,* forsikring *c;* ~**ative,** bekreftende.

afflict [əˈflikt] bedrøve; ~**ion,** lidelse *c;* prøvelse *c;* sorg *c.*

affluence [ˈæfluəns] tilstrømning *c;* velstand *c;* ~**t society,** velstandssamfunn *n.*

afford [əˈfɔːd] ha råd til; yte.

afield [əˈfiːld] ut(e) på marken; **far** ~, langt borte, helt på villspor.

afloat [əˈflout] *mar* flott; flytende.

afoot [əˈfut] til fots; i gjære.

afraid [əˈfreid] redd **(of** for).

afresh [əˈfreʃ] på ny.

Africa [ˈæfrika] Afrika; ~**n,** afrikaner, *c,* afrikansk.

aft akter-.

after [ˈɑːftə] etter; etter at; ~**birth,** etterbyrd *c;* ~**body,** akterskip *n;* ~-**crop,** ettergrøde *c;* ~**glow** aftenrøde *c;* ~**math,** etterslett *n,* følger *c;* ~**noon,** ettermiddag *c* (etter kl. 12); ~**s,** *pl* dessert, etterrett *c;* ~**wards,** etterpå.

again [əˈgen, əˈgein] igjen; på den annen side; **now and** ~, nå og da; ~ **and** ~, gang på gang; ~**st,** mot.

age [eidʒ] (tids)alder *c;* **of** ~, myndig; **under** ~, umyndig; ~**d,** gammel av år.

agency [ˈeidʒənsi] virksomhet *c;* agentur *n;* byrå *n;* ~**da** dagsorden *c;* ~**t,** agent *c.*

agglomerate [əˈglɔməreit] klumpe (seg) sammen.

aggravate [ˈægrəveit] forverre, skjerpe; irritere; ~**ion,** forverring, ergrelse *c.*

aggregate [ˈægrigeit] samle, oppsamle; [ˈægrigit]

samlet; samling *c,* opphopning *c,* aggregat *n.*

aggression [ə'greʃn] angrep ~ **ive,** stridbar, pågående.

ago [ə'gou] for – siden; **long** ~, for lenge siden.

agonize ['ægənaiz] pine(s); ~ **izing,** pinefull; ~ **y,** dødskamp *c,* pine *c.*

agrarian [ə'grɛəriən] agrar *c,* agrarisk, jordbruks-.

agree [ə'gri:] stemme (overens), bli (være) enig **(on, in** om, **to** om å), samtykke **(to** i, **that** i at); ~ **able,** behagelig, overensstemmende **(to** med); ~ **ment,** enighet *c;* overenskomst *c.*

agricultural [ægri'kʌlt[ərəl] jordbruks-; ~ **e,** jordbruk *n.*

aground [ə'graund] på grunn.

ahead [ə'hed] fremover, foran; **go** ~! kjør i vei!

aid [eid] hjelpe; hjelp *c.*

ail [eil] være syk, hangle; ~ **ing,** skrantende; ~ **ment,** illebefinnende *n,* sykdom *c.*

aim [eim] sikte *n;* mål *n;* sikte **(at** på), trakte, strebe etter **(at** etter);

~ **less,** uten mål.

air [ɛə] luft *c,* luftning *c;* **by** ~ med fly; lufte ut, gi luft, tørke; mine *c,* utseende *n pl* **airs,** viktig vesen *n;* melodi *c,* arie *c;* **in the open** ~, ute i det fri; **on the** ~, i radio; ~ **-base,** flybase *c;* ~ **-borne,** flybåren; ~ **-conditioning** luftkondisjonering *c;* ~ **craft** luftfartøy *n;* fly *n;* ~ **force,** luftvåpen *n;* ~ **ing,** spasertur *c;* ~ **-liner,** rutefly *n;* ~ **-mail,** luftpost *c;* ~ **man,** flyger *c;* ~ **-pipe,** luftrør *n;* ~ **plane,** *amr* fly *n;* ~ **pocket,** lufthull *n;* ~ **port,** lufthavn *c;* ~ **-raid,** luftangrep *n;* ~ **-tight,** lufttett; ~ **-way,** flyrute; ~ **y,** luftig; flott, lettvint.

aisle [ail] midtgang *c.*

ajar [ə'dʒa:] på gløtt.

akin [ə'kin] beslektet **(to** med).

alarm [ə'la:m] alarm, angst *c;* alarmere, engste; ~ **clock,** vekkerur *n.*

alas [ə'la:s] akk! dessverre!

alcohol ['ælkəhɔl] alkohol *c;* ~ **ic,** alkoholisk; alko-

holiker *c;* ~ **ism,** alko-
holisme *c.*
alder ['ɔːldə] older *c,* or *c.*
alderman ['ɔːldəmən] råd-
mann *c.*
ale [eil] (engelsk) øl *n.*
alert [əˈləːt] årvåken;
(fly-)alarm *c;* **on the** ~ ,
på post.
alien ['eiliən], fremmed,
utenlandsk; utlending *c;*
~ **ate,** avhende; støte fra
seg; avhendelse *c;* like-
gyldighet *c.*
alight [əˈlait] stige ned, ut.
alike [əˈlaik] lik(edan).
alive [əˈlaiv] i live, leven-
de.
all [ɔːl] alt, alle, all, hel;
after ~ når alt kommer
til alt; **not at** ~ , slett
ikke; ~ **the same,** like-
vel; ~ **right,** i orden; ~
over, over det hele.
allege [əˈledʒ] påstå.
allegorical [æliˈgɔrikl]
sinnbilledlig, allegorisk.
alleviate [əˈliːvieit] lindre;
~ **ion,** lettelse *c,* lindring
c.
alley ['æli] allé *c,* smug *n.*
All Fools' Day [ɔːl fuːlz
dei] 1. april.
alliance [əˈlaiəns] forbund
n; ~ **ed** ['ælaid] alliert *c.*
allocate ['æləkeit] tildele.

allocation [æləˈkeiʃn] til-
deling *c.*
allot [əˈlɔt] tildele;
~ **ment,** tildeling *c;* lott
c; parsell *c.*
allow [əˈlau] tillate; in-
rømme; gi; ~ **able,** tilla-
telig; ~ **ance,** innrøm-
melse *c;* rasjon *c;* kost-,
lommepenger *c;* under-
støttelse *c;* rabatt *c.*
alloy ['ælɔi] legering *c.*
all-round [ɔːl raund] all-
sidig.
All Saints' Day, allehel-
gensdag *c;* ~ **Souls'**
Day, allesjelesdag *c.*
allude [əˈl(j)uːd] hentyde
(to til).
allure [əˈl(j)uːə] (for)lok-
ke; ~ **ment,** tillokking *c,*
lokkemat *c.*
allusion [əˈl(j)uːʃn] hen-
tydning *c.*
ally ['ælai] alliert *c,* for-
bundsfelle *c;* [əˈlai] for-
binde, alliere.
almighty [ɔːlˈmaiti] all-
mektig.
almond ['aːmənd], mandel
c.
almost ['ɔːlmoust] nesten.
alms [aːmz] *(pl = sg)*
almisse *c.*
aloft [əˈlɔft] til værs.
alone [əˈloun] alene, ens-

lig; **to let** *(el* **leave)** ~,
å la i fred.

along [ə'lɔŋ] langs (med);
av sted; bortover.

aloof [ə'lu:f] fjern; reservert.

aloud [ə'laud] høyt, lydelig.

alp, the Alps, Alpene;
-ine, alpe-.

alphabet ['ælfəbet] alfabet.

already [ɔ:l'redi] allerede,
alt.

also ['ɔ:lsou] også, dessuten.

altar ['ɔ:ltə], alter *n.*

alter ['ɔ:ltə] forandre,
endre; ~**ation,** forandring *c.*

alternate ['ɔ:ltəneit] veksle, skifte; [ɔl'tə:nit] vekselvis; ~**tion,** avveksling *c.* ~**tive,** mulighet
c, alternativ *n,* valg *n.*

although [ɔ:l'ðou] skjønt,
selv om.

altitude ['æltit(j)u:d] høyde *c.*

altogether [ɔ:ltə'geðə] aldeles, ganske; alt i alt.

alum ['æləm] alun *c.*

aluminium [ælju'miniəm]
el. *amr* **aluminum** [ə'lu:-minəm] aluminium *n.*

always ['ɔ:lwəz] alltid.

a.m. [ei em] = **ante me-**
ridiem, (om) formiddag(en).

amalgamation [əmælgə-'meiʃn] sammensmelting
c, fusjon *c.*

amateur ['æmətə:] amatør
c.

amaze [ə'meiz] forbløffe;
~**ement,** forbauselse *c,*
forbløffelse *c;* ~**ing,**
forbløffende.

ambassador [æm'bæsədə]
ambassadør *c.*

amber ['æmbə] rav *n* (-gul).

ambiguity [æmbi'gjuiti]
tvetydighet *c;* ~**guous,**
tvetydig.

ambition [æm'biʃn] ærgjerrighet *c;* ~**us,** ærgjerrig.

ambulance ['æmbjuləns]
ambulanse *c.*

ambuscade [æmbəs'keid]
= **ambush** ['æmbuʃ] bakhold *n;* ligge (legge) i
bakhold.

ameliorate [ə'mi:liəreit]
(for)bedre, bedre seg.

amenable [ə'mi:nəbl],
mottagelig **(to** for);
føyelig.

amend [ə'mend], forbedre;
endre; ~ **ment,** forbedring *c;* endring *c.*

amenity [ə'mi:niti, ə'meniti] behagelighet *c*, komfort *c*.

America [ə'merikə] Amerika; ~ **n**, amerikaner(inne) *c*, amerikansk.

amiability [ei'mjə'biliti] elskverdighet *c*; ~ **le**, elskverdig.

amicable ['æmikəbl] vennskapelig.

amid(st) [ə'mid(st)] midt iblant.

amiss [ə'mis] uriktig, feil; **take it** ~ ta det ille opp.

among(st) [ə'mʌŋ(st)] blant.

amorous ['æmərəs] forelsket.

amortization [əmɔ:ti-'zeiʃn] amortisasjon *c*; ~ **e** [ə'mɔ:taiz] amortisere.

amount [ə'maunt] beløp *n*, mengde *c*; beløpe seg **(to til)**, bety.

ample ['æmpl] vid, stor, rikelig.

amplifier ['æmplifaiə] **(valve)** forsterker(rør) *c* *(n)*; ~ **ify**, forsterke, utvide.

amuse [ə'mju:z], more, underholde; ~ **ment**, underholdning *c*, moro *c*.

an [æn, ən] en, et.

anaemia [ə'ni:miə] blod-

mangel *c*; ~ **c**, blodfattig.

anaesthesia [ænis'pi:ziə] bedøvelse *c*; ~ **etic**, bedøvende (middel *n*).

analogic(al) [ænə'lɔdʒikl], ~ **ous**, analog; ~ **y**, analogi *c*, overensstemmelse *c*.

analyse ['ænəlaiz] analysere; ~ **is**, *pl* ~ **es** [ə'næləsis, -i:z] analyse(r) *c*.

anatomist [ə'nætəmist] anatom *c*; ~ **y**, anatomi *c*.

ancestor ['ænsistə] stamfar *c*, *pl* forfedre, aner; ~ **ry**, aner; ætt *c*, herkomst *c*, byrd *c*.

anchor ['æŋkə] anker *n*, ankre; ~ **age** [-ridʒ] ankerplass *c*.

anchovy [æn'tʃouvi] ansjos *c*.

ancient ['einʃənt] gammel, fra gamle tider; **the** ~ **s**, folk i oldtiden.

ancillary ['ænsiləri] hjelpe-.

and [ænd] og.

anew [ə'nju:] på ny, igjen.

angel ['eindʒəl] engel *c*.

anger ['æŋgə] sinne *n*; gjøre sint.

angle ['æŋgl] vinkel *c;* angel *c,* fiske med snøre.

Anglican ['æŋglikn] som hører til den engelske statskirke.

Anglo-Saxon [æŋglou-'sæksn] angelsaksisk.

angry ['æŋgri] sint **(at** over, **with** på).

anguish ['æŋgwiʃ] pine *c,* kval *c.*

angular ['æŋgjulə] vinkelformet.

animal ['æniməl] dyr(isk) *n.*

animate ['ænimeit] besjele, gjøre levende, animere; **~ ion,** livlighet *c;* liv *n,* fart *c.*

animosity [æni'mɔsiti] hat *n,* fiendskap *n.*

ankle ['æŋkl] ankel *c.*

annex [ə'neks] knytte til; legge ved; annektere; ['ænəks] tilføyelse *c,* anneks *n;* **~ ation** [ænək-'seiʃn] tilknytting *c,* innlemmelse *c.*

anniversary [æni'və:səri] årsdag *c.*

announce [ə'nauns] meddele, kunngjøre, melde; **~ ment,** kunngjøring *c,* melding *c;* **~ r,** hallomann *c* (-dame *c).*

annoy [ə'nɔi] ergre, irrite-

re; **~ ance,** ergrelse, irritasjon *n.*

annual ['ænjuəl] årlig.

anomalous [ə'nɔmələs] uregelrett; **~ y,** uregelmessighet *c,* avvik *n.*

anonymity [æno'nimiti] anonymitet *c;* **~ ous** [ə'nɔniməs] anonym.

another [ə'nʌðə] en annen, et annet, en (et) til.

answer ['a:nsə] svar *n;* svare, besvare; svare til; stå til ansvar **(for** for); **~ able,** ansvarlig.

ant [ænt] maur *c.*

antagonism [æn'tægənizm] strid *c,* motsetningsforhold *n;* **~ ist,** motstander *c.*

Antarctic [æn'ta:ktik] sydpols-.

antecedents [ænti'si:dənts] *pl* fortid *c,* tidligere liv (hendelser); **~ chamber,** forværelse *n;* **~ date,** forutdatere.

ante meridiem ['ænti mi'ridjəm] **= a.m.,** før kl. 12 middag.

antenna [æn'tenə] *pl* **~ ae** [-i] følehorn *n;* antenne *c.*

anterior [æn'ti:riə] tidligere.

anteroom ['æntiru:m] forværelse *n.*

anthem ['ænþəm] hymne *c;* **national ~**, nasjonalsang *c.*

anthill ['ænthil] maurtue *c.*

anti- ['ænti] (i)mot-.

anticipate [æn'tisipeit] foregripe, forutse; **~ion**, foregriping *c,* forutfølelse *c,* forventning *c.*

antidote ['æntidout] motgift *c.*

antipathy [æn'tipəþi] antipati, motvilje *c.*

antiquarian [ænti'kwɛəriən] oldgransker, *c,* antikvar *c.*

antique [æn'ti:k] antikk; antikvitet *c;* **~ity**, den klassiske oldtid; *pl* **~ities**, oldtidslevninger.

antiseptic [ænti'septik] antiseptisk (middel).

anvil ['ænvil] ambolt *c.*

anxiety [æŋ'zaiəti] uro *c,* engstelse *c.*

anxious ['æŋkʃəs] engstelig **(about** for), ivrig.

any ['eni] noen (som helst), hvilken som helst; enhver (som helst); **~body**, **~one**, noen (som helst), enhver, hvem som helst; **~how**, i hvert fall; **~-thing**, noe; alt; **~way =**

~ how, **~ where**, hvor som helst.

apart [ə'pa:t] avsondret; **~ from**, bortsett fra; **~ment**, værelse *n; is. amr* leilighet *c.*

apathy ['æpəþi] sløvhet *c.*

ape [eip] ape *c;* etterape.

aperture ['æpətʃə] åpning *c,* hull *n.*

apiece [ə'pi:s] for stykket, til hver.

apish ['eipiʃ] apelignende; etterapende, fjollet.

apologetic [əpɔlə'dʒetik] unnskyldende; **~ize** [ə'pɔlədʒaiz] be om unnskyldning; **~y**, unnskyldning *c.*

apostle [ə'pɔsl] apostel *c.*

appal [ə'pɔ:l] forskrekke.

apparatus [æpə'reitəs] apparat *n.*

apparent [ə'pærənt] øyensynlig, tilsynelatende.

appeal [ə'pi:l] appellere **(to** til; også: behage); appell *c,* innanking *c.*

appear [ə'pi:ə] vise seg, opptre, synes; **~ance**, tilsynekomst *c,* utseende *n; pl* skinn.

appetite ['æpitait] lyst *c;* appetitt *c* **(for** på); **~zing**, appetittvekkende.

applaud [ə'plɔ:d] applaudere; ~ **se**, bifall *n*, applaus *c*.

apple ['æpl] eple *n*.

appliance [ə'plaiəns] redskap *c (n)*, innretning *c*.

applicable ['æplikəbl] anvendelig (**to** på); ~ **nt** søker *c*.

application [æpli'keiʃn] anvendelse *c*, anbringelse *c*; søknad *c*; flid *c*.

apply [ə'plai] bruke; henvende seg (**to** til); søke (for); gjelde.

appoint [ə'pɔint] fastsette; utnevne; ~ **ment**, avtale *c*; utnevnelse *c*; utrustning *c*.

appraise [ə'preiz] taksere.

appreciate [ə'pri:ʃieit] vurdere, sette pris på; forstå; ~ **ion**, verdsettelse *c*, bedømmelse *c*.

apprehend [æpri'hend] gripe, anholde; begripe; frykte; ~ **sion**, pågripelse *c*; begripelse *c*; frykt *c*; ~ **sive**, rask til å oppfatte; redd (**of** for), bekymret.

apprentice [ə'prentis] lærling *c*; ~ **ship**, læretid *c*.

approach [ə'proutʃ] nærme seg; det å nærme seg, adgang *c*, innstilling *c*.

approbation [æpro'beiʃn] bifall *n*.

appropriate [ə'proupriit] passende (**to** for); [-ieit] tilegne seg; bevilge; ~ **ion**, bevilgning *c*, tilegnelse *c*.

approval [ə'pru:vəl] billigelse *c*; ~ **e**, bifalle, billige (**of**).

approximate [ə'prɔksimit] omtrentlig.

apricot ['eiprikɔt] aprikos *c*.

April ['eiprəl] april.

apron ['eiprən] forkle *n*.

apt [æpt] passende; dyktig; tilbøyelig.

aptitude ['æptitju:d] skikkethet *c*; dugelighet *c*; anlegg *n*.

Arab ['ærəb] araber *c*; ~ **ia** [ə'reibjə] Arabia; ~ **ian**, arabisk, araber(inne) *c (c)*; ~ **ic** ['ærəbik] arabisk.

arbitrary ['a:bitrəri] vilkårlig.

arbitration [a:bi'treiʃn] voldgift *c*; ~ **or**, voldgiftsmann *c*.

arcade [a:'keid] buegang *c*.

arch [a:tʃ] bue *c,* hvelv *n;* skjelmsk; erke-.

archaeologist [a:ki'blə-dʒist] arkeolog *c;* ~**y,** arkeologi *c.*

archbishop ['a:tʃ'biʃəp] erkebiskop *c.*

archer bueskytter *c.*

archipelago [a:ki'pelagou] arkipel *n,* øygruppe *c.*

architect ['a:kitekt] arkitekt *c;* ~**ure,** byggekunst *c.*

arctic ['a:ktik] arktisk.

ardent ['a:dənt] brennende, ildfull.

area ['ɛəriə] areal *n;* flate(innhold) *c (n);* område *n;* **danger ~,** faresone *c.*

Argentine ['a:dʒəntain] argentinsk; argentiner *c;* **the ~,** Argentina.

argue ['a:gju] drøfte; argumentere; ~**ment,** argument *n,* drøfting *c;* strid *c;* ~**mentation,** bevisføring *c.*

arise [ə'raiz] oppstå; fremtre.

aristocracy [æris'tɔkrəsi] aristokrati *n;* ~**t,** aristokrat *c;* ~**tic** [-'krætik] aristokratisk.

arithmetic [ə'riþmətik] regning *c,* aritmetikk *c;*

~**al** [æriþ'metikl] aritmetisk.

arm [a:m] arm *c,* armlene *n;* (oftest *pl*) våpen(art) *n (c);* bevæpne, ruste seg; ~**chair,** lenestol *c;* ~**istice,** våpenstillstand *c;* ~**let** armbind *n;* ~**our,** rustning *c;* panser *n,* pansre; ~**oury** arsenal *n;* ~**pit,** armhule *c;* ~**y,** hær *c.*

aroma [ə'roumə] aroma *c,* duft *c;* ~**tic** [ærə'mætik] aromatisk.

around [ə'raund] rundt om.

arouse [ə'rauz] vekke.

arrange [ə'reindʒ] ordne; avtale; ~**ment,** ordning *c,* avtale *c.*

arrears [ə'riəz] restanse *c.*

arrest [ə'rest] arrestasjon *c;* arrest *c;* arrestere, fengsle.

arrival [ə'raivəl] ankomst *c;* nykommer *c; pl* ankommende tog *n el* skip *n; merk* forsyninger; ~**e,** (an)komme **(at, in** til).

arrogance ['ærəgəns] hovmod *n;* ~**t,** hovmodig, hoven.

arrow ['ærou] pil *c.*

arson ['a:sn] brannstiftelse *c.*

art [a:t] kunst *c;* list *c;* **the fine arts**, de skjønne kunster.

arterial [a:'tiəriəl] **road**, hovedtrafikkåre *c;* ~y, pulsåre *c;* hovedtrafikkåre *c.*

artichoke ['a:titʃouk] artiskokk *c.*

article ['a:tikl] artikkel *c,* vare *c.*

articulate [a:'tikjuleit] uttale tydelig; ~ion, uttale *c,* leddannelse *c.*

artificial [a:ti'fiʃl] kunstig.

artisan ['a:tizæn] håndverker *c.*

artist ['a:tist] kunstner *c;* ~ic [a:'tistik] kunstnerisk.

as [æz] (lik)som; idet, ettersom, da; etter hvert som; ~ **for (to)**, med hensyn til; ~ **good** ~, så god som; ~ **if** *(el.* **though)**, som om; ~ **it were**, liksom, så å si; ~ **well** ~, også; ~ **yet**, hittil, ennå.

ascend [ə'send] stige, gå opp, bestige; ~**dancy,** (over)herredømme *n.* ~**sion**, oppstigning *c;* **Ascension (Day)**, Kristi himmelfartsdag.

ascertain [æsə'tein] finne ut.

ascribe [əs'kraib] tilskrive, -legge.

ash [æʃ] ask(etre) *c (n);* pl aske *c;* **Ash Wednesday**, askeonsdag.

ashamed [ə'ʃeimd] skamfull; **be** ~, skamme seg **(of** over).

ash-can [æ'ʃkæn] *amr* søppeldunk *c.*

ashore [ə'ʃɔ:] i land.

ash-tray ['æʃtrei] askebeger *n.*

Asia ['eiʃə] Asia; ~ **Minor**, Lilleasia.

aside [ə'said] til side, avsides.

ask [a:sk] spørre **(for** etter); **be (for** om); forlange; innby.

askance [əs'kæns] på skjeve.

asleep [ə'sli:p] i søvne; **be** ~, sove; **fall** ~, sovne.

asparagus [ə'spærəgəs] asparges *c.*

aspect ['æspekt] utseende *n;* side av en sak.

aspen ['æspən] osp *c;* ospe-.

aspire [ə'spaiə] strebe **(to, after** etter); ~**in**, aspirin *c.*

ass [æs] esel *n; fig* tosk *c.*

assassin [ə'sæsin] (snik)-morder c; ~**ate**, myrde; ~**ation**, (snik)mord n.

assault [ə'sɔ:lt] angrep n; overfall(e) n.

assemblage [ə'semblidʒ] samling c; montering c; ~**e**, samle seg, komme sammen; montere; ~**y**, (for)samling c; montasje c.

assent [ə'sent] samtykke (to i).

assert [ə'sə:t] hevde; ~**ion**, påstand c.

assess [ə'ses] iligne, beskatte; ~**ment**, skatteligning c.

assets ['æsets] pl aktiva.

assign [ə'sain] an-, tilvise; ~**ment**, angivelse c; oppgave c.

assizes [ə'saiziz] kretsting n.

associate [ə'souʃieit] knytte til; forbinde; [-ʃiit] kollega c, assosiert c; ~**ion**, forening c, forbindelse c.

assume [ə'sju:m] anta; påta seg; ~**ption** [ə'sʌm(p)ʃən] antagelse c, forutsetning c; anmasselse c.

assurance [ə'ʃuərəns] forsikring c, løfte n; visshet c; ~**e**, (for)sikre, trygde.

astern [əs'tə:n] akter(ut).

asthma ['æsmə] astma c; ~**tic** [æs'mætik] astmatisk.

astonish [ə'stoniʃ] forbause; ~**ing**, forbausende; ~**ment**, forbauselse c.

astound [ə'staund] forbløffe.

astray [ə'strei] på villspor.

astride [ə'straid] overskrevs.

astrologer [ə'strolədʒə] stjernetyder c; ~**nomer**, astronom c; ~**logy**, astrologi c; ~**nomy**, astronomi c.

astute [ə'stju:t] slu, gløgg.

asunder [ə'sʌndə] i stykker.

asylum [ə'sailəm] asyl n.

at [æt] til, ved, i, hos, på; ~ **table**, ved bordet; ~ **school**, på skolen; ~ **the age of**, i en alder av; ~ **three o'clock**, klokken tre; ~ **home**, hjemme.

Athens ['æθinz] Athen.

athlete ['æθli:t] (fri)-idrettsmann c, atlet c, ~**ic** [æθ'letik] atletisk; ~**ics**, friidrett c.

atmosphere ['ætməsfiə] atmosfære c.

atom ['ætəm] atom n; ~**ic** [ə'tomik] atom-; ~**ic**

bomb, atombombe *c;* ~ **ic energy,** atomenergi *c.*

atrocious [ə'trouʃəs] fryktelig; ~ **ty** [ə'trɔsiti] grusomhet *c.*

attach [ə'tætʃ] knytte; tillegge; ~ **ed,** knyttet **(to til),** hengiven; ~ **ment,** fastgjøring *c;* hengivenhet *c.*

attack [ə'tæk] angrep *n;* angripe.

attain [ə'tein] (opp)nå.

attempt [ə'tempt] forsøk *n;* attentat *n;* forsøke; gjøre attentat.

attend [ə'tend] ledsage, betjene, ekspedere; besørge; delta i; ~ **ance,** oppvartning *c;* nærvær *n;* fremmøte *n;* ~ **ant,** vaktmann *c;* tjener *c.*

attention [ə'tenʃn] oppmerksomhet *c;* ~ **ive,** oppmerksom.

attest [ə'test] bevitne; ~ **ation,** bevitnelse *c.*

attic ['ætik] kvist(rom) *c (n).*

attitude ['ætitju:d] holdning *c;* (inn)stilling *c.*

attorney [ə'tə:ni] *amr* advokat *c.*

attract [ə'trækt] tiltrekke; ~ **ion,** tiltrekning(skraft) *c;* ~ **ive,** tiltrekkende.

attribute ['ætribju:t] kjennetegn *n;* [ə'-] tilskrive.

auburn ['ɔ:bən] (kastanje)-brun.

auction ['ɔ:kʃən] auksjon(ere) *c.*

audacious [ə'deiʃəs] (dum)dristig.

audible ['ɔ:dəbl] hørbar.

audience ['ɔ:djəns] publikum *n,* tilhørere, audiens *c;* ~ **it** revidere; revisjon *c;* ~ **itor** [-ditə] tilhører *c;* revisor *c.*

augment [ɔ:g'ment] øke, vokse.

August ['ɔ:gəst] august.

aunt [a:nt] tante *c.*

auspices ['ɔ:spisiz] auspisier; ~ **ious,** lykkevarslende.

Austria ['ɔ:striə] Østerrike.

authentic [ɔ:'pentik] ekte, autentisk.

author(ess) ['ɔ:pə(ris)] forfatter(inne) *c (c);* opphavsmann *c;* ~ **itative** [ɔ:'pɔritətiv] bestemmende, toneangivende; myndig; ~ **ity,** myndighet *c;* autoritet *c;* fullmakt *c;* ~ **ize,** bemyndige.

auto ['ɔ:tou] bil *c;*
~ **graph,** autograf *c;*
~ **matic(ally),** automatisk; ~ **mobile,** *amr* bil *c.*

autumn ['ɔ:təm] høst *c.*

avail [ə'veil] nytte; ~ **oneself of,** benytte seg av; ~ **able,** disponibel, tilgjengelig.

avalanche ['ævəlɑ:nʃ] lavine *c;* snøskred *n.*

avarice ['ævəris] griskhet *c,* gjerrighet *c;* ~ **ious** [ævə'riʃəs] gjerrig, grisk.

avenge [ə'vendʒ] hevne.

avenue ['ævinju:] aveny *c,* allé *c.*

average ['ævəridʒ] gjennomsnitt(lig); havari *n.*

averse [ə'və:s] uvillig **(to** til).

aviation ['eivieiʃn] flyging *c;* ~ **tor,** flyger *c.*

avocation [ævo'keiʃn] bibeskjeftigelse **c.**

avoid [ə'vɔid] unngå.

await [ə'weit] vente på, avvente.

awake [ə'weik] våkne, vekke; våken; ~ **n,** vekke.

award [ə'wɔ:d] kjennelse *c,* pris, premie *c;* tilkjenne.

aware [ə'wɛə]: **be** ~ **of,** være klar over.

away [ə'wei] bort, unna; borte.

awe [ɔ:] ærefrykt *c;* age *c;* respekt *c;* inngyte ærefrykt; ~ **ful,** forferdelig.

awkward ['ɔ:kwəd] keitet, klosset; kjedelig, lei; ~ **ness,** klossethet *c.*

awning ['ɔ:ning] solseil *n.*

awry [ə'rai] skeiv(t), forkjært.

axe [æks] øks *c.*

axis ['æksis] akse *c;* ~ **le,** hjulaksel *c.*

ay(e) [ai] ja.

azure ['æʒə] himmelblå(tt).

B

B.A. ['bi: 'ei] fork. for **Bachelor of Arts,** laveste akademiske grad i England (og i USA).

baby ['beibi] spebarn *n.*

bachelor ['bætʃələ] ungkar *c.*

back [bæk] rygg *c,* baksi-

de *c;* bak-; rygge, bak-
ke, støtte; vedde på;
~ **bite**, baktale; ~ **bone**,
ryggrad *c;* fasthet *c;*
~ **ground** bakgrunn *c;*
~ **hand** slag i tennis;
~ **ward**, tilbakestående.
backward(s) [ˈbækwədz]
tilbake, baklengs.
bacon [ˈbeikn] sideflesk *n.*
bad [bæd] dårlig, slem;
bedervet; syk; **he is ~ ly
off**, han har dårlig råd;
want ~ ly, trenge hardt
til.
badge [bædʒ] kjennetegn
n, merke *n.*
baffle [ˈbæfl] forvirre;
forpurre.
bag [bæg] sekk *c;* pose *c,*
taske *c;* ~ **gage**, (især i
amr) bagasje; ~ **gage-
check,** *amr* baggasjekvit-
tering *c;* ~ **gy**, poset;
~ **pipe**, sekkepipe *c.*
bail [beil] kausjon (ved
løslatelse).
bait [beit] lokkemat *c;*
agn *n;* agne.
bake [beik] bake; steke;
~ **r**, baker *c;* ~ **ry**, bake-
ri *n.*
balance [ˈbæləns] vekt-
(skål) *c (c);* likevekt *c;*
saldo *c;* balansere, veie;
saldere.

balcony [ˈbælkəni] bal-
kong, altan *c.*
bald [bɔːld] skallet.
bale [beil] balle *c;* øse,
lense.
ball [bɔːl] ball *c,* kule *c;*
nøste *n;* dansefest *n.*
ballet [ˈbælei] ballett *c.*
balloon [bəˈluːn] ballong
c.
ballot [ˈbælət] stemmesed-
del *c,* skriftlig avstem-
ning; ~ **box**, valgurne *c.*
balm [baːm] balsam *c;*
trøst *c;* ~ **y**, mild; *dt*
skrullet.
Baltic [ˈbɔːltik] baltisk;
the ~ (Sea), Østersjøen.
bamboo [bæmˈbuː] bam-
bus *c.*
banana [bəˈnaːnə] banan
c.
band [bænd] bånd *n;* ban-
de *c;* orkester *n,* mu-
sikkorps *n;* ~ **age**, bind
n, bandasje *c;* forbinde;
~ **box**, hatteske *c;* ~
master, dirigent *c.*
bang [bæŋ] slag *n,* smell
n; slå, smelle.
banish [ˈbæniʃ] forvise;
~ **ment**, forvisning *c.*
banisters [ˈbænistəz] *pl* ge-
lender *n.*
bank [bæŋk] bank *c;* ban-
ke *c;* kant *c;* bredd *c;*

~**(ing) account**, bank-
konto *c;* ~**-bill**, bank-
veksel *c;* ~**-book**, bank-
bok *c;* ~**er**, bankier *c;*
~**ing**, bankvesen *n*,
bankvirksomhet *c;*
~**note**, pengeseddel *c;*
~**rupt**, fallent; · ~**rupt-
cy**, konkurs *c*.
banner [ˈbænə] banner *n*,
fane *c*.
banns [bænz] *pl* (ekte-
skaps)lysing *c*.
banquet [ˈbæŋkwit] ban-
kett *c*, festmåltid *n*.
bap|tism [ˈbæptizm] dåp *c;*
~**tize** [bæpˈtaiz] døpe.
bar [baː] stang *c*, slå *c*,
bom *c;* sandbanke *c;*
(retts-)skranke *c;* bar-
(disk) *c;* stenge, sette slå
for.
barb [baːb] tagg *c*, mot-
hake *c*, brodd *c*.
barbed wire, piggtråd *c*.
bar|barian [baːˈbɛəriən]
barbarisk; barbar *c;*
~**baric**, ~**barious**, bar-
barisk.
barber [ˈbaːbə] barber *c*.
bare [bɛə] bar, naken,
snau; **lay** ~, blotte;
~**faced**, frekk; ~**foot-
(ed)**, barbeint; ~**ly**,
knapt, såvidt.
bargain [ˈbaːgin] handel *c;*

godt kjøp *n;* tinge, pru-
te.
barge [baːdʒ] pram *c*, lek-
ter *c*.
barkeeper [ˈbaːkiːpə] bar-
keeper *c*.
bark [baːk] bark *c;* gjøing
c, gjø.
barley [ˈbaːli] bygg *n*.
barman barkeeper *c*.
barn [baːn] låve *c*, *amr*
stall *c*.
barometer [bəˈrɔmitə] ba-
rometer *n*.
barrack(s) [ˈbærəks] ka-
serne *c*, brakke(r) *c*.
barrel [ˈbærəl] tønne *c*, fat
n; løp *n* (på en børse);
valse *c*.
barren [ˈbærən] ufruktbar,
gold.
barrister [ˈbæristə] advo-
kat *c*.
barrow [ˈbærou] trillebår
c.
bartender (især *amr)* bar-
keeper *c*.
barter [ˈbaːtə] byttehandel
c; tuske, bytte.
base [beis] basis *c;* grunn-
flate *c;* base *c;* tarvelig;
basere; ~**ball**, *amr* ball-
spill *n;* ~**ment**, kjelle-
r(etasje) *c (c)*.
basic [ˈbeisik] basisk,
grunn-.

basin ['beisn] kum *c;* fat *n;* basseng *n.*

basis ['beisis], basis *c;* grunnlag *n.*

bask [ba:sk] sole seg; ~ **et**, kurv *c.*

bass [beis] bass *c.*

bastard ['bæstəd] uekte barn; uekte.

bat [bæt] balltre *n;* flaggermus *c.*

bath [ba:þ] bad *n;* badekar *n;* ~ **room**, bad(eværelse) *n;* ~ **e** [beið] bade; bad *n* (i det fri); ~ **ing suit**, badedrakt *c;* ~ **trunks**, badebukse *c.*

battle ['bætl] slag *n;* ~ **field**, slagmark *c;* ~ **ment**, brystvern *n.*

Bavaria [bə'vɛəriə] Bayern.

bawl [bɔ:l] skråle, brøle; skrål, *n,* brøl *n.*

bay [bei] bukt *c,* vik *c;* rødbrun (hest); laurbær *n;* bjeffe.

be [bi:] være; bli.

beach [bi:tʃ] strand *c;* sette på land.

beacon ['bi:kn] sjømerke *n;* fyr *n,* trafikklys *n.*

bead [bi:d] liten kule *c;* perle *c.*

beak [bi:k] nebb *n.*

beam [bi:m] bjelke *c;* (lys)stråle *c;* stråle, smile.

bean [bi:n] bønne *c.*

bear [bɛə] bjørn *c;* bære; bringe; tåle; føde; ~ **in mind**, huske; ~ **d** [biəd] skjegg *n;* ~ **er**, bærer *c;* overbringer *c;* ihendehaver *c;* ~ **ing**, holdning *c;* peiling *c;* lager *n* (i maskin).

beast [bi:st] dyr *n,* udyr ~ **ly**, dyrisk; avskyelig.

beat [bi:t] slå; overvinne; (hjerte)slag *n (n);* takt(slag) *n.*

beau [bou] kavaler *c,* laps *c.*

beautiful ['bju:tiful] skjønn.

beauty ['bju:ti] skjønnhet *c;* ~ **salon**, ~ **shop**, *amr* ~ **parlor** skjønnhetssalong *c.*

beaver ['bi:və] bever-(skinn) *c (n).*

because [bi'kɔz] fordi; ~ **of**, på grunn av.

beckon ['bekən] vinke (på).

become [bi'kʌm] bli; sømme seg; kle; ~ **ing**, passende.

bed seng *c;* bed *n;* elvefar *n;* ~ **ding**, sengklær; underlag *n;* ~**fellow,** sengekamerat *n;* ~**plan,** (syke)bekken *n;* ~**room,** soveværelse *n;* ~**spread,** sengeteppe *n;* ~**stead,** seng *c.*

bee [bi:] bie *c.*

beech [bi:tʃ] bøk *c.*

beef [bi:f] oksekjøtt *n;* ~**steak,** biff *c.*

beehive [ˈbi:haiv] bikube *c;* ~**keeper,** birøkter *c.*

beer [biə] øl *n.*

beetle [ˈbi:tl] bille *c.*

before [biˈfɔ:] før, foran; ~**hand,** på forhånd; i forveien.

beg tigge, be (inntrengende); **I** ~ **your pardon,** unnskyld; **I** ~ **to ...** jeg tillater meg å ...

beggar [ˈbegə] tigger *c;* ~**ly,** ussel.

begin [biˈgin] begynne; ~**ner,** begynner *c;* ~**ning,** begynnelse *c.*

behalf [biˈha:f] **on** ~ **of,** på vegne av.

behave [biˈheiv] oppføre seg; ~**iour,** oppførsel *c.*

behind [biˈhaind] bak(om); tilbake.

behold [biˈhould] se, skue.

being [ˈbi:iŋ] eksistens *c;* skapning *c,* vesen *n.*

belated [biˈleitid] seint ute, forsinket.

belch [beltʃ] rap *n,* oppstøt *n;* rape.

Belgian [ˈbeldʒən] belgisk; belgier *c;* ~**um,** Belgia.

belief [biˈli:f] tro *c;* ~**vable,** trolig; ~**ve,** tro **(in** på).

bell klokke *c;* bjelle *c; (mar)* glass *n,* halvtime *c;* ~**-hop,** *amr* pikkolo *c;* ~**igerent,** krigførende; ~**ows,** blåsebelg *c.*

belly [ˈbeli] buk *c,* mage *c.*

belong [biˈlɔŋ] **to,** tilhøre, høre til; ~**ings,** eiendeler *c pl.*

beloved [biˈlʌvid] elsket; avholdt.

below [biˈlou] (neden)under.

belt belte *n;* reim *c;* feste med belte.

bench [bentʃ] benk *c;* domstol *c.*

bend bøyning *c,* krumning *c,* sving *c;* bøye (seg), svinge.

beneath [biˈni:þ] = **below.**

benediction [beniˈdikʃn] velsignelse *c.*

benefaction [beniˈfækʃn] velgjerning *c;* ~**or,** velgjører *c.*

beneficence [bi'nefisns]
godgjørenhet *c;* ~ **ent,**
godgjørende; ~ **ial,**
gagnlig.

benefit ['benifit] gode *c,*
gagn *n;* nytte *c;* gagne;
~ **by,** ha nytte av.

benevolence [bi'nevələns]
velvilje *c,* velgjerning *c;*
~ **t,** velvillig.

bent, hang *c,* tilbøyelig-
het *c;* ~ **on,** oppsatt på.

benzine ['benzi:n] (rense)-
bensin *c.*

bequeath [bi'kwi:þ] testa-
mentere; ~ **est,** testa-
mentarisk gave *c.*

berry ['beri] bær *n.*

berth [bə:þ] ankerplass *c;*
køye *c.*

beseech [bi'si:tʃ] be inn-
stendig.

beside [bi'said] ved siden *c;*
~ **s,** dessuten; foruten.

besiege [bi'si:dʒ] beleire.

best best; **make the ~ of,**
gjøre det best mulige ut
av; ~ **man,** forlover *c.*

bestow [bi'stou] skjenke;
gi; ~ **al,** tildeling *c.*

bet vedde(mål) *n.*

betake [bi'teik] **oneself,**
begi seg **(to** til).

betimes [bi'taimz] tidlig, i
tide.

betray [bi'trei] forråde, rø-
pe; ~ **al,** forræderi *n.*

betroth [bi'trouð] forlove;
~ **al,** forlovelse *c.*

better ['betə] bedre; for-
bedre; **get the ~ of,**
beseire; **so much the ~,**
desto bedre.

between [bi'twi:n] (i)mel-
lom; ~ **you and me,**
mellom oss sagt.

beverage ['bevəridʒ] drikk
c.

beware [bi'wɛə] passe seg
(of for).

bewilder [bi'wildə] forvir-
re; ~ **ment** forvirring *c.*

bewitch [bi'witʃ] forhekse.

beyond [bi'jɔnd] hinsides,
på den andre siden (av);
utover; ~ **measure,** over
all måte; ~ **me,** over
min forstand.

bias(s)ed ['baiəst] forut-
inntatt, partisk.

bib smekke *c.*

bible ['baibl] bibel *c.*

bicker ['bikə] kjekle.

bicycle ['baisikl] sykkel *c.*

bid by, befale; gjøre bud;
bud *n;* ~ **der,** byder *c.*

bier [biə] (lik)båre *c.*

big stor, svær.

bigamy ['bigəmi] bigami
n.

bike [baik] sykkel *c;* sykle.

bile [bail] galle *c;* ~ **ious** ['biljəs] gallesyk, grinete.

bill regning *c;* veksel *c* (~ **of exchange**); lovforslag *n;* plakat *c; amr* pengeseddel *c;* nebb *n.* ~ **of fare**, spiseseddel *c;* ~ **of lading**, konnossement *n.*

billiard(s) ['biljəd(z)] biljardspill *n.*

billion ['biljən] billion *c; amr* milliard *c.*

bin binge, kasse *c.*

bind [baind] binde; forbinde; binde inn; forplikte; ~ **ing**, forpliktende; bind *n;* innbinding *c.*

binoculars [bi'nɔkjuləz] kikkert *c.*

biographer [bai'ɔgrəfə] levnetsskildrer *c;* ~ **y**, biografi *c.*

biology [bai'ɔlədʒi] biologi *c.*

birch [bə:tʃ] bjørk *c.*

bird [bə:d] fugl *c.*

birth [bə:þ] fødsel *c;* byrd *c;* herkomst *c;* ~ **day**, fødselsdag *c;* ~ **-mark**, føflekk *c;* ~ **place**, fødested *n.*

biscuit ['biskit] (skips)-kjeks *c.*

bishop ['biʃəp] biskop *c.*

bit bit *c;* stykke *n;* bissel *n;* borspiss *c;* ~ **by** ~, litt etter litt; **a** ~, litt, en smule.

bitch [bitʃ] tispe *c.*

bite [bait] bitt *n;* bite.

bitter ['bitə] bitter; besk; bitter *c* (øl); ~ **ness**, bitterhet *c;* skarphet *c.*

black [blæk] svart, mørk; neger *c;* sverte; ~ **berry**, bjørnebær *n;* ~ **board**, veggtavle *c;* ~ **currant**, solbær *n;* ~ **guard** ['blægəd] kjeltring *c,* slyngel *c;* ~ **-list**, svarteliste *c;* ~ **mail**, pengeutpressing *c;* ~ **market** svartebørs *c;* ~ **smith**, grovsmed *c.*

bladder ['blædə] blære *c.*

blade [bleid] blad *n.*

blame [bleim] daddel *c;* dadle, klandre.

bland [blænd] mild, blid.

blank [blæŋk] blank, ubeskrevet; tomrom *n;* ~ **et**, ullteppe *n.*

blaspheme [blæs'fi:m] spotte, banne; ~ **y** ['blæsfəmi], gudsbespottelse *c.*

blast [bla:st] vindkast *n;* trompetstøt *n;* sprengning c; ødelegge, sprenge; **oh**, ~ **!** pokker også! ~-**furnace**, masovn c.

blaze [bleiz] flamme c, brann, c; lyse, skinne.

blazer ['bleizə] sportsjakke c; ~ **onry**, heraldikk c.

bleach [bli:tʃ] bleike.

bleak [bli:k] (rå)kald, guffen.

bleat [bli:t] breke.

bleed [bli:d] blø; årelate.

blemish ['blemiʃ] skavank c.

blend blande; blanding c.

bless velsigne; ~ **ed**, velsignet, hellig; ~ **ing**, velsignelse c.

blind [blaind] blind (**to** for); rullegardin c, sjalusi c; ~ **fold**, binde for øynene.

blink blink n; glimt n; blinke.

bliss lykksalighet c; ~ **ful**, lykksalig.

blister ['blistə] vable c, blemme c.

blizzard ['blizəd] snøstorm c.

bloat [blout] svulme opp.

block [blɔk] blokk c; kloss c; amr kvartal n; blokkere; ~ **ade** [blɔ-'keid] blokade c; blokkere; ~ **head**, dumrian c.

bloke [blouk] dt fyr, mann.

blood [blʌd] blod n; ~ **poisoning**, blodforgiftning c; ~ **shed**, blodsutgytelse c; ~ **vessel**, blodkar n; ~ **y**, blodig; fordømt, helvetes.

bloom [blu:m] (blomster)-flor n; blomstring c; blomstre.

blossom ['blɔsəm] blomst c; blomstre.

blot [blɔt] klatt c, flekk c; flekke, skjemme; ~ **out**, utslette; ~ **ter**, løsjer c; ~ **ting-pad**, underlag av trekkpapir; ~ -**ing-paper**, trekkpapir n.

blouse [blauz] bluse c.

blow [blou] slag n, støt n; blåse; ~ **out**, utblåsing c; ~ **up**, sprenge i lufta; ~ **over**, gli over; ~ **er**, blåser c; ~ **fly**, spyflue c.

blubber ['blʌbə] (hval)-spekk n; sutre.

blue [blu:] blå; (fig) nedtrykt; ~ **s**, tungsinn n; ~ **print**, blåkopi c.

bluff [blʌf] steil, bratt; barsk; bratt skrent c; bløff c; bløffe.

blunder ['blʌndə] bommert c.

blunt [blʌnt] sløv; like-fram.

blur [blə:] uklarhet c, tåke c; plette, dimme.

blurt [blə:t] **out,** buse ut med.

blush [blʌʃ] rødme.

boar [bɔə] råne c; villsvin n.

board [bɔ:d] bord n, brett n; papp c, kartong c; styre n, utvalg n; bordkle; ha i kost; være i kost; ~ **and lodging,** kost og losji; **on** ~ om bord; ~ **er,** pensjonær c; ~ **ing house,** pensjonat n; ~ **ing school,** pensjonatskole c.

boast [boust] skryt n; skryte.

boat [bout] båt c; skip n; ~ **swain** ['bousn] båtsmann c.

bob [bɔb] vippe, nikke, rykke; duppe; stusse; noe som henger og dingler, dupp c.

bobbin ['bɔbin] snelle c; spole c.

bobby ['bɔbi] (engelsk) politimann c.

bodily ['bɔdili] legemlig.

body ['bɔdi] legeme n; kropp c; lik n; korps n; forsamling c; karosseri

n; hoveddel c; ~ **guard,** livvakt c.

bog [bɔg] myr c; ~ **gy,** myrlendt.

boil [bɔil] byll c; koke; ~ **er,** (damp)kjele c.

boisterous ['bɔistərəs] larmende, bråkende.

bold [bould] dristig; freidig.

bolster ['boulstə] (under)-pute c; støtte med puter.

bolt [boult] bolt c; slå c; lyn n; stenge (med slå el skåte); løpe (løpsk, sin vei); stikke av; sikte (korn, mjøl).

bomb [bɔmb] v & s bombe c; ~ **astic,** svulstig; ~ **er,** bombefly n.

bonanza [bou'nænza] gullgruve c.

bond [bɔnd] bånd n; obligasjon c; forpliktelse c; frilager n; ~ **age,** trelldom c.

bone [boun] bein n, knokkel c.

bonfire ['bɔnfaiə] bål n.

bonnet ['bɔnit] damehatt c.

bony ['bouni] beinet, knoklet.

book [buk] bok c; bestille; bokføre; løse billett til; ~ **binder,** bokbinder

c; ~**case**, bokreol c;
~**ing office**, billettkontor n; ~**keeper**, bokholder c; ~**maker**, veddemålsagent c; ~**mark**, bokmerke n; ~**seller**, bokhandler c; ~**shelf**, bokhylle c; ~**stall**, kiosk c; ~**store**, amr bokhandel c.

boom [bu:m] bom c; drønn n; høykonjunktur c; ta (el. gi) et oppsving.

boot [bu:t] bagasjerom (i bil) n; (salgs)bod; telefonkiosk.

booze [bu:z] rangle; rangel c.

border ['bɔ:də] rand c, kant c; grense(land) c (n); avgrense; grense (**upon** til).

bore [bɔ:] bor n; kjedelig person c; plage; kjede, **it is a** ~, det er ergerlig, kjedelig; springflo c; ~**dom**, kjedsomhet c.

borough ['bʌrə] bykommune c; valgkrets c.

borrow ['bɔrou] låne (av).

bosom ['buzəm] barm c; bryst n.

boss [bɔs] mester c, sjef c; bule c, kul c.

botanic(al) [bə'tænik(l)] botanisk; ~**ist**

['bɔtənist], botaniker c; ~**y**, botanikk c.

both [bouþ] begge.

bother ['bɔðə] bry, plage, bry(deri) ~**some**, brysom, plagsom.

bottle ['bɔtl] flaske c; fylle på flasker.

bottom ['bɔtəm] bunn c; grunn c; innerste del; sette bunn i; **at the** ~, på bunnen; ved foten (**of** av).

boulder ['bouldə] kampestein c.

bounce [bauns] sprang n, byks n; sprette, bykse; ~**r** dt utkaster c.

bound [baund] sprett(e), bykse(e); begrense; grense c; **be** ~ **to do**, (forut)bestemt, nødt til; ~ **for** bestemt for, på vei til; ~**ary**, grense c.

bountiful ['bauntiful] gavmild; rikelig; ~**y**, gavmildhet c; premie c.

bow [bou] bue c; fiolinbue c; sløyfe c; [bau] bukk n; bøye; bukke; baug c.

bowels ['bauəlz] innvoller, tarmer.

bowl [boul] kule c; bolle c, skål c; pipehode n; spille kjegler; ~**er**, stiv hatt; ~**ing**, kjeglespill n.

bow-legged [boulegd] hjulbeint.

box [bɔks] eske *c;* skrin *n;* kasse *c;* koffert *c;* kuskesete *n;* losje *c;* avlukke *n;* bokse; slå; slag *n,* ørefik *c;* buksbom; ~ **er,** bokser *c;* ~ **ing-day,** annen juledag; ~ **office,** billettkontor *n* (på teater).

boy [bɔi] gutt *c;* tjener *c;* ~ **hood,** gutteår; ~ **ish,** guttaktig, gutte-; ~ **scout,** speidergutt *c.*

bra [bra:] *dt* bysteholder.

brace [breis] bånd *n;* støtte *c;* par *n* (i jaktspr.); binde, stramme, spenne; ~ **s,** bukseseler; ~ **let,** armbånd *n.*

bracket ['brækit] konsoll *c;* klammer (parentes) *c;* sette i klammer.

brag [bræg] skryte.

braid [breid] flette *c;* snor *c;* flette.

brain [brein] hjerne *c;* forstand *c* (også **brains**); ~ **less,** enfoldig.

brake [breik] *s & v* bremse *c.*

bran [bræn] kli *n.*

branch [bra:n(t)ʃ] grein *c;* arm *c;* filial *c.*

brand [brænd] brann (glo) *c (c);* merke *n;* fabrikat *n;* (brenne)merke; stempel; ~ **-new,** splinterny.

brandy ['brændi] konjakk *c.*

brass [bra:s] messing *c; dt* gryn (penger); ~ **band,** hornmusikkorps *n.*

brat [bræt] unge *c.*

brave [breiv] modig, tapper.

brawl [brɔ:l] klammeri *n.*

brazen ['breizn] frekk, uforskammet.

breach [bri:tʃ] brudd *n;* bresje *c.*

bread [bred] brød *n;* ~ **th,** bredde ~ **winner,** familieforsørger *c.*

break [breik] brekke, bryte; ødelegge; brudd *n;* avbrytelse *c;* friminutt *n;* ~ **down,** bryte sammen; **a** ~ **down,** motorstopp *c,* sammenbrudd *n;* ~ **up,** bryte opp; oppløse; ~ **able,** skrøpelig; ~ **age,** brudd *n,* beskadigelse *c;* ~ **er,** brottsjø *c;* ~ **fast** ['brekfəst] frokost *c;* ~ **water,** molo *c.*

breast [brest] bryst *n.*

breath [breθ] ånde; (ånde)drag *n;* pust *c;* ~ **e**

[bri:ð] puste; ~ **less**, andpusten.

breed [bri:d] rase c; avle; fostre; ~ **ing**, avl c; oppdragelse c.

breeze [bri:z] bris c; ~ **y**, luftig.

brew [bru:] brygg n, brygge; være i gjære; ~ **age**, brygg n; ~ **er**, brygger c; ~ **ery**, bryggeri n.

bribe [braib] bestikke(lse) (c); ~ **ry**, bestikkelse c.

brick murstein c; ~ **layer**, murer c.

bridal ['braidl] brude-, bryllups-.

bride [braid] brud c; ~ **-groom**, brudgom c; ~ **smaid**, brudepike c.

bridge [bridʒ] bro c.

bridle ['braidl] bissel n; tøyle c.

brief [bri:f] kort(fattet); orientere; ~ **case**, dokumentmappe c.

bright [brait] klar; lys; gløgg; ~ **en**, lysne; ~ **ness**, klarhet c, glans c; skarpsindighet c.

brilliancy ['briljənsi] glans c, lysstyrke c; ~ **t**, briljant; skinnende.

brim rand c, kant c.

bring bringe; ~ **about**, forårsake, få i stand; ~

forth, frembringe, føde; ~ **in**, innføre, innbringe; ~ **on**, bevirke; ~ **out**, bringe for dagen; utgi; ~ **up** oppdra; bringe på bane.

brink kant c.

brisk livlig, sprek.

bristle ['brisl] bust c; reise bust.

Britain ['britn]; **Great Britain**, Storbritannia; ~ **ish**, britisk; ~ **on**, brite c.

brittle ['britl] skjør, sprø.

broad [brɔ:d] bred, vid; ~ **cast**, kringkaste; ~ **casting**, kringkasting c, radio c; ~ **minded**, vidsynt, tolerant; ~ **en**, gjøre bred.

broil [brɔil] steke, riste; klammeri n.

broke [brouk] blakk, pengelens; ~ **n**, ødelagt; ruinert; gebrokken.

broker ['broukə] mekler c.

bronze [brɔnz] bronse c; bronsere; gjøre (kobber)brun.

brooch [broutʃ] brosje c.

brook [bruk] bekk c; tåle.

broom [bru:m] sopelime c.

Bros. ['brʌðəz] brødrene (i firmanavn).

broth [brɔþ] kjøttsuppe.
brothel [ˈbrɔþl] bordell.
brother [ˈbrʌðə] bror c;
~ **-in-law,** svoger c.
brow [brau] panne c;
(øyen)bryn n; panne c.
brown [braun] brun; brune.
bruise [ˈbruːz] kveste(lse)
c.
brush [brʌʃ] s & v børste
c; pensel c; ~ **away,**
avfeie; pusse opp, gjenoppfriske.
Brussels [ˈbrʌslz] Bryssel.
brutal [ˈbruːtl] dyrisk;
brutal; ~ **ality,** råskap c;
brutalitet c; ~ **e,** dyr n;
umenneske n, udyr n.
bubble [ˈbʌbl] boble c.
buck [bʌk] hann c, bl.a.
geite-, sau-, reinsbukk c;
sprade; amr dollar c;
gjøre bukkesprang; stritte imot.
bucket [ˈbʌkit] bøtte c,
spann n.
buckle [ˈbʌkl] s & v spenne.
bud [bʌd] knopp c; skyte
knopper.
buddy [ˈbʌdi] dt kamerat
c.
budge [bʌdʒ] røre (seg).
budget [ˈbʌdʒit] budsjett
n.

buffalo [ˈbʌfəlou] bøffel c;
amr bison c.
buffoon [bʌˈfuːn] bajas c.
bug [bʌg] veggelus c; amr
insekt n; skjult mikrofon; avlytte (med skjult
mikrofon); ~ **bear,** busemann c.
build [bild] bygge; fasong
c.
bulb [bʌlb] elektrisk pære
c; løk c, svibel c.
bulge [bʌldʒ] kul c; bulne
ut.
bulk [bʌlk] omfang n;
(hoved)masse c; last c;
~ **y,** svær, voluminøs.
bull [bul] okse c; haussespekulant c; bulle c;
~ **dog,** bulldog c; ~ **et,**
(gevær- el revolver)kule
c.
bull's-eye [ˈbulzai] kuøye
n; blinkskudd n.
bully [ˈbuli] bølle c.
bulwark [ˈbulwək] skansekledning c; (fig) forsvar n, vern n.
bum [bʌm] rumpe c;
landstryker c; boms c;
gå på bommen.
bumble-bee [ˈbʌmblbi]
humle c (insekt).
bump [bʌmp] slag n; bule
c; støte, dunke; ~ **y,**
humpet.

bun [bʌn] (hvete)bolle c.

bunch [bʌn(t)ʃ] bunt c, knippe n; klase c.

bundle ['bʌndl] bunt c (-e), bylt c.

bung [bʌŋ] spuns n; spunshull n.

bungle ['bʌŋgl] (for)kludre.

bunion ['bʌnjən] ilke c.

bunk [bʌŋk] fast køye c; ~ er, bunker c, bunkre.

buoy [bɔi] bøye c; merke opp; holde flott; ~ ancy, oppdrift c; ~ ant, flytende; spenstig.

burden ['bə:dn] byrde c; bør c; drektighet c; lesse, legge på; bebyrde; ~ some, byrdefull.

burreau ['bju:rou] byrå n; skrivebord n.

burglar ['bə:glə] innbruddstyv c; ~ y, innbrudd n.

burial ['beriəl] begravelse c; ~ ground, kirkegård c.

burn [bə:n] brenne (opp).

bur(r) [bə:] borre c; skarring.

burrow ['bʌrou] hule c; gang c; grave ganger i jorda.

burst [bə:st] briste; eksplodere; sprenge; sprengning; utbrudd n; revne c, brudd n.

bury ['beri] begrave.

bus [bʌs] buss c.

bush [buʃ] busk c, kratt(skog) c; ~ el, engelsk skjeppe c.

business ['biznis] forretning c, butikk c; beskjeftigelse c; sak c; oppgave c; ~ -like, forretningsmessig.

bust [bʌst] byste c.

bustle ['bʌsl] travelhet c; ha det travelt.

busy ['bizi] beskjeftige; travel, opptatt; ~ body, geskjeftig person c.

but [bʌt, bət] men; unntagen; bare; all ~ , nesten; ~ for him, hadde ikke han vært; the last ~ one, den nest siste.

butcher ['butʃə] slakter c; ~ y, slakteri n.

butler ['bʌtlə] kjellermester c; overtjener c.

butt [bʌt] (skyte)skive c (også fig.); tykkende, kolbe c; (sigarett)stump c; stange.

butter ['bʌtə] smør n; smøre smør på; smigre; ~ fly, sommerfugl c.

buttocks ['bʌtəks] pl (bak)ende c, sete n.

button ['bʌtn] knapp c (-e); ~ hole, knapphull(sblomst) n.

buxom [ˈbʌksəm] ferm, yppig.

buy [bai] kjøpe, ~ **er**, kjøper c; avtaker c.

buzz [bʌz] summe, surre.

by [bai] ved (siden av), av, forbi; innen, med; etter, ifølge; ~ **oneself**, for seg selv, alene; ~ **6 o'clock**, innen kl. 6; ~ **the sack**, i sekkevis; **little** ~ **little**, litt etter litt; **day** ~ **day**, dag for dag;

~ **rail**, med jernbane; ~ **all means**, ja visst; ~ **the by** el ~ **the way**, forresten, apropos; ~ **day (night)**, om dagen (natten); **all** ~ **himself**, helt for seg selv, alene; ~ **-election** [ˈbaiilekʃən] suppleringsvalg; ~ **word**, ordspråk n, ordtak n.

bygone [ˈbaigɔn] fordums, tidligere.

C

cab [kæb] drosje c.

cabbage [ˈkæbidʒ] kål(hode) c (n).

cabin [ˈkæbin] hytte c; lugar c.

cabinet [ˈkæbinit] skap n; kabinett n; ~ **maker**, møbelsnekker c.

cable [ˈkeibl] kabel c; telegrafere; ~ **gram**, (kabel)telegram n.

cab|man, drosjesjåfør c; ~ **rank**, ~ **stand**, drosjeholdeplass c.

cackle [ˈkækl] kakling c; kakle, snadre.

cad [kæd] pøbel c, simpel fyr c.

cadaver [kəˈdeivə] kadaver

n, lik n; ~ **ous** [kəˈdævərəs] lik-, likbleik.

cage [keidʒ] (sette i) bur n.

cairn [kɛən] varde (av stein) c.

cake [keik] kake c; ~ **of soap**, såpestykke n; klumpe (seg) sammen.

calamit|ous [kəˈlæmitəs] katastrofal; ~ **y**, ulykke c, katastrofe c.

calcula|ble [ˈkælkjuləbl] beregnelig; ~ **te**, beregne, regne ut; amr tro, formode; ~ **tion**, beregning c.

calendar [ˈkæləndə] kalender c.

calf *pl* **calves** [ka:f, ka:vz] kalv *c;* (tykk)legg *c.*

calibre ['kælibə] kaliber *n.*

call [kɔ:l] rop *n;* oppringning *c;* (kort) besøk *n;* anløp *n;* kalle, benevne; rope (ut, opp); (til)kalle; se innom; vekke, purre; ringe til; ~ **box**, telefonkiosk *c;* ~ **ing**, roping *c;* kall *n,* yrke *n.*

callous ['kæləs] hard *(is. fig).*

calm [ka:m] rolig, stille; ro *c,* stillhet *c;* vindstille; berolige; ~ **down**, stilne, bli rolig.

camel ['kæməl] kamel *c.*

camera ['kæmərə] fotografiapparat *n,* kamera *n.*

camp [kæmp] leir *c;* ligge i *(el* slå) leir; ~ **-bed**, feltseng *c;* ~ **-stool**, taburett *c,* feltstol *c.*

campaign [kæm'pein] felttog *n;* kampanje *c;* **electoral** ~, valgkamp *c.*

camphor ['kæmfə] kamfer *c.*

campus ['kæmpəs] *amr* universitetsområde *n.*

can [kæn] kanne *c,* spann *n;* hermetikkboks *c;* nedlegge hermetisk; kan; ~ **ned goods**, hermetikk *c;* ~ **opener**

boksåpner *c;* ~ **nery** hermetikkfabrikk *c.*

canal [kə'næl] (kunstig) kanal *c.*

canary [kə'nɛəri] (~ **-bird**) kanarifugl *c.*

cancel ['kænsl] stryke ut, annullere, avlyse.

cancellation [kænsə'leiʃn] utstrykning *c,* annullering *c,* avlysing *c.*

cancer ['kænsə] *med* kreft *c;* ~ **ous**, kreft-, kreftaktig.

candid ['kændid] oppriktig, ærlig.

candidate ['kændideit] kandidat *c.*

candle ['kændl] (stearin)lys *n;* ~ **stick**, lysestake *c.*

candy ['kændi] kandis(sukker) *n; amr* sukkertøy *n;* kandisere.

cane [kein] rør *n;* spaserstokk *c;* pryle.

cannon ['kænən] *mil* kanon *c.*

cannot ['kænɔt] kan ikke.

canny ['kæni] lur; slu; varsom.

canoe [kə'nu:] kano *c.*

canon ['kænən] *rel* kanon *c,* kirkeregel *c;* kannik *c.*

canopy ['kænəpi] baldakin *c.*

cant [kænt] hykleri *c*, tomme fraser *c*; (fag) sjargong *c*; helling *c*; helle, sette på kant; ~**teen**, kantine *c*.

canvas [ˈkænvəs] seil(duk) *n (c)*; lerret *n*, maleri *n*; ~**s**, (drive) husagitasjon *c*.

canyon [ˈkænjən] slukt *c*, fjellkløft *c*.

cap [kæp] lue *c*, hette *c*, kapsel *c*; sette hette på, dekke; overgå.

capability [keipəˈbiliti] evne *c*, dyktighet *c*; ~**le**, i stand til; dugelig, dyktig.

capacitate [kəˈpæsiteit] sette i stand til å; ~**y**, rom(melighet) *n (c)*; kapasitet *c*, dyktighet *c*, evne *c*.

cape [keip] nes *n*, kapp *n*, nes *n*; (ermeløs) kappe *n*.

capital [ˈkæpitl] hoved-, viktigst; døds- (~ **punishment**, dødsstraff *c*); *dt* storartet; hovedstad *c*; kapital *c*; stor bokstav *c*; ~**ism**, kapitalisme *c*.

capitulate [kəˈpitjuleit] kapitulere; ~**ion**, kapitulasjon *c*; oppgivelse *c*.

caprice [kəˈpriːs] kaprise

c, lune *n*; ~**ious**, lunefull, lunet.

capsize [kæpˈsaiz] kantre; ~**sule** [ˈkæpsjuːl] kapsel *c*.

captain [ˈkæptin] kaptein *c*; skipsfører *c*; lagleder *c*.

caption [ˈkæpʃn] overskrift *c*, billedtekst *c*.

captivate [ˈkæptiveit] *fig* fengsle; ~**e**, fanget, fange *c*; ~**ity**, fangenskap *n*.

capture [ˈkæptʃə] tilfangetagelse *c*, arrestasjon *c*; bytte *n*; ta til fange; oppbringe.

car [kaː] bil *c*; især *amr* jernbanevogn *c*.

caravan [ˈkærəvæn] karavane *c*; stor vogn *c*.

carbon [ˈkaːbən] kullstoff *n*; ~ **paper**, karbonpapir *n*.

carburettor [ˈkaːbjurətə] forgasser *c*.

carcass, carcase [ˈkaːkəs] skrott *c*, kadaver *n*.

card [kaːd] kort *n*; karde *c*; ~**board**, kartong *c*, papp *c*.

cardigan [ˈkaːdigən] strikkejakke *c*.

cardinal [ˈkaːdinəl] hoved-; kardinal *c*; ~

number, grunntall *n.*

card index, kartotek *n.*

care omhu *c;* omsorg *c;* bekymring *c,* pleie *c;* bekymre seg; ~ **of** (c/o), hos, adressert (til); **take** ~, passe seg; **take** ~ **of,** ta vare på; ~ **for,** være glad i; ta seg av.

career [kəˈriːə] løpebane *c.*

careful [ˈkɛəful] forsiktig, omhyggelig, påpasselig (**of** med hensyn til); ~ **less,** likegyldig, skjødesløs.

caress [kəˈres] kjærtegn(e) *n.*

caretaker [ˈkɛəteikə] oppsynsmann *c* (*el* -kvinne), vaktmester *c;* ~ **worn,** forgremmet.

cargo [ˈkaːgou] ladning *c,* last *c.*

caricature [ˈkærikətjuːə] karikatur *c;* karikere.

carnation nellik *c;* kjøttfarge *c.*

carnival [ˈkaːnivəl] karneval *n.*

carol [ˈkærəl]; **Christmas** ~, julesang *c.*

carp [kaːp] karpe *c.*

carpenter [ˈkaːpintə] tømmermann *c,* bygningssnekker *c;* tømre.

carpet [ˈkaːpit] (golv)teppe *n.*

carriage [ˈkæridʒ] vogn *c,* transport *c;* frakt *c.*

carrier [ˈkæriə] bærer *c;* fraktemann *c,* speditør *c;* transportmiddel *n;* bagasjebrett *n;* ~ **bag,** bærepose *c.*

carrot [ˈkærət] gulrot *c.*

carry [ˈkæri] bære, frakte, bringe; vedta; *amr* føre (en vare); ~ **on,** fortsette; drive (forretning); ~ **out,** gjennomføre, utføre.

cart [kaːt] kjerre *c;* kjøre.

carton [kaːtn] kartong *c,* eske *c.*

cartoon [kaːˈtuːn] karikatur *c,* tegneserie *c,* tegnefilm *c;* karikere.

cartridge [ˈkaːtridʒ] patron *c.*

carve [kaːv] skjære, hogge ut; ~ **ing,** treskjærerarbeid *n.*

cascade [kæsˈkeid] liten foss *c;* kaskade *c.*

case [keis] tilfelle *n;* (retts)sak *c;* hylster *n,* etui *n,* mappe *c;* kasse *c,* skrin *n;* **in** ~, i tilfelle; **in any** ~, i hvert fall.

casement [ˈkeismənt] vindusramme *c.*

cash [kæʃ] kontant(er) *merk* kasse *c;* heve (penger); ~ **payment,** kontant betaling; ~ **on delivery,** mot etterkrav *n;* ~ **register,** kassaapparat *n.*

cashier [kæˈʃiə] kasserer *c.*

cask [ka:sk] fat *n,* tønne *c.*

cast [ka:st] kast *n;* form *c;* (av)støpning *c;* rollebesetning *c;* kaste; støpe, forme; tildele en rolle; ~ **iron,** støpejern *n.*

castaway [ˈka:stəwei] skibbrudden *c;* utstøtt.

caste [ka:st] kaste *c.*

castle [ˈka:sl] borg *c,* slott *n;* tårn *n* (sjakk): ~ **in Spain,** luftslott; rokere.

castor oil [ˈka:stərˈɔil] lakserolje *c;* ~ **sugar,** farin.

casual [ˈkæʒjuəl] tilfeldig; bekvem (om klær); ~ **ty,** ulykkestilfelle *n; pl* ofre (døde og sårede).

cat [kæt] katt *c.*

catalogue [ˈkætələɡ] katalog *c,* katalogisere.

catarrh [kəˈta:] katarr *c,* snue *c.*

catastrophe [kəˈtæstrəfi] katastrofe *c.*

catch [kætʃ] fangst *c;* grep *n,* tak *n;* fange,

gripe, innhente; oppfatte; ~ **the train,** rekke toget; ~ **on,** slå an, bli populær; ~ **ing,** smittsom, smittende.

cater [ˈkeitə] **for** levere mat til; tilfredsstille.

caterpillar [ˈkætəpilə] larve *c.*

cathedral [kəˈpi:drəl] katedral *c.*

Catholic [ˈkæpəlik] katolsk, katolikk *c.*

cattle [ˈkætl] storfe *n;* ~ - **show,** dyrskue *n.*

cauliflower [ˈkɔliflauə] blomkål *c.*

causal [ˈkɔ:zəl] kausal, årsaks-; ~ **ity,** årsakssammenheng *c.*

cause [kɔ:z] årsak *c,* grunn *c;* sak *c;* forårsake; ~ **less,** grunnløs.

caustic [ˈkɔ:stik] etsende, bitende.

caution [ˈkɔ:ʃn] forsiktighet *c;* advarsel *c;* advare; ~ **ous,** forsiktig, varsom.

cave [keiv] hule *c;* ~ **rn,** hule.

cavity [ˈkæviti] hulrom *n.*

cease [si:s] holde opp med; ~ **less,** uopphørlig, uavlatelig.

ceiling ['si:liŋ] (innvendig) tak *n; fig* øverste grense.

celebrate ['selibreit] feire; ~**ed,** berømt; ~**ion,** feiring *c.*

celebrity [si'lebriti] berømthet *c.*

celerity [si'leriti] hurtighet *c.*

celery ['seləri] selleri *c.*

celestial [si'lestjəl] himmelsk.

celibacy ['selibəsi] ugift stand *c,* sølibat *n.*

cell [sel] celle *c;* ~**ar,** kjeller *c.*

cellophane ['seləfein] cellofan(papir) *c (n);* ~**uloid** [-juləid] celluloid *c.*

cement [si'ment] bindingsmiddel *n,* sement *c; fig* bånd *n;* binde, befeste.

cemetery ['semetri] kirkegård *c,* gravlund *c.*

cent [sent] hundre; **per** ~**,** prosent *c, amr* cent = ¹/₁₀₀ dollar.

centennial [sen'tenjəl] hundreårs-(dag) *n.*

central ['sentrəl] sentral *c,* midt-; ~ **heating,** sentralvarme *c;* ~**ization,** sentralisering *c.*

centre ['sentə] sentrum *n;* konsentrere.

century ['sentʃuri] århundre *n.*

ceramics [si'ræmiks] keramikk *c.*

cereal ['siəriəl] korn *n;* ~**s,** kornslag *n,* kornprodukter *n,* frokostretter.

cerebral ['seribrəl] hjerne-.

ceremonial [seri'mounjəl] seremoniell, høytidelig; ~**y** ['seriməni] seremoni *c.*

certain ['sə:tn] sikker, viss; ~**ty,** visshet *c;* bestemthet *c.*

certificate [sə'tifikit] sertifikat *n;* attest *c;* ~**fy** ['sə:tifai] attestere, bevitne; ~**tude** ['sə:titju:d] visshet *c.*

chafe [tʃeif] gni; irritere.

chaff [tʃa:f] agner, hakkelse *c;* skjemt *c;* småerte.

chain [tʃein] kjede *n,* lenke *c.*

chair [tʃɛə] stol *c;* forsete *n;* ~**man,** formann *c,* ordstyrer *c;* ~**ship,** formannsstilling.

chalk [tʃɔ:k] kritt *n* (-e).

challenge ['tʃælindʒ] utfordring *c;* anrop *n;* utfordre; bestride.

chamber ['tʃeimbə] kammer *n; pl* advokatkontor *n;* ~ **music**, kammermusikk *c.*

champagne [ʃæm'pein] champagne *c.*

champion ['tʃæmpiən] (for)kjemper *c;* (i sport) mester *c;* ~ **ship**, mesterskap *n.*

chance [tʃa:ns] sjanse *c,* tilfelle *n;* anledning *c;* **by** ~, tilfeldigvis.

chancellor ['tʃa:nsələ] kansler *c.*

chandelier [ʃændi'liə] lysekrone *c.*

change [tʃeindʒ] forandring *c,* bytte *n;* (av)veksling *c;* småpenger; forandre (seg); bytte, veksle.

channel [tʃænl] (naturlig) kanal *c;* **the Channel,** Kanalen.

chap [tʃæp] sprekk *c;* kar *c,* fyr *c.*

chapel ['tʃæpl] kapell *n.*

chaplain ['tʃæplin] prest (ved institusjon) *c.*

chapter ['tʃæptə] kapittel *n,* losje *c.*

character ['kæriktə] skrifttegn *n,* bokstav *c;* karakter *c;* (teater)rolle *c;* ry *n;* ~ **istic** [-'ristik] karakteristisk **(of** for); ~ **ize**, kjennetegne.

charcoal ['tʃa:koul] trekull *n.*

charge [tʃa:dʒ] ladning *c;* byrde *c;* oppdrag *n,* omsorg *c,* (storm)angrep *n;* omkostning *c,* pris *c;* anklage; pålegge; forlange (som betaling); **free of** ~, gratis; **be in** ~, ha ledelsen.

charitable ['tʃæritəbl] godgjørende, barmhjertig; ~ **y,** nestekjærlighet *c,* godgjørenhet *c.*

charm [tʃa:m] trylleri; sjarm *c;* amulett *c.*

chart [tʃa:t] sjøkart *n;* kartlegge.

charter ['tʃa:tə] (forfatnings)dokument *n,* privilegium *n;* befrakte.

charter-party ['tʃa:təpa:ti] fraktavtale *c,* certeparti *n.*

charwoman ['tʃa:wumən] reingjøringshjelp *c.*

chase [tʃeis] jakt *c,* forfølgelse *c;* jage, forfølge; siselere.

chassis ['ʃæsi] understell *n.*

chaste [tʃeist] kysk, ren.

chastise [tʃæs'taiz] straffe, tukte; ~ **ty,** kyskhet *c,* renhet *c.*

chat [tʃæt] prat *c* (-e);

~ **ter,** skravle; klapre;
~ **terbox,** skravlekopp c.
chauffeur ['ʃoufə] (privat)
sjåfør c.
cheap [tʃi:p] billig; godt-
kjøps; ~ **en,** gjøre billi-
gere.
cheat [tʃi:t] bedra(ger) c.
check [tʃek] sjakk! (i
sjakkspill); hindring c,
stans c; kontroll(merke)
c (n); amr sjekk c el
(restaurant)regning c;
rutet mønster; gjøre
sjakk; hemme, stanse;
gjennomgå, kontrollere;
~ **ed,** rutet; ~ **er,** kon-
trollør c; ~ **ered,** rutet;
broket, avvekslende;
~ **-up** undersøkelse c,
kontroll c.
cheek [tʃi:k] kinn n,
frekkhet c; ~ **y,** frekk.
cheer [tʃiə] hurrarop n,
munterhet c; ~ **(up),**
oppmuntre; ~ **io,** mor-
n'a, ha det! ~ **s!** skål!
cheese [tʃi:z] ost c.
chemical ['kemikl] kje-
misk; ~ **s,** kjemikalier.
chemist ['kemist] kjemiker
c, apoteker; ~ **ry,** kjemi
c.
cheque [tʃek] sjekk c;
~ **-book,** sjekkhefte n.
cherish ['tʃeriʃ] verne om,

pleie; sette høyt; nære
(håp).
cherry ['tʃeri] kirsebær-
(tre) n (n).
chess [tʃes] sjakk c;
~ **-board,** sjakkbrett n.
chest [tʃest] kiste c; bryst
n; ~ **of drawers,** kom-
mode c.
chestnut ['tʃesnʌt] kastan-
je c (-brun).
chew [tʃu:] tygge; ~ **ing
gum,** tyggegummi c.
chicken ['tʃikin] kylling c;
~ **-pox,** vannkopper.
chief [tʃi:f] viktigst, ho-
ved-; overhode n, sjef c,
høvding c; ~ **ly,** hoved-
sakelig; ~ **tain,** høvding
c.
child [tʃaild], pl ~ **ren**
['tʃildrən] barn n;
~ **hood,** barndom c.
chill [tʃil] kjølighet c; gys-
ning c; kjøl(n)e; kjølig;
~ **y,** kjølig.
chime [tʃaim] klokkespill
n, kiming c; lyde, kime.
chimney ['tʃimni] skor-
stein c; ~ **sweep(er),**
skorsteinsfeier c.
chin [tʃin] hake (ansikts-
del) c.
china ['tʃainə] porselen n.
China ['tʃainə] Kina; **Chi-**

nese [tʃai'ni:z] kineser(e, -inne) c (c); kinesisk.

chip [tʃip] spon c, flis c; splint c; slå stykker av; hugge til el av; ~**s**, franske poteter.

chisel [tʃizl] meisel c; meisle.

chivalrous [tʃivəlrəs] ridderlig; ~**ry**, ridderskap n; ridderlighet c.

chocolate ['tʃɔk(ə)lit] sjokolade c.

choice [tʃɔis] (ut)valg n; utsøkt.

choir ['kwaiə] (kirke-, sang-) kor n.

choke [tʃouk] kvele(s).

cholera ['kɔlərə] kolera c; ~**ic**, kolerisk.

choose [tʃu:z] velge.

chop [tʃɔp] hogg n; hakk n; kotelett c; hogge, hakke.

chores [tʃɔ:z] pl (hus)arbeid; rutinearbeid.

chorus ['kɔ:rəs] kor(sang) n (c); synge (el rope) i kor.

Christ [kraist] Kristus.

christen ['krisn] døpe; ~**ing**, dåp c.

Christian ['kristjən] kristen; ~ **name,** fornavn n; ~**ity,** kristendom(men) c.

Christmas ['krisməs] jul(e-helg) c; ~-**box,** julegave c; ~ **Eve,** julaften c; **Father** ~, julenissen c.

chronological [krɔnə'lɔdʒikl] kronologisk.

chuck [tʃʌk] kast(e) n, hive.

chuckle ['tʃʌkl] klukkle.

chum(my) ['tʃʌm(i)] kamerat c.

chunk [tʃʌnk] tykk skive c.

church [tʃə:tʃ] kirke c; ~**yard,** kirkegård c.

churn [tʃə:n] (smør)kjerne (n) c; kjerne.

cider ['saidə] eplevin c, sider c.

cigar [si'ga:] sigar c; ~**-case,** sigaretui n; ~**ette,** sigarett c.

cinder ['sində] slagg n.

Cinderella [sində'relə] Askepott.

cinema ['sinimə] kino c.

cinnamon ['sinəmən] kanel c.

cipher ['saifə] null c; siffer n (skrift); chiffrere; regne.

circa ['sə:kə] cirka, omtrent.

circle ['sə:kl] sirkel c, krets c; teat 1. losjerad c; kretse om, omringe.

circuit ['sə:kit] omkrets c; strømkrets c; rundtur c; **short** ~, kortslutning c.

circular ['sə:kjulə] sirkelrund; ~ **(letter)**, rundskriv n; ~ **te**, sirkulere, være i omløp; ~ **tion**, omløp n; (avis-, tidsskrift-)opplag n.

circumcise ['sə:kəmsaiz] omskjære; ~ **ference** [sə'kʌmfərəns] periferi c, omkrets c; ~ **stance**, omstendighet c.

circus ['sə:kəs] sirkus n, rund plass c.

cite [sait] sitere, anføre.

citizen ['sitizn] borger c; ~ **ship**, borgerskap n.

city ['siti] (større) by c; forretningssentrum n, ~ **hall**, rådhus n.

civic ['sivik] by-, borger-, kommunal-; ~ **l**, by-, borger-; høflig; sivil; ~ **lity**, høflighet c; ~ **l war**, borgerkrig c; ~ **lization** [sivilai'zeiʃn] sivilisasjon c; ~ **lize** ['sivilaiz] sivilisere.

claim [kleim] fordring c, krav n; *bergv* skjerp n; fordre, kreve; påstå.

clammy ['klæmi] fuktig, klam.

clamour ['klæmə] skrik n (-e), rop(e) n.

clamp [klæmp] klamp c, krampe c.

clan [klæn] klan c, stamme c.

clank [klæŋk] klirr n, skrangling c; klirre, skrangle.

clap [klæp] klapp n, smell n; klappe (bifall n); smelle.

claret ['klærət] rødvin (især bordeaux) c.

clash [klæʃ] klirr(ing) c; sammenstøt n; klirre, støte sammen, komme i konflikt med.

clasp [kla:sp] hekte c, spenne c; omfavnelse c; hekte; omfavne; ~ **-knife**, foldekniv c.

class [kla:s] klasse c; stand c; ~ **with**, sette i klasse med.

classic ['klæsik] klassiker c, klassisk; ~ **al**, klassisk.

classification [klæsifi'keiʃn] inndeling c, klassifisering c; ~ **fy** [-fai] klassifisere, inndele.

clause [klɔ:z] klausul c; setning c.

claw [klɔ:] klo *c;* klore, krafse.

clay [klei] leire *c;* ~**ey,** leiret.

clean [kli:n] rein, reint; rense; ~**ly,** reinslig; ~**se** [klenz] rense.

clear [kliə] klar, lys; ryddig; tydelig; klare; klarne; befri, ta bort, rydde; selge ut; tjene netto; ~ **up,** oppklare, klarne; ~**ance,** (toll)klarering *c;* opprydding *c;* ~**ance sale,** utsalg *n;* ~**ing,** avregning *c;* ~**ness,** klarhet *c,* tydelighet *c.*

clench [klentʃ] presse sammen, bite sammen (tennene).

clergy ['klə:dʒi] geistlighet *c;* ~**man** geistlig *c,* prest *c.*

clerical ['klerikl] geistlig; kontor-.

clerk [kla:k] kontorist *c; amr* (butikk)ekspeditør *c.*

clever ['klevə] dyktig; flink.

client ['klaiənt] klient *c.*

cliff [klif] klippe *c,* fjellskrent *c.*

climate ['klaimit] klima *n.*

climb [klaim] klatre (opp på); klatretur *c.*

clinch [klinʃ] tak *n,* grep *n;* omfavnelse *c;* klinke; avgjøre (en handel).

cling [kliŋ] **(to)** klynge seg (til).

clinic ['klinik] klinikk *c.*

clip [klip] klipp(ing) *n (c);* klemme *c;* (be)klippe; **(paper)** ~, binders *c;* **tie**~, slipsnål *c;* ~**per,** klipper *c* (skip *(n));* stort passasjer- og fraktfly *n;* ~**pers,** hår-negleklipper *c;* ~**ping,** klipping *c;* avklipt stykke *n;* (avis)-utklipp *n.*

cloak [klouk] kappe *c,* kåpe *c;* ~**-room,** garderobe *c; jernb* reisegodsoppbevaring *c;* (til)dekke.

clock [klɔk] (tårn-, vegg-) ur *n,* klokke *c;* ~**wise,** i urviserens retning, med solen.

clog [klɔg] tresko *c;* hemsko *c;* hemme.

close [klouz] lukke; slutte, ende; [klous] nær, trang, lukket, nøyaktig; gjerrig; [klouz] avslutning *c,* slutt *c.* ~ **by,** ~ **to,** like ved; ~**-up,** nærbilde *n;* ~**ing time,** lukningstid.

closet [ˈklɔzit] klosett *n;* kott *n.*

cloth [klɔp] *pl* ~s; tøy *n,* stoff *n,* (bord)duk *c;* **face**~, vaskeklut *c;* ~**e,** (på-, be-)kle; ~**es** *pl* klær; antrekk *n;* ~**ier,** tøyfabrikant *c,* kleshandler *c;* ~**ing,** bekledning *c,* klær.

cloud [klaud] sky *c;* skye til; ~**y,** skyet.

clove [klouv] (krydder)-nellik *(n) c.*

clover [ˈklouvə] kløver *c.*

clown [klaun] klovn *c,* bajas *c;* spille bajas.

club [klʌb] klubb(e) *c (c);* ~**s,** kløver (kort).

clue [kluː] *fig* nøkkel *c;* holdepunkt til forståelse.

clump [klʌmp] klump *c;* klynge *c.*

clumsiness [ˈklʌmzinis] klossethet *c;* ~**y,** klosset.

cluster [ˈklʌstə] klynge *c.*

clutch [klʌtʃ] grep *n,* tak *n;* kopling *c;* gripe.

Co. = **Company.**

c/o = **care of.**

coach [koutʃ] (turist)buss *c,* diligence *c,* jernbanevogn *c;* ekvipasje *c;* manuduktør *c;* idrettstrener *c;* trene, manudusere;

~**man,** kusk *c.*

coal [koul] (stein)kull *n;* ~**fish,** sei *c;* ~**mine,** ~-**pit,** kullgruve *c;* ~**scuttle,** kullboks *c.*

coarse [kɔːs] grov, rå; ~**ness,** råhet *c.*

coast [koust] kyst *c;* seile langs kysten; la det stå til nedover (på sykkel, kjelke); ~**er,** kystfartøy *n;* ølbrikke *c.*

coat [kout] frakk *c;* kåpe *c;* jakke *c;* ham *c;* dekke *n;* strøk *n* (maling); (be)kle; dekke, overtrekke.

coax [kouks] lokke, overtale.

cobble [ˈkɔbl] rund brostein *c;* brolegge; flikke, lappe sammen; ~**r,** lappeskomaker *c.*

cobweb [ˈkɔbweb] spindelvev.

cock [kɔk] hane *c;* hann- (fugl) *c;* hane *c* (på bøsse); kran *c;* høysåte *c;* heve, løfte; spenne hanen på; ~**ney,** (østkant) londoner; ~**pit,** førerrom i fly; ~**roach,** kakerlakk *c;* ~**scomb,** hanekam; ~**sure,** skråsikker.

cocoa [ˈkoukou] kakao *c.*

coconut [ˈkoukounʌt] ko-kosnøtt *c.*

cocoon [kəˈkuːn] kokong *c.*

cod [kɔd] torsk *c.*

code [koud] kode *c;* lovbok *c;* kodeks *c.*

cod-liver oil, (lever)tran *c.*

coffee [ˈkɔfi] kaffe *c;* ~ **bean,** kaffebønne *c;* ~ **grounds,** kaffegrut *c;* ~ **pot,** kaffekanne *c.*

coffin [ˈkɔfin] likkiste *c;* legge i kiste.

cog [kɔg] tann *c* (i tann-hjul).

cogent [ˈkoudʒənt] overbevisende, tvingende.

cogwheel [ˈkɔghwiːl] tann-hjul *n.*

cohere [kouˈhiə] henge sammen; ~ **nce,** sam-menheng *c;* ~ **nt,** sam-menhengende.

cohesive [kouˈhiːsiv] sam-menhengende.

coil [kɔil] ring *c*, spiral *c*, kveil *c;* legge sammen i ringer, kveile.

coin [kɔin] mynt *c;* prege; ~ **age,** mynting *c*, pre-ging *c;* oppdikting *c.*

coincide [kouinˈsaid] **(with)** falle sammen (med); ~ **nce** [kouˈin-sidəns] sammentreff *n*

(av omstendighter); ~ **nt,** sammentreffende.

coke [kouk] koks *c.*

cold [kould] kulde *c;* forkjølelse *c;* kald.

collaborate [kəˈlæbəreit] samarbeide; ~ **ion** [kəl-æbəˈreiʃn] samarbeid *n.*

collapse [kəˈlæps] falle sammen; sammenbrudd *n.*

collar [ˈkɔlər] krage *c;* snipp *c;* ~ **bone,** krage-bein *n.*

colleague [ˈkɔliːg] kollega *c.*

collect [ˈkɔlekt] kollekt *c;* [kəˈlekt] samle (inn, på), hente; innkassere; ~ **ed,** fattet, rolig; ~ **ion,** (inn)samling *c;* innkas-sering *c.*

college [ˈkɔlidʒ] universi-tetsavdeling *c;* høyere læreanstalt *c.*

collide [kəˈlaid] **(with)** stø-te sammen (med).

collier [ˈkɔliə] kullgruve-arbeider *c;* kullbåt *c;* ~ **y,** kullgruve *c.*

collision [kəˈliʒn] sam-menstøt *n.*

colloquial [kəˈloukwiəl] som hører til hverdags-språket; ~ **ism,** hver-dagsuttrykk *n.*

colonel ['kə:nl] oberst *c.*

colonial [kə'lounjəl] koloni-; ~**ize,** kolonisere, slå seg ned; ~**y,** koloni *c.*

colour ['kʌlə] farge *c;* påskudd *n;* farge; smykke; rødme; ~**s** fane *c,* flagg *n.*

colt [koult] føll *n.*

column ['kɔləm] søyle *c;* kolonne *c;* spalte *c* (i avis, bok).

comb [koum] kam *c;* kjemme.

combat ['kɔmbət] kamp *c;* (be)kjempe.

combination [kɔmbi'neiʃn] forbindelse *c;* kombinasjon *c;* ~**s,** kombination (undertøy *n).*

combine [kəm'bain] forbinde (seg), kombinere; ['kɔmbain] sammenslutning *c,* syndikat *n.*

combustible [kəm'bʌstibl] brennbar; ~**bility,** brennbarhet *c;* ~**on,** forbrenning *c.*

come [kʌm] komme; **to** ~, fremtidig; ~ **along,** skynde seg; bli med; ~**-back,** tilbakevending *c;* suksessrik gjenopptreden; ~ **by,** få fatt på;

~ **off,** slippe fra (noe); foregå, finne sted; ~ **true,** oppfylles; ~ **up to,** komme opp imot, tilsvare.

comedian [kə'mi:diən] komiker *c;* ~**y** ['kɔmidi] komedie *c,* lystspill *n.*

comely ['kʌmli] tekkelig, pen.

comfort ['kʌmfət] trøst *c;* hygge *c,* komfort *c;* trøste; ~**able,** behagelig, makelig, hyggelig; **be** ~**able,** ha det koselig, føle seg vel.

comic ['kɔmik] komisk; ~ **strip,** tegneserie *c.*

coming ['kʌmiŋ] kommende, fremtidig.

command [kə'ma:nd] befaling *c,* kommando *c;* rådighet *c;* kommandere; styre; beherske; ~**er,** befalhavende *c;* kommandør *c;* marinekaptein *c;* ~**er-in-chief** øverstbefalende *c;* ~**ment,** *rel* bud *n.*

commemorate [kə'meməreit] feire, minnes; ~**ion,** minne(fest) *n (c).*

commence [kə'mens] begynne; ~**ment,** begynnelse *c, amr* eksamenshøytidelighet *c.*

commend [kə'mend] rose, anbefale.

comment ['kɔment] (kritisk) bemerkning *c*, kommentar *c;* ~ **on**, gjøre bemerkninger til, kommentere; ~ **ary**, kommentar *c*, ledsagende foredrag *n*.

commerce ['kɔməs] handel *c;* samkvem *c;* ~ **ial** [kə'mə:ʃl] handels-; reklamesending.

commission [kə'miʃn] verv *n*, oppdrag *n;* provisjon *c;* kommisjon *c;* gi i oppdrag; ~ **aire** [-'næə] dørvakt *c;* kommisjonær *c;* ~ **er**, kommissær *c*, medlem av en kommisjon (komité).

commit [kə'mit] betro, overlate; begå; ~ **oneself**, forplikte seg, engasjere seg.

common ['kɔmən] felles; alminnelig, simpel; ~ **law**, allmenn sivilrett *c* bygd på sedvanerett; ~ **sense**, sunn fornuft , *c;* ~ **er**, borger *c*, uprivilegert person; underhusmedlem *n;* ~ **place**, banalitet *c;* banal; ~ **room**, fellesrom *n* (bl.a. lærer-, professorværelse

n); ~ **s**, alminnelige (jevne) folk; **the House of Commons**, Underhuset; **the (British) Commonwealth of Nations**, Det britiske samvelde.

commotion [kə'mouʃn] røre *n*, uro *c*.

communal ['kɔmjunl] felles, offentlig.

communicate [kə'mju:nikeit] meddele, stå i forbindelse med, sette seg i forbindelse med; ~ **tion**, meddelelse *c*, forbindelse *c;* **means of** ~, kommunikasjonsmiddel *n;* ~ **tive**, meddelsom.

communion [kə'mju:njən] fellesskap *n;* nattverd *c*, altergang *c;* ~ **ism**, kommunisme *c;* ~ **ity**, *n*, samfunn *n*.

commute [kə'mju:t] bytte, skifte (ut), ~ **r**, pendler *c*.

companion [kəm'pænjən] kamerat *c*, ledsager *c;* pendant *c*, motstykke *n;* ledsage; ~ **ship**, selskap *n*, samkvem *n*.

company ['kʌmpəni] (handels)selskap *n;* samvær *n;* gjester; kompani *n*.

comparable ['kɔmpərəbl]

sammenlignbar; ~ative [kəm'pærətiv] forholds-messig; sammenlignen-de; ~e [kəm'pæə] sam-menligne; ~ison, sam-menligning c; gradbøy-ning c.

compartment [kəm'pa:t-mənt] avdeling c; rom n; kupé c.

compass ['kʌmpəs] om-krets c; utstrekning c; kompass n, passer c; omgi.

compassion [kəm'pæʃn] medlidenhet c; ~ate, medlidende.

compatibility [kəmpætə-'biliti] forenlighet c, sam-svar n; ~le [kəm'pætəbl] forenlig, som passer sammen med.

compatriot [kəm'pætriət] landsmann c.

compel [kəm'pel] (frem)-tvinge.

compensate ['kompenseit] kompensere; erstatte; ~ion [kompən'seiʃn] kompensasjon c; erstat-ning c.

compete [kəm'pi:t] kon-kurrere; ~nce ['kom-pitəns] kompetanse c; kvalifikasjon c; (sorg-fritt) utkomme n; ~nt,

kompetent, skikket, kva-lifisert.

competition [kompi'tiʃn] konkurranse c; ~ive [kəm'petitiv] konkurran-sedyktig; ~or [kəm'pe-titə] konkurrent c.

complacence [kəm'plei-səns] (selv)tilfredshet c; ~t, selvtilfreds.

complain [kəm'plein] (be)-klage (seg) (about, of over); ~t, klage c, lidel-se c.

complement ['komplimənt] komplement c; utfylling c.

complete [kəm'pli:t] full-stendig(gjøre), fullføre; utfylle; ~ion, fullendel-se c, utfylling c, kom-plettering c.

complex ['kompleks] sam-mensatt; innviklet, flo-ket; ~ion, ansiktsfarge c; fig utseende n; ~ity, innviklethet c.

compliance [kəm'plaiəns] samsvar n; innvilgelse c.

complicate ['komplikeit] komplisere, gjøre inn-viklet.

compliment ['kompliment] kompliment n; [with) ~s, hilsen c; kompli-mentere; ønske til lyk-

ke; ~ **ary** [kɔmpli'men-
təri] komplimenterende.
comply [kəm'plai] **with,**
imøtekomme, etterkom-
me.
component [kəm'pounənt]
bestanddel c.
compose [kəm'pouz] sette
sammen; danne; kom-
ponere; berolige; ~ **er,**
komponist c; ~ **ition,**
sammensetning c; kom-
posisjon c; skriftlig opp-
gave c; ~ **itor** [-'pɔzitə]
setter c; ~ **ure** [-'pouʒə]
ro c, fatning c.
compound ['kɔmpaund]
sammensetning c; sam-
mensatt; ~ **interest,**
rentesrente c; [kəm-
'paund] sette (blande)
sammen.
comprehend [kɔmpri-
'hend] innbefatte; begri-
pe; ~ **sible** begripelig;
~ **sion,** oppfatning c,
fatteevne c; ~ **sive,** om-
fattende.
comprise [kəm'praiz] inn-
befatte.
compromise ['kɔmprə-
maiz] kompromiss n;
forlik n.
compulsion [kəm'pʌlʃn]
tvang c; ~ **ory,** obligato-
risk.

compute [kəm'pju:t] (be)-
regne; ~ **er,** regnema-
skin c.
comrade ['kɔmrəd] kame-
rat c.
conceal [kən'si:l] skjule.
concede [kən'si:d] innrøm-
me.
conceit [kən'si:t] idé c, fo-
restilling c; innbilskhet
c; ~ **ed,** innbilsk.
conceivable [kən'si:vəbl]
tenkelig; ~ **e,** unnfange,
tenke ut; forstå.
concentrate ['kɔnsentreit]
konsentrere (seg) (**on**
om).
concept ['kɔnsəpt] begrep
n; ~ **ion,** unnfangelse c;
oppfatning c; idé c.
concern [kən'sə:n] (større)
bedrift c; anliggende n;
bekymring c; angå, be-
kymre; ~ **ing,** angående.
concert ['kɔnsət] konsert
c; forståelse c.
conciliate [kən'silieit] for-
like, forsone; ~ **ion,** for-
soning c.
concise [kən'sais] kortfat-
tet, konsis.
conclude [kən'klu:d] (av)-
slutte, ende; dra en slut-
ning c; ~ **sion,** avslut-
ning c, slutt c; konklu-
sjon c; ~ **sive,** avgjøren-
de.

concord [ˈkɔŋkɔːd] enighet c.

concrete [ˈkɔnkriːt] fast; konkret; betong c.

concur [kənˈkəːr] stemme overens; falle sammen; medvirke.

concussion [kənˈkʌʃn] risting c, (hjerne)rystelse c.

condemn [kənˈdem] (for)-dømme; kondemnere; ~ **able**, forkastelig; ~ **ation**, fordømmelse c; kondemnering c.

condense [kənˈdens] fortette, kondensere; ~ **r**, kondensator c.

condescend [kɔndiˈsend] nedlate seg; ~ **ing**, nedlatende.

condition [kənˈdiʃn] betingelse c; (til)stand c; kondisjon c; ~ **s**, forhold.

condole [kənˈdoul] kondolere; ~ **nce**, kondolance c.

conduce [kənˈdjuːs] bidra, føre (til); ~ **ive**, som bidrar til.

conduct [ˈkɔndʌkt] oppførsel c, atferd c; [kənˈdʌkt] føre, lede; *mus* dirigere; ~ **or**, leder c; *mus* dirigent c; konduktør c; *amr* togfører c.

cone [koun] kjegle c, kongle c.

confection|**er** [kənˈfekʃənə] konditor c; ~ **ery**, konditori n; konditorvarer.

confedera|**cy** [kənˈfedərəsi] forbund n; ~ **te**, forbundsfelle c, forbundet; ~ **tion**, forbund n.

confer [kənˈfəː] tildele (**on** til), overdra; konferere; ~ **ence**, konferanse c.

confess [kənˈfes] tilstå, bekjenne; ~ **ion**, tilståelse c; bekjennelse c; skrifte.

confide [kənˈfaid] betro (seg) (**to** til); ~ **ence**, tillit c; fortrolighet c.

confine [kənˈfain] begrense; sperre inne; begrensning c; ~ **ment**, begrensning c; innesperring c; nedkomst c.

confirm [kənˈfəːm] bekrefte; ~ **ation**, bekreftelse c.

confiscat|**e** [ˈkɔnfiskeit] konfiskere; beslaglegge; ~ **ion**, beslagleggelse c.

conflict [ˈkɔnflikt] konflikt c; [kənˈflikt] stride (**with** med).

conform [kənˈfɔːm] tilpasse seg; føye, rette seg etter; ~ **ity**, overensstemmelse c; **in** ~ ~ **with**, i samsvar med.

confound [kənˈfaund]

blande sammen, forveksle; forvirre; fordømme.

confront [kən'frʌnt] stå like overfor; konfrontere.

confuse [kən'fju:z] forvirre; blande sammen; ~ **ion**, forvirring c, uorden c; sammenblanding c.

confute [kən'fju:t] gjendrive.

congeal [kən'dʒi:l] fryse, størkne.

congenial [kən'dʒi:niəl] (ånds)beslektet; tiltalende.

congestion [kən'dʒestʃən] blodtilstrømning c; opphopning c, trafikkstans c.

congratulate [kən'grætjuleit] lykkønske; ~ **ion**, lykkønskning c.

congregate ['kɔŋgrigeit] samle (seg); ~ **ion**, menighet c.

congress ['kɔŋgres] møte n, kongress c; ~ **man** amr kongressmedlem n.

conic(al) ['kɔnik(l)] kjegleformet, konisk; ~ **section**, kjeglesnitt n.

conjugal ['kɔndʒugl] ekteskapelig.

conjuncture [kən'dʒʌŋktʃə]

sammentreff n (av omstendigheter).

connect [kə'nekt] forbinde; stå i forbindelse med; ~ **ion**, forbindelse c; ~ **ive**, forbindende; bindeledd n.

connive [kə'naiv] se gjennom fingrene (**at** med).

conquer ['kɔŋkə] erobre; seire; ~ **or**, erobrer c; seierherre c.

conquest ['kɔŋkwest] erobring c.

conscience ['kɔnʃəns] samvittighet c; ~ **tious** [kɔnʃi'enʃəs] samvittighetsfull.

conscious ['kɔnʃəs] bevisst; ~ **ness**, bevissthet c.

conscription [kɔn'skripʃn] utskrivning c, verneplikt c.

consecrate ['kɔnsikreit] (inn)vie, vigsle.

consecutive [kən'sekjutiv] som kommer etter hverandre.

consent [kən'sent] samtykke n; ~ **to**, samtykke i.

consequence ['kɔnsikwens] følge c, konsekvens c; betydning c; ~ **tly**, følgelig.

conservation [kɔnsə'veiʃn]

bevaring *c;* ~**tive,** konservativ.

conserve [kən'sə:v] bevare; sylte; ~**s,** syltetøy *n.*

consider [kən'sidə] betrakte, overveie, betenke; anse for; mene; ~**able,** betydelig, anselig; ~**ate,** hensynsfull; ~**ation,** overveielse *c;* hensyn(sfullhet) *c;* godtgjørelse *c.*

consign [kən'sain] overdra, konsignere, sende (varer); ~**ment,** sending *c* (av varer); konsignasjon *c.*

consist [kən'sist] bestå **(of** av, **in** i å).

consistency [kən'sistənsi] konsistens *c,* konsekvens *c;* ~**t** forenlig, som stemmer **(with** med); konsekvent.

consolation [kɔnsə'leiʃn] trøst *c;* ~**e** [kən'soul] trøste.

consolidate [kən'sɔlideit] grunnfeste, trygge; forene, samle; ~**ion,** konsolidering *c.*

conspicuous [kən'spikjuəs] iøynefallende, påfallende.

conspiracy [kən'spirəsi] sammensvergelse *c;*

~**ator,** sammensvoren *c;* ~**e** [-'spaiə] sammensverge seg.

constable [ˈkʌnstəbl] konstabel *c,* betjent *c.*

constancy [ˈkɔnstənsi] uforanderlighet *c;* trofasthet *c;* ~**t,** uforanderlig, bestandig.

consternation [kɔnstə:-'neiʃn] forskrekkelse *c.*

constipate [ˈkɔnstipeit] forstoppe; ~**ion,** forstoppelse *c.*

constituency [kən'stitjuənsi] valgkrets *c;* ~**t part,** bestanddel *c.*

constitute [ˈkɔnstitju:t] utgjøre; utnevne; stifte; ~**ion** [kɔnsti'tju:ʃən] beskaffenhet *c;* konstitusjon *c,* grunnlov *c;* ~**ional,** konstitusjonell.

construct [kən'strʌkt] bygge, konstruere; ~**ion,** bygging *c;* konstruksjon *c;* ~**ive,** konstruktiv; ~**or,** konstruktør *c.*

consul [ˈkɔnsəl] konsul *c;* ~ **general,** generalkonsul *c.*

consult [kən'sʌlt] rådspørre, konsultere; se etter, slå opp i (en bok); ~**ation** [kɔnsəl'teiʃn], rådslagning *c.*

consume [kən'sju:m] for- tære, forbruke; ~**r,** konsument *c.*

consumption [kən'sʌm(p)- ʃn] forbruk *n;* lungetu- berkulose *c.*

contact ['kɔntækt] berø- ring *c,* kontakt *c; v* også [kən'tækt] sette seg i for- bindelse med, kontakte.

contagion [kən'teidʒən] smitte *c;* ~ **us,** smittsom.

contain [kən'tein] innehol- de; beherske; ~ **er,** be- holder *c.*

contaminate [kən'tæmi- neit] (be)smitte, foruren- se; ~ **ion,** besmittelse *c,* forurens(n)ing *c.*

contemplate ['kɔntempleit] betrakte; gruble (over); ~ **ation,** betraktning *c,* grubleri *n.*

contemporary [kən'tempə- rəri] samtidig; moderne.

contempt [kən'tem(p)t] forakt *c;* ~ **uous,** full av forakt; hånlig.

contend [kən'tend] kjem- pe, slåss.

content [kən'tent] tilfreds; tilfredsstille; tilfredshet; ~ **oneself with,** nøye seg med; **to one's heart's** ~, av hjertens lyst; ~ **s** ['kɔntents] innhold *n;* ~ **ment,** tilfredshet *c.*

contest ['kɔntest] strid *c;* konkurranse *c;* [kən'test] bestride; konkurrere om; ~ **able,** omtvistelig.

continent ['kɔntinənt] fast- land *n;* verdensdel *c;* måteholden; kysk; ~ **al** [kɔnti'nentl] kontinental.

contingent [kən'tindʒənt] (troppe)kontingent *c;* tilfeldig; avhengig (**upon** av).

continual [kən'tinjuəl] uavbrutt, stadig; ~ **ance,** (ved)varenhet *c;* ~ **ation,** fortsettelse *c;* ~ **e** fort- sette; ~ **ous,** sammen- hengende, stadig, uav- brutt.

contour ['kɔntu:ə] omriss *n.*

contraband ['kɔntrəbænd] smugling *c,* smuglergods *n.*

contraception [kɔntrə- 'sepʃn] prevensjon *c.*

contract [kən'trækt] trekke sammen; pådra seg; kontrahere, inngå kon- trakt; ['kɔn-] avtale *c,* kontrakt *c;* ~ **ion,** sam- mentrekning *c;* ~ **or,** en- treprenør *c;* kontrahent *c.*

contradict [kɔntrə'dikt] motsi; ~ **ion,** motsigelse *c;* ~ **ory,** motsigende.

contrary ['kɔntrəri] motsatt; **on the ~**, tvert imot; **~ to**, stridende imot.

contrast ['kɔntra:st] motsetning c; [kən'tra:st] sammenligne; danne motsetning til.

contravene [kɔntrə'vi:n] handle imot, overtre; **~tion**, overtredelse c.

contribute [kən'tribjut] bidra; **~ion**, bidrag n; **~or**, bidragsyter c; medarbeider c; **~ory**, som gir bidrag.

contrite ['kɔntrait] angerfull.

contrivance [kən'traivəns] oppfinnelse c, påfunn c; innretning c; **~e**, finne opp, pønske ut.

control [kən'troul] tilsyn n, kontroll c; herredømme n; kontrollere, beherske.

controversial [kɔntrə'və:ʃl] omstridt, strids-; **~y** ['kɔntrəvə:si] kontrovers c.

convalesce [kɔnvə'les] friskne til (etter sykdom); **~nce**, rekonvalesens c; **~nt**, rekonvalesent c.

convene [kən'vi:n] komme, kalle sammen; **~ience** bekvemmelighet c, komfort c; **at your earliest ~**, så snart det passer Dem; **~ient**, bekvem, bekvemmelig.

convent ['kɔnvənt] (nonne)kloster n; **~ion** møte n, kongress c; avtale c; skikk og bruk; **~ional**, konvensjonell.

conversation [kɔnvə:-'seiʃn] samtale **~e**, samtale **(with** med); **~ion**, forvandling c, omdannelse c; omvendelse c.

convert [kən'və:t] omdanne, omvende.

convey [kən'vei] bringe, transportere, overbringe; meddele; **~ance**, transport c; befordringsmiddel n, skjøte n.

convict ['kɔnvikt] straffange c; [kən'vikt] erklære skyldig **(of** i); **~ion**, domfellelse c; overbevisning c.

convince [kən'vins] overbevise.

convoke [kən'vouk] sammenkalle.

coo [ku:] kurre.

cook [kuk] kokk(e) c (c); lage mat.

cool [ku:l] kjølig; kaldblodig, rolig; freidig; avkjøle; ~ **ness,** kjølighet c, kaldblodighet c.

coolie ['ku:li] kuli c.

cooper ['ku:pə] bøkker c.

co-operate [cou'ɔpəreit] samarbeide; medvirke, bidra; ~ **ion,** samarbeid; medvirkning c; kooperasjon c; ~ **ive,** samvirke, kooperativ; ~ ~ **society,** samvirkelag n.

cop [kɔp] politimann c.

cope [koup] **with,** greie, klare, mestre.

copper ['kɔpə] kopper-(-slant) n (c); politimann c.

copy ['kɔpi] kopi c; avskrift c, avtrykk n, gjennomslag n, reproduksjon c; eksemplar n (av bok, avis), n; manuskript n; kopiere; **fair** ~, renskrift c; **rough** ~, kladd c, konsept n; ~ **-book,** skrivebok c; ~ **ing-ink,** kopiblekk n; ~ **right,** forlagsrett c, opphavsrett c.

coral ['kɔ:rəl] korall c.

cord [kɔ:d] snor, snøre n.

cordial ['kɔ:diəl] hjertelig; styrkedrikk c.

corduroy ['kɔ:dərɔi] kordfløyel c.

core [kɔ:] kjerne(hus) c (n).

cork [kɔ:k] kork c (-e); ~ **screw,** korketrekker c.

corn [kɔ:n] korn n (planter); liktorn c; amr mais c; ~ **-cob,** maiskolbe c; ~ **y,** underlig, skrullet.

corner ['kɔ:nə] hjørne n; krok c.

coronation [kɔrə'neiʃn] kroning c.

corporal ['kɔ:pərəl] korporlig, kroppslig; korporal c; ~ **ation,** juridisk person c; kommune-, bystyre n; amr aksjeselskap n.

corpse [kɔ:ps] lik n.

correct [kə'rekt] korrekt, riktig; rette, korrigere; ~ **ion,** (oppgave)retting (c) c; ~ **ive,** forbedrende; korrektiv n.

correspond [kɔris'pɔnd] svare **(to, with** til); brevveksle **(with** med); ~ **ence,** overensstemmelse c, korrespondanse c; ~ **ent,** korrespondent c; ~ **ing,** tilsvarende.

corridor ['kɔridɔ:] korridor c.

corrode [kə'roud] tære på, fortære; ruste; ~ **sion,**

fortæring *c* (ved rust);
~ **sive**, tærende.

corrugate ['kɔrugeit] rynke, rifle; ~ **d iron**, bølgeblikk *n*.

corrupt [kə'rʌpt] fordervet; korrupt; bederve, ødelegge; forderve; bestikke; ~ **ion**, bedervelse *c*; fordervelse *c*, korrupsjon *c*.

corset ['kɔ:sit] korsett *n*.

cosmetics [kɔz'metiks] kosmetikk *c*.

cost [kɔst] omkostning(er) *c*; koste.

costermonger ['kɔstəmʌŋgə] gateselger *c*.

costly ['kɔstli] kostbar.

costume ['kɔstju:m] kostyme *n*; (-re), drakt *c*.

cosy ['kouzi] koselig.

cot [kɔt] barneseng *c*, feltseng *c*; køye *c*.

cottage ['kɔtidʒ] hytte *c*, lite hus *n*.

cotton ['kɔtn] bomull *c* (-splante, -svarer, -støy).

couch [kautʃ] benk *c*, sofa *c*, sjeselong *c*.

cough [kɔ:f] *v & s* hoste *c*.

council ['kaunsl] råd *n*, rådsforsamling *c*; ~ **lor**, rådsmedlem *n*.

counsel ['kaunsl] råd *n*,
rådslagning *c*; advokat *c* (i en rettssak); gi råd; ~ **lor**, rådgiver *c*.

count [kaunt] beregning *c*, telling *c*; notis *c*; greve *c*; telle; ~ **on**, regne med, stole på.

countenance ['kauntinəns] ansikt *n*, mine *c*; billige.

counter ['kauntə] disk *c*, spillemerke *n*; mot-, kontra-; gjøre mottrekk (i sjakk), gi slag igjen (boksing); ~ **act**, motvirke; ~ **balance**, motvekt *c*; oppveie, utligne; ~ **feit** [-fit] ettergjort, uekte; forfalskning *c*; ettergjøre, forfalske; ~ **feiter**, falskmyntner *c*; ~ **pane**, sengeteppe *n*; ~ **part**, motstykke *n*; sidestykke *n*.

countess ['kauntis] grevinne *c*.

country ['kʌntri] land *n*; strøk *n*, egn *c*; ~ **man**, landsmann *c*; mann fra landet, bonde *c*.

county ['kaunti] grevskap *n*, fylke *n*.

couple ['kʌpl] par *n*; a ~ of days, et par dager; parre, sammenkople.

courage ['kʌridʒ] mot *n*; ~ **ous** [kə'reidʒəs] modig.

course [kɔ:s] (for)løp *n*,
gang *c*; kurs *c*, retning *c*,
bane *c*; veddeløpsbane
c; kurs(us) *n*; rett *c*; **of**
~, selvfølgelig.

court [kɔ:t] gård(splass) *c*;
hoff *n*; domstol *c*; (ten-
nis)bane *c*; ~**eous**, høf-
lig, beleven; ~**esy**
[ˈkə:tisi] høflighet *c*;
~**ship**, frieri *n*; ~**yard**,
gårdsplass *c*.

cousin [ˈkʌzn] fetter *c*; ku-
sine *c*.

cover [ˈkʌvə] dekke *n*,
deksel *n*, lokk *n*; omslag
n, bind *n*; perm *c*; futte-
ral *n*; dekning *c*, skjule-
sted *n*; kuvert *c*; dekke
(til), skjule, beskytte; til-
bakelegge; ~**ing**, dekke
n, overtrekk *n*; ~**let**,
sengeteppe *n*; ~**t**,
skjult, fordekt, hemme-
lig; skjul *n*, tilholdssted
n.

covet [ˈkʌvit] begjære, at-
trå; ~**ous**, begjærlig (**of**
etter).

cow [kau] ku *c*.

coward [ˈkauəd] feig(ing)
c; ~**ice**, feighet *c*.

cowboy [ˈkaubɔi] *amr* ri-
dende gjeter *c*.

crab [kræb] krabbe *c*; kri-
tisere.

crack [kræk] sprekk *c*,
revne *c*; smell *n*; knek-
ke; knalle, smelle
(med); sprenge; *dt* flott,
prima; ~**ed**, sprukket;
~**er**, knallbonbon *c*;
kjeks *c*; ~**s**, nøtteknek-
ker *c*.

cradle [ˈkreidl] *v* og *s* vug-
ge *c*.

craft [kra:ft] håndverk *n*;
dyktighet *c*; fartøy *n*;
~**sman**, håndverker *c*;
~**y**, slu.

cramp [kræmp] krampe *c*;
hemme, innsnevre.

cranberry [ˈkrænbəri] tra-
nebær *n*.

crane [krein] kran *c*; tra-
ne *c*.

crank [kræŋk] sveiv *c*;
krumtapp *c*; særling *c*,
forskrudd person; svei-
ve opp.

crape [kreip] krepp *c*.

crash [kræʃ] brak *n*; ned-
styrtning *c*; brake,
dundre; styrte ned;
~**-helmet**, styrthjelm *c*.

crate [kreit] (sprinkel)kas-
se *c*; stor kurv; pakke i
kasse.

crater [ˈkreitə] krater *n*.

crave [kreiv] be inntren-
gende om; begjære,
lengte etter; ~**en**, feig;

~ing, begjær *n;* sterkt ønske *n.*

crawl [krɔ:l] kravle, krabbe; crawle; be ~ing with, myldre av.

crayfish [ˈkreifiʃ] kreps *c.*

craziness [ˈkreizinəs] galskap ~y, skrullet, gal.

creak [kri:k] knirk *n* (-e).

cream [kri:m] fløte *c,* krem *c.*

crease [kri:s] fold *c,* brett *c;* buksepress *c;* krølle.

create [kriˈeit] skape; utnevne; ~ion, skapelse *c;* utnevnelse *c;* ~or, skaper *c;* ~ure [ˈkri:tʃə] (levende) vesen *n,* skapning *c;* kreatur.

credibility [krediˈbiliti] troverdighet *c;* ~le, troverdig, trolig.

credit [ˈkredit] tillit *c,* (til)tro *c;* kredit(t) *c;* anseelse *c;* tro (på); godskrive; kreditere.

credulous [ˈkredjuləs] godtroende.

creek [kri:k] vik *c,* bukt *c; amr* bekk *c.*

creep [kri:p] krype, liste seg; ~er, slyngplante *c;* ~y, uhyggelig.

cremation [kriˈmeiʃn] kremasjon *c;* ~orium,

~ory [ˈkremətəri] krematorium *n.*

crescent [ˈkresnt] månesigd *c;* halvrund plass; halvmåneformet; voksende.

crest [krest] (hane)kam *c;* hjelmbusk *c;* bakkekam *c;* familievåpen *n;* ~fallen, motløs.

crevice [ˈkrevis] (fjell)sprekk *c.*

crew [kru:] mannskap *n.*

crib [krib] krybbe *c;* fuske.

cricket [ˈkrikit] siriss *c;* cricketspill *n;* not ~, ikke realt.

crime [kraim] forbrytelse *c;* ~inal, forbrytersk, forbryter *c;* ~~ity kriminalitet *c.*

crimson [ˈkrimzn] høyrød.

cringe [krindʒ] krype (to for).

cripple [ˈkripl] krøpling *c.*

crisis, *pl* -es [ˈkraisis, -i:z] vendepunkt *n;* krise *c.*

crisp [krisp] kruset; sprø; frisk; kruse (seg), bli sprø.

critic [ˈkritik] kritiker *c;* ~al, kritisk; ~cism, kritikk *c;* ~cize [-saiz]; kritisere.

croak [krouk] kvekke, skrike.

crockery ['krɔkəri] stentøy n.

crocodile ['krɔkədail] krokodille c.

crook [kru:k] krok c, hake c; sving c; bedrager c; **~ed**, kroket, skjev; uærlig.

crooner ['kru:nə] vokalist c.

crop [krɔp] avling c; kro c (på fugler).

cross [krɔs] kors n, kryss n, krysning c; tverr, gretten; krysse, gå tvers over; motvirke; **~ grained**, vrien, tverr; (vei-, gate-)kryss n; overfart c; **~-word puzzle**, kryssord n.

crouch [krautʃ] huke seg ned.

crow [krou] kråke c; gale.

crowd [kraud] (menneske)mengde c; trenge (til side), flokkes.

crown [kraun] v & s krone c.

crucial ['kru:ʃl] avgjørende.

crucifixion [kru:si'fikʃn] korsfestelse c.

crude [kru:d] rå, umoden.

cruel [kru:əl] grusom; **~ty**, grusomhet c.

cruise [kru:z] (kryss)tokt n, sjøreise c.

crumb [krʌm] (brød)smule *(n)* c.

crumple ['krʌmpl] krølle(s).

crusade [kru:'seid] korstog n.

crush [krʌʃ] trengsel c; knuse; klemme, presse.

crust [krʌst] skorpe c; skare c; dekke(s) med skorpe.

crutch [krʌtʃ] krykke c.

cry [krai] skrik n, rop n; gråt c, skrike; gråte.

crystal ['kristl] krystall n; **~lize**, krystallisere.

ct. fork. for *cent*.

cub [kʌb] valp c, unge c.

cube [kju:b] terning c.

cuckoo ['kuku:] gjøk c.

cucumber ['kju:kʌmbə] agurk c.

cud [kʌd] drøv; **chew the ~**, tygge drøv.

cuddle ['kʌdl] ligge lunt; kjæle (med).

cudgel ['kʌdʒəl] klubbe c, kølle c.

cue [kju:] (biljard)kø c *(c)*; stikkord n.

cuff [kʌf] mansjett c (erme-)oppslag n; slag

n, dask *c;* ~ **s,** håndjern; daske.

culminate ['kʌlmineit] kulminere.

culpable ['kʌlpəbl] straffskyldig; ~ **rit,** gjerningsmann *c,* skyldig.

cult [kʌlt] kultus *c;* ~ **i- vate,** dyrke; kultivere; ~ **ivation,** dyrking *c;* ~ **ural,** kultur *c;* dyrking *c;* dannelse *c;* dyrke; kultivere; ~ **ured,** kultivert, dannet.

cumbersome ['kʌmbəsəm] byrdefull, besværlig.

cunning ['kʌniŋ] list(ig) *c.*

cup [kʌp] kopp *c,* beger *n;* pokal *c;* ~ **board** ['kʌpbəd] skap *n.*

cupidity [kju:'piditi] begjærlighet *c.*

cur [kə:] kjøter *c.*

curable ['kju:rəbl] helbredelig.

curate ['kju:rit] kapellan *c;* ~ **or** [-'reitə] kurator *c;* konservator *c.*

curb [kə:b] tøyle *c;* kantstein *c,* fortauskant *c* (også **-stone).**

cure [kju:] kur *c;* helbredelse *c;* helbrede; konservere (salte, røyke, tørke).

curfew ['kə:fju] portforbud *n.*

curiosity [kju:ri'ɒsiti] nysgjerrighet *c;* raritet *c;* ~ **us,** nysgjerrig; underlig, kunstferdig.

curl [kə:l] krøll *c;* krølle (seg), sno.

currant ['kʌrənt] korint *c;* rips *c* (**red** ~); solbær *n* (**black** ~).

currency ['kʌrənsi] valuta *c;* omløp *n;* gangbarhet *c;* ~ **t** strøm(ning) *c;* gangbar, løpende, inneværende; aktuell.

curriculum [kə'rikjuləm] undervisningsplan, pensum *n;* ~ **vitae** ['vitai] levnetsbeskrivelse *c.*

curry ['kʌri] karri *c.*

curse [kə:s] forbanne(lse) *c,* ~ **e** ed *c.*

curt [kə:t] kort, mutt; ~ **ain** ['kə:tn] gardin *n,* forheng *n; teat* teppe *n.*

curts(e)y ['kə:tsi] neie; kniks *n.*

curve [kə:v] kurve *c,* sving *c;* krumme (seg).

cushion ['kuʃn] pute *c;* polstre.

custodian [kʌ'stoudiən] vokter *c,* vaktmester *c;* ~ **y** ['kʌstədi] forvaring *c,* varetekt *c.*

custom ['kʌstəm] sedvane *c,* skikk *c;* ~ **s** toll(vesen) *c (n);* ~ **ary,** vanlig;

~**er**, kunde *c;* ~**-house,** tollbod *c;* ~**s officer,** toller *c.*

cut [kʌt] skjære; hogge; klippe; uthogge; redusere; overse; skulke; ta av (i kort); snitt *n;* hogg *n;* slag *n;* (av)klipp *n;* reduksjon *c;* ~ **teeth,** få tenner; ~ **down,** innskrenke; ~ **off,** avskjære, avbryte; utestenge; ~ **out,** tilskjære; sjalte ut; ~ **short,** avbryte (plutselig); ~ **glass,** slepet glass *n;* ~ **up rough** slå seg vrang, bli sint.

cute [kju:t] skarpsindig; *amr* søt, sjarmerende.
cutler [ˈkʌtlə] knivsmed *c;* ~**y,** kniver, sakser *etc.*
cutlet [ˈkʌtlit] kotelett *c.*
cutting [ˈkʌtiŋ] skjærende; skarp; utklipp *n;* (vei-, jernbane-)skjæring *c.*
cycle [ˈsaikl] syklus *c,* krets *c;* sykkel *c;* sykle.
cylinder [ˈsilində] sylinder *c,* valse *c.*
cynic [ˈsinik] kyniker *c;* ~**al,** kynisk.
Czech [tʃek] tsjekker *c;* ~**oslovakia,** Tsjekkoslovakia.

D

dab [dæb] slå lett; daske.
dad(dy) [ˈdæd(i)] pappa *c.*
daffodil [ˈdæfədil] påskelilje *c.*
daft [da:ft] skrullet, tosket.
dagger [ˈdægə] dolk *c.*
daily [ˈdeili] daglig; dagblad *n,* daghjelp *c.*
dainty [ˈdeinti] lekker, fin; kresen.
dairy [ˈdɛəri] meieri *n.*
daisy [ˈdeizi] tusenfryd *c.*
dam [dæm] dam *c,* demning *c;* demme opp.

damage [ˈdæmidʒ] skade *c;* beskadige; ~**s,** erstatning *c.*
damn [dæm] fordømme; ~**!** pokker!
damp [dæmp] fuktighet *c;* fuktig, klam; *(amr* ~**en)** fukte, væte; dempe.
dance [da:ns] dans *c;* ~**er,** danser(inne) *c (c);* ~**ing,** dans(ing) *c.*
dandelion [ˈdændilaiən] løvetann *c.*
dandruff [ˈdændrʌf] flass *n.*

dandy ['dændi] laps *c;* fin.
Dane [dein], danske *c;* dane.
danger ['deindʒə] fare *c;* ~ **ous**, farlig.
Danish ['deiniʃ] dansk.
dapper ['dæpə] livlig, vever.
dare [dɛə] tore, våge.
daring ['dɛəriŋ] dristighet *c;* modig; dristig.
dark [da:k] mørk; mørke *n;* ~ **en**, mørkne; ~ **ness**, mørke *n;* ~ **room**, mørkerom *n.*
darling ['da:liŋ] skatt *c,* elskling *c;* yndling *c.*
darn [da:n] stoppe (huller).
dart [da:t] kastespyd *n,* kastepil *c;* fare (av sted), styrte; kaste.
dash [dæʃ] splintre, slå i knas; kyle; styrte av sted; stenk *n,* skvett *c,* plutselig bevegelse *c,* tankestrek *c;* ~ **board**, instrumentbord *n* (på bil, fly osv.); ~ **ing**, flott, feiende.
date [deit] daddel *c;* tidspunkt *n;* dato *c;* tid *c;* årstall *n;* avtale *c; amr* stevnemøte *n;* datere; **out of** ~, foreldet; **up to** ~, moderne, tidsmessig.

daub [dɔ:b] smøre(ri) *n.*
daughter ['dɔ:tə] datter *c;* ~ **-in-law**, svigerdatter *c.*
dawn [dɔ:n] gry *n,* daggry *n;* dages, lysne.
day [dei] dag *c;* **the other** ~, forleden (dag); **this** ~ **week**, i dag om en uke; ~ **break**, daggry *n;* ~ **light**, dagslys *n;* ~ **'s work**, dagsverk *n.*
dazzle ['dæzl] blende.
dead [ded] død, livløs; sloknet; matt; øde; ~ **beat**, dødstrett; ~ **body**, lik *n;* ~ **en**, avdempe, døyve; ~ **lock**, stillstand *c,* uføre *n;* ~ **ly**, dødelig, drepende.
deaf [def] døv; tunghørt; ~ **aid**, høreapparat *n;* ~ **ening**, øredøvende; ~ **-mute**, døvstum; ~ **ness**, døvhet *c.*
deal [di:l] forretning, handel *c;* avtale *c;* kortgiving *c;* tildele; fordele; gi (kort); handle; **a good** ~, **a great** ~, en hel del; ~ **er**, handlende *c,* forhandler *c.*
dean [di:n] dekan(us) *c;* domprost *c.*
dear [diə] dyr; dyrebar; kjær.

death [deþ] død *c*, dødsfall *n;* ~-**rate**, dødelighet(sprosent) *c (c).*

debark [di'ba:k] gå i land; landsette; ~ **ation**, landgang *c;* landsetting *c.*

debate [di'beit] ordskifte *n*, debatt *c;* debattere.

debauch [di'bɔ:tʃ] forføre; utsvevelse *c.*

debit ['debit] debet *c;* debitere.

debt [det] gjeld *c;* ~**or**, debitor *c*, skyldner *c.*

decade ['dekeid] tiår *n.*

decadence ['dekədəns] forfall *n;* ~**t**, som er i forfall.

decanter [di'kæntə] karaffel *c.*

decay [di'kei] forfalle; råtne, visne bort; forfall *n.*

decease [di'si:s] bortgang *c*, død *c;* gå bort, dø.

deceit [di'si:t] bedrageri *n.*

deceive [di'si:v] bedra; narre.

December [di'sembə] desember.

decency ['di:snsi] sømmelighet *c;* anstendighet *c;* ~**t**, sømmelig, skikkelig.

deception [di'sepʃn] bedrag *n;* skuffelse *c;* ~**ve**, skuffende; bedragersk.

decide [di'said] beslutte; avgjøre.

decision [di'siʒən] avgjørelse *c;* beslutning *c;* ~**ve** [di'saisiv] avgjørende.

deck [dek] pynte, pryde; dekk *n.*

declaration [deklə'reiʃn] erklæring *c*, kunngjøring *c;* ~**e**, erklære; kunngjøre; melde (i kort); angi (til fortolling).

decline [di'klain] avta; forfalle; avslå; nedgang *c*, tilbakegang *c.*

decorate ['dekəreit] pryde, dekorere; ~**ion**, (ordens-)dekorasjon *c;* pynt *c.*

decoy ['di:kɔi] lokkefugl *c.*

decrease [di'kri:s] avta, minke; ['di:kri:s] nedgang *c*, reduksjon *c.*

decree [di'kri:] forordne; dekret *n.*

decrepit [di'krepit] avfeldig.

dedicate ['dedikeit] innvie; tilegne; ~**ion**, innvielse *c;* tilegnelse *c*, dedikasjon *c.*

deduce [di'dju:s] utlede, slutte.

deduct [di'dʌkt] trekke

fra; ~ion, fradrag-(spost) *n (c)*; utledning *c*.

deed [di:d] dåd *c*, gjer-ning *c*; dokument *n*; skjøte *n*, tilskjøte.

deem [di:m] anse for; mene.

deep [di:p] dyp; dypt; ~en, utdype.

deer [diə] dyr *n* (av hjorteslekten).

defeat [di'fi:t] overvinne; tilintetgjøre; nederlag *n*; ~ism, defaitisme *c*.

defect [di'fekt] mangel *c*, feil *c*; ~ive defekt, man-gelfull.

defence [di'fens] forsvar *n*; ~d, forsvare; ~dant, the ~ saksøkte *c*, ankla-gede; ~sive, forsvars-, defensiv *c*.

defer [di'fə:] utsette.

defiance [di'faiəns] ut-fordring *c*; tross *c*; ~ant, utfordrende, tros-sig.

deficiency [di'fiʃənsi] mangel *c*; ufullkommen-het *c*; ~cient, mangel-full, evneveik.

deficit ['defisit] under-skudd *n*.

define [di'fain] forklare, definere; ~ite ['definit]

bestemt, nøye avgren-set; ~ition, bestemmel-se *c*; ~itive [di'finitiv] definitiv, endelig; avgjø-rende.

deflect [di'flekt] avvike, bøye(s) av.

deform [di'fɔ:m] misdan-ne, vansire; ~ity, mis-dannelse *c*, vanskapthet *c*; feil *c*.

defraud [di'frɔ:d] bedra.

defray [di'frei] bestride (omkostninger).

deft flink, netthendt.

defunct [di'fʌnkt] (av)død.

defy [di'fai] trosse; utford-re.

degenerate [di'dʒenəreit] utarte; ~ion, utarting *c*.

degradation [degrə'deiʃn] degradering *c*; ~e, de-gradere.

degree [di'gri:] grad *c*; rang *c*; eksamen *c* (ved universitet *el* college).

deject [di'dʒekt] nedslå; ~ion, motløshet *c*.

delay [di'lei] utsette(lse), forsinke(lse) *c*.

delegate ['deligeit] delege-re; sende ut med full-makt; ['-git] utsending *c*.

delete [di'li:t] stryke (ut).

deliberate [di'libərit] over-lagt; [di'libəreit] over-veie.

delicacy ['delikəsi] finhet c; finfølelse c; lekkerbisken c; ~ **te**, fin; fintfølende; sart.
delicious [di'liʃəs] deilig, herlig, lekker.
delight [di'lait] glede c; glede seg (**in** ved, over); ~ **ful** deilig, herlig.
delinquency [di'liŋkwənsi] forseelse c, forsømmelse c; **juvenile** ['dʒu:vinail] ~ ungdomskriminalitet c; ~ **t**, forsømmelig; skyldig; forbryter c.
deliver [di'livə] (over)levere; befri; forløse; holde (f.eks. en tale); ~ **ance**, befrielse c; ~ **y**, overlevering c; levering c; ombæring c (av post); forløsning c; fremføring c.
delude [di'lu:d] villede, narre.
deluge ['delju:dʒ] oversvømmelse c; syndflod c.
delusion [di'lu:ʒən] illusjon c, villfarelse c; ~ **ve**, skuffende; illusorisk.
demand [di'ma:nd] fordre, kreve, forlange; fordring c; etterspørsel c; **in great** ~, meget søkt, etterspurt.

demeanour [di'mi:nə] oppførsel c.
demi, halv-.
demob(ilize) ['di:'mɔb- (di-'moubilaiz)] demobilisere.
democracy [di'mɔkrəsi] demokrati n; ~ **t** ['deməkræt] demokrat c; ~ **tic** [demə'krætik] demokratisk; ~ **tize** [di'måkrətaiz] demokratisere.
demolish [di'mɔliʃ] rive ned; ~ **ition**, nedriving c.
demonstrate ['demənstreit] (be)vise, demonstrere; ~ **tion**, bevisføring c; bevis n; (offentlig) demonstrasjon c; ~ **tive** [di'månstrətiv] klargjørende; demonstrativ, åpen.
demure [di'mjuə] ærbar.
den, hule c (dyrs); hybel c.
denial [di'naiəl] (be)nektelse c; avslag n.
Denmark ['denma:k] Danmark.
denominate [di'nomineit] benevne; ~ **ation**, benevnelse c; pålydende n, verdi c; religiøst samfunn n.
denounce [di'nauns] fordømme; angi, melde.

dense [dens] tett; fast; tungnem; ~ **ity**, tetthet.

dent, hakk *n*, bulk *c*; bulke.

dental ['dentl] tann-; ~ **ifrice**, tannpulver *n* (-krem, -pasta, -vann); ~ **ist**, tannlege *c*; ~ **ure**, gebiss *n*.

denunciation [dinʌnsi'eiʃn] fordømmelse *c*; anmeldelse *c*.

deny [di'nai] (be)nekte; avslå.

depart [di'pa:t] (av)gå, reise bort; gå bort, dø; avvike; ~ **ed**, avdød; ~ **ment**, avdeling *c*; område *n*; *amr* departement *n*; ~ ~ **store**, varehus; ~ **ure**, avgang *c*, avreise *c*; avvik *n*; død *c*.

depend [di'pend] ~ **able**, pålitelig; ~ **on**, avhenge av; stole på; ~ **ence**, avhengighet *c*.

depict [di'pikt] male; skildre.

deplorable [di'plɔ:rəbl] beklagelig; ~ **e**, beklage.

depopulate [di'pɔpjuleit] avfolke.

deport [di'pɔ:t] deportere.

depose [di'pouz] avsette; vitne.

deposit [di'pɔzit] deponere, anbringe; sette inn (penger); avleire; depositum *n*; innskudd *n*; avleiring *c*.

depreciate [di'pri:ʃieit] sette ned (*el* falle) i verdi; ~ **tion**, (verdi)forringelse *(c) c*.

depress [di'pres] trykke ned; nedslå; ~ **ed**, nedtrykt; ~ **ion**, nedtrykking *c*; nedtrykthet *c*, depresjon *c*.

deprive [di'praiv] berøve.

depth [depþ] dybde *c*; dyp *n*.

deputy ['depjuti] representant *c*, varamann *c*.

derail [di'reil] avspore; ~ **ment**, avsporing *c*.

derange [di'reindʒ] bringe i ulage; ~ **d**, sinnsforvirret; ~ **ment**, (sinns)forvirring *c*.

derision [di'riʒən] hån *c*.

derive [di'raiv] avlede, utlede.

derrick ['derik] lastekran *c*, lossebom *c*; boretårn *n*.

descend [di'send] synke; stige ned; nedstamme; ~ **dant**, etterkommer *c*; ~ **t**, nedstigning *c*; avstamning *c*.

describe [di'skraib] beskrive.

description [di'skripʃn] beskrivelse c.

desert ['dezət] ørken c, øde sted n; [di'zə:t] forlate; desertere; fortjent lønn c; ~ **ion**, frafall n; desertering c.

deserve [di'zə:v] fortjene; ~ **ing**, fortjenstfull, verdig.

design [di'zain] tegne; skissere; planlegge; bestemme (**for** til); tegning c; plan c; konstruksjon c; ~ **ate** ['dezigneit] betegne, utpeke (**to, for** til); ~ **ation**, betegnelse c; ~ **er**, tegner c, konstruktør c; ~ **ing**, listig, renkefull.

desirable [di'zaiərəbl] attråverdig; ønskelig; ~ **e**, ønske (v & n); begjær n; (-e); ~ **ous**, begjærlig (**of** etter).

desk, pult c, skranke c.

desolate ['desəlit] ubebodd, øde; ulykkelig.

despair [dis'pɛə] fortvile(lse) c; ~ **ing**, fortvilet.

desperate ['despərit] fortvilet; desperat.

despise [dis'paiz] forakte.

despite [dis'pait] nag n; tross c; prp til tross for.

despondency [dis'pɔndənsi] motløshet n; ~ **t**, motløs.

dessert [di'zə:t] dessert c.

destination [desti'neiʃn] bestemmelsessted c (n); ~ **e** ['-tin] bestemme; ~ **y**, skjebne c.

destitute ['destitju:t] blottet (**of** for); fattig; ~ **ion**, fattigdom c; mangel c, nød c.

destroy [dis'trɔi] ødelegge.

destruction [dis'trʌkʃn] ødeleggelse c; ~ **ve**, ødeleggende.

detach [di'tætʃ] skille, avsondre; ~ **ment**, atskillelse c; kjølig fjernhet c.

detail ['di:teil] berette inngående om; detalj c; ~ **ed**, inngående.

detain [di'tein] holde tilbake; oppholde.

detect [di'tekt] oppdage; ~ **ive**, detektiv c.

detention [di'tenʃn] forvaring c, arrest c.

detergent [di'tə:dʒənt] vaskemiddel, -pulver n.

deteriorate [di'tiəriəreit] forringe; bli forringet.

determinate [di'tə:minit] bestemt; ~ **ation**, besluttsomhet *c;* bestemmelse *c;* ~**e,** bestemme (seg); beslutte.

detest [di'test] avsky *c;* ~**able,** avskyelig.

detonation [detou'neiʃn] eksplosjon *c;* knall *n.*

detour ['di:tuə] omvei *c.*

detract [di'trækt], avlede; ~ **from** nedsette, forringe.

detriment ['detrimənt] skade *c;* ~**al** [-'mentl] skadelig.

devastate ['devəsteit] herje.

develop [di'veləp] utvikle (seg); *fotogr* fremkalle; ~**ment,** utvikling *c.*

deviate ['di:vieit] avvike; ~**ion** [-'eiʃn] avvikelse *c.*

device [di'vais] påfunn *n;* innretning *c;* devise *c.*

devil ['devl] djevel *c.*

devise [di'vaiz] tenke ut.

devoid [di'vɔid] fri, blottet (**of** for).

devote [di'vout] hellige, vie; ~**ed,** hengiven; ~**ion,** hengivenhet *c;* fromhet *c.*

devour [di'vauə] sluke.

devout [di'vaut] from.

dew [dju:] dugg(e) *c;* ~**y,** dugget.

dexterity [deks'teriti] (be)-

hendighet ~**ous** ['dekstərəs] hendig, fingernem.

diagnose ['daiəgnouz] diagnostisere; ~**is,** *pl* ~**es** [daiəg'nousis] diagnose *c.*

dial ['daiəl] solur *n;* urskive *c,* telefonskive *c;* slå telefonnummer.

dialect ['daiəlekt] målføre *n.*

diameter [dai'æmitə] diameter *c,* tverrmål *n.*

diamond ['daiəmənd] diamant *c;* ruter (i kortspill).

diaper ['daiəpə] bleie *c.*

diary ['daiəri] dagbok *c.*

dice [dais] *(pl* av **die)** terninger; spille med terninger.

dictate [dik'teit] diktere; ~**ion,** diktat *c;* ~**or,** diktator; ~**orship,** diktatur *n.*

dictionary ['dikʃənri] ordbok *c,* leksikon *n.*

didactic [di'dæktik] didaktisk, belærende.

die [dai] dø; omkomme; dø bort; (i *pl:* **dice)** terning *c.*

diet ['daiət] kost *c,* diett *c,* riksdag *c.*

differ ['difə] være for-

skjellig, avvike; ~ **ence,**
forskjell c; uenighet c;
stridspunkt n; ~ **ent,**
forskjellig **(from** fra).
difficult ['difikəlt] vanske-
lig; ~ **y,** vanskelighet c.
diffuse [di'fju:z] utbre,
spre; ~ **ion,** spredning c;
utbredelse c.
dig, grave; slite, jobbe.
digest ['daidʒest] sammen-
drag n, [di'dʒest] for-
døye(s); ~ **ible,** fordøye-
lig; ~ **ion,** fordøyelse c.
digit ['didʒit] finger-
(bredd) c, (ensifret) tall
n.
dignified ['dignifaid] (ær)-
verdig; ~ **fy,** utmerke,
hedre; ~ **ty,** verdighet c.
digress [dai'gres] komme
bort fra emnet; ~ **ion,**
digresjon c.
dike [daik] dike n; dem-
ning c.
diligence ['dilidʒəns] flid
c; ~ **t,** flittig.
dilute [dai'lju:t] fortynne.
dim, mørk, matt, uklar.
dimension [di'menʃn] di-
mensjon c, utstrekning
c, mål n.
diminish [di'miniʃ] for-
minske; minke.
diminution [dimi'nju:ʃn]
forminskelse c; minking
c.
dimple ['dimpl] smilehull
n.
din, larm c, drønn n, bra-
ke.
dine [dain] spise middag.
dingy ['dindʒi] skitten,
mørk.
dining-car ['daininka:]
spisevogn c; ~ **room,**
spisestue c; ~ **table,** spi-
sebord n.
dinner ['dinə] middag(s-
mat) c (c); ~ **-jacket**
smoking c.
diocese ['daiəsi:s] bispe-
dømme n.
dip, dyppe; øse; dukke;
dukkert c; dypping c;
helling c.
diploma [di'plouma] dip-
lom n, vitnemål ~ **cy,**
diplomati n; ~ **t** ['diplo-
mæt] diplomat c.
dipper ['dipə] sleiv c, øse
c.
direct [di'rekt el dai-] rett,
strak; direkte; umiddel-
bar; styre, rettleie; gi
ordre; adressere; ~ **cur-
rent,** likestrøm c; ~ **ion,**
retning c; ledelse c;
~ **ly,** direkte; umiddel-
bart, straks; ~ **or,** leder
c; styremedlem n, direk-

tør *c;* **board of** ~**ors** (bedrifts)styre *n;* ~**ory,** adressebok *c;* **telephone** ~, telefonkatalog *c.*

dirt [də:t] skitt; ~**y,** skitten.

disability [disə'biliti] inkompetanse *c;* uførhet *c;* ~**able** [-'eibl] gjøre ubrukbar; gjøre til invalid; ~**abled** handikappet.

disadvantage [disəd'va:ntidʒ] ulempe *c,* uheldig forhold; ~**ous** [-'teidʒəs] ufordelaktig.

disagree [disə'gri:] være uenig **(with** med); ikke stemme overens; ikke ha godt av (om mat og drikke); ~**able,** ubehagelig; ~**ment,** uoverensstemmelse *c,* uenighet *c.*

disappear [disə'piə] forsvinne; ~**ance,** forsvinning *c.*

disappoint [disə'pɔint] skuffe; ~**ment,** skuffelse *c.*

disapproval [disə'pru:vl] misbilligelse *c;* ~**ve,** misbillige.

disarm [dis'a:m] avvæpne, nedruste; ~**ament,** avvæpning *c,* nedrusting *c.*

disaster [di'za:stə] ulykke *c;* ~**rous,** ulykkelig, katastrofal.

disbelief ['disbi'li:f] vantro *c,* tvil *c;* ~**eve,** tvile på.

disburse [dis'bə:s] betale ut; ~**ment,** utbetaling *c.*

disc *(el* **disk)** [disk] skive *c,* (grammofon)plate *c.*

discern [di'sə:n] skjelne; skille; erkjenne; ~**ing,** forstandig; skarpsindig; ~**ment,** skarpsindighet *c.*

discharge [dis'tʃa:dʒ] losse; avfyre; frigi; løslate; utføre (plikt); betale (gjeld); avskjedige; lossing *c;* avlessing *c;* avfyring *c;* salve *c;* befrielse *c,* løslating *c;* frigivelse *c,* avmønstring *c;* betaling *c.*

disciple [di'saipl] disippel *c;* ~**ine** ['disiplin] disiplin *c;* fag *n;* disiplinere, tukte.

disclose [dis'klouz] oppdage, avsløre; ~**ure,** avsløring *c.*

discolour [dis'kʌlə] avfarge(s).

discomfort [dis'kʌmfət] ubehag *n,* bry *n;* plage, uleilige.

disconcert [diskən'sə:t] forfjamse, bringe ut av fatning; forpurre.

disconnect [diskə'nekt] (av)bryte; kople fra.

disconsolate [dis'kɔnsəlit] trøsteløs.

discontent ['diskən'tent] misfornøyd; misnøye c; ~ed, misfornøyd.

discontinue [diskən'tinju] holde opp med, avbryte.

discord ['diskɔ:d] disharmoni c; uenighet c; mislyd c.

discount ['diskaunt] rabatt c; diskonto c; be at a ~ stå under pari; ogs. være billig til salgs; [-'kaunt] diskontere, trekke fra.

discourage [dis'kʌridʒ] ta motet fra.

discourse [dis'kɔ:s] foredrag n; avhandling c.

discourteous [dis'kə:tiəs] uhøflig.

discover [dis'kʌvə] oppdage; ~er, oppdager c; ~y, oppdagelse c.

discredit [dis'kredit] vanry n.

discreet [dis'kri:t] taktfull, diskret.

discrepancy [dis'krepənsi] uoverensstemmelse c, motsigelse; ~t, uoverensstemmende (from med).

discretion [dis'kreʃn] diskresjon c; forstand c; at ~, etter behag.

discriminate [dis'krimineit] skjelne; gjøre forskjell, diskriminere; ~ion, skjelning c, diskriminering c; skjønn n.

discuss [dis'kʌs] drøfte, diskutere; ~ion, drøfting c, diskusjon c; forhandling c.

disdain [dis'dein] forakt(e) c.

disease [di'zi:z] sykdom c; ~d, syk; sykelig.

disembark ['disim'ba:k] utskipe, landsette; gå i land.

disengage ['disin'geidʒ] gjøre fri, befri; ~d, fri, ledig; ~ment, befrielse c; heving av forlovelse.

disentangle ['disin'tængl] greie ut, utrede.

disfigure [dis'figə] vansire.

disgrace [dis'greis] unåde c, vanære c; bringe i unåde; vanære; ~ful, vanærende.

disguise [dis'gaiz] forkle; maskere; forkledning c; forstillelse c.

disgust [dis'gʌst] vemmelse c; volde vemmelse; ~ing, motbydelig.

dish [diʃ] fat *n,* (mat)rett *c.*

dishonest [dis'ɔnist] uærlig; ~ y, uærlighet *c.*

dishonour [dis'ɔnə] skam *c;* vanære *c;* ikke honorere (en veksel); ~ able, vanærende; æreløs.

disillusion [disi'lu:ʒn] desillusjonere.

disinfect ['disin'fekt] rense, desinfisere; ~ ant, desinfeksjonsmiddel *n;* ~ ion, desinfeksjon *c.*

disinherit ['disin'herit] gjøre arveløs.

disinterested [dis'intristed] uegennyttig; uhildet, upartisk.

disk, se *disc.*

dislike [dis'laik] mishag *n;* ikke like.

dislocate ['dislokeit] forrykke; bringe av ledd; ~ ion, forrykkelse *c,* forvridning *c.*

disloyal [dis'lɔiəl] illojal.

dismantle [dis'mæntl] demontere, sløyfe.

dismay [dis'mei] forferde, nedslå; forferdelse *c.*

dismiss [dis'mis] sende bort; avvise; avskjedige; ~ al, avskjed *c,* avvisning *c.*

dismount ['dis'maunt] stige av (hest *el* sykkel); demontere.

disobedience [disə'bi:-djəns] ulydighet *c;* ~ t, ulydig (to imot).

disobey ['disə'bei] være ulydig.

disorder [dis'ɔ:də] uorden *c;* sykdom *c;* bringe i uorden; ~ ly, uordentlig, opprørsk.

disparage [dis'pærid3] rakke ned på, laste; ~ ment, nedrakking *c.*

disparate ['dispərit] ulik, uensartet.

dispatch [dis'pætʃ] avsendelse, sending *c,* hurtig besørgelse; sende; ekspedere; ~ er, avsender *c.*

dispel [dis'pel] spre, drive bort.

dispensable [dis'pensəbl] unnværlig; ~ ary, reseptur (i apotek) *n;* ~ ation, fritagelse *c;* tildeling *c.*

disperse [dis'pə:s] spre (seg).

displace [dis'pleis] flytte; forskyve; fordrive; fortrenge; ~ ment, forskyvning *c,* deplasement *n;* ~ d person, flyktning *c,* (lands)forvist *c.*

display fremvisning *c*, utstilling *c;* vise, stille ut.

displease [dis'pli:z] mishage; ~**ure** [-'pleʒə] misnøye *c*, mishag *n*.

disposal [dis'pouzl] rådighet *c*, disposisjon *c;* ~**e**, ordne, innrette; ~**ed**, innstilt, disponert; ~**ition**, ordning *c;* disposisjon *c;* tilbøyelighet *c;* gemytt *n*.

dispossess [dispə'zes] berøve; fordrive.

disproportion ['disprə'pɔːʃən] misforhold *n*.

dispute [dis'pju:t] strides; drøfte; disputt *c*, ordstrid *c*.

disquiet [dis'kwaiət] uro *c;* forurolige, uroe.

disregard ['disri'ga:d] ringeakt *c;* ignorering *c;* ikke ta hensyn til.

disreputable [dis'repjutəbl] beryktet.

disrespect ['disri'spekt] mangel på aktelse *c;* ~**ful**, uærbødig.

dissatisfaction ['disætis-'fækʃn] utilfredshet *c;* misnøye *c;* ~**fied**, misfornøyd.

dissemble [di'sembl] skjule; forstille seg.

disseminate [di'semineit] spre.

dissension [di'senʃn] tvist *c*, splid *c*, uenighet *c*.

dissimilar [di'similə] ulik.

dissipate ['disipeit] spre(s); ødsle bort; ~**ed**, utsvevende; ~**ion**, spredning *c;* ødsling *c;* utsvevelser.

dissolute ['disəl(j)u:t] utsvevende.

dissolvable [di'zɔlvəbl] oppløselig; ~**e**, oppløse(s).

dissuade [di'sweid] fraråde.

distance ['distəns] avstand *c*, distanse *c;* ~**t**, fjern.

distaste [dis'teist] avsmak *c*.

distil [dis'til] destillere; ~**lation**, destillasjon *c;* ~**lery**, brenneri *n*.

distinct [dis'tiŋkt] atskilt; tydelig; ~**ion**, atskillelse *c*, forskjell *c;* utmerkelse *c;* ~**ive**, eiendommelig; utpreget; særpreget.

distinguish [dis'tiŋgwiʃ] atskille; skjelne; utmerke; ~**ed**, utmerket, fremragende, fornem.

distort [dis'tɔ:t] fordreie.

distract [dis'trækt] avlede, distrahere; ~**ed**, forstyrret, forrykt, gal; ~**ion**, adspredelse *c*, forstyrrelse *c;* sinnsforvirring *c*.

distress [dis'tres] nød *c*, kval *c;* bekymre, volde sorg.

distribute [dis'tribju:t] dele ut, fordele; ~**ion**, utdeling *c*, fordeling *c;* utbredelse *c;* ~**or**, fordeler *c;* forhandler *c*.

district ['distrikt] distrikt *n*.

distrust [dis'trʌst] mistro, ha mistillit til; mistillit *c*.

disturb [dis'tə:b] forstyrre; forurolige; ~**ance**, forstyrrelse *c;* uro(lighet) *c*.

ditch [ditʃ] grøft *c;* kjøre i grøften.

ditty ['diti] vise(stubb) *c*.

dive [daiv] dukke, stupe; dukkert *c*, bad *n; amr* bule *c;* styrtflukt *c;* ~**r**, dykker *c*.

diverse [dai'və:s] forskjellig, ulik, ~**ion**, avledning *c*, omkjøring *c;* atspredelse *c*.

divert [dai'və:t] avlede; omdirigere; atspre.

divide [di'vaid] (for-, inn-)dele, dele seg; dividere; (vann)skille *n*.

divine [di'vain] spå; gud-

dommelig; ~**ity**, guddom *c;* teologi *c;* ~**ity school**, teologisk fakultet *n*.

division [di'viʒən] (av-, inn-)deling *c;* divisjon; uenighet *c;* ~**ible**, delelig.

divorce [di'vɔ:s] skilsmisse *c;* skille (ektefolk); skilles.

divulge [dai'vʌldʒ] avsløre, røpe.

dizziness ['dizinis] svimmelhet *c;* ~**y**, svimmel.

do [du:] gjøre; utføre; vise; handle; klare, greie seg, gå an, være nok, passe; leve, ha det; ~ **one's best**, gjøre sitt beste; ~ **me a service**, gjør meg en tjeneste; **I have done eating**, jeg er ferdig med å spise; ~ **one's hair**, stelle håret; ~ **one's lessons**, gjøre leksene sine; ~ **the town**, se (severdighetene i) en by; ~ **away with**, avskaffe; vrake; **that will** ~, det er nok; **that won't** ~, den går ikke; **will this** ~? kan De bruke denne?; **I am done for**, det er ute med meg; **how** ~ **you** ~?

god dag! (det) gleder meg (ved presentasjon); ~ **without**, unnvære; **do** ved nektelse: **I ~ not like it**, jeg liker det ikke; **do** ved spørsmål: ~ **you speak English?** snakker (kan) du engelsk?; forsterkende: ~ **come**, å, kom nå; vær så snill å kòmme; **don't you know**, ikke sant? er du ikke enig?

docile ['dousail, *amr* 'dɔsil] lærvillig, føyelig.

dock [dɔk] dokk *c;* anklagebenk *c;* ~ **er**, havnearbeider *c;* ~ **et**, resymé *n*, sakliste *c;* ~ **yard**, verft *n*.

doctor ['dɔktə] doktor *c;* lege *c*.

document ['dɔkjumənt] dokument *n;* dokumentere; ~ **ary** [-'mentəri] dokumentarisk; dokumentarfilm.

dodge [dɔdʒ] unngå, unndra seg; krumspring *n*.

dog [dɔg] hund *c;* **go to the** ~ **s**, gå i hundene; ~ **-biscuit**, hundekjeks *c;* ~ **-cart**, jaktvogn *c;* ~ **-days**, hundedager; ~ **ged**, stri, seig, trassig;

~ **'s-ear**, eseløre *n*, brett *c* (på blad i bok); ~ **-tired**, dødstrett.

doing ['du:iŋ] gjerning *c*.

dole [doul] arbeidsløshetstrygd *c*, forsorg *c*.

doll [dɔl] dokke *c,*

dolphin ['dɔlfin] delfin *c*.

dome [doum] dom *c*, kuppel *c*.

domestic [də'mestik] hus-, huslig; innenriks-; tjener *c;* hushjelp *c;* ~ **ate**, temme.

domicile ['dɔmisail] bopel *c;* hjemsted *n;* ~ **d**, bosatt.

domination [dɔmi'neiʃn] herredømme *n*.

dominion [də'minjən] herredømme *n;* **the Dominions**, de britiske selvstyrende besittelser.

donation [dou'neiʃn] gave *c* (til legat, fond o.l.).

done [dʌn] *perf pts* av **do**, gjort, utført; ferdig; **I have** ~, jeg er ferdig; **I have** ~ **Italy**, jeg har reist gjennom hele Italia.

donkey ['dɔŋki] esel *n*.

donor ['dounə] giver *c*, donator *c*.

don't [dount] fork. f. *do not*.

doom [du:m] dom(medag) *c (c);* undergang *c;* (for)dømme; ~**sday,** dommedag *c.*

door [dɔ:] dør *c;* ~-**handle,** dørklinke *c;* ~-**keeper,** dørvokter *c,* portner *c;* ~-**plate,** dørskilt *n;* ~**way,** døråpning *c.*

dope [doup] narkotikum *n,* stimulerende middel *n;* bedøve, narkotisere.

dormant [ˈdɔ:mənt] slumrende, hvilende; ~ **partner,** passiv kompanjong *c.*

dormitory [ˈdɔmit(ə)ri] sovesal *c; amr* studenthjem *n.*

dose [dous] dosis *c;* gi en dosis, dosere.

dot [dɔt] prikk *c,* punkt *n;* prikke; overså.

double [ˈdʌbl] dobbelt; (for)doble(s); legge dobbelt, dublere; det dobbelte; gjenpart *c;* dublett *c;* dobbeltspill *n* (i tennis); ~-**breasted,** dobbeltknappet (om jakke); ~**cross,** narre, svindle, bedra; ~-**dealing,** falskhet *c;* ~ **entry,** dobbelt bokholderi *n;* ~-**faced,** tosidig; ~-**minded,** tvisynt, vaklende.

doubt [daut] tvil *c* (-e) **(of** på); ~**ful,** tvirådig; tvilsom.

dough [dou] deig *c.*

dove [dʌv] due *c.*

dowager [ˈdauədʒə] (fornem) enke *c;* **queen** ~, enkedronning *c.*

down [daun] dun *n;* dyne *c;* sandbanke *c;* ned; nede; utfor; nedenunder, nede; ~ **the river,** nedover elven; **go** ~, gå under; synke; **lie** ~, legge seg (ned); **sit** ~, sette seg (ned); ~**fall,** *fig* fall *n;* ~**hearted,** motfallen; ~**hill,** utforbakke *c;* ~**pour,** øsregn *n;* ~**right,** likefrem; fullstendig; ~**stairs,** nedenunder; ~**town,** især *amr* ned til *el* nede i byens sentrum; ~**ward(s),** nedover.

dowry [ˈdauəri] medgift *c.*

doze [douz] døse, slumre.

dozen [ˈdʌzn] dusin *n.*

Dr. = **doctor, debtor.**

drab [dræb] gulbrun farge; trist; monoton; tøs *c.*

draft [dra:ft] veksel *c,* tratte *c;* utkast *n;* plan *c,* tegning *c;* gjøre utkast til; sette opp (dokument) *(n).*

drag [dræg] dra, trekke.

drain [dreɪn] lede bort noe flytende; tørre ut; drenere; kloakkledning c; avløpsrør n; tapping c; ~ **age**, drenering c.

dramatist ['dræmətist] dramatisk forfatter c.

draper ['dreɪpə] manufakturhandler c, kleshandler c.

draught [dra:ft] trekking c, tapping c; trekk c; slurk c; ~ **beer** [bɪə] fatøl n; ~**s**, damspill n; ~**sman**, tegner c; ~**y**, trekkfull.

draw [drɔ:] dra, trekke; tegne; avfatte, sette opp skriftlig; heve (penger); strekke; tappe; trekning c; drag n; attraksjon c; *teat* kassestykke n; ~ **up**, sette opp; avfatte; ~**back**, hindring c; ulempe c; ~ **bridge**, vindebru c; ~ **ee**, trassat c; ~**er**, tegner c; trassent c; skuff c; **chest of** ~**ers**, kommode c; ~**ers**, pl underbukse c; ~ **ing**, trekning c; tegning c; ~ **ing-board**, tegnebrett n; ~ **ing-room**, (daglig)-stue c; salong c.

dread [dred] skrekk c,

frykt c; frykte; ~ **ful**, fryktelig.

dream [dri:m] drømme; drøm c; ~**y**, drømmende.

dreary ['drɪəri] trist.

dredge [dredʒ] bunnskrape; muddermaskin c.

dregs [dregz] pl bunnfall n, berme c.

drench [drentʃ] gjøre dyvåt.

dress, kledning c, drakt c; damckjole c; kle på (seg), kle seg om; ordne, pynte; forbinde; ~ **cir-cle**, balkong c (i teatret); ~**ing**, forbinding c; tilberedning c; tilbehør n (til en rett, f.eks. saus til salat); påkledning c; appretur c; ~**ing case**, toalettskrin n, toalett-veske c; ~**ing-gown**, slå-brok c; ~**y**, pyntesyk, smart; ~ **maker**, dame-skredder(ske) c (c); ~**-rehearsal**, general-prøve c; ~**-shirt**, man-sjettskjorte.

drift, drift c; retning c; snødrive c.

drill, drille, bore; inn-øve; bor c, n, drill c; eksersis c.

drink [drɪŋk] drikk c; drikke; ~ **able**, drikkelig; ~**ables**, drikkevarer; ~**ing-glass**, drikkeglass *n;* ~**er**, en som drikker; dranker *c.*

drip, dryppe; drypp *n;* ~**ping**, stekefett *n.*

drive [draiv] kjøre, drive; jage; tvinge; slå i; ~ **at** sikte til; ~ **on**, kjøre av sted, videre; kjøring *c;* kjøretur *c;* kampanje *c;* fremdrift *c;* ~**r**, kjører *c,* sjåfør *c,* kusk *c;* ~**ing**, kjøring; ~ ~ *(el* **driver's) licence**, førerkort *n.*

drizzle ['drizl] duskregn *n* (-e).

droll [droul] pussig.

droop [dru:p] henge ned.

drop [drɔp] dråpe *c;* øredobb *c;* drops *n;* teppe *n;* (for scenen); fall *n;* dryppe; falle; slippe (seg) ned; miste; sløyfe; ~ **in**, komme uventet, se innom en; ~ **a line**, skrive noen linjer.

drought [draut] tørke(tid) *c (c).*

drown [draun] *vt,* **be drowned** *vi* drukne.

drowse [drauz] døs(e) *c;* ~**y**, søvnig, døsig.

drudge [drʌdʒ] slite og

streve; ~**ry**, slit og strev.

drug [drʌg] droge *c;* bedøvingsmiddel *n;* ~**s**, apotekervarer; narkotika *n;* bedøve; ~**gist**, apoteker, farmasøyt *c;* ~**store**, *amr* (slags) apotek *n.*

drum [drʌm] tromme(l) *c.*

drunk [drʌŋk] drukken, full; full mann; ~**ard**, drukkebolt *c;* ~**en**, drukken, full; ~**enness**, drikkfeldighet *c.*

dry [drai] tørr; tørre; tørke; ~**-cleaning**, kjemisk rensing *c;* ~**ness**, tørrhet *c.*

dual ['dju:əl] dobbelt; **dual carriageway**, vei med to atskilte kjørebaner.

dubious ['dju:bjəs] tvilsom, tvilende.

duchess ['dʌtʃis] hertuginne *c;* ~**y**, hertugdømme *n.*

duck [dʌk] and *c;* seilduk *c;* lerretsbukser; dukke; bukke med hodet.

duckling ['dʌkliŋ] andunge *c.*

due [dju:] skyldig; passende; forfallen (til be-

taling); skyldighet *c;*
rett; **be ~ to**, skyldes;
become (fall) ~, forfalle
(til betaling); **in ~ time**,
i rette tid; **the ship is ~
to-day**, skipet skal kom-
me i dag; **~s**, avgifter
c, kontingent *c.*
duel ['dju:əl] duell *c* (-ere).
duke [dju:k] hertug *c.*
dull [dʌl] matt, dump;
stump; dum; treg, kjed-
sommelig; trist; slø-
ve(s); **~ness**, sløvhet *c;*
kjedsommelighet *c.*
dumb [dʌm] stum; *amr*
dum.
dum(b)found [dʌm'faund]
forbløffe.
dummy ['dʌmi] stum per-
son *c;* statist *c;* utstil-
lingsfigur *c;* attrapp *c;*
blindemann *c* (i kort-
spill); stråmann *c.*
dump [dʌmp] søppelhaug
c; velte, tømme ut;
dumpe, kaste på marke-
det til en lav pris.
dumpling ['dʌmpliŋ] inn-
bakt frukt, eplekake *c.*
dun [dʌn] mørkebrun;
kreve, rykke.
dupe [dju:p] narre, lure.
duplicate ['dju:plikeit] for-
doble; ta gjenpart av;

['-kit] dobbelt; dublett *c;*
gjenpart *c.*
durability [dju:rə'biliti]
varighet *c;* holdbarhet *c;*
~le, varig; holdbar.
duration [dju:'reiʃn] varig-
het *c.*
during ['dju:riŋ] i løpet
av, under, i.
dusk [dʌsk] dunkel;
skumring *c*, tusmørke *n.*
dust [dʌst] støv *n;* støve
av, rense for støv;
~-man, søppelkjører *c;*
~-pan, feiebrett *n;* **~er**,
støveklut *c;* støvekost *c;*
~y, støvet.
Dutch [dʌtʃ] neder-
landsk; **the ~**, neder-
lenderne.
dutiable ['dju:tiəbl] toll-
pliktig.
dutiful ['dju:tiful] lydig,
pliktoppfyllende.
duty ['dju:ti] plikt *c*, skyl-
dighet *c;* toll *c;* **be on ~**,
være på vakt, gjøre tje-
neste; **~-free**, tollfri.
dwarf [dwɔ:f] dverg *c.*
dwell, dvele; oppholde
seg; bo.
dwelling ['dweliŋ] bolig *c;*
~-house, våningshus *n.*
dwindle ['dwindl] svinne.
dye [dai] farge; fargestoff
n; **~r**, farger *c;*
~-works, fargeri *n.*

dying ['daiŋ] døende.
dynamic [dai'næmik] dynamisk; ~ **s**, dynamikk c.

dynamite ['dainəmait] dynamitt c.
dysentery ['disəntri] dysenteri c.

E

E. = **East(ern); English.**
each [i:tʃ] (en)hver; ~ **other**, hverandre.
eager ['i:gə] ivrig; begjærlig **(for** etter); ~ **ness**, iver c; begjærlighet c.
eagle ['i:gl] ørn c.
ear [iə] øre n; gehør n; hank c; aks n; ~ **-ache**, øreverk c; ~ **-drum**, trommehinne c.
earl [ə:l] jarl c (engelsk adelstittel).
early ['ə:li] tidlig.
earn [ə:n] (for)tjene; innbringe.
earnest ['ə:nist] alvor n (-lig).
earnings ['ə:niŋz] pl inntekt c; fortjeneste c.
earth [ə:þ] jord c; verden c; jord(bunn, -art, -smonn) c (c, c, n), grunn c; dekke med jord; jorde; ~ **en**, jord-, leir-; ~ **enware**, leirvarer, steintøy n; ~ **ly**, jordisk; ~ **quake**, jord-

skjelv n.
ease [i:z] ro c; velvære n; makelighet c; utvungethet c; letthet c; lindre, lette; løsne, slakke; **at** ~, bekvemt, i ro (og mak); ~ **el**, staffeli n; ~ **iness**, letthet c, ro c; utvungethet c.
east [i:st] øst c (-lig); **the East**, Orienten; ~ **erly**, ~ **ern**, østlig.
Easter ['i:stə] påske c.
eastward(s) ['i:stwəd(z)] østover.
easy ['i:zi] lett(vint), rolig, behagelig; makelig; medgjørlig; trygg, sorgfri; utvungen; **take it** ~ **!**, ta det rolig!; ~ **-chair**, lenestol c; **-going**, lettvint; sorgløs.
eat [i:t] spise; fortære; ~ **able**, spiselig; ~ **ables**, matvarer; ~ **ing-house**, spisested n; restaurant c.
eaves ['i:vz] takskjegg n; ~ **drop**, (smug)lytte.

ebb, ebbe *c,* fjære *c;* nedgang *c;* minke.

ebony ['ebəni] ibenholt *c.*

ecclesiastic(al) [ikli:zi-'æstik(l)] kirkelig, geistlig.

echo ['ekou] ekko *n,* gi gjenlyd *c.*

eclipse [i'klips] formørkelse *c* (også figurlig).

economic [ikə'nɔmik] (sosial-)økonomisk; ~**ical,** økonomisk (dvs. besparende, sparsommelig); ~**ics,** (sosial)økonomi *c;* ~**ist** [i'kɔnəmist] (sosial)-økonom *c;* ~**y,** økonomi *c;* sparsomhet *c;* **political** ~, sosialøkonomi *c.*

ecstasy ['ekstəsi] ekstase *c.*

eddy ['edi] virvel *c,* malstrøm *c;* bakevje *c.*

edge [edʒ] egg *c,* odd *c;* skarphet *c;* rand *c;* kant *c* (-e); snitt *n* (på en bok); sette egg *el* kant på; skjerpe; få inn (~ **in a word**); **on** ~, på (høy)kant; oppskaket; irritabel; ~**ways,** sidelangs; på kant.

edible ['edibl] spiselig.

edifice ['edifis] bygning *c.*

edit ['edit] utgi; redigere; ~**ion,** utgave *c;* opplag *n;* ~**or,** utgiver *c,* redaktør *c;* ~**orial,** lederartikkel *c.*

educate ['edjukeit] oppdra; utdanne; ~**ion,** oppdragelse *c,* utdannelse *c,* undervisning *c;* skolevesen *n;* utdannelses-, pedagogisk.

eel [i:l] ål *c.*

effect [i'fekt] virkning *c;* inntrykk *n;* bevirke; virkeliggjøre, utføre; ~**s,** effekter, eiendeler; **take** ~, gjøre virkning; tre i kraft; **of no** ~, virkningsløs; **in** ~, i virkeligheten; ~**ive,** virksom; effektiv; **become** ~**ive,** tre i kraft; ~**uate,** iverksette, utføre.

effeminate [i'feminit] kvinneaktig, feminin.

efficiency [i'fiʃənsi] effektivitet *c,* virkeevne *c;* dyktighet *c;* ~**t,** virkningsfull, effektiv; dyktig.

effort ['efət] anstrengelse *c.*

effuse [e'fju:z] utgyte, sende ut, spre.

effusion [e'fju:ʒn] utgytelse *c;* ~**ive,** overstrømmende.

e.g. = **exempli gratia,** f.eks.

egg, egg *n;* **poached ~,** forlorent egg; **scrambled eggs,** eggerøre *c;* **fried ~,** speilegg *n;* **~-shell,** eggeskall *n.*

egoism ['egouizm] egoisme *c;* **~ist,** egoist *c;* **~istic(al),** egoistisk.

Egypt ['i:dʒipt] Egypt; **~ian** [i'dʒipʃn] egypter *c;* egyptisk

eider ['aidə] ærfugl *c.*

eight [eit] åtte; **~een,** atten; **~eenth,** attende; **~fold,** åttefold; **eighth,** åttende; **~y,** åtti.

either ['aidə, *amr* 'i:ðə] en (av to); hvilken som helst (av to); heller (etter nektelse); begge; **~ - or,** enten - eller.

eject [i'dʒekt] støte ut; fordrive.

eke [i:k] **out,** drøye, (for)-øke.

elaborate [i'læbərit] utarbeidet, forseggjort; [-reit] utarbeide; utdype; **~ion,** utarbeidelse *c;* utdyping *c.*

elapse [i'læps] gå (om tiden).

elastic [i'læstik] elastisk, tøyelig; strikk *c;* **~ity,** elastisitet *c;* spennkraft *c.*

elbow ['elbou] albue *c;* krok *c,* vinkel *c;* puffe, skubbe; **at one's ~,** like for hånden; **~-room,** alburom *n.*

elder ['eldə] eldre; eldst (av to); hyll *c;* **~ly,** aldrende.

eldest ['eldist] eldst.

elect [i'lekt] velge; utvalgt; **~ion,** valg *n;* **~ioneering,** valgagitasjon *c;* **~ive,** valg-; **~or,** velger *c;* valgmann *c.*

electric(al) [i'lektrik(l)] elektrisk; **~cal engineer,** elektroingeniør *c;* **~cian** [ilek'triʃn] elektriker *c;* **~city** [ilek'trisiti] elektrisitet *c;* **~fy,** elektrifisere.

elegance ['eligəns] eleganse *c;* **~t,** elegant; smakfull; fin.

element ['elimənt] element *n,* grunnstoff *n;* **~ary** [eli'mentəri] elementær; enkel; **~ary school,** grunnskole *c.*

elephant ['elifənt] elefant *c.*

elevate ['eliveit] heve, løfte; **~ion,** løfting *c,* forhøyelse c; høyde c; haug c; ~ or, løfteredskap n; kornsilo c; amr heis c.

eleven [i'levn] elleve; ~ th, ellevte.

eligibility [elidʒi'biliti] valgbarhet c; ~ le, valgbar; passende.

elk, elg c.

elm, alm c.

elope [i'loup] rømme (særlig med en person av det annet kjønn); ~ ment, rømning c.

eloquence ['eləkwəns] veltalenhet c; ~ t, veltalende.

else [els] ellers; **anyone** ~, noen annen; **what** ~ ?, hva ellers?; ~ where, annetsteds.

elucidate [i'lu:sideit] klargjøre.

elude [i'lu:d] unnvike, unngå; omgå; ~ sive, unnvikende; slu.

emaciated [i'meiʃieitid] skinnmager.

emanate ['eməneit] strømme ut, utgå (**from** fra).

emancipate [i'mænsipeit] frigjøre.

embank [em'bæŋk] demme opp; ~ ment, oppdemming c; demning c; kai c.

embark [im'ba:k] gå ombord; innlate seg **((up)on** på); ~ ation, innskipning c.

embarrass [im'bærəs] forvirre; gjøre forlegen; bringe i vanskeligheter; ~ ment, forvirring c; (penge)forlegenhet c.

embassy ['embəsi] ambassade c.

embezzle [im'bezl] gjøre underslag; ~ ment, underslag n.

embitter [im'bitə] gjøre bitter, forbitre.

embodiment [im'bɔdimənt] legemliggjørelse c; ~ y, legemliggjøre.

embrace [im'breis] omfavne(lse c); omfatte.

embroider [im'brɔidə] brodere; ~ y, broderi n.

embroil [im'brɔil] forvikle; ~ ment, forvikling c; strid c.

emerald ['emərəld] smaragd c.

emerge [i'mə:dʒ] dukke opp, komme fram; ~ ncy, kritisk situasjon, nødstilfelle n.

emigrant ['emigrənt] utvandrer c; ~ te, utvandre; ~ tion, utvandring c.

eminence ['eminəns] høyhet *c;* høy rang *c;* ære *c,* berømmelse *c;* ~ t, fremragende; høytstående.

emit [i'mit] sende ut; utstede, emittere.

emotion [i'mouʃn] sinnsbevegelse *c;* følelse *c;* ~ al, følelsesmessig.

emperor ['empərə] keiser *c.*

emphasis ['emfəsis] ettertrykk *n;* ~ size, legge ettertrykk på, fremheve; ~ tic [im'fætik] ettertrykkelig.

empire ['empaiə] keiserrike *n;* verdensrike *n.*

employ [im'plɔi] beskjeftige, sysselsette; ansette; bruke, nytte; beskjeftigelse *c;* tjeneste *c;* **in the** ~ **of,** ansatt hos; ~ ee [emplɔi'i] arbeidstaker *c,* funksjonær *c;* ~ er, arbeidsgiver *c;* ~ ment, beskjeftigelse *c,* arbeid *n;* anvendelse *c.*

empress ['empris] keiserinne.

emptiness ['emptinis] tomhet *c;* ~ y, tom **(of** for); *fig* innholdsløs; tømme.

emulate ['emjuleit] kappes med; etterligne.

enable [i'neibl] sette i stand til.

enact [i'nækt] forordne; vedta i lovs form; spille (en rolle).

enamel [i'næməl] emalje *c;* glasur *c;* emaljere.

enamoured [i'næməd] **of,** forelsket i.

enchant [in'tʃa:nt] fortrylle; ~ ment, fortryllelse *c.*

enclose [in'klouz] innhegne; inneslutte; vedlegge; ~ ure, innhegning *c;* vedlegg *n* (i et brev).

encore [ɔŋ'kɔə] (rope) dakapo *n.*

encounter [in'kauntə] møte *n;* sammenstøt *n;* møte, støte på.

encourage [in'kʌridʒ] oppmuntre; støtte, hjelpe fram; ~ ment, oppmuntring *c.*

encumber [in'kʌmbə] belemre, bry; behefte; ~ rance, byrde *c,* hindring *c;* pant *n.* heftelse *c.*

encyclop(a)edia [ensaiklou'pi:djə] konversasjonsleksikon *c.*

end, ende *c,* opphør *n;* slutt *c;* hensikt *c.* mål *n;* ende, slutte; opphøre.

endanger [in'deindʒə] bringe i fare.

endear [in'diə] **oneself,**

gjøre seg godt likt *(el.* elsket)*;* ~ **ing,** vinnende, elskverdig; ~ **ment,** kjærtegn *n.*

endeavour [in'devə] bestrebelse *c,* strev *n;* bestrebe seg.

ending ['endiŋ] slutt *c,* ende(lse) *c (c);* ~ **less,** endeløs, uendelig.

endorse [in'dɔ:s] endossere, påtegne; gi sin tilslutning.

endow [in'dau] utstyre; gi gave til, donere; ~ **ment,** (gave)fond *n;* donasjon *c;* begavelse *c.*

endurable [in'dju:rəbl] utholdelig; ~ **ance,** utholdenhet *c;* ~ **e** holde ut, tåle; vare.

enema ['enimə] klyster *n.*

enemy ['enimi] fiende *c.*

energetic [enə'dʒetik] energisk; ~ **y** ['enədʒi] kraft *c,* energi *c.*

enforce [in'fɔ:s] fremtvinge; sette igjennom; håndheve; innskjerpe; ~ **ment,** håndhevelse *c,* streng gjennomføring *c;* bestyrkelse *c.*

engage [in'geidʒ] engasjere, ansette; beskjeftige; påta seg; ~ **oneself,** forplikte seg, forlove seg;

~ **d,** opptatt, beskjeftiget **(in** med); forlovet; ~ **ment,** beskjeftigelse *c;* forpliktelse *c;* forlovelse *c.*

engender [en'dʒendə] avle.

engine ['endʒin] (damp-, kraft-)maskin *c;* motor *c;* lokomotiv *n;* redskap *n.*

engineer [endʒi'niə] ingeniør *c;* tekniker *c;* maskinist *c; amr* lokomotivfører *c;* ordne, få i stand; ~ **ing,** ingeniørarbeid *n.*

English ['iŋgliʃ] engelsk; the ~, engelskmennene; ~ **man,** engelskmann *c,* englender *c;* ~ **woman,** englenderinne *c.*

engrave [in'greiv] gravere.

enhance [in'ha:ns] forhøye; (for)øke; ~ **ment,** forhøyelse *c,* forøkelse *c.*

enigma [i'nigmə] gåte *c;* ~ **tic,** gåtefull.

enjoin [in'dʒɔin] påby, pålegge.

enjoy [in'dʒɔi] nyte, glede seg ved; synes godt om; more seg over; ~ **oneself,** more seg, ha det hyggelig; ~ **able,** morsom, hyggelig; ~ **ment,** nytelse *c;* glede *c.*

enlarge [in'lɑ:dʒ] utvide(s); forstørre(s); ~ **ment**, forstørrelse c, utvidelse c.

enlighten [in'laitn] opplyse; ~ **ment**, opplysning c.

enlist [in'list] (la seg) verve.

enmity ['enmiti] fiendskap n, uvennskap n.

enormity [i'nɔ:miti] uhyre størrelse c; forbrytelse c; ~ **ous**, enorm, uhyre stor.

enough [i'nʌf] nok.

enquire, enquiry, se *inquire, inquiry.*

enrage [in'reidʒ] gjøre rasende.

enrapture [in'ræptʃə] henrykke.

enrich [in'ritʃ] berike; pryde.

enrol(l) [in'roul] innrullere, melde (seg) inn.

ensign ['ensain] tegn n, fane c, merke n; fenrik c.

enslave [in'sleiv] gjøre til slave; ~ **ment**, slaveri c, undertrykkelse c.

ensue [in'sju:] følge (**from, on** av).

ensure [in'ʃuə] garantere, sikre, trygge (**against, from** mot).

entail [in'teil] medføre.

entangle [in'tæŋgl] filtre (sammen); ~ **ment**, sammenfiltring c, floke c, vanskelighet c.

enter ['entə] gå, komme, tre inn (i); føre, skrive inn, bokføre; ~ **prise**, foretagende n; foretaksomhet c; ~ **prising**, foretaksom.

entertain [entə'tein] underholde; beverte; nære (håp, tvil); ~ **ment**, underholdning c; bevertning c.

enthusiasm [in'þju:ziæzm] begeistring c; ~ **t**, entusiast c; svermer c; ~ **tic** [-'æstik] begeistret, entusiastisk.

entice [in'tais] lokke, forlede.

entire [in'taiə] hel; fullstendig; ~ **ly**, helt; fullstendig.

entitle [in'taitl] benevne; berettige (**to** til).

entrails ['entreilz] innvoller.

entrance ['entrəns] inngang c; inntreden c, adgang c.

entreat [in'tri:t] bønnfalle.

entrust [in'trʌst] betro.

entry ['entri] inntreden *c;* inngang *c;* innføring *c;* overtagelse *c* (av eiendom); regnskapspost *c;* tollangivelse *c;* ~ **permit,** innreisetillatelse *c.*

enumerate [i'nju:məreit] regne, telle opp.

envelop [in'veləp] innhylle, svøpe inn; ~ **e** ['enviloup] konvolutt *c;* hylster *n.*

enviable ['enviəbl] misunnelsesverdig; ~ **ious,** misunnelig; ~ **y,** misunne(lse) *c.*

environment [in'vaiərənmənt] omgivelse(r) *c,* miljø *n;* ~ **s,** omgivelser, *c.*

epidemic ['epi'demik] epidemisk; farsott *c,* epidemi *c.*

episcopal [i'piskəpl] biskoppelig; ~ **te,** bispeembete *n.*

equal ['i:kwəl] lik(e); jevnbyrdig; rolig; ens(artet); være lik med; ~ **to a task,** være en oppgave voksen; **not to be** ~ **led,** ikke ha noe sidestykke; ~ **ity** [i'kwɔliti] likhet *c;* likestilling *c;*

~ **ize** ['i:kwəlaiz] utjevne, stille på like fot.

equanimity [i:kwə'nimiti] sinnslikevekt *c.*

equation [i'kweiʃn] ligning *c;* ~ **or,** ekvator *c.*

equestrian [i'kwestriən] rytter-.

equilibrium [i:kwi'libriəm] likevekt *c.*

equinox ['i:kwinɔks] jevndøgn *n.*

equip [i'kwip] utruste; utstyre; ~ **ment,** utstyr *n;* utrustning *c;* tilbehør *n.*

equivalent [i'kwivələnt] av samme verdi; tilsvarende.

equivocal [i'kwivəkl] tvetydig.

era ['iərə] æra *c,* tidsalder *c.*

eradicate [i'rædikeit] utrydde.

erase [i'reiz] radere bort; stryke ut; ~ **r,** raderkniv *c;* viskelær *n.*

erect [i'rekt] oppreist; reise; opprette; oppføre; ~ **ion,** oppførelse *c;* opprettelse *c.*

ermine ['ə:min] hermelin *c;* røyskatt *c.*

erode [i'roud] tære bort.

err [ə:] feile, ta feil.

errand ['erənd] ærend *n;* ~ **boy,** visergutt *c.*

erroneous [i'rounjəs] feilaktig, gal.

error ['erə] feil(tagelse) *c (c).*

erudite ['erudait] lærd.

erupt [i'rʌpt] bryte fram; være i utbrudd; ~ **ion,** utbrudd *n;* ~ **ive,** eruptiv.

escalator ['eskəleitə] rulletrapp *c.*

escapade [eskə'peid] eskapade *c;* sidesprang *n;* ~ **e,** unnslippe; unngå; rømning *c;* unnvikelse *c;* flukt *c;* **he had a narrow** ~, det var så vidt han slapp fra det.

escort ['eskɔ:t] eskorte *c;* [is'-] ledsage.

especial [is'peʃl] særlig, spesiell; ~ **ly,** særlig, spesielt, især.

espionage [espiə'na:ʒ] spionasje *c.*

esquire [is'kwaiə] fork. **Esq,** herr (på brev); godseier *c.*

essay ['esei] prøve *c,* forsøk *n;* essay *c,* avhandling *c;* [e'sei] forsøke.

essential [i'senʃl] vesentlig, absolutt nødvendig.

establish [is'tæbliʃ] fastsette; opprette, etablere; ~ **ment,** opprettelse *c,* stiftelse *c;* etablissement *n.*

estate [is'teit] eiendom *c,* gods *n,* formue *c;* bo *n;* **real** ~, fast eiendom *c;* ~ **agent,** eiendomsmekler *c.*

esteem [is'ti:m] aktelse *c,* anseelse *c;* (høy)akte.

estimate ['estimit] vurdering *c;* overslag *n;* skjønn *n;* [-meit] vurdere, beregne; taksere (**at** til); ~ **ion,** vurdering *c;* skjønn *n;* aktelse *c.*

estuary ['estjuəri] elvemunning *c.*

eternal [i:'tə:nl] evig; endeløs; ~ **alize,** forevige; ~ **ity,** evighet *c.*

ethics ['eþiks] moral *c,* etikk *c.*

ethnic ['eþnik] folke-, etnisk.

eulogy ['ju:lədʒi] lovtale *c.*

Europe ['ju:rəp] Europa *c;* ~ **an** [-'pi:ən] europeisk; europeer *c.*

evacuate [i'vækjueit] evakuere; tømme; rømme; ~ **ion,** evakuering *c.*

evade [i'veid] unngå; lure seg unna.

evaluate [i'væljueit] vurdere, verdsette; ~ **ion,**

vurdering *c,* verdsettelse *c.*

evasive [i'veisiv] unnvikende.

eve [i:v] (hellig)aften *c; Christmas ~,* julaften *c.*

even ['i:vən] glatt, jevn; like (om tall); endog, selv; nettopp; jevne; ~ **if** *el* ~ **though,** selv om; **not** ~, ikke en gang.

evening ['i:vniŋ] aften *c;* ~ **-dress,** selskapskjole *c;* selskapsantrekk *n.*

event [i'vent] begivenhet *c;* tilfelle *n;* **at all** ~**s** *el* **in any** ~, i alle tilfelle; ~ **ful,** begivenhetsrik; ~ **ual,** endelig; ~ **uality** [-ju'æliti] mulighet *c,* eventualitet *c.*

ever ['evə] noensinne, stadig, alltid; ~ **since,** helt siden, helt fra; **for** ~, for alltid; ~ **lasting,** evig(varende); ~ **more,** for evig.

every ['evri] (en)hver; ~ **one,** ~ **body,** enhver, alle; ~ **day,** hverdags-; hverdagslig; ~ **thing,** alt; ~ **where,** overalt.

evidence ['evidəns] bevis(materiale) *n;* vitneprov *n;* bevise; vitne; ~ **t,** innlysende, tydelig.

evil ['i:vil] onde *n;* ond, slett.

evoke [i'vouk] fremmane, fremkalle.

ex [eks] fra; som har vært; ~ **-minister,** forhenværende minister *c.*

exact [igzækt] nøyaktig, punktlig; fordre, kreve; ~ **itude,** ~ **ness,** punktlighet *c,* nøyaktighet *c.*

exaggerate [ig'zædʒəreit] overdrive; ~ **ion,** overdrivelse *c.*

exalt [ig'zɔ:lt] opphøye; lovprise; ~ **ation,** opphøyelse *c,* oppløftelse *c;* fryd *c.*

exam [ig'zæm] fork. for **examination.**

examination [igzæmi'neiʃn] eksamen(sprøve) *c;* undersøkelse *c;* eksaminasjon *c;* ~ **e,** undersøke; eksaminere; ~ **er,** eksaminator *c.*

example [ig'za:mpl] eksempel *n;* forbilde *n;* **for** ~, for eksempel.

exasperate [igza:spəreit] irritere, ergre.

excavate ['ekskəveit] grave ut; ~ **ion,** utgravning *c.*

exceed [ik'si:d] overskride; overgå; ~ **ingly,** umåtelig.

excel [ik'sel] overgå; utmerke seg **(in, at** i å); ~**lence,** fortreffelighet c; ~**lent,** utmerket; fortreffelig.

except [ik'sept] unntatt; uten; unnta; ~ **ion,** unntagelse c; innsigelse c; ~**ional,** usedvanlig.

excerpt ['eksə:pt] utdrag n.

excess [ik'ses] overmål n; overskridelse c; overskudd n; ~ **es** pl utskeielser; ~ **ive,** overdreven; altfor stor.

exchange [iks'tʃeindʒ] utveksle; tuske; bytte; veksle; utveksling c; (om)bytte n; (vekslings)-kurs c; valuta c; børs c; (telefon)sentral c; ~ **able,** som kan byttes **(for** mot).

exchequer [iks'tʃekə] finanshovedkasse c.

excise ['eksaiz] (forbruker-)avgift c.

excitable [ik'saitəbl] pirrelig, nervøs; ~ **e,** opphisse, egge; ~ **ement,** opphisselse c; spenning c; sinnsbevegelse c.

exclaim [iks'kleim] utbryte.

exclamation [eksklə'meiʃn] utrop n.

exclude [iks'klu:d] utelukke; ~ **sion,** utelukkelse c; ~ **sive,** utelukkende; eksklusiv.

excursion [iks'kə:ʃn] utflukt c, tur c; avstikker c; ~ **ist,** en som drar på utflukt c.

excusable [iks'kju:zəbl] unnskyldelig; ~ **e** [-z] unnskylde; frita; [-s] unnskyldning c.

execute ['eksikju:t] utføre; fullbyrde; iverksette; henrette; foredra (musikk); ~ **ion,** utførelse c; utpanting c; henrettelse c; ~ **ioner,** bøddel c; ~ **ive** [ig'zekjutiv] utøvende, utførende; utøvende makt c; overordnet administrator c, leder c.

exemplary [ig'zempləri] mønstergyldig; ~ **ify,** belyse ved eksempler.

exempt [ig'zempt] frita(tt) **(from** for); ~ **ion,** fritagelse c.

exercise ['eksəsaiz] (ut-)-øvelse c; bruk c; trening c, mosjon c; stil c; (opp)øve; trene, mosjonere.

exert [ig'zə:t] anstrenge; (ut)øve, bruke.

exertion [ig'zə:ʃn] an-
strengelse *c,* bruk *c.*
exhaust [ig'zɔ:st] (ut)tøm-
me; utmatte; utpine
(jord); ekshaust; **~-pi-
pe,** ekshaustrør *n;* **~ion,**
utmattelse *c;* uttømming
c; **~ive,** uttømmende.
exhibit [ig'zibit] utstille,
(frem)vise; utstillings-
gjenstand *c;* **~ion** [eksi-
'biʃn] utstilling *c,* frem-
visning *c;* stipendium *n.*
exhilarate [ig'ziləreit] live
opp.
exhort [ig'zɔ:t] formane.
exigence, ~cy ['eksidʒəns,
-si] kritisk stilling *c;*
krav *n;* **~t,** kritisk;
fordringsfull.
exile ['eksail] landsforvis-
ning *c;* landflyktig(het)
(c).
exist [ig'zist] eksistere,
være til, leve; **~ence,**
eksistens *c,* liv *n;* **~ent,**
eksisterende.
exit ['eksit] utgang *c;* sorti
c; død *c.*
exorbitance [ig'zɔ:bitəns]
urimelighet *c;* **~t,**
overdreven, urimelig,
ublu.
expand [iks'pænd] utvide
(seg), utbre (seg);
~sion, utvidelse *c;* ut-

bredelse *c;* **~sive,** vid-
strakt; meddelsom.
expect [iks'pekt] vente
(seg); anta, formode;
~ant, ventende;
~ation, forventning *c.*
expediency [iks'pi:diənsi]
hensiktsmessighet *c;*
~ent, hensiktsmessig,
tjenlig; middel *n,* utvei
c; **~te,** påskynde;
~tion, raskhet *c;* ferd *c,*
ekspedisjon *c.*
expel [iks'pel] fordrive,
utvise.
expend [iks'pend] bruke
(opp); **~diture,** utgift-
(er) *c;* forbruk *n;* **~se,**
utgift(er) *c;* **~sive,** dyr,
kostbar.
experience [iks'piəriəns]
erfaring *c;* opplevelse *c;*
erfare, oppleve; **~d,** er-
faren.
experiment [iks'perimənt]
eksperiment(ere) *n.*
expert ['ekspə:t] erfaren,
kyndig; fagmann *c;* eks-
pert *c.*
expiration [ekspi'reiʃn]
utånding *c;* opphør *n;*
utløp *n;* **~e** [iks'paiə]
utånde; utløpe.
explain [iks'plein] forkla-
re; gjøre greie for;
~anation [ekspləˈ-] for-
klaring *c.*

explicit [iks'plisit] tydelig, uttrykkelig.

explode [iks'ploud] eksplodere.

exploit ['eksploit] bedrift c; [iks'ploit] utnytte.

exploration [eksplɔ'reiʃn] utforskning c; ~e, utforske; ~er, oppdagelsesreisende c.

explosion [iks'plouʒn] eksplosjon c; utbrudd n; ~ve, eksplosiv; sprengstoff n.

exponent [eks'pounənt] eksponent c, talsmann c.

export [eks'pɔ:t] eksportere; ['eks-] utførsel c; eksport c; ~s, utførselsvarer c; ~ation, utførsel c; ~er, eksportør c.

expose [iks'pouz] stille ut; utsette, blottstille; *fotogr* belyse; ~ure, utsetting c, utstilling c, avsløring c; *fotogr* eksponering c.

express [iks'pres] ekspress c, ilbud n; uttrykke(lig); ~ion, uttrykk n; ~ive, uttrykksfull.

expulsion [iks'pʌlʃn] fordrivelse c, utvisning c.

exquisite ['ekskwizit] utsøkt.

exsiccate ['eksikeit] uttørre.

extend [iks'tend] strekke ut; utvide; forlenge; strekke seg **(to** til); ~**sible,** strekkbar; ~**sion,** utstrekning c; utvidelse c; forlengelse c; ~**sive,** utstrakt, omfattende.

extent [iks'tent] utstrekning c, omfang n; **to a certain** ~, i *(el* til) en viss grad.

extenuate [eks'tenjueit] avsvekke, mildne; ~**ing circumstances,** formildende omstendigheter.

exterior [eks'tiəriə] ytre n, utside c; utvendig.

exterminate [eks'tə:mineit] utrydde; ~**tion,** utryddelse c.

external [eks'tə:nl] ytre; utvendig; utenriks-.

extinct [iks'tiŋkt] sloknet; utdødd; ~**ion,** slokking c; utslettelse c.

extinguish [iks'tiŋgwiʃ] slokke; utrydde; ~**er,** slokkingsapparat n.

extort [iks'tɔ:t] avpresse; fremtvinge; ~**ion,** utpresning c; utsugning c; fremtvinging c; ~**ionate,** ublu.

extra ['ekstrə] ekstra; tilleggs-; ekstranummer *n*, ekstraforestilling *c* o.l.

extract [iks'trækt] trekke ut; ['ekstrækt] utdrag *n*; ekstrakt *c*; ~ **ion**, uttrekning *c*; avstamning *c*.

extradite ['ekstrədait] utlevere (forbryter til et annet land).

extraneous [eks'treinjəs] fremmed; uvedkommende.

extraordinary [iks'trɔːdnri] usedvanlig; merkelig.

extravagance [iks'trævigəns] urimelighet *c*; ekstravaganse *c*; ødselhet *c*; ~ **t**, ekstravagant; ødsel.

extreme [iks'triːm] ytterst(e); meget stor; ytterlighet; ekstrem; ~ **ly**, ytterst, høyst.

extremity [iks'tremiti] ytterpunkt *n*; høyeste nød *c*; ~ **ies**, ekstremiteter *c*; hender og føtter.

exuberance [ig'zjuːbərəns] frodighet *c*; overflod *c*; eksaltasjon *c*; ~ **t** frodig; overstrømmende.

exult [ig'zʌlt] juble, triumfere; ~ **ation**, jubel *c*, triumf *c*.

eye [ai] øye *n*; blikk *n*; løkke *c*; nåløye *n*; se på, betrakte; mønstre; ~ **ball**, øyeeple *n*; ~ **brow**, øyenbryn *n*; ~ **-glass**, monokkel *c*; ~ **lash**, øyenvippe *c*; ~ **lid**, øyelokk *n*; ~ **-opener**, overraskende kjensgjerning *c*; ~ **sight**, syn(sevne) *n* (*c*); ~ **witness**, øyenvitne *n*.

F

f. = farthing; fathom; following; foot.

fable ['feibl] fabel *c*, sagn *n*; (opp)dikte, fable.

fabric ['fæbrik] (vevd) stoff *n*; vevning *c*, struktur *c*; ~ **ate**, dikte opp; ~ **ation**, oppdiktning *c*, falskneri *n*.

fabulous ['fæbjuləs] sagnaktig, fabelaktig.

face [feis] ansikt *n*; overflate *c*, forside *c*; mine *c*; tallskive *c*; vende ansiktet mot; vende ut mot; trosse; stå overfor.

facetious [fə'siːʃəs] morsom (især anstrengt).

facial ['feiʃl] ansikts-.

facile ['fæsail] lett(kjøpt); føyelig; ~**itate** [fə'sili-teit] lette; ~**ity**, letthet c; ~**ities**, hjelpemidler n, adgang c (for til).

fact [fækt] kjensgjerning c; faktum n; **matter of** ~, kjensgjerning c; nøktern, prosaisk; **in** ~, faktisk.

faction ['fækʃən] gruppe c, klikk(vesen) c (n).

factor ['fæktə] faktor c; ~y, fabrikk c.

faculty ['fækəlti] evne c, fakultet n.

fad [fæd] innfall n; kjepphest c.

fade [feid] falme; svinne.

fag [fæg] trelle; slite; slit n; slang sigarettstump c.

faggot ['fægət] knippe n.

fail [feil] svikte; slå feil; komme til kort; dumpe; gå konkurs; la i stikken; forsømme; **without** ~, ganske sikkert; ~**ure**, svikt c, mangel c; unnlatelse c; fiasko c; fallitt c.

faint [feint] svak, matt; besvime(lse) c.

fair [fɛə] lys, blond; pen; rimelig, rettferdig; ærlig, redelig; marked n;

messe c; ~ **copy**, renskrift n; ~ **play**, ærlig spill n; ~**ly**, nokså; ~**ness**, redelighet c; rimelighet c; ~**way**, skipsled c.

fairy ['fɛəri] fe c; hulder c; ~-**tale**, eventyr n, skrøne c.

faith [feiþ] tro(skap) c (c); tillit c; ~**ful**, trofast; ~**less**, troløs.

fake [feik] ettergjøre; forfalske; forfalskning c; ~**r**, forfalsker c, svindler c.

falcon ['fɔ:(l)kən] falk c.

fall [fɔ:l] falle, synke; ~ **due**, forfalle, ~ **off**, falle fra, tape seg; ~ **out**, bli uenig; ~ **short**, komme til kort; fall n, nedgang c; helling c; li c; vassfall n; amr høst c.

false [fɔ:ls] falsk, usann; uekte; troløs; ~**hood**, usannhet c.

falsification [fɔ:lsifi'keiʃn] forfalskning c; ~**fy** [-fai] forfalske.

falter ['fɔ:ltə] bli usikker; stamme.

fame [feim] berømmelse c, ry n; ~**d**, berømt.

familiar [fə'miljə] kjent, fortrolig; utvungen; velkjent; ~ity, fortrolighet c; utvungenhet c; ~ize, gjøre fortrolig.

family ['fæmili] familie c.

famine ['fæmin] hungersnød c.

famish ['fæmiʃ] (ut)sulte.

famous ['feiməs] berømt.

fan [fæn] vifte c; kornrenser c; ventilator c; entusiast c; vifte; rense; egge, oppflamme, puste til.

fanatic [fə'nætik] fanatisk; fanatiker c; ~ism, fanatisme c.

fanciful ['fænsiful] fantasifull, lunefull.

fancy ['fænsi] fantasi c; innbilning(skraft) c; lune n; forkjærlighet c; innbille seg; synes om, like.

fantastic [fæn'tæstik] ~ally, fantastisk.

far [fa:] fjern, langt (borte); borteste, bortre; meget; **by ~ the best,** langt den beste.

fare [fɛə] takst c; billettpris c; passasjer c; kost c, mat c; klare seg; ~well farvel, avskjed c.

far-fetched ['fa:'fetʃt] søkt; unaturlig.

farm [fa:m] (bonde)gård

c; drive gårdsbruk; (bort-)forpakte; ~er, gårdbruker c, bonde c; forpakter c; ~ing, jordbruk n.

far-off ['fa:'rɔf] fjern.

far-sighted ['fa:'saitid] langsynt; vidtskuende.

farther ['fa:ðə] fjernere, lengre; ~est, fjernest, lengst.

farthing ['fa:ðiŋ] kvartpenny c; *fig* døyt, grann.

fascinate ['fæsineit] fortrylle.

fashion ['fæʃn] måte c, manér c; mote c, snitt n; danne, forme; avpasse; ~able, fin, moderne, elegant.

fast [fa:st] fast, sterk; holdbar; hurtig; lettsindig; dyp (om søvn); for fort (om ur); vaskekte (om farge); s & v faste.

fasten ['fa:sn] feste, gjøre fast; lukke; ~ing, feste n, holder c, festemiddel n.

fastidious [fə'stidjəs] kresen.

fastness ['fa:stnis] fasthet c, støhet c; hurtighet c.

fat [fæt] fet, tykk; fett n.

fatal ['feitl] skjebnesvanger; dødbringende;

~ity [fə'tæliti], skjebne-
bestemthet c; fatalitet c,
ulykke c.

fate [feit] skjebne c;
~full, skjebnesvanger.

father ['fɑ:ðə] far c;
~-in-law, svigerfar c;
~hood, farskap n;
~less, farløs; ~ly, fa-
derlig.

fathom ['fæðəm] favn c;
lodde; utgrunne.

fatigue [fə'ti:g] utmatte(l-
se) c.

fatness ['fætnis] fedme c;
~ten, fete, gjø; ~ty,
feit; tykksak c.

faucet ['fɔ:sit] især amr
(tappe)kran c.

fault [fɔ:lt] feil c; skyld c;
find ~ with, ha noe å
utsette på, kritisere;
~-finding, kritikksyk c;
~less, feilfri; ~y, man-
gelfull.

favour ['feivə] gunst c, vel-
vilje c, tjeneste c; begun-
stige; beære; ~able,
gunstig; ~ite, favoritt,
yndling c.

fear [fiə] frykt(e) c; være
redd for; ~ful, engste-
lig; fryktelig; ~less,
fryktløs.

feasibility [fizə'biliti] gjør-
lighet c; mulighet c;
~le, gjørlig; mulig.

feast [fi:st] fest(måltid) c
(n); høytid c; holde fest;
beverte.

feat [fi:t] dåd c; kunst-
stykke n; prestasjon c
(av rang).

feather ['feðə] fjær c; sette
fjær i; ~ing, fjærdrakt
c.

feature ['fi:tʃə] (ansikts)-
trekk n, drag n; hoved-
del c; ~(film), hoved-
film c; særmerke; frem-
heve.

February ['februəri] feb-
ruar.

fecund ['fi:kənd] fruktbar.

federal ['fedərəl] føderal-,
forbunds-; ~lize, ~te,
gå sammen i forbund;
~tion, (stats)forbund n;
(fag-)forbund n.

fee [fi:] godtgjørelse c;
gebyr n; salær n; hono-
rar n.

feeble ['fi:bl] svak, vek;
~-minded, evneveik.

feed [fi:d] fôre, nære;
mate (også maskiner);
fôr n; næring c; måltid
c; ~er, som mater;
bielv c.

feel [fi:l] føle; kjenne;
føle seg, kjennes; følelse
c; ~ like føles, ha lyst
på (el til); ~er, følehorn

n; prøveballong *c;*
~ **ing,** følelse *c* (-sfull).
feet [fi:t] *pl* av **foot,** føt-
ter.
feign [fein] late som.
felicitate [fe'lisiteit] lykk-
ønske; ~ **ion,** lykk-
ønskning *c.*
felicity [fe'lisiti] lykke *c;*
lykksalighet *c.*
fellow ['felou] fyr *c,* kar *c;*
kamerat *c,* felle *c;* make
c, sidestykke *n;* medlem
n av et lærd selskap;
stipendiat *c;* ~ **ship,** ka-
meratskap *n;* fellesskap
n; stipendium *n.*
felon ['felən] forbryter;
~ **y,** forbrytelse.
felt, filt *c* (-e).
female ['fi:meil] kvinnelig,
kvinne *c;* hunn *c* (om
dyr).
fence [fens] gjerde *n;* he-
ler *c;* innhegne, gjerde
inn; fekte; ~ **er,** fekter
c; ~ **ing,** fekting *c.*
fend: ~ **off,** avverge; pa-
rere; ~ **er,** fender *c,*
støtfanger *c; amr* (bil)-
skjerm *c.*
ferment [fə'mənt] gjæring
c; esing *c;* ~ **ation,** gjæ-
ring *c.*
fern [fə:n] bregne *c.*
ferocious [fə'rouʃəs] vill,
sint.

ferret ['ferit] fritte *c,* ilder
c; etterspore; oppspore.
ferry ['feri] ferje(sted) *c
(n);* ~ **-boat,** ferjebåt *c.*
fertile ['fə:tail] fruktbar;
~ **ity,** fruktbarhet *c;*
~ **ize,** gjøre fruktbar;
gjødsle; **(artificial)**
~ **izer,** kunstgjødsel *c.*
fervent ['fə:vənt] ~ **id,** iv-
rig, brennende; ~ **our,**
varme *c,* inderlighet *c.*
festival ['festivl] fest(spill)
c (n); høytid *c;* ~ **e,** fest-
lig; ~ **ity,** festlighet *c.*
fetch [fetʃ] hente; inn-
bringe.
fetter ['fetə] (fot)lenke *c,*
lenke.
feud [fju:d] feide *c;* strid
c; len *n;* ~ **al,** føydal.
fever ['fi:və] feber *c;* ~ **ed,**
~ **ish,** febril(sk).
few [fju:] få; **a** ~, noen
få.
fiancé [fiān'sei] (om kvin-
ne **fiancée),** forlovede *c.*
fibre ['faibə] fiber *c,* trevl
c.
fickle ['fikl] vaklende,
ustadig; ~ **ness,** ustadig-
het *c.*
fiction ['fikʃn] (opp)dikt-
ning *c;* skjønnlitteratur
c; ~ **-itious,** oppdiktet.
fiddle ['fidl] (spille) fele *c.*

fidelity [fi'deliti] troskap c.

fidget ['fidʒit] være urolig.

field [fi:ld] mark c, jorde n, åker c; (virke)felt n; område n; **~-glasses** pl, (felt)kikkert c.

fiend [fi:nd] djevel c.

fierce [fiəs] vill, barsk.

fiery ['faiəri] flammende, heftig, fyrig.

fifteen ['fifti:n] femten; **~teenth,** femtende; **~th,** femte, femtedel c; **~thly,** for det femte; **~tieth,** femtiende; **~ty,** femti.

fig, fiken(tre) c (n).

fight [fait] kamp c, strid c; slagsmål n; kjempe; slåss.

figure ['figə] tall n, siffer n; skikkelse c; fremstille; tenke seg; figurere, opptre; regne; **~ out,** regne ut; **~-head,** gallionsfigur c; toppfigur c; **~-skating,** kunstløp n på skøyter.

file [fail] brev-, dokumentordner c; arkiv n, kartotek n; en saks akter; fil c; rekke c; rode c; arkivere; inngi; file.

filial ['filjəl] sønnlig, datterlig.

filigree ['filigri:] filigran n.

fill [fil] fylle(s); plombere; bekle (stilling, embete); **~ in,** fylle ut (skjema o.l.).

filling ['filiŋ] fylling c; plombe c; **~ station,** bensinstasjon c.

filly ['fili] hoppeføll n.

film, (fin) hinne c; film c; filme.

filter ['filtə] filter n; filtrere; sive.

filth [filþ] smuss n, skitt c; **~y,** skitten.

fin, finne c; styrefinne c.

final ['fainl] sist, endelig; finale c; avgangseksamen c; **~ly,** endelig, til slutt.

finance [f(a)i'næns] finans- (vesen, -viten-skap) c (n-c); **~s,** finanser; finansiere; **~ial** [f(a)i'nænʃl] finansiell, økonomisk.

find [faind] finne; støte på; skaffe; avsi (en kjennelse); **~ing,** funn n; kjennelse c, resultat n.

fine [fain] fin, vakker; pen, kjekk, prektig; ren; ublandet; spiss, tynn; forfine, rense; avklare,

fortynne; bot *c*, mulkt *c*;
mulktere.

finger ['fiŋgə] finger *c*;
fingre med, føle på;
~-**post**, veiviser *c*;
~-**print**, fingeravtrykk
n; ~-**stall**, smokk *c*.

finish ['finiʃ] ende, slutte,
fullføre; opphøre med;
etterbehandle; slutt *c*;
innspurt *c*; siste hånd på
verket; fullendelse *c*, fin
utførelse *c* (~ **ing touch**).

Finland ['finlənd] Finland.

Finn finne *c*.

Finnish ['finiʃ] finsk.

fir [fə:] furu *c*; *dt* gran *c*.

fire [faiə] ild, *c*, varme *c*,
fyr *c*; brann *c*; bål *n*;
lidenskap *c*; tenne; sette
ild på; fyre av; *dt* gi
sparken; **on** ~, i brann;
~-**brigade**, brannvesen
n; ~-**department**, *amr*
brannvesen *n*; ~ **engine**,
brannbil, -sprøyte *c*;
~ **escape**, brannstige *c*;
nødutgang *c*; ~-**irons**,
ildtang *c*; ~ **man**, brann-
mann *c*; fyrbøter *c*;
~ **place**, ildsted *n*, peis
c, kamin *c*; ~ **plug**, hyd-
rant *c*; ~ **proof**, ildfast;
~ **side**, peis *c*, arne *c*;
~-**station**, brannstasjon
c; ~ **works**, fyrverkeri *n*.

firing ['faiəriŋ] skyting *c*,
(av)fyring *c*; (opp)ten-
ning *c*.

firm [fə:m] fast; stand-
haftig; firma *n*; ~ **ness**,
fasthet *c*.

first [fə:st] først; beste
karakter; **at** ~, først, til
å begynne med; ~ **of**
all, aller først; ~ **ly**,
for det første; ~ **aid**, førstе-
hjelp *c*; ~ **name**, for-
navn *c*; ~-**night**, pre-
mière *c*; ~-**rate**, førstе-
klasses.

firth [fə:θ] fjord *c*.

fish [fiʃ] fisk *c*; fiske.

fisherman ['fiʃəmən] fis-
ker *c*; ~ **y**, fiske *n*.

fishing ['fiʃiŋ] fiske *n*;
~-**rod**, fiskestang *c*;
~-**tackle**, fiskeredskap,
fiskeutstyr *n*.

fishmonger ['fiʃmʌŋgə] fis-
kehandler *c*.

fist, neve *c*.

fit, skikket; passende;
dyktig; i god form; (til)-
passe; utstyre; anfall *n*;
pass(form) *c*; ~ **out**, ut-
ruste; ~ **on**, sette på;
prøve; ~ **up**, innrette;
~ **ness**, dugelighet *c*;
~ **ter**, montør *c*, installa-
tør *c*; ~-**ting**, passende;
montering *c*; ~ **tings**, til-

behør *n;* utstyr *n;* armatur *c.*

five [faiv] fem; ~ **fold,** femfold.

fix [fiks] feste; hefte; avtale; fastsette, bestemme; ordne; *dt* knipe *c,* vanskelig situasjon *c.*

fizz [fiz] bruse, skumme.

flabbergast ['flæbəga:st] forbløffe.

flabby ['flæbi], **flaccid** ['flæksid] slapp; pløset.

flag [flæg] flagg *n;* helle *c;* sverdlilje *c;* henge slapp; dabbe av, avta.

flagrant ['fleigrənt] åpenbar.

flair [flɛə] teft *c,* fin nese *c.*

flak [flæk] antiluftskyts *n.*

flake [fleik] flak *n;* fnugg *n;* snøfille *c;* ~ **off,** skalle av.

flame [fleim] *s & v* flamme *c.*

flank [flæŋk] flanke(re) *c.*

flannel ['flænl] flanell *c.*

flap [flæp] klaff *c;* klask *n,* slag *n;* dask(e); klaske.

flare [flɛə] flakke; bluss(e) *n.*

flash [flæʃ] glimt(e) *n,* blink(e) *n;* ~ **-light,** lom-

melykt *c;* blinklys *n; fotogr* blitz(lys) *c (n);* lommelykt *c;* ~ **y,** gloret; prangende, vulgær.

flask [fla:sk] (kurv-)flaske *c;* lommelerke *c;* kolbe *c.*

flat [flæt] flat; ensformig; flau, matt; direkte; flate *c;* slette *c;* grunne *c;* leilighet *c; dt* punktering *c;* ~ **-footed,** som har plattfot; ~ **-iron,** strykejern *n;* ~ **ten,** gjøre flat.

flatter ['flætə] smigre; ~ **er,** smigrer; ~ **y,** smiger *c.*

flavour ['fleivə] velsmak *c;* aroma *c;* krydre; sette smak på.

flaw [flɔ:] revne *c;* mangel *c,* lyte *c;* ~ **less,** feilfri.

flax [flæks] lin *c;* ~ **en,** av lin.

flay [flei] flå.

flea [fli:] loppe *c.*

flee [fli:] flykte; sky.

fleece [fli:s] saueskinn *n;* ullpels *c;* klippe (sau) flå, plyndre (**of** for); ~ **y,** ullen, ull-.

fleet [fli:t] flåte *c;* vognpark *c.*

flesh [fleʃ] kjøtt *n.*

flexibility   [fleksi'biliti]

bøyelighet ~**ible** ['fleksibl] bøyelig.

flicker ['flikə] blafre, flakke.

flier, flyer ['flaiə] flyger c.

flight [flait] flukt c; flyging c, flytur c; ~ **of stairs** trapp c.

flimsy ['flimzi] tynn, svak.

flinch [flintʃ] vike tilbake.

fling [fliŋ] slynge; kast(e) n.

flint, flint c.

flip, knips(e) n; slå.

flippant ['flipənt] rappmunnet, nesevis.

flirt [flə:t] vifte med; kokettere, flirt(e) c; ~ **ation**, flørt c.

flit, flagre, pile.

flitter ['flitə] flagre.

float [flout] flåte c; flottør c; flyter c; dupp c; flyte, drive, sveve; bringe flott; fløte; merk sette i gang.

flock [flɔk] flokk c, bøling c; ulldott c; flokkes.

floe [flou] isflak n.

flog [flɔg] piske; ~ **ging**, pisking c; pryl c.

flood [flʌd] flo c; flom c, oversvømme(lse) c.

~ -**gate**, sluseport c;
~ -**light**, flomlys n;
~ -**tide**, høyvann.

floor [flɔ:] golv n; etasje c; legge golv; slå i golvet; **first** ~, annen etasje; **ground** ~, første etasje; **take the** ~, ta ordet; ~ **walker**, inspektør (i varehus).

flop [flɔp] slå, bakse (med vingene); deise ned; bli fiasko; fiasko c; ~ **py**, slapp.

florid ['flɔrid] rødmusset; fig blomstrende.

florin ['flɔrin] florin c, gylden c.

florist ['flɔrist] blomsterhandler c.

flossy ['flɔsi] dunet.

flounder ['flaundə] flyndre c; kave, mase.

flour ['flauə] mjøl n.

flourish ['flʌriʃ] florere, trives, blomstre; vifte med; snirkel c, sving c; fanfare c.

flow [flou] flom c; strøm c; flo c; rinne, strømme.

flower ['flauə] blomst-(ring) c (c); blomstre.

flu [flu:] = influenza.

fluctuate ['flʌktjueit] bølge, svinge, variere.

fluency ['flu:ənsi] taleferdighet c; ~ **t**, (lett-)flytende.

fluff [flʌf] bløte hår, dun n; ~y, dunaktig, bløt.

fluid [ˈfluːid] flytende; fluidum n, væske c.

flurry [ˈflʌri] vindstøt n; befippelse c; kave; forfjamse.

flush [flʌʃ] rødme, strømme sterkt (om blød); spyle; full; rikelig; jevn, plan; rødme c; strøm c.

fluster [ˈflʌstə] gjøre forfjamset; forfjamselse c.

flute [fluːt] fløyte c.

flutter [ˈflʌtə] flagre, vimse; flagring c; røren; veddemål n.

fly [flai] flue c; svinghjul n; buksesmekk c; fly; flykte; (la) vaie (flagg); ~ing fish, flyvefisk c; ~ing squad, utryknings-patrulje c.

foal [foul] føll n; føde føll.

foam [foum] skum n; skumme; ~y, skummende.

f.o.b. = **free on board**, fob.

focus [ˈfoukəs] brennpunkt n, fokus n; fokusere.

fodder [ˈfɔdə] fôr(-e) n.

fog [fɔg] tåke c; ~gy, tåket.

foil [fɔil] folie c; bakgrunn c; **be a ~ to**, tjene til å fremheve; forpurre, hindre.

fold [fould] fold c; saue-kve c; folde, brette; ~ **up**, legge sammen; stanse, opphøre; ~**er**, false-maskin c; folder c; ~**ing chair**, feltstol c; ~**ing seat**, klappsete n.

foliage [ˈfouliidʒ] løv-(verk) n.

folk [fouk] folk, mennesker, også ~**s; my ~s**, mine slektninger; ~**sy**, folkelig.

follow [ˈfɔlou] følge (etter); fatte, forstå; ~ **up**, forfølge, arbeide videre med; ~**er**, tilhenger; ~**ing**, følgende; tilslutning c, tilhengere.

folly [ˈfɔli] dårskap c.

fond [fɔnd] kjærlig, **be ~ of**, være glad i; ~**le**, kjærtegne.

food [fuːd] føde c, mat c.

fool [fuːl] tosk c; narre, bedra; tøyse; ~**ish**, tåpelig.

foot [fut] pl **feet**, fot c (som mål = 30,48 cm); fotfolk n; den nederste del av noe; **on ~**, til fots; i gang; ~**ball**, fotball *c;* ~ **board**, stigbrett *n;* ~ **-fall**, fottrinn *n;* ~ **-gear** fottøy *n;* ~ **hold**, fotfeste *n;* ~ **ing**, fotfeste *n;* ~ **-lights**, *teatr* rampelys *n;* ~ **man**, lakei *c;* ~ **path**, sti *c;* ~ **print**, fotspor *n;* ~ **step**, fottrinn *n;* fotspor *n.*

for [fɔ:] for; til; som; ~ **two hours**, i to timer; **as** ~, hva angår; ~ **example** *el* ~ **instance**, for eksempel.

forbear [fɔ:'bɛə] unnlate; ~ **ance**, overbærenhet *c.*

forbid [fə'bid] forby; ~ **ding**, frastøtende, ubehagelig.

force [fɔ:s] kraft *c,* makt *c;* (militær) styrke *c;* gyldighet *c;* tvinge; forsere, sprenge; ~ **open**, bryte opp; ~ **d landing**, nødlanding *c;* ~ **d sale**, tvangsauksjon *c;* ~ **dly**, tvungent.

forcible ['fɔ:sibl] kraftig; tvangs-.

ford [fɔ:d] vade(sted) *n.*

fore [fɔ:] foran, forrest; for-; ~ **bode** [fɔ:'boud] varsle, ane; ~ **cast** ['fɑ:-kast] forutsigelse *c;* værvarsel *n;* ~ **castle** ['fouksl] ruff *c;* ~ **finger**,

pekefinger *c;* ~ **front**, forreste linje *c;* ~ **go**, gå forut for; gi avkall på; ~ **ground**, forgrunn *c;* ~ **head** ['fɔrid] panne *c.*

foreign ['fɔrin] utenlandsk; utenriks-; fremmed; **the Foreign Office**, det britiske utenriksdepartement *n;* ~ **er**, utlending *c.*

foreland ['fɔ:lənd] nes *n,* odde *c,* forberg *n;* ~ **leg**, forben *n;* ~ **lock**, pannelugg *c;* ~ **most**, forrest; ~ **noon**, formiddag *c;* ~ **runner**, forløper *c;* ~ **sail**, fokk *c;* ~ **see**, forutse; ~ **shadow**, forutantyde, bebude; ~ **sight**, forutseenhet *c.*

forest ['fɔ:rist] skog *c;* ~ **er**, forstmann *c.*

forfeit ['fɔ:fit] forbrutt; forbryte, forspille; bot *c,* mulkt *c.*

forge [fɔ:dʒ] smie *c,* smi; lage; ettergjøre, forfalske; ~ **r**, falskner *c;* ~ **ry**, forfalskning *c.*

forget [fə'get] glemme; ~ **ful**, glemsom; ~ **fulness**, glemsomhet *c;* ~ **-me-not**, forglemmegei *c.*

forgive [fə'giv] tilgi, forla-te; ~ ness, tilgivelse c.

fork [fɔ:k] gaffel c, greip n; grein c; veiskille n; forgreine seg.

form [fɔ:m] form c; skik-kelse c; måte c; system n; formel c; opptreden c, manerer c; blankett c; skoleklasse c; forme, danne; be in ~, være i form; ~ al, formell; amr selskapsantrekk; ~ ality, formalitet c.

former ['fɔ:mə] tidligere, forhenværende; the ~, førstnevnte; ~ ly, tidli-gere, før i tiden.

formidable ['fɔ:midəbl] fryktelig, imponerende.

formula ['fɔ:mjulə] formel c; oppskrift c; ~ ate, formulere.

forsake [fə'seik] svikte, forlate.

forth [fɔ:þ] fram; and so ~, osv.; ~ coming, fore-stående; forekommen-de; ~ with, straks.

fortieth ['fɔ:tiiþ] førtiende.

fortify ['fɔ:tifai] forsterke, befeste; ~ tude, sjels-styrke c.

fortnight ['fɔ:tnait] fjorten dager.

fortress ['fɔ:tris] festning c.

fortuitous [fə'tjuitəs] tilfel-dig.

fortunate ['fɔ:tʃnit] hel-dig; ~ ately, heldigvis; ~ e, skjebne c; lykke c; formue c; ~ ~ teller, spåmann c.

forty ['fɔ:ti] førti.

forward ['fɔ:wəd] forrest; frem(ad); videre; tidlig moden; fremmelig, for seg; sende videre, eks-pedere; befordre; frem-me; løper (i fotball).

foster ['fɔ:stə] fostre; pleie; oppmuntre.

foul [faul] skitten; stygg; motbydelig; floket; uær-lig; skitne til, besudle; floke seg.

found [faund] grunnlegge, stifte; støpe; ~ ation, grunnleggelse c; grunn-voll c, fundament n; stiftelse c, legat n.

foundry ['faundri] støperi n.

fountain ['fauntin] kilde c; fontene c; utspring n; ~ -pen fyllepenn c.

four [fɔ:] fire(tall); ~ -fold, firedobbelt; ~ teen(th), fjorten(de);

~ **th** fjerde(del); ~ **thly,** for det fjerde.

fowl [faul] høns.

fox [fɔks] rev c.

fraction ['frækʃn] brøk-(del) c (c); stykke n, stump c.

fragile ['frædʒail] skjør, skrøpelig.

fragment ['frægmənt] bruddstykke n.

fragrance ['freigrəns] duft c; vellukt c; ~ t, duftende, velluktende.

frail [freil] svak, skrøpelig.

frame [freim] ramme c; struktur c; skjelett n; danne, bygge; gjøre utkast til; legge (plan); innramme; ta form, utvikle seg; ~ **work,** indre bygning c, skjelett n.

France [fra:ns] Frankrike.

franchise ['fræntʃaiz] stemmerett c; rettighet c; amr offentlig bevilling c.

frank [fræŋk] oppriktig, åpen(hjertig); frankere; ~ **ness,** oppriktighet; c åpenhet c.

frantic ['fræntik] avsindig; vill.

fraternal [frəˈtə:nl] broderlig, bror-; ~ **ity,** brorskap n, amr sam-

menslutning c av (mannlige) studenter.

fraud [frɔ:d] svik n, bedrageri n; ~ **ulent,** svikefull, falsk.

freak [fri:k] grille c, lune n; raring c.

freckle ['frekl] fregne c.

free [fri:] fri, uavhengig; ledig; rundhåndet; gratis; utvungen; befri, frigjøre; ~ **booter,** fribytter c; ~ **dom,** frihet c; utvungenhet c; ~ **handed,** gavmild; ~ **-kick,** frispark n (fotball); ~ **-lance,** uavhengig journalist c, skuespiller c o.l.; ~ **mason,** frimurer c.

freeze [fri:z] (la) fryse; stivne (til is).

freight [freit] frakt(e) c; last c; fraktpenger; ~ **er,** lastebåt c.

French [fren(t)ʃ] fransk; the ~, franskmennene; ~ **man,** franskmann c; ~ **-woman,** fransk kvinne c.

frenzy ['frenzi] vanvidd n, raseri n.

frequency ['fri:kwənsi] hyppighet c; frekvens c; ~ **t,** hyppig; [friˈkwent] besøke hyppig.

fresh [freʃ] frisk, fersk; ny, uerfaren; *amr* freidig, nærgående; ~**en**, friske på; ~**et** [-it] flom *c;* ~**ness**, friskhet *c;* ~-**water**, ferskvann *c.*

fret, gnage; slite på; tære; irritere; ergre (seg).

friar [ˈfraiə] munk *c.*

friction [ˈfrikʃn] gnidning *c,* friksjon *c.*

Friday [ˈfraidi] fredag *c;* **Good** ~, langfredag.

fridge [fridʒ] *dt* kjøleskap *n.*

friend [frend] venn(inne) *c;* ~**ly**, vennlig, vennskapelig; ~**ship**, vennskap *n.*

fright [frait] skrekk *c;* ~**en**, skremme; ~**ful**, skrekkelig.

fringe [frindʒ] *v & s* frynse *c,* ~ **benefits** *pl* tilleggsgoder *c.*

frisk [frisk] hoppe og sprette; kroppsvisitere.

frivollity [friˈvɔliti] lettferdighet *c;* fjas *n,* tøys *n;* ~**ous** [ˈfrivələs] lettferdig, frivol; tøyset.

fro [frou]: **to and** ~, fram og tilbake.

frock [frɔk] bluse *c,* kittel *c;* (barne- og dame)kjole *c;* ~-**coat** diplomatfrakk *c.*

frog [frɔg] frosk *c;* ~-**man**, froskemann *c.*

from [frɔm] fra, ut fra; mot; (på grunn) av; etter; ~ **above**, ovenfra.

front [frʌnt] forside *c;* fasade *c;* front *c;* forrest; front-; stå like overfor, vende mot; **in** ~ **of**, foran; ~-**door**, gatedør *c;* ~**ier**, grense *c.*

frost [frɔst] frost *c;* rim *n;* ~-**bitten**, frostskadet; ~**y**, frossen, frost-; iskald.

frown [fraun] rynke pannen; mørk mine *c;* ~ **upon**, misbillige.

frozen [ˈfrouzn] (inne)-frosset; ~ **up** *el* **over**, tilfrosset.

frugal [ˈfruːgl] sparsommelig; nøysom.

fruit [fruːt] frukt *c,* grøde *c;* ~-**ful**, fruktbar; fruktbringende; ~-**less**, fruktesløs.

frustrate [ˈfrʌstreit] forpurre (planer); skuffe; narre; ~-**ion**, forpurring *c;* skuffelse *c.*

fry [frai] yngel *c;* steke, ~-**ing pan**, stekepanne *c.*

ft. = **foot, feet.**

fuel [ˈfjuəl] brensel *n.*

fugitive [ˈfjuːdʒitiv] flyktende, flyktig, uvarig; flyktning *c*.

fulfil, oppfylle, fullbyrde; ~ **ment**, oppfyllelse *c*.

full [ful] full, hel, fullstendig; utførlig; ~ **dress**, galla-; ~ **-fledged**, fullt utviklet.

fumble ['fʌmbl] famle, rote (**for** etter).

fume [fju:m] røyk *c*, damp *c*; ryke; dunste; rase.

fun [fʌn] moro *c*, fornøyelse *c*.

function ['fʌŋkʃn] funksjon *c*; oppgave *c*; offentlig festlighet *c*; fungere; ~ **ary**, offentlig funksjonær *c*.

fund [fʌnd] fond *n*, kapital *c*; ~ **amental**, fundamental.

funeral ['fju:nərəl] begravelse *c*.

fungus ['fʌŋgəs] sopp *c*.

funnel ['fʌnl] trakt *c*, skorstein *c*.

funny ['fʌni] morsom; pussig.

fur [fə:] pels *c*; tungebelegg *n*; ~ **s**, pelsverk *n*;

~ **coat**, pelskåpe *c*; ~ **rier**, buntmaker *c*.

furious ['fju:riəs] rasende.

furnace ['fə:nis] smelteovn *c*.

furnish ['fə:niʃ] forsyne; utstyre; levere; møblere.

furniture ['fə:nitʃə] utstyr *n*; møbler *c*; inventar *n*, utstyr *n*.

furrow ['fʌrou] (plog)fure *c*.

further ['fə:ðə] fjernere; lenger (borte); videre; ytterligere; mer; fremme; ~ **more**, dessuten.

furtive ['fə:tiv] hemmelig(hetsfull).

fury ['fju:ri] raseri *n*; furie *c*.

fuse [fju:z] (sammen)-smelte; elektrisk sikring *c*; lunte *c*; ~ **ion**, sammensmelting *c*.

fuss [fʌs] oppstyr *n*; ståhei *c*; mase, gjøre oppstyr; ~ **y**, oppskjørtet, geskjeftig, maset.

futile ['fju:tail] unyttig, fåfengt; intetsigende.

future ['fju:tʃə] fremtid(ig) *c*; futurum *c*.

fuzzy floket, tufset.

G

gab [gæb] snakk(e) *c*.
gable ['geibl] gavl *c*.
gad [gæd]: ~ **about,** farte omkring, rangle; ~ **fly,** brems *c*, klegg *c*.
gadget ['gædʒit] innretning *c*, greie *c*.
gag [gæg] knebel *c;* (improvisert) vits *c;* kneble; *teatr* improvisere.
gage ['geidʒ] pant *n*.
gaiety ['geiəti] lystighet *c*.
gain [gein] gevinst *c;* vinning *c;* vinne; tjene; oppnå.
gait [geit] gangart *c;* ~ **er,** gamasje *c*.
gale [geil] kuling *c;* storm *c*.
gall [gɔ:l] galle *c;* bitterhet *c;* galleple *n;* gnagsår *n;* ergre(lse) *(c)*.
gallant ['gælənt] kjekk; tapper; ridderlig.
gallery ['gæləri] galleri *n; teatr* balkong *c;* stoll *c*.
galley ['gæli] bysse *c*.
gallon ['gælən] gallon (= 4,546 l, i Amerika 3,785 l).
gallop ['gæləp] galopp(e-re) *c*.

gallows ['gæ'louz] galge *c*.
galore [gə'lɔ:] i massevis.
galosh [gə'lɔʃ] kalosje *c*.
gamble ['gæmbl] (hasard)-spill *n;* spille; ~ **er,** spiller *c*.
game [geim] spill *n;* lek *c;* kamp *c;* vilt *n;* kjekk, modig; villig; ~ **-keeper,** skogvokter *c;* **play the** ~, følge reglene.
gander ['gændə] gasse *c*.
gang [gæŋ] bande *c;* gjeng *c;* skift *n;* ~ **up on,** rotte seg sammen mot.
gangway ['gæŋwei] landgang *c;* fallrep *n*.
gaol [dʒeil] = **jail,** fengsel *n*.
gap [gæp] åpning *c;* kløft *c;* hull *n;* underskudd *n*.
gape [geip] gjespe; gape; måpe.
garage ['gæra:ʒ, især *amr* gə'ra:ʒ] garasje *c*.
garbage ['ga:bidʒ] avfall *n;* søppel *n*.
garden ['ga:dn] hage *c;* ~ **er,** gartner *c*.
gargle ['ga:gl] gurgle; gurglevann *n*.

garland ['ga:lənd] krans(e) c.

garlic ['ga:lik] hvitløk c.

garment ['ga:mənt] plagg n.

garnish ['ga:niʃ] smykke; garnere; garnityr c.

garret ['gærət] kvistværelse n.

garrison ['gærisn] garnison c.

garrulous ['gærələs] snakkesalig.

garter ['ga:tə] strømpebånd n; amr sokkeholder c.

gas [gæs] gass c; amr bensin c; gassforgifte.

gash [gæʃ] gapende sår n; flenge c.

gas-lighter [gæslaitə] gasstenner c; ~ **oline** amr bensin c; ~ **-meter**, gassmåler c.

gasp, gisp(e) n.

gate [geit] port c; grind c; ~ **-money**, billettinntekt c; ~ **way**, port(hvelving) c (c).

gather ['gæðə] samle(s); plukke; øke; forstå **(from** av); ~ **ing**, (for)-samling c; byll c.

gaudy ['gɔ:di] grell; gloret.

gauge [geidʒ] mål n; (spor-)vidde c; måle(r)

c; måleinstrument n.

gaunt [gɔ:nt] mager, skrinn.

gauntlet ['gɔ:ntlit] kjørehanske c, stridshanske c.

gauze [gɔ:z] gas(bind) c (n).

gay [gei] munter; lystig.

gaze [geiz] **(at)** stirre (på).

gazette [gə'zet] lysingsblad n.

gear [giə] utrustning c; tilbehør n; utstyr n; redskap n; tannhjul(sutveksling)n (c); gir(e) n; tilpasse; ~ **-box**, ~ **-case**, girkasse c; ~ **-lever**, amr ~ **-shift**, girstang c.

gem [dʒem] edelstein c.

gender ['dʒendə] gram kjønn n.

general ['dʒenərəl] alminnelig; general-, hoved-, general; ~ **ly**, vanligvis.

generate ['dʒenəreit] avle, frembringe; ~ **ion**, frembringelse c; utvikling c; slektledd n.

generosity [dʒenə'rɔsiti] høysinnethet c; gavmildhet c; ~ **rous** ['dʒenərəs] høysinnet; rundhåndet.

genial ['dʒi:njəl] vennlig; mild.

genitals ['dʒenitlz] kjønnsorganer.

genius ['dʒi:njəs] geni *n,* (skyts)ånd *c.*

gent [dʒent] *dt* fork for **gentleman;** *pl* herretoalett.

genteel [dʒen'ti:l] (terte)fin.

gentle ['dʒentl] mild; blid; lett; ~ **man,** dannet mann *c,* herre *c;* ~ **manlike,** dannet, fin; ~ **woman,** dannet dame *c.*

gentry ['dʒentri] lavadelen *c;* fornemme folk.

genuine ['dʒenjuin] autentisk; uforstilt.

geographer [dʒi'ɔgrəfə], ~ **y,** geograf(i) *c.*

geologist [dʒi'ɔlədʒist], ~ **y,** geolog(i) *c.*

germ [dʒə:m] kim *c;* spire *c;* bakterie *c.*

German ['dʒə:mən] tysk(er); ~ **y,** Tyskland.

gesture ['dʒestʃə] gestus *c;* gestikulere.

get, få, skaffe (seg), pådra (seg); få tak i, forstå; besørge, bringe; få i stand, stelle til; foranledige; komme (til); nå; komme i, begi seg; bli; **you have got to obey,** De er nødt til å adlyde; ~ **ahead,** komme seg fram; ~ **along,** komme av sted; klare seg; ~ **in,** stige inn, komme inn, bli valgt; ~ **off,** gå av (buss o.l.); slippe fra det; ~ **on,** ha det; komme godt ut av det med; ta på (klær); ~ **out,** fordufte; stige, komme ut; få ut; ~ **over,** overvinne, overstå; ~ **through to,** få forbindelse med (i telefonen); ~ **up,** stå opp; forberede; utstyre (bøker).

ghastly ['ga:stli] likbleik; uhyggelig, grufull.

ghost [goust] spøkelse *n;* ånd *c;* **the Holy Ghost,** den Hellige Ånd.

giant ['dʒaiənt] kjempe-(messig) *c;* rise *c.*

gibberish ['gibəriʃ] kråkemål *n;* uforståelig tale *c,* sprøyt *n.*

gibe [dʒaib] spott(e) *c.*

giddy ['gidi] svimmel, ør.

gift, gave *c;* begavelse *c;* ~ **ed,** begavet.

gigantic [dʒai'gæntik] kjempemessig, gigantisk.

giggle ['gigl] fnise; fnising *c.*

gild, forgylle.

gill [gil] gjelle *c;* [dʒil] hulmål = ca. 14 cl.;

~**yflower** ['dʒili-] gyllen-lakk *c.*

gilt [gilt] forgylling *c;* forgylt.

gimmick ['gimik] knep *n;* reklamepåfunn *n;* greie *c.*

ginger ['dʒindʒə] ingefær *c;* futt *c,* to *n;* rødblond; ~**-ale**, ~**-beer**, ingefær-øl *n;* ~**bread**, honning-kake *c.*

gipsy ['dʒipsi] sigøyner *c.*

gird [gə:d] omgjorde; omslutte, spenne fast; ~**le**, belte *n.*

girl [gə:l] pike *c;* ~**guide**, speiderpike *c;* ~**hood**, pikeår; ~**ish**, jenteaktig.

gist [dʒist] hovedinnhold *n;* kjerne *c.*

give [giv] gi; skjenke; tildele; innrømme; bøye seg, gi etter; ~ **away**, skjenke, gi bort; røpe, forråde; ~ **back**, gi igjen; ~ **in**, gi etter, gi opp; ~ **on** (**to**), vende ut mot; ~ **out**, utdele; kunngjøre; ~ **over**, overgi; oppgi; ~ **up**, avlevere, gi opp.

glacial ['gleiʃl] is-, ~**er**, isbre *c.*

glad [glæd] glad; ~**ly**,

gjerne, med glede; ~**ness**, glede *c.*

glade [gleid] lysning i skog *c.*

glamour ['glæmə] (stråle)-glans *c,* trylleglans *c.*

glance [glɑ:ns] glimt *n;* øyekast *n;* blikk *n;* glimte; kaste et blikk; berøre et emne, hentyde.

gland [glænd] kjertel *c.*

glare [gleə] skinne, blende; glo, skule (**at** på); blendende lys *n;* skarpt blikk *n;* ~**ing**, grell; blendende.

glass [glɑ:s] glass *n;* glass-gjenstand *c,* drikkeglass *n;* speil *n;* kikkert *c;* barometer *n;* ~**es**, briller.

glaze [gleiz] glasur *c;* glasere; sette rute *(el* glass) i; ~**ier**, glassmester *c.*

gleam [gli:m] glimt *n,* lys-stråle *c,* streif *n;* glimte.

glee [gli:] lystighet *c,* glede *c;* ~ **club**, sangforening *c.*

glen, skar *n,* fjelldal *c.*

glib, tungerapp.

glide [glaid] glidning *c,* glideflukt *c;* gli; ~**er**, seilfly *n.*

glimmer ['glimə] glimte, flimre; glimt *n;* skimt *n.*

glimpse ['glimps] flyktig blikk *n;* glimt *n;* skimte.

glisten ['glisn] funkle, glitre.

glitter ['glitǝ] stråle, glitre; glitring *c,* glans *c.*

globe [gloub] kule *c,* klode *c;* globus *c;* kuppel *c;* ~ -**trotter,** jordomreiser *c.*

gloom [glu:m] mørke *n;* tungsinn *n;* ~**y,** dyster, trist.

glorification [glɔrifi'keiʃn] forherligelse *c;* ~ **fy,** forherlige; ~ **ous,** strålende; ærefull, storartet.

glory ['glɔ:ri] heder *c,* ære *c,* glans *c,* herlighet *c;* glorie *c;* ~ **in,** være stolt av.

gloss [glɔ:s] glose *c,* ord-forklaring *c;* glans *c;* gi glans; ~ **over,** bortfor-klare.

glove [glʌv] hanske *c.*

glow [glou] glød(e) *c;* ~ -**worm,** sankthansorm *c.*

glue [glu:] lim(e) *n.*

glum [glʌm] dyster, trist.

glut [glʌt] overfylle; overmette; overflod *c;* overmettelse *c;* ~ **ton,** fråtser *c,* jerv *c;* ~ **tonous,** grådig.

gnat [næt] mygg *c.*

gnaw [nɔ:] gnage; fortære; nage; ~ **er,** gnager *c.*

gnome [noum] dverg *c,* nisse *c.*

go [gou] gå; reise, dra; kjøre; gå i stykker; være i gang, i omløp; nå; rekke (**to** til); selges; bli; befinne seg; futt, frem-ferd; **on the** ~, på far-ten; ~ **bad,** forderves; ~ **mad,** bli gal, forrykt; ~ **wrong,** gå galt; skeie ut; ~ **along with,** holde med; ~ **by,** gå forbi; gå (om tid); rette seg etter; ~ **on,** gå videre; fortsette; ~ **through,** gjennomgå; undersøke; ~ **up,** stige.

goad [goud] egge, drive; piggstav *c.*

goal [goul] mål *n* (i fotball og fig.); ~ -**keeper,** målvakt *c.*

goat [gout] geit *c;* ~ **ee,** bukkeskjegg *n,* hake-skjegg *n.*

goblet ['gɔblit] beger *n,* pokal *c.*

god [gɔd] gud *c;* ~ **child,** gudbarn *n;* ~ **dess,** gu-dinne *c;* ~ **father,** gud-far *c;* ~ **like,** gudlignen-de, guddommelig; ~ **ly,**

from; ~ **send,** uventet lykke *c.*

goggle ['gɔgl] rulle (med øynene); glo; (**a pair of**) ~ **s,** beskyttelsesbriller.

going ['gouiŋ], be ~ **to,** være i begrep med; skulle til å.

gold [gould] gull *n,* rikdom *c;* ~ **en,** gull-; gyllen.

golf [gɔlf] golfspill *n;* ~ **er,** golfspiller *c;* ~ - **links,** golfbane *c.*

gong [gɔŋ] gongong *c.*

good [gud] god, snill; brukbar (**for** til); dyktig; flink (**at** i); frisk, sunn, ufordervet; *merk* solid, sikker; gyldig; noe godt, det gode; lykke *c,* velferd *c;* ~ **s,** varer; **for** ~, for godt, for bestandig.

good-bye [gud'bai] farvel; ~ **ly,** pen, anselig; ~ **looking,** pen, vakker; ~ **-morning,** god morgen; ~ **-natured,** godmodig; ~ **ness,** godhet *c.*

goods-station, ~ **train,** godsstasjon *c,* -tog *n.*

goodwill ['gudwil] velvilje *c;* kundekrets *c;* firmaverdi *c.*

goose, *pl* **geese** [gu:s gi:s]

gås *c;* ~ **berry,** stikkelsbær *n.*

gorge [gɔ:dʒ] strupe *c;* svelge, fråtse; fjellkløft *c.*

gorgeous ['gɔ:dʒəs] prektig.

gory ['gɔ:ri] blodig.

gospel ['gɔspəl] evangelium *n.*

gossip ['gɔsip] sladder-(kjerring) *c (c);* prat *c,* skvalder *n;* sladre, skvaldre, prate; ~ **y,** sladderaktig.

gout [gaut] gikt *c;* ~ **y,** giktisk.

govern ['gʌvən] regjere; styre, lede; beherske; ~ **ess,** guvernante *c;* ~ **ment,** regjering *c;* ~ **or,** styrer *c;* guvernør *c; dt* bas *c,* sjef *c.*

gown [gaun] (dame)kjole *c;* geistlig, akademisk kappe *c.*

grab [græb] gripe, snappe.

grace [greis] ynde *c,* gratie *c;* gunst *c;* nåde *c;* bordbønn, pryde, smykke; hedre; ~ **ful,** grasiøs, yndig, fin.

gracious ['greiʃəs] nådig, vennlig; **good** ~, gode Gud!

grade [greid] trinn *n*, grad *c*; *amr* (skole)klasse *c*; karakter *c* (på skolen); gradere.

gradual ['grædjuəl] gradvis; ~ **te**, inndele i grader; ta (akademisk) eksamen; kandidat *c*.

grain [grein] (frø)korn *n*; tekstur *c*; korne (seg).

grammar ['græmə] grammatikk *c*; ~ **-school**, videregående skole *c*.

grammophone ['græməfoun] grammofon *c*; ~ **disk**, ~ **record**, grammofonplate *c*.

grand [grænd] storartet; fin, fornem; ~ **child**, barnebarn *n*; ~ **daughter**, sønnedatter *c*; datterdatter *c*; ~ **eur** ['grændʒə] storhet *c*, storslagenhet *c*; ~ **father**, bestefar *c*; ~ **mother**, bestemor *c*; ~ **son**, sønnesønn *c*; dattersønn *c*.

grange [greindʒ] bondegård *c*.

grant [gra:nt] bevilgning *c*; gave(brev) *c (n)*; bevilge; skjenke; tilstå, innrømme.

grape [greip] (vin)drue *c*; ~ **fruit**, grapefrukt *c*.

graph [græf] diagram *n*.

grapple ['græpl] gripe; gi seg i kast **(with** med).

grasp [gra:sp] grep *n*; gripe, forstå.

grass [gra:s] gress *n*; ~ **hopper**, gresshoppe *c*; ~ **-widow(er)**, gressenke(mann) *c*.

grate [greit] gitter *n*, rist *c*, kaminrist *c*; knirke, skurre.

grateful ['greitful] takknemlig.

gratification [grætifi-'keiʃn] tilfredsstillelse *c*; glede *c*, fornøyelse *c*; ~ **fy**, tilfredsstille, glede; ~ **tude** [-tju:d] takknemlighet *c*.

gratuitous [grətju:itəs] gratis; ~ **y**, drikkepenger; gratiale *c*.

grave [greiv] alvorlig, høytidelig; betydningsfull; grav *c*; gravere.

gravel ['grævəl] grus *c*.

graveyard ['greivja:d] kirkegård *c*.

groom [gru:m] stallkar *c*; også = **bridegroom** brudgom *c*; pleie, stelle.

groove [gru:v] grop *c*, renne *c*, fure *c*; fals *c*.

grope [group] famle, føle seg fram.

gross [grous] tykk; grov;

plump; brutto; gross *n*
(12 dusin).

ground [graund] jord *c*,
grunn *c*; terreng *n*, leng-
de *n*; plass *c*, tomt *c*;
grunn *c*, årsak *c*; (be)-
grunne; bygge, basere;
støte på grunn; ~ s, ha-
ge *c*, parkanlegg *n*; grut
c; motiver; ~ **-floor**,
første etasje; ~ **less**,
grunnløs, uten grunn.

group [gru:p] gruppe(re)
c.

grouse [graus] rype *c*.

grove [grouv] lund *c*, holt
n.

grovel ['grɔvl] krype (for).

grow [grou] vokse, gro;
bli; la vokse, dyrke; ~
old, bli gammel, eldes;
~ **er**, dyrker *c*, produ-
sent *c*.

growl [graul] knurre,
brumme; knurr *n*.

grown-up ['grounʌp] vok-
sen.

growth [grouþ] vekst *c*;
utvikling *c*; dyrking *c*;
avling *c*.

grub [grʌb] larve *c*; mat
n; fôr *n*; slit *n*; grave,
rote; slite, trelle.

grudge [grʌdʒ] uvilje *c*,
nag *n*; misunne.

gruel ['gru:əl] havresuppe
c.

gruesome ['gru:səm] gyse-
lig.

gruff barsk, morsk.

grumble ['grʌmbl] mukke,
beklage seg.

grumpy ['grʌmpi] gretten,
sur.

grunt [grʌnt] grynt(e) *n*.

guarantee [gærən'ti:] ga-
ranti *c*; kausjon(ist) *c*;
garantere.

guard [ga:d] vakt *c*; be-
voktning *c*; garde; vakt-
post *c*; vaktmann *c*; akt-
pågivenhet *c*; beskytter
c; gitter *n*; rekkverk *n*;
skjerm *c* (på sykkel);
konduktør *c*; vokte; be-
skytte; passe; forsvare;
gardere seg (**against**
for); ~ **ian**, beskytter *c*;
formynder *c*.

guess [ges] gjette; *amr* an-
ta, formode; gjetning *c*;
formodning *c*; ~ **-work**,
gjetning *c*.

guest [gest] gjest *c*.

guidance ['gaidəns] ledelse
c; rettesnor *c*; **for your**
~ : til Deres orientering.

guide [gaid] (vei)leder *c*;
omviser *n*; (reise)hånd-
bok *c*; veiledning *c*;
(rett)lede; ~ **-post**, veivi-
ser *c*.

guild [gild] gilde *n*; laug
n.

guilt [gilt] skyld *c;* ~y, skyldig.

guise [gaiz] forkledning *c;* utseende *n;* dekke.

guitar [gi'ta:] gitar *c.*

gulf [gʌlf] golf *c,* havbukt *c;* avgrunn *c,* gap *n.*

gull [gʌl] måke *c,* dumrian *c.*

gullet ['gʌlit] spiserør *n.*

gully ['gʌli] kløft *c,* renne *c.*

gulp [gʌlp] slurk *c;* jafs *c;* svelging *c;* svelge, sluke, tylle i seg.

gum [gʌm] gomme *c,* tannkjøtt *n;* gummi *c;* **chewing** ~, tyggegummi *c;* gummiere.

gun [gʌn] kanon *c,* gevær *n,* børse *c; amr* revolver *c;* skyte med børse; ~ **man,** revolverbanditt *c;* ~ **ner,** kanonér *c;* ~ **powder,** krutt *n;* ~ **stock,** geværkolbe *c.*

gunwale ['gʌnəl] reling *c.*

gurgle ['gə:gl] klukke.

gush [gʌʃ] strømme, fosse; utgyte seg; strøm *c.*

gust [gʌst] vindstøt *n.*

gusto ['gʌstou] glede *c,* velbehag *c.*

gut [gʌt] tarm *c;* gut *c* (fortom av silke); streng *c;* ~ **s,** innvoller, tarmer; mot; ta innvollene ut; sløye; tømme grundig; plyndre; ~ **ted,** utbrent.

gutter ['gʌtə] renne *c;* takrenne *c;* rennestein *c.*

guy [gai] fugleskremsel *n; amr* fyr *c,* kar *c.*

gymnasium [dʒim'neizjəm] gymnastikksal *c;* ~ **t** ['dʒimnæst] gymnast *c,* turner *c;* ~ **tics** [-'næstiks] gymnastikk *c.*

gypsum ['dʒipsəm] gips *c.*

gypsy = gipsy.

gyrate ['dʒaireit] rotere.

gyre ['dʒaiə] omdreining *c.*

H

haberdashery ['hæbədæʃri] garn- og trådhandel *c; amr* herreekviperingsforretning *c.*

habit ['hæbit] vane *c;* drakt *c;* ~ **ation,** bolig *c;* ~ **ual** [hə'bitjuəl] (sed)-vanlig; vanemessig; ~ **uate,** venne.

hack [hæk] hakke; øyk *n;*

sliter *c;* hakk(e) *n (c)* ~**neyed** forslitt, banal.

haddock ['hædək] kolje *c,* hyse *c.*

hag [hæg] hurpe *c,* heks *c.*

haggard ['hægəd] vill; mager, uttært.

haggle ['hægl] prute.

Hague [heig] the ~, Haag.

hail [heil] hagl *n;* hagle; hilse; praie.

hair [hɛə] hår *n;* ~**cut,** klipp(ing) *c;* ~**dresser,** frisør *c,* friserdame *c;* ~**pin,** hårnål *c;* ~**splitting,** ordkløveri *c;* ~**y,** håret, lodden.

half [ha:f] halv; halvt, halvveis; halvdel *c;* semester *n,* halvår *n;* **three hours and a** ~, 3¹/₂ time; **at** ~ **past 6,** klokka halv sju; ~**-breed,** halvblods *c;* ~**-hearted,** halvhjertet, lunken; ~**-moon,** halvmåne *c;* ~**penny** ['heipni] ~**way,** halvveis; ~**-year,** halvår *n;* semester *n;* ~**yearly,** halvårlig.

halibut ['hælibət] hellefisk *c,* kveite *c.*

hall [hɔ:l] hall *c,* sal *c;* forstue *c;* herresete *n.*

hallow ['hælou] hellige, innvie.

halt [hɔ:lt] stans(e) *c;* holdeplass *c;* halte.

ham [hæm] skinke *c.*

hamlet ['hæmlit] liten landsby *c.*

hammer ['hæmə] hammer *c.*

hammock ['hæmək] hengekøye *c.*

hamper ['hæmpə] stor kurv *c;* hindre, hemme.

hand [hænd] hånd *c;* mann *c,* arbeider *c;* håndskrift *c;* håndkort *n;* urviser *c;* levere; rekke; **at** ~, for hånden, nær; **in** ~, i arbeid; under kontroll; **money in** ~, rede penger; **on** ~, forhånden; på lager; til rådighet; **on (the) one** ~, på den ene side; **on the other** ~, på den annen side; derimot, men; **change** ~s, skifte eier; **come to** ~, innløpe, komme i hende; ~ **over,** overlevere, utlevere; **shake** ~s, ta hverandre i hånden; ~**bag,** håndveske *c;* ~**cuffs,** håndjern *n;* ~**ful,** håndfull.

handicap ['hændikæp] handikap(pe) *n;* hemme.

handicraft ['hændikra:ft] håndarbeid *n;* håndverk *n;* ~ **ness**, behendighet *c;* fingernemhet *c.*

handkerchief ['hæŋkətʃif] tørkle *n,* lommetørkle *n.*

handle ['hændl] fingre på; håndtere; behandle; håndtak *n;* hank *c.*

handsome ['hænsəm] pen; kjekk; ~ **writing**, håndskrift *c;* ~ **y**, fingernem; bekvem, praktisk; for hånden.

hang [hæŋ] henge; henge opp; henge (i galgen).

hanging ['hæŋiŋ] hengning *c;* gardin *c,* draperi *n.*

hangman ['hæŋmən] bøddel *c* (ved hengning).

hangover ['hæŋouvə] bakrus *c.*

hanker ['hæŋkə] hige, lengte.

haphazard ['hæp'æzəd] tilfeldig; **at** ~, på måfå.

happen ['hæp(ə)n] hende; skje; ~ **ing**, hending *c.*

happily ['hæpili] *adv* lykkelig; heldig; ~ **iness**, lykke *c;* ~ **y**, lykkelig; glad; treffende; heldig; ~ ~ **-go-lucky**, sorgløs, likeglad.

harass ['hærəs] trette; plage.

harbour ['ha:bə] havn *c;* huse; nære (planer o.l.).

hard [ha:d] hard; stri; streng; vanskelig; tung; ~ **cash** *(el* **money)**, rede penger, kontanter; ~ **of hearing**, tunghørt; **the** ~ **facts**, de nakne fakta; ~ **up**, opprådd, i pengeknipe; **work** ~, arbeide flittig; ~ **en**, gjøre *(el* bli) hard; herde; ~ **ly**, neppe; snaut; nesten ikke; ~ **ness**, hardhet *c;* ~ **ship**, motgang *c;* ~ **s**, strabaser; ~ **ware**, isenkram *c;* ~ **y**, dristig, djerv.

hare [hɛə] hare *c;* ~ **brained**, tankeløs; ~ **lip**, hareskår *n.*

hark [ha:k] lytte (til).

harlot ['ha:lət] skjøge *c,* hore *c.*

harm [ha:m] *s* & *v* skade *c;* gjøre fortred; ~ **ful**, skadelig; ~ **less**, uskadelig, harmløs.

harmonious [ha:'mounjəs] harmonisk.

harness ['ha:nis] seletøy *n;* spenne for.

harp [ha:p] harpe *c.*

harrow ['hærou] harv(e) *c.*

harsh [ha:ʃ] grov, ru; hard, skurrende; barsk.

harvest [ˈhaːvist] høst(e) c; avl(e) c; ~ **er (combine -er)**, skurtresker c.

hash [hæʃ] hakke; skjære i stykker; hakkemat c; rot n.

haste [heist] hast c, fart c; **make ~**, skynde seg; **be in ~**, ha det travelt; ~ **en**, haste, skynde seg; skynde på; ~ **y**, hastig, brå; hissig.

hat [hæt] hatt c.

hatch [hætʃ] luke c; ruge ut, klekke ut; yngle; kull n.

hate [heit] hat(e) n; ~ **ful**, avskyelig; **hatred**, hat n.

hatter [ˈhætə] hattemaker c.

haughtiness [ˈhɔːtinis] hovmod n; stolthet c; ~ **y**, hovmodig.

haul [hɔːl] hale, dra; frakte; kast n; fangst c.

haunch [hɔːntʃ] hofte c; ~ **es**, ende c, bakdel c.

haunt [hɔːnt] tilholdssted n; plage; spøke i.

have [hæv] ha; få; ~ **to do**, måtte gjøre; ~ **it out with**, snakke ut med.

havoc [ˈhævək] ødeleggelse c.

hawk [hɔːk] hauk c; høkre, rope ut; ~ **er**, gateselger c.

hay [hei] høy n.

hazard [ˈhæzəd] tilfelle n, treff n; fare c; hasard c, vågespill n; våge; sette på spill; løpe en risiko; ~ **ous**, vågelig; risikabel.

haze [heiz] tåke c; dis c.

hazel-nut [ˈheizlnʌt] hasselnøtt c.

hazy [ˈheizi] disig; tåket.

he [hiː] han; den, det; **he who**, den som.

head [hed] hode n, forstand c, overhode n, sjef c, leder c; stykke kveg; øverste del, øverste ende, topp c; forreste del; spiss c, nes c; overskrift c; først; forrest, hoved-; lede, føre; komme forut for, gå i forveien; stå i spissen; sette kursen **(for** mot); **come to a ~**, tilspisse seg; **make ~ against**, holde stand mot; ~ **ache**, hodepine c; ~ **dress**, hodepynt c; ~ **er**, stup n; hodekulls **fall** n **el** sprang n; ~ **gear**, hodeplagg n; ~ **light**, frontlys n; ~ **line**, overskrift c; ~ **long**, hodekulls; ~ **master**, rektor *c;* ~**piece,** hjelm *c; dt* intelligens *c;* ~**phone,** høretelefon *c;* ~**quarters,** hovedkvarter *n;* ~**stone,** gravstein *c;* ~**strong,** stri, sta; ~**waiter,** hovmester *c;* ~**way,** fremskritt *n;* fart *c;* ~**wind,** motvind *c;* ~**y,** egensindig; selvrådig; berusende.

heal [hi:l] lege, helbrede; gro (**up** igjen).

health [help] helse *c,* sunnhet *c;* ~ **-resort,** kursted *n;* ~**y,** sunn.

heap [hi:p] hop *c,* haug *c,* dynge *c;* dynge sammen.

hear [hiə] høre; erfare; få vite; ~**ing,** hørsel *c;* hørevidde *c;* rettsmøte *n.*

hearse [hə:s] likvogn *c.*

heart [ha:t] hjerte *n;* mot *n;* det innerste; kjernen *c;* **by** ~, utenat; **out of** ~, motløs; ~**beat,** hjerteslag *n;* ~ **burn,** halsbrann *c;* kardialgi *c;* ~**en,** oppmuntre.

hearth [ha:þ] arne *c;* peis *c.*

heart|ily [ˈha:tili] *adv* hjertelig, varmt; ivrig; kraftig; ~**iness,** hjertelighet *c;* ~**less,** hjerteløs; ~**y,** hjertelig; ivrig; sunn; kraftig; sterk.

heat [hi:t] varme *c;* (opp)-hete.

heath [hi:þ] mo *c,* hei *c;* lyng *c;* ~**en** [ˈhi:ðən] hedning *c;* hedensk.

heather [ˈheðə] lyng *c.*

heating [ˈhi:tiŋ] oppvarming *c;* **central** ~, *c.*

heave [hi:v] heve, løfte; stige og synke; svulme; ~ **to,** legge bi; ~ **up anchor,** lette anker.

heaven [ˈhevn] himmel(en) *c;* ~**ly,** himmelsk.

heaviness [ˈhevinis] tunghet *c;* tyngde *c,* vekt *c.*

heavy [ˈhevi] tung, svær; solid; tungvint; kraftig; trettende; ~ **expenses,** store utgifter; ~ **with sleep,** søvndrukken; ~**weight,** tungvektsbokser *c.*

Hebrew [ˈhi:bru:] hebreer *c;* hebraisk.

heckle [ˈhekl] avbryte stadig vekk; hekle.

hectic [ˈhektik] hektisk.

hedge [hedʒ] hekk *c;* innhegne; ~**hog,** pinnsvin *n;* ~**row,** hekk *c.*

heed [hi:d] ense, gi akt på; oppmerksomhet *c.*

heel [hi:l] hæl *c;* sette hæl på; krenge; legge seg over.

hefty ['hefti] svær, kraftig.
height [hait] høyde c; høydepunkt n; ~ **en,** forhøye, heve; forstørre.
heir [ɛə] arving c; ~ **ess,** kvinnelig arving; godt parti; ~ **loom,** arvestykke n.
hell [hel] helvete n.
helm, rorpinne c; ror n; ~ **et,** hjelm c; ~ **sman,** rormann c.
help, hjelp c, bistand c; amr tjener c, pike c; hjelper(ske) c, botemiddel n; hjelpe; støtte; ~ **oneself,** forsyne seg; **I cannot ~ laughing,** jeg kan ikke la være å le; ~ **ful,** hjelpsom; nyttig; ~ **ing,** porsjon c; ~ **less,** hjelpeløs; ~ **meet,** ~ **mate,** hjelper(ske) c.
hem, søm c; fald(e) c; kremt(e) n.
hemisphere ['hemisfiə] halvkule c.
hemp, hamp c.
hen, høne c; hunn c (av fugl).
hence [hens] herfra; fra nå av; derfor, følgelig; ~ **forth,** fra nå av.
her [hə:] henne; seg; hennes; sin, sitt, sine.
herb [hə:b] urt c, plante

c; ~ **age,** planter; beite n.
herd [hə:d] buskap c; gjete; ~ **sman,** gjeter c.
here [hiə] her, hit; ~ **about(s),** her omkring, på disse kanter; ~ **by** [-bai] herved.
hereditary [hi'reditəri] arvelig, arve-; ~ **ty,** arvelighet c.
hereupon [hiərə'pɔn] herpå, derpå; ~ **with,** hermed.
heritage ['heritidʒ] arv c.
hermit ['hə:mit] eremitt c.
hero ['hiərou] pl -es, helt c; ~ **ic,** heroisk; ~ **ine** ['heroin] heltinne c; ~ **ism,** heltemot n.
herring ['heriŋ] sild c.
hers [hə:z] hennes; sin, sitt, sine.
herself [hə:'self] hun selv, henne selv, seg.
hesitate ['heziteit] nøle; ~ **tion,** nøling c; usikkerhet c; ubesluttsomhet c.
hew [hju:] hogge.
hiccough, hiccup ['hikʌp] hikke v & s.
hide [haid] hud c, skinn n; skjule, gjemme (seg).
hideous ['hidiəs] fryktelig, skrekkelig.

hiding ['haidiŋ] pryl *c,* bank *c; ~ -place,* skjulested *n.*

high [hai] høy, fornem; sterk, stor; høytliggende, dyr; høyt; ~ **brow,** intellektuell *c;* åndssnobb *c;* ~ **faluting,** høyttravende; ~ **life,** livet i de høyere kretser; ~ **light,** høydepunkt *n;* ~ **ly,** høyt; i høy grad, ytterst; ~ **minded,** høysinnet; ~ **ness,** høyde *c;* høyhet *c;* ~ **road,** landevei *c;* ~ **sea,** sterk sjøgang *c;* the ~ **seas,** det åpne havet; **be in** ~ **spirits,** være i godt humør; **be** ~ **-strung,** overspent; nervøs; ~ **tea,** aftensmåltid *n* (med te); ~ **way(-man)** hovedvei *c,* landevei(srøver) *c (c).*

hijack ['haidʒæk] kapre (fly etc.); ~ **er,** (fly)kaprer *c.*

hike [haik] (gå) fottur *c.*

hill [hil] haug *c,* bakke *c,* ås *c;* ~ **ock,** liten haug; ~ **side,** skrent *c,* skråning *c.*

hilt sverdfeste *n,* hjalt *n.*

him, ham; den, det; seg.

himself [him'self] han

selv, selv; seg selv, seg; **by** ~, alene.

hind [haind] hind, bak-; ~ **er** ['hində], hindre; forhindre **(from** i å); hemme; ~ **rance,** hindring *c.*

hinge [hindʒ] hengsel *n;* hovedpunkt *n;* ~ **upon,** avhenge av.

hint, vink *n,* antydning *c;* antyde, ymte.

hip, hofte *c;* ~ **flask,** lommelerke *c;* ~ **-pocket,** baklomme *c.*

hire [haiə] hyre, leie, feste; **on** ~ **purchase,** på avbetaling *c.*

his [hiz] hans; sin, sitt, sine.

hiss [his] visle, pipe ut.

historian [his'tɔ:riən] historiker *c;* ~ **ic(al),** historisk; ~ **y** ['histəri] historie *c.*

hit, treffe, ramme, slå; slag *n,* (full)treffer *c;* suksess *c;* treffende bemerkning *c.*

hitch [hitʃ] rykke; hekte fast; feste; rykk *n,* vanskelighet *c;* hindring; ~ **hike** [-haik] haike.

hitherto ['hiðə'tu:] hittil.

H.M.S. fork. for **His** *(el* **Her) Majesty's ship.**

hive [haiv], (bi)kube *c*.
hoar(frost) ['hɔ:frɔst] rim-
frost *c*.
hoard [hɔ:d] forråd *n;*
samle sammen; dynge
opp; hamstre; ~ **ing,**
hamstring *c;* oppsamling
c, opphopning *c*.
hoarse [hɔ:s] hes.
hoary ['hɔ:ri] gråhåret;
eldgammel.
hobble ['hɔbl] kumpe, hal-
te.
hoax [houks] lureri *n;*
juks(e) *n*.
hoe [hou] *s & v* hakke *c*.
hog [hɔg] svin *n*, gris *c;*
~ **shead,** oksehode *n*, fat
n (ca. 238 liter); ~ **skin,**
svinelær *n;* ~ **wash,**
skyller, grisemat *c*.
hoist [hɔist] heise.
hold [hould] hold *n*, tak
n, grep *n*, lasterom *n;*
catch *(el* **lay** *el* **seize** *el*
take) ~ **of,** ta fatt i;
holde, fastholde, rom-
me, holde for, anse for,
mene, hevde, ikke gå i
stykker, stå stille, gjøre
holdt, vare ved; bestå;
~ **the line** (i telefonen:)
vent et øyeblikk!; ~ **wa-
ter,** være vanntett, *fig*
gjelde, duge; ~ **good** *(el*
true), vise seg å være

riktig; ~ **an office,** ha et
embete *n;* ~ **on,** holde
fast; vedbli; ~ **on to,**
holde fast i; ~ **out,** hol-
de ut; ~ **up,** løfte; støt-
te; stanse; stoppe (for å
røve); hindre (f.eks. i
trafikken); klare seg
godt (gjennom mot-
gang); ~ **er,** forpakter *c*,
innehaver *c;* ~ **ing,** av-
holdelse *c;* landeiendom
c.
hole [houl] hull *n*, hule *c*,
forlegenhet *c*, knipe *c*,
lage huller i.
holiday ['hɔlədei] hellig-
dag *c*, fridag *c*, ferie *c;*
~ **s,** ferie *c*.
holiness ['houlinis] hellig-
het *c;* fromhet *c*.
hollow ['hɔlou] hulning *c;*
hule *c;* hul; dump;
falsk; hule ut.
holly ['hɔli] kristtorn *c*.
holy ['houli] hellig.
homage ['hɔmidʒ] hyllest
c; **do** *(el* **pay)** ~**,** hylle.
home [houm] hjem *n;*
hjemme; hus-; innen-
landsk; til målet, ved
målet; bo, ha et hjem;
finne hjem (om brev-
duer); **at** ~**,** hjemme;
be at ~ **in a subject,**
være inne i en sak;

make oneself at ~, late som om man er hjemme; **from ~**, hjemmefra, bortreist; **~ trade**, innenrikshandel c; **bring ~ to**, gjøre noe klart for; overbevist om; **drive ~**, slå i (om spiker); **see ~**, følge hjem; **~ly**, jevn, enkel; stygg; **~-made**, hjemmelaget, innenlandsk; **~ sick**, som lengter hjem; **~ sickness**, hjemlengsel c; **~ spun**, hjemmevevd, hjemmegjort; **~ stead(s)**, hjemover; **~ work** (el lessons), hjemmeoppgaver c.

homicide ['hɔmisaid] mord(er) n (c).

Hon. fork. for **honorary, honourable.**

hone [houn] s & v bryne n.

honest ['ɔnist] ærlig, rettskaffen; **~y**, ærlighet c, redelighet c.

honey ['hʌni] honning c; **~ moon**, hvetebrødsdager; bryllupsreise c; **~ suckle**, kaprifolium c.

honorary ['ɔnərəri] æres-, heders-.

honour ['ɔnə] ære c, heder c; verdighet c; æresfølel-

se c, æresbevisning c, honnør c; ære, hedre, prise, honorere (veksel o.l.); **~ able**, ærlig, hederlig, ærefull; som tittel: ærede.

hood [hud] hette c, lue c, kyse c; kalesje c; amr (bil)panser c; **~ wink**, narre, føre bak lyset.

hoof [hu:f] hov c.

hook [huk] hake c, krok c; få på kroken; hekte; stjele; **~ ed**, kroket, krum.

hooligan ['hu:ligən] bølle c, ramp c.

hoop [hu:p] tønnebånd n, bøyle c.

hooping-cough ['hu:piŋkɔf] kikhoste c.

hoot [hu:t] tute, ule, tuting c, uling c; **~ er**, sirene c, (bil)horn n.

hop [hɔp] hoppe, bykse, danse; hopp n, dans c; humle c (bot).

hope [houp] håp n; håpe; **~ ful**, forhåpningsfull.

horizon [hə'raizn] horisont c.

horn [hɔ:n] horn n.

hornet ['hɔ:nit] geitehams c (stor veps).

horny ['hɔ:ni] hornaktig.

horrible ['hɔrəbl] skrekkelig, forferdelig; avskyelig; ~**d**, redselsfull; avskyelig; ~**fy**, forferde, skremme.

horror ['hɔrə] forferdelse *c;* redsel *c;* avsky *c.*

horse [hɔ:s] hest *c;* kavaleri *n;* stativ *n;* **on** ~**back**, til hest; ~**man-ship**, ridekunst *c;* ~**pow-er**, hestekraft *c;* hestekrefter (60 horsepower); ~**-race**, hesteveddeløp *n;* ~**-radish**, pepperrot *c;* ~**shoe**, hestesko *c;* ~**whip**, ridepisk *c.*

hose [houz] strømper; hageslange *c;* oversprøyte.

hosier ['houzə] trikotasjehandler *c;* ~**y**, trikotasje *c;* strømpevarer.

hospitable ['hɔspitəbl] gjestfri.

hospital ['hɔspitl] hospital *n,* sykehus *n;* ~**ity**, gjestfrihet *c;* ~**ize** ['hɔspitəlaiz] *amr* sende til sykehus.

host [houst] vert *c;* (hær)-skare *c;* hostie *c;* ~**age** ['hɔstidʒ] gissel *n;* ~**el**, gjestgiveri *n,* studenthjem *n;* **youth** ~**el**, ungdomsherberge *n;* ~**ess**, vertinne *c;* ~**ile** ['hɔstail] fiendtlig(sinnet); ~**ility**,

fiendskap *c;* fiendtlighet *c.*

hot [hɔt] het, varm, hissig, heftig, sterk (om smak); lidenskapelig; ~ **dog**, *amr* varm pølse med brød *(el* lompe).

hotel [houtel] hotell *n.*

hot|-head, brushode *n,* sinnatagg *c;* ~**house**, drivhus *n;* ~**-water:** ~ **bottle**, ~ ~ **heating**, ~ ~ **supply**, varmtvannsflaske *c,* varmtvannsforsyning *c.*

hound [haund] jakthund *c;* hisse, pusse **(on** på).

hour ['auə] time *c,* tid *c,* klokkeslett *n;* ~**s**, kontortid *c,* åpningstid; **by the** ~, pr. time; **i** timesvis; ~**ly**, hver time.

house [haus] *pl* **houses** ['hauziz] hus *n;* kongehus *n,* hus *n,* kammer *n,* ting *n; teat* hus *n,* publikum *n;* firma *n;* [hauz] huse, beskytte; holde til; ~**hold**, husholdning *c;* ~**keeper**, husmor *c,* husholder(ske) *c;* ~**wife**, husmor *c.*

hovel ['hɔvəl] skur *n.*

hover ['hɔvə] sveve; ~**craft**, luftputefartøy *n.*

how [hau] hvordan; hvor;

i hvilken grad; ~ **are
you?,** hvordan har De
det?; ~ **do you do?,** god
dag! det gleder meg
(ved presentasjon); ~
old, ~ **often,** hvor gam-
mel, hvor ofte; ~ **ever,**
hvordan enn; likevel,
dog, imidlertid.

howl [haul] hyle, ule, tu-
te; hyl *n,* uling *c.*

h.p. fork. for **horse-power.**

H.R.H. fork. for **His** (el.
Her) Royal Highness.

huckster ['hʌkstə] høker *c.*

huddle ['hʌdl] stuve (seg)
sammen, dynge sam-
men; klynge *c,* dynge *c;
c.*

hue [hju:] farge *c;* anstrøk
n.

huff [hʌf] bli sint; bruke
seg på; bli fornærmet;
fornærmelse *c;* ~ **y,** hår-
sår, lett støtt.

hug [hʌg] omfavne(lse) *c,*
klem(me) *c.*

huge [hju:dʒ] stor, veldig.

hull [hʌl] (skips)skrog *n;*
hylster *n;* belg *c,* skalle,
renske.

hum [hʌm] nynne, sum-
me.

human ['hju:mən] men-
neskelig, menneske-; ~
being, menneske *n;* ~ **e**
[hju'mein] human(istisk);

~ **ity** [hju'mæniti] men-
neskelighet *c;* mennes-
keheten *c.*

humble ['hʌmbl] ydmyk,
beskjeden; ydmyke.

humbug ['hʌmbʌg] svindel
c, humbug(maker) *c;*
sludder *n;* narre, lure.

humdrum ['hʌmdrʌm] ens-
formig, kjedelig.

humid ['hju:mid] fuktig;
~ **ity** [-'mid-] fuktighet *c.*

humiliate [hju:'milieit] yd-
myke; ~ **ion,** ydmykelse
c; **humility,** ydmykhet *c.*

humorous ['hju:mərəs] hu-
moristisk.

humour ['hju:mə] humor
c, humør *n,* lune *n;*
føye, rette seg etter.

hump [hʌmp] pukkel *c.*

hunch [hʌntʃ] pukkel *c; dt*
(forut)anelse *c;* pukkel-
rygg *c* (-et person).

hundred ['hʌndrəd] hund-
re; ~ **fold,** hundredob-
belt; ~ **th,** hundrede
(ordenstall), hundredel
c; ~ **weight** (cwt.) =
50.8 kg.

Hungarian [hʌn'gɛəriən]
ungarsk; ungarer *c;* ~ **y,**
Ungarn.

hunger ['hʌngə] sult *c,*
hunger *c;* hungre **(for,
after** etter); ~ **ry,** sulten.

hunt [hʌnt] jage (etter);

jakt c; ~**er,** jeger c; ~**ing, go hunting,** gå på jakt.

hurdle ['hə:dl] hinder n (ved veddeløp); *fig* forhindring c; ~**r,** hekkeløper c; ~**s,** hekkeløp n, hinderløp.

hurl [hə:l] kaste, slynge.

hurricane ['hʌrikən] orkan c.

hurried ['hʌrid] hastig, oppjaget.

hurry ['hʌri] hast c, hastverk n; haste, skynde på, skynde seg; **be in a** ~, ha det travelt.

hurt [hə:t] skade, såre, krenke; fortred c, skade c, sår n; krenkelse c; ~**ful,** skadelig.

husband ['hʌsbənd] ektemann c; spare på; ~**ry,** jordbruk c; husholdning c.

hush [hʌʃ] stille!; stillhet c; stille, døyve, berolige.

husk [hʌsk] belg c, skall n; skrelle, pille.

husky ['hʌski] kraftig, sterk; hes, rusten.

hustle ['hʌsl] støte, skubbe; skynde seg.

hut [hʌt] hytte c, brakke c.

hutch [hʌtʃ] bur n (f.eks. til kaniner).

hydro- ['haidrou-] i sammensetninger: vann-.

hydrogen ['haidrədʒən] vannstoff n.

hyena [hai'i:nə] hyene c.

hygiene ['haidʒi:n] hygiene c; ~**ic,** hygienisk.

hymn [him] hymne c; salme c; lovsynge; ~**-book,** salmebok c; ~**al,** salme-; salmebok c.

hyphen ['haifən] bindestrek c.

hypnosis [hip'nousis] hypnose c; ~**tist** ['hipnətist] hypnotisør c; ~**tize,** hypnotisere.

hypocrisy [hi'pɔkrisi] hykleri n; skinnhellighet c; ~**te** ['hipəkrit] hykler c.

hypothesis [hai'pɔθisis] hypotese c.

hysteria [his'tiəriə] hysteri n; ~**c(al),** hysterisk.

I

I [ai] jeg.
ice [ais] is *c;* islegge, dekke med is; ise; glasere;
~ **-berg,** isfjell　*n;*
~ **-cream,** iskrem *c.*
Iceland ['aislənd] Island.
icicle ['aisikl] istapp *c.*
icy ['aisi] iskald; is-.
idea [ai'diə] idé *c;* forestilling *c;* tanke *c,* hensikt *c;* ~ **l,** ideal *n,* forbilde *n;* uvirkelig; ideell; ~ **lism,** idealisme *c;* ~ **lize,** idealisere.
identical [ai'dentikl] identisk; ~ **fy,** identifisere; ~ **ty,** identitet *c.*
idiom ['idiəm] idiom *n;* språkeiendommelighet *c.*
idiot ['idiət] idiot *c;* åndssvak person *c.*
idle ['aidl] ledig; uvirksom; doven; unyttig, forgjeves; drive dank; *tekn* **run** ~, løpe tom; ~ **ness,** lediggang *c;* lathet *c;* ~ **r,** lediggjenger *c,* dovenfant *c.*
idol ['aidl] avgud *c;* ~ **ize,** forgude.

idyll ['idil, *amr* 'aidil] idyll; hyrdedikt.
i. e. [ai i:] = **id est (=** **that is)** det er, det vil si, dvs.
if, hvis, om.
ignition [ig'niʃn] tenning *c.*
ignoble [ig'noubl] gemen, ussel.
ignominious [ignə'miniəs] skammelig, vanærende.
ignorance ['ignərəns] uvitenhet *c;* ~ **ant,** uvitenten; ~ **ness,** sykdom *c;* de; ~ **e,** ignorere, overse.
ill, ond; dårlig; syk; onde *n;* ~ **-advised,** ubesindig; ~ **-bred,** uoppdragen.
illegal [i'li:gəl] ulovlig.
illegible [i'ledʒəbl] uleselig.
illegitimate [ili'dʒitimət] født utenfor ekteskap; urettmessig; ulovlig.
ill-fated ['il'feitid] ulykkelig; ugunstig; ~ **iterate** [i'litərət] analfabet *c;* ~ **icit,** ulovlig; ~ **-natured,** ondskapsfull; gret-

ten; ~ **ness**, sykdom c;
~ **-tempered**, gretten, sur;
~ **-timed**, ubeleilig.
illuminate [i'lju:mineit]
be-, opplyse; ~ **ion**, be-,
opplysning c.
illusion [i'lu:ʒn] illusjon c;
blendverk n; ~ **ive** [-siv]
~ **ory**, illusorisk.
illustrate ['iləstreit] illu-
strere; belyse; forsyne
med bilder; ~ **ion**, illu-
strasjon c; belysning c;
forklaring c.
image ['imidʒ] bilde n; av-
bilde, gjenspeile.
imaginable [i'mædʒinəbl]
tenkelig; ~ **ation**, innbil-
nings(kraft); fantasi c;
~ **e**, innbille seg; tenke
seg.
imitate ['imiteit] etterlig-
ne; imitere; ~ **ion**, etter-
ligning c; ~ **or**, etterlig-
ner c.
immaterial [imə'tiəriəl]
uvesentlig; immateriell.
immature [imə'tju:ə] umo-
den.
immediate [i'mi:djət]
umiddelbar; øyeblikke-
lig; ~ **ly**, straks.
immemorial [imi'mo:riəl]
uminnelig; eldgammel.
immense [i'mens] umåte-
lig.

immerse [i'mə:s] dyppe.
immigrant ['imigrənt] inn-
vandrer c; ~ **te**, inn-
vandre; ~ **tion**, inn-
vandring c.
imminent ['iminənt] fore-
stående; overhengende.
immoderate [i'mɔdərit]
overdreven; umåtelig.
immoral [i'mɔrəl] umo-
ralsk; ~ **ity**, umoral(sk-
het) c (c).
immortal [i'mɔ:tl] udøde-
lig; ~ **ity**, udødelighet c.
immovable [i'mu:vəbl]
ubevegelig urokkelig.
immune [i'mju:n] fri; u-
imottagelig; immun.
imp [imp] djevelunge c,
skøyer c.
impact ['impækt] støt n;
(inn)virkning c.
impair [im'pɛə] forringe,
svekke.
impart [im'pa:t] gi videre,
meddele.
impartial [im'pa:ʃl] upar-
tisk; ~ **passable**, ufrem-
kommelig.
impasse [im'pa:s] blindga-
te c.
impatience [im'peiʃns]
utålmodighet c; ~ **t**,
utålmodig.
impeach [im'pi:tʃ] dra i
tvil, anklage, stille for

riksrett; ~ **ment,** (riks-
retts)anklage c.
impede [im'pi:d] hindre,
hemme; ~ **iment** [im'pe-
di-] (for)hindring c.
impel [im'pel] drive fram,
anspore.
impend [im'pend] være
overhengende *el* nær;
true.
impenetrable [im'pe-
nitrəbl] ugjennomtren-
gelig.
imperceptible [impə'sep-
tibl] umerkelig.
imperfect [im'pə:fikt]
ufullkommen; mangel-
full; *gram* imperfektum;
~ **ion,** ufullkommenhet
c.
imperial [im'piəriəl] kei-
serlig; riks-; imperie-.
imperishable [im'periʃəbl]
uforgjengelig.
impersonal [im'pə:snl]
upersonlig; ~ **te,** perso-
nifisere; fremstille (på
teater); ~ **tion,** personi-
fisering c.
impertinence [im'pə:-
tinəns] nesevishet c; ~ **t,**
nesevis, uforskammet.
imperturbable [impə-
'tə:bəbl] uforstyrrelig.
impervious [im'pə:viəs]

uigjennomtrengelig;
utilgjengelig **(to** for).
impetuous [im'petjuəs]
heftig, voldsom.
impetus ['impitəs] stimu-
lans c, (driv)kraft c.
impious ['impiəs] ugude-
lig.
implement ['implimənt]
redskap c (n), verktøy n.
implicate ['implikeit] inn-
vikle, implisere; ~ **ion,**
innblanding c, innvik-
ling c; stilltiende for-
ståelse c.
implicit [im'plisit] still-
tiende; underforstått.
implore [im'plɔ:] bønnfal-
le.
imply [im'plai] antyde;
implisere, innebære.
impolite [impə'lait] uhøf-
lig.
import ['impɔ:t] innførsel
c; betydning c; mening
c; [im'pɔ:t] innføre, im-
portere; innebære;
~ **ance,** viktighet c;
~ **ant,** viktig.
impose [im'pouz] pålegge;
påtvinge; ~ **upon,** nar-
re, bedra; ~ **ing,** impo-
nerende; ~ **ition,** pålegg
n; påbud n; skatt c;
straffelekse c på skole;
bedrag n, lureri n.

impossibility [impɔsi'biliti] umulighet *c;* ~ **le,** umulig.

impostor [im'pɔstə] bedrager *c;* ~ **ure,** bedrageri *n.*

impotent ['impətənt] kraftløs.

impoverish [im'pɔvəriʃ] gjøre fattig.

impracticable [im'præktikəbl] ugjennomførlig.

impregnable [im'pregnəbl] uinntagelig; ~ **te** ['-neit] impregnere, gjennomtrenge; [im'pregnit] impregnert.

impress ['impres] preg *n,* avtrykk *n;* [im'pres] (på-)trykke; prege, gjøre inntrykk på, imponere; ~ **ion,** inntrykk *n;* avtrykk *n;* opplag *n;* **be under the ~ ion that,** ha det inntrykk at; ~ **ive,** imponerende.

imprint ['imprint] avtrykk *n;* preg *n;* [im'print] merke, prege; innprente.

imprison [im'prizn] fengsle; ~ **ment,** fengsling *c,* fangenskap *n.*

improbability [imprɔbə'biliti] usannsynlighet *c;* ~ **le** [-'prɔb-] usannsynlig.

improper [im'prɔpə] upassende.

improvable [im'pru:vəbl] som kan forbedres; ~ **e,** forbedre(s), gjøre fremskritt; ~ ~ **on,** forbedre; ~ **ement,** forbedring *c;* utvikling *c;* fremgang *c.*

imprudence [im'pru:dns] uforsiktighet, ubetenksomhet *c; c;* ~ **t,** uklok, uforsiktig.

impudence ['impjudns] uforskammethet *c;* ~ **t,** uforskammet.

impulse ['impʌls] impuls *c;* tilskyndelse *c;* innfall *n.*

impure [im'pju:ə] uren.

in, i; på; ved; til; inn; inne; innen; om; inn i; ned i; med hensyn til; i og med at; ved å; **be ~,** være inne, hjemme; være på mote; ha makten.

inability [inə'biliti] udyktighet *c;* ~ **accessible,** utilgjengelig; ~ **accuracy,** unøyaktighet ~ **accurate,** unøyaktig.

inaction [in'ækʃn] uvirksomhet *c;* ~ **ve,** uvirksom.

inadequate [in'ædikwit] utilstrekkelig; ~ **admis-**

sible, utilstedelig; ~ **advertently,** av vanvare; ~ **alienable,** uavhendelig; umistelig; ~ **ane,** tom; tåpelig; ~ **animate,** ubesjelet, livløs; ~ **applicable,** uanvendelig; ~ **approachable,** utilnærmelig; ~ **appropriate,** upassende; malplassert.

inasmuch [inəz'mʌtʃ] **as,** for så vidt som, ettersom.

inattention [inə'tenʃn] uoppmerksomhet c; ~ **ve,** uoppmerksom.

inaugural [in'ɔ:gjurəl] innvielses-; ~ **ate** [-eit] høytidelig innsette; innvie; ~ **ation,** innsettelse c; innvielse c.

inborn ['in'bɔ:n] medfødt.

incantation [inkæn'teiʃn] besvergelse c.

incapability [inkeipə'biliti] udyktighet c; ~ **ble,** udyktig; uskikket **(of** til); ~ **city,** udugelighet c.

incarnate [in'ka:neit] legemliggjøre; [-it] legemliggjort; skinnbarlig; ~ **cautious,** uforsiktig.

incense ['insens] røkelse c.

incentive [in'sentiv] spore c, ansporende.

incessant [in'sesnt] uopphørlig.

inch [intʃ] tomme c (2,54 cm).

incident ['insidnt] (tilfeldig) hendelse c; tildragelse c; episode c; ~ **al,** tilfeldig.

incinerate [in'sinəreit] (for)brenne, brenne opp; ~ **or,** (søppel)forbrenner c.

incise [in'saiz] skjære inn; ~ **ion** [in'siʒən] innsnitt c; ~ **ive** [in'saisiv] skjærende, skarp.

incite [in'sait] anspore, egge; ~ **ment,** tilskyndelse c, ansporing c; spore c.

inclination [inkli'neiʃn] helling c; bøyning c; tilbøyelighet c; ~ **e** [in'klain] skråne, helle; bøye; være *(el* gjøre) tilbøyelig **(to** til å); skråning c, bakkehell n; ~ **ed,** skrå; tilbøyelig **(to** til å).

include [in'klu:d] omfatte, ta med, inkludere; ~ **sive,** inklusive, innbefattet.

incoherent [inkou'hiərent] usammenhengende.

income ['inkəm] inntekt c; ~ **tax,** inntektsskatt c;

~**ing,** ankommende, inngående.

in**comparable** [in'kɔmpərəbl] som ikke kan sammenlignes; ~**compatible,** uforenlig; ~**competent,** uskikket; udyktig; ~**complete,** ufullstendig; ~**comprehensible,** uforståelig; ~**conceivable,** ufattelig; ~**congruity,** uoverensstemmelse c; ~**congruous,** uoverstemmende; urimelig; ~**considerable,** ubetydelig; ~**considerate,** hensynsløs.

in**consistent** [inkən'sistənt] selvmotsigende, inkonsekvent; ~**consolable,** utrøstelig; ~**convenience,** uleilighet c; bry(deri) c, ulempe c; bry, uleilige; ~**convenient,** ubekvem, ubeleilig, brysom.

in**corporate** [in'kɔ:pəreit] oppta, innlemme; ~**d,** innlemmet; **Inc.** i forb. med amer. firmanavn = aksjeselskap c.

in**correct** [inkə'rekt] uriktig; ~**corrigible,** uforbederlig.

in**crease** [in'kri:s] øke, vokse, tilta; forhøye; ['inkri:s] vekst c; økning

c; tilvekst c; forhøyelse c.

in**credible** [in'kredəbl] utrolig; ~**ulous,** tvilende; vantro.

increment ['inkriment] økning c; (lønns-)tillegg n.

inculcate ['inkʌlkeit] innprente, innskjerpe.

incur [in'kə:] pådra seg; inngå (forpliktelser).

incurable [in'kjuərəbl] uhelbredelig.

indebted [in'detid] som skylder, står i gjeld **(to** til); forgjeldet.

indecency [in'di:snsi] uanstendighet c; ~**t,** usømmelig, uanstendig.

indecesion [indi'siʒn] ubesluttsomhet c.

indeed [in'di:d] virkelig, sannelig, riktignok; i svar: ja visst!

indefatigable [indi'fætigəbl] utrettelig.

indefensible [indi'fensəbl] uholdbar; uforsvarlig.

indefinite [in'definit] ubestemt, ubegrenset.

indelible [in'delibl] uutslettelig.

indelicacy [in'delikəsi] taktløshet c.

indemnify [in'demnifai] erstatte, holde skades-

løs; ~ ty, skadeserstat-
ning c.

indent [in'dent] skjære
hakk i; gjøre takket;
bulke; ['indent] hakk n,
skår n; (eksport)ordre c;
~ **ation**, hakk n; inn-
skjæring c, innrykking
c.

independen|ce [indi'pen-
dəns] uavhengighet c;
~ **t**, uavhengig.

in|describable [indi'skrai-
bəbl] ubeskrivelig;
~ **destructible**, som ikke
kan ødelegges; ufor-
gjengelig.

ind|ex ['indeks] viser c; pe-
kefinger c; indeks c, re-
gister n, innholdsforteg-
nelse c; registrere.

india-rubber ['indjə'rʌbə]
viskelær n.

Indian ['indjən] indisk; in-
diansk; inder c; india-
ner c; ~ **summer**, varm
ettersommer c.

indicat|e ['indikeit] angi,
(an)vise; tilkjennegi; ty-
de på; indikere; ~ **ion**,
tilkjennegivelse c; an-
tydning c; angivelse c.

indict [in'dait] anklage;
sette under tiltale;
~ **ment**, anklage c, tilta-
le c.

indifferen|ce [in'difrəns] li-
kegyldighet c **(to** over-
for); ~ **t**, likegyldig;
middelmådig.

indigenous [in'didʒənəs]
innfødt.

indigest|ible [indi'dʒestəbl]
ufordøyelig; ~ **ion**, dår-
lig fordøyelse c.

indign|ant [in'dignənt]
vred; indignert; ~ **ation**,
harme c.

indiscreet [indis'kri:t] ube-
tenksom; indiskret.

indiscretion [indis'kreʃn]
taktløshet c; tankeløshet
c; indiskresjon c.

indiscriminate [indis'kri-
minit] kritikkløs(t); til-
feldig.

indispensable [indis'pen-
səbl] uunnværlig; abso-
lutt nødvendig.

indisposed [indis'pouzd]
utilpass, indisponert;
utilbøyelig; ~ **ition**, util-
passhet c; uvilje c.

indisputable [indis'pju:-
təbl] ubestridelig.

indistinct [indis'tiŋkt] uty-
delig.

indistinguishable [indis-
'tiŋgwiʃəbl] som ikke
kan skjelnes fra hver-
andre.

individual [indi'vidjuəl]

personlig; individuell; særmerket; særskilt; individ *n;* enkeltperson *c.*

indivisible [indiˈvizəbl] udelelig.

indolence [ˈindələns] treghet *c;* lathet *c;* ~ **t,** treg, lat.

indomitable [inˈdɔmitəbl] utemmelig, ukuelig.

indoor [ˈindɔ:] inne-, innendørs; ~ **s,** innendørs.

indubitable [inˈdju:bitəbl] utvilsom.

induce [inˈdju:s] bevirke; overtale; bevege; ~ **ment,** tilskyndelse *c.*

indulge [inˈdʌldʒ] føye; gi etter for; tilfredsstille; hengi seg **(in til);** ~ **nt,** overbærende, (altfor) ettergivende.

industrial [inˈdʌstriəl] industriell; industri-; ~ **ialist,** industridrivende; ~ **ialize,** industrialisere; ~ **ious** arbeidsom; flittig; ~ **y** [ˈindəstri] industri *c;* næringsvei *c;* flid *c,* strevsomhet *c.*

inebriate [iˈni:brieit] beruset; alkoholiker *c.*

ineffective [iniˈfektiv], **inefficient** [iniˈfiʃənt] virkningsløs, ineffektiv; udugelig.

inept [iˈnept] malplassert, tåpelig.

inequality [iniˈkwɔ:liti] ulikhet.

ineradicable [iniˈrædikəbl] uutryddelig.

inert [iˈnə:t] treg.

inestimable [inˈestiməbl] uvurderlig.

inevitable [inˈevitəbl] uunngåelig.

inexcusable [iniksˈkju:zəbl] utilgivelig; ~ **expedient,** uhensiktsmessig; ~ **expensive,** billig; ~ **experienced,** uerfaren; ~ **explicable,** uforklarlig.

inexpressible [iniksˈpresəbl] ubeskrivelig, u(ut)sigelig; ~ **ive,** uttrykksløs.

inextricable [inˈekstrikəbl] uløselig (sammenfiltret).

infallible [inˈfæləbl] ufeilbarlig.

infamous [ˈinfəməs] beryktet; æreløs; nederdrektig.

infancy [ˈinfənsi] barndom *c;* ~ **t,** spebarn *n,* lite barn *n;* ~ **tile** [-tail] barne-; infantil; ~ **try,**

infanteri *n;* ~ ~ -**man,** infanterist *c.*

infatuate [in'fætjueit] bedåre; ~ **d with,** blindt forelsket i.

infect [in'fekt] infisere, smitte; ~ **ion,** smitte *c,* infeksjon *c;* ~ **ious,** smittende; smittsom.

infer [in'fə:] utlede, slutte **(from,** av, fra); ~ **ence** ['infərəns] (følge)slutning *c.*

inferior [in'fiəriə] lavere; underlegen; dårlig(ere); underordnet (person).

infest [in'fest] hjemsøke, plage; ~ **ed with,** befengt med.

infidel ['infidl] vantro; ~ **ity** [-'del-] vantro *c;* utroskap *c.*

infiltrate ['infiltreit] sive inn i; infiltrere.

infinite ['infinit] uendelig; ~ **y** [in'-] uendelighet *c.*

infirm [in'fə:m] svak(elig); ~ **ary,** sykestue *c,* pleiehjem *n,* sykehus *n;* ~ **ity,** svak(elig)het *c;* skrøpelighet *c.*

inflame [in'fleim] oppflamme, opphisse.

inflammable [in'flæməbl] (lett) antennelig; brennbar; ~ **tion** [inflə'meiʃn] antennelse *c;* betennelse *c;* opphisselse *c.*

inflate [in'fleit] blåse opp; lage inflasjon; ~ **ion,** oppblåsing *c;* inflasjon *c.*

inflexibility [infleksə'biliti] ubøyelighet *c;* ~ **le,** ubøyelig.

inflict [in'flikt] tilføye; tildele, gi; pålegge (straff); ~ **ion,** tildeling *c;* plage *c,* straff *c.*

influence ['influəns] innflytelse *c;* påvirke, influere; ~ **tial,** innflytelsesrik.

influx ['inflʌks] tilstrømning *c.*

inform [in'fɔ:m] underrette; meddele; ~ **al,** uformell; ~ **ality,** uformellhet *c,* enkelhet *c;* ~ **ation,** opplysninger, melding *c;* ~ **er,** angiver *c.*

infraction [in'frækʃn] brudd *n;* krenkelse *c.*

infringe [in'frindʒ] *jur* overtre; ~ **ment,** overtredelse *c.*

infuriate [in'fju:rieit] gjøre rasende.

infuse [in'fju:z] inngyte; la trekke (f.eks. te); ~ **ion,** tilsetning *c,* iblanding *c.*

ingenious [in'dʒi:njəs] oppfinnsom; sinnrik; skarpsindig; ~ **uity**, skarpsinn *n;* kløkt *n;* ~ **uous**, troskyldig, oppriktig.

ingratitude [in'grætitju:d] utakknemlighet *c.*

ingredient [in'gri:diənt] bestanddel *c;* ingrediens *c.*

inhabit [in'hæbit] bebo; ~ **ant**, beboer *c;* innbygger *c.*

inhale [in'heil] innånde.

inharmonious [inha:-'mounjəs] disharmonisk.

inherit [in'herit] arve; ~ **ance**, arv *c.*

inhibit [in'hibit] hindre, stanse; forby; ~ **ion**, hemning *c;* hindring *c;* forbud *n.*

inhospitable [in'hɔspitəbl] ugjestfri.

inhuman [in'hju:mən] umenneskelig.

inimical [in'imikl] fiendtlig.

initial [i'niʃl] begynnelses-; forbokstav *c;* ~ **te** [-ʃiit] innviet (person); [-ʃieit] begynne, innlede, innvie; ~ **tion**, begynnelse *c,* innledning *c;* innvielse *c.*

inject [in'dʒekt] sprøyte inn.

injure ['indʒə] skade, beskadige; krenke; ~ **ious** [in'dʒuəriəs] skadelig; krenkende; ~ **y** ['indʒəri] skade *c;* krenkelse *c.*

injustice [in'dʒʌstis] urettferdighet *c.*

ink [iŋk] blekk *n;* ~ **-pot**, blekkhus *n;* ~ **-stand**, skriveoppsats *c;* ~ **y**, blekket; blekksvart.

inland ['inlənd] innlands-; innenlands(k); innenriks; [in'lænd] inne i landet.

inlet ['inlet] innløp *n;* bukt *c.*

inmate ['inmeit] beboer *c.*

inmost ['inmoust] innerst.

inn, vertshus *n,* kro *c.*

innate ['i'neit] medfødt.

inner ['inə] indre.

innocence ['inəsens] uskyld, uskyldighet *c;* ~ **t**, uskyldig.

innovation [ino'veiʃn] fornyelse *c;* nyskapning *c.*

innumerable [i'nju:mərəbl] utallig, talløs.

inoculate [in'ɔkjuleit] vaksinere; innpode.

inoffensive [inə'fensiv] harmløs.

inoperative [in'ɔpərətiv] virkningsløs.

inordinate [in'ɔ:dinit] overdreven.

inquest ['inkwest] undersøkelse c, rettslig likskue c.

inquir|e [in'kwaiə] **(for)** spørre etter; forespørre **(about,** om); ~ **into,** undersøke; ~**y,** undersøkelse c; forespørsel c.

inquisitive [in'kwizitiv] vitebegjærlig, nysgjerrig.

insan|e [in'sein] sinnssyk; ~ **ity** [-'sæniti] sinnssykdom c; vanvidd n.

inscri|be [in'skraib] skrive inn; ~ **ption** [in'skripʃn] innskrift c; påskrift c.

insect ['insekt] insekt n.

insecure [insi'kjuə] usikker.

insens|ibility [insensə'biliti] følelsesløshet c; ufølsomhet c; sløvhet c; ~ **ible,** følelsesløs; ufølsom.

inseparable [in'sepərəbl] uatskillelig.

insert [in'sə:t] sette *(el* rykke, skyte) inn.

inside [in'said] innerside c; indre n; inne i; **from the** ~, innenfra; ['insaid] innvendig.

insight ['insait] innsikt c.

insignificant [insig'nifikənt] ubetydelig.

insincere [insin'siə] uoppriktig, uekte.

insipid [in'sipid] flau, smakløs.

insist [in'sist] **(up)on,** insistere på; fastholde.

insistent [in'sistənt] vedholdende; stadig.

insolent ['insələnt] uforskammet.

insomnia [in'sɔmniə] søvnløshet c.

inspect [in'spekt] inspisere, mønstre; ~ **ion,** inspeksjon c; oppsyn n; ~ **or,** inspektør c.

inspir|ation [inspə'reiʃn] innånding c; inspirasjon c; ~ **e** [-'spaiə] innånde; inspirere.

inst. = **instant** ['instənt] denne måned, d.m.

instab|ility [instə'biliti] ustabilitet c; ~ **le** [in'steibl] ustabil.

install [in'stɔ:l] innsette (i et embete o.a.); installere.

instalment [in'stɔ:lmənt] avdrag n; porsjon c, del, c.

instance ['instəns] tilfelle n; eksempel n; *jur* instans c; **at his** ~, på hans foranledning; **for ~**, for eksempel.

instant ['instənt] øyeblikkelig; øyeblikk *n;* **on the 15th ~**, på den 15. i denne måned; **~ ly**, straks.

instead [in'sted] isteden; **~ of**, istedenfor.

instep ['instep) vrist *c.*

instigate ['instigeit] tilskynde, egge.

instinct ['instiŋkt] instinkt *n;* **~ ive** [in'st-] instinktmessig.

institute ['institju:t] institutt *n;* fastsette; opprette; iverksette; **~ ion**, fastsettelse *c;* institusjon *c;* anstalt *c.*

instruct [in'strʌkt] undervise; veilede; instruere; **~ ion**, instruksjon *c;* undervisning *c;* veiledning *c;* **~ ions**, instruks *c,* ordre *c;* **~ ive**, lærerik.

instrument ['instrumənt] instrument *c;* verktøy *n;* dokument *n;* **~ al** [-'mentl] medvirkende; *mus* instrumental.

insufferable [in'sʌfərəbl] utålelig.

insufficient [insə'fiʃnt] utilstrekkelig.

insular ['insjulə] øy-; **~ te**, isolere; **~ tor**, isolator *c.*

insult ['insʌlt] hån *c,* fornærmelse *c;* [in'sʌlt] fornærme, håne.

insupportable [insə'pɔ:təbl] utålelig; uutholdelig.

insurance [in'ʃu:rəns] forsikring *c;* assuranse *c;* **~ e**, forsikre.

insurmountable [insə'mauntəbl] uoverstigelig.

insurrection [insə'rekʃn] oppstand *c.*

intact [in'tækt] intakt.

integral ['intigrəl] hel; integrerende; vesentlig; integral-; **~ ity** [inte-] helhet *c;* ubeskårethet *c;* rettskaffenhet *c;* ærlighet *c.*

intellect ['intilekt] forstand *c;* **~ ual** [-'lektjuəl] intellektuell *c;* forstands-, ånds-.

intelligence [in'telidʒəns] forstand *c;* intelligens *c;* meddelelse *c;* **~ ent**, klok, intelligent; **~ ible**, forståelig.

intemperance [in'tempərəns] mangel på måtehold *n* (særlig drukkenskap); **~ te**, umåteholden; især: drikkfeldig.

intend [in'tend] akte; ha til hensikt; ~ **ed for**, bestemt til; ~ **ed**, tilkommende (ektefelle).

intense [in'tens] intens; voldsom; ~ **ification**, forsterkning; ~ **ify**, forsterke; intensivere; ~ **ity**, intensitet c; (lyd-, strøm-)styrke c; ~ **ive**, intensiv.

intent [in'tent] anspent; opptatt (**on** med); hensikt c; ~ **ion**, hensikt c; formål n; ~ **ional**, tilsiktet.

intercede [intə'si:d] gå i forbønn.

intercept [intə'sept] snappe opp; avskjære; avverge.

interchange [intə'tʃeindʒ] utveksle; skifte ut; ['intə-] utveksling c; skiftning c.

intercom fork. for **intercommunication system** [intəkə'mjuni'keiʃn 'sistim] internt (høyttaler) telefonanlegg n.

intercourse ['intə:kɔ:s] samkvem n; (handels)forbindelse c.

interdict [intə'dikt] forby.

interest ['intrist] interesse c; rente c; andel c; inter-essere; **take (an)** ~ **in**, interessere seg for; ~ **ing**, interessant.

interfere [intə'fiə] gripe inn; blande seg opp i; ~ **with**, hindre, komme i veien for; ~ **nce**, innblanding c; *radio* forstyrrelse c.

interior [in'tiəriə] indre; innenlands-; interiør n; innvendig.

interloper ['intə:'loupə] påtrengende person c; ubuden gjest c.

intermediary [intə'mi:diəri] formidlende; mellommann c; formidler c; ~ **te**, mellomliggende; mellom-.

interment [in'tə:mənt] begravelse c.

interminable [in'tə:minəbl] endeløs, uendelig.

intermission [intə'miʃn] avbrytelse c; *amr teatr* pause c.

intermit [intə'mit] avbryte; utsette; ~ **tent**, periodisk.

intern [in'tə:n] internere; ~ **al** [in'tə:nl] indre, innvendig.

international [intə'næʃnl] internasjonal.

interpolate [in'tə:poleit] innskyte, interpolere.

interpose [intə'pouz] inn-
skyte; sette el komme
mellom; gripe inn i.

interpret [in'tə:prit] tolke,
tyde, forklare; ~ **ation**
[intə:pri'teiʃn] (for)-
tolkning c; ~ **er** [in'təp-
ritə] tolk c.

interrogate [in'teregeit]
(ut-)spørre, forhøre;
~ **ion**, forhør n; note el
mark el point of ~ **ion**,
spørsmålstegn n; ~ **ive**
[-'rɔgətiv] spørrende.

interrupt [intə'rʌpt] avbry-
te; ~ **ion**, avbrytelse c.

interval ['intəvəl] mellom-
rom n; intervall n; pau-
se c.

intervene [intə'vi:n] kom-
me mellom; gripe inn;
intervenere; ~ **tion**, in-
tervensjon c, innblan-
ding c; mellomkomst c.

interview ['intəvju:] møte
n; samtale c; intervju n;
intervjue.

intestine [in'testin] tarm c.

intimacy ['intiməsi] fortro-
lighet c; intimitet c; ~ **te**
['-mit] fortrolig, intim;
['-meit] antyde; tilkjen-
negi.

intimidate [in'timideit]
skremme; ~ **ion**, skrem-
ming c.

into ['intu] inn i; til.

intolerable [in'tɔlərəbl]
uutholdelig; utålelig;
~ **nt**, intolerant (of over-
for).

intonation [intou'neiʃn]
intonasjon c; tonefall n.

intoxicant [in'tɔksikənt]
rusdrikk c; ~ **te**, beruse;
forgifte; ~ **tion**, berusel-
se c; forgiftning c.

intrepid [in'trepid] frykt-
løs, uforferdet.

intricate ['intrikit] innvik-
let; floket; komplisert.

intrinsic [in'trinsik] indre.

introduce [intrə'dju:s] inn-
føre; gjøre kjent; pre-
sentere (to for); introdu-
sere; ~ **tion** [-'dʌkʃn]
innførelse c; presenta-
sjon c; letter of ~ **tion**,
anbefalingsbrev n; ~ **to-
ry**, innlednings-, innle-
dende.

intrude [in'tru:d] trenge
(seg) inn; forstyrre; ~ **r**,
inntrenger c, påtrengen-
de person c.

intrusion [in'tru:ʒn] inn-
trengning c, påtrengen-
het c; ~ **ive**, påtrengen-
de.

intuition [intju:'iʃn] intui-
sjon c; ~ **ve**, intuitiv.

inundate ['inʌndeit] over-

svømme; ~ **ion**, over-
svømmelse c.
invade [in'veid] trenge inn
i, gjøre innfall i; ~ **r**,
angriper c, overfalls-
mann c.
invalid [in'vælid] ugyldig;
['invəlid] invalid c; [invə-
li:d] gjøre (el bli) inva-
lid; ~ **ate** [in'vælideit]
gjøre ugyldig; oppheve.
invaluable [in'væljuəbl]
uvurderlig.
invariable [in'vɛəriəbl]
uforanderlig.
invasion [in'veiʒn] inva-
sjon c; inngrep n (of i).
invent [in'vent] oppfinne;
~ **ion**, oppfinnelse c;
~ **or**, oppfinner c.
inventory ['inventri] inven-
tarliste c, fortegnelse c.
inverse [in'və:s] omvendt;
~ **sion**, ombytting c;
omvendt ordstilling c;
~ **t**, vende opp ned på,
snu om på, invertere;
~ **ted**, omvendt.
invest [in'vest] investere;
utstyre.
investigate [in'vestigeit]
(ut-, etter-)forske, grans-
ke; ~ **ion**, undersøkelse
c, gransking c.
investment [in'vestmənt]

investering c, (penge-)
anbringelse c.
inveterate [in'vetərit] inn-
grodd; rotfestet.
invigorate [in'vigəreit]
styrke; oppmuntre.
invincible [in'vinsəbl]
uovervinnelig.
inviolable [in'vaiələbl]
ukrenkelig.
invisible [in'vizəbl] usyn-
lig.
invitation [invi'teiʃn] inn-
bydelse c, invitasjon c;
~ **e** [in'vait] innby; opp-
fordre; be om.
invoice ['invɔis] faktura c;
fakturere.
invoke [in'vouk] påkalle;
anrope; besverge.
involve [in'vɔlv] innvikle;
innblande; involvere,
medføre; innebære.
invulnerable [in'vʌlnərəbl]
usårbar.
inward ['inwəd] indre;
innvendig; innad; ~ **s**,
innvoller; innad; ~ **ly**,
innvendig; i ens stille
sinn.
iodine ['aiədi:n] jod c.
IOU (I owe you) ['aiəu'ju]
gjeldsbrev n.
Ireland ['aiələnd] Irland.
Irish ['airiʃ] irsk; the ~,
irlenderne.

irksome [ˈɔːksəm] tretten-de.

iron [ˈaiən] jern *n*; stryke-jern *c*; av jern; jern-hard; glatte, stryke; ~ s, lenker *c*; ~ -foundry, jernstøperi *n*.

ironic(al) [aiˈrɔnik(l)] iro-nisk.

ironing [ˈaiəniŋ] stryking *c*; ~ monger, jernvare-handler *c*; ~ -mould, rustflekk *c*; ~ ware, jern-varer; isenkram *c*; ~ -works, jernverk *n*.

irony [ˈairəni] ironi *c*.

irrational [iˈræʃnl] irrasjo-nell; ufornuftig.

irreconcilable [ˈirəkn-ˈsailəbl] uforsonlig, ufor-enlig.

irrecoverable [iriˈkʌvərəbl] uopprettelig, uerstatte-lig; ~ refutable, ugjen-drivelig; ~ regular, ure-gelmessig; ~ regularity, uregelmessighet *c*.

irrelevance [iˈrelivəns] noe som ikke har med saken å gjøre; ~ t, (saken) uvedkommende, uten-forliggende.

irreligious [iriˈlidʒəs] gud-løs; irreligiøs.

irremediable [iriˈmiːdiəbl] uopprettelig.

irremovable [iriˈmuːvəbl] urokkelig, uavsettelig.

irreparable [iˈrepərəbl] ubotelig; uerstattelig.

irreproachable [iri-ˈproutʃəbl] ulastelig.

irresistible [iriˈzistəbl] uimotståelig.

irresolute [iˈrezəluːt] ube-sluttsom; ~ respective of, uten hensyn til.

irresponsibility [ˈiri-spɔnsəˈbiliti] uansvarlig-het *c*; ~ le, uansvarlig.

irretrievable [iriˈtriːvəbl] uopprettelig; uerstatte-lig.

irrevocable [iˈrevəkəbl] ugjenkallelig.

irrigate [ˈirigeit] overrisle; ~ ion, overrisling *c*, van-ning *c*.

irritability [iritəˈbiliti] irri-tabilitet *c*; ømfintlighet *c*; ~ ble [ˈiritəbl] irrita-bel; ~ te, irritere; ~ ting, irriterende; ~ tion, irritasjon *c*; erg-relse *c*.

is [iz] er; that ~ to say, det vil si.

island [ˈailənd] øy *c*; ~ er, øyboer *c*.

isn't [ˈiznt] = is not.

isolate [ˈaisəleit] avsond-re; isolere.

issue ['isju: *el* 'iʃu:] utgang *c;* avløp *n;* avkom *n;* etterkommere; resultat *n;* utfall *n;* utgave *c;* opplag *n;* nummer *n* (av tidsskrift); spørsmål *n;* stridspunkt *n;* komme ut; strømme ut; utgå **(from** fra); resultere **(in** i); utstede; utlevere; utgi.

it, den, det.

Italian [i'tæljən] italiensk (språk); italiener(inne) *c* *(c).*

Italy ['itəli] Italia.

itch [itʃ] klø(e) *(c).*

item ['aitəm] likeledes; punkt *n,* post *c* (i regnskap o.l.); avisnotis *c.*

iterate ['itəreit] gjenta; ~ **ion,** gjentagelse *c.*

itinerant [i'tinərənt *el* ai'-] omreisende; vandrende; vandre-; ~ **ary,** reiserute *c,* -beskrivelse *c.*

its, dens, dets.

itself [it'self] den selv, det selv, seg; **by** ~, for seg, særskilt.

ivory ['aivəri] elfenben *n.*

ivy ['aivi] eføy *c.*

J

jail [dʒeil] fengsel *n;* fengsle; ~ **er,** fengselsbetjent *c.*

jam [dʒæm] syltetøy *n;* trengsel *c;* stimmel *c;* knipe *c;* presse; klemme; være i knipe; *radio* forstyrre.

janitor ['dʒænitə] dørvokter *c; amr* vaktmester *c.*

January ['dʒænjuəri] januar.

Japan [dʒə'pæn] Japan; ~ **ese** [dʒæpə'ni:z] japansk; japaner(inne) *c* *(c).*

jar [dʒa:] krukke *c;* støt *n;* skurring *c;* ryste; skurre, knirke, ~ **upon,** støte; irritere.

jaundice ['dʒɔ:ndis] gulsott *c.*

javelin ['dʒævlin] (kaste)-spyd *n.*

jaw [dʒɔ:] kjeve *c;* prate.

jay [dʒei] nøtteskrike *c.*

jealous ['dʒeləs] sjalu; misunnelig; ~ **y,** sjalusi *c.*

jeer [dʒiə] håne, spotte.

jelly ['dʒeli] gelé *c;* ~ **fish,** manet *c.*

jeopard|ize ['dʒepədaiz] bringe i fare, sette på spill; ~**y,** fare c; risiko c.

jerk [dʒəːk] rykk(e) n.

jersey ['dʒəːzi] jersey (stoff) c (n).

jest [dʒest] spøk(e) c; ~**er,** spøkefugl c; hoffnarr c.

jet [dʒet] stråle c; sprut c; jetfly n; sprute (**out** fram); ~-**plane,** jetfly n.

jetty ['dʒeti] molo c, kai c.

Jew [dʒuː] jøde c.

jewel ['dʒuːəl] juvel c; ~**ler,** juvelér c; gullsmed c; ~**(le)ry,** koll juveler.

Jew|ess ['dʒuːis] jødinne c; ~**ish,** jødisk.

jilt [dʒilt] svikte (i kjærlighet).

jingle ['dʒiŋgl] ringle, klirre; ringling c, klirring c.

job [dʒɔb] arbeid n; jobb c; affære c; leie ut; arbeide på akkord; jobbe; spekulere; ~**ber,** akkordarbeider c; børsspekulant c.

jockey ['dʒɔki] jockey c; lure, svindle.

jog [dʒɔg] puffe, dytte; lunte avsted, jogge.

John [dʒɔn] Johannes, Johan, John, Hans.

join [dʒɔin] forbinde; slutte seg sammen (med); slutte seg til; tre inn i; ~**t,** sammenføyning c; fuge c; skjøt c; ledd n; steik c; føye sammen; felles-; forent.

joke [dʒouk] spøk(e) c.

jolly ['dʒɔli] lystig; livlig; morsom; svært, veldig.

jolt ['dʒoult] støte; ryste; støt n; rysting c.

jostle ['dʒɔsl] puffe, skubbe.

jot [dʒɔt] tøddel c, døyt c; ~ **down,** rable ned.

journal ['dʒəːnl] dagbok c; tidsskrift n; avis c; ~**ism,** journalistikk c; ~**ist,** journalist c.

journey ['dʒəːni] reise c (til lands); ~**man,** håndverkersvenn c.

Jove [dʒouv] Jupiter; **by** ~, (så) sannelig!

jovial ['dʒouvjəl] munter; gemyttlig.

jowl [dʒaul] (under)kjeve c, kjake c.

joy [dʒɔi] fryd c, glede c; ~**ful, -ous,** glad, gledelig.

jubilee ['dʒuːbiliː] jubileum n; jubelår n.

judge [dʒʌdʒ] dommer c; kjenner c; dømme; anse for, bedømme.

judg(e)ment [ˈdʒʌdʒmənt] dom *c;* mening *c;* skjønn *n;* ~**-day**, dommedag *c.*

judicial [dʒuˈdiʃl] rettslig, retts-; juridisk; ~**ious** [-ˈdiʃəs] forstandig, klok.

jug [dʒʌg] mugge *c.*

juggle [ˈdʒʌgl] gjøre (trylle-)kunstner; narre; ~**r**, tryllekunstner *c;* ~**ry**, tryllekunst *c;* taskenspilleri *n;* bedrageri *n.*

juice [dʒuːs] saft *c;* ~**y**, saftig.

July [dʒuˈlai] juli.

jump [dʒʌmp] hopp(e) *n;* hoppe over; fare sammen; ~ **at**, kaste seg over; gripe med begge hender; ~**er**, hopper *c;* jumper *c*, genser *c;* ~**y**, nervøs, urolig.

junction [ˈdʒʌŋkʃn] forening *c;* forbindelse *c;* (jernbane)knutepunkt *n.*

June [dʒuːn] juni.

jungle [ˈdʒʌŋgl] jungel *c.*

junior [ˈdʒuːnjə] yngre; junior *c.*

juniper [ˈdʒuːnipə] einer *c.*

junk [dʒʌnk] skrap, *n*, skrot *n;* ~**dealer**, skraphandler *c.*

jurisdiction [dʒuːrisˈdikʃn] jurisdiksjon *c*, domsmyndighet *c;* ~**prudence**, rettsvitenskap *c.*

jury [ˈdʒuːri] jury *c.*

just [dʒʌst] rimelig; rettferdig; riktig; nøyaktig; nettopp; bare; ~**ice**, rettferdighet *c;* berettigelse *c;* dommer *c.*

justification [dʒʌstifiˈkeiʃn] rettferdiggjørelse *c;* ~**y**, rettferdiggjøre; forsvare.

jut [dʒʌt] stikke fram.

juvenile [ˈdʒuːvinail] ungdommelig, ungdoms-.

juxtaposition [dʒʌkstəpəˈziʃn] sidestilling *c.*

K

kangaroo [kæŋgəˈruː] kenguru *c.*

keel [kiːl] kjøl *c.*

keen [kiːn] skarp; bitende; ivrig.

keep [kiːp] underhold *n;* holde, beholde; besitte; underholde; overholde; holde ved like; opprettholde; føre oppsikt med; vokte; passe; føre (bøker); ha; oppholde; holde seg; bli ved med; ~ **company,** holde med selskap; ~ **silent,** være *el* tie stille; ~ **away,** holde seg borte; ~ **on,** beholde på; ~ **on (doing something),** fortsette med å gjøre noe; ~ **out,** holde ute; utelukke; ~ **up with,** holde tritt med; ~ **somebody waiting,** la noen vente; ~ **down** *el* **under,** undertrykke; ~ **in touch with,** holde seg i kontakt med; ~ **to,** holde seg til; ~ **house,** stelle hus; ~ **in stock,** ha på lager; ~**er,** oppsynsmann *c;* vokter *c;* røkter *c;* ~**ing,** forvaring *c;* ~**sake,** souvenir *c;* erindring *c.*

keg, kagge *c;* lite fat *n.*

kennel ['kenl] hundehus *n;* hundekobbel *n;* kennel *c.*

kerb [kə:b] fortauskant *c.*

kerosene ['kerəsi:n] *især amr* parafin *c.*

kettle ['ketl] kjele *c,* gryte *c.*

key [ki:] nøkkel *c;* tangent *c* (på klavér, skrivemaskin); toneart *c;* ~**board,** tastatur *n;* klaviatur *n,* ~**hole,** nøkkelhull *n;* ~**note,** grunntone *c* (også *fig);* ~**stone,** sluttstein *c.*

kick, spark(e) *n;* spenn(e) *n;* futt *c;* spenning *c.*

kid, geitekilling *c; dt* unge *c,* smårolling *c;* erte; narre.

kidney ['kidni] nyre *c.*

kill, drepe, slå i hjel; gjøre det av med; slakte; ~**er,** morder *c;* slakter *c.*

kilocycle ['kilosaikl] kiloperiode *c, ty:* Kilohertz; ~**gram(me),** kilogram *n;* ~**metre,** kilometer *c.*

kin, slekt *c;* slektninger *c.*

kind [kaind] snill, god, vennlig **(to** mot); slag(s) *n,* sort *c.*

kindergarten ['kindəga:tn] barnehage *c.*

kindle ['kindl] tenne på; ta fyr.

kindhearted ['kaind'ha:tid] godhjertet; ~**ness,** godhet *c;* vennlighet *c.*

kindred ['kindrid] slektskap *c;* slekt *c;* beslektet.

king [kiŋ] konge *c;* ~**dom,** kongerike *n.*

kinsman ['kinzmən] slektning *c.*

kiss [kis] kyss(e) *n.*

kit, utstyr *n;* utrustning *c;* oppakning *c;* ~ **bag,** reiseveske *c.*

kitchen ['kitʃin] kjøkken *n;* ~ **-range,** komfyr *c.*

kite [kait] papirdrage *c;* glente *c;* prøveballong *c.*

kitten ['kitn] kattunge *c.*

knack [næk] knip *n;* ferdighet *c;* evne *c;* håndlag *n.*

knag [næg] knort *c,* knast *c;* ~ **gy,** knortet, knastet.

knapsack ['næpsæk] ryggsekk *c;* ransel *c.*

knave [neiv] skurk *c;* kjeltring *c;* knekt (i kort) *c;* ~ **ery,** kjeltringstrek *c.*

knead [ni:d] kna, elte.

knee [ni:] kne *n;* ~ **-breeches,** knebukser; ~ **-cap,** kneskjell *n.*

kneel [ni:l] knele **(to** for).

knickerbockers ['nikəbɔkəz] knebukser, nikkers.

knife, *pl* **knives** [naif, naivz] kniv *c;* stikke med kniv.

knight [nait] ridder *c;* springer *c* (i sjakk); utnevne til ridder.

knit [nit] knytte; strikke.

knob [nɔb] knott *c;* knute *c;* ~ **by,** knottet; bulet; knortet.

knock [nɔk] slag *n;* banking slå; støte; banke; ~ **down,** slå ned, slå overende; ~ **about,** farte, slentre omkring; ~ **at the door,** banke på døra; ~ **out,** slå ut (også *fig); fig* knusende slag *n;* ~ **er,** dørhammer *c.*

knoll [noul] haug *c;* knaus *c.*

knot [nɔt] knute *c;* sløyfe *c;* klynge *c;* gruppe *c; mar* knop *c;* knyte, binde; ~ **ted,** knutet, knortet.

know [nou] vite; kjenne; kunne; kjenne til; få vite om; forstå seg på; **make** ~ **n,** gjøre kjent; ~ **ing,** erfaren, kyndig; ~ **ledge** ['nɔlidʒ] kunnskap *c;* kjennskap *c.*

knuckle ['nʌkl] knoke *c.*

L

label ['leibl] merkelapp c; etikett c; sette merkelapp på.

laboratory [lə'bɔ:rətri] el amr ['læbrətəri] laboratorium n.

laborious [lə'bɔ:riəs] strevsom.

labour ['leibə] (grovt) arbeid n; slit n, strev n, møye c; fødselsveer; arbeidskraft c; arbeiderklassen; **the Labour Party**, Arbeiderpartiet; streve, slite, stri med; tynget av; **(heavy** el **manual)** ~ **er**, tungarbeider c; ~ **market**, arbeidsmarked n.

lace [leis] snor c, lisse c, tresse c; kniplinger; snøre, sette tresser el kniplinger på.

lack [læk] mangel c, mangle.

lackey ['læki] lakei c.

lacquer ['lækə] lakk(ferniss) c (c); lakkere.

lad [læd] gutt c, kar c.

ladder ['lædə] stige c, leider c; raknet stripe (i strømpe); ~ **-proof**, raknefri.

ladle [leid] laste, belesse; ~ **ing**, ladning c, last c.

ladle ['leidl] øse c; sleiv c; øse.

lady ['leidi] dame c; frue c; Lady (tittel); ~ **like**, fin; damemessig.

lag [læg] forsinkelse c; isolasjon(smateriale) c (n); dt straffange; somle.

lager (beer) ['la:gəbiə] pils(nerøl) c (n).

lagoon [lə'gu:n] lagune c.

lake [leik] innsjø c; lakkfarge c.

lamb [læm] lam n.

lame [leim] halt; vanfør; skrøpelig; gjøre halt, vanfør.

lament [lə'ment] klage c; klagesang c; jamre; beklage (seg); ~ **able**, beklagelig.

lamp [læmp] lampe c; ~ **-post**, lyktestolpe c.

lampoon [læm'pu:n] smededeskrift n.

lance [la:ns] lanse c.

land [lænd] land(jord) n (c), land n; jord c; jordstykke *n;* grunneiendom *c;* bringe i land; landsette; losse; lande; havne; **~ed,** landeiendoms-; **~holder,** godseier *c;* grunneier *c;* **~ing,** landing *c;* trappeavsats *c;* **~ing-ground,** landingsplass *c;* stoppested *n;* **~ing place,** landingsplass *c;* kai *c;* **~ing stage,** landgangsbrygge *c;* flytebrygge *c;* **~lady,** vertinne *c* (i hotell, vertshus o.l.); **~locked,** beliggende midt inne i landet; **~lord,** (hus)vert *c;* hotellvert *c,* gjestgiver *c;* godseier *c;* **~mark,** grensemerke *n,* landmerke *n;* milepel *c;* **~scape,** landskap *n;* **~slide,** skred *n.*

lane [lein] smal vei *c,* smal gate *c;* kjørefelt *n.*

language [ˈlæŋgwidʒ] språk *n.*

languid [ˈlæŋgwid] matt, slapp, treg; **~ish,** bli slapp, matt; hensykne; lenges.

lank(y) [ˈlæŋk(i)] radmager, skranglet.

lantern [ˈlæntən] lanterne *c,* lykt *c.*

lap [læp] skjød *n,* fang *n;*

idr runde *c;* lepje, slurpe i seg; innhylle; svøpe; folde; **~-dog,** skjødehund *c.*

lapel [ləˈpel] slag (på jakke o.l.) *n.*

lapse [læps] feil *c,* lapsus *c;* glidning *c;* forløp *n,* tidsrom *n,* feile; bortfalle; gli ut; henfalle (**into** til).

lard [la:d] spekk *n,* smult *c;* spekke; **~er,** spiskammer *n.*

large [la:dʒ] stor; vid; bred; rommelig; utstrakt; storsinnet; **at ~,** på frifot; **people at ~,** folk i sin alminnelighet; **~ly,** i stor utstrekning, overveiende; **~-minded,** storsinnet; **~-size(d),** i stort format *n.*

lark [la:k] lerke *c;* moro *c;* holde leven, tulle.

lash [læʃ] piskeslag *n,* snert *c;* øyenvippe *c;* piske; hudflette (også *fig).*

lass [læs] pike *c.*

last [la:st] lest *c;* sist, forrige, siste; ytterst; høyest; størst; siste gang; vare, holde seg; **~ but one,** nest sist; **at**

~, til sist; ~**ing**, varig; ~**ly**, til sist, endelig.

latch [lætʃ] klinke *c;* smekklås *c;* ~**-key**, (gatedørs)nøkkel *c.*

late [leit] sein; for sein; forsinket; forhenværende, tidligere; (nylig) avdød; nylig (hendt); ny; **be** ~, komme for seint; ~**-comer**, etternøler *c;* ~**ly**, nylig; i det siste; **at the** ~**est**, seinest; **of** ~ nylig, i det siste.

lateral [ˈlæt(ə)rəl] side-.

lath [la:þ] lekte *c;* kle med lekter.

lather [ˈla:ðə *el* ˈlæðə] (såpe)skum *n;* såpe inn; skumme.

Latin [ˈlætin] latin(sk) *c.*

latitude [ˈlætitju:d] bredde(grad *c);* spillerom *n.*

latter [ˈlætə] (den, det) sistnevnte (av to); siste (annen); ~**ly**, i det siste.

lattice [ˈlætis] gitter(verk) *n;* sprinkler.

laudable [ˈlɔ:dəbl] rosverdig.

laugh [la:f] latter *c;* le; ~ **at**, le av; ~**able**, latterlig; ~**ter**, latter *c.*

launch [lɔ:n(t)ʃ *el* la:n(t)ʃ] stabelavløping *c;* bar-

kasse *c;* sende ut; sette på vannet.

laundress [ˈlɔ:ndris] vaskekone *c;* ~**ry**, vaskeri *n,* vask(etøy) *c (n).*

laurel [ˈlɔrəl] laurbær *n.*

lavatory fork **lav** [ˈlævət(ə)ri] vaskerom *n;* toalettrom *n,* W.C.

lavish [ˈlæviʃ] ødsle; ødsel.

law [lɔ:] lov *c;* (lov og) rett *c;* jus *c;* ~**-court**, domstol *c,* rett(slokale); ~**ful**, lovlig; rettmessig; ~**less**, lovløs.

lawn [lɔ:n] gressplen *c;* ~**-mower**, gressklipper *c.*

lawsuit [ˈlɔ:s(j)u:t] rettssak *c.*

lawyer [ˈlɔ:jə] jurist *c;* advokat *c.*

lax [læks] slapp, løs; ~**ative**, avføringsmiddel *n;* ~**ity**, slapphet *c.*

lay [lei] retning *c,* stilling *c; dt* beskjeftigelse *c,* jobb *c,* yrke *n;* kvad *n,* sang *c;* lekmanns-; ~ **by**, legge til side; spare; ~ **down**, nedlegge; oppgi; ofre; ~ **on**, smøre på, stryke på; ~ **open**, blottlegge; ~ **out**, legge fram; legge ut; anlegge (hage o.l.).

layer ['leiə] lag *n*, sjikt *n*.
layman ['leimən] lekmann *c*.
laziness ['leizinis] dovenskap *c*; ~**y**, doven, lat.
lead [led] bly *n*; *mar* lodd *n*.
lead [li:d] ledelse *c*, føring *c*; vink *n*; invitt *c*; *teat* hovedrolle *c*; føre, lede; føre (**to** til), trekke med seg; spille ut (et kort).
leaden ['ledn] bly-, av bly.
leader ['li:də] fører *c*, leder *c*; ~**ship**, ledelse *c*, førerskap *n*.
leading ['li:diŋ] ledende.
leaf [li:f] *pl* **leaves**, blad *n*; *pl* løv *n*; blad *n* (i en bok); dørfløy *c*; klaff *c*, bordlem *c*; ~**let**, lite blad; brosjyre *c*, flygeblad *n*.
league [li:g] forbund *n*; liga *c*.
leak [li:k] lekkasje *c*; lekk(e), være lekk; ~**age**, lekkasje *c*; ~**y**, lekk, utett.
lean [li:n] tynn, mager; lene, støtte (seg); helle; ~ **on**, støtte seg til; ~**ing**, tendens *c*, tilbøyelighet *c*; ~**ness**, magerhet *c*.

leap [li:p] hopp *n*, sprang *n*; hoppe; ~**-year**, skuddår *n*.
learn [lə:n] lære; få vite; erfare; ~ **from**, lære av; ~**ed** ['lə:nid] lærd; ~**er**, elev *c*, lærling *c*, begynner *c*; ~**ing**, lærdom *c*.
lease [li:s] forpaktning *c*, leie *c*, bygsel *c*; (leie-) kontrakt *c*; bygsle bort; forpakte.
leash [li:ʃ] (hunde)reim *c*; koppel *n*.
least [li:st] minst; **at** ~ **£10**, minst 10 pund.
leather ['leðə] lær *n*; kle med lær; av lær; ~**y**, læraktig.
leave [li:v] lov *c*, tillatelse *c*; **sick** ~, sykepermisjon *c*; **take** ~ **of**, si farvel til; forlate, etterlate; reise bort fra; la (bli *el* være); overlate; ~ **alone**, la være i fred.
lecture ['lektʃə] foredrag *n*; forelesning *c*; straffepreken *c*; holde forelesning *c el* foredrag *n*; ~**r**, foreleser *c*, foredragsholder *c*; universitetslektor *c*.
ledge [ledʒ] hylle *c*; list *c*.
ledger ['ledʒə] *merk* hovedbok *c*.

lee [li:] *mar* le (side).
leech [li:tʃ] igle *c*.
leek [li:k] purre *c (bot)*.
leer [liə] lumsk sideblikk *n;* skotte.
leeward [ˈli:wəd] *mar* le.
left, venstre; ~ **-handed**, keivhendt.
left-luggage office [left lʌgidʒ ˈɔfis] (reisegods)-oppbevaring *c*.
leg, ben *n;* etappe *c*.
legacy [ˈlegəsi] testamentarisk gave *c;* arv *c*.
legal [ˈli:gl] lovlig, legal, rettslig; ~ **ization**, legalisering *c;* ~ **ize**, legalisere, gjøre lovlig; stadfeste.
legation [liˈgeiʃn] legasjon *c*.
legend [ˈledʒənd] legende *c,* sagn *n;* tegnforklaring (på kart) *c*.
leggings [ˈlegiŋz] *pl* gamasjer.
legible [ˈledʒəbl] leselig.
legislate [ˈledʒisleit] gi lover; ~ **ive**, lovgivende; ~ **or**, lovgiver *c;* ~ **ure**, lovgivende forsamling *c*.
legitimacy [liˈdʒitiməsi] lovlighet *c,* rettmessighet *c,* legitimitet *c;* ekte fødsel *c;* ~ **te** [-mit] lovmessig, rettmessig; ektefødt; [-meit] legitimere.

leisure [ˈleʒə] fritid *c;* ro *c;* ~ **ly**, makelig, rolig.
lemon [ˈlemən] sitron *c;* ~ **ade** [leməˈneid] (sitron)brus *c;* limonade *c*.
lend, låne (ut); yte (hjelp); egne seg for; ~ **er**, utlåner *c*.
length [leŋþ] lengde *c;* stykke *n,* lengde (som mål); **at** ~, omsider, endelig; **five feet in** ~, fem fot i lengde; ~ **en**, forlenge.
lenient [ˈli:niənt] mild, skånsom.
lens [lenz] (glass)linse *c*.
Lent, faste(tiden) *c*.
leper [ˈlepə] spedalsk *c;* ~ **rosy**, spedalskhet *c;* ~ **rous**, spedalsk.
lesion [ˈli:ʒn] skade *c,* kvestelse *c*.
less, mindre, ringere; minus; ~ **en**, minke, avta; forminske; ~ **er**, mindre; minst (av to).
lesson [ˈlesn] lekse *c;* undervisningstime *c;* lærepenge *c*.
lest, for at (ikke).
let, la, tillate; leie **(out** ut); senke, heise ned; ~ **alone**, la være i fred; ~ **down**, senke, heise ned; svikte, bedra; ~ **go**,

slippe (taket) **(of på)**; ~
in, slippe inn; ~ **on**,
late som om; røpe; inn-
rømme.
lethal ['li:pəl] dødelig.
letter ['letə] bokstav *c;*
brev *n;* ~**s**, litteratur *c;*
by ~, pr. brev; ~**-box**,
postkasse *c;* ~**-carrier**,
amr postbud *n.*
lettuce ['letis] (blad)salat
c.
level ['levl] vannrett linje
c; nivå *n;* plan *n;* jevn-
høyde *c;* vaterpass *n;*
jevn, flat; vannrett;
jevnhøy; planere; (ut)-
jevne; gjøre vannrett;
nivellere; sikte **(at på)**,
rette mot; ~ **crossing**
jernb overgang *c;* **on a**
~ **with**, på samme høy-
de som; ~ **of the sea**,
havflaten *c;* ~**-headed**,
stø, sindig.
lever ['li:və] vektstang *c;*
også *fig* brekkstang *c;*
fig tak *n*, innflytelse *c.*
levity ['leviti] lettsinn *n.*
levy ['levi] utskrivning *c;*
oppkreving *c;* skrive ut
(skatt o.l.).
lewd [l(j)u:d] utuktig.
liability [laiə'biliti] for-
pliktelse *c;* ansvar *n;*
~**ilities**, passiva; ~**le**,

ansvarlig; forpliktet **(to
til)**; tilbøyelig **(to til)**.
liaison [li'eizən] *mil* for-
bindelse *c*, samband *n;*
kjærlighetsaffære *c.*
liar ['laiə] løgner *c.*
libel ['laibl] smedeskrift *n;*
injurie *c;* injuriere (i
skrift).
liberal ['lib(ə)rəl] frisin-
net; liberal; rundhån-
det; rikelig; flott; ~**ity**
[-'ræl-] gavmildhet *c,*
rundhåndethet *c;* frisin-
nethet *c*, liberalitet *c.*
liberate ['libəreit] frigi;
befri **(from fra)**.
liberty ['libəti] frihet *c;*
særrett *c;* **at** ~, på fri-
fot; fri, ledig.
librarian [lai'brɛəriən]
bibliotekar *c;* ~**y**, bib-
liotek *n.*
licence ['laisns] bevilling
c, tillatelse *c*, lisens; tøy-
lesløshet *c;* **(driving)** ~,
førerkort *n;* ~**se**, gi be-
villing til; ~**see** [-'si:]
innehaver av lisens *c;*
~**tious**, utsvevende;
tøylesløs.
lick [lik] slikk(ing) *c; dt*
slag *n;* slikke; slå, jule
opp; fare av sted.
lid, lokk *n;* deksel *n;* øye-
lokk *n.*

lie [lai] løgn *c;* lyve; stilling *c,* beliggenhet *c;* ligge; gå, føre (om vei); **~ down,** legge seg (ned); **~ low,** ligge i støvet; holde seg i bakgrunnen.
lieu [lju:], **in ~ of,** i stedet for.
lieutenant [lef'tenənt] løytnant *c.*
life, *pl* **lives** [laif, laivz] liv *n;* levetid *c;* livsførsel *c;* levnetsbeskrivelse *c;* **~-annuity,** livrente *c;* **~-belt, ~-boat,** livbelte *n,* -båt *c;* **~-buoy,** livbøye *c;* **~-insurance,** livsforsikring *c;* **~-jacket,** redningsvest *c;* **~less,** livløs; **~-like,** realistisk; **~ long,** livsvarig; **~ time,** levetid *c.*
lift, heis *c;* løft(ing) *n (c);* **give him a ~,** la ham få sitte på; løfte (seg), heve (seg), oppheve; lette, stjele.
light [lait] lys *n,* dagslys *n;* fyr(tårn, -stikk); opplysning *c;* lyse, tenne; slå seg ned; lys, blond; lett (om vekt); fri; sorgløs; laber; **come to ~,** komme for dagen; **~ on,** støte på; **~en,** lyne; lysne; opplyse; lette;

oppmuntre; **~er,** tenner *c;* fyrtøy *n;* lekter *c,* lastepram *c;* **~-headed,** svimmel; tankeløs; **~-hearted,** sorgløs, glad; **~-house,** fyrtårn *n;* **~-minded,** lettsindig; tankeløs.
lightning ['laitniŋ] lyn *n;* **~-conductor,** lynavleder *c.*
lik(e)able sympatisk, likendes.
like [laik] lik(e), lignende; liksom; like, synes om; ville helst; **~ that,** slik; **feel ~,** ha lyst på; føle seg som; **what is he ~?** hvordan er han?; hvordan ser han ut?; **~lihood,** sannsynlighet *c;* **~ly,** sannsynlig(vis); **~ness,** likhet *c;* bilde *n;* **~wise,** likeledes.
liking ['laikiŋ] forkjærlighet *c,* smak *c.*
lilac ['lailək] syrin *c.*
lilt, munter sang *c,* trall *c;* tralle.
lily ['lili] lilje *c.*
limb [lim] lem *n;* stor grein *c.*
lime [laim] kalk(e) *c;* lind *c;* sur sitron *c.*
limit ['limit] grense *c;* begrense; **~ation,** be-

grensning *c;* preskrip-
sjon *c;* ~**ed company**
(fork. **Ltd.**) aksjeselskap
n.
limp, halte, hinke; slapp;
~**id,** klar, gjennomsik-
tig.
line [lain] linje *c;* snor *c;*
ledning *c;* snøre *n;* line
c; strek *c;* råd *c;* kø *c;*
fremgangsmåte *c;* ret-
ning *c;* grunnsetning *c;*
bransje *c;* varesort *c;*
jernbanespor *n;* linjere
(opp); stille på linje; fô-
re, kle; **that's not (in) my**
~, det ligger ikke for
meg; ~**s,** retningslinjer;
drop me a ~, send meg
et par ord; **hold the** ~,
(i telefonen) vent et øye-
blikk!; ~ **out,** skissere;
~ **up,** stille (seg) opp på
linje, særlig *amr* stille
seg i kø.
lineage ['liniidʒ] avstam-
ning *c,* slekt *c,* ætt(elin-
je) *c (c);* ~**ment** ['li-
niəmənt] (ansikts)trekk
n.
linen ['linin] lin(tøy) *n (n);*
lerret *n;* vask(etøy) *c (n);*
~**-draper,** hvitevare-
handler *c.*
liner ['lainə] ruteskip *n;*
rutefly *n.*

linger ['liŋgə] nøle, somle,
drøye; holde seg; ~**ing,**
nølende; langvarig.
lingo ['liŋgou] kråkemål
n, kaudervelsk; ~**ual,**
tunge-, språk; ~**uist,**
språkforsker *c;* språk-
mann *c.*
liniment ['linimənt] salve
c.
lining ['lainiŋ] fôr *n.*
link [liŋk] ledd *n;* binde-
ledd *n;* forbinde(s); len-
ke (sammen); ~**s,** golf-
bane *c.*
lion ['laiən] løve *c.*
lip, leppe *c;* kant *c;*
~**stick,** leppestift *c.*
liquefy ['likwifai] smelte;
bli, gjøre flytende; ~**id,**
flytende; klar; lett om-
settelig; væske *c;* ~**idate**
['-ideit] likvidere.
liqueur [li'kjuə] likør *c.*
liquor ['likə] væske *c;*
brennevin *c;* **in** ~, full;
~**ice** ['likəris] lakris *c.*
lisp, lesping *c;* lespe.
list, liste *c,* fortegnelse *c;*
mar slagside; (tre)list *c;*
bånd *n;* stripe *c;* katalo-
gisere; listeføre; kante.
listen ['lisn] lytte; høre et-
ter; ~**er,** lytter *c.*
literacy ['litrəsi] lese- og
skrivekyndighet *c;* ~**l,**

ordrett, bokstavelig;
~**ture** [ˈlit(ə)rətʃə] litteratur c.

litter [ˈlitə] avfall n, søppel n; rot n; kull (av unger) n; båre c; rote, strø utover; få unger.

little [ˈlitl] liten; lite; kort (om tid); smålig; **a** ~, litt; ~ **by** ~, litt etter litt.

live [liv] leve; bo; ~ **on**, leve av el på; leve videre; ~ **out**, overleve; bo utenfor arbeidsstedet; [laiv] levende; ~**lihood** [ˈlaivlihud] levebrød n, utkomme n; ~**ly** [ˈlaivli] livlig.

liver [ˈlivə] lever c.

livestock [ˈlaivstɔk] husdyrbestand c.

livid [ˈlivid] gusten, bleik.

living [ˈliviŋ] levende; livsførsel c, levnet n, vandel c; levebrød n; prestekall n; ~**room,** dagligstue c.

lizard [ˈlizəd] firfisle c.

load [loud] byrde c, last c, ladning c; lesse (på); laste; lade (våpen); ~**ing,** lasting c.

loaf [louf] pl **loaves** [louvz] brød n; drive dank; ~**er,** dagdriver c.

loam [loum] leire c.

loan [loun] (ut)lån n; amr låne (ut).

loath [louþ] uvillig; ~**e** [louð] avsky, vemmes ved; ~**ing,** vemmelse c; avsky c; ~**some,** motbydelig.

lob [lɔb] lobbe, slå (ballen) høyt (i tennis); ~**by,** forværelse n; (parlaments-)korridor c; vestibyle c; teat foajé c.

lobe [loub] lapp c, flikk c; (**ear**)~, øreflipp c.

lobster [ˈlɔbstə] hummer c.

local [ˈloukl] lokal, stedlig; kommunal; kroen c på stedet; lokaltog n; ~**ity,** beliggenhet c, sted n; ~**ize,** lokalisere; stedfeste.

locate [louˈkeit el ˈloukeit] lokalisere, stedfeste; ~**ion,** plassering c; sted n; opptakssted for film (utenfor studio).

lock [lɔk] lås c; sluse(kammer) c (n); (hår)-lokk (n) c; låse(s); sperre; stenge; ~**er,** (låsbart) skap n; oppbevaringsboks c; ~**et,** medaljong c; ~**smith,** låsesmed c.

locomotion [loukəˈmouʃn]

bevegelse *c;* befordring *c;* ~**ve** [ˈloukə-] lokomotiv *n.*

lodge [lɔdʒ] hytte *c,* stue *c;* portnerbolig *c;* (frimurer) losje *c;* anbringe; deponere; (inn)losjere; sitte fast; ~**ing,** losji *n,* husrom *n;* **board and** ~ ~, kost og losji.

lofty [ˈlɔfti] høy, opphøyet.

log [lɔg] tømmerstokk *c;* logg *c;* ~**book,** skipsjournal *c;* loggbok *c.*

logic [ˈlɔdʒik] logikk *c;* ~**al,** logisk.

loin [lɔin] lend *n;* nyrestykke *n.*

loiter [ˈlɔitə] slentre.

lonely [ˈlounli]; ~**some,** ensom.

long [lɔŋ] lang; langvarig; langsiktig; lenge; **before** ~, om kort tid; **in the** ~ **run,** i det lange løp; ~ **for,** lengte etter; ~**-distance (call),** rikstelefon(samtale) *c;* ~**ing,** lengsel *c;* lengselsfull; ~**-sighted,** langsynt; skarpsindig; ~**-winded,** langtekkelig.

look [luk] blikk *n;* mine *c;* ~**s** (pent) utseende *n;* se, se ut til; synes; ~ **at,** se på; ~ **after,** holde øye med; ~ **about,** se seg om; ~ **down on,** se ned på; ~ **back (up)on,** se tilbake på; ~ **for** se *(el* lete) etter; regne med; ~ **forward to,** se fram til, glede seg til; ~ **in,** se innom; ~ **into,** undersøke; ~ **on,** se på, være tilskuer; ~ **out,** se seg for; ~ **over,** se over, gjennomse; ~ **to,** passe på, lite på; stole på; se hen til; ~ **up,** se opp; bedre seg; stige (i pris); slå opp (i ordbok); **he does not** ~ **his age,** han ser ikke ut til å være så gammel som han er; ~**er-on,** tilskuer *c;* ~**ing-glass,** speil *n;* ~~**out,** utkik(k) *c;* utkik(k)smann *c,* -tårn *n.*

loom [luːm] vevstol *c;* rage opp.

loop [luːp] løkke *c;* sløyfe *c;* lage *(el* slå) løkke(r); ~**hole,** (smutt)hull *n.*

loose [luːs] løs; vid; løsaktig; løsne, slappe; **be at a** ~ **end,** ikke ha noe å foreta seg; ~**n,** løsne, løse på.

loot [luːt] plyndre; bytte *n,* rov *n.*

loquacious [lou'kweiʃəs] snakkesalig.

lord [lɔ:d] herre c; lord c, adelsmann c; medlem n av Overhuset; **the Lord, Herren, Gud; the Lord's Prayer,** Fader vår; **the Lord's Supper,** nattverden; ~ **ly,** fornem; ~ **ship,** herredømme n; (som tittel) **his Lordship,** hans nåde.

lorry ['lɔri] lastebil c.

lose [lu:z] miste, tape; forspille; saktne (om ur); ~ **er,** taper c.

loss [lɔs] tap n; **at a** ~, i forlegenhet; med tap.

lot [lɔt] loddtrekning c; skjebne c; (vare)parti n; dt **a** ~ **of people,** en masse mennesker.

lottery ['lɔtəri] lotteri n.

loud [laud] høy (om lyd); skrikende (om farge); ~ **-speaker,** høyttaler c.

lounge [laundʒ] salong c; vestibyle c; sofa c; dovne seg; slentre.

louse [laus] pl **lice** [lais] lus c; ~ **y,** luset; elendig; dt smekkfull **(with** av).

lovable ['lʌvəbl] elskelig.

love [lʌv] kjærlighet c; elskede c, kjæreste c; elske; være glad i; **fall**

in ~ **with,** bli forelsket i; **make** ~ **to,** kurtisere; ~ **ly,** yndig; deilig; vakker; storartet; ~ **r,** elsker c; ~ **rs,** elskende (par).

loving ['lʌviŋ] kjærlig; øm.

low [lou] lav; ussel; simpel; tarvelig; fig nedslått; ~ **er,** senke, fire; gjøre lavere; nedsette (priser); se bister ut; lavere, nedre, under-; ~ **-spirited,** nedslått.

loyal ['lɔiəl] lojal; trofast; ~ **ty,** lojalitet c.

Ltd. = limited (A/S).

lubricate ['lu:brikeit] smøre; olje.

lucid ['lu:sid] lys, klar.

luck [lʌk] hell n; (lykke)-treff n; **bad** ~, uhell n; **good** ~ ! lykke til! ~ **ily,** heldigvis; ~ **y,** heldig.

lucrative ['lu:krətiv] innbringende, lønnsom.

ludicrous ['lu:dikrəs] latterlig.

lug [lʌg] hale, slepe; ~ **gage,** bagasje c; reisegods n.

lukewarm ['l(j)u:kwɔ:m] lunken.

lull [lʌl] lulle, bysse; berolige; stans c, opphold n; vindstille c; ~ **aby,** vuggesang c.

lumber ['lʌmbə] tømmer *n;* skrap *n;* fylle (med skrap o.l.); ~**-room,** pulterkammer *n.*

luminous ['lu:minəs] (selv)lysende, klar.

lump [lʌmp] klump *c;* masse *c;* stykke *n;* klumpe (seg) sammen; ta under ett; **a ~ sum,** en rund sum.

lunacy ['lu:nəsi] sinnssyke *c;* ~**tic,** sinnssyk; ~**tic asylum,** sinnssykehus *n.*

lunch ['lʌntʃ] lunsj *c;* ~**eon** (forretnings- *el* offisiell) lunsj *c.*

lung [lʌŋ] lunge *c.*

lurch [lə:tʃ] overhaling, krenging *c;* sjangle; **leave in the ~,** la i stikken.

lure [l(j)u:ə] lokke(mat) *c*

lurid ['l(j)u:rid] uhyggelig; flammende.

lurk [lə:k] ligge på lur.

luscious ['lʌʃəs] søt(laten); frodig.

lush [lʌʃ] frodig, yppig; *am dt* fyllik *c.*

lust [lʌst] (vel)lyst *c;* begjær *n;* ~**y,** kraftig, svær.

lustre ['lʌstə] glans *c;* prisme-lysekrone *c;* ~**less,** glansløs.

luxurious [lʌgzjuəriəs] luksuriøs; overdådig.

luxury ['lʌkʃəri] luksus(artikkel) *c.*

lynx [liŋks] gaupe *c.*

lyric ['lirik] lyrisk (dikt); ~**s,** sangtekster; lyriske vers.

M

M.A. = Master of Arts.

macaroon [mækə'ru:n] makron *c.*

mace [meis] septer *n.*

machine [mə'ʃi:n] maskin *c;* ~**ry,** maskineri *n.*

machinist [mə'ʃi:nist] maskinist *c;* maskinbygger *c;* maskinarbeider *c.*

mackerel ['mækrəl] makrell *c.*

mackintosh ['mækintəʃ] vanntett tøy *n;* regnfrakk *c* av slikt tøy.

mad [mæd] gal, forrykt; især *amr* rasende.

madam ['mædəm] frue *c,* frøken *c* (i tiltale).

madden ['mædn] gjøre gal, rasende; ~**house,** galehus *n;* sinnssykeasyl *n;* ~**man,** sinnssyk mann *c;* ~**ness,** galskap *c.*

magazine [mægə'zi:n] magasin *n,* lagerbygning *c;* tidsskrift *n.*

maggot ['mægət] larve *c.*

magic ['mædʒik] magi(sk) *c;* ~**al,** magisk; trylle-; ~**ian** [mə'dʒiʃn] trollmann *c;* magiker *c.*

magnanimous [mæg'næniməs] storsinnet; ~**animity** [-'nim-] storsinnethet *c.*

magnificence [mæg'nifisəns] prakt *c,* storhet *c;* ~**t,** storartet; prektig.

magnify ['mægnifai] forstørre; ~**tude,** størrelse *c;* viktighet *c.*

magpie ['mægpai] skjære *c.*

mahogany [mə'həgəni] mahogni *c.*

maid [meid] jomfru *c;* (tjeneste)pike *c;* hushjelp *c;* ~**en,** jomfru *c;* pike *c;* jomfruelig; ugift; uberørt; ren; ~**name,** pikenavn *n;* ~**en speech,** jomfrutale *c.*

mail [meil] panser *n;* (brev-)post *c;* sende med posten; ~**bag,** postsekk *c;* ~**boat,** postbåt *c;* ~**box,** *amr* postkasse *c;* ~**carrier,** ~**man,** *amr* postbud *n.*

maim [meim] lemleste.

main [mein] hovedsak *c;* hovedledning *c;* hoved-; ~**ly,** hovedsakelig; ~**land,** fastland *n;* ~**spring,** drivfjær *c;* -kraft *c;* ~**stay,** hovedstøtte *c;* ~**tain,** opprettholde; hevde, holde ved like; forsørge; ~**tenance,** opprettholdelse *c;* vedlikehold *n;* underhold *n.*

maize [meiz] mais *c.*

majestic [mæ'dʒestik] *adv* ~**ically,** majestetisk; ~**y** ['mædʒisti] majestet *c.*

major ['meidʒə] større; viktig(st); myndig; major *c; mus* dur *c.*

majority [mə'dʒɔriti] flertall *c.*

make [meik] gjøre; foreta; lage; få til å; skape; danne; foranstalte; frembringe; re opp (seng); bevirke; tilberede; fabrikasjon *c;* fabrikat *n;* form *c;* (legems-) bygning *c;* ~ **sure of,** forvisse seg om; ~ **good,** oppfylle (et løfte); gjøre godt igjen; ~ **out,**

se, skjelne; forklare; ty-
de; tolke; finne ut; ~
over, overdra; ~ **up,** la-
ge til; utgjøre; dikte
opp; bilegge, ordne (en
trette); erstatte; sminke
(seg); ~ **up one's mind,**
bestemme seg; ~ **up
for,** ta igjen; gi vederlag
for; ~**r,** produsent *c;*
~**shift,** nødhjelp *c;*
~**-up,** utstyr *n;* ytre *n;*
sminke *c.*

maladjustment ['mælə-
'dʒʌstmənt] dårlig tilpas-
ning *c.*

malady ['mælədi] sykdom
c.

male [meil] hann *c;*
mannlig.

malediction [mæli'dikʃn]
forbannelse· *c;* ~ **ice**
['mælis] ondskap(sfull-
het) *c;* ~**icious** [mə'liʃəs]
ondskapsfull.

malign [mə'lain] ond-
(skapsfull); skadelig;
snakke ondt om; bakta-
le; ~ **ant** [-'lig-] ondsin-
net; ondskapsfull; *med*
ondartet.

mallet ['mælit] klubbe *c.*

malnutrition ['mæln(j)u:-
'triʃn] underernæring *c.*

malt [mɔ:lt] malt *c* (-e).

mammal ['mæməl] patte-
dyr *n.*

man [mæn], *pl* **men,** mann
c; menneske(slekten) *n*
bemanne.

manacles ['mænəklz] *pl*
håndjern *n.*

manage ['mænidʒ] håndte-
re; lede; styre; behand-
le; klare; greie; mestre;
~ **able,** medgjørlig;
overkommelig; ~ **ment,**
håndtering *c;* forvalt-
ning *c;* styre *n;* ledelse
c; administrasjon *c;* ~**r,**
leder *c;* bestyrer *c;* di-
rektør *c;* impresario *c;*
~ **rial** [-dʒiə-] styre-.

mandate ['mændeit] man-
dat *c;* fullmakt *c;* ~**ory,**
bydende; påbudt.

mane [mein] man(ke) *c.*

manger ['meindʒə] krybbe
c.

mangle ['mæŋgl] rulle
(tøy); lemleste; sønder-
rive.

manhood ['mænhud]
manndom(salder) *c (c);*
mandighet *c.*

mania ['meinjə] vanvidd
n; mani *c.*

manifest ['mænifest] åpen-
bar; tydelig; legge for
dagen; vise; ~ **ation**
[-'stei-] tilkjennegivelse *c;*

manifestasjon c; ~o [mæni'festou] manifest n.

manifold ['mænifould] mangfoldig; mangfoldiggjøre.

manipulate [mə'nipjuleit] behandle; manipulere.

mankind [mæn'kaind] menneskeheten c; ~ ly, mandig.

manner ['mænə] måte c; vis n; manér c; ~ s, oppførsel, fremtreden c; ~ ism, affekterthet c.

manoeuvre [mə'nu:və] manøver c; manøvrere.

man-of-war ['mænəv'wɔ:ə] krigsskip n.

manor ['mænə] gods n; herregård c; ~ -house, herresete n, -gård c.

manpower ['mæn'pauə] arbeidskraft c; menneskemateriell n.

mansion ['mænʃn] herskapsbolig c.

manslaughter ['mænslɔ:tə] (uaktsomt) drap n.

mantelpiece ['mæntlpi:s] kaminhylle c.

mantle ['mæntl] kappe c; s & v dekke n.

manual ['mænjuəl] hånd-; håndbok c; lærebok c.

manufactory [mænju-'fækt(ə)ri] fabrikk c;

~ ture, fabrikasjon c; tilvirkning c; fabrikkere; fremstille; ~ turer, fabrikant c.

manure [mən'ju:ə] gjødsel c; gjødsle.

many ['meni] mange; ~ a, mang(t) en (et).

map [mæp] (land)kart n; kartlegge; ~ out, planlegge.

maple ['meipl] bot lønn c.

marble ['ma:bl] marmor n; klinkekule c; ~ s, marmorskulpturer.

march [ma:tʃ] marsj(ere); gå.

March [ma:tʃ] mars.

mare [mɛə] hoppe c.

margin ['ma:dʒin] kant c; marg(in) c; spillerom n.

marine [mə'ri:n] marine-(soldat) c; sjø-; marine-; ~ r ['mærinə] sjømann c; matros c.

maritime ['mæritaim] maritim; sjø-; kyst-; skipsfarts-.

mark [ma:k] merke n, tegn n; kjennemerke n; fabrikkmerke n; karakter c (på skolen); blink c, mål n; merke; markere; kjennemerke; merke seg; gi karakter; ~ ed, tydelig; utpreget; markert.

market ['ma:kit] marked *n;* torg *n;* torgføre; markedsføre; ~ **ing,** markedsføring; ~ **place,** torg *n.*

marksman ['ma:ksmən] (skarp)skytter *c.*

marmalade ['ma:m(ə)leid] (appelsin)marmelade *c.*

maroon [mə'ru:n] rødbrun.

marquee [ma:'ki:] stort telt (til fester o.l.).

marquess, ~ **is** ['ma:kwis] marki *c.*

marriage ['mærid3] ekteskap *n;* vielse *c,* bryilup *n;* ~ **able,** gifteferdig; ~ **-certificate,** vielsesattest *c.*

married ['mærid] gift.

marrow ['mærou] marg *c.*

marry ['mæri] gifte seg (med); vie; gifte bort.

marsh [ma:ʃ] myr *c,* sump *c;* ~ **y,** myrlendt; sumpet.

marshal ['ma:ʃl] marskalk *c; amr* politimester *c;* ordne.

marten ['ma:tin] mår *c.*

martial ['ma:ʃl] krigs-; **court** ~ , krigsrett *c.*

martin ['ma:tin] (tak)svale *c.*

martyr ['ma:tə] martyr *c;* ~ **dom,** martyrium *n.*

marvel ['ma:v(ə)l] (vid)under *n;* undre seg **(at** over); ~ **lous,** vidunderlig, storartet.

mascot ['mæskət] maskot *c.*

masculine ['mæskjulin] mandig, mannlig, maskulin; hankjønns-.

mash [mæʃ] mos *c; v & s* stappe *c;* knuse, mose.

mask [ma:sk] maske(re) *c.*

mason ['meisn] murer *c;* ~ **ry,** mur(ing) *c;* murverk *n.*

masquerade [mæskə'reid] maskerade(ball) *c (n);* forstille seg; figurere som.

mass [mæs] messe *c;* masse *c;* samle i masse, dynge (seg) opp.

massacre ['mæsəkə] massakre(re) *c.*

massage ['mæsa:3] massasje *c;* massere.

massive ['mæsiv] massiv.

mast [ma:st] mast *c.*

master ['ma:stə] mester *c;* herre *c;* leder *c;* lærer *c;* skipsfører *c;* håndverksmester *c;* **Master of Arts,** magister (artium) *c;* mestre, beherske;

~**ful,** myndig; ~**ly,** mesterlig; ~**piece,** mesterstykke *n;* ~**ship,** overlegenhet *c;* ~**-stroke,** mesterstykke *n;* ~**y,** herredømme *n;* beherskelse *c.*

mat [mæt] matte *c;* filtre (seg); matt.

match [mætʃ] fyrstikk *c;* motstykke *n;* like(mann) *c;* ekteskap *n,* parti *n;* (idretts)kamp *c;* stå *(el* passe) til hverandre; avpasse; komme opp mot; skaffe maken til; pare, gifte; ~**box,** fyrstikkeske *c;* ~**less,** uforlignelig, makeløs.

mate [meit] kamerat *c;* ektefelle *c;* styrmann *c;* (sjakk)matt; pare (seg).

material [məˈtiːriəl] stofflig; materiell; vesentlig; emne *n;* materiale *n,* stoff *n* (til klær); ~**ize,** bli virkeliggjort.

maternal [məˈtəːnl] mors-.

maternity [məˈtəːniti] moderskap *n;* moderlighet *c.*

mathematics [mæθiˈmætiks] matematikk *c.*

matriculate [məˈtrikjuleit] innskrive; immatrikulere.

matrimony [ˈmætrim(ə)ni] ekteskap(et) *n,* ektestand *c.*

matron [ˈmeitrən] matrone *c;* forstanderinne *c;* oversøster *c.*

matter [ˈmætə] stoff *n;* emne *n;* sak *c;* ting *c; med* verk *c,* materie *c;* sats *c;* ha betydning; **printed** ~, trykksaker; **a** ~ **of course,** selvfølgelighet *c;* **in the** ~ **of,** med hensyn til; **what is the** ~ **(with you)?,** hva er i veien (med Dem)?; **no** ~, det gjør ingenting; **no** ~ **what, who,** uansett hva, hvem; ~ **of fact,** faktum *n;* **it doesn't** ~, det spiller ingen rolle.

mattress [ˈmætris] madrass *c.*

mature [məˈtjuə] moden, modne(s); forfalle til betaling; ~**ity,** modenhet *c;* forfall(stid) *n (c).*

maudlin [ˈmɔːdlin] sentimental, tåredryppende.

Maundy [ˈmɔːndi] **Thursday,** skjærtorsdag.

mauve [mouv] lilla(farget).

maxim [ˈmæksim] grunnsetning *c;* (leve)regel *c.*

maximum ['mæksiməm] maksimum *n.*

may [mei] kan; kan få lov til; tør; kan kanskje; må, måtte (om ønske); skal (om hensikt); ~ **I?** tillater De? ~ **be**, kanskje.

May [mei] mai; ~ **Day**, 1. mai.

mayor [mɛə] borgermester *c,* ordfører *c* (i by).

maze [meiz] labyrint *c.*

me [mi:] meg.

meadow ['medou] eng *c.*

meagre ['mi:gə] tynn; mager.

meal [mi:l] måltid *n;* (grovmalt) mjøl *n;* ~**-time**, spisetid *c;* ~ **y**, melet.

mean [mi:n] simpel, lav; ussel; gjerrig; bety; mene; ville si; ha i sinne; mellom-; middels-; mellomting; ~**s**, middel *n;* (penge)midler; **by all** ~**s**, for all del, naturligvis; **by** ~**s of**, ved hjelp av.

meaning ['mi:niŋ] hensikt *c;* betydning *c;* mening *c;* megetsigende; ~ **ness**, tarvelighet *c;* **in the** ~ **time**, ~ **while**, i mellomtiden.

measles ['mi:zlz] meslinger; **German** ~, røde hunder.

measurable ['meʒ(ə)rəbl] målbar, som kan måles.

measure ['meʒə] mål *n;* utstrekning *c;* forholdsregel *c;* måtehold *n; mus* takt *c;* måle, ta mål av; bedømme; ~ **d**, avmålt; ~ **ment**, mål(ing) *n (c).*

meat [mi:t] kjøtt *n.*

mechanic [mi'kænik] mekaniker *c;* mekanisk; ~ **cal**, mekanisk; ~ **cs**, mekanikk *c;* ~ **sm** ['mekənizm] mekanisme *c;* ~ **ze**, mekanisere.

medal ['medl] medalje *c;* ~ **ist**, medaljør *c;* medaljevinner *c.*

meddle ['medl] **in** (el **with**), blande seg opp (el inn) i.

medi(a)eval [medi'i:vl] middelaldersk.

mediate ['mi:dieit] mekle; formidle.

medical ['medikl] medisinsk; lege-; ~ **ment** [mə'di-] legemiddel *n.*

medicine ['medsin] medisin *c;* legemiddel *n.*

medieval [medi'i:vl] middelaldersk.

mediocre [mi:di'oukə]

middelmådig; ~ity
[-'ɔkriti] middelmådighet
c.

meditate ['mediteit] tenke
over; meditere; gruble;
~ive, ettertenksom.

Mediterranean [meditə-
'reinjən] the ~, Middel-
havet.

medium ['mi:diəm] pl **me-
dia**, middel n; mellom-
ting c; gjennomsnitts-,
middels-.

medley ['medli] (broket)
blanding c, potpurri c.

meek [mi:k] saktmodig;
ydmyk; ~ness, saktmo-
dighet c.

meet [mi:t] møte(s); støte
på; treffe; oppfylle (for-
pliktelse); etterkomme,
imøtekomme (oppford-
ring o.l.); ~ with, møte,
støte på; ~ing, møte n;
sammenkomst c; for-
samling c; stevne n.

melancholy ['melənkɔli]
tungsinn n; tungsindig.

mellow ['melou] bløt,
myk; (full)moden; mild;
gjøre bløt; modne(s).

melodious [mi'loudjəs]
velklingende, melodisk;
~y ['melədi] melodi c.

melon ['melən] melon c.

melt, smelte; tø opp; ti-
ne.

member ['membə] medlem
n; del c; ~ship, med-
lemskap n.

memorable ['memərəbl]
minneverdig; ~ial [mi-
'mɔ:riəl] minne(smerke)
n; minne-; ~ials, opp-
tegnelser; ~ize, lære
utenat; ~y, hukommel-
se c; minne n; **from**
~ ~, etter hukommel-
sen.

menace ['menəs] trusel;
true.

mend, reparere; bedre
(seg).

mental ['mentl] sinns-,
ånds-; åndelig; ~ **home**,
psykiatrisk klinikk c;
~ **ity**, mentalitet c.

mention ['menʃn] omtale
c; nevne, omtale; **don't
mention it**, ingen årsak.

menu ['menju:] meny c,
spisekart n.

mercantile ['mə:kəntail]
merkantil, handels-.

mercenary ['mə:sinri] leid;
beregnende; leiesoldat
c.

mercer ['mə:sə] manufak-
turhandler c; ~y, ma-
nufakturvarer.

merchandise ['mə:tʃən-
daiz] varer; ~t, grossist
c; storkjøpmann c.

merciful ['mə:siful] barm-
hjertig; ~ **iless**, ubarm-
hjertig; ~ **y**, barmhjer-
tighet c; nåde c.
mercury ['mə:kjuri] kvikk-
sølv n.
mere [miə] ren; bare;
~ **ly**, bare, utelukkende.
merge [mə:dʒ] smelte,
forene(s), fusjonere;
~ **r**, sammensmelting c,
fusjon c.
merit ['merit] fortjeneste
c; god side c; fortrinn n;
fortjene.
mermaid ['mə:meid] hav-
frue c.
merry ['meri] lystig, glad,
munter; ~ **-go-round**,
karusell c.
mesh [meʃ] maske (i garn
o.l.) c; ~ **es**, nett n.
mess, rot n, forvirring c;
messe c (mar og mil);
rote.
message ['mesidʒ] beskjed
c; budskap n; ~ **enger**,
bud(bærer) n (c); ~ **y**,
rotet.
metal ['metl] metall n;
~ **lic** [-'tæ-] metallisk.
meteorological [mi:tjə-
rə'lɔdʒikl] meteorolo-
gisk; ~ **ist** [-'rɔlədʒist]
meteorolog c; ~ **y**, me-
teorologi c.

method ['meθəd] metode
c; fremgangsmåte c;
~ **ical** [mə'θɔ-] metodisk.
meticulous [mi'tikjuləs]
(altfor) nøyaktig; pinlig
nøye.
metre ['mi:tə] versemål n;
meter c.
metropolis [mi'trɔpəlis]
hovedstad c; verdensby
c.
mettle ['metl] fyrighet c,
livfullhet c.
microphone ['maikrəfoun]
mikrofon c; ~ **scope**,
mikroskop n.
mid, i sammensetn.
midt-, midtre; ~ **day**,
middag c; kl. 12; ~ **dle**,
mellom-; middel-;
midt-; midte(n) c; **the
Middle Ages**, middelal-
deren c; ~ **dlefinger**,
langfinger c; ~ **dle-aged**,
middelaldrende; ~ **dle-
sized**, halvstor; ~ **dling**,
middels; middelmådig.
midget ['midʒit] dverg c.
midnight ['midnait] mid-
natt; ~ **riff**, mellomgolv
n; ~ **shipman**, sjøkadett
c; ~ **ships**, midtskips;
~ **st, in the ~ of**, midt
i; ~ **summer**, midtsom-
mer c, høysommer c;
~ **way**, midtveis, halv-

veis; ~ **wife,** jordmor *c;* ~ **wifery** [-'wɪfəri] fødselshjelp *c.*

might [mait] makt *c,* kraft *c;* ~ **y,** mektig, sterk; *dt adv* veldig.

mild [maild] mild, bløt; blid, saktmodig; lemfeldig.

mildew ['mildju:] mugg *c;* jordslag *n.*

mildness ['maildnis] mildhet *c;* varsomhet *c.*

mile [mail] (engelsk) mil *c* (= 1609,3 m); ~ **age,** miletall *n;* avstand *c* i mil; bilgodtgjørelse pr. mile.

military ['militəri] militær; krigs-; militærmakt *c.*

milk, melk(e) *c;* ~ **er,** melker; melkeku *c;* ~ **maid,** budeie *c.*

mill, mølle *c;* fabrikk *c;* bruk *n;* male, knuse; valse; frese; piske; ~ **er,** møller *c.*

milliard ['milja:d] milliard *c.*

milliner ['milinə] modist *c;* ~ **y,** motehandel *c;* motepynt *c.*

milt, milt *c;* melke (hos fisk) *c.*

mimic ['mimik] mimisk, etterape(nde); herme;

imitator *c;* ~ **ry,** etteraping *c;* beskyttelseslikhet *c.*

mince [mins] (fin)hakke; skape seg; ~ **-meat,** finhakket kjøtt; rosinfyll *n,* vanl. servert i ~ **-pie.**

mind [maind] sinn(elag *n;* hug *c;* gemytt *n;* sjel *c;* ånd *c;* forstand *c;* mening *c;* tanke *c;* hensikt *c;* lyst *c;* tilbøyelighet *c;* ense; legge merke til; bekymre seg om; ha noe imot; ta seg nær av; passe på; **bear in ~,** huske på; **make up one's ~,** bestemme seg; **have a good (half a) ~ to,** ha god lyst til; **never ~ !,** bry Dem ikke om det!; **I don't ~,** jeg har ikke noe imot det; **would you ~ taking off your hat?,** vil De være så snill å ta av hatten?; ~ **your own business!,** pass dine egne saker!; ~ **ed,** til sinns; ~ **ful,** påpasselig.

mine [main] min, mitt, mine (brukt substantivisk); gruve *c,* bergverk *n;* (sjø-, land-)mine *c;* drive bergverksdrift; utvinne; (under)minere; grave; ~ **r,** gruvearbeider *c.*

mingle ['miŋgl] blande (seg).

miniature ['minjətʃə] miniatyr(maleri) *n*.

minimum ['miniməm] det minste; minstemål *n*.

mining ['mainiŋ] gruvedrift *c*.

minister ['ministə] minister *c*; statsråd *c*; sendemann *c*; (dissenter)prest *c*; tjene; bidra til, hjelpe.

ministry ['ministri] ministerium *n*; prestetjeneste *c*.

minor ['mainə] mindre (betydelig); mindreårig; *mus* moll.

minority [mai'nɔriti] mindretall *n*; mindreårighet *c*.

minstrel ['minstrəl] (vise)-sanger *c*; trubadur *c*; musikant *c*.

mint, myntverksted *n*; *bot* mynte *c*, (ut)mynte; lage; ~ **age**, (ut)mynting; preging *c*.

minute [mai'nju:t] ørliten; nøyaktig, minutiøs; ['minit] minutt *n*; øyeblikk *n*; ~ **s**, protokoll *c*; referat *n*; ~ **-hand**, minuttviser *c*; langviser *c*.

minx [miŋks] nesevis jentunge *c*.

miracle ['mirəkl] under *n*; ~ **ulous** [mi'rækjuləs] mirakuløs.

mire ['maiə] mudder *n*, dynn *n*; søle *c*.

mirror ['mirə] speil(e) *n*.

mirth [mə:þ] munterhet *c*; ~ **ful**, lystig, munter.

misadventure [misəd'ventʃə] uhell *n*.

misapprehension ['misæpri'henʃn] misoppfatning *c*; ~ **behave**, vise dårlig oppførsel; ~ **behaviour**, dårlig oppførsel *c*; ~ **calculate**, beregne galt; ~ **carriage**, uheldig utfall *n*; ulykke *c*; (brevs) bortkomst *c*; abort *c*; ~ **carry**, slå feil; komme bort; abortere.

miscellaneous [misi'leinjəs] blandet.

mischief ['mistʃif] fortred *c*, ugagn *c*; skade *c*; ~ **vous**, skadelig; ondskapsfull; skøyeraktig.

misconduct [mis'kɔndəkt] upassende oppførsel; ['-kən'dʌkt] forvalte dårlig.

misdeed ['mis'di:d] ugjerning.

misdoing ['mis'du:iŋ] forseelse *c*; misgjerning *c*.

miser ['maizə] gnier *c*.

miserable ['mizərəbl] elendig; ulykkelig; ~y, elendighet *c;* ulykke *c.*

misfire ['mis'faiə] klikke; (om motor) feiltenne, ikke starte; ~ **fit,** noe som ikke passer; mislykket individ *n;* ~ **fortune,** ulykke *c;* uhell *n;* ~ **giving,** uro *c;* tvil *c; pl* bange anelser; ~ **hap,** uhell *n;* ~ **interpret,** mistyde, feiltolke; ~ **judge,** bedømme galt; ~ **lay,** forlegge; ~ **lead,** villede; ~ **print,** trykkfeil *c;* ~ **represent,** fordreie; ~ **rule,** uorden *c;* vanstyre *n;* styre dårlig.

miss, frøken *c;* feilskudd *n,* bom *c;* savne; gå glipp av; bomme; forsømme; unngå.

missing ['misiŋ] manglende; **be** ~, mangle, savnes.

mission ['miʃn] ærend *n;* oppdrag *n;* kall *n;* misjon *c;* ~ **ary,** misjonær *c.*

mist, dis *c;* tåke *c.*

mistake [mis'teik] feil(tagelse) *c (c);* ta feil av; misforstå; forveksle **(for** med).

mister ['mistə] = **Mr.,** herr.

mistletoe ['misltou] mistletein *c.*

mistress ['mistris] herskerinne *c;* husfrue *c;* frue *c* (fork. til **Mrs.** ['misiz] foran navnet); lærerinne *c;* elskerinne *c.*

mistrust ['mistrʌst] *s & v* mistro.

misunderstand ['misʌndə'stænd] misforstå; ~ **ing,** misforståelse *c.*

misuse ['mis'juːz] misbruk(e) *n.*

mitigate ['mitigeit] formilde; lindre.

mitten ['mitn] (lo)vott *c;* halvhanske *c.*

mix [miks] blande (seg); omgås; ~ **up,** blande sammen, forveksle; ~ **ture,** blanding *c.*

moan [moun] stønn(e) *n;* klage *c.*

moat [mout] vollgrav *c.*

mob [mɔb] mobb *c,* pøbel *c;* overfalle i flokk.

mobility [mou'biliti] bevegelighet *c;* ~ **ize,** mobilisere.

mock [mɔk] spotte **(at** over); herme; ~ **er,** spotter *c;* ~ **ery,** spott *c,* forhånelse *c;* herming *c.*

mode [moud] måte *c;* mote *c.*

model ['mɔdl] modell(ere) *c;* mønster(gyldig) *n.*

moderate ['mɔdərit] måteholden; moderat; ['-reit] moderere (seg); ~ **ion**, måtehold(enhet) *n (c).*

modern ['mɔdən] moderne.

modest ['mɔdist] beskjeden; blyg; ~ **y**, beskjedenhet *c.*

modification [mɔdifi'keiʃn] endring *c;* tillempning *c;* ~ **fy**, modifisere; endre.

moist [mɔist] fuktig; ~ **en** ['mɔisn] fukte; ~ **ure** ['-ʃə] fuktighet *c.*

molar ['moulə] jeksel *c.*

mole [moul] muldvarp *c;* føflekk *c;* molo *c,* havnedemning *c.*

moment ['moumənt] øyeblikk *n;* viktighet *c;* ~ **ary**, som varer et øyeblikk *n;* forbigående; ~ **ous** [-'mentəs] (svært) betydningsfull.

monarch ['mɔnək] monark *c;* ~ **y**, monarki *n.*

monastery ['mɔnəstri] kloster *n.*

Monday ['mʌndi] mandag.

money ['mʌni] penger;

~ **-order**, postanvisning *c.*

mongrel ['mʌngrəl] kjøter *c.*

monitor ['mɔnitə] ordensmann *c* (på skole); (billed)monitor *c.*

monk [mʌŋk] munk *c.*

monkey ['mʌŋki] ape *c.*

monogram ['mɔnəgræm] monogram *n;* ~ **logue**, enetale *c;* ~ **poly** [mə'nɔpəli] monopol *n* (of på); ~ **tonous** [mə'nɔtənəs] ensformig; monoton.

monster ['mɔnstə] uhyre *n;* ~ **rosity** [-'strɔsiti] uhyrlighet *c;* misfoster *n;* ~ **rous** ['mɔnstrəs] kjempestor; vanskapt.

month [mʌnθ] måned *c;* ~ **ly**, månedlig; månedsskrift *n.*

mood [mu:d] (sinns)stemning *c;* toneart *c;* ~ **y**, humørsyk; nedtrykt.

moon [mu:n] måne *c;* ~ **light**, måneskinn *n;* ~ **shine**, sludder *n;* hjemmebrent (*el* smugler-)sprit *c.*

moor [muə] hei *c,* mo *c,* vidde *c;* **Moor**, maurer *c;* fortøye; ~ **ings**, fortøyning(splass) *c.*

moot [mu:t] bringe på bane; omstridt.

mop [mɔp] mopp *c;* svaber *c;* tørke (opp).

moral ['mɔrəl] moralsk; moral *c;* ~ **s**, seder, moral; ~ **ity**, moral *c,* etikk *c.*

morbid ['mɔ:bid] sykelig.

more [mɔ:] mer; flere; **once** ~, en gang til; **no** ~, ikke mer; ~ **over** [-'ouvə] dessuten; enn videre.

morgue [mɔ:g] likhus *n.*

morning ['mɔ:niŋ] morgen *c;* formiddag *c;* **tomorrow** ~, i morgen tidlig; **in the** ~, om morgenen; **this** ~, i morges.

morose [məˈrous] sur, gretten.

morphia ['mɔfjə], **morphine** ['mɔ:fi:n] morfin *c.*

morsel ['mɔ:səl] (mat)bit *c.*

mortal ['mɔ:tl] dødelig; ~ **ity** [-'tæ-] dødelighet *c.*

mortar ['mɔ:tə] morter *c;* mørtel *c;* mure.

mortgage ['mɔ:gidʒ] pant *n;* heftelse *c;* **prioritet** ~ *c;* pantsette; ~ **ee**, panthaver *c.*

mortification [mɔ:tifiˈkeiʃn] krenkelse *c,* yd-

mykelse *c; med* kold-brann *c;* ~ **y**, krenke.

mosque [mɔsk] moské *c.*

mosquito [məsˈki:tou] mygg *c,* moskito *c.*

moss [mɔs] mose *c;* ~ **y**, mosegrodd.

most [moust] mest; flest; høyst; det meste; de fleste; **at (the)** ~, i høyden; ~ **ly**, for det meste.

moth [mɔθ] møll *c;* ~ **eaten**, møllspist.

mother ['mʌðə] mor *c;* være (som en) mor for; ~ **hood**, mo(de)rskap *n;* ~ **-in-law**, svigermor *c;* ~ **ly**, moderlig; ~ **tongue**, morsmål *n.*

motion ['mouʃn] bevegelse *c;* gang *c;* forslag *n; med* avføring *c;* ~ **less**, ubevegelig.

motive ['moutiv] motiv *n,* beveggrunn *c;* driv-, aktiv.

motley ['mɔtli] broket, spraglet.

motor ['moutə] motor *c; dt* bil *c;* ~ **-(bi)cycle**, ~ **bike**, motorsykkel *c;* ~ **-boat**, motorbåt *c,* ~ **-car**, bil *c;* ~ **ing**, bilkjøring *c;* ~ **ist**, bilist *c.*

mould [mould] mugg *c;* (støpe)form *c;* mugne;

støpe; forme; ~**er**, former *c;* smuldre; ~**y**, muggen; gammeldags.

mound [maund] (jord)-haug *c.*

mount [maunt] stige opp (på); (be)stige; montere, oppstille; berg *n.*

mountain ['mauntin] fjell *n,* berg *n;* ~**eer** [-'niə] fjellbu *c;* tindebestiger *c;* ~**ous**, fjellrik.

mourn [mɔ:n] sørge (over); ~**er**, deltaker i likfølge *c.* ~**ful**, trist, sorgfull, ~**ing**, sorg *c;* sørgedrakt *c.*

mouse, *pl* **mice** [maus, mais] mus *c;* drive musejakt.

mouth [mauþ] munn *c;* mule *c;* (elve)munning *c;* ta i munnen; deklamere; geipe; ~**ful**, munnfull *c;* ~**-organ**, munnspill *n;* ~**piece**, munnstykke *n;* talerør *n;* (telefon)rør *n;* ~**wash**, munnvann *n.*

movable ['mu:vəbl] bevegelig; ~**s**, løsøre.

move [mu:v] flytte; bevege (seg); drive; påvirke, overtale; fremsette forslag (om); bevegelse;

trekk *n* (i sjakk osv'.); flytning *c;* **on the ~**, på farten; ~ **in**, flytte inn; ~ **on**, gå videre; ~**ment**, bevegelse *c;* flytning *c.*

movie ['mu:vi] film *c;* **the ~s**, filmen *c,* filmindustrien *c;* **go to the movies**, gå på kino.

moving ['mu:viŋ] som beveger seg; rørende.

mow [mou] meie; slå; høystakk *c.*

M.P. = **Member of Parliament** *el* **Military Police.**

Mr(.), **Mrs(.)**, = **Mister, Mistress.**

much [mʌtʃ] mye; meget; **make ~ of**, gjøre mye ut av; gjøre stas på; **so ~ the better**, så meget desto bedre.

muck [mʌk] møkk *c,* gjødsel *c;* skitne til; ~**rake**, (møkk)greip *n.*

mud [mʌd] mudder *n,* gjørme *c;* ~**dle**, forvirre, bringe i uorden; forvirring *c;* rot *n;* ~**dy**, sølet; gjørmet.

muffin ['mʌfin] (slags) tekake *c.*

muffle ['mʌfl] pakke (*el*

tulle) inn; dempe (lyd);
~ **r**, halstørkle *n.* skjerf
n; lyddemper *c.*

mug [mʌg] seidel *c;* krus
n; slang fjes *n; dt* pugge;
~ **gy**, fuktig, lummer.

mulatto [mjuˈlætou] mu-
latt *c.*

mulberry [ˈmʌlbəri] mor-
bær *n;* morbærtre *n.*

mulct mulkt(ere) *c.*

mule [mju:l] muldyr *n;*
stribukk *c;* ~ **ish**, sta.

multifarious [mʌltiˈfɛəriəs]
mangfoldig, mangeartet.

multiple [ˈmʌltipl] mang-
foldig; multiplum; ~ **li-
cation**, forøkelse *c;* mul-
tiplikasjon *c;* ~ **ly**, for-
mere (seg); multiplisere.

multitude [ˈmʌltitju:d]
mengde *c;* **the** ~, de
brede lag.

mumble [ˈmʌmbl] mumle;
mumling *c.*

mumps [mʌmps] kusma *c.*

munch [mʌntʃ] gomle,
knaske.

mundane [ˈmʌndein]
verdslig.

municipal [mjuˈnisipl]
by-; kommunal; ~ **ity**,
bykommune *c.*

munificent [mjuˈnifisnt]
gavmild.

munitions *pl* [mjuˈniʃnz]
krigsmateriell *n.*

mural [ˈmjuːrəl] vegg-;
mur-; veggmaleri *n.*

murder [ˈmə:də] mord *n;*
myrde; ~ **er**, morder *c;*
~ **ous**, mordersk.

murmur [ˈmə:mə] mum-
ling *c;* surr *n;* murring *c;*
mumle; suse; mukke
(**against, at** over).

muscle [ˈmʌsl] muskel *c;*
~ **ular** [ˈ-kjulə] muskuløs.

muse [mju:z] muse *c;*
gruble.

museum [mjuˈziəm] mu-
seum *n.*

mushroom [ˈmʌʃru:m] spi-
selig sopp *c;* vokse raskt
fram.

music [ˈmjuːzik] musikk *c;*
noter; ~ **al**, musikalsk;
velklingende; (moderne)
operette *c;* ~ **hall**, va-
rieté *c;* ~ **ian** [mjuˈziʃn]
musiker *c;* ~ **-stand**, no-
testativ *n;* ~ **-stool**, pia-
nokrakk *c.*

mussel [ˈmʌsl] blåskjell *n;*
musling *c.*

must [mʌst] most *c;* fersk
druesaft *c;* mugg *c;* ube-
tinget nødvendighet *c;*
må, måtte.

mustard [ˈmʌstəd] sennep
c.

muster ['mʌstə] mønstring
c; mønstre.

musty ['mʌsti] muggen;
mosegrodd, avlegs.

mutability [mju:təˈbiliti]
foranderlighet c; usta-
dighet c; ~ **ble**, foran-
derlig; skiftende.

mute [mju:t] stum (per-
son); dempe.

mutilate ['mju:tileit] lem-
leste, skamfere; forvan-
ske.

mutineer [mju:tiˈniə] del-
taker c i mytteri n, opp-
rører c; ~ **ous** c; opp-
rørsk; ~ **y**, mytteri n;
gjøre mytteri, opprør n.

mutter ['mʌtə] mumling c;
mumle, murre.

mutton ['mʌtn] fårekjøtt

n; ~ **chop**, lammekote-
lett c.

mutual ['mju:tʃuəl] gjensi-
dig; felles.

muzzle ['mʌzl] mule c,
snute c; munning (på
skytevåpen) c; munn-
kurv c.

my [mai] min, mitt, mine.

myrtle ['mə:tl] myrt c.

myself [maiˈself] jeg selv,
meg selv; meg.

mysterious [miˈstiəriəs]
mystikk; hemmelighets-
full; ~ **y**, hemmelighet
c; mysterium n; gåte c.

mystification [mistifi-
ˈkeiʃn] mystifikasjon c;
narreri n; ~ **fy**, mystifi-
sere.

myth [miθ] myte c; sagn
n.

N

N. = North.

nag [næg] liten hest c;
småskjenne.

nail [neil] negl c; klo c;
spiker c; spikre fast; fes-
te.

naive [naˈi:v] naiv, god-
troende.

naked ['neikid] naken;
bar; ~ **ness**, nakenhet c.

name [neim] navn c; ry n;

kalle, (be)nevne; omta-
le; ~ **less**, navnløs; ~ **ly**,
nemlig (= viz.); ~ **pla-
te**, navneskilt n; ~ **sake**,
navnebror c.

nanny ['næni] barnepike c.

nap [næp] lur c; lo c (på
tøy).

nape [neip] **of the neck**,
nakke c.

napkin ['næpkin] serviett
c.

narcissus [na:'sisəs] pinselilje *c.*

narcosis [na:'kousis] bedøvelse *c,* narkose *c;* ~ **tic,** narkotisk (middel) *n.*

narrate [næ'reit] berette; fortelle; ~ **ive** ['nærətiv] fortellende; fortelling *c;* ~ **or** [næ'reitə] forteller *c.*

narrow ['nærou] snever, smal, trang; snau, knepen; sneversynt; smålig; innsnevre(s); redusere; ~ **s,** trangt sund *c;* ~ **ly,** så vidt; nøye; ~ **-minded,** sneversynt; smålig.

nasal ['neizl] nese-.

nasty ['na:sti] ekkel, vemmelig; ubehagelig.

nation ['neiʃn] nasjon *c;* folk *n;* ~ **al** ['næʃnl] nasjonal, folke-; stats-; ~ **als,** statsborgere; ~ **ality** [-'æliti] nasjonalitet *c;* statsborgerskap *n.*

native ['neitiv] føde-; hjem-; innfødt; stedegen; medfødt; ~ **country,** fødeland *n,* hjemland *n;* ~ **language,** morsmål *n.*

natural ['nætʃərəl] naturlig; ~ **science,** naturvitenskap *c;* ~ **ize,** naturalisere.

nature ['neitʃə] natur *c;* beskaffenhet *c.*

naught [nɔ:t] null; ~ **y,** uskikkelig; slem.

nausea ['nɔ:siə] kvalme *c;* ~ **ous,** kvalmende; ekkel.

nautical ['nɔ:tikl] sjø-, nautisk; ~ **mile,** sjømil *c.*

naval ['neivl] sjø-; flåte-; marine-.

navel ['neivl] navle *c.*

navigable ['nævigəbl] seilbar; ~ **ate,** seile; navigere; styre; seile på; ~ **ation,** navigasjon *c;* seilas *c;* sjøfart *c;* ~ **ator,** navigatør *c;* sjøfarer *c.*

navvy ['nævi] anleggsarbeider *c.*

navy ['neivi] marine *c;* krigsflåte *c.*

near [niə] nær, nærliggende; gjerrig; nærme seg; ~ **at hand,** like for hånden; ~ **ly,** nesten; ~ **ness,** nærhet *c;* smålighet *c;* ~ **sighted,** nærsynt.

neat [ni:t] nett, fin, pen; rein; ublandet (alkohol).

necessary ['nesis(ə)ri] nødvendig; nødvendighet(sartikkel) *c;* ~ **aries of**

life, livsfornødenheter;
~ **itate** [-'ses-] nødvendiggjøre; ~ **ity,** nød-(vendighet) c *(c);* behov
n; trang *c.*

neck [nek] hals *c;* ~ **lace**
['neklis] halsbånd *n;*
~ **tie,** slips *n.*

need [ni:d] behov *n;* trang
c, nød(vendighet) *c;* behøve; trenge; ~ **ful,**
nødvendig.

needle ['ni:dl] *c;* sy.

need|less ['ni:dlis] unødvendig; unødig; ~ **y,**
trengende.

negat|ion [ni'geiʃn] nektelse *c;* ~ **ive** ['negətiv] nektende, negativ; nektelse
c; avslå; forkaste.

neglect [ni'glekt] forsømmelse *c;* likegyldighet *c;*
forsømme; ~ **ful,** forsømmelig; likegyldig.

negligence ['neglidʒəns]
forsømmelighet *c;* skjødesløshet *c.*

negligible [neglidʒəbl]
ubetydelig; uvesentlig.

negotia|te [ni'gouʃieit] forhandle (om), få i stand;
avslutte; omsette (veksel); ~ **tion,** forhandling
c; omsetning *c.*

negr|ess ['nigris] negerkvinne *c;* ~ **o,** *pl* ~ **oes**
[-ou(z)] neger *c.*

neigh [nei] vrinsk(e) *n.*

neighbour ['neibə] nabo *c;*
~ **hood,** naboskap *n;*
~ **ing,** nabo-.

neither ['naiðə *især amr*
'ni:ðə] ingen (av to); ~
... **nor,** verken .... eller.

nephew ['nevju *el amr* 'nefju] nevø *c.*

nerv|e [nə:v] nerve *c;* kraft
c, mot *n; dt* frekkhet *c;*
stålsette **(for** til);
~ **e-racking,** enerverende; ~ **ous,** nerve-; nervøs; ~ **ousness,** nervøsitet *c.*

nest reir *n;* bygge reir.

nestle ['nesl] ligge lunt og
trygt; putte seg ned.

net, nett *n,* garn *n;* fange
(i garn); ren; netto;
innbringe netto.

nether ['neðə] nedre, underste.

Netherlands ['neðələndz]
pl, **the** ~ , Nederland.

netting, nett(ing) *n; (c);*
ståltrådnett *n.*

nettle ['netl] nesle *c;* ergre; ~ **-rash,** elveblest *c.*

network ['netwə:k] nett(verk) *n (n)* (også *fig).*

neut|er ['nju:tə] *gram* intetkjønn *n;* ~ **ral,** nøytral; ~ **rality,** nøytralitet
c; ~ **ralize,** nøytralisere;
motvirke.

never ['nevə] aldri; ~ **more**, aldri mer; ~ **theless**, ikke desto mindre.

new [nju:] ny; frisk, fersk; moderne; ~ **-fangled**, nymotens; ~ **ly**, nylig, nettopp; ny-.

news [nju:z] nyhet(er) *c;* etterretning(er) *c;* ~ **-agency**, telegrambyrå *n;* ~ **boy**, avisgutt *c;* avisselger *c;* ~ **paper**, avis *c;* ~ **print**, avispapir *n* (før trykkingen); ~ **-reel**, lydfilmavis *c;* ~ **-stall**, ~ **-stand**, aviskiosk *c.*

New Year ['nju:'ji:ə] nyttår *n;* ~ **'s Eve**, nyttårsaften *c.*

next [nekst] neste; nærmest; følgende; førstkommende; dernest; **what** ~ **?**, hva så?

nib, pennesplitt *c.*

nice [nais] pen; hyggelig, sympatisk; (hår)fin; kresen; ~ **ty**, nøyaktighet *c;* finesse *c.*

nick hakk *n,* snitt *n;* skjære hakk i.

nickel ['nikl] nikkel *c; amr* femcent(-stykke) *c (n).*

nickname ['nikneim] (gi) klengenavn *n.*

niece [ni:s] niese *c.*

niggard ['nigəd] gjerrigknark *c;* ~ **ly**, gjerrig, knuslet.

night [nait] natt *c,* aften *c;* **by** ~, **in the** ~, **at** ~, om natten; om aftenen, kvelden; ~ **out**, frikveld *c;* **last** ~, i går kveld; ~ **-dress** *(el* ~ **-gown)**, nattdrakt *c,* nattkjole *c;* ~ **fall**, mørkets frembrudd; ~ **ingale**, nattergal *c;* ~ **ly**, nattlig; hver natt; ~ **mare**, mareritt *n.*

nil [nil] null, ingenting.

nimble ['nimbl] rask, vever; rask i oppfatningen.

nine [nain] ni; ~ **fold**, nidobbelt; ~ **pins**, kjegler; ~ **teen**, nitten; ~ **teenth**, nittende; ~ **tieth**, nittiende; ~ **ty**, nitti.

ninth [nainþ] niende(del).

nip, knip(e) *n,* klyp(e) *n;* bit(e) *c;* dram *c.*

nipple ['nipl] brystvorte *c;* nippel *c.*

nitre ['naitə] salpeter *c;* ~ **ogen** ['-trədʒən] kvelstoff *n;* ~ **ous**, salpeterholdig.

no [nou] nei; (foran komparativ) ikke; ingen, intet, noe; **in** ~ **time**, på ett øyeblikk; ~ **one**, ingen.

nobility [nou'biliti] adel *c;* edelhet *c.*

noble ['noubl] adelig; edel; fornem; ~ **man,** adelsmann *c.*

nobody ['noubədi] ingen.

nocturnal [nɔk'tə:nl] natt-.

nod [nɔd] nikk(e) *n;* blund(e) *c.*

noise [nɔiz] larm *c,* støy *c,* spetakkel *n;* ~ **eless,** lydløs; ~ **y,** støyende, larmende.

nominal ['nɔminl] nominell.

nominate ['nɔmineit] nominere, innstille; utnevne; ~ **ion,** nominasjon *c.*

non [nɔn] ikke-.

non|alcoholic, alkoholfri; ~ **-commissioned officer,** underoffiser *c;* ~ **-committal,** ikke bindende; diplomatisk; ~ **-confor-**·**mist** [-'fɔ:-] dissenter *c;* ~ **descript,** ubestemmelig.

none [nʌn] ingen(ting); intet; ~ **too (clever)** ikke særlig (klok); ~ **the less,** ikke desto mindre.

non|partisan [nɔn'pa:tizn] partiløs; ~ **plus,** forbløffe, gjøre opprådd; ~ **sense,** sludder, nonsens; ~ **sensical** [-'sen-

sikl] tøyset; tåpelig; ~ - **stop,** uten stans.

nook [nuk] krok *c.*

noon [nu:n] kl. 12 middag; ~ **day,** middags; ~ **tide,** middagstid *c.*

noose [nu:s, nu:z] løkke *c;* rennesnare *c.*

nor [nɔ:] heller ikke, (etter **neither)** eller.

Nordic ['nɔ:dik] nordisk.

norm [nɔ:m] regel *c,* norm *c;* ~ **al,** normal; alminnelig.

Norse [nɔ:s] nordisk; norrøn.

north [nɔ:þ] nord; nord-; nordlig; **the North,** Norden; *amr* Nordstatene; ~ **-east,** nordost; nordøstlig; ~ **erly,** nordlig; ~ **ern,** nordlig, nord-; ~ **ward(s),** nordlig; nordover; ~ **-west,** nordvest(lig).

Norway ['nɔ:wei] Norge.

Norwegian [nɔ:'wi:dʒən] norsk; nordmann *c.*

nose [nouz] nese *c;* luktesans *c;* snute *c;* spiss *c;* forende *c* (av båt, fly o.a.); lukte, snuse.

nostalgia [nɔ'stældʒiə] hjemlengsel *c;* vemodig lengsel tilbake til gamle dager; nostalgi *c;* ~ **c,** nostalgisk.

nostril ['nɔstril] nesebor *n.*

not [nɔt] ikke.

notable ['noutəbl] bemerkelsesverdig; betydelig.

notation [nou'teiʃn] betegnelse *c;* notering *c.*

notch [nɔtʃ] hakk(e) *n;* skår *n.*

note [nout] tegn *n,* merke *n;* notis *c;* lite brev *n;* (penge)seddel *c;* nota *c;* note *c, fig* tone *c;* notere (seg); legge merke til; ~ **down,** notere; ~**d,** berømt; ~**worthy,** bemerkelsesverdig.

nothing ['nʌθiŋ] ingenting, ikke noe; ubetydelighet *c,* småtteri *n;* slett ikke; **for** ~, forgjeves; gratis; **good for** ~, udugelig.

notice ['noutis] underretning *c,* varsel *n;* oppslag *n,* melding *c,* bekjentgjørelse *c;* oppsigelse *c;* notis *c* (i avis o.l.); oppmerksomhet *c;* legge merke til, ense; nevne; si opp; **give** ~, si opp; ~ **able,** merkbar; bemerkelsesverdig; ~**-board,** oppslagstavle *c.*

notification, kunngjøring *c,* melding *c,* varsel *n;* ~**fy,** bekjentgjøre; underrette.

notion ['nouʃn] begrep *n,* forestilling *c;* idé *c.*

notorious [nou'tɔ:riəs] alminnelig kjent; notorisk; beryktet.

notwithstanding ['nɔtwiθ-'stændiŋ] til tross for; ikke desto mindre.

nought [nɔ:t] null *n.*

noun [naun] substantiv *n.*

nourish ['nʌriʃ] (er)nære; ~**ing,** nærende; ~**ment,** næring *c.*

novel ['nɔvəl] roman *c;* (helt) ny; ~**ist,** romanforfatter *c;* ~**ty,** nyhet *c.*

November [no(u)'vembə] november.

novice ['nɔvis] nybegynner *c;* novise *c.*

now [nau] nå; ~**adays,** nåtildags.

nowhere ['nouwɛə] ingensteds.

nuclear ['nju:kliə] kjerne-; atom-; ~ **power station,** atomkraftverk *n.*

nude [nju:d] naken; akt *c.*

nuisance ['nju:sns] plage *c,* ulempe *c,* besværlighet *c.*

null [nʌl] ugyldig, virkningsløs; ~**ify,** ugyldiggjøre, annullere, oppheve.

numb [nʌm] nommen, valen.

number ['nʌmbə] tall *n;* nummer *n;* antall *n,* mengde *c;* nummer *n,* hefte *n;* telle; nummerere.

numer|al ['nju:mrəl] talltegn *n,* tallord *n;* tall-; ~ **ic(al),** tallmessig; ~ **ous,** tallrik.

nun [nʌn] nonne *c.*

nurse [nə:s] sykepleierske *c;* barnepleierske *c;* amme *c;* gi bryst; amme, pleie; passe; nære; ~ **ry,** barneværelse *n;* planteskole *c.*

nut [nʌt] nøtt *c;* mutter *c;* problem *n;* **he is** ~ **s,** han er sprø; ~ **cracker,** nøtteknekker *c.*

nutri|ment ['nju:trimənt] næring *c;* ~ **tious** [-'tri-] nærende.

nutshell ['nʌtʃəl] nøtteskall *n;* **in a** ~ , i korthet *c.*

nymph [nimf] nymfe *c.*

O

oak [ouk] eik *c;* ~ **um,** drev *n.*

oar [ɔ:] åre *c;* ~ **sman,** roer.

oas|is, *pl* **-es** [ou'eisis, -i:z] oase *c.*

oath [ouþ] ed *c;* banning *c.*

oat|meal ['outmi:l] havremjøl *n; dt* d.s.s. ~ **porridge,** havregrøt *c;* ~ **s,** havre *c.*

obdura|cy ['ɔbdjurəsi] forstokkethet *c;* hardhet *c;* ~ **te** [-rit] forherdet, forstokket.

obedien|ce [ɔ'bi:djəns] ly-

dighet *c* (**to** mot); ~ **t,** lydig.

obey [ɔ'bei] adlyde.

obituary [ə'bitjuəri] nekrolog *c.*

object ['ɔbdʒekt] gjenstand *c;* (for)mål *n;* objekt *n;* [əb'dʒekt] innvende (**to** mot); ~ **ion,** innvending *c.*

objective [əb'dʒektiv] mål *n; s & adj* objektiv *n.*

obligat|ion [ɔbli'geiʃn] forpliktelse *c;* takknemlighetsgjeld *c;* ~ **ory** [-'li-] bindende, obligatorisk.

oblige [ə'blaidʒ] tvinge;

forplikte; gjøre en tjeneste; **I am much ~ed to you,** jeg er Dem stor takk skyldig; **be ~ed to,** være nødt til; **~ing,** forekommende; tjenstvillig.

oblique [əb'li:k] skrå, skjev; indirekte; forblommet.

obliterate [ə'blitəreit] utslette; tilintetgjøre.

oblivion [ə'bliviən] glemsel c.

oblong ['ɔblɔŋ] avlang.

obscene [əb'si:n] obskøn; uanstendig.

obscure [əb'skju:ə] mørk; dunkel; ukjent; formørke; fordunkle; skjule.

observable [əb'zə:vəbl] som kan (må) overholdes; merkbar; **~ance,** iakttagelse c; overholdelse c; **~ant,** oppmerksom; aktpågivende; **~ation,** iakttagelse c; bemerkning c; **~atory,** observatorium n.

observe [əb'zə:v] iaktta; observere; legge merke til; bemerke **(to** til); (høytidelig)holde; **~r,** iakttaker c; observatør c.

obsess [əb'ses] besette;

plage; **~ion,** besettelse c; fiks idé c.

obsolete ['ɔbsəli:t] foreldet.

obstacle ['ɔbstəkl] hindring c.

obstinacy ['ɔbstinəsi] hårdnakkethet c; stahet c; **~te,** sta; stivsinnet; hårdnakket (om sykdom).

obstruct [əb'strʌkt] sperre; hemme; hindre; **~ion,** sperring c; hindring c; **~ive,** hindrende; hemmende.

obtain [əb'tein] få; oppnå; skaffe (seg); **~able,** oppnåelig.

obviate ['ɔbvieit] forebygge.

obvious ['ɔbviəs] åpenbar, klar, innlysende.

occasion [ə'keiʒn] anledning c; begivenhet c; grunn c; forårsake, foranledige; bevirke; **on the ~ of,** i anledning av; **~al,** leilighetsvis; tilfeldig.

occidental [ɔksi'dentl] vesterlandsk.

occupant, okkupant c; beboer c; innehaver c; **~ation,** okkupasjon c; beskjeftigelse c, yrke n;

~ y, besette, innta, ok-kupere; besitte, inneha (stilling); bebo; beskjef-tige; be ~ ied with (el in), være opptatt, be-skjeftiget med.

occur [ə'kə:] hende, fore-komme; ~ to, falle en inn; ~ rence, hendelse c.

ocean ['ouʃn] (verdens)-hav n.

o'clock [ə'klɔk]: five ~, klokken fem.

October [ɔk'toubə] okto-ber.

octopus ['ɔktəpəs] blekk-sprut c.

ocular ['ɔkjulə] øye-, syns-; ~ ist, øyenlege c.

odd [ɔd] ulike; umake, overskytende; enkelt; sær, underlig, rar; fifty ~ years, noen og femti år; ~ jobs, tilfeldige jobber; ~ ity, merkver-dighet c; ~s, ulikhet c; sjanser c.

odour ['oudə] lukt c; duft c.

of [ɔv, əv] av; fra; for; etter, til; om; angående; the works ~ Shake-speare, Shakespeares verker.

off [ɔ:f] bort; av sted; borte, vekk; fri (fra ar-beidet); forbi, til ende; fra, av; utenfor; mar på høyden av; avsides, bor-te; I must be ~, jeg må avsted; well ~, vel-stående.

offence [ə'fens] fornær-melse c, krenkelse c; forseelse c; give ~, vek-ke anstøt; ~ d, fornær-me, krenke, støte; forar-ge; forse seg (against mot); ~ sive, fornærme-lig; anstøtelig; motbyde-lig; offensiv c.

offer ['ɔfə] tilbud n; bud n; tilby; by; fremby; ut-by; (til)by seg; ofre; ~ ing, offer(gave) n (c).

off-hand ['ɔ:f'hænd] på stående fot; improvisert.

office ['ɔfis] kontor n; gjerning c, funksjon c; verv n; embete n; tjenes-te c; departement n; ri-tual n, gudstjeneste c; ~ r, offiser c; tjeneste-mann c; embetsmann c; politimann c.

official [ə'fiʃl] embets-; offisiell; tjeneste(mann) c; embetsmann c.

officious [ə'fiʃəs] geskjef-tig, påtrengende; halv-offisiell.

offing ['ɔ:fiŋ] rum sjø c; in

the ~, under oppseiling.

offshore ['ɔf'ʃɔ] fralands-; et stykke fra land.

offspring ['ɔ:fspriŋ] avkom *n*.

often ['ɔ:fn] ofte; hyppig.

ogre ['ougə] uhyre *n*, troll *n*.

oil [ɔil] olje *c*; olje, smøre; ~ **-cloth**, voksduk *c*; ~ **-field**, oljefelt *n*; ~ **skin**, oljelerret *n*; *i pl* oljeklær, oljehyre *n*; ~ **-well**, oljekilde *c*; ~ **y**, oljet; oljeglatt; slesk.

O.K. [ou'kei] = **okay**, alt i orden.

old [ould] gammel; ~ **-fashioned**, gammeldags.

olive ['ɔliv] oliven(tre) *c (n)*.

Olympian [ou'limpiən] olympisk; ~ **c games**, olympiske leker.

omelet(te) ['ɔmlit] omelett *c*.

omen ['oumən] tegn *n*, (for)varsel *n*.

ominous ['ɔminəs] illevarslende.

omission [ə'miʃn] utelatelse *c*, unnlatelse *c*.

omit [ə'mit] utelate; la være.

omnibus ['ɔmnibəs] buss *c*; som tjener mange slags formål.

omnipotent [ɔm'nipɔtənt] allmektig; ~ **scient**, allvitende; ~ **vorous**, altetende.

on [ɔn] på; om; over; ved; etter, ifølge; videre, framover; **be** ~, være i gang; være på scenen; være på (lys, vann).

once [wʌns] en gang; **at** ~, straks; ~ **more**, en gang til.

one [wʌn] en, ett; eneste; den *el* det ene; man, en; ~ **another**, hverandre; ~ **self**, refl. seg; en selv; ~ **way street**, enveiskjøring *c*.

onion ['ʌnjən] løk *c*.

onlooker ['ɔnlukə] tilskuer *c*.

only ['ounli] eneste; kun, bare; alene; først, ikke før.

onset ['ɔnset] angrep *n*; ~ **ward(s)**, fram, framover.

ooze [u:z] mudder *n*, slam *n*; ~ **out**, sive ut.

open ['oupn] åpen; fri; åpenhjertig; åpne (seg); **in the** ~ **(air)**, i friluft,

under åpen himmel;
~ **ing**, åpnings-, åpning
c; mulighet c; ~ **-mind-
ed**, fordomsfri.
opera ['ɔpərə] opera c;
~ **glasses** pl teaterkik-
kert c; ~ **-house**, opera-
(bygning) c.
operate ['ɔpəreit] virke;
drive, betjene (maskin);
bevirke; med operere;
~ **ion**, virksomhet c,
drift, c; operasjon c;
~ **tive**, operativ; virk-
som; i kraft; (fabrikk)-
arbeider c; ~ **or**, opera-
tør c, kirurg c; telefo-
nist(inne) c; telegrafist c.
opinion [ə'pinjən] mening
c; oppfatning c; skjønn
c; ~ **ated**, sta, påståelig.
opponent [ə'pounənt] mot-
stander c; opponent c.
opportune ['ɔpətju:n] be-
leilig; gunstig; oppor-
tun; ~ **ity** [-'tju-] (gun-
stig) anledning c; sjanse
c.
oppose [ə'pouz] bekjempe,
motsette seg.
opposite ['ɔpəzit] motsatt;
overfor; motsetning c;
~ **ion** [ɔpə'ziʃn] motstand
c; opposisjon c.
oppress [ə'pres] tynge,
trykke på; undertrykke;

~ **ion**, undertrykkelse c;
nedtrykthet c; ~ **ive**,
trykkende; tyrannisk.
optician [əp'tiʃn] optiker
c; ~ **s** ['ɔptiks] optikk c.
option ['ɔpʃn] valg c; for-
kjøpsrett c; opsjon c;
~ **al**, valgfri.
opulence ['ɔpjuləns] over-
flod c; rikdom c; ~ **t**,
(søkk)rik.
or [ɔ:] eller; **either** — ~,
enten – eller; ~ **else**,
ellers.
oral ['ɔrəl] muntlig.
orange ['ɔrindʒ] appelsin
c; appelsinfarget, oran-
sje.
orator ['ɔrətə] taler c; ~ **y**,
bedehus n; talekunst c,
veltalenhet c.
orb [ɔ:b] klode c, kule c;
~ **it**, ast bane c; kretse
i bane.
orchard ['ɔ:tʃəd] frukthage
c.
orchestra ['ɔ:kistrə] orkes-
ter n.
orchid ['ɔ:kid] orkidé c.
ordain [ɔ:'dein] (for)ord-
ne, fastsette; ordinere.
ordeal [ɔ:'di:l] (ild)prøve
c.
order ['ɔ:də] orden c; klas-
se c, gruppe c; rang c;
ordre c; oppdrag n; be-

stilling c; anvisning c;
orden(stegn) c (n); ord-
ne; bestemme; befale;
bestille; **in ~ to,** for å;
out of ~, i uorden;
~ly, (vel)ordnet, · or-
dentlig; ordonans c.
ordinal [ˈɔːdinl] ordenstall
n.
ordinance [ˈɔːdinəns]
(for)ordning c, bestem-
melse c; ordinans c.
ordinary [ˈɔːdnri] ordi-
nær; alminnelig; vanlig.
ore [ɔː] erts c, malm c.
organ [ˈɔːgən] organ n;
orgel n; **~ic** [ɔːˈgænik]
organisk; **~ism,** orga-
nisme c; **~ist,** organist
c, orgelspiller c; **~ize,**
organisere; **~izer,** orga-
nisator c. **~ization** [-ei-
ˈzeiʃn] organisasjon c.
origin [ˈɔridʒin] opprin-
nelse c; opphav n; her-
komst c; **~al** [əˈridʒinəl]
opprinnelig, original;
~ate, skape; grunnleg-
ge; oppstå; **~ator,** opp-
havsmann c, skaper c.
ornament [ˈɔːnəmənt] ut-
smykning c; pryd(gjen-
stand) c; pryde, smykke;
~al [-ˈmen-] pryd-; de-
korativ.
orphan [ˈɔːfən] foreldre-

løst barn n; **~age,** vai-
senhus n.
orthodox [ˈɔːpədɔks] orto-
doks; rettroende.
orthography [ɔːˈpɔgrəfi]
rettskrivning c.
oscillate [ˈɔsileit] svinge;
variere.
ostentation [ɔstənˈteiʃn]
brautende opptreden c;
brask og bram; **~ta-
tious,** brautende; skry-
tende.
ostrich [ˈɔstritʃ] struts c.
other [ˈʌðə] annen, annet,
andre; **the ~ day,** forle-
den dag; **each ~,** hver-
andre; **~wise,** annerle-
des; ellers.
ought [ɔːt] bør; burde; **I
~ to do it,** jeg bør gjøre
det.
ounce [auns] unse c
(28,35 g).
our [auə] adjektivisk: vår,
vårt, våre; **~ house is
quite new,** vårt hus er
ganske nytt; **~s,** sub-
stantivisk: vår, vårt, vå-
re; **the new house is ~s,**
det nye huset er vårt;
~selves, vi (oss) selv.
out [aut] ut; ute; utenfor;
~ of, ut av; (ut) fra;
(på grunn) av; ute av;
voyage **~,** utreise c; **way**

~, utgang *c;* utvei *c;*
~**bid,** overby; ~**break,**
~**burst,** utbrudd *n;*
~**cast,** utstøtt, forstøtt;
hjemløs person *c;*
~**come,** resultat *n;*
~**cry,** rop *n.* skrik *n.*
nødskrik *n;* ~**distance,**
distansere, gå forbi;
~**do,** overgå; ~**doors,**
ute i det fri; ~**er,** ytre,
ytter-; ~**ermost,** ytterst;
~**fit,** utrustning *c;* utstyr *n;* ~**grow,** vokse
~**ing,** utflukt *c;* ~**lay,**
(penge)utlegg *n;* ~**let,**
utløp *n.* avløp *n;* marked *n;* ~**line,** omriss *n;*
utkast *n;* angi hovedtrekkene av; ~**live,**
overleve; ~**look,** utsikt
c; syn på tingene;
~**number,** være overlegen i antall; ~**put,** produksjon(sytelse) *c.*
outrage ['autreidʒ] vold(s-handling) *c (c);* grov forurettelse *c;* fornærme
grovt; ~**ous** [aut'reidʒəs]
skjendig.
outright ['autrait] rent ut;
likefrem; helt og holdent; ~**run,** løpe fra;
~**set,** begynnelse *c;*
~**side,** ytterside *c.* utside *c;* yttergrense *c;* ut-

vendig; ytterst; utenpå;
uten-; ~**sider,** utenforstående *c;* outsider *c;*
~**size,** av stor størrelse
c; ~**skirts,** utkant *c;*
~**standing,** fremragende; utestående (beløp)
(n); ~**stay,** bli lenger
enn; bli over tiden;
~**strip,** løpe fra; overgå; ~**ward,** ytre; utvendig; utvortes; utgående,
ut-; ytre; ~**wear,** slite
ut; vare lenger enn;
~**weigh,** veie mer enn;
oppveie; ~**wit,** overliste; ~**worn,** utslitt.
oven ['ʌvn] (steke)ovn *c.*
over ['ouvə] over; utover;
forbi; omme; til overs;
tilbake; over ende; om
igjen; **all ~ the world,**
verden over; **all ~,** helt
og holdent; over det hele; ~ **there,** der bort(e);
~ **here,** herover;
~**night,** natten over;
kvelden før; **read ~,**
lese igjennom; ~**all,**
samlet, generell; ~**alls,**
kjeledress *c;* ~**awe,** knuge; skremme; ~**bearing,**
myndig; hovmodig;
~**board,** over bord;
~**burden,** overlesse;
~**cast,** overskye(t);

~**coat,** ytterfrakk *c;*
~**come,** overvelde;
overvinne, beseire;
~**crowd,** overfylle;
~**do,** overdrive; steke
el. koke for meget;
~**due,** forsinket; forfal-
len; ~**eat,** forspise seg;
~**flow,** gå over sine
bredder, oversømme;
oversvømmelse *c;*
~**grown,** for stor for al-
deren, oppløpen; til-
grodd; ~**hang,** henge,
rage ut over; ~**haul,** et-
terse, overhale;
~**head(s),** løpende om-
kostninger; ~**hear,**
komme til å høre, lytte
til; ~**land,** landverts;
~**lap,** gripe over, delvis
dekke; ~**load,** overles-
se; ~**look,** overskue; ha
utsikt over; se over;
overse; ~**power,** over-
manne; ~**rate,** overvur-
dere; ~**reach,** ta seg
vann over hodet; over-
liste, lure; ~**ride,** ri
over; sette seg ut over;
tilsidesette; ~**rule,** for-
kaste; oppheve; ~**run,**
bre seg over; overskri-
de; ~**sea(s),** oversjøisk;
~**seer,** oppsynsmann *c;*
~**sight,** tilsyn *n;* for-

glemmelse *c;* ~**sleep,**
forsove seg; ~**step,**
overskride; ~**stock,**
overfylle; ha for stort
lager *n,* besetning *c* osv.;
~**strain,** overanstren-
ge(lse) *(c).*
overt [ou'vəːt] åpen(lys).
over|take [ouvə'teik] inn-
hente; ~**throw,** kullkas-
te; felle; styrte; ~**time,**
overtid *c;* ~**tired,** over-
trett.
over|turn [ouvə'təːn] velte;
~**value,** overvurdere;
~**weight,** overvekt(ig) *c;*
~**whelm,** overflomme;
overvelde; ~**work,** ar-
beide for hardt, over-
anstrenge; overtidsar-
beid *n;* ~**wrought,** over-
arbeidet.
owe [ou] skylde.
owing [ouiŋ] skyldig; ute-
stående; ubetalt; ~ **to,**
på grunn av.
owl [aul] ugle *c.*
own [oun] egen; eget, eg-
ne; **a house of my ~,** et
eget hus; eie, besitte;
innrømme.
owner [ounə] eier *c;*
~**ship,** eiendomsrett *c;*
eie *c.*
ox, *pl* **oxen** [ɔks, 'ɔksn]
okse *c;* kveg *n.*

oxygen ['ɔksidʒən] surstoff *n*.

oyster ['ɔistə] østers *c*.

oz. = **ounce** (vekt).

P

pace [peis] skritt *n;* gang-(art) *c;* fart *c;* skritte, marsjere; *idr* bestemme farten for (løper, syklist osv.).

pacific [pə'sifik] fredelig, rolig; ~**y** ['pæsifai] berolige; stifte fred *c;* forsone.

pack [pæk] bylt *c;* oppakning *c;* kortstokk *c;* gjeng *c;* kobbel *n; amr* pakke; pakke (sammen); stue; legge ned hermetisk; ~ **up,** pakke (sammen); ~ **age,** pakke *c;* pakning *c;* emballasje *c;* kolli *n;* ~**er,** pakker *c;* ~**et,** pakke *c;* bunt *c;* pakettbåt *c,* postbåt *c;* ~**ing,** pakking *c;* emballasje *c;* ~ ~ **-case,** pakkasse *c*.

pact [pækt] pakt *c;* avtale *c*.

pad [pæd] pute *c;* (bløtt) underlag *n;* vattere, polstre; fylle; ~ **ding,** vatt(ering) *c,* stopp *c;* fyllekalk *c*.

paddle ['pædl] padle; plaske; padleåre *c;* skovl *c*.

paddock ['pædək] eng *c;* hestehage *c*.

padlock ['pædlɔk] hengelås *c*.

pagan ['peigən] hedensk; hedning *c*.

page [peidʒ] pasje *c;* pikkolo *c;* (bok-)side *c*.

pageant ['pædʒənt] (historisk) opptog *n;* ~**ry,** pomp og prakt; stas *c*.

pail [peil] spann *n*.

pain [pein] smerte *c;* lidelse *c;* bry *n;* gjøre vondt; smerte; **be in** ~, ha smerter; ~**ful,** smertefull; smertelig; pinefull; pinlig.

paint [peint] maling *c;* sminke; male; sminke (seg); skildre; beskrive; ~**er,** maler(inne) *c;* kunstmaler *c;* bygningsmaler *c* (ogs. **house** ~ **);** ~**ing,** maleri *n;* malerkunst *c*.

pair [pɛə] par *n;* ektepar

n; parhester; tospann *n;*
pare(s); a ~ of scissors,
en saks *c.*

pal [pæl] *slang:* kamerat
c.

palace ['pælis] palass *n;*
slott *n.*

palatable ['pælətəbl] vel-
smakende; tiltalende;
~e, gane *c.*

pale [peil] blek; blekne;
pæl *c;* stake *c;* inngjer-
det område *n.*

paling ['peiliŋ] plankegjer-
de *n.*

pall [pɔ:l] likklede (til
kiste) *n;* tape seg.

pallet ['pælit] halmmad-
rass *c.*

palm [pa:m] palme *c;*
håndflate *c;* ~ it off on
him, prakke det på
ham; ~ist, en som spår
i hånden *c.*

palpable ['pælpəbl] føl-
bar; påtagelig, håndgri-
pelig.

palsy ['pɔ:lzi] lamme(lse)
c.

paltry ['pɔ:ltri] ussel.

pamphlet ['pæmflit] bro-
sjyre *c;* flygeskrift *n.*

pan [pæn] panne *c;* gryte
c; dt kritisere; ~cake,
pannekake *c.*

pane [pein] (vindus)rute
c.

panel ['pænl] felt *n;* fag *n;*
fylling *c* (i vegg, dør);
panel *n;* liste *c* (over
trygdekassepasienter
o.a.).

pang [pæŋ] plutselig, hef-
tig smerte; kval *c;* stikk
i hjertet.

panic ['pænik] panisk; pa-
nikk *c;* få *(el* gi) panikk.

panorama [pænə'ra:mə]
rundskue *n;* panorama
n.

pansy ['pænzi] stemors-
blomst *c.*

pant [pænt] stønn(e) *n,*
gisp(e) *n.*

panther ['pænþə] panter *c.*

panties ['pæntiz] *dt* truser.

pantry ['pæntri] spiskam-
mer *n;* anretning *c.*

pants [pænts] bukser,
benklær; (manns)under-
bukser.

pap [pæp] barnegrøt *c el*
-velling *c.*

papal ['peipl] pavelig.

paper ['peipə] papir *n;*
(news ~) avis *c;* (wall ~)
tapet *c;* dokument *n;*
verdipapir *n;* (skole)stil
c; ~s, (legitimasjon-,
anbefalings-)papirer;
~-hanger, tapetserer *c;*
~ mill, papirfabrikk *c.*

par [pa:] pari; at ~, til
pari (kurs) *c;* be on a ~

with, være på høyde med.

parachute ['pærəʃuːt] fallskjerm c.

parade [pə'reid] parade c; mønstring c; stille til skue; (la) paradere.

paradise ['pærədais] paradis n.

paradox ['pærədɔks] paradoks n; ~**ical,** paradoksal.

paragraph ['pærəgraːf] avsnitt c; (kort) artikkel c; paragraftegn n.

parallel ['pærələl] parallell.

paralyse ['pærəlaiz] lamme; ~**sis** [pə'rælisis] lammelse c; ~**tic** [-'li-] lam.

paramount ['pærəmaunt] høyest; størst; meget viktig.

paraphrase ['pærəfreiz] omskrivning c; omskrive.

parasite ['pærəsait] parasitt c.

parasol [pærə'sɔl] parasoll c.

parcel ['paːsl] pakke c; (vare-)parti n; ~ **post,** pakkepost c.

parch [paːtʃ] svi; tørke bort; ~**ment,** pergament n.

pardon ['paːdn] benådning c; tilgivelse c, forlatelse c; tilgi; benåde; **(I beg your)** ~, om forlatelse; hva behager.

parent ['pɛərənt] far c; mor c; ~**age,** herkomst c, opphav n; foreldreforhold n; ~**al,** foreldre-; ~**s,** foreldre.

parings pl ['pɛəriŋz] skrell n; spån n.

parish ['pæriʃ] (kirke)sogn n; landkommune c; herred n; ~**ioner** [-'ri-] sognebarn n.

park [paːk] park c; parkere.

parliament ['paːləmənt] parlament n; ~**arian** [-'tɛə-] parlamentariker c; ~**ary,** parlamentarisk.

parlour ['paːlə] dagligstue c; **beauty** ~, skjønnhetssalong c; ~-**maid,** stuepike c.

parochial [pə'roukjəl] sogne-, herreds-; trangsynt.

parody ['pærədi] parodi c; parodiere.

parole [pə'roul] æresord n; løslate på æresord; *jur* muntlig.

parrot ['pærət] papegøye c; etterplapre.

parsimonious [paːsi'mounjəs] knipen; knuslet; påholden.

parsley ['pa:sli] persille c.

parsnip ['pa:snip] pastinakk c.

parson ['pa:sn] prest c; ~ **age**, prestegård c.

part [pa:t] (an)del c; part c; stykke n; parti n, side c; teat og fig rolle c; mus stemme c, parti n; egn c, kant c (av landet); **in** ~, delvis; **take** ~ **in**, delta i; dele; atskille(s); skille; **skille seg** (**with**, av med); oppgi; forlate.

partake [pa:'teik] **of** (el **in**) delta i, være med på; ta til seg; nyte.

partial ['pa:ʃl] delvis; partisk; ~ **ity** [-'æl-] partiskhet c, forkjærlighet c.

participate [pa:'tisipeit] delta (**in** i).

particular [pə'tikjulə] særlig, spesiell; særegen; særskilt; kresen; **in** ~, særlig; ~ **s**, detaljer; ~ **ize**, spesifisere, ~ **ly**, særlig.

parting ['pa:tiŋ] avskjed c; skill (i håret) c; avskjeds-.

partisan [pa:ti'zæn] (parti)-tilhenger (n) c; partisan c.

partition [pa:'tiʃn] deling c; skillevegg c; dele.

partly ['pa:tli] delvis.

partner ['pa:tnə] deltaker c; kompanjong c; **sleeping** (amr **silent**) ~, passiv kompanjong c; ~ **ship**, fellesskap n; kompaniskap n.

partridge ['pa:tridʒ] rapphøne c.

part-time ['pa:t'aim] deltids-.

party ['pa:ti] (politisk) parti n; selskap n; jur part c.

pass [pa:s] passasje c, vei c; pass n, snevring c; passerseddel c; fribillett c; passere; gå forbi; gå over; gjennomgå; forsvinne; bestå (eksamen); sende rundt, videre; tilbringe (tid); vedta (lov); avsi (dom); ~ **as**, gå for å være; ~ **away**, gå bort; dø; ~ **able**, farbar; antagelig; ~ **ably**, nokså bra.

passage ['pæsidʒ] passasje c, gang c; gjennomgang c; overreise c, overfart c; skipsleilighet c; sted n, avsnitt n (i bok).

passenger ['pæsindʒə] passasjer c.

passion ['pæʃn] lidenskap
c; pasjon c; sinne n;
~ **ate,** lidenskapelig.

passive ['pæsiv] passiv.

passkey ['pa:ski:] hoved-
nøkkel c; ~ **port,** pass n.

past [pa:st] forgangen;
forløpen; svunnen; tid-
ligere; fortids-; forbi;
fig utenfor (rekkevidden
av); fortid c; **half** ~
two, halv tre.

paste [peist] klister n;
pasta c; deig c; klistre
(**up** opp); ~ **board,** papp
c, kartong c.

pastime ['pa:staim] tids-
fordriv n.

pastoral ['pa:st(ə)rəl] hyr-
de-; pastoral-.

pastry ['peistri] finere
bakverk n; terter o.l.;
(kake)deig c.

pasture ['pa:stʃə] s & v
beite n.

pasty ['peisti] deiget, deig-
aktig; ['pæsti] kjøttpostei
c.

pat [pæt] klapp(e) n; fiks
og ferdig.

patch [pætʃ] lapp c, bot c;
flikke, bøte; ~ **work,**
lappverk n.

patent ['peitənt] åpen-
(bar); tydelig; patent c;
patentere; ~ **ee,** patent-
innehaver c.

paternal [pə'tə:nl] fader-
lig; ~ **ity,** farskap n.

path(way) [pa:þwei] sti c;
bane c.

patience ['peiʃns] tålmo-
dighet c; kabal c; ~ **t,**
tålmodig; pasient c.

patriot ['peitriət] patriot
~ **ic,** [pætri'ɔtik] patrio-
tisk; ~ **ism,** patriotisme
c.

patrol [pə'troul] patrulje-
(re) c.

patron ['peitrən] beskytter
c; (fast) kunde c; beskyt-
te; behandle nedlaten-
de; være kunde hos.

pattern ['pætən] mønster
n; modell c; prøve c; ta
til mønster.

paunch [pɔ:ntʃ] (tykk)
mage c.

pause [pɔ:z] stans c; pau-
se c; stanse; gjøre pause.

pave [peiv] brulegge; jev-
ne; ~ **ment,** brulegning
c; fortau n.

paw [pɔ:] pote c, labb c;
stampe, skrape (om
hest); plukke på.

pawn [pɔ:n] pant n; bon-
de c (i sjakk); pantsette;
~ **broker,** pantelåner c.

pay [pei] betaling c; lønn
c; betale; lønne seg; ~
for, betale (det som er

kjøpt); ~ **off**, betale ut,
gjøre opp; ~ **a visit**,
avlegge et besøk *n;*
~ **able**, betalbar; ~ **ing**,
lønnsom, rentabel;
~ **ment**, betaling *c;* lønn
c.

pea [pi:] ert *c.*

peace [pi:s] fred *c;* ro *c;*
~ **able**, fredelig; fred-
sommelig; ~ **ful**, frede-
lig.

peach [pi:tʃ] fersken *c.*

peacock ['pi:kɔk] påfugl *c.*

peak [pi:k] spiss *c;* topp
c; tind *c;* avmagres;
skrante.

peal [pi:l] skrall *n;* drønn
n; (klokke)klang *c;* (or-
gel)brus *n;* klokkespill
n; klinge; tone; brake.

peanut ['pi:nʌt] jordnøtt *c.*

pear [pɛə] pære *c.*

pearl [pə:l] perle *c.*

peas [pi:z] erter.

peasant ['pez(ə)nt] bonde
c; ~ **ry**, bondestand *c;*
bønder.

peat [pi:t] torv *c.*

pebble ['pebl] småstein *c.*

peck [pek] mål: 9,087 l;
pikke, hakke (**at** på).

peculiar [pi'kju:ljə] eien-
dommelig; særlig; ~ **ity**,
eiendommelighet *c.*

pecuniary [pi'kju:njəri]
penge-.

pedal ['pedl] pedal *c;* bru-
ke pedal; trå (sykkel).

peddle ['pedl] drive han-
del (på gaten) *c;* ~ **r**,
kramkar *c.*

pedestrian [pi'destriən]
fotgjenger *c;* ~ **crossing**
fotgjengerovergang *c.*

pedigree ['pedigri:] stam-
tavle *c.*

pedlar ['pedlə] kramkar *c.*

peel [pi:l] skall *n;* skrelle.

peep [pi:p] kike, titte; pi-
pe; glimt *n,* gløtt *n;*
pip(p) *n.*

peer [piə] stirre; titte
fram; likemann, like;
adelsmann *c* med rett til
å sitte i Overhuset;
~ **age**, adel(skap) *c.*

peeved [pi:vd] irritert;
~ **ish**, sær, gretten.

peg, pinne *c;* stift *c;*
knagg *c;* feste med pin-
ne, plugge.

pellet ['pelit] liten kule *c.*

pell-mell ['pel'mel] hulter
til bulter.

pelt, kaste på, la det hag-
le over; hølje ned (om
regn); fell *c,* pels *c.*

pelvis ['pelvis] *anat* bek-
ken *n.*

pen, kve *n;* penn *c;* skri-
ve.

penal ['pi:nl] straffbar;

straffe-; ~**ize**, straffe;
~**ty**, ['penlti] straff *c;*
bot *c.*

pencil ['pensl] blyant *c;*
~**-case**, pennal *n.*

pendant ['pendənt] (øre)-
dobbe *c;* vimpel *c;* pen-
dant *c;* ~**ing**, uavgjort,
verserende; under; i på-
vente av, inntil; ~**ulum**,
pendel *c.*

penetrate ['penitreit] tren-
ge inn i; gjennomtren-
ge; gjennombore; ~**ing**,
skarpsindig.

penguin ['pengwin] ping-
vin *c.*

peninsula [pi'ninsjulə]
halvøy *c.*

penitent ['penitənt] anger-
full.

pennant ['penənt] vimpel
c.

penniless ['peniles] penge-
lens.

penny ['peni] *pl* **pence** (en-
kelte: **pennies**), penny
(eng. koppermynt =
¹/₁₀₀ pund); ~**worth**,
pennys verdi; så mye
som fås for en penny.

pension ['penʃn] pensjon
c; pensjonat *n;* pensjo-
nere; ~**ary**, pensjonist
c; pensjons-.

pentagon ['pentəgən] fem-
kant *c;* **the Pentagon**,
forsvarsdepartementet i
USA.

penthouse ['penthaus] sval
c, bislag *n; amr* lite hus
bygd på et (skyskraper)-
tak *n.*

people ['pi:pl] folk *n;* fol-
keslag *n; koll* folk, men-
nesker; befolke **(with**
med).

pep *slang:* futt *c,* fart *c,*
kraft *c;* ~**per** ['pepə]
pepper *n;* ~**mint,** pep-
permynte *c.*

per [pə:] per, pr; ~ **an-
num** ['ænəm] om året.

perambulator ['præmbju-
leitə] **(pram)** barnevogn
c.

perceive [pə'si:v] merke;
oppfatte; føle; skjønne.

percentage [pə'sentidʒ]
prosentsats *c;* provisjon
c.

perception [pə(:)'sepʃn]
oppfatning(sevne) *c (c).*

perch [pə:tʃ] stang *c;* vag-
le *c;* åbor *c;* høyt stade
n; sette seg *(el* sitte) på
vagle.

percolator ['pə:kəleitə]
kaffetrakter *c.*

percussion [pə'kʌʃn] (sam-
men)støt *n.*

perfect ['pə:fikt] fullkom-

men; fullstendig; [pə:-
'fekt] fullkommengjøre;
perfeksjonere (seg);
~ **ion,** fullkommenhet c;
perfeksjonering c.
perforat|e ['pə:fəreit]
gjennomhulle; ~ **or,**
hullmaskin c.
perform [pə'fɔ:m] utføre;
oppfylle (plikt, løfte);
prestere; teat oppføre,
opptre; ~ **ance,** utførel-
se c; prestasjon c; opp-
fylling c; oppførelse c,
forestilling c; ~ **er,** opp-
tredende skuespiller c,
kunstner c.
perfume ['pə:fju:m] duft c;
vellukt c; parfyme c.
perhaps [pə'hæps] kan-
skje.
peril ['peril] fare c; ~ **ous,**
farlig.
period ['piəriəd] periode c;
(undervisnings)time c;
punktum c; ~ **ic(al),** pe-
riodisk; ~ **ical,** tidsskrift
n.
perish ['periʃ] omkomme,
gå til grunne; ~ **able,**
lett bedervelig.
perjur|e ['pə:dʒə] sverge
falsk; ~ **y,** mened c.
permanen|ce ['pə:mənəns]
varighet c; ~ **t,** varig;
blivende; fast; ~ **t**

(wave), permanent(krøll)
c; ~ **t way,** banelegeme
n.
permeate ['pə:mieit]
gjennomtrenge.
permi|ssion [pə'miʃn] tilla-
telse c; ~ **t,** [-'mit] tillate;
['pə:mit] (skriftlig) c.
pernicious [pə:'niʃəs] ska-
delig, ondartet.
perpetua|l [pə'petjuəl]
evig; uopphørlig; fast;
~ **te** [-eit] gjøre evigva-
rende.
perplex [pə'pleks] forvir-
re; ~ **ity,** forvirring c.
persecut|e ['pə:sikju:t] for-
følge; plage; ~ **ion**
[-'kju-] forfølgelse c;
~ **or,** forfølger c.
persever|ance [pə:si-
'viərəns] utholdenhet c;
~ **e,** holde ut; vedbli,
fortsette **(in** med); ~ **ing,**
utholdende; iherdig.
persist [pə'sist] vedbli,
fortsette **(in** med); holde
fast ved; ~ **ent,** iherdig;
hårdnakket; vedvaren-
de.
person ['pə:sn] person c;
ytre n; **in** ~ , personlig,
selv; ~ **age,** personlighet
c; ~ **al,** personlig; ~ **ate,**
fremstille; etterligne;

~ **ify** [pə'sɔnifai] perso-
nifisere.
personnel [pə:sə'nel] per-
sonale *n.*
perspective [pə'spektiv]
perspektiv *n.*
perspiration [pə:spə'reiʃn]
svette *c;* ~ **e,** svette.
persuade [pə'sweid] over-
tale; overbevise; ~ **sion,**
overbevisning *c;* tro *c;*
overtalelse *c;* ~ **sive**
overtalende, overbevi-
sende.
pert [pə:t] nesevis; kjepp-
høy.
pertain [pə'tein] **to:** høre
(med) til; angå.
pertinent ['pə:tinənt] rele-
vant, som angår saken.
perturb [pə'tə:b] uroe, for-
styrre.
peruke [pə'ru:k] parykk *c.*
perusal [pə'ru:zl] gjen-
nomlesing *c;* ~ **e,** lese
grundig igjennom.
pervade [pə'veid] gå, tren-
ge igjennom.
perverse [pə'və:s] forder-
vet; pervers; vrang; ~ **t,**
forvrenge; forderve.
pessimism ['pesimizm]
pessimisme *c;* svartsyn
n; ~ **t,** pessimist *c.*
pest, plage(ånd) *c;* skade-
dyr *n.*

pester ['pestə] bry, plage.
pet, kjæledegge *c;* sel-
skapsdyr *n;* anfall *n* av
dårlig humør; kjæle
med; kjærtegne.
petition [pə'tiʃn] (skriftlig)
anmodning *c;* petisjon
c; be; søke (om); søker
c.
petrify ['petrifai] forstene.
petrol ['petrəl] bensin *c.*
petticoat ['petikout] un-
derskjørt *n.*
pettiness ['petinis] ubety-
delighet *c;* smålighet *c;*
~ **ish,** lunet; furten;
gretten; ~ **y,** liten; ube-
tydelig; smålig.
pew [pju:] kirkestol *c.*
pewter ['pju:tə] tinn(saker)
n.
phantom ['fæntəm] spø-
kelse *n;* fantasifoster *n;*
fantom *n.*
pharmacy ['fa:məsi] far-
masi *n;* apotek *n.*
pheasant ['feznt] fasan *c.*
phenomenon [fi'nɔminən]
pl ~ **a,** fenomen *n.*
phial ['faiəl] (medisin)flas-
ke *c.*
philanthropist [fi'lænθrə-
pist] menneskevenn *c;*
filantrop *c.*
philatelist [fi'lætəlist] fri-
merkesamler *c;* ~ **y** fila-
teli *c.*

philological [filə'lɔdʒikl] filologisk; ~**y** [fi'lɔ-] filologi *c*.

philosopher [fi'lɔsəfə] filosof *c;* ~**y**, filosofi *c*.

phlegm [flem] slim *n;* flegma *n,* sinnsro *c;* ~**atic** [fleg'mætik] flegmatisk; flegmatiker.

phone [foun] *dt* telefon *c;* telefonere; ~**tic,** fonetisk; ~**tics,** fonetikk *c;* lydlære *c;* ~**tist,** fonetiker *c*.

phoney [founi] humbug *c;* juks *n;* forloren.

photo(graph) [foutou, 'foutəgraːf] fotografi *n*.

photograph, fotografere; ~**er** [fə'tɔgrəfə] fotograf *c;* ~**y,** fotografi *n*.

phrase [freiz] frase *c;* talemåte *c;* uttrykk(e) *n*.

physics ['fiziks] fysikk *c;* ~**al,** fysisk; legemlig; ~**ian** [fi'ziʃn] lege; ~**ist** ['fizisist] fysiker *c*.

physique [fi'ziːk] legemsbygning *c*.

piano ['pjænou] piano *n;* **grand** ~, flygel *n*.

pick, hakke; velge; pirke i; plukke; ~, *s* hakke *c;* (ut)valg *n;* ~ **and choose,** velge og vrake; ~ **up,** ta opp; ta med;

skaffe seg; tilegne seg; ~**axe,** *s* & *v* hakke; ~**ed,** utvalgt.

picket ['pikit] stang *c;* vaktpost *c;* streikevakt *c*.

pickpocket, ['pikpɔkit] lommetyv *c;* ~ **up** ['pikʌp] noe oppsamlet; fremgang *c;* (= **pick-me-up)** hjertestyrker *c;* liten varebil *c;* pickup *c* (på platespiller).

picnic ['piknik] landtur *c;* piknik *c;* dra på landtur.

pictorial [pik'tɔːriəl] maler-, malerisk; illustrert (blad) *n*.

picture ['piktʃə] bilde *n;* maleri *n;* film *c;* **go to the** ~**s,** gå på kino; male; skildre; forestille seg.

picturesque [piktʃə'resk] malerisk.

pie [pai] postei *c;* pai *c;* skjære *c*.

piece [piːs] stykke *n;* lappe; sette sammen; ~ **up,** sette sammen; **a** ~ **of advice,** råd *n;* **in** ~**s,** i stykker; ~**meal,** stykkevis; ~**work,** akkordarbeid *n*.

pier [piə] molo *c,* pir *c*.

pierce [piəs] gjennombore; trenge inn i; ~**ing,**

gjennomborende; gjen-
nomtrengende; skarp,
grell.

piety ['paiəti] fromhet c.

pig, gris c, svin n.

pigeon ['pidʒən] due c;
~ **hole**, hull n (i due-
slag); rom n i hylle, fag;
oppbevare; legge på
hyllen.

pigheaded ['pighedid] stiv-
sinnet; ~ **iron**, råjern n.

pike [paik] spiss c; vei-
bom c; gjedde c.

pile [pail] pæl c; haug c,
stabel c; batteri n; stor
bygning c; **atomic** ~,
atomreaktor c; dt for-
mue c; lo c; ~ **s**, hemor-
roider; ~ **up**, opphope,
dynge opp; belesse.

pilfer ['pilfə] naske;
~ **age**, nasking c.

pilgrim ['pilgrim] pilegrim
c; ~ **age**, pilegrimsferd
c.

pill, pille c.

pillage ['pilidʒ] plyndring
c; plyndre.

pillar ['pilə] pilar c; søyle
c; ~ **-box**, søyleformet
postkasse c.

pillion ['piljən] baksete
(på motorsykkel) n.

pillory ['piləri] gapestokk
c.

pillow ['pilou] (hode)pute
c.

pilot ['pailət] los c; flyger
c, pilot c; lose, føre (fly).

pimp [pimp] hallik c.

pimple ['pimpl] filipens c.

pin (knappe)nål c; stift c;
bolt c; feste med nål(er),
stift(er) c; holde fast.

pincers ['pinsəz] knipe-
tang c.

pinch [pintʃ] knip(ing) n;
klyp(e) n; **at a** ~, i et
knipetak; stjele; huke.

pine [pain] furu c; van-
smekte; ~ **apple**, ananas
c.

pink, nellik c; rosa (far-
ge).

pinnacle ['pinəkl] tind c.

pint [paint] hulmål: 0,57
l.

pioneer [paiə'niə] fore-
gangsmann c; pionér c.

pious ['paiəs] from.

pipe [paip] pipe c; fløyte
c; rør n; pipe, blåse;
~ **line**, rørledning c.

pirate ['pairit] sjørøver c;
pirat c; plagiere.

pistol ['pistl] pistol c.

piston ['pistən] stempel (i
motor) n.

pit, hull n, grav c, grop
c; gruve c, sjakt c; teat
parterre; stille opp imot.

pitch [pitʃ] bek *n;* (tone)-høyde *c,* (skrues) stigning *c;* helling *c;* fast plass *c;* beke; feste (i jorden); slå opp (telt); kaste, kyle; falle, skråne; stampe, duve; ~ **er,** krukke *c;* mugge *c;* ~ **fork,** høygaffel *c.*

pitfall ['pitfɔ:l] fallgrube *c.*

pith [piþ] marg *c.*

pitiful ['pitiful] ynkelig; ~ **iless,** ubarmhjertig; ~ **y,** medlidenhet *c;* medynk *c;* **it is a** ~, det er synd.

pivot ['pivət] (dreie)tapp *c;* akse *c;* midtpunkt *n;* dreie seg **(on** om).

placard ['plæka:d] plakat *c,* oppslag *n;* slå opp plakat(er).

place [pleis] plass *c,* sted *n,* rom *n;* stilling *c,* post *c;* **take** ~, finne sted; plassere, anbringe.

placid ['plæsid] rolig; mild; ~ **ity,** ro *c;* mildhet *c.*

plague [pleig] (bylle)pest *c;* (lande)plage *c.*

plaice [pleis] rødspette *c.*

plaid [plæd] pledd *n.*

plain [plein] tydelig, klar; grei; enkel; ordinær; li-te pen; ærlig, likefrem; ensfarget; flate *c,* slette *c;* ~ **ness,** enkelhet *c;* ~ **-spoken,** likefrem; oppriktig.

plaint [pleint] klage-(skrift) *c (n);* ~ **iff** *jur* saksøker *c;* ~ **ive,** klagende.

plait [pleit] (hår)flette *c;* flette.

plan [plæn] plan *c;* utkast *n;* planlegge.

plane [plein] plan *n,* flate *c;* fly *n;* høvel *c;* platan *c;* plan, flat; jevn; høvle.

plank [plæŋk] planke *c.*

plant [pla:nt] plante *c;* anlegg *n,* fabrikk *c;* (be)-plante.

plaster ['pla:stə] murpuss *c;* kalk *c;* gips *c;* plaster *n;* pusse, gipse; plastre.

plastic ['plæstik] plast *c;* plastisk, bøyelig.

plate [pleit] tallerken *c;* metallplate *c;* sølvtøy *n;* plett(saker) *c.*

platform ['plætfɔ:m] plattform *c;* perrong *c;* talerstol *c;* politisk program *n.*

platinum ['plætinəm] platina *n.*

plausible ['plɔ:zəbl] plausibel.

play [plei] lek(e) c; spill(e) n; skuespill n; spillerom n; ~ (up)on words, lage ordspill; fair ~, ærlig spill n; ~-bill, teaterplakat c; ~ground, lekeplass c; ~ing card, spillkort n; ~mate, lekekamerat c; ~wright, skuespillforfatter(-inne) c (c).

plea [pli:] jur anklagedes påstand c; partsinnlegg n; påskudd n; anmodning c; ~d, tale i retten; ~ ~ guilty, erkjenne seg skyldig; ~der, talsmann c.

pleasant ['pleznt] behagelig; hyggelig; ~ry, spøk c.

please [pli:z] behage; tiltale; tilfredsstille; gjøre til lags; ønske; ~! vær så snill! ~ come in!, vær så god å komme inn!; Yes ~! ja takk! ~ed, tilfreds; ~ing, tiltalende; behagelig; ~ure ['pleʒə] fornøyelse c; glede c; behag n; ønske c.

pleat [pli:t] plisse(re) c; fold(e) c.

pledge [pledʒ] pant n; (høytidelig) løfte n; pantsette; forplikte (seg); skåle.

plentiful ['plentifl] rikelig; ~y, overflod c; rikdom c; ~ of, massevis av.

pliable ['plaiəbl] bøyelig.

pliers ['plaiəz] (nebb)tang c.

plight [plait] (sørgelig) forfatning c.

plod [plɔd] traske; streve.

plot [plɔt] jordstykke n; plan c; intrige c, sammensvergelse c; handling c; planlegge; intrigere.

plough [plau] plog c; pløye.

pluck [plʌk] rive; rykke; plukke; ribbe; rykk n, napp n; mot n; energi c; ~y, kjekk, modig.

plug [plʌg] plugg c, propp c, tapp c; spuns n; støpsel n; plombe c; tilstoppe; sette propp i; plombere; streve.

plum [plʌm] plomme c; rosin c.

plumage ['plu:midʒ] fjærdrakt c.

plumb [plʌm] (bly)lodd n; loddrett; lodde; ~er, rørlegger c.

plump [plʌmp] trinn, lubben; fete; plump!, plumpe; falle.
plunder ['plʌndə] rov *n;* plyndre.
plunge [plʌndʒ] dukke; styrte; kaste seg; stupe; dukk(ing) *c;* styrting *c;* stup *n.*
plural ['pluərəl] flertall *n; ~* **ity**, majoritet *c.*
plus-fours *pl* nikkers *c.*
plush [plʌʃ] plysj *c.*
ply [plai] tråd *c;* bruke flittig; gå i fast rute; forsyne; *~* **wood**, finér *c,* plywood *c.*
p.m. = **post meridiem**, etter middag; **at 4 p.m.**, kl. 16.
pneumonia [njuːˈmounjə] lungebetennelse *c.*
poach [poutʃ] drive ulovlig jakt *el* fiske; pochere (egg); *~* **er**, krypskytter *c.*
pocket ['pɔkit] lomme *c;* stikke i lomma.
pod [pɔd] belg *c,* skolm *c.*
poem ['pouim] dikt *n.*
poet ['pouit] dikter *c; ~* **ic(al)**, poetisk, dikterisk; *~* **ry**, poesi *c;* diktning *c.*
poignant ['pɔinənt] skarp, bitende; intens.

point [pɔint] spiss *c,* odd *c;* odde *c;* punkt *n,* prikk *c;* poeng *n;* side *c,* egenskap *c;* mål *n,* hovedsak *c;* springende punkt *n;* skilletegn *n;* punktum *n;* tidspunkt *n,* øyeblikk *n;* spisse; henvise, (ut)peke; betegne; peke på, fremheve; rette **(at mot); off the** *~,* som ikke angår saken; **be on the** *~* **of,** stå i begrep med, være på nippet til; **to the** *~,* som angår saken; *~* **out,** peke på; *~* **blank,** likefrem, bent ut; *~* **ed,** spiss; poengtert; *~* **er,** viser *c;* pekestokk *c;* vink *n;* pointer *c.*
poise [pɔiz] likevekt *c;* fri, sikker (kropps)holdning *c;* holde i likevekt; balansere.
poison ['pɔizn] gift *c;* forgifte; *~* **ous,** giftig.
poke [pouk] stikke; rote; snuse; dytt(e) *n,* puff(e) *n; ~* **r,** ildraker *c;* poker *c.*
Poland ['poulənd] Polen.
polar ['poulə] pol-, polar-; *~* **bear,** isbjørn *c.*
pole [poul] stang *c,* stake *c;* stolpe *c;* pol *c;* **Pole,** polakk *c.*

police [pə'li:s] politi *n;* ~ **officer,** politibetjent *c.*

policy ['pɔlisi] politikk *c;* fremgangsmåte *c;* polise *c.*

polio(myelitis) ['pouliou-(maiə'laitis)] poliomyelitt *c.*

polish ['pɔliʃ] polering *c;* politur *c;* polerings- *el* pussemiddel *n;* polere.

polite [pə'lait] høflig; ~ **ness,** høflighet *c.*

political [pə'litikl] politisk; ~ **ian** [pɔli'tiʃn] politiker *c;* ~ **s** ['pɔl-] politikk *c.*

poll [poul] avstemning *c;* valg *n;* stemmegivning *c;* **Gallup** ~, gallupundersøkelse *c.*

pollute [pə'l(j)u:t] forurense; ~ **ion,** forurensning *c.*

pomp [pɔmp] pomp *c,* prakt *c;* ~ **ous,** pompøs; praktfull; prangende; høyttravende.

pond [pɔnd] dam *c.*

ponder ['pɔndə] tenke, fundere (**on, over** over); ~ **ous,** vektig; tung.

pony ['pouni] ponni *c.*

poodle ['pu:dl] puddel *c.*

pool [pu:l] dam *c;* pytt *c;* ring *c,* pool *c;* pulje *c;* (**football**) ~ **s,** tipping *c;* slutte seg sammen.

poop [pu:p] *mar* hytte-(dekk) *c (n);* akterdekk *n.*

poor [puə] fattig; stakkars; tarvelig, dårlig; ~ **ly,** dårlig, uvel.

pop [pɔp] knall(e) *n;* fork for popular; ~ **in,** stikke innom; ~ **up,** dukke opp.

pope [poup] pave *c.*

poplar ['pɔplə] poppel *c.*

poppy ['pɔpi] valmue *c.*

populace ['pɔpjuləs] **the** ~, (de brede lag av) befolkningen *c.*

popular ['pɔpjələ] folke-; folkelig; populær; ~ **ity** [-'læ-] popularitet *c;* ~ **ize,** gjøre populær; popularisere.

populate ['pɔpjuleit] befolke; ~ **ion,** befolkning *c.*

porcelain ['pɔ:slin] porselen *n.*

porch [pɔ:tʃ] bislag *n; amr* veranda *c.*

porcupine ['pɔ:kjupain] pinnsvin *n.*

pork [pɔ:k] svinekjøtt *n.*

porous ['pɔ:rəs] porøs.

porridge ['pɔridʒ] (havre)-grøt *c.*

port [pɔːt] havn(eby) c;
babord; portvin c.

portable ['pɔːtəbl] trans-
portabel; ~ **typewriter**,
reiseskrivemaskin c.

portal ['pɔːtl] portal c,
port c.

portend [pɔːˈtend] varsle.

portent ['pɔːtent] (ondt)
varsel n; ~ **ous** [-ˈten-]
illevarslende.

porter ['pɔːtə] portner c;
dørvokter c; portier c;
bærer c.

portfolio [pɔːtˈfouliou]
(dokument)mappe c;
portefølje c.

portion ['pɔːʃn] (an)del c;
arvelodd n; medgift c;
matporsjon c; dele ut.

portliness ['pɔːtlinis] ver-
dighet c; korpulens c;
~ **ly**, verdig; korpulent.

portmanteau [pɔːtˈmæn-
tou] håndkoffert c.

portrait ['pɔːtrit] portrett
n; ~ **ure**, portrettmaling
c.

portray [pɔːˈtrei] avbilde.

Portuguese ['pɔːtʃuˈgiːz]
portugiser c; portugisisk.

pose [pouz] stilling c; po-
situr c; posere; sitte mo-
dell; skape seg; fremset-
te.

posh [pɔʃ] elegant, flott.

position [pəˈziʃn] stilling
c; posisjon c.

positive ['pɔzətiv] positiv;
virkelig; uttrykkelig; be-
stemt; sikker, viss.

possess [pəˈzes] eie; besit-
te; ~ **oneself of**, bemekti-
ge seg; ~ **ed**, besatt
(with av); ~ **ion**, besittel-
se c; eie n; eiendel c;
~ **ive**, eie-, besittelses-;
besettende; ~ **or**, eier c.

possibility [pɔsəˈbiliti] mu-
lighet c; ~ **le**, mulig;
~ **ly**, muligens, kanskje.

post [poust] pæl c; påle c;
stolpe c; post c; stilling
c; embete n; postvesen
n; poste; postere; slå
opp plakat; ~ **age**, por-
to c; ~ **age stamp**, fri-
merke n; ~ **al**, post-;
~ **card**, brevkort n; ~ **er**,
plakat c.

posterior [pɔsˈtiəriə] sene-
re; bakre; bak(ende) c;
~ **ty** [pɔsˈte-] etterslekt c.

posthumous ['pɔstjuməs]
posthum; etterlatt.

postman ['poustmən] post-
bud n; ~ **mark**, post-
stempel n; ~ **-office**,
postkontor n; ~ **box**,
postkasse c; ~ **paid**,
franko, portofri(tt).

postpone [poustˈpoun] ut-

sette; ~ **ment**, utsettelse
c.

posture ['pɔstʃə] stilling *c*,
holdning *c*; positur *c*;
stille, sette; stille seg i
positur.

pot [pɔt] potte *c*; kar *n*;
gryte *c*; kanne *c*; sylte;
salte ned.

potato [pə'teitou] potet *c*.

potency ['poutnsi] kraft *c*,
styrke *c*; potens *c*; ~ **t**,
kraftig, sterk; mektig;
potent; ~ **tial** [pə'tenʃəl]
potensiell, mulig.

potter ['pɔtə] pottemaker
c; keramiker *c*; pusle,
stulle; ~ **y**, keramikk *c*;
pottemakerverksted *n*.

pouch [pautʃ] skinnpose
c; taske *c*; pung *c*; **tobac-
co** ~, tobakkspung *c*.

poultry ['poultri] fjærfe *n*,
høns.

pounce [pauns] slå ned
(lupon på); nedslag *n*;
klo *c*.

pound [paund] pund *n*
(vekt, mynt); innheg-
ning *c*, kve *n*; banke;
støte; hamre.

pour [pɔ:] helle; skjenke;
flomme, hølje (om
regn); ~ **out**, øse ut;
skjenke.

pout [paut] surmule; gei-
p(e) *c*.

poverty ['pɔvəti] fattigdom
c.

powder ['paudə] pulver *n*;
pudder *n*; krutt *n*; pul-
verisere; pudre (seg);
~ **-puff**, pudderkvast *c*.

power ['pauə] makt *c*; ev-
ne *c*; kraft *c*; *mat* potens
c; ~ **ful**, mektig; kraftig,
sterk; ~ **station**, kraft-
stasjon *c*.

practicable ['præktikəbl]
som kan gjennomføres;
brukbar; ~ **l**, praktisk.

practice ['præktis] praksis
c; skikk *c*; øvelse *c*; tre-
ning *c*.

practise ['præktis] prakti-
sere; (ut)øve; øve seg i.

practitioner [præk'tiʃnə]
praktiserende lege *(el
advokat) c*.

praise [preiz] ros(e) *c*.

pram [præm] = **perambu-
lator**, barnevogn *c*.

prance [pra:ns] spankule-
re; steile.

prawn [prɔ:n] (stor) reke
c.

pray [prei] be; bønnfalle;
~ **er** ['præə] bønn *c*;
~ **ers**, andakt *c*.

preach [pri:tʃ] *rel* preke;
~ **er**, predikant *c*.

precarious [pri'kɛəriəs] usikker; prekær; risikabel.

precaution [pri'kɔ:ʃn] forsiktighet(sregel) c.

precede [pri:'si:d] gå forut for; innlede; ~ **nce**, forrang c; ~ **nt** [pri'sidənt] foregående; ['presidənt] presedens c.

precept ['pri:sept] forskrift c.

precious ['preʃəs] kostbar; dyrebar, kostelig; affektert.

precipice ['presipis] stup n; bratt skrent c; ~ **tate**, [pri'sipiteit] stupe, styrte (hodekulls); ~ **tation**, styrt n; hastverk n; nedbør c; ~ **tous**, stupbratt.

précis ['preisi] sammendrag n.

precise [pri'sais] nøyaktig; ~ **ely**, akkurat, helt riktig; ~ **ion**, [pri'siʒn] nøyaktighet c; presisjon c.

preclude [pri'klu:d] utelukke.

precocious [pri'kouʃəs] tidlig utviklet; veslevoksen.

precursor [pri'kə:sə] forløper c; ~ **datory** ['predət(ə)ri] røver-; ~ **decessor** ['pri:disesə] forgjen-

ger c; ~ **destine** [pri:-destin] forutbestemme.

predicament [pri'dikəmənt] forlegenhet c; knipe c.

predict [pri'dikt] spå; ~ **ion**, forutsigelse c.

predominant [pri'dɔminənt] fremherskende; ~ **-eminent**, fremragende.

prefab ['pri:fæb] dt ferdigbygd; ferdighus n; ~ **ricate** [-'fæb-] prefabrikkere.

preface ['prefis] forord n; innlede.

prefer [pri'fə:] foretrekke; forfremme; ~ **able** ['prefərəbl] som er å foretrekke; ~ **ence** ['pre-] forkjærlighet c; forrang c; preferanse c; ~ **ment** [-'fə:-] forfremmelse c.

pregnant ['pregnənt] gravid.

prejudice ['predʒudis] fordom c; skade c; gjøre forutinntatt, skade; ~ **ial** [-'di-] skadelig.

preliminaries [pri'liminəriz] innledende skritt n; ~ **y**, foreløpig, innledende.

premature [premə'tjuə] (alt)for tidlig; forhastet.

premediated [pri'mediteitid] overlagt; forsettlig.

premier ['premjə] først; førsteminister c; statsminister c.

premise ['premis] premiss(e) c (n); forutsetning c; ~s, eiendom c; (forretnings)lokale n; on the ~s, på stedet.

premium ['pri:mjəm] premie c; belønning c; bonus c.

preoccupied [pri'ɔkjupaid] åndsfraværende; opptatt.

preparation [prepə'reiʃn] forberedelse c; ~atory [-'pær-] forberedende; ~e [pri'pɛə] forberede; tilberede.

prepay ['pri:'pei] betale i forveien; frankere.

preponderant [pri'pɔndərənt] fremherskende; overveiende.

prepossess [pri:pə'zes] forut-innta; gjøre gunstig stemt for; ~ing, tiltalende.

preposterous [pri'pɔstrəs] meningsløs; absurd.

prescribe [pri'skraib] foreskrive, ordinere; ~ption, resept c.

presence ['prezns] nærvær n; ~t, nærværende; tilstede(værende); nåværende; foreliggende; nåtid c; gave c, presang c; [pri'zent] forestille; presentere; - fremsette; fremstille; overlevere, gi; ~tation, presentasjon c; overlevering c; ~timent, forutanelse c; ~tly, snart (etter).

preservation [prəzə'veiʃn] bevaring c; vedlikehold n; hermetisering c; ~e, bevare; frede; nedlegge (hermetisk), sylte; ~es, syltetøy n; hermetisk mat.

preside [pri'zaid] innta forsetet, presidere.

president ['prezidənt] president c; formann (i forening o.l.) c; amr direktør c.

press, presse c; trengsel c, trykk n, jag n, press n; (linnet)skap n; presse, trykke; trenge på; nøde; ~ing, presserende; ~ure, trykk n; press n.

prestige [pres'ti:ʒ] prestisje c.

presume [pri'zju:m] anta; formode; våge.

presumption [pri'sʌmpʃn] antagelse c, formodning

c; anmasselse c; dristighet c.

pretence [pri'tens] foregivende n, påskudd n; ~ **d to,** foregi; late som om; gjøre krav på; ~ **sion,** foregivende n; krav n, fordring c **(to på).**

pretext ['pri:tekst] påskudd n.

pretty ['priti] pen; temmelig.

prevail [pri'veil] få overhånd, seire; herske, råde; ~ **on,** overtale til.

prevalent ['prevələnt] (frem)herskende; rådende.

prevent [pri'vent] hindre; forebygge; ~ **ion,** (for)-hindring c; forebygging c; ~ **ive,** forebyggende.

previous ['pri:vjəs] foregående; tidligere; ~ **to,** før; ~ **ly,** før, tidligere.

pre-war ['pri:'wɔ:] førkrigs-.

prey [prey] bytte n, rov n; **bird of** ~, rovfugl c; ~ **(up)on,** jage; plyndre; gnage, tære.

price [prais] pris c; verdi c; prise.

prick, stikk n; brodd c, spiss c; prikke; stikke (hull i); ~ **ly,** pigget, tornet.

pride [praid] stolthet c; ~ **oneself on,** rose seg av.

priest [pri:st] geistlig; (katolsk) prest c.

prig, innbilsk narr c; pedant c; ~ **gish,** pedantisk; narraktig.

prim, prippen, snerpet.

primacy ['praiməsi] forrang c; ledende stilling c; ~ **ary,** primær, grunn-; hoved-; ~ ~ **school,** grunnskole c.

prime [praim] først; opprinnelig; hoved-; blomstring c; ungdomskraft c; ~ **r,** abc-bok c.

primitive ['primitiv] primitiv; ur-; enkel.

prince [prins] prins c; fyrste c; ~ **ly,** fyrstelig; ~ **ss,** prinsesse c; fyrstinne c.

principal ['prinsəpl] hoved-; viktigst; hovedperson c; rektor c; sjef c; kapital c, hovedsum c; ~ **ity** [-'pæliti] fyrstedømme n.

principle ['prinsəpl] grunnsetning c, prinsipp n.

print, trykk; preg n; prent c; trykt skrift n; *fotogr* kopi c; avtrykk n; trykke; kopiere; utgi; ~ **er,** boktrykker c.

printing ['printiŋ] trykking c; boktrykk n; ~ **office,** ~ **plant,** (bok)trykkeri n; ~-**press,** trykkpresse c.

prior ['praiə] tidligere **(to** enn); prior; ~ **ity,** [prai'ɔriti] fortrinn n, prioritet c; forkjørsrett c.

prison ['prizn] fengsel n; ~ **er,** fange c.

privacy ['privəsi, 'praivəsi] avsondring c; ensomhet c, ro c; **in** ~, i enrom, under fire øyne; ~ **te** ['praivit] privat; personlig; alene; fortrolig; mil menig c; **in** ~, i fortrolighet; ~ **tion** [prai'veiʃn] savn c; mangel c.

privilege ['privilidʒ] privilegium n; privilegere.

prize [praiz] premie c; pris c; prise, vurdere, skatte; ~ **up** (el open), bryte opp.

pro [prou] for-; ~ **s and cons,** argumenter for og imot; dt profesjonell c.

probability [probə'biliti] sannsynlighet c; ~ **le,** sannsynlig.

probation [prə'beiʃn] prøve c; prøvetid c.

probe [proub] sonde(ring) c; sondere; undersøke.

problem ['prɔbləm] problem n; (regne)oppgave c.

procedure [prə'si:dʒə] prosedyre c; fremgangsmåte c.

proceed [prə'si:d] gå fremover; dra videre; fortsette; gå til verks; skrive seg **(from** fra); anlegge sak **(against** mot); ~ **ing,** fremgangsmåte c; ~ **ings,** rettergang c; ~ **s** ['prousi:dz] vinning c; utbytte n.

process ['prouses] prosess c; metode c; bearbeide; ~ **ion** [prə'seʃn] prosesjon c;

proclaim [prə'kleim] bekjentgjøre; proklamere; ~ **mation,** bekjentgjørelse c.

procuration [prɔkju'reiʃn] fullmakt c; prokura c; ~ **e,** skaffe, få tak i; ~ **ement,** fremskaffing c.

prod [prɔd] stikke; anspore; stikk n; piggstav c.

prodigal ['prɔdigl] ødsel; ødeland c.

prodigious [prə'didʒəs] forbausende; veldig, uhyre; ~ **y** ['prɔdidʒi] vidunder n; uhyre c.

produce [prə'dju:s] frem-

bringe; produsere; ta *(el
legge)* fram; (la) oppføre, iscenesette; ['prɔ-]
produkter; avling *c;* ~ **r**,
produsent *c;* regissør *c.*

product ['prɔdəkt] produkt
n; ~ **ion** [prə'dʌkʃn] produksjon *c;* forevisning *c;*
~ **ive**, produktiv; fruktbar.

profane [prə'fein] profan;
verdslig; uinnvidd; bespottelig; profanere;
~ **ity**, bespottelse *c;* banning *c.*

profess [prə'fes] erklære;
påstå; bekjenne seg til;
utøve (yrke); ~ **ion**, yrke
n; profesjon *c;* bekjennelse *c;* ~ **ional**, yrkesmessig; profesjonell *c.*

proffer ['prɔfə] tilby; tilbud *c.*

proficiency [prə'fiʃnsi]
dyktighet *c;* ferdighet *c;*
~ **t**, dyktig; sakkyndig.

profit ['prɔfit] fordel *c;*
nytte *c;* fortjeneste *c;*
gagne; nytte; ~ **able**,
nyttig; lønnsom; innbringende; ~ **eer**, profitør *c;* drive som profitør.

profligate ['prɔfligit] ryggesløs; lastefull.

profound [prə'faund]
dyp(sindig).

profuse [prə'fjuːs] rikelig;
ødsel; overstrømmende;
~ **ion**, overdådighet *c.*

progress ['prougres] fremgang *c;* fremrykking *c;*
fremskritt *n;* utvikling *c;*
vekst *c;* [prə'-] avansere;
gjøre fremskritt; ~ **ion**,
det å gå fremover; progresjon *c;* ~ **ive**, progressiv; tiltagende; fremskrittsvennlig.

prohibit [prə'hibit] forby;
hindre; ~ **ion** [proui-
'biʃn] (innførsels-, alkohol-)forbud *n;* ~ **ive**,
prohibitiv; urimelig
(pris).

project ['prɔdʒekt] plan *c;*
prosjekt *n;* [prə-] fremkaste; planlegge; tenke
på; rage, stikke fram;
~ **ion**, fremspring *n;*
planlegging *c.*

prolific [prə'lifik] fruktbar.

prologue ['proulɔg] prolog
c.

prolong [prə'lɔŋ] forlenge.
promenade [prɔmi'naːd]
spasertur *c;* spasere;
promenere.

prominent ['prɔminənt]
fremstående.

promise ['prɔmis] love;
løfte *n;* ~ **ing**, lovende.

promote [prə'mout] fremme; forfremme; **~ion**, (frem)hjelp c, støtte c; forfremmelse c; **sales ~**, salgsfremmende tiltak.

prompt [prɔmpt] hurtig; villig, prompt; tilskynde.

prone [proun] utstrakt (på magen); **~ to**, tilbøyelig til.

pronoun ['prounaun] pronomen n.

pronounce [prə'nauns] uttale; erklære; uttale seg.

pronunciation [prənʌnsi'eiʃn] uttale c.

proof [pru:f] prøve c; bevis n; prøvebilde n; korrektur c; -fast, -trygg, -sikker (i sammensetninger).

prop [prɔp] støtte(bjelke) c; **~ (up)**, støtte opp, avstive.

propagate ['prɔpəgeit] forplante (seg); utbre, spre; **~ion**, forplantning c; utbredelse c, spredning c.

propel [prə'pel] drive fram; **~ler**, propell c.

propensity [prə'pensiti] hang; tilbøyelighet c.

proper ['prɔpə] rett, riktig; (sær)egen; eiendommelig; egentlig; passende; **~ty**, eiendom c; gods n; formue c; egenskap c.

prophecy ['prɔfisi] spådom c; profeti n; **~sy** ['-sai] spå, profetere; **~t(ess)**, profet(inne) c; **~tic(al)**, [prə'fetikl], profetisk.

proportion [prə'pɔ:ʃn] forhold n; proporsjon c; (an)del c; **~al**, **~ate**, forholdsmessig.

proposal [prə'pouzl] forslag n; frieri n; **~e**, foreslå; ha i sinne, ha til hensikt; fri **(to** til); **~ition**, forslag n; erklæring c; dt sak c.

proprietor [prə'praiətə] eier c; **~ty**, riktighet c; anstendighet c.

propulsion [prə'pʌlʃn] fremdrift c.

prose [prouz] prosa c.

prosecute ['prɔsikju:t] følge opp; anklage, sette under tiltale; **~ion** [-'kju-] (straffe)forfølgelse c; søksmål n.

prospect ['prɔspekt] utsikt c; (fremtids)mulighet c; **~ive** [-'spek-] fremtidig; eventuell.

prosper ['prɔspə] trives; ha hell med seg; **~ity** [prɔs'periti] hell n, fremgang *c;* velstand *c;* ~ **ous** ['prɔs-] heldig; velstående.

prostitute ['prɔstitjuːt] prostituert; prostituere.

prostrate ['prɔstreit] utstrakt (på magen); nedbrutt; [prɔ'streit] kaste over ende; ødelegge.

protect [prə'tekt] beskytte; ~ **ion,** beskyttelse *c;* ~ **or,** beskytter *c.*

protest ['proutest] protest *c;* innvending *c;* [prɔ'-] hevde; fremholde; protestere; ~ **ant** ['prɔtistənt] protestant *c* (isk).

proud [praud] stolt, kry.

provable ['pruːvəbl] bevislig; ~ **e,** bevise; påvise; prøve; vise seg å være.

proverb ['prɔvə(ː)b] ordspråk *n;* ~ **ial** [-'və:-] ordspråklig.

provide [prə'vaid] sørge for; besørge; skaffe, forsyne (**with** med); foreskrive; ~ **d (that),** forutsatt at.

providence ['prɔvidəns] forsyn *n;* forutseenhet *c;* ~ **t,** omtenksom; forutseende.

province ['prɔvins] provins *c;* (virke)felt *n.*

provision [prə'viʒn] anskaffelse *c;* forholdsregel *c;* forsyning *c;* underhold *n; jur* bestemmelse *c;* ~ **s,** proviant *c;* ~ **al,** foreløpig.

provocation [prɔvə'keiʃn] utfordring *c;* provokasjon *c;* ergrelse; ~ **ive** [-'vɔk-] utfordrende.

provoke [prə'vouk] provosere; utfordre; irritere.

prow [prau] baug *c,* forstavn *c*

prowl [praul] luske omkring.

proxy ['prɔksi] fullmakt *c;* fullmektig *c;* stedfortreder *c.*

prude [pruːd] snerpe *c.*

prudence ['pruːdns] klokskap *c;* forsiktighet *c;* ~ **t,** klok; forsiktig.

prudery ['pruːdəri] snerpethet *c;* ~ **ish,** snerpet.

prune [pruːn] sviske *c;* beskjære (tær o.l.).

pry [prai] speide; ~ **into,** snuse i.

P.S. = postscript, etterskrift *c.*

psalm [saːm] salme *c, (især* en av Davids salmer).

psychiatrist [sai'kaiətrist] psykiater *c;* ~ **y,** psykiatri *c.*

psychological [saikə'lɔ-
dʒikl] psykologisk;
~**ist,** psykolog c; ~**y,**
psykologi c.
ptarmigan ['ta:migən]
fjellrype c.
pub [pʌb] = **public house,**
kro c, vertshus n.
puberty ['pju:bəti] puber-
tet c.
public ['pʌblik] offentlig;
felles; allmenn; offent-
lighet c; publikum n; ~
house, kro c, vertshus n;
~ **school,** eng. privat
universitetsforberedende
internatskole c; amr of-
fentlig skole; ~**ation,**
offentliggjørelse c; utgi-
velse c; skrift n; ~**ity**
[-'lisiti] offentlighet c;
publisitet c; reklame c.
publish ['pʌbliʃ] bekjent-
gjøre; utgi, forlegge;
~**er,** forlegger c; ~**ing
house,** (bok)forlag n.
pudding ['pudiŋ] pudding
c.
puff [pʌf] blaff n; vind-
pust n; gufs n; drag n;
pudderkvast c; ublu re-
klame c; puste, blåse;
blaffe; pese; blåse opp;
oppreklamere.
pug [pʌg] mops c.
pull [pul] trekking c, ha-

ling c; drag n; rykk n;
trekke, dra, hale; rive;
rykke; ruske; ro; ~
down, rive ned; ~ **off,**
få i stand, klare; ~ **one-
self together,** ta seg sam-
men; ~ **through,** greie
seg gjennom (sykdom);
~ **up,** bremse, stanse.
pulley ['puli] rulle c, trinse
c.
pulp [pʌlp] bløt masse c;
fruktkjøtt n; papirmasse
c; forvandle el bli til
bløt masse.
pulpit ['pulpit] prekestol
c.
pulpy ['pʌlpi] kjøttfull;
bløt.
pulsate ['pʌlseit] pulsere;
~**e,** puls(slag) c (n);
banke, slå.
pump [pʌmp] pumpe;
lense; pumpe c; danse-
sko c; ~**kin,** gresskar n.
pun [pʌn] (lage) ordspill
n.
punch [pʌntʃ] lage hull i;
slå; dor c; neveslag n;
punsj c.
punctual ['pʌŋktjuəl]
punktlig.
punctuate ['pʌŋktjueit]
sette skilletegn c; ~**ion**
[-'ei] tegnsetning c.

puncture ['pʌŋktʃə] punktering c; punktere.

pungent ['pʌndʒənt] skarp, gjennomtrengende (om smak, lukt).

punish ['pʌniʃ] straffe; ~ **able,** straffbar; ~ **ment,** straff c.

pupil ['pju:pl] elev c; pupill c.

puppet ['pʌpit] dukke c; marionett c.

puppy ['pʌpi] valp c; laps c, jypling c.

purchase ['pə:tʃəs] (inn)-kjøp n; anskaffelse c; kjøpe; erverve; ~ **er,** kjøper c.

pure [pjuə] rein, pur.

purely ['pjuəli] rent, ute-lukkende.

purgative ['pə:gətiv] avfø-ringsmiddel n.

purge [pə:dʒ] rense; fjer-ne; ta avføringsmiddel; utrensing c (ogs. pol).

purify ['pjuərifai] rense; ~ **ity,** renhet c.

purple ['pə:pl] purpur n.

purpose ['pə:pəs] hensikt c; forsett n; formål n; ha til hensikt; akte; **on** ~, med hensikt; **to the** ~, saken vedkommende; ~ **ful,** målbevisst;

~ **less,** formålsløs; ~ **ly,** med hensikt.

purr [pə:] male (om katt).

purse [pə:s] (penge)pung c; (hånd)veske c; pen-ger, midler.

pursuance [pə'sju:əns], **in** ~ **of,** ifølge; ~ **e,** forføl-ge; strebe etter; drive med; fortsette; ~ **it,** [pə'sju:t] forfølgelse c; streben c (**of** etter); beskjeftigelse c.

purvey [pə'vei] skaffe; le-vere; ~ **or,** leverandør c.

push [puʃ] støt(e) n, skubb(e) n, puff(e) n (til); pågåenhet c; drive fram; oppreklamere; ~ **-but-ton,** elektr trykk(knapp) c; ~ **ful,** ~ **ing,** foretak-som; påtrengende.

put [put] sette; stille; leg-ge; putte; stikke; uttryk-ke; fremsette (spørs-mål); **to** ~ **it mildly,** mildest talt; ~ **aside,** legge til side; ~ **away,** legge til side; spare; ~ **back,** legge tilbake; stil-le tilbake (klokke); ~ **by,** legge til side; ~ **down,** legge fra seg; skri-ve ned, notere; under-trykke, kue; døyve; ~ **forth,** fremsette; sende ut; utgi; ~ **forward,** fremsette; stille fram (ur); ~ **in,** legge inn; skyte inn; komme fram med; ~ **off,** skyve til side; legge vekk (klær); kaste; oppsette, utsette; støte bort; ~ **on,** ta på (seg); sette på; ~ **out,** legge ut; sette ut; sette fram; slokke; ~ **through,** sette igjennom; sette i telefonforbindelse med; ~ **up,** slå opp; legge vekk; gi husly; ~ **up at,** ta inn på (hotell); ~ **up with,** finne seg i.

putrefaction [pju:tri-'fækʃn] forråtnelse c; ~**efy** ['-fai] (for)råtne; ~**id** ['-id] råtten.

putty ['pʌti] kitt n; kitte.

puzzle ['pʌzl] gåte c; puslespill n; problem n; rådløshet c; forvirre; volde hodebry; spekulere; ~**d,** uforstående; rådvill.

pyjamas [pə'dʒa:məz] pyjamas c; nattdrakt c.

pylon ['pailən] ledningsmast c.

Pyrenees [piri'ni:z], **the** ~, Pyreneene.

Q

quack [kwæk] kvekke; kvekking c; kvaksalver c.

quadrangle ['kwɔdræŋgl] firkant c; firkantet gårdsplass c el skolegård c.

quail [kweil] vaktel c; bli redd.

quaint [kweint] eiendommelig; pussig; underlig.

quake [kweik] riste, skjelve **(with, for** av); skjelving c; rystelse c; ~**r,** kveker c.

qualification [kwɔlifi-'keiʃn] kvalifikasjon c; forutsetning c; innskrenkning c; ~**fy,** gjøre skikket, kvalifisere (seg); modifisere, avdempe; ~**ty,** egenskap c; kvalitet c.

quantity ['kwɔntiti] mengde c.

quarrel ['kwɔrəl] strid c, trette c; kjekle; ~**some,** trettekjær.

quarry ['kwɔri] steinbrudd

n; bytte *n,* rov *n;* bryte (stein).

quart [kwɔ:t] 1,136 liter.

quarter ['kwɔ:tə] fjerdedel *c;* kvarter *n;* kvartal *n;* egn *c,* strøk *n;* bydel *c;* fjerding *c* (fjerdepart av slaktet dyr); nåde *c; mål:* 2,9 hl *c,* ¹/₄ eng. favn *c;* ¹/₄ yard *c;* 12,7 kg *n;* dele i fire; parte-re; innkvartere; ~**s,** kvarter *n;* losji *n;* ~**ly,** fjerdedels-; kvartals-; ~**master,** kvartermester *c.*

quaver ['kweivə] skjelve; vibrere.

quay [ki:] kai *c;* brygge *c.*

queen [kwi:n] dronning *c.*

queer [kwiə] merkelig; rar; spolere.

quell [kwel] dempe; undertrykke.

quench [kwenʃ] slokke; undertrykke.

query ['kwiəri] spørsmål *n.*

question ['kwestʃən] spørsmål *n;* problem *n;* sak *c;* tvil *c;* (ut)spørre; tvile på; **ask a person a** ~**, put a** ~ **to a person,** stille noen et spørsmål; **the person in** ~, vedkommende; ~**able,** tvil-

som; ~**naire,** spørre-skjema *n.*

queue [kju:] kø *c;* hårpisk *c;* ~ **(up),** stille seg kø.

quibble ['kwibl] ordspill *n;* spissfindighet *c.*

quick [kwik] hurtig; snar; gløgg; fin; fremskynde; skarp; levende kjøtt *n;* ømt punkt *n;* ~**en,** kvikne til; ~**ness,** livlighet *c;* raskhet *c;* skarphet *c;* ~**sand,** kvikksand *c;* ~**silver,** kvikksølv *n.*

quid [kwid] *dt* pund (sterling) *n.*

quiet ['kwaiət] rolig; stille; ro *c;* berolige; ~**ness,** ~**ude,** ro; stillhet *c.*

quilt [kwilt] vatteppe *n;* vattere; stoppe.

quinine [kwi'ni:n] kinin.

quirk [kwə:k] særhet *c;* innfall *n.*

quit [kwit] forlate; oppgi; fri **(of** fra), kvitt.

quite [kwait] ganske; fullstendig; ~ **(so)!,** helt riktig!

quiver ['kwivə] sitring *c;* kogger *n;* sitre; beve.

quiz [kwiz] spørre ut; spørrekonkurranse *c.*

quota ['kwoutə] kvote *c;* andel *c.*

quotation [kwou'teiʃn] si-
tat *n;* prisnotering *c; ~*
marks, anførselstegn *n.*

quote [kwout] anføre, si-
tere; notere **(at** til).

R

rabbi ['ræbai] rabbiner *c.*
rabbit ['ræbit] kanin *c.*
rabble ['ræbl] pøbel(hop)
  c.
rabid ['ræbid] rasende;
  gal.
race [reis] rase *c,* slekt *c;*
  veddeløp *n;* kappseilas,
  -roing *c;* sterk strøm *c;*
  (kapp)løpe; ile; jage;
  ~ **-course,** veddeløpsba-
  ne *c; ~* **-horse,** vedde-
  løpshest *c; ~* **r,** vedde-
  løpshest *c;* racer(-bil,
  -båt); renndeltaker *c.*
racial ['reiʃl] rase-.
racing ['reisiŋ] vedde-
  løp(s-).
rack [ræk] pinebenk *c;*
  hylle *c;* stativ *n;* baga-
  sjenett *n* **(luggage** *~* **);**
  høyhekk *c;* strekke; an-
  spenne; pine.
racket ['rækit] tennisrac-
  ket *c;* larm *c,* uro *c;*
  svindelforetagende *n;*
  pengeutpressing *c;*
  ~ **eer,** svindler *c;* pen-
  geutpresser *c.*

radar ['reida:] (set), radar
  c (utstyr).
radiant ['reidiənt] strålen-
  de; *~* **te,** utstråle;
  ~ **tion,** utstråling *c;*
  ~ **tor,** radiator *c* (til
  oppvarming); kjøler *c* (i
  bil).
radical ['rædikl] rot-; ra-
  dikal.
radio ['reidiou] radio(ap-
  parat) *c (n);* radiotele-
  grafere; *~* **active,** radio-
  aktiv; *~* **gram,** radiotele-
  gram *n;* røntgenbilde *n;*
  ~ **graph,** røntgenbilde *n;*
  ~ **scopy,** gjennomlys-
  ning *c* med røntgenstrå-
  ler.
radish ['rædiʃ] reddik *c.*
raffle ['ræfl] tombola *c.*
raft [ra:ft] (tømmer)flåte
  c; fløte.
ræg [ræg] fille *c;* klut *c;*
  lapp *c.*
rage [reidʒ] raseri *n;* li-
  denskap *c* **(for** for); ra-
  se.

ragged ['rægid] fillet; ujevn.

raid [reid] overfall *n;* streiftog *n;* overfalle; plyndre.

rail [reil] *jernb* skinne; rekkverk *n;* gjerdestav *c;* sette opp gjerde; ~ **ing,** gelender *n;* stakitt *n;* ~ **way,** *amr* ~ **road,** jernbane *c.*

rain [rein] regn(e) *n;* ~ **bow,** regnbue; ~ **coat,** regnfrakk *c,* -kappe *c;* ~ **y,** regnfull, regn-.

raise [reiz] heve; løfte; reise; sette opp; forhøye; vekke; oppvigle; ta opp (lån); oppfostre; dyrke; *is amr* (lønns)- forhøyelse *c.*

raisin ['reizn] rosin *c.*

rake [reik] rive *c,* rake *c;* libertiner *c;* rake; ransake.

rally ['ræli] samle (seg); komme til krefter; småærte; samling *c;* stevne *c.*

ram [ræm] vær *c;* saubukk *c;* rambukk *c;* drive, støte, ramme **(into** inn i).

ramble ['ræmbl] streife om; fantasere; spasertur *c.*

ramify ['ræmifai] forgreine seg.

ramp [ræmp] rampe *c;* skråning *c;* storme.

rampant ['ræmpənt] frodig; tøylesløs.

ranch [ra:n(t)ʃ] *amr* [ræ:n(t)ʃ] *amr* kvegfarm *c.*

rancid ['rænsid] harsk, ram.

random ['rændəm] tilfeldig; **at** ~, på måfå.

range [reindʒ] rekke *c;* (fjell)kjede *c;* område *n,* sfære *c,* spillerom *n;* skuddvidde *c;* komfyr *c;* ordne; stille opp; streife om; rekke; variere, veksle.

rank [ræŋk] rekke *c;* geledd *n;* rang *c,* grad *c;* rangere; yppig, frodig; illeluktende.

rankle ['ræŋkl] nage.

ransack ['rænsæk] ransake.

ransom ['rænsəm] løsepenger; løskjøping *c;* løskjøpe.

rant [rænt] bruke floskler; buldre og bråke; fraser.

rap [ræp] rapp *n;* smekk *n;* banking *c;* banke, slå.

rape [reip] voldtekt *c;* voldta.

rapid ['ræpid] hurtig; rivende; stri; ~ **s,** elvestryk *n;* ~ **ity** [-'pid-] hurtighet *c.*

rapt [ræpt] henrykt; ~ **ure,** henrykkelse *c.*

rare [reə] sjelden; tynn; *amr* rå, lite stekt; ~ **ify,** fortynne(s); forfine; ~ **eness,** ~ **ity,** sjeldenhet *c.*

rascal ['ra:skl] skurk *c,* slyngel *c.*

rash [ræ ʃ] utslett *n;* overilt.

rasher ['ræ ʃə] (tynn) baconskive *c.*

rasp [ra:sp] rasp *c* (e).

raspberry ['ra:zbəri] bringebær *n.*

rat [ræt] rotte *c.*

rate [reit] forhold *n;* (rente)sats *c;* takst *c,* pris *c;* rate *c;* kommuneskatt *c;* hastighet *c;* ~ **of exchange,** valutakurs *c;* **at any** ~, i hvert fall; verdsette, taksere (**at** til); skjelle ut.

rather ['ra:ðə] heller, snarere; nokså; temmelig.

ration ['ræ ʃn] rasjon *c* - (-ere).

rational ['ræ ʃnəl] fornuftig.

rattle ['rætl] klapre; rasle; ~ **snake,** klapperslange *c.*

raucous ['rɔ:kəs] hes.

ravage ['rævidʒ] herje; ødelegge; hærverk *n.*

rave [reiv] tale i ørske; rase.

raven ['reivn] ravn *c;* ['rævn] plyndre; ~ **ous** ['rævinəs] skrubbsulten.

ravine [rə'vi:n] kløft *c,* juv *n.*

ravish ['ræviʃ] rane; henrykke; voldta; ~ **ing,** henrivende.

raw [rɔ:] rå; grov; umoden; uerfaren; hudløs, sår.

ray [rei] (lys)stråle *c.*

rayon ['reiɔn] kunstsilke *c.*

raze [reiz] rasere; ~ **or,** barberhøvel, -maskin, -kniv *c.*

re angående.

reach [ri:tʃ] rekke; strekke; nå; rekkevidde *c;* strekning *c.*

react [ri'ækt] reagere; ~ **ion,** reaksjon *c;* tilbakevirkning *c;* ~ **ionary,** reaksjonær.

read [ri:d] lese; tyde; studere; lyde; ~ **er,** leser *c;* foreleser *c;* korrekturleser *c;* lesebok *c.*

readily ['redili] beredvillig; gjerne; ~ **ness**, beredthet c.

reading ['ri:diŋ] lektyre c; (opp)lesning c; oppfatning c; ~ **-room**, lesesal c, -værelse n.

readjust ['ri:ə'dʒʌst] revidere; endre.

ready ['redi] ferdig; parat; beredt; beredvillig; for hånden; kvikk.

real ['riəl] virkelig; faktisk; ekte; ~ **property** el ~ **estate**, fast eiendom c; ~ **ity** [ri'æliti], virkelighet c.

realization [riəlai'zeiʃn] virkeliggjørelse c; realisasjon c, salg n; ~ **e** ['riəlaiz] virkeliggjøre; realisere; bli klar over; innse; selge; tjene.

really ['riəli] virkelig.

realm [relm] (konge)rike n.

reap [ri:p] skjære; høste; ~ **er**, skurkar c; slåmaskin c.

reappear ['ri:əpiə] komme til syne igjen; utkomme på nytt.

rear [riə] reise; oppføre; oppfostre; steile; bakerste del c; bakside c; baktropp c; bak-.

rearrange ['ri:ə'reindʒ] ordne på ny; omarbeide.

reason ['ri:zn] grunn c; årsak c; fornuft c; forstand c; resonnere; tenke; **by ~ of**, på grunn av; ~ **able**, fornuftig; rimelig, moderat.

reassemble ['ri:ə'sembl] samle (seg) igjen; ~ **ure**, berolige; gjenforsikre.

rebate ['ri:beit] rabatt c; avslag n.

rebel ['rebl] opprører c; [ri'bel] gjøre opprør **(against** mot); ~ **lion**, opprør n; ~ **lious**, opprørsk.

rebuild ['ri:'bild] gjenoppbygge; ombygge.

rebuke [ri'bju:k] irettesette(lse c).

recall [ri'kɔ:l] tilbakekalle(lse c); fremkalle(lse c); minnes; huske.

recede [ri'si:d] vike; gå tilbake.

receipt [ri'si:t] mottagelse c; kvittering c; matoppskrift c; kvittere; ~ **s**, inntekter.

receive [ri'si:v] motta; få; oppta; ~ **er**, mottaker(apparat) c (n); (bl.a. i radio); mikrofon c; (høre)rør n (på telefon).

recent ['ri:snt] ny; fersk; ~ **ly**, nylig; i det siste.

reception [ri'sepʃn] mottagelse *c;* opptak *c.*

receptive [ri'septiv] mottakelig.

recess [ri'ses] fordypning *c;* nisje *c,* krok *c;* pause *c;* ~ **ion,** tilbaketrekning *c;* lavkonjunktur *c.*

recipe ['resipi] oppskrift *c.*

recipient [ri'sipiənt] mottaker *c.*

reciprocal [ri'siprəkl] gjensidig; ~ **te,** gjøre gjengjeld.

recital [ri'saitl] opplesning *c;* foredrag *n;* konsert *c;* beretning *c;* ~ **e,** si fram; foredra; deklamere; berette.

reckless ['reklis] uvøren; skjødesløs; hensynsløs.

reckon ['rekn] (be)regne; talle; anse for; anta; ~ **up,** regne sammen; ~ **ing,** (be)regning *c.*

reclaim [ri'kleim] vinne tilbake; forbedre; tørrlegge.

reclamation [reklə'meiʃn] gjenvinning *c;* tørrlegging *c.*

recognition [rekəg'niʃn] (an)erkjennelse *c;* gjenkjennelse *c;* ~ **ze** ['rekəg-**naiz**] (an)erkjenne; gjenkjenne.

recoil [ri'kɔil] rekyl *c;* tilbakeslag *n;* vike *(el* springe) tilbake.

recollect [rekə'lekt] huske; minnes; ~ **ion,** erindring *c.*

recommend [rekə'mend] anbefale; ~ **ation,** anbefaling *c.*

recompense ['rekəmpens] erstatning *c;* belønning *c;* belønne; erstatte.

reconcile ['rekənsail] forsone; bilegge; ~ **iation** [-sili'eiʃn] forsoning *c.*

reconstruct ['ri:kən'strʌkt] gjenoppbygge; bygge om.

record ['rekɔ:d] rekord *c;* opptegnelse, dokument *c;* grammofonplate *c;* protokoll *c;* [ri'-] skrive ned; protokollere; ta opp (på plate *el* bånd).

recover [ri'kʌvə] få tilbake; gjenvinne; komme seg; ~ **y,** gjenervervelse *c;* bedring *c.*

recreate ['rekrieit] kvikke opp; atsprede; ~ **ion,** atspredelse *c;* rekreasjon *c;* friminutt *n.*

recruit [ri'kru:t] rekrutt(ere) *c;* verve.

rectify ['rektifai] beriktige.

rector ['rektə] sogneprest c; rektor c (ved visse skoler); ~ y, prestegård c.

recuperate [ri'kju:pəreit] komme til krefter; gjenvinne helsen.

recur [ri'kə:] komme igjen; skje igjen; ~ **rence**, tilbakevending c; gjentagelse c; ~ **rent**, tilbakevendende.

red rød (farge); radikal; kommunist; ~ **currant**, rips c; ~ **den**, bli rød; rødme; ~ **dish**, rødlig; ~ **tape**, byråkrati n; papirmølle c.

redeem [ri'di:m] kjøpe tilbake; innløse; innfri; løskjøpe; ~ **able**, som kan kjøpes tilbake, innløses.

redemption [ri'dempʃn] innløsning c; gjenkjøp c.

redirect ['ri:di'rekt] omadressere, -dirigere.

redress [ri'dres] oppreisning c; hjelp c; gi oppreisning.

reduce [ri'dju:s] redusere; sette ned; innskrenke; ~ **tion** [ri'dʌkʃn] nedsettelse c; reduksjon c; innskrenkning c.

redundant [ri'dʌndənt] (altfor) rikelig; overflødig.

reed [ri:d] bot rør n; siv n.

reef [ri:f] (klippe)rev n; reve (seil).

reel [ri:l] spole c; garnvinde c; (trådsnelle); (film)rull c; spole; hespe; sjangle; tumle; vakle.

reelect ['ri:i'lekt] gjenvelge; ~ **enter**, komme inn igjen; ~ **establish**, gjenopprette.

refer [ri'fə:] to (hen)vise til; henholde seg til; angå; ~ **ee**, oppmann c; (fotball-, bokse)dommer c.

reference ['refrəns] henvisning c; referanse c; oversendelse c; forbindelse c; with ~ to, angående; ~ **book**, oppslagsbok c.

refill ['ri:fil] påfyll n; [ri'fil] fylle på igjen.

refine [ri'fain] rense; forfine; raffinere; ~ **ment**, forfinelse c; foredling c; raffinering c; raffinement n.

refit [ri:'fit] reparere; ['ri:fit] reparasjon c.

reflect [ri'flekt] kaste tilbake; gi gjenskinn; reflektere; ~ **on**, tenke på *(el* over); kaste skygge på; ~ **ion**, refleks(jon) *c;* gjenskinn *n;* overveielse *c;* kritisk bemerkning *c;* ~ **ive**, tenksom.

reform [ri'fɔ:m] forbedring *c;* reform(ere) *c;* forbedre; ['ri:'fɔ:m] danne på nytt; ~ **ation** [refə'meiʃn] reformering *c;* forbedring *c;* ~ **er**, reformator *c.*

refrain [ri'frein] avholde seg (**from** fra); refreng *n.*

refresh [ri'freʃ] forfriske; ~ **ment**, forfriskning *c.*

refrigerate [ri'fridʒəreit] (av)kjøle; ~ **tor**, kjøleapparat *n.* -skap *n.*

refuel ['ri:'fjuəl] fylle bensin.

refuge ['refju:dʒ] tilflukt *c* (ssted *n); ~* **e** ['refju'dʒi:] flyktning *c.*

refund ['ri:'fʌnd] tilbakebetale.

refusal [ri'fju:zl] avslag *n;* vegring *c;* forkjøpsrett *c;* ~ **e**, [-z] avslå; avvise; nekte; unnslå seg; vegre seg; ['refju:s] avfall *n.*

refutation [refju'teiʃn]

gjendrivelse *c;* ~ **e**, gjendrive.

regain [ri'gein] gjenvinne.

regard [ri'ga:d] aktelse *c;* blikk *n;* hensyntagen *c;* **with** *(el* **in)** ~ **to**, med hensyn til; **with kind -s,** de beste hilsener; se på; legge merke til; betrakte; akte, ense; angå; as ~ **s**, hva – angår; ~ **ing**, angående; ~ **less of,** uten (å ta) hensyn til.

regenerate [ri'dʒenəreit] gjenføde(s); fornye(s).

regimen ['redʒimen] diett *c.*

region ['ri:dʒən] egn *c;* strøk *n.*

register ['redʒistə] protokoll *c;* liste *c;* register *n;* fortegnelse *c;* spjeld *n;* bokføre; protokollere; tinglese; skrive inn (reisegods); rekommandere (brev); ~ **office,** folkeregister *n;* ~ **ed,** innskrevet; rekommandert.

regret [ri'gret] beklage(lse *c);* angre; anger *c;* savn(e) *n;* ~ **table,** beklagelig.

regular ['regjulə] regelmessig; fast; regulær; ordentlig; ~ **ity** [-'lær-] regelmessighet *c.*

regulate ['regjuleit] regulere; ordne; styre; ~ **ion**, regulering *c;* ordning *c;* regel *c;* ~ **ions**, reglement *n,* forskrifter *c;* vedtekter *c.*

rehearsal [ri'hə:sl] teaterprøve *c;* ~ **e**, fremsi; *teat* prøve; innstudere.

reign [rein] regjering(stid) *c (c);* regjere.

reimburse ['ri:im'bə:s] tilbakebetale; dekke (utlegg); ~ **ment**, tilbakebetaling *c.*

rein [rein] tøyle *(c);* tømme *c;* ~ **deer**, rein *c,* reinsdyr *n.*

reinforce ['ri:in'fɔ:s] forsterke; ~ **ment**, forsterkning *c.*

reiterate [ri:'itəreit] ta opp igjen (og opp igjen).

reject [ri'dʒekt] forkaste; vrake; avslå; avvise; ~ **ion**, forkastelse *c;* vraking *c;* avslag *n.*

rejoice [ri'dʒɔis] glede (seg); fryde (seg) **(at, in** over); ~ **ing**, fryd *c;* glede *c.*

rejuvenate [ri'dʒu:vineit] forynge(s).

relapse [ri'læps] tilbakefall *n;* falle tilbake; få tilbakefall.

relate [ri'leit] berette; ~ **to**, angå; sette *el* stå i forbindelse med; ~ **d**, beslektet **(to** med).

relation [ri'leiʃn] fortelling *c;* slektning *c;* forbindelse *c,* forhold *n;* ~ **ship**, slektskap *n;* forhold *n.*

relative ['relətiv] slektning *c;* relativ; forholdsvis; ~ **to**, angående.

relax [ri'læks] slappe (av); koble av; løsne; ~ **ation**, (av)slapping *c;* avkobling *c.*

release [ri'li:s] slippe fri; løslate; ettergi (gjeld), frafalle (rett); *film* sende ut (på markedet); utløse; frigivelse *c;* løslatelse *c;* utsendelse *c;* utløser *c.*

relent [ri'lent] formildes; gi etter; ~ **less** ubøyelig.

reliability [rilaiə'biliti] pålitelighet *c;* ~ **ble**, pålitelig; ~ **nce**, tillit *c;* tiltro *c.*

relic ['relik] levning *c;* relikvie *c.*

relief [ri'li:f] lindring *c;* lettelse *c;* hjelp *c;* sosialhjelp *c;* avløsning *c;* unnsetning *c;* relieff *n.*

relieve [ri'li:v] lette; understøtte; hjelpe; unnsette.

religion [ri'lidʒən] religion c; ~ous, religiøs; samvittighetsfull.

relinquish [ri'linkwiʃ] slippe; oppgi; frafalle.

reluctant [ri'lʌktənt] motvillig; uvillig.

rely [ri'lai] **on**, stole på.

remain [ri'mein] (for)bli; være igjen; vedbli å være; ~ **der**, rest c.

remark [ri'ma:k] bemerkning c; bemerke; ~ **able**, bemerkelsesverdig; merkelig.

remedy ['remidi] (hjelpe)middel n; legemiddel n; avhjelpe, råde bot på.

remember [ri'membə] huske; erindre; ~ **rance**, minne n; erindring c.

remind [ri'maind] minne (**of** om, på); ~ **er**, påminnelse c; kravbrev n.

remit [ri'mit] sende tilbake; (over)sende; remittere; minske(s); ettergi; ~ **tance**, remisse c.

remnant ['remnənt] levning c; (tøy)rest c.

remorse [ri'mɔ:s] samvittighetsnag n; ~ **ful**, angrende.

remote [ri'mout] fjern; avsides.

removal [ri'mu:vəl] fjernelse c; flytning c; avskjedigelse c; ~ **e**, fjerne; rydde bort; avskjedige; flytte.

remunerate [ri'mju:nəreit] (be)lønne; godtgjørelse c.

render ['rendə] gjengjelde; gi tilbake; gjengi, oversette; yte, gi; gjøre.

renew [ri'nju:] fornye.

renounce [ri'nauns] oppgi; gi avkall på; fornekte; (i kort:) renons c.

renovate ['renoveit] restaurere.

renown [ri'naun] berømmelse c; ~ **ed**, berømt.

rent, (hus)leie c; revne c, sprekk c; rift c; leie; forpakte; ~ **al**, leieavgift c; leieinntekt c; ~ **-free**, avgiftsfri.

renunciation [rinʌnsi'eiʃn] forsagelse c; avkall c.

reorganization ['ri:ɔ:gənai'zeiʃn] omdannelse c; reorganisasjon c; ~ **e**, omdanne; reorganisere.

repair [ri'pɛə] reparasjon c; istandsettelse c; reparere.

reparation [repə'reiʃn] oppreisning c; erstatning c.

repatriate [ri:ˈpætrieit] sende tilbake til fedrelandet.

repay [riˈpei] betale tilbake; ~ **ment**, tilbakebetaling c.

repeal [riˈpi:l] oppheve(lse c).

repeat [riˈpi:t] gjenta; ~ **edly**, gjentatte ganger; ~ **er**, repeterur n, -gevær n; gjensitter c.

repel [riˈpel] drive tilbake; avvise; frastøte.

repent [riˈpent] angre; ~ **ance**, anger c; ~ **ant**, angrende.

repercussion [ripəˈkʌʃn] tilbakeslag n; ettervirkning c.

repetition [repiˈtiʃn] gjentagelse c; repetisjon c.

replace [riˈpleis] sette tilbake; erstatte; ~ **ment**, tilbakesettelse c; erstatning c.

replenish [riˈpleniʃ] supplere, komplettere.

reply [riˈplai] svar(e) n.

report [riˈpɔ:t] melding c; rapport c; beretning c; rykte n; referat n; smell n, knall n; berette; melde (seg); rapportere; ~ **er**, referent c, reporter c.

repose [riˈpouz] hvile (c).

represent [repriˈzent] fremstille; forestille; representere; oppføre; ~ **ation** [-ˈtei-] fremstilling c; oppførelse c; forestilling c; representasjon c; ~ **ative** [ˈzen-] som forestiller; representant c; representativ.

repress [riˈpres] undertrykke; ~ **ion**, undertrykkelse c.

reprieve [riˈpri:v] frist c; utsettel(se) c; benådning c.

reprimand [ˈreprimɑ:nd] (gi) reprimande (c).

reprint [ˈri:print] trykke opp igjen; opptrykk n, ny utgave c.

reproach [riˈproutʃ] bebreide; bebreidelse c; ~ **ful**, bebreidende.

reproduce [ri:prəˈdju:s] fremstille igjen; frembringe på ny; reprodusere; ~ **tion** [-ˈdʌk-] ny frembringelse c; forplantning c; reproduksjon c.

reproof [riˈpru:f] bebreidelse c; ~ **ve** [-v] bebreide.

reptile [reptail] krypdyr n.

republic [ri'pʌblik] repu-
blikk c; ~ an, republi-
kansk; republikaner c.
repudiate [ri'pju:dieit] for-
kaste; avvise; fornekte.
repugnance [ri'pʌgnəns]
motvilje c; avsky c; ~ t,
frastøtende; motvillig.
repulse [ri'pʌls] drive til-
bake; avvise; tilbakevis-
ning c; ~ ive, frastøten-
de; motbydelig.
reputable ['repjutəbl] ak-
tet, vel ansett; hederlig;
~ ation [-'tei-] rykte n;
anseelse c; ~ e [ri'pju:t]
anseelse; rykte; holde,
anse for.
request [ri'kwest] anmod-
ning c; ønske n; etter-
spørsel c; anmode om,
be om; by ~, etter an-
modning.
require [ri'kwaiə] forlan-
ge; kreve; trenge; behø-
ve; ~ ment, fordring c,
krav n; behov n.
requisite ['rekwizit] nød-
vendig, påkrevd; nød-
vendighet(sartikkel) c;
fornødenhet c; ~ ion
[-'ziʃn] bestille; rekvire-
re; rekvisisjon c; krav n.
rescue befri(else c); red-
ning c; redde.
research [ri'sə:tʃ] forsk-
ning c.

resemblance [ri'zembləns]
likhet c; ~ e, ligne.
resent [ri'zent] ta ille opp;
føle seg fornærmet
over; ~ ful, fortørnet;
~ ment, fortørnelse c;
harme c.
reserve [ri'zə:v] reserve c;
forbehold n; reservere;
forbeholde; ~ d, forbe-
holden.
reside [ri'zaid] bo; være
bosatt; ~ nce ['rezidəns]
opphold n; bosted n;
residens c; ~ nce permit,
oppholdstillatelse c;
~ nt, bosatt; fastboende.
residue ['rezidju:] levning
c; rest c.
resign [ri'zain] oppgi; fra-
si seg; ta avskjed;
~ ation [rezig'neiʃn] frat-
redelse c; avskjedsan-
søkning c; resignasjon c;
~ ed, resignert.
resin ['rezin] harpiks c,
kvae c.
resist [ri'zist] motstå;
~ ance, motstand c.
resolute ['rezəlu:t] beslutt-
som; ~ eness, beslutt-
somhet c; ~ ion [-'lu:ʃn]
beslutning c; beslutt-
somhet c; oppløsning c.
resolve [ri'zɔlv] (opp)løse;
beslutte; beslutning c.

resort [ri'zɔ:t] tilholdssted *n;* instans *c;* utvei *c;* **health** ~, kursted *n.*

resound [ri'zaund] gjenlyde.

resource [ri'sɔ:s] hjelpekilde *c;* ~ **s,** resurser; pengemidler; krefter; ~ **ful,** oppfinnsom; rådsnar.

respect [ris'pekt] aktelse *c,* respekt *c;* hensyn *n;* henseende *c el n;* akte, respektere; ta hensyn til; angå; **in this** ~, i denne henseende; ~ **able,** aktverdig; skikkelig; ~ **ful,** ærbødig; ~ **ing,** angående; ~ **ive,** hver sin, respektive; ~ **ively,** henholdsvis.

respiration [respə'reiʃn] åndedrett *n.*

respite ['respit] frist *c.*

respond [ris'pɔnd] svare; ~ **to,** svare på, reagere på; ~ **se,** svar *n;* reaksjon *c.*

responsibility [rispɔnsə'biliti] ansvar(lighet) *n (c);* ~ **ble,** ansvarlig; ~ **ve,** mottagelig **(to** for).

rest, hvile *c;* støtte *c;* pause *c;* rest *c;* **the** ~, de øvrige, de andre; hvile (ut); støtte (seg); ~ **(up)on,** bygge på; be-

ro på; ~ **ful,** rolig; ~ **ive,** stri, sta; rastløs.

restaurant ['restərɔŋ, -ra:ŋ, -rɔnt] restaurant *c.*

restless ['restlis] rastløs; urolig; ~ **ness,** uro *c.*

restoration [restə'reiʃn] istandsetting *c,* restaurering *c;* ~ **e** [ris'tɔ:] restaurere; gi tilbake; gjenopprette; helbrede.

restrain [ris'trein] holde tilbake, beherske; ~ **t,** tvang *c;* (selv)beherskelse *c.*

restrict [ris'trikt] begrense; innskrenke; ~ **ion,** innskrenkning *c;* begrensning *c;* hemning *c.*

result [ri'zʌlt] resultat *n;* resultere.

resume [ri'zju:m] ta tilbake; gjenoppta; sammenfatte.

resurrection [rezə'rekʃn] gjenopplivelse *c;* oppstandelse *c.*

retail ['ri:teil] detalj(handel) *c;* [ri'teil] selge i detalj; ~ **er,** detaljist *c.*

retain [ri'tein] holde tilbake; beholde.

retaliate [ri'tælieit] gjengjelde.

retard [ri'ta:d] forsinke.

reticent ['retisənt] forbeholden.

retire [ri'taiə] trekke (seg) tilbake; gå av; ~ **ment,** avgang c; fratredelse c; tilbaketrukkenhet c.

retort [ri'tɔ:t] skarpt svar n; svare (skarpt).

retract [ri'trækt] trekke tilbake; ~ **able,** som kan trekkes inn *(el* tilbake).

retreat [ri'tri:t] retrett c; tilbaketog n; trekke seg tilbake.

retrench [ri'trenʃ] innskrenke, skjære ned.

retrieve [ri'tri:v] gjenvinne; få igjen; gjenopprette.

retroactive [retrou'æktiv] tilbakevirkende; ~ **spect** ['retro-], ~ **spective view** [-'spek-] tilbakeblikk n.

return [ri'tə:n] tilbaketur c; hjemkomst c; tilbakelevering c; tilbakebetaling c; avkastning c; rapport c; komme *(el* reise, gi, betale) tilbake; besvare; **by** ~ **(of post el mail),** omgående; ~ **ticket,** returbillett c; **many happy** ~ **s (of the day),** til lykke med fødselsdagen.

reunion ['ri:'ju:njən] gjenforening c; møte n, sammenkomst c.

Rev. = Reverend.

reveal [ri'vi:l] røpe, avsløre, åpenbare.

revel ['revl] fest c, kalas n; feste, ture.

revenge [ri'vendʒ] hevn c; hevne; ~ **ful,** hevngjerrig.

revenue ['revinju:] (stats)-inntekter.

revere [ri'viə] hedre; ære; ~ **nce** ['revərəns] ærefrykt c; ærbødighet c; ha ærbødighet for; ~ **nd,** ærverdig; **the Rev. Amos Barton,** pastor Amos Barton.

reverie ['revəri] dagdrøm(mer) c.

reverse [ri'və:s] motsetning c; motsatt side c; omslag n; uhell n; motgang c; bakside c; revers c; omvendt; vende om; ~ **sible,** som kan vendes, omstilles; ~ **t,** vende tilbake **(to** til).

review [ri'vju:] tilbakeblikk n; anmeldelse c; tidsskrift n; mil revy; ta et tilbakeblikk over; se igjennom; anmelde; ~ **er,** anmelder c.

revise [ri'vaiz] lese igjennom; revidere; ~ **ion** [ri-

ˈviʒn] gjennomsyn *n;* revisjon *c;* rettelse *c.*

revival [riˈvaivl] gjenopp-vekkelse *c;* fornyelse *c;* ~ **e**, livne til igjen; gjen-opplive.

revoke [riˈvouk] tilbake-kalle.

revolt [riˈvoult] (gjøre) opprør *n;* opprøre.

revolution [revəˈluːʃn] om-veltning *c;* revolusjon *c;* omdreining *c;* ~ **ary**, re-volusjonær; ~ **ize** [-aiz] revolusjonere.

revolve [riˈvɔlv] rotere; dreie (seg); overveie.

reward [riˈwɔːd] belønning *c;* belønne; gjengjelde.

rheumatic [ruːˈmætik] rev-matisk; ~ **ism** [ˈruː-] rev-matisme *c.*

rhinoceros [raiˈnɔsərəs] neshorn *n.*

rhubarb [ˈruːbaːb] rabarb-ra *c.*

rhyme [raim] rim(e) *n.*

rhythm [ˈriðm] rytme *c;* takt *c;* ~ **ic(al)**, rytmisk.

rib, ribben *n;* ribbe *c;* spile *c.*

ribbon [ˈribən] bånd *n;* fargebånd *n;* remse *c;* sløyfe *c.*

rice [rais] ris *c.*

rich [ritʃ] rik **(in** på);

fruktbar; kraftig (om mat); ~ **es**, rikdom *c.*

rickety [ˈrikiti] skrøpelig.

rid, befri; frigjøre; fri; **get** ~ **of**, bli kvitt.

riddle [ˈridl] gåte *c;* grovt sold *n;* gjette, løse; sik-te.

ride [raid] ritt *n;* kjøretur *c;* ride; kjøre; ~ **r**, rytter *c.*

ridge [ridʒ] rygg *c;* åsrygg *c.*

ridicule [ˈridikjuːl] spott-(e) *c;* latterliggjøre(lse *c);* ~ **ous** [riˈdikjuləs] lat-terlig.

riff-raff [ˈrifræf] pøbel *c.*

rifle [ˈraifl] rifle *c,* gevær *n;* rane, røve.

rift, revne *c,* rift *c;* rev-ne(t).

rig, rigg(e) *c;* ~ **ging**, tak-kelasje *c;* rigg *c.*

right [rait] rett; riktig; høyre; rett(ighet) *c;* **be** ~ , ha rett; ~ **eous** [-ʃəs] rettferdig.

rigid [ˈridʒid] stiv; streng.

rigorous [ˈrigərəs] streng.

rim, kant *c;* felg *c.*

rind [raind] bark *c;* skor-pe *c;* svor *c.*

ring, ring *c;* sirkel *c;* are-na *c;* manesje *c;* krets *c,* klikk *c;* ringing *c;* ringe;

lyde; klinge; ~ **leader,** anfører *c;* hovedmann *c.*

rink [riŋk] kunstig skøytebane *c.*

rinse [rins] skylle; skylling *c.*

riot ['raiət] bråk *n;* spetakkel *n;* tumult *c;* ~ **s,** opptøyer; lage bråk; brake; ~ **ous,** opprørsk; vill, ubehersket.

rip, rive; rakne; ~ **up,** rippe opp i; rive opp.

ripe [raip] moden; ~ **n,** modne(s).

ripple ['ripl] kruse; skvulpe; krusning *c.*

rise [raiz] reise seg; stige; stå opp; gå opp; heve seg; komme fram, avansere; det å tilta; stigning *c;* vekst *c;* oppgang *c.*

rising ['raiziŋ] reisning *c.*

risk, risiko *c;* risikere; ~ **y,** risikabel, vågelig.

rival ['raivəl] rival(inne) *c;* konkurrent *c;* rivalisere; ~ **ry,** rivalisering *c.*

river ['rivə] elv *c;* flod *c.*

rivet ['rivit] nagle *c;* klinke.

road [roud] (lande)vei *c;* gate *c;* ~ **s,** red *c;* ~ **way,** kjørebane *c.*

roam [roum] streife, vandre om.

roar [rɔ:] brøl(e) *(n),* brus(e) *n.*

roast [roust] steike; brenne (kaffe); steik *c.*

rob [rɔb] (be)røve; ~ **ber,** røver *c;* ~ **bery,** røveri *n.*

robe [roub] fotsid kappe *c;* embetsdrakt *c.*

robin ['rɔbin] rødstrupe *c.*

rock [rɔk] klippe *c;* isbit *c;* gynge, vugge.

rocket ['rɔkit] rakett *c.*

rocking chair, gyngestol *c.*

rocky ['rɔki] berglendt; ustø.

rod [rɔd] kjepp *c;* stav *c.*

roe [rou] (fiske)rogn *c;* rådyr *n.*

rogue [roug] kjeltring *c;* skøyer *c.*

role, rôle [roul] rolle *c.*

roll [roul] rulling *c;* rull *c;* valse *c;* rundstykke *n;* rulle, liste *c;* rulle; trille; valse; kjevle; slingre; ~ **up,** rulle (seg) sammen; ~ **call,** navneopprop *n;* ~ **er,** valse *c;* ~ **er skate,** rulleskøyte.

Roman ['roumən] romersk; romer(inne) *c* *(c).*

romantic [ro'mæntik] romantisk.

roof [ru:f] tak *n;* legge tak på; ~ **of the mouth,** den harde gane *c.*

rook [ruk] tårn (i sjakk) *n;* svindler *c.*

room [ru:m] rom *n;* værelse *n;* plass *c; amr* bo; ~**s,** bolig.

roost [ru:st] vagle; hønsehus *n;* sitte på vagle; sove; ~**er,** *amr* hane *c.*

root [ru:t] rot *c;* knoll *c;* slå rot; rote i (jorda); ~ **out,** utrydde.

rope [roup] tau *n;* rep *n;* binde med et tau.

rose [rouz] rose *c;* ~**y,** rosenrød; rosa.

rot [rɔt] råte *c;* forråtnelse *c;* tøv *n;* tøve.

rotate [rou'teit], *amr* ['rou-] rotere; veksle.

rotten ['rɔtn] råtten; bedervet; elendig.

rough [rʌf] ujevn; ru; knudret; grov; rå; lurvet; barsk; tarvelig; primitiv; bølle *c;* utkast *n;* ~ **it,** tåle strabaser; ~**en,** gjøre *(el* bli) ujevn, ru; ~-**neck,** bølle, *c;* oljeriggarbeider *c;* ~**ness,** råhet *c;* grovhet *c.*

round [raund] rund; hel; likefrem; tydelig; rundt (om); omkring; gjøre rund; (av)runde; dreie rundt; omgi; ring *c;* runding *c;* runde *c;* omgang *c;* sprosse *c;* ~ **trip,** rundreise *c; amr* reise *(c)* tur–retur.

roundabout ['raundəbaut] rundkjøring *c;* omsvøp *n.*

rouse [rauz] vekke.

rout [raut] vill flukt *c;* jage på flukt; beseire.

route [ru:t] (reise)rute *c.*

routine [ru:'ti:n] rutine *c.*

rove [rouv] streife omkring; vandre; ~**r,** vandrer *c.*

row [rou] rad *c;* rekke *c;* ro.

row [rau] spetakkel *n;* bråk *n.*

rower ['rouə] roer *c;* ~**ing boat,** robåt *c.*

royal ['rɔiəl] kongelig; ~**ty,** kongelighet *c;* kongeverdighet *c;* kongelige personer; avgift *c;* honorar *n.*

rub [rʌb] gni; stryke; skrubbe; gniing *c.*

rubber ['rʌbə] gummi *c;* viskelær *n;* (i kort) robber *c;* ~**s,** kalosjer.

rubbish ['rʌbiʃ] avfall *n;* skrot *n;* sludder *n.*

ruby ['ru:bi] rubin c.
rucksack ['rʌksæk] ryggsekk c; rypesekk c.
rudder ['rʌdə] ror n; styre n.
ruddy ['rʌdi] rødmusset; frisk.
rude [ru:d] grov; rå; udannet; uhøflig **(to** mot); ~ **ness,** grovhet c; uhøflighet c.
ruffian ['rʌfjən] råtamp c.
ruffle ['rʌfl] rysj c; kruset strimmel c; kruse.
rug [rʌg] lite teppe n; sengeforlegger c; reisepledd n.
ruin ['ru:in] ruin(ere) c; ødelegge(lse c); ~ **ous,** ødeleggende; ruinerende.
rule [ru:l] regel c; forskrift c; styre n; regjering c; linjal c; lede; herske; regjere; linjere; **as a** ~, som regel; ~ **r,** hersker c; linjal c.
rum [rʌm] rom c; pussig.
rumble ['rʌmbl] rumle; ramle; rumling c.
ruminate ['ru:mineit] tygge drøv; gruble over.
rumour ['ru:mə] rykte n.
rummage ['rʌmidʒ] gjennomrote; ransake; ransaking c.

rump [rʌmp] bakdel c; lårsteik c; rumpe c.
run [rʌn] løpe; springe; renne; flyte; strømme; *teat* oppføres, spilles; være i gang; la løpe; ferdes; trafikkere; kjøre; lyde (tekst, melodi); drive (fabrikk, maskin, forretning); løp n; renn n; gang c; ferd c; ~ **down,** forfølge; jakte på; utmatte; kjøre ned (f.eks. med bil); ~ **into,** støte på; beløpe seg til; ~ **into debt,** stifte gjeld; ~ **out (of),** ~ **short (of),** slippe opp (for); ~ **up to,** beløpe seg til; **runabout,** liten, åpen bil *(el.* motorbåt) c; ~ **away,** flyktning c; *bot* utløper c; ~ **ning-board,** stigbrett n; stigtrinn n; ~ **way,** rullebane c.
rupture ['rʌptʃə] brudd n.
rural ['ru:rəl] landlig; land-.
rush [rʌʃ] fare av sted; styrte, storme; suse; jage på, sette fart i; fremskynde; jag n; fremstyrting c; tilstrømning c; sus n; *bot* siv n.
Russia ['rʌʃə] Russland; ~ **n,** russisk, russer c.
rust [rʌst] rust(e) c.

rustic ['rʌstik] landlig; bondsk; enkel.

rustle ['rʌsl] rasle; rasling c.

rusty ['rʌsti] rusten.

rut [rʌt] hjulspor n; brunst c.

ruthless ['ru:pləs] ubarm-hjertig; hard.

rye [rai] rug c.

S

S. = Saint; South; **s.** = second(s); shilling(s); steamer.

S.A. = South Africa el America; Salvation Army.

sable ['seibl] sobel c; sort.

sabre ['seibə] sabel c.

sack [sæk] sekk c; pose c; løs kjole el jakke c; plyndring c; plyndre; (gi) avskjed c.

sacred ['seikrid] hellig.

sacrifice ['sækrifais] offer n; ofring c; (opp)ofre; ~ **lege** [-lidʒ] vanhelli-gelse c.

sad [sæd] bedrøvet; trist; bedrøvelig; ~ **den**, be-drøve; bli bedrøvet.

saddle ['sædl] (ride)sal c; sale.

sadness ['sædnis] tristhet c.

safe [seif] trygg; sikker; uskadd, i god behold; pålitelig; pengeskap n;

~ **guard**, beskytte(lse c), vern(e) n; ~ **ty**, sikker-het c; ~ **ty pin**, sikker-hetsnål c; ~ **ty razor**, barberhøvel c.

sag [sæg] sig(e) n; synke.

sagacious [sə'geiʃəs] klok; skarpsindig; ~ **ity** [sə-'gæsiti] skarpsindighet c; klokskap c.

sage [seidʒ] klok, vis-(mann c).

sail [seil] seil(as) n (c); seilskute c; seile; ~ **or**, sjømann c; matros c.

saint [seint] helgen c.

sake [seik] **for** ~, **for the** ~ **of**, for – skyld; **for my** ~, for min skyld.

salacious [sə'leiʃəs] slib-rig; vellystig.

salad ['sæləd] salat c.

salaried ['sælərid] lønnet; ~ **y**, gasje c.

sale [seil] salg n; avset-ning c; (**public**) ~; auk-sjon c; ~ **able**, salgbar;

~ **sman,** salgsrepresentant *c;* butikkekspeditør *c;* ~ **swoman,** ekspeditrise *c.*

salient ['seiljənt] fremspringende; tydelig.

saliva [sə'laivə] spytt *n.*

sallow ['sælou] selje *c;* gusten (hud).

sally ['sæli] utfall *n;* vittighet *c.*

salmon ['sæmən] laks *c.*

saloon [sə'lu:n] salong *c; amr* bar *c;* kneipe *c.*

salt [sɔ:lt] salt(e) *n;* ~ **cellar,** saltkar *n;* ~ **petre,** salpeter *c;* ~ **works,** saltverk *n;* ~ **y,** salt(aktig).

salubrious [sə'lu:briəs] sunn.

salutation [sælju'teiʃn] hilsen *c.*

salute [sə'lu:t] hilse; saluttere; hilsen *c;* honnør *c,* salutt *c.*

salvage ['sælvidʒ] berging *c;* redning *c;* berget skip *n (el* ladning); berge, redde.

salvation [sæl'veiʃn] *relg* frelse; **the Salvation Army,** Frelsesarméen.

same [seim]: **the** ~, den, det, de samme; **all the** ~, likevel.

sample ['sa:mpl] (vare)-

prøve *c;* smaksprøve; (ta) prøve (av).

sanctify ['sæŋktifai] helliggjøre; innvie; ~ **imonious,** skinnhellig; ~ **ion,** stadfestelse *c;* godkjennelse *c;* sanksjon *c;* godkjenne; bifalle; ~ **uary,** helligdom *c;* fristed *n,* asyl *n.*

sand [sænd] sand *c;* ~ **s,** sandstrand *c;* sandstrekning(er); ~ **blast,** sandblåse; ~ **glass,** timeglass *n;* ~ **wich,** smørbrød *n;* ~ **wichman,** plakatbærer *c;* ~ **y,** sandet; (rød)-blond.

sane [sein] forstandig; normal.

sanitary ['sænitəri] sanitær; hygienisk.

sanitation [sæni'teiʃn] sunnhetsvesen *n;* sunnhetspleie *c;* hygiene *c;* ~ **y,** åndelig sunnhet *c;* sunn fornuft *c.*

sap [sæp] saft *c;* sevje *c;* tappe saften (*el* kraften) av; underminere; pugge.

sapphire ['sæfaiə] safir *c.*

sarcasm ['sa:kæzm] spydighet *c;* sarkasme *c;* ~ **tic** [sa:'kæstik] spydig; sarkastisk.

sardine [saː'diːn, 'saːdiːn] sardin *c.*

satchel ['sætʃəl] (skole)-veske *c;* ransel *c.*

satellite ['sætəlait] drabant *c;* lydig følgesvenn *c;* satellitt *c.*

satiate ['seiʃieit] (over)-mette; ~ **ation,** (over)-metthet *c;* ~ **ety** [sə'taiəti] (over)metthet *c.*

satisfaction [sætis'fækʃn] tilfredshet *c;* tilfredsstillelse *c;* oppreisning *c;* ~ **factory,** tilfredsstillende; ~ **fied,** tilfreds; ~ **fy,** tilfredsstille; forvisse; overbevise.

saturate ['sætʃəreit] *kjem* mette; gjennombløte.

Saturday ['sætədi] lørdag *c.*

sauce [sɔːs] saus *c;* sause; krydre *(fig);* ~ **pan,** kasserolle *c;* ~ **r,** skål *c* (til kopp).

saucy ['sɔːsi] nesevis; smart.

sausage ['sɔsidʒ] pølse *c.*

savage ['sævidʒ] vill; grusom; villmann *c;* barbar *c;* ~ **ry,** villskap *c.*

save [seiv] redde; bevare **(from** fra); trygge; spare (opp); unntagen.

saving ['seiviŋ] sparsom-melig; besparelse *c;* ~ **s,** sparepenger.

saviour ['seivjə] frelser *c.*

savour ['seivə] smak *c;* aroma *c;* smake, dufte **(of** av); ~ **y,** velsmakende; velluktende; delikat; pikant.

saw [sɔː] sag(e) *c;* ~ **dust,** sagmugg *c;* ~ **-mill,** sagbruk *n.*

Saxon ['sæksn] (angel)-sakser *c;* (angel)saksisk.

say [sei] si; **have one's** ~, si sin mening; **that is to** ~, det vil si; **I** ~ **!,** det må jeg si!; si meg; hør her!; ~ **ing,** ordtak *n;* ytring *c.*

scab [skæb] skorpe *c;* skabb *c;* streikebryter *c.*

scaffold ['skæfəld] stillas *n;* skafott *n;* ~ **ing,** stillas *n.*

scald [skɔːld] skålde.

scale [skeil] vekt(skål) *c;* skjell *n;* (tone)skala *c;* målestokk *c;* måle; veie; skalle av; bestige.

scalp [skælp] skalp(ere) *c.*

scan [skæn] granske; skandere.

scandal ['skændl] skandale *c;* sladder *c;* ~ **ize** [-aiz] forarge; ~ **ous,** skandaløs.

Scandinavia [skændi-ˈneivjə] Skandinavia; ~ **n,** skandinavisk; skandinav c.

scantiness [ˈskæntinis] knapphet c; ~ **y,** knapp, snau.

scapegoat [ˈskeipgout] syndebukk c.

scar [skaː] arr n; skramme c; flerre; sette arr.

scarce [skɛəs] knapp; sjelden; ~ **ely,** neppe; knapt; ~ **ity,** mangel c (of på).

scare [skɛə] skremme; skrekk c; ~ **crow,** fugleskremsel n.

scarf [skaːf] skjerf n; sjal n; slips n; lask c.

scarlet [ˈskaːlit] skarlagen(rød); ~ **fever,** skarlagensfeber c.

scatter [ˈskætə] spre (utover); strø; spre seg.

scene [siːn] scene c; skueplass c; opptrinn n; hendelse c; ~ **s,** scenedekorasjoner, kulisser; ~ **ry,** sceneri n; kulisser; natur(omgivelser).

scent [sent] (vel)lukt c; duft c; ha ferten av, være, lukte.

sceptic [ˈskeptik] skeptiker c; ~ **al,** skeptisk; tvilende.

schedule [ˈʃedjuːl, amr ˈskedʒl] fortegnelse c; (tog)tabell c; (time)plan c; fastsette tidspunkt for.

scheme [skiːm] plan c; prosjekt n; utkast n; skjema n; planlegge.

scholar [ˈskɔlə] lærd c; (humanistisk) vitenskapsmann c; stipendiat c; ~ **ly,** lærd; vitenskapelig; ~ **ship,** lærdom c; vitenskap c; stipendium n.

school [skuːl] skole c; (fiske)stim c; lære; utdanne; skolere; **at** ~, på skolen; ~ **ing,** undervisning c; skolering c.

science [ˈsaiəns] (natur)vitenskap c; ~ **tific** [saiənˈtifik] (natur)vitenskapelig; ~ **tist,** (natur)vitenskapsmann c.

scissors [ˈsizəz]: **(a pair of)** ~, saks c.

scold [skould] skjenne på; skjelle; ~ **ing,** skjenn(epreken) n (c).

scope [skoup] spillerom n; fig område n.

scorch [skɔːtʃ] svi; brenne; fare av sted.

score [skɔː] skår n; hakk n; innsnitt n; regnskap

n; poengsum *c;* partitur *n;* snes *n;* merke; notere; nedtegne; føre regnskap; vinne; score.

scorn [skɔ:n] forakt(e) *c;* **~ful,** foraktelig.

Scot [skɔt] skotte *c.*

Scotch [skɔtʃ] skotsk; skotsk whisky; skotsk (dialekt); **the ~,** skottene; **~ man,** skotte *c.*

Scotland ['skɔtlənd] Skottland.

scoundrel ['skaundrəl] kjeltring *c;* skurk *c;* usling *c.*

scour ['skauə] skure; skuring *c.*

scourge [skə:dʒ] svepe *c;* svøpe *c;* piske; plage.

scout [skaut] speider *c;* speide; **boy ~,** speidergutt *c.*

scrabble ['skræbl] rable.

scramble ['skræmbl] krabbe; klatre; krafse, streve **(for** etter); **~d eggs,** eggerøre *c.*

scrap [skræp] lite stykke *n;* levning *c;* lapp *c;* utklipp *n;* avfall *n;* kassere; **~-iron,** skrapjern *n.*

scrape [skreip] skrape; skure; **~ r,** skraper *c.*

scratch [skrætʃ] risp *n;*

kloring *c;* klore; rispe; skrape.

scrawl [skrɔ:l] rable (ned); rabbel *n.*

scream [skri:m] skrik(e) *n.*

screen [skri:n] skjerm(e) *c;* skjermbrett *n;* filmlerret *c;* film-; verne; sortere; filme.

screw [skru:] skrue *c;* propell *c;* gnier *c;* skru; vri; presse; **~ driver,** skrujern *n.*

scribble ['skribl] rabbel *n;* rable, smøre sammen.

script [skript] (hånd)skrift *c;* skriveskrift *c; film* dreiebok *c;* **the (Holy) ~ ure(s),** Bibelen, Den hellige skrift.

scrub [skrʌb] kratt(skog) *c (c);* skrubbe; skure.

scruple ['skru:pl] skruppel *c.*

scrupulous ['skru:pjuləs] meget samvittighetsfull; skrupuløs.

scrutinize ['skru:tinaiz] granske; **~y,** granskning *c.*

scullery ['skʌləri] oppvaskrom *c.*

sculptor ['skʌlptə] billedhugger *c;* **~ure** [-ʃə] skulptur *c.*

scum [skʌm] (av)skum *n*.

scurf [skəːf] flass *n;* skurv *c;* skjell *n*.

scuttle [ˈskʌtl] kullboks *c;* fare av sted.

scythe [saið] (slå med) ljå *c*.

sea [siː] hav *n;* sjø *c;* ~ **s, at sea,** til sjøs, på sjøen; ~ **board,** kyst(linje) *c;* ~ **faring,** sjøfarende, sjø-; ~ **gull** [gʌl] måke *c;* ~ **level** hav(over)flate *c*.

seal [siːl] segl *n;* signet *n;* sel *c;* forsegle; besegle; plombere.

sealing [ˈsiːliŋ] selfangst *c;* forsegling *c;* ~ **-wax,** lakk *c*.

seam [siːm] søm *c (n);* fuge *c; geol* gang *c,* lag *n;* fure *c,* rynke *c;* ~ **ed,** furet.

seaman [ˈsiːmən] matros *c*.

seamstress [ˈsemstris] sydame *c*.

sear [siə] brenne; svi.

search [səːtʃ] (under)søke; gjennomsøke; lete **(for** etter); visitere; sondere; granske; søking *c;* leting *c;* gransking *c;* **in** ~ **of,** på leting etter; ~ **light,** lyskaster *c;* søkelys *n*.

seasick [ˈsiːsik] sjøsyk.

seaside [ˈsiːˈsaid] kyst *c;* ~ **resort,** kystbadested *n*.

season [ˈsiːzn] årstid *c;* sesong *c;* rett tid *c* (for noe); modne; krydre; ~ **able,** beleilig; ~ **ing,** krydder *n;* ~ **ticket,** sesongbillett *c*.

seat [siːt] sete *n;* benk *c;* sitteplass *c;* bosted *n;* sette; anvise plass.

seaweed [ˈsiːwiːd] *bot* tang *c*.

seaworthy [ˈsiːwəːði] sjødyktig.

seclude [siˈkluːd] stenge ute; avsondre.

second [ˈsekənd] annen, andre; nummer to; sekundant *c;* hjelper *c;* sekund *n;* støtte, sekundere; ~ **ary,** underordnet; ~ **hand,** annenhånds; brukt; antikvarisk; ~ **-rate,** annenrangs.

secrecy [ˈsiːkrisi] hemmelighet *c;* hemmeligholdelse *c;* ~ **t,** hemmelig; hemmelighet *c;* ~ **tary** [ˈsekrətri] sekretær *c;* ~ **of State,** minister *c; amr* utenriksminister *c*.

secrete [siˈkriːt] skjule, gjemme bort; utsondre.

sect [sekt] sekt *c*.

section ['sekʃn] snitt *n;* avdeling *c;* avsnitt *n;* seksjon *c.*

secular ['sekjulə] verdslig.

secure [si'kjuə] sikker, trygg; sikre, feste; sikre *(el* skaffe) seg.

security [si'kjuəriti] sikkerhet *c;* trygghet *c;* kausjon *c;* ~ **ies,** verdipapirer.

sedative ['sedətiv] beroligende (middel).

sedition [si'diʃn] oppvigleri *c.*

seduce [si'dju:s] forføre; ~ **r,** forfører *c.*

see [si:] se; innse; forstå; besøke, treffe; omgås; påse, passe på; se etter; følge; **I** ~, jeg skjønner; **wish to** ~ **a person,** ønske å tale med noen; ~ **a thing done,** sørge for at noe blir gjort; ~ **a person off,** følge (til stasjonen); ~ **out,** følge ut; ~ **(to it) that,** sørge for at.

seed [si:d] frø *n;* sæd *c;* ~ **ling,** frøplante *c;* ~ **y,** frørik; medtatt; loslitt.

seeing ['si:iŋ]: **worth** ~, verd å se; ~ **(that),** ettersom.

seek [si:k] søke; forsøke.

seem [si:m] synes; se ut; ~ **ing,** tilsynelatende; ~ **ly,** sømmelig; passende.

seethe [si:ð] syde; koke.

segregate ['segrigeit] skille ut; avsondre; isolere; ~ **ion** [-'gei-] utskillelse *c;* (rase)skille *n.*

seize [si:z] gripe; forstå; konfiskere; ~ **ure,** pågripelse *c;* beslagleggelse *c.*

seldom ['seldəm] sjelden (adv).

select [si'lekt] velge *(el* plukke) ut; utvalgt; utsøkt, fin; ~ **ion,** (ut)valg *n.*

self *pl.* **selves,** selv; (eget) jeg; ~ **-centered,** egosentrisk; ~ **-command,** selvbeherskelse *c;* ~ **-confidence,** selvtillit *c;* ~ **-conscious,** forlegen; sjenert; ~ **-control,** selvbeherskelse *c;* ~ **-denial,** selvfornektelse *c;* ~ **-defence,** selvforsvar ~ **-government,** selvstyre *n;* ~ **-interest,** egennytte *c;* ~ **ish,** egoistisk; ~ **less,** uselvisk; ~ **-possessed,** behersket; ~ **-seeking,** egoistisk; ~ **-sufficient,** selvhjulpen; ~ **-willed,** egenrådig.

sell selge(s), ~ **er**, selger
c; (god) salgsvare c;
~ **ing price**, salgspris c

seltzer ['seltsə] (**water**),
selters

semblance ['sembləns] ut-
seende n; likhet c; fig
skinn n.

semester [si'mestə] amr se-
mester n.

semi- halv-.

semolina [semə'li:nə] se-
mule(gryn) n.

senate ['senit] senat n.

send, sende; ~ **for**, sen-
de bud etter.

senile ['si:nail] senil.

senior ['si:njə] eldre; eld-
st(e); overordnet c; se-
nior c.

sensation [sen'seiʃn] følel-
se c; fornemmelse c;
sensasjon c.

sense [sens] sans c; sans-
ning c; følelse c; for-
stand c; betydning c;
~ **less**, bevisstløs; sanse-
løs; meningsløst.

sensibility [sensi'biliti] føl-
somhet c; ~ **ble**, følelig;
merkbar; fornuftig;
~ **tive**, sensibel; følsom.

sensual ['senʃuəl] sanselig.

sentence ['sentəns] jur
dom c; setning c; døm-
me (**to** til).

sentiment ['sentimənt] fø-
lelse c; mening c; ~ **al**,
[-'men-] sentimental.

sentinel ['sentinl] **sentry**
['sentri] skiltvakt c; post
c.

separate ['seprit] særskilt;
(at)skilt; separere; skil-
les, gå fra hverandre;
~ **ion**, atskillelse c.

September [sep'tembə]
september.

sequel ['si:kwəl] fortsettel-
se c; følge c; ~ **nce**, rek-
kefølge c; rekke c; se-
kvens c.

serene [si'ri:n] klar; ren;
rolig.

sergeant ['sa:dʒənt] ser-
sjant c; overbetjent c.

serial ['siəriəl] rekke-; føl-
jetong c; (film)serie c;
~ **es**, rekke c; serie c.

serious ['siəriəs] alvorlig.

sermon ['sə:mən] preken
c.

serpent ['sə:pənt] slange c;
~ **ine** [-tain] buktet.

servant ['sə:vənt] tjener c;
hushjelp c; **civil** ~,
statstjenestemann c.

serve [sə:v] tjene; betjene;
servere; gjøre tjeneste;
tennis serve.

service ['sə:vis] tjeneste c;
nytte c; tjenestgjøring c;

servering *c;* betjening *c;* statstjeneste *c.* (embets)- verk *n;* gudstjeneste *c;* krigstjeneste *c;* servise *c;* ~**able,** nyttig; brukbar.

session ['seʃn] sesjon *c;* samling *c;* møte *n.*

set, sette; innfatte; fast- sette (tid for); bestem- me; anslå; ordne; stille (et ur etter, **a clock by);** gå ned (om himmellege- mer); bli stiv, størkne; fast, stivnet; stø; be- stemt; synking *c;* sett *n,* samling *c;* (radio- *el* TV-)apparat *n;* spisestell *n; lag n; (omgangs)krets c;* snitt *n,* fasong *c; ten- nis* sett *n;* ~ **about to,** ta fatt på; ~ **forth,** sette fram; ~ **free,** befri; ~ **off,** starte; fremheve; ~ **out,** dra av sted; fremfø- re; ~ **to,** ta fatt (på); ~ **up,** oppføre; sette opp; fremsette; ~ **back,** til- bakeslag *n;* ~**ting,** ned- gang *c;* innfatning *c;* ramme *c;* omgivelser.

settle ['setl] sette; bosette; etablere; ordne; avgjø- re; betale; gjøre opp; gjøre det av med; festne seg; komme til ro; syn- ke; bunnfelles; ~ **down,**

slå seg ned; bosette seg; slå seg til ro; ~**d,** fast, bestemt; ~**ment,** an- bringelse *c;* bosetning *c;* ordning *c;* overenskomst *c;* oppgjør *n;* nybygger- koloni *c;* ~**r,** kolonist *c.*

seven, sju; ~**fold,** sju- fold; sjudobbelt; ~**teen(th),** sytten(de); ~**th,** sjuende; sjuende- del *c;* ~**tieth,** syttiende; ~**ty,** sytti.

sever ['sevə] skille(s); bry- te(s).

several ['sevrəl] atskillige; flere; forskjellige; re- spektive.

severe [si'viə] streng; hard; skarp; voldsom.

sew [sou] sy; hefte (bok); ~**er,** syer(ske) *c;* ['sjuə] kloakk *c.*

sex [seks] kjønn *n.*

sexton ['sekstən] kirketje- ner *c.*

sexual ['sekʃuəl] kjønns-, kjønnslig.

shabby ['ʃæbi] loslitt.

shackle ['ʃækl] lenke *c.*

shade [ʃeid] skygge *c;* ny- anse *c,* avskygning *c;* skjerm *c;* kaste skygge på; skygge (for); skjer- me; sjattere.

shadow ['ʃædou] skygge *c;*

skyggebilde *n;* skygge (for).

shady [ˈʃeidi] skyggefull.

shaft [ʃa:ft] skaft *n; poet* pil *c,* spyd *n; tekn* aksel *c;* sjakt *c;* ~**s,** skjæker.

shaggy [ˈʃægi] ragget.

shake [ʃeik] ryste; ruske; riste; svekke; skjelve; rysting *c;* skaking *c;* håndtrykk *n;* ~**y,** ustø; vaklende; sjaber.

shall [ʃæl] skal; vil.

shallow [ˈʃælou] grunn; overfladisk; grunne *c.*

sham [ʃæm] falsk; uekte; humbug *c;* foregi; hykle.

shamble [ˈʃæmbl] subbe.

shame [ʃeim] skam(følelse) *c;* skjensel *c;* beskjemme; ~**faced,** skamfull; ~**ful,** skjendig; ~**less,** skamløs.

shampoo [ʃæmˈpu:] hårvask *c;* sjampo *c;* sjamponere.

shanty [ˈʃænti] *mar* oppsang *c;* hytte *c;* koie *c.*

shape [ʃeip] skikkelse *c;* form *c;* snitt *n;* figur *c;* danne; forme; **in bad** ~, i dårlig stand *c;* ~**ly,** velformet; velskapt.

share [ʃɛə] (an)del *c;* part *c;* aksje *c;* (for)dele; ha

sammen **(with** med); ~**holder,** aksjonær *c.*

shark [ʃa:k] hai *c.*

sharp [ʃa:p] skarp; spiss; glogg; lur; **at ten** ~, presis kl. 10; **look** ~! kvikt nå! ~**en,** skjerpe; kvesse; spisse; ~**er,** bedrager *c;* ~**ener,** (blyant)spisser *c;* ~**ness,** skarphet *c;* skarpsindighet *c;* ~**-sighted,** skarpsindig.

shatter [ˈʃætə] splintre(s).

shave [ʃeiv] skave; barbere; streife; barbering *c;* ~**ing,** barbering *c;* ~**ings,** høvelspon *n;* ~**ing-brush,** barberkost *c.*

shawl [ʃɔ:l] sjal *n.*

she [ʃi:] hun; hunn- (om dyr); det (om skip).

sheaf [ʃi:f] bunt *c;* nek *n.*

shear [ʃiə] klippe (især sau); ~**s,** saue- *el* hagesaks *c.*

sheath [ʃi:þ] skjede *c;* slire *c.*

shed [ʃed] utgyte; spre; felle (tårer, tenner etc.); skur *n.*

sheep [ʃi:p] sau *c.*

sheer [ʃiə] skjær; ren.

sheet [ʃi:t] ark *n;* flak *n;* flate *c;* plate *c;* laken *n;*

mar skjøt *n;* ~**-glass,** vindusglass *n;* ~**-iron,** jernblikk *n.*

shelf, *pl* **shelves** [ʃelf, -vz] hylle *c;* avsats *c;* grunne *c;* sandbanke *c.*

shell [ʃel] skall *n;* skjell *n;* musling *c;* (patron)hylse *c;* patron *c;* granat *c;* skalle; bombardere; ~**fish,** skalldyr *n;* ~**-proof,** bombesikker.

shelter [ʃeltə] ly *n;* vern *n;* beskytte; huse; gi ly.

shelve [ʃelv] legge på hylle; skrinlegge.

shepherd [ʃephəd] (saue)gjeter *c;* gjete; vokte.

sheriff [ʃerif] sheriff *c;* foged *c; amr* omtr. lensmann *c.*

shield [ʃi:ld] skjold *n;* vern *n;* forsvar *n;* beskytte, verge.

shift [ʃift] skifte; omlegge; flytte på; forskyve seg; greie seg; finne utvei; skifte *n;* ombytting *c;* arbeidsskift *n;* utvei *c;* klesskift *n;* ~**y,** upålitelig.

shilling [ʃiliŋ] shilling *c* (¹/₂₀ pund).

shimmer [ʃimə] flimre; flimring *c.*

shine [ʃain] skinn *c;* glans *c;* skinne; stråle; pusse.

shingle [ʃiŋgl] takspon *n;* grus *n (c)* singel *c;* spontekke.

shiny [ʃaini] skinnende; blank.

ship [ʃip] skip *n;* (inn)skipe; mønstre på; ~**-bro-ker,** skipsmekler *c;* ~**ment,** skiping *c.* parti *n;* sending *c;* ~**owner,** skipsreder *c;* ~**ping,** skipsfart *c;* tonnasje *c;* ~**wreck,** skibbrudd *n;* forlise; ~**yard,** skipsverft *n.*

shire [ʃaiə] eng. grevskap *n;* fylke *n.*

shirk [ʃə:k] skulke.

shirt [ʃə:t] skjorte *c;* skjortebluse *c;* ~**ing,** skjortestoff *n; c.*

shiver [ʃivə] splint(re) *c;* skjelve; (kulde)gysing *c;* ~**y,** skjelvende; kulsen.

shoal [ʃoul] stim(e) *c;* grunne *c.*

shock [ʃɔk] støt *n;* sjokk *n;* ryste; sjokkere; ~**ing,** anstøtelig; sjokkerende.

shoe [ʃu:] sko *c;* sko; beslå; ~**black,** skopusser *c;* ~**horn,** skohorn *n;* ~**maker,** skomaker *c;*

~ **lace**, ~ **-string**, skolisse *c*.

shoot [ʃuːt] skyte; gå på jakt; styrte; lesse av; tømme; spire fram; ta opp (film); skudd *n*; jakt *c*; stryk *n* (i elv).

shooting [ʃuːtiŋ] skyting *c*; (film)opptak *n*; jakt(rett) *c*; sting *n*; **go** ~, gå på jakt; ~ **star**, stjerneskudd *n*.

shop [ʃɔp] butikk *c*; verksted *n*; handle, gå i butikker; ~ **assistant**, ekspeditør *c*; ekspeditrise *c*; ~ **keeper**, detaljhandler *c*; kjøpmann *c*; ~ **lifter**, butikktyv *c*; ~ **window**, utstillingsvindu *n*.

shore [ʃɔː] kyst *c*; strand *c*.

short [ʃɔːt] kort; liten (av vekst); kortvarig; kortfattet; snau; knapp; ~ **wave**, kortbølge *c*; **in** ~, kort sagt; ~ **s**, shorts *c*; ~ **age**, mangel *c*; knapphet; ~ **circuit**, kortslutning *c*; ~ **coming**, brist *c*; mangel *c*; ~ **cut**, snarvei *c*; ~ **en**, forkorte; ~ **hand**, stenografi *c*; ~ **-lived**, kortvarig; ~ **ly**, snart; ~ **ness**, korthet *c*;

~ **-sighted**, kortsynt; nærsynt.

shot [ʃɔt] skudd *n*; hagl *n*; prosjektil(er) *n*; skuddvidde *c*; skytter *c*; *fotogr og film* (øyeblikks)opptak *n*.

shoulder [ʃouldə] skulder *c*; ta på seg; ta på skuldrene.

shout [ʃaut] rop(e) *n*; brøl(e) *n*.

shove [ʃʌv] skubb(e) *n*; skyve.

shovel [ʃʌvl] skuffe *c*; skyfle.

show [ʃou] vise (seg); fremvise; forevise; stille ut; ~ **off**, vise seg; briljere; utstilling *c*; fremvisning *c*; forestilling *c*; ytre skinn *n*; forstillelse *c*; ~ **-case**, montre *c*.

shower [ʃauə] byge *c*; skur *c*; (~ **-bath**), dusj(bad) *n*; dusje; ~ **y**, byget.

show-room, utstillingslokale *n*; ~ **y**, prangende.

shred [ʃred] remse *c*; strimmel *c*; trevl *c*.

shrewd [ʃruːd] skarp(sindig).

shriek [ʃriːk] hyl(e) *n*; skrik(e) *n*.

shrill [ʃril] skingrende.

shrimp [ʃrimp] reke *c;* pusling *c.*

shrine [ʃrain] helgenskrin *n.*

shrink [ʃriŋk] skrumpe inn; krympe; vike tilbake for.

shrivel [ʃrivl] skrumpe inn.

shrub [ʃrʌb] busk *c.*

shrug [ʃrʌg] trekke på skuldrene; skuldertrekning *c.*

shudder [ʃʌdə] gyse; gysing *c.*

shuffle [ʃʌfl] skyve, slepe; stokke (kort); blande.

shun [ʃʌn] unngå; sky.

shut [ʃʌt] lukke(s); lukke seg; lukket; ~ **down**, lukke; stanse arbeidet; ~ **down**, stansing av arbeidet (i en fabrikk); ~ **in**, innelukke; ~ **up**, stenge (inne); holde munn; ~ **ter**, skodde *c;* vinduslem *c; fotogr* lukker *c.*

shuttle [ʃʌtl] skyttel(fart) *c;* pendle; ~ **cock**, fjærball *c.*

shy [ʃai] sky; genert; skvetten; bli sky; kaste; ~ **ness**, skyhet *c.*

sick [sik] syk (**of** av); sjø-

syk; kvalm; matt; lei og kei (**of** av); ~ **-bed**, sykeseng *c;* ~ **en**, bli syk.

sickle [sikl] sigd *c.*

sick-leave, sykepermisjon *c;* ~ **ly**, sykelig; skrøpelig; usunn; kvalmende; ~ **ness**, sykdom *c;* kvalme *c.*

side [said] side *c;* kant *c;* parti *n;* side-; ta parti (**with** for); ~ **board**, anretningsbord *n;* ~ **-car**, sidevogn *c;* ~ **light**, sidelys *n;* streiflys *n;* ~ **long**, sidelengs; ~ **slip**, (om bil) gli til siden; ~ **walk**, *amr* fortau *n;* ~ **ways**, ~ **wise**, sidelengs. ·

sieve [siv] sil(e) *c;* sikte.

sift, sikte; sile; prøve; strø.

sigh [sai] sukk(e) *n.*

sight [sait] syn(sevne) *n (c);* observasjon *c;* severdighet *c;* sikte *n* (på skytevåpen); få øye på; få i sikte; sikte inn *el* på; rette (skytevåpen); **catch** ~ **of**, få øye på; ~ **-seeing**, beskuelse *c* av severdigheter.

sign [sain] tegn *n;* vink *n;* skilt *n;* gjøre tegn; merke; undertegne.

signal ['signəl] signal(ise-re) *n;* eklatant; utmerket.

signature ['signətʃə] underskrift *c.*

significance [sig'nifik(ə)ns] betydning *c;* viktighet *c;* ~ **t**, betydningsfull; betegnende.

signify ['signifai] betegne; bety.

signpost ['sainpoust] veiskilt *n;* veiviser *c.*

silence ['sailəns] stillhet *c;* taushet *c;* få til å tie; ~ **t**, stille; taus.

silk, silke *c;* ~ **en**, silke-; av silke; ~ **y**, silkeaktig.

sill, vinduskarm *c;* dørterskel *c.*

silliness ['silinis] dumhet *c;* ~ **y**, dum; enfoldig; tosket.

silver ['silvə] sølv *n.*

similar ['similə] lignende; lik; maken; ~ **ity**, likhet *c.*

simmer ['simə] småkoke; putre.

simple ['simpl] enkel; lett.

simplicity [sim'plisiti] enkelhet *c;* letthet *c;* troskyldighet *c;* ~ **fy**, forenkle.

simply ['simpli] simpelthen.

simultaneous [siməl'teinjəs] samtidig; simultan-.

sin, synd(e) *c.*

since [sins] siden; ettersom.

sincere [sin'siə] oppriktig; ~ **ity** [sin'seriti] oppriktighet *c.*

sinew ['sinju:] sene *c;* kraft *c.*

sing [siŋ] synge; ~ **er**, sanger *c.*

singe [sindʒ] svi.

single ['siŋgl] enkelt; eneste; enslig; ugift; utvelge, plukke ut; *tennis* enkeltspill *n;* single; ~ **-breasted**, enkeltspent, enkeltknappet; ~ **file**, gåsegang; ~ **-handed**, uten hjelp.

singular ['siŋgjulə] entall *n;* enestående; usedvanlig; underlig.

sinister ['sinistə] illevarslende; skummel.

sink [siŋk] synke; senke; grave, bore; vask *c;* oppvaskkum *c;* kloakk *c.*

sinner ['sinə] synder *c.*

sinuous ['sinjuəs] buktet, slynget.

sip, nippe (**at** til); tår *c.*

sir [sə:] (i tiltale) min

herre; **Sir**, tittel foran
knight's *el* baronet's for-
navn (og etternavn).
sirloin ['sə:lɔin] mørbrad-
steik *c.*
sister ['sistə] søster *c;*
~-**in-law**, svigerinne *c.*
sit, sitte; holde møte(r);
(om høne) ruge **(on** på);
passe (om klær); ~
down, sette seg; ~ **up**,
sette seg opp; sitte oppe
(utover natten).
site [sait] beliggenhet *c;*
plass *c;* (bygge)tomt *c.*
sitting ['sitiŋ] det å sitte;
møte *n;* sesjon *c;*
~-**room**, dagligstue *c.*
situated ['sitjueitid] belig-
gende; ~ **ion** [sitju'eiʃn]
c; beliggenhet *c;* stilling
c, post *c.*
six [siks] seks; ~ **fold,**
seksdobbelt; ~ **teen,**
seksten; ~ **teenth,** sek-
stende(del); ~ **th,** sjet-
te(del); ~ **thly,** for det
sjette; ~ **ty,** seksti.
size [saiz] størrelse *c;* di-
mensjon *c;* (sko- osv.)
nummer *n;* sortere; be-
regne.
skate [skeit] skøyte *c;* gå
på skøyter; ~ **ing-rink,**
(kunstig) skøytebane *c;*
rulleskøytebane *c.*

skeleton ['skelitn] skjelett
c.
sketch [sketʃ] skisse(re) *c.*
ski [ski:] ski *c;* gå på ski.
skid, skrense; støtteplan-
ke *c.*
skier ['ski:ə] skiløper *c;*
~ **ing,** skiløping *c.*
skilful ['skilful] dyktig.
skill, dyktighet *c;* ferdig-
het *c;* ~ **ed,** faglært;
dyktig.
skim (off), skumme (av);
~-**milk**, skummet melk
c.
skin, hud *c;* skinn *n;*
skall *n* (på frukt); hinne
c; snerk *c;* flå, skrelle;
gro til; heles; ~ **ny**, rad-
mager.
skip, hopp *n;* byks *n;*
sprett *n;* hoppe; sprin-
ge; hoppe tau; hoppe
over; puffe; ~ **per**, skip-
per *c;* kaptein *c;* lagle-
der *c.*
skirmish ['skə:miʃ] skjær-
myssel *c;* småslåss.
skirt [skə:t] skjørt *n;* flik
c; frakkeskjøt *c;* ~ **s,**
(ofte) utkant *c;* gå (*el*
ligge) langsmed; streife.
skull [skʌl] hodeskalle *c.*
sky [skai] himmel *c;* **in
the** ~, på himmelen;
~ **light,** takvindu *n;*

overlys *n;* ~**scraper,** skyskraper *c.*

slab [slæb] plate *c;* steinhelle *c;* skive *c* (av brød, kjøtt o.l.).

slack [slæk] slapp; slakk; sløy; ~**en,** slappe (av); slakke; minske (seil); ~**er,** slappfisk *c.*

slag [slæg] slagg *n.*

slam [slæm] smell *n;* slem *c* (i bridge); smelle igjen (døra).

slander ['sla:ndə] baktale; bakvaske(lse *c);* ~**er,** baktaler *c;* ~**ous,** baktalende.

slang [slæŋ] slang *c.*

slant [sla:nt] skrå retning *c;* synspunkt *n;* skråne; helle; ~**ing,** skrå.

slap [slæp] dask(e) *c;* slag *n;* slå; klapse.

slash [slæʃ] flenge (i); hogge.

slate [sleit] skifer(tavle) *c;* **a clean** ~, rent rulleblad *n.*

slaughter ['slɔ:tə] slaktning *c;* nedsabling *c,* blodbad *n;* slakte; ~**house,** slakteri *n.*

slave [sleiv] slave *c;* ~**ry,** slaveri *n.*

slay [slei] slå ihjel.

sled(ge) [sledʒ] slede *c;*

kjelke *c;* kjøre med slede; ake.

sledge(hammer) ['sledʒhæmə] slegge *c.*

sleek [sli:k] glatt(e).

sleep [sli:p] søvn *c;* sove; ~**er,** sovende; sovevogn *c;* jernbanesville *c;* ~**iness,** søvnighet *c.*

sleeping-bag ['sli:piŋ'bæg] sovepose *c;* ~**-car,** sovevogn *c;* ~**-sickness,** sovesyke *c.*

sleepless ['sli:plis] søvnløs; ~**lessness,** søvnløshet *c;* ~**walker,** søvngjenger *c;* ~**y,** søvnig.

sleet [sli:t] sludd *n.*

sleeve [sli:v] erme *n.*

sleigh [slei] slede *c;* kjøre med slede.

slender ['slendə] slank; smekker; tynn; skrøpelig; ~**ness,** slankhet *c.*

slice [slais] skive *c;* del *c,* stykke *n;* sleiv *c,* spade *c;* spatel *c;* skjære i skiver; skjære opp.

slick [slik] glatt(e); elegant.

slide [slaid] gli; skli; sklie *c;* ras *n;* skred *n;* rutsjebane *c;* ~**-rule,** regnestav *c.*

slight [slait] sped; ubetydelig; forbigå(else) *(c).*

slim, slank; slanke seg.

slime [slaim] slam *n;* slim *n.*

sling [sliŋ] slynge *c;* fatle *c;* kaste; slynge.

slip, gli; smutte; liste seg; slippe bort (fra); glidning *c;* feil *c;* strimmel *c;* underkjole *c;* putevar *n;* ~ **on (off),** ta på (av) (kjole osv.); ~ **of paper,** seddel *c;* ~ **per,** tøffel *c;* ~ **pery,** glatt.

slit, spalte *c;* rift *c;* revne *c;* skjære, sprette, klippe opp.

slogan ['slougən] slagord *n.*

slop [slɔp] skyllevann *n;* pytt *c;* søle; skvalpe; ~ **py,** sølet; slurvet.

slope [sloup] skråning *c;* helling skråne.

slosh [slɔʃ] skvalpe; skvalping *c.*

slot [slɔt] sprekk *c;* spalte *c;* ~ **machine,** (salgs- *el* spille)automat *c.*

slouch [slautʃ] henge slapt; ~ **along,** slentre avsted.

slovenly ['slʌvnli] sjusket.

slow [slou] langsom; sen; tungnem; kjedelig, langtekkelig; **my watch is ten minutes** ~, klokken min går ti minutter for sakte.

sludge [slʌdʒ] snøslaps *n;* sørpe *c;* mudder *n.*

sluice [slu:s] sluse *c;* skylle.

slumber ['slʌmbə] slumre; slummer *c;* ~ **ous,** søvndyssende; søvnig.

slump [slʌmp] plutselig prisfall *n;* falle brått (om priser o.l.).

slur [slə:] snakke (*el* skrive) utydelig.

slush [slʌʃ] slaps; søle *c.*

sly [slai] slu; listig; lur.

smack [smæk] klask *n;* smatting *c;* smellkyss *n;* smak *c;* smake (**of** av); smatte; smaske.

small [smɔ:l] liten; ubetydelig; smålig; ~ **pox,** kopper; ~ **talk,** lett konversasjon *c.*

smart [sma:t] skarp; våken; gløgg; flott; fiks; velkledd; smart; svi; gjøre vondt.

smash [smæʃ] smadre(s); slå; slenge; slag *n;* ~ **ing,** knusende; flott.

smattering ['smætəriŋ] overfladisk kjennskap *c.*

smear [smiə] fettflekk *c;* smøre (til); bakvaske.

smell [smel] lukt(esans) c; lukte.

smelt, smelte (malm).

smile [smail] smil(e) n.

smite [smait] slå; ramme.

smith [smiþ] smed c.

smithy ['smiði] smie c.

smock [smɔk] arbeidskittel c.

smog [smɔg] (smoke og fog) røyktåke c.

smoke [smouk] ryke; røyk(e) c; dt sigar c; sigarett c; ~r, røyker c; røykekupé c.

smoking ['smoukiŋ]: no ~!, røyking forbudt!; ~-compartment, røykekupé c.

smoky ['smouki] røykfylt.

smooth [smu:ð] glatt; jevn; rolig; glatte, berolige.

smoulder ['smouldə] ulme.

smug [smʌg] selvtilfreds.

smuggle ['smʌgl] smugle; ~r, smugler c.

smut [smʌt] (sot)flekk c; smuss n; skitt n; sote; smusse; ~ty, sotet; skitten; uanstendig.

snack [snæk] matbit n; lett måltid n.

snag [snæg] ulempe c.

snail [sneil] snegl c (med hus).

snake [sneik] slange c.

snap [snæp] snappe; glefse; knipse; glefs n; smekk c; ~shot, øyeblikksfotografi n.

snare [snɛə] (fange i) snare c.

snarl [sna:l] snerre; knurre.

snatch [snætʃ] snappe; gripe (at etter); kjapt grep n; napp n.

sneak [sni:k] snike (seg); luske; sladre(hank c).

sneer [sniə] smile hånlig.

sneeze [sni:z] nys(e) n.

sniff [snif] snuse; snufse; rynke på nesen (at av).

sniper ['snaipə] snikskytter c.

snob [snɔb] snobb c; ~bery, snobbethet c; ~bish, snobbet.

snore [snɔ:] snork(e) n; ~t, snøfte; fnyse.

snout [snaut] snute c; tryne n.

snow [snou] snø c; ~storm, snøstorm c; ~y, snøhvit; snødekket.

snub [snʌb] irettesette; avbryte.

snuff [snʌf] snus(e) c; utbrent veke c; snyte (et lys).

snug [snʌg] lun; koselig;

legge seg (godt) ned;
krype sammen.

so [sou] så(ledes); altså;
and ~ on, og så videre;
~ -and-so, den og den.

soak [souk] gjennombløte; trekke til seg.

soap [soup] såpe *c;* såpe
inn; **~ suds,** såpeskum
n.

soar [sɔ:r] fly høyt; sveve; stige sterkt (om pris
o.l.).

sob [sɔb] hulke; hulking
c.

sober [ˈsoubə] nøktern;
edru; edruelig; sindig.

sobriety [souˈbraiəti] nøkternhet *c;* edruelighet *c.*

so-called, såkalt.

soccer [ˈsɔkə] (vanlig) fotball *c.*

sociable [ˈsouʃəbl] selskapelig; omgjengelig.

social [ˈsouʃl] sosial; samfunns-; selskapelig.

society [səˈsaiəti] samfunn(et); sosieteten; forening *c;* selskap *n.*

sock [sɔk] sokk *c;* slag *n.*

socket [ˈsɔkit] holder *c;*
øyenhule *c;* hofteskål *c;*
elektr stikkontakt *c.*

sod [sɔd] grastorv *c.*

soda [ˈsoudə] soda *c;* natron *c;* **(~ -water),** sodavann *n.*

sofa [ˈsoufə] sofa *c.*

soft [sɔft] bløt; myk;
svak; dempet; blid;
~ en [ˈsɔfn], bløtgjøre;
mildne; **~ ness,** bløthet
c; mildhet *c.*

soil [sɔil] jord(smonn) *c*
(n); jordbunn *c;* skitt *c;*
søle, skitne til.

sojourn [ˈsɔdʒə:n] opphold(e seg) *n.*

soldier [ˈsouldʒə] soldat *c;*
~ y, soldater.

sole [soul] såle *c;* sjøtunge
c; eneste; ene-; uteluk-
kende.

solemn [ˈsɔləm] høytide-
lig; **~ ity** [sɔˈlemniti]
høytidelighet *c.*

solicit [səˈlisit] be innstendig om; anmode om;
~ or, (rådgivende) advo-
kat *c.*

solid [ˈsɔlid] fast; massiv;
solid; pålitelig; **~ ify**
[səˈlidifai] (få til å) størk-
ne; **~ ity** [səˈliditi] fasthet
c; soliditet *c.*

solitary [ˈsɔlitəri] ensom;
enslig; **~ ude,** ensomhet
c.

solution [səˈlu:ʃn] (opp)-
løsning *c.*

solve [sɔlv] løse (problem
o.l.).

solvency [ˈsɔlvənsi] beta-
lingsevne *c;* **~ t,** solvent.

some [sʌm] noen, noe; en eller annen, et eller annet; visse, somme; omtrent; ~**body**, noen, en eller annen; ~**how**, på en eller annen måte; ~**one**, noen; ~**thing**, noe, et eller annet; ~**time**, en gang, en dag; ~**times**, undertiden; av og til; ~**what**, noe; litt; temmelig; ~**where**, et eller annet sted.

somersault ['sʌməsɔ:lt] (slå) saltmortale.

son [sʌn] sønn c; ~**-in-law**, svigersønn c.

song [sɔŋ] sang c, vise c.

soon [su:n] snart; tidlig; gjerne; ~**er**, snarere; heller.

soot [sut] sot c.

soothe [su:ð] berolige.

sooty ['suti] sotet; svart.

sop [sɔp] oppbløtt brødbit c; godbit c; pyse c; bløte opp.

sophisticated [so'fistikei-tid] tilgjort; verdenserfaren; forfinet.

sorcery ['sɔ:səri] trolldom c.

sordid ['sɔ:did] skitten; elendig; smålig.

sore [sɔ:] sår n; byll c; ømt sted; sår; øm(tålig);

~**ness**, sårhet c; ømhet c.

sorrow ['sɔrou] sorg c; bedrøvelse c; sørge; ~**y**, bedrøvet; sørgmodig; lei; (**I am**) **so** ~ ~ ! unnskyld! **I am** ~ ~ **for him**, jeg har vondt av ham.

sort [sɔ:t] sort c; slag(s) n; sortere; ordne.

soul [soul] sjel c.

sound [saund] lyd c; klang c; sonde c; sund n; sunn, frisk; sterk; uskadd; hel; dyp, fast (om søvn); velbegrunnet; sondere; lodde; prøve, få til å røpe; lyde; klinge; gi signal; **safe and** ~, i god behold.

soup [su:p] suppe c.

sour ['sauə] sur; gretten; surne; gjøre sur; forbitre.

source [sɔ:s] kilde c; opprinnelse c.

south [sauþ] sør; syden; sørover; i sør; ~**-east**, sørøst(lig); ~**erly** ['sʌðəli] sørlig, sønnen-; ~**ern**, sørlig, sør-; sydlandsk; ~**erner**, sydlending c; amr sørstats-

mann *c;* ~**ward** ['sauþ-
wəd] sørover.
south-west ['sauþwest] sør-
vest; ~**er,** sørvestvind
c; sydvest *c* (plagg).
sovereign ['sɔvrın] høyest;
suveren; hersker *c;* mo-
nark *c;* ~**ty,** suverenitet
c.
sow [sau] purke *c;* [sou] så
(til).
spa [spa:] kursted *n.*
space [speis] rom *n;* plass
c; areal *n;* tidsrom *n;*
spalteplass *c;* ~**ious,**
rommelig.
spade [speid] spade *c;*
~**s,** spar.
Spain [spein] Spania.
span [spæn] spenn *c;*
spann *n* (hester); spenn-
vidde *c;* spenne (over);
omspenne.
Spaniard ['spænjəd] spa-
nier *c;* ~**sh,** spansk (og-
så språket).
spank [spæŋk] klaske;
daske.
spanner ['spænə] skrunøk-
kel *c;* skiftenøkkel *c.*
spare [spɛə] unnvære; av-
se; la være; skåne, spa-
re; knapp; sparsom; le-
dig; reserve-; ~ **(bed)-
room** gjesteværelse *n;* ~

parts, reservedeler; ~
time, fritid *c.*
sparing ['spɛrıŋ] sparsom.
spark [spa:k] gnist(re) *c;*
tenne (om motor);
~**(ing)plug,** tennplugg
c; ~**le,** gnist(re) *c;* funk-
le; boble.
sparrow ['spærou] spurv *c.*
spasm ['spæzm] krampe *c.*
spatial ['speiʃəl] romlig,
rom-.
spawn [spɔ:n] (legge) rogn
c; gyte; avle.
speak [spi:k] tale; snak-
ke; ~ **out,** snakke ut (*el*
høyt); ~**er,** taler *c;* ord-
styrer *c;* president i Un-
derhuset.
spear [spiə] spyd *n;* lanse
c; spidde.
special ['speʃəl] spesiell;
særlig; spesial-; ekstra-
(nummer, -tog); ~**ist,**
fagmann *c;* ~**ity** [spe-
ʃi'æliti] spesialitet *c;*
~**ize** ['speʃəlaiz] speciali-
sere (seg).
specific [spi'sifik] sær-
egen; spesiell; spesifikk;
~**ication,** spesifisering
c; ~**y** ['spesifai] spesifi-
sere.
specimen ['spesimin] prø-
ve *c;* eksemplar *n.*
speck [spek] flekk *c.*

spectacle ['spektəkl] syn *n;* opptog *n;* **a pair of** ~ **s,** et par briller.

spectacular [spek'tækjulə] iøynefallende; prangende.

spectator [spek'teitə] tilskuer *c.*

speculate ['spekjuleit] gruble (**on** over); spekulere.

speech [spi:tʃ] tale *c;* ~ **less,** målløs, stum.

speed [spi:d] hast(e) *c;* hurtighet *c;* fart *c;* fare; ile; ~ **up,** sette opp farten; ~ **-limit,** fartsgrense *c;* ~ **y,** hurtig; rask; snarlig.

spell (kort) periode *c;* tørn *c;* trylleformular *c;* fortrylle(lse *c);* stave; avløse; ~ **bound,** fortryllet, fjetret.

spelling ['speliŋ] rettskrivning *c;* stavemåte *c.*

spend [spend] (for)bruke; tilbringe; ~ **thrift,** ødeland *c.*

spew [spju:] spy (ut).

sphere [sfiə] sfære *c;* klode *c.*

spice [spais] krydder(i) *n;* krydre.

spider ['spaidə] edderkopp *c.*

spike [spaik] spiss *c;* pigg *c;* nagle *c;* aks *n;* nagle fast.

spill, spille; søle; kaste av.

spin, spinne; virvle; snurre rundt; om fly: gå i spinn.

spinach ['spinidʒ] spinat *c.*

spine [spain] ryggrad *c;* bokrygg *c;* torn *c.*

spinning-mill, spinneri *n;* ~ **-wheel,** rokk *c.*

spinster ['spinstə] ugift kvinne *c.*

spire [spaiə] spir *n.*

spirit ['spirit] ånd *c;* spøkelse *n;* sinn(elag) *n;* humør *n;* lyst *c;* mot *n;* livlighet *c;* sprit *c;* oppmuntre; ~ **s,** brennevin *n;* **in high** ~ **s,** opprømt; i godt humør; **in low** ~ **s,** nedslått; ~ **ed,** livlig; energisk; kraftig; ~ **ual,** åndelig; geistlig.

spit, spidd *n;* odde *n;* spytt(e) *n;* frese (om katt); sprute; ~ **fire** ['spitfaiə] hissigpropp *c.*

spite [spait] ondskap(sfullhet) *c;* **in** ~ **of,** til tross for; ~ **ful,** ondskapsfull.

spittle ['spitl] spytt *n.*

splash [splæʃ] skvett(e) *c;*

plask(e) *n;* søle til; **make a ~**, vekke sensasjon *c.*

spleen [spli:n] milt *c;* livstretthet *c;* dårlig humør *n.*

splendid ['splendid] strålende; glimrende; storartet; **~ dour**, glans *c;* prakt *c.*

splice [splais] spleise; skjøte.

splint, *med* skinne; **~ er**, splint *c;* flis *c;* spon *n.*

split, sprekk *c;* spalting *c;* splitte(lse *c);* spalte; kløyve; dele seg.

splutter ['splʌtə] sprute; spruting *c;* oppstyr *n.*

spoil [spɔil] bytte *n;* rov *n;* ødelegge; skjemme bort; spolere; **~ -sport**, gledesdreper *c.*

spoke [spouk] eike *c;* trinn *n;* **~ sman**, talsmann *c.*

sponge [spʌndʒ] svamp *c;* vaske (*el* pusse ut) med svamp; **~ -cake**, sukkerbrød *n;* **~ r**, snyltegjest *c.*

sponsor ['spɔnsə] fadder *c;* garantist *c;* en som betaler radio- *el* TV-program; støtte; garantere.

spontaneous [spɔn'teinjəs] spontan; umiddelbar.

spook [spu:k] spøkelse *n.*

spool [spu:l] spole *c;* filmrull *c;* (fiske)snelle *c;* spole.

spoon [spu:n] skje *c.*

sport [spɔ:t] atspredelse *c;* lek *c;* moro *c;* idrett *c;* leke; drive sport; **~ sman**, sportsmann *c;* jeger *c;* **~ s-wear**, sportsklær.

spot [spɔt] flekk *c;* sted *n;* bit *c*, smule *c;* flekke; oppdage; **~ less**, uten flekker; lytefri; **~ light**, prosjektør *c;* søkelys *n.*

sprain [sprein] forstuing *c;* forstue.

sprawl [sprɔ:l] ligge henslengt; bre seg.

spray [sprei] kvist *c;* sprøyt *c;* sprøytevæske *c;* (over)sprøyte.

spread [spred] spre (utover); bre (utover); dekke (bordet); spre seg; utstrekning *c;* omfang *n;* utbredelse *c.*

spree [spri:] rangel *c;* moro *c.*

sprig, kvist *c;* kvast *c.*

spring [spriŋ] vår *c;* kilde *c;* hopp *n;* (driv)fjær *c;* spennkraft *c;* springe; sprette; bryte fram; oppstå **(from** av);

~ -board, springbrett *n;*
~ mattress, springmad-
rass *c;* **~ -tide,** springflo
c; **~ y** ['spriŋi] spenstig.
sprinkle ['spriŋkl] stenke;
skvette; **~ r,** sprøyte-
vogn *c;* sprinkleranlegg
n.
sprout [spraut] spire *c;*
skudd *n;* spire; **Brussels
~ s,** rosenkål *c.*
spruce [spru:s] gran *c;*
fjong, fin.
spry [sprai] kvikk; livlig.
spur [spə:] spore *c;* (an)-
spore.
sputter ['spʌtə] sprute;
snakke fort og usam-
menhengende; frese.
spy [spai] spion(ere) *c;*
~ -glass, liten kikkert *c.*
squabble ['skwɔbl] kjekl *n;*
kjekle.
squad [skwɔd] lag *n;* pa-
trulje *c;* **~ ron,** skvadron
c; eskadron *c.*
squalid ['skwɔlid] skitten;
ussel.
squall [skwɔ:l] skrike;
vræle; skrål *n;* vindstøt
n, byge *c.*
squander ['skwɔndə] ødsle
bort; spre(s).
square [skwɛə] firkantet;
kvadratisk; rettvinklet;
undersetsig, firskåren;

ærlig; real; kvitt, skuls;
oppgjort (om mellom-
værende); **~ with,** ikke
skylde noe; firkant *c;*
kvadrat *n;* åpen plass *c;*
gjøre opp, ordne; be-
stikke; **~ -built,** firskå-
ren; **~ mile,** kvadratmil
c.
squash [skwɔʃ] kryste;
presse; fruktsaft *c;*
gresskar *n.*
squat [skwɔt] sitte på
huk; ta opphold uten
tillatelse; liten; under-
setsig.
squeak [skwi:k] pip(e) *n.*
squeal [skwi:l] hvin(e) *n.*
squeeze [skwi:z] klem(me)
c; trykk(e) *n;* press(e) *n.*
squint [skwint] skjele.
squire ['skwaiə] godseier
c.
squirm [skwə:m] vri seg.
squirrel ['skwirəl] ekorn *n.*
squirt [skwə:t] sprøyt(e)
n.
S.S. = **steamship.**
St. = **Saint; Street.**
stab [stæb] stikke; dolke.
stability [stə'biliti] fasthet
c; stabilitet *c;* **~ zation**
[steibilai'zeiʃn] stabilise-
ring *c;* **~ ze,** stabilisere.
stable ['steibl] stabil; fast;
varig; trygg; stall *c.*

stack [stæk] stabel *c;* (korn-, høy-)stakk *c;* stable; stakke (høy).

stadium [ˈsteidjəm] stadion *n.*

staff [staːf] stab *c;* personale *n;* **on the ~**, (fast) ansatt.

staff [staːf] *pl* **staves** [steivz] stav *c;* stang *c;* stokk *c.*

stag [stæg] (kron)hjort *c;* **~ party**, herreselskap *n.*

stage [steidʒ] plattform *c;* stillas *n;* skueplass *c;* scene *c;* teater *n;* stadium *n;* sette i scene; **~-craft**, regikunst *c;* **~-manager**, regissør *c.*

stagger [ˈstægə] rave; forbløffe; raving *c.*

stagnant [ˈstægnənt] stillestående; **~nate**, stagnere.

stain [stein] farge; flekke; vanære; flekk *c;* skam *c;* **~less**, plettfri; rustfri (stålvarer).

stair [stɛə] trapp(etrinn) *c (n);* **~case**, trapp *c;* trappegang *c.*

stake [steik] stake *c;* påle *c;* innsats *c;* våge, sette på spill; **at ~**, på spill.

stale [steil] bedervet; flau; doven (om øl);

gammelt (brød); fortersket; **~mate**, matt (i sjakk); stopp, dødt punkt *n.*

stalk [stɔːk] stengel *c;* stilk *c;* liste seg fram; spankulere.

stall [stɔːl] bås *c;* spiltau *n;* markedsbu *c;* **teat** orkesterplass *c.*

stallion [ˈstæljən] hingst *c.*

stamina [ˈstæminə] utholdenhet *c.*

stammer [ˈstæmə] stamme.

stamp [stæmp] stempel *n;* preg *n;* avtrykk *n;* frimerke *n;* karakter *c;* stamping *c;* stemple; frankere; stampe; **~ede** [stæmˈpiːd] panikk *c.*

stand [stænd] stå; ligge (om bygning); bestå; være; tåle; stans *c;* bod *c;* (utstillings)stand *c;* standpunkt *n;* tribune *c;* **make a ~**, ogs.: gjøre motstand; **~ by**, stå ved; holde seg parat; **~ off**, holde seg på avstand; **~ one's ground**, holde stand; **~ up for**, gå i bresjen for.

standard [ˈstændəd] fane *c;* flagg *n;* norm *c;* standard *c;* målestokk *c;* myntfot *c;* normal-; **~**

of living, levestandard *c;*
~ **ize,** standardisere.

standing ['stændiŋ] ståen-
de; fast; stilling *c;* rang
c.

standpoint ['stændpɔint]
standpunkt *n;* syns-
punkt *n.*

standstill ['stæn(d)stil]
stans *c;* stillstand *c.*

stanza ['stænzə] vers *n;*
strofe *c.*

staple ['steipl] stapel- (va-
re) *c;* stapling machine,
stiftemaskin *c.*

star [sta:] stjerne *c;* opp-
tre i hovedrollen.

starboard ['sta:bəd] styr-
bord.

starch [sta:tʃ] stive(lse *c).*

stare [stɛə] stirre; stirring
c.

starfish ['sta:fiʃ] sjøstjerne
c.

stark [sta:k] stiv; ren(t);
fullstendig.

starling ['sta:liŋ] stær *c.*

start [sta:t] fare opp; dra
av gårde; starte; begyn-
ne; sette i gang; sett *n;*
rykk *n;* begynnelse *c;*
start *c;* ~ **er,** starter *c;*
~ **ing-point,** utgangs-
punkt *n.*

startle ['sta:tl] forskrekke.

starvation [sta:'veiʃn] sult

c; hungersnød *c;* ~ **e,**
sulte.

state [steit] tilstand *c;* stil-
ling *c;* stand *c;* rang *c;*
stat *c;* stas *c;* ytre; er-
klære; fremsette; ~ **li-
ness,** statelighet *c;* ~ **ly,**
statelig; prektig;
~ **ment,** beretning *c;*
erklæring *c;* fremstilling
c; ~ ~ **of account(s),**
kontoutskrift *c;* ~
room, lugar *c; amr* ku-
pé; ~ **sman,** statsmann
c.

station ['steiʃn] stasjon *c;*
(samfunns)stilling *c;*
anbringe; stasjonere;
~ **ary,** stasjonær; fast;
~ **er,** papirhandler *c;*
~ **ery,** skrivesaker.

statistical [stə'tistikl] sta-
tistisk; ~ **s,** statistikk *c.*

statue ['stætʃu:] statue *c.*

stature ['stætʃə] legems-
høyde *c;* (åndelig) vekst
c.

status ['steitəs] status *c;*
posisjon *c.*

stave [steiv] (tønne)stav *c;*
strofe *c.*

stay [stei] opphold *n;* stag
n; bardun *c;* (**a pair of**)
~ **s,** korsett *n;* oppholde
seg; stanse; (for)bli; bo;
~ **away,** holde seg bor-
te; ~ **out,** bli ute.

stead [sted] sted; **in his
~**, i hans sted; **instead
of,** istedenfor; **~ fast,**
fast; standhaftig;
~ iness, støhet *c;* **~ y,**
stø, fast; regelmessig;
rolig; (at)stadig; vedhol-
dende.

steak [steik] biff *c.*

steal [sti:l] stjele; liste
seg.

steam [sti:m] damp(e) *c;*
~ -boiler, dampkjele *c;*
~ -engine, dampmaskin
c; **~ er,** **~ ship,** damp-
skip *n.*

steel [sti:l] stål *n;* herde
(til stål); stålsette.

steep [sti:p] steil; bratt;
stiv (pris); skrent *c;* stup
n; dyppe; legge i bløt.

steeple ['sti:pl] spisst
(kirke-)tårn *n;* **~ chase,**
hinderløp *n.*

steer [stiə] (ung) okse *c;*
styre; **~ age,** styring *c;*
dekksplass *c;* **~ ing-
wheel,** ratt *n.*

stem, (tre)stamme *c;* stilk
c; stett *c;* forstavn *c;*
demme opp; stamme
(from fra).

stench [stentʃ] stank *c.*

stenographer [ste'nɔgrəfə]
stenograf; **~ y,** steno-
grafi *c.*

step skritt *n;* (fot)trinn *n;*
trappetrinn *n;* tre; skrit-
te; trå; **(on** på); **~ fa-
ther,** stefar *c.*

sterling ['stə:liŋ] ekte; ge-
digen; **a pound ~**, et
pund sterling.

stern [stə:n] hard; streng;
akterstevn *n;* **~ ness,**
strenghet *c.*

stevedore ['sti:vdɔ:] stuer
c.

stew [stju:] stuing *c;* lap-
skaus *c;* småkoke.

steward ['stju:əd] forvalter
c; intendant *c;* stuert *c.*

stick [stik] stokk *c;* kjepp
c; stang *c;* stykke *n;*
stikke; støte; feste; sitte
fast; klebe; **~ around,**
holde seg i nærheten; **~
to,** holde fast ved;
~ ing-plaster, heftplaster
n; **~ y,** klebrig; seig;
vanskelig; lummer.

stiff, stiv; stri; vrien;
sterk (drikk); **~ en,** stiv-
ne; gjøre stiv.

stifle ['staifl] kveTe; un-
dertrykke.

still, ennå; enda; likevel;
stille; rolig; berolige;
stagge; **~ ness,** stillhet *c.*

stilt, stylte.

stimulant ['stimjulənt] sti-
mulerende; oppstiver *c,*

stimulans *c;* ~**ate**, stimulere; ~**ation**, stimulering *c.*

sting [stiŋ] brodd *c;* nag *n;* stikk(e) *n;* svi, smerte; ~**y** ['stindʒi] gjerrig.

stink [stiŋk] stank *c;* stinke **(of** av).

stir [stə:] røre *n;* bevegelse *c; liv n;* røre (på); bevege (seg); rote opp i; ~ **up,** opphisse; vekke.

stirrup ['stirəp] stigbøyle *c.*

stitch [stitʃ] sting *n;* maske *c;* sy; hefte sammen.

stock [stɔk] stokk *c;* stamme *c;* ætt *c;* lager *n;* beholdning *c;* bestand *c;* besetning *c;* skjefte *n;* bedding *c;* kapital *c;* statsobligasjon(er) *c;* aksje(r) *c;* **in** ~, på lager; ha på lager; føre; ~ **broker,** fondsmekler *c;* ~ **company** *amr* aksjeselskap *n;* ~ **exchange,** (fonds)børs *c;* ~**holder,** aksjonær *c.*

stocking ['stɔkiŋ] strømpe *c.*

stoke [stouk] fyre (i), passe fyren; ~**r,** fyrbøter *c.*

stolid ['stɔlid] tung; sløv.

stomach ['stʌmək] mage-

(sekk) *c;* appetitt *c;* finne seg i.

stone [stoun] stein *c; vekt* = 14 eng. pund; steine; ta steinene ut av.

stony ['stouni] steinhard; steinet.

stool [stu:l] krakk *c;* taburett *c;* stolgang *c;* avføring *c.*

stoop [stu:p] bøye seg; lute.

stop [stɔp] stanse; (til)-stoppe; hindre; fylle; plombere; sperre; innstille (sine betalinger); slå seg til ro; oppholde seg; opphør(e) *n;* stans *c;* avbrytelse *c;* hindring *c;* skilletegn *n;* **(full** ~, punktum *n); mus* klaff *c;* register *n;* ~**-gap,** nødhjelp *c;* ~**page,** stans *c;* tilstopping *c;* hindring *c;* ~**ping,** fylling *c;* plombe *c.*

storage ['stɔ:ridʒ] lagring *c;* lagerrom *n;* lageravgift *c.*

store [stɔ:] forråd *n;* lager *n; amr* butikk *c;* ~**s** *pl,* **department** ~, varemagasin; oppbevare; lagre; ~**house,** lagerbygning *c;* ~**-keeper,** lagerformann *c; amr* butikkeier *c.*

storey, story ['stɔ:ri] etasje c.

stork [stɔ:k] stork c.

storm [stɔ:m] (sterk) storm c; uvær n; storme; ~ **y,** stormfull.

story ['stɔ:ri] historie c; fortelling c; skrøne c; etasje c; **short** ~, novelle c.

stout [staut] kraftig; traust; tapper; kjekk; korpulent; sterkt øl; ~ **ness,** styrke c; kjekkhet c; korpulens c.

stove [stouv] ovn c.

stow [stou] stue; ~ **age,** stuing c; pakking c; ~ **away,** blindpassasjer c.

straddle ['strædl] skreve; sitte over skrevs.

straggler ['stræglə] etternøler c; omstreifer c.

straight [streit] rett; strak; like; grei; rettskaffen; ~ **on,** rett fram; **put** ~, ordne; ~ **forward,** likefrem; redelig.

strain [strein] spenning c; påkjenning c; rase c; (an)spenne; (over)anstrenge; forstue; ~ **ed,** tvungen, anstrengt; ~ **er,** sil c.

strait [streit] sund n, stre-

de n; forlegenhet c; ~ **en,** innsnevre.

strand [strænd] strand(e) c.

strange [streindʒ] fremmed; merkelig; ~ **r,** fremmed c.

strangle ['stræŋgl] kvele.

strap [stræp] stropp c; rem c; spenne fast; slå (med rem).

straw [strɔ:] strå n; halm c; ~ **berry,** jordbær n.

stray [strei] forville seg; flakke omkring; omstreifende.

streak [stri:k] strek c; stripe c; trekk n; snev c; fare av sted; ~ **y,** stripet.

stream [stri:m] strøm c; elv c; bekk c; strømme; flagre; ~ **er,** vimpel c.

street [stri:t] gate c.

strength [strenþ] styrke c; ~ **en,** styrke.

strenuous ['strenjuəs] iherdig; energisk; anstrengende.

stress, (etter)trykk n; spenning c; betoning c; betone.

stretch [stretʃ] strekke (seg); tøye; strekning c; strekk n; anstrengelse c; periode c; ~ **er,** strekker c; sykebåre c.

strew [stru:] (be)strø; spre.

strict [strikt] streng; nøye.

stride [straid] (frem)skritt *n;* langt skritt; skride.

strident ['straidnt] skingrende.

strife [straif] strid *c.*

strike [straik] slå; treffe; støte mot; støte på; slå (om klokke *c);* stryke (flagg *n,* seil *n);* gjøre inntrykk; avslutte (handel); ta fyr, tenne på (fyrstikk); slå ned (lyn); streik(e); ~ **out,** slette ut; ~ **up,** spille opp; **be (go) on** ~, streike.

striking ['straikiŋ] påfallende; slående; treffende.

string [striŋ] snor *c;* hyssing *c;* streng *c;* bånd *n;* forsyne med strenger; *mus* stemme; stramme; **the** ~**s,** strengeinstrumentene; ~**y,** trevlet.

stringent ['strindʒənt] streng; stringent.

strip, strimmel *c;* trekke av; kle av (seg); berøve **(of);** *tekn* ta fra hverandre.

stripe [straip] stripe *c.*

strive [straiv] streve; kjempe **(against** mot).

stroke [strouk] slag *n;* tak *n;* støt *n;* (pensel)strøk *n;* (stempel)slag *n;* takt-(åre) *c;* hell *n;* stryke.

stroll [stroul] spasere; tur *c.*

strong [strɔŋ] sterk; kraftig; ~ **hold,** (høy)borg *c.*

structure ['strʌktʃə] struktur *c;* oppbygning *c;* byggverk *n.*

struggle ['strʌgl] kjempe; stri; kamp *c;* strev *n.*

strum [strʌm] klimpre; klimpring *c.*

strut [strʌt] spankulere.

stub [stʌb] stump *c;* talong *c;* ~ **ble,** gress- *el* skjeggstubb *c.*

stubborn ['stʌbən] stri; hårdnakket; stivsinnet; sta.

stud [stʌd] stift *c;* krage- *el* skjorteknapp *c;* stutteri *n.*

student ['stju:dənt] student *c.*

studied ['stʌdid] lærd; overlagt; uttenkt; tilsiktet.

studio ['stju:diou] atelier *n;* studio *n.*

studious ['stju:djəs] flittig; ivrig; omhyggelig.

study ['stʌdi] studium *n;* arbeidsværelse *n;* studere.

stuff [stʌf] (rå)stoff *n;* emne *n;* skrap *n,* juks *n;* stoppe (ut); fylle; proppe; stappe; ~ **ing,** farse *c,* fyll *c;* stopp *c;* polstring *c;* ~ **y,** innelukket; trykkende; prippen.

stumble ['stʌmbl] snuble.

stump [stʌmp] stump *c;* stubbe *c;* humpe; forvirre; ~ **y,** firskåren; stubbet.

stun [stʌn] bedøve; overvelde.

stunt [stʌnt] forkrøple; gjøre kunststykker; trick *c.*

stupefaction [stju:piˈfækʃn] forbløffelse *c;* ~ **fy** ['stju:pifai] forbløffe; bedøve.

stupendous [stju:ˈpendəs] veldig; overveldende.

stupid ['stju:pid] dum; sløv; ~ **ity** [stjuˈpiditi] dumhet *c.*

sturdy ['stə:di] robust; kraftig; traust.

stutter ['stʌtə] stamme.

sty [stai] svinesti *c; med* sti *c.*

style [stail] stil *c;* type *c;* mote *c;* griffel *c;* titulere; benevne; ~ **ish,** stilig; flott.

suave [swa:v] beleven; urban.

subconscious ['sʌbˈkɔnʃəs] underbevisst.

subdivide [sʌbdiˈvaid] underinndele; ~ **sion** ['sʌbˈdiviʒən] underavdeling *c.*

subdue [səbˈdju:] undertrykke; dempe.

subheading ['sʌbˈhediŋ] undertittel *c.*

subject ['sʌbdʒikt] statsborger *c;* undersått *c;* gjenstand *c;* emne *n;* sak *c;* (studie)fag *n;* ~ **to,** under forbehold av; underkastet, -lagt; [səbˈdʒekt] underkaste; undertvinge; utsette; ~ **ion,** underkastelse *c.*

subjunctive [səbˈdʒʌŋktiv] konjunktiv *c.*

sublet ['sʌbˈlet] fremleie.

sublime [səˈblaim] opphøyet.

submarine ['sʌbməri:n] undersjøisk; undervanns(båt *c).*

submerge [səbˈmə:dʒ] dukke (ned); senke under vannet.

submit [səbˈmit] underkaste (seg); forelegge **(to** for).

subordinate [səˈbɔ:dinit] underordnet; [-eit] underordne.

subscribe [səb'skraib] skrive under; subskribere; abonnere **(to på)**; tegne (et bidrag); ~ **r**, abonnent *c;* bidragsyter *c.*

subscription [səb'skripʃn] undertegning *c* **(to av)**; abonnement *n;* (tegning av) bidrag *n.*

subsequent ['sʌbsikwənt] (på)følgende; ~ **ly**, siden; dernest.

subside [səb'said] synke; legge seg; avta; ~ **iary** [səb'sidjəri] hjelpe-; side-; ~ ~ **(company)**, datterselskap *n;* ~ **ize** ['sʌbsidaiz] subsidiere; ~ **y**, statsstøtte *c;* subsidier.

subsist [səb'sist] ernære seg; klare seg; ~ **ence**, utkomme *n;* eksistens *c;* tilværelse *c.*

substance ['sʌbstəns] substans *c;* stoff *n;* hovedinnhold *n;* kjerne *c.*

substantial [səb'stænʃəl] betydelig; solid.

substitute ['sʌbstitju:t] stedfortreder *c;* vikar *c;* erstatning *c;* sette istedenfor; vikariere **(for** for).

subtle ['sʌtl] fin; subtil;

skarp(sindig); ~ **ty**, finesse *c.*

subtract [səb'trækt] trekke fra.

suburb ['sʌbə:b] forstad *c;* ~ **an** [sə'bə:bn] forstads-.

subway ['sʌbwei] fotgjengerundergang; *amr* undergrunnsbane *c.*

succeed [sək'si:d] følge etter; etterfølge; lykkes, ha hell med seg; ~ **to**, arve.

success [sək'ses] gunstig resultat *n;* hell *n;* suksess *c;* ~ **ful**, heldig; vellykket; ~ **ion**, arvefølge *n;* tronfølge *n;* rekke-(følge) *c;* ~ **or**, etterfølger *c.*

succinct [sək'siŋkt] kort; fyndig.

succulent ['sʌkjulənt] saftig.

succumb [sə'kʌm] bukke under; ligge under **(to** for).

such [sʌtʃ] sådan; slik; ~ **a man**, en slik mann; ~ **and** ~, den og den; en viss; ~ **is life**, slik er livet.

suck [sʌk] suge; die; ~ **er**, noe som suger; *amr slang* grønnskolling *c;* ~ **le**, die; gi bryst.

sudden ['sʌdn] plutselig; **all of a ~**, plutselig.

suds [sʌdz] såpeskum *n*.

sue [sju:] anklage; saksøke **(for** for); be, bønnfalle.

suet ['sjuit] talg *c*.

suffer ['sʌfə] lide **(from** av); tåle; tillate; ~ **er**, lidende; ~ **ing**, lidelse *c*.

suffice [sə'fais] strekke til; være nok.

sufficiency [sə'fiʃənsi] tilstrekkelig mengde *c*; ~ **t**, tilstrekkelig.

suffocate ['sʌfəkeit] kvele(s).

sugar ['ʃugə] sukker *n*; sukre.

suggest [sə'dʒest] foreslå; antyde; ~ **ed price**, veiledende pris; ~ **ion**, antydning *c*; forslag *n*; suggestion *c*; ~ **ive**, tankevekkende; suggestiv.

suicide ['s(j)u:isaid] selvmord(er) *n (c)*.

suit [s(j)u:t] drakt *c*; dress *c*; farge *c* (i kort); søksmål *n*; rettssak *c*; begjæring *c*; passe; kle; tilfredsstille; ~ **ed**, (vel)egnet; ~ **able**, passende **(to, for** for); ~ **-case**, liten håndkoffert *c*; ~ **e** [swi:t] følge *n*; sett *n*;

suite *c*; ~ **or**, frier *c*; saksøker *c*.

sulky ['sʌlki] furten; tverr.

sullen ['sʌlən] trist; tverr.

sultriness ['sʌltrinis] lummerhet *c*; ~ **ry**, lummer; trykkende.

sum [sʌm] (penge)sum *c*; telle sammen.

summarize ['sʌməraiz] sammenfatte; resymere; ~ **y**, resymé *n*; utdrag *n*; kortfattet.

summer ['sʌmə] sommer *c*.

summit ['sʌmit] topp *c*.

summon ['sʌmən] stevne; innkalle; ~ **s**, stevning *c*.

sun [sʌn] sol *c*; sole (seg); ~ **beam** solstråle *c*; ~ **burn**, solbrenthet *c*; ~ **burnt**, solbrent; **Sunday** ['-di] søndag *c*; ~ **dial**, solur *n*; ~ **down**, solnedgang *c*.

sundries ['sʌndriz] diverse (utgifter); ~ **y**, diverse.

sunglasses [sʌn'gla:siz] solbriller; ~ **-helmet**, tropehjelm *c*.

sunrise ['sʌnraiz] soloppgang *c*; ~ **set**, solnedgang *c*; ~ **shade**, parasoll *c*; ~ **shine**, solskinn *n*; ~ **stroke**, solstikk *n*.

superb [s(j)u'pə:b] prektig; storartet.

supercilious [s(j)u:pə'siliəs] overlegen; ~**ficial**, overfladisk; ~**fluous** [s(j)u'pə:fluəs] overflødig; ~**human**, overmenneskelig; ~**intend**, lede; overvåke; ~ ~**ent**, inspektør c; leder c.

superior [s(j)u'piəriə] over-, høyere; overlegen; utmerket; overordnet; foresatt; ~**ity** [-'ɔriti] overlegenhet c.

superlative [s(j)u'pə:lətiv] superlativ c; høyest; av høyeste grad c; fremragende.

superman ['s(j)u:pəmæn] overmenneske n; ~**natural**, overnaturlig; ~**numerary**, overtallig; ~**scription**, over-, påskrift c; ~**sede**, fortrenge; avløse; ~**sonic** [-'sɔnik] overlyds-; ~**stition**, overtro c; ~**stitious** [-'stiʃəs] overtroisk; ~**structure**, overbygning c; ~**vise**, føre oppsyn med; ~**vision**, tilsyn n; kontroll c; ~**visor**, inspektør c.

supper ['sʌpə] aftensmat c; supé c.

supple ['sʌpl] myk; smidig.

supplement ['sʌpliment] tillegg n; (avis) bilag n; supplement n; supplere; ~**ary** [-'men-] supplerende; tilleggs-.

supplier [sə'plaiə] leverandør c; ~**y**, tilførsel c; levering c; forsyning c; forråd n; tilbud n; levere; forsyne.

support [sə'pɔ:t] støtte c; understøttelse c; støtte; bære; underholde; forsørge; tåle; ~**er**, tilhenger c; en som støtter c.

suppose [sə'pouz] anta; formode; ~**ition** [sʌpə-'ziʃn] antagelse c.

suppress [sə'pres] undertrykke; avskaffe; ~**ion**, undertrykkelse c.

supremacy [s(j)u'preməsi] overhøyhet c; overlegenhet c; ~**e**, høyest; øverst.

sure [ʃuə] sikker; trygg; viss; tilforlatelig; **make ~ (that)** forvisse seg (om at); ~**ly**, sikkert; ~**ty**, sikkerhet c; kausjon(ist) c (c).

surf [sə:f] brenning c.

surface ['sə:fis] overflate c.

surge [sə:dʒ] brottsjø *c;* stor bølge *c.*

surgeon ['sə:dʒən] kirurg *c;* ~ **ry,** kirurgi *c;* operasjonssal *c.*

surmise ['sə:maiz] antagelse *c;* [sə'maiz] anta.

surname ['sə:neim] tilnavn *n;* etternavn *n.*

surpass [sə:'pa:s] overtreffe; overgå.

surplus ['sə:pləs] overskudd *n.*

surprise [sə'praiz] overraske(lse *c).*

surrender [sə'rendə] overgivelse *c;* overgi (seg); utlevere.

surround [sə'raund] omgi; omringe; ~ **ings,** omgivelser.

survey ['sə:vei] overblikk *n;* [sə:'vei] se over; besiktige; måle opp; ~ **or,** takstmann *c;* landmåler *c.*

survive [sə'vaiv] overleve; ~ **al,** det å overleve; (fortids)levning *c;* ~ **or,** overlevende.

susceptible [sə'septəbl] mottagelig; følsom.

suspect [sə'spekt] mistenke; ane; ['sʌs-] mistenkt; mistenkelig.

suspend [sə'spend] henge (opp); la avbryte; stanse; suspendere; ~ **ers,** sokke- *el* strømpeholder *c; amr* bukseseler.

suspense [sə'spens] uvisshet *c;* spenning *c.*

suspension [sə'spenʃn] opphenging *c;* utsettelse *c;* suspensjon *c;* ~ **bridge,** hengebru *c.*

suspicion [sə'spiːʃn] mistanke *c;* ~ **ious,** mistenksom; mistenkelig.

sustain [sə'stein] støtte; utholde; lide (tap); ~ **tenance** ['sʌstinəns] underhold *n;* livsopphold *n.*

swagger ['swægə] skryte; spankulere; swagger *c.*

swallow ['swɔlou] svale *c;* svelging *c;* svelge.

swamp [swɔmp] myr *c;* sump *c;* oversvømme.

swan [swɔn] svane *c.*

swarm [swɔ:m] sverm(e) *c;* yre; kry.

sway [swei] svinging *c;* helling *c;* makt *c,* innflytelse *c* (**over** over); svaie; beherske.

swear [swɛə] sverge; banne.

sweat [swet] *s* & *v* svette *c;* ~ **er,** ullgenser *c.*

Sweden ['swiːdn] Sverige; ~ **e,** svenske; ~ **ish,** svensk.

sweep [swi:p] feie; sope;
fare henover; **(chimney)**
~, skorteinsfeier c;
~ **er**, gatefeier c; ~ **ing**,
også omfattende; gjen-
nomgripende.

sweet [swi:t] søt; yndig;
blid; ~ **s**, sukkertøy n;
~ **en**, gjøre søt; sukre;
~ **heart**, kjæreste c;
~ **ish**, søtlig; ~ **ness**, søt-
het c; ynde c.

swell [swel] svulme (opp);
stige; vokse; svulming c;
dønning c; flott, ele-
gant; prima; snobb c;
fin fyr c; ~ **ing**, hevelse
c; svulst c.

swelter ['sweltə] gispe av
varme.

swerve [swə:v] dreie av.

swift, hurtig; rask.

swim, svømme; ~ **ming**,
svømning c; ~ **ming-
pool**, svømmebasseng n.

swindle ['swindl] bedra,
svindle; svindel c; ~ **r**,
svindler c; bedrager

swine [swain] svin n.

swing, svinge; huske;
dingle; sving(ing c); ryt-
me c; spillerom n; swing
c (dans).

swirl [swə:l] virvel c; virv-
le.

Swiss [swis] sveitsisk;
sveitser c; **the** ~, sveit-
serne.

switch [swit] kjepp c; pisk
c; elektrisk strømbryter
c; skifte; pens(e) c; ~
on, slå på (lys);
~ **-board**, sentralbord n.

Switzerland ['switsələnd]
Sveits.

swoon [swu:n] besvime(l-
se c).

swoop [swu:p] slå ned (på
on); nedslag n.

sword [sɔ:d] sverd n; kår-
de c; sabel c; ~ **sman**,
fekter c.

syllable ['siləbl] stavelse c.

syllabus ['siləbəs] pensum
n; leseplan c.

symbol ['simbəl] symbol
n; ~ **ic(al)** [-bɔl-] sym-
bolsk.

sympathetic [simpə'petik]
sympatisk; deltakende,
medfølende; ~ **ize** ['sim-
pəpaiz] sympatisere, ha
medfølelse (med **with**);
~ **y**, sympati c.

symphony ['simfəni] sym-
foni c.

synchronize ['siŋkrənaiz]
synkronisere; samordne.

synopsis [si'nɔpsis] over-
sikt c; utdrag n.

synthesis ['sinþisis] synte-
se *c;* ~ **ize,** *tekn* fremstil-
le kunstig.
syringe ['sirindʒ] *med*
sprøyte *c;* sprøyte (inn).

syrup ['sirəp] sukkerholdig
(frukt)saft; sirup *c.*
system ['sistim] system *n;*
~ **atic,** systematisk;
~ **atize,** systematisere.

T

tab [tæb] merkelapp *c;*
hempe *c.*
table ['teibl] bord *n;* tavle
c, plate *c;* tabell ~ -
cloth, borddduk *c;*
~ **-spoon,** spiseskje *c.*
tacit ['tæsit] stilltiende;
taus; ~ **urn** ['tæsitə:n] få-
mælt.
tack [tæk] stift *c; mar* slag
n, baut *c;* feste; hefte
med stifter; *mar* baute.
tackle ['tækl] takkel *n;* tal-
je *c;* redskap greier; ta
fatt på; *fotball* takle.
tact [tækt] takt *c;* finfølel-
se *c;* ~ **ful,** taktfull;
~ **ical,** taktisk; ~ **ics,**
taktikk *c.*
tag [tæg] merkelapp *c;*
omkved *n;* sisten (lek);
feste.
tail [teil] hale *c;* bakende
c; ~ **s,** *dt* snippkjole *c.*
tailor ['teilə] skredder *c;*
sy, være skredder;

~ **-made** (costume),
skreddersydd (drakt).
taint [teint] plett(e) *(c);*
flekk(e) *(c).*
take [teik] ta; gripe; fan-
ge; arrestere; fakke; ta
bort, med, imot; foreta;
gjøre; utføre; kreve;
oppfatte; forstå; fenge
(om ild); anse **(for** for);
~ **place,** finne sted; ~
in, ta inn; ta imot; mot-
ta; oppfatte; lure; abon-
nere (på avis); ~ **off,** ta
av seg (klær); slå av;
forminske; kopiere;
starte, gå opp (om fly);
~ **out,** ta ut; trekke ut;
fjerne (flekk);·utta, løse;
~ **to,** like; ha sympati
for; ~ **up,** ta opp; anta;
slå seg på; **be** ~ **n ill,** bli
syk; ~ **-off,** start *c;* pa-
rodi *c.*
tale [teil] fortelling **(fai-
ry)** ~ eventyr *n.*

talk [tɔ:k] snakk *n;* samtale *c;* kåseri *n;* snakke; samtale; ~ **ative**, pratsom.

tall [tɔ:l] høy; stor; utrolig; ~ **boy**, høy kommode *c.*

tallow ['tælou] talg *c.*

tally ['tæli] karvestokk *c;* regnskap *n;* føre regnskap; stemme (med **with**).

tame [teim] tam; temme; kue; ~ **ness**, tamhet *c.*

tamper ['tæmpə] **with:** klusse med.

tan [tæn] garvebark *c;* solbrenthet *c;* garve; gjøre, bli solbrent.

tangible ['tændʒəbl] håndgripelig.

tangle ['tæŋgl] *s & v* floke *c.*

tank [tæŋk] beholder *c;* tank *c;* tanke; ~ **ard**, ølkrus *n;* ~ **er**, tankskip *n.*

tanner ['tænə] garver *c.*

tantalize ['tæntəlaiz] pine, erte.

tap [tæp] kran *c;* tønnetapp *c;* (tappet) drikkevare *c;* lett slag *n;* banke lett; tappe.

tape [teip] måle (*el* klebe-, lyd)bånd *n;* feste med bånd; **red** ~ , *fig* papirmølle *c;* ~ **recorder**, båndopptaker *c.*

taper ['teipə] (tynt voks)lys *n;* smale av; minke, avta.

tapestry ['tæpistri] billedvev *c;* billedteppe *n.*

tap-room ['tæpru:m] skjenkestue *c;* bar *c.*

tar [ta:] tjære *c;* tjærebre.

tardy ['ta:di] sen; treg.

target ['ta:git] (skyte)skive *c,* mål *n.*

tariff ['tærif] tariff *c;* takst *c.*

tarnish ['ta:niʃ] ta glansen av; anløpe(s); matthet *c.*

tart [ta:t] terte *c;* tøs *c;* besk.

tartan ['ta:tən] tartan *c,* rutet skotsk tøy *n.*

task [ta:sk] oppgave *c;* plikt *c;* verv *n;* lekse *c;* gi en oppgave; overanstrenge.

tassel ['tæsl] kvast *c,* dusk *c.*

taste [teist] smak *c;* smake (på); ~ **ful**, smakfull; ~ **less**, smakløs.

tatters ['tætəz] filler; ~ **ed**, fillet.

taunt [tɔ:nt] hån(e) *c.*

taut [tɔ:t] tott, stram.

tavern ['tævən] vertshus *n.*

tawdry ['tɔ:dri] prangende; forloren.

tax [tæks] skatt c; beskatte; bebyrde; beskylde; klandre; ~ **ation,** beskatning c.

taxi(cab) ['tæksi(kæb)] drosje(bil) c.

taxpayer ['tækspeiə] skattebetaler c.

tea [ti:] te c.

teach [ti:tʃ] lære (fra seg); undervise; ~ **er,** lærer(inne) c.

teaching ['ti:tʃiŋ] lære c, undervisning c.

team [ti:m] spann n; kobbel n; lag n; ~ **-spirit,** lagånd c.

teapot ['ti:pɔt] tekanne c.

tear [tɛə] rive (i stykker); få rift i; slite i; rift c; [tiə] tåre; ~ **s,** gråt c.

tease [ti:z] erte; plage.

technical ['teknikl] teknisk.

technicolor ['teknikʌlə] fargefilm c.

technique [tek'ni:k] teknikk c.

tedious ['ti:diəs] trettende; langtekkelig; kjedelig.

teem [ti:m] vrimle, myldre.

teen-ager ['ti:neidʒə] tenåring c.

teetotaller [ti:'toutlə] avholdsmann c.

telegram ['teligræm] telegram n.

telegraph ['teligra:f] telegraf c; telegrafere; ~ **ist** [ti'legrəfist] telegrafist c.

telephone ['telifoun] telefon c; telefonere.

teleprinter ['teli'printə] fjernskriver c; ~ **scope,** kikkert c; ~ **vision,** fjernsyn n.

tell, fortelle; si (til); be; sladre; skjelne; gjøre virkning **(on** på); ta på, leite på; ~ **a person to do something,** gi noen beskjed om å gjøre en ting.

temper ['tempə] modifisere (ved tilsetning); blande (i riktig forhold); mildne; dempe; lynne n; humør n; lune n; **lose one's** ~, miste selvbeherskelsen; bli sint; ~ **ance,** måtehold n; ~ **ature** [-pritʃə] temperatur c.

tempest ['tempist] storm c.

temple ['templ] tempel n; tinning c.

temporal ['tempərəl] tids-; timelig; verdslig; · ~ **ary,** midlertidig; ~ **ize,** nøle;

se tiden an; forsøke å vinne tid.

tempt, friste; forlede; ~ **ation,** fristelse *c.*

tenant ['tenənt] leieboer *c;* forpakte(r *c); leie.

tend, tendere; vise (*el* ha) tilbøyelighet *c* (**to, towards** til); passe; vokte.

tendency ['tendənsi] retning *c;* tendens *c;* ~ **tious** [-'denʃəs] tendensiøs.

tender ['tendə] tilbud *n;* anbud *n;* vokter *c;* tender *c;* tilby; sart; følsom; øm; mør; ~ **ness,** sarthet *c;* ømhet *c.*

tenet ['tenit] tros-, læresetning *c.*

tenfold ['tenfould] tidobbelt.

tennis-court ['teniskɔ:t] tennisbane *c.*

tenor ['tenə] (hoved)innhold *n; mus* tenor *c.*

tense [tens] spent; stram; *gram* tid(sform *c);* ~ **ion,** spenning *c;* stramming *c.*

tent, telt *n.*

tenth [tenþ] tiende(del) *(c).*

tepid ['tepid] lunken.

term [tə:m] termin *c;* (tids)grense *c;* periode *c;*

semester *n;* uttrykk *n;* ~ **s,** betingelser; benevne, kalle; **be on good (bad)** ~ **s with,** stå på god (dårlig) fot med.

terminal ['tə:minl] ende-; ytter-; endestasjon *c;* ~ **ate,** begrense; (av)slutte; ~ **ation** [-'neiʃn] ende(lse) *c;* (av)slutning *c;* ~ **us,** endestasjon *c.*

terrace ['terəs] terrasse *c.*

terrible ['terəbl] skrekkelig; ~ **fic** [tə'rifik] fryktelig; veldig; ~ **fy,** skremme; forferde.

territory ['terit(ə)ri] (land)område *n;* territorium *n.*

terror ['terə] skrekk *c;* redsel *c;* ~ **ize,** terrorisere.

terse [tə:s] klar, konsis (stil).

test, *s & v* prøve *c;* undersøke(lse *c).*

testify ['testifai] (be)vitne.

testimonial [testi'mounjəl] vitnemål *n;* attest *c;* ~ **y** ['testiməni] vitnemål *n;* vitneprov *n.*

testy ['testi] gretten; amper.

tether ['teðə] tjor(e) *n.*

text [tekst] tekst *c;* skriftsted *n;* ~ **-book,** lærebok *c.*

textile ['tekstail] vevet; tekstil-; ~ s, tekstilvarer.

texture ['tekstʃə] vev c; tekstur c; fig struktur c.

than [ðæn] enn.

thank [pæŋk] takke; ~ you very much!, mange takk!; no, ~ you!, nei takk!; ~ s, takk; ~ s to, takket være; ~ ful, takknemlig; ~ less, utakknemlig; ~ sgiving, takksigelse c; Thanksgiving Day, amr takkefest, i alm. siste torsdag i november.

that [ðæt] den, det, den (el det) der, i pl those, de der; som; at, så at, for at.

thatch [pætʃ] halmtak n; takhalm c; tekke.

thaw [pɔ:] tøvær n; smelte; tø.

the [foran konsonant ðə, med sterk betoning ði: foran vokallyd ði] den, det, de; ~ ... ~, jo ... desto.

theatre ['piətə] teater n; auditorium n; skueplass c.

theft [peft] tyveri n.

their [ðɛə] deres; sin; ~ s, deres; sin.

them [ðem, ubetont ð(ə)m] dem; (etter prep. ogs.) seg; ~ selves, seg; seg selv.

theme [pi:m] tema n; stil c.

then [ðen] da; den gang; deretter; så; derfor; daværende.

theology [pi'ɔlədʒi] teologi c.

theory ['piəri] teori c; ~ ist, teoretiker c.

there [ðɛə] der, dit; ~ is, ~ are, det er, det finnes; ~ you are! der har du det! vær så god!

thereabout(s) ['ðɛərəbauts] deromkring; ~ after, deretter; ~ by, derved; ~ fore, derfor; følgelig; ~ upon, derpå; som følge derav; like etterpå.

thermometer [pə'mɔmitə] termometer n; ~ s flask, ~ s bottle ['pə:məs] termosflaske c.

these [ði:z] (pl av this), disse.

they [ðei] de; folk; man.

thick [pik] tykk; tett; uklar; grumset; ~ en, bli tykk; gjøre tykk; ~ et, tykning c; kratt n; ~ ness, tykkelse c.

thief [pi:f], pl thieves [pi:vz] tyv c.

thieve [þi:v] stjele; ~**ish**, tyvaktig.

thigh [þai] lår *n.*

thimble ['þimbl] fingerbøll *n.*

thin [þin] tynn; mager; tynne(s) ut.

thing [þiŋ] ting *n;* vesen *n;* ~**s**, saker; forhold; klær.

think [þiŋk] tenke (**of, about** på; **about, over** over); mene; tro; synes; ~**ing**, tenkning *c.*

third [þə:d] tredje(del); ~**ly**, for det tredje.

thirst [þə:st] tørst *c;* tørste (**for, after** etter); ~**y**, tørst.

thirteen ['þə:ti:n] tretten; ~**teenth**, trettende; ~**tieth**, trettiende; ~**ty**, tretti.

this [ðis] *pl* **these**, denne, dette, disse; ~ **morning**, i morges, i formiddag.

thorn [þɔ:n] torn *c;* ~**y**, tornet.

thorough ['þʌrə] grundig; fullstendig; inngående; ~ **fare** (hoved)trafikkåre *c.*

those [ðouz] de (der); dem *(pl* av **that).**

though [ðou] skjønt; selv om; (sist i setningen)

likevel; **as** ~, som om; **even** ~, selv om.

thought [þɔ:t] tanke *c;* tankegang *c;* tenkning *c;* ~**ful**, tankefull; hensynsfull (**of** mot); ~**less**, tankeløs; ubekymret.

thousand ['þauzənd] tusen; ~**th**, tusende.

thrash [þræʃ] treske; jule, denge.

thread [þred] tråd *c;* garn *n;* træ i nål, på snor; ~ **bare**, loslitt.

threat [þret] trusel *c;* ~**en**, true (med).

three [þri:] tre; ~**fold**, trefold; tredobbel.

thresh [þreʃ] treske (korn).

threshold ['þreʃhould] terskel *c.*

thrice [þrais] tre ganger.

thrift [þrift] sparsommelighet *c;* ~**less**, ødsel; ~**y**, sparsommelig.

thrill [þril] sitring *c;* skjelving *c;* gysing *c;* spenning *c;* sitre; grøsse; begeistre.

thrive [þraiv] trives.

throat [þrout] svelg *n;* strupe *c;* hals *c;* **have a sore** ~, ha vondt i halsen.

throb [þrɔb] banking *c;*

slag *n;* banke, hamre, pulsere.

throne [proun] trone *c.*

throng [prɔŋ] trengsel *c;* mengde *c;* stimle sammen.

through [pru:] (i)gjennom; ved; ferdig; gjennomgangs-; ~ **out,** over hele; gjennom hele.

throw [prou] kaste; ~ **away,** kaste bort; sløse (med); ~ **out,** kaste ut; avvise.

thrush [prʌʃ] trost *c.*

thrust [prʌst] støt(e) *n;* stikk(e) *n.*

thumb [pʌm] tommelfinger *c;* fingre med; bla i.

thunder ['pʌndə] torden *c;* tordne; ~ **bolt,** lynstråle *c;* ~ **storm,** tordenvær *n.*

Thursday ['pə:zdi] torsdag *c.*

thus [ðʌs] så(ledes), på denne måte; derfor.

thwart [pwɔ:t] på tvers; tofte *c;* motarbeide; hindre.

thyme [taim] timian *c.*

tick [tik] putevar *n;* tikking *c;* tikke, merke av.

ticket ['tikit] billett *c;* adgangskort *n;* (lodd)seddel *c;* ~ **-collector,** billettør *c.*

tickle ['tikl] kile; ~ **ish,** kilen; ømtålig.

tide [taid] tidevann *n;* strøm *c;* retning *c.*

tidings ['taidiŋz] tidender; etterretninger; nytt.

tidy ['taidi] nett; pen; rydde.

tie [tai] bånd *n;* slips *n;* binde; knytte; forbinde.

tiger ['taigə] tiger *c.*

tight [tait] tett; fast; stram; trang; gniten; pussa; ~ **en,** stramme(s); spenne (belte).

tigress ['taigris] hunntiger *c.*

tile [tail] tegl(stein) *n (c);* takstein *c;* (golv)flis *c.*

till, (inn)til; ~ **now,** hittil; **not** ~, ikke før; først; pengeskuff *c;* dyrke; pløye opp; ~ **er,** rorkult *c;* dyrker *c.*

tilt, helling *c;* turnering *c;* vippe.

timber ['timbə] tømmer *n.*

time [taim] tid *c;* klokkeslett *n; mus* takt *c;* gang *c;* avpasse; ta tiden; beregne; **at** ~**s,** undertiden; **at the same** ~, samtidig; **by that** ~, innen den tid; **in** ~, i rett tid; i tide; **for the** ~ **being,** foreløpig; inntil videre; **have a good ~**, ha det hyggelig (morsomt); **~ly**, som kommer i rett tid; **~-table**, timeplan *c;* togtabell *c.*

timid ['timid] engstelig; sky.

tin, tinn *n;* blikkboks *c;* (hvit)blikk *n;* fortinne; legge ned hermetisk.

tincture ['tiŋktʃə] skjær *n;* anstrøk *n.*

tinge [tindʒ] fargeskjær *n;* anstrøk *n;* snev *c.*

tingle ['tiŋgl] krible; suse.

tinkle ['tiŋkl] klirre; single.

tinman ['tinmən] blikkenslager *c;* **~-opener**, bokseåpner *c.*

tint, (farge)tone *c;* sjattering *c;* farge; gi et anstrøk.

tiny ['taini] ørliten.

tip, spiss *c;* tipp *c;* tupp *c;* lett slag; avfallsplass *c;* drikkepenger; vink *n;* beslå (på spissen); slå lett på; vippe; tippe; gi drikkepenger *el* vink; **~-off**, vink *n;* **~ sy**, pussa; beruset.

tire ['taiə] *amr* sykkel- *el* bildekk *n;* gjøre *el* bli trett; **~d**, trett; **~some**, kjedelig.

tissue ['tisju:] vev *c;* **~ (paper)**, silkepapir *n.*

tit(mouse) ['tit(maus)] meis *c.*

titillate ['titileit] kile.

title ['taitl] tittel *c; jur* rett *c;* skjøte *n;* titulere; **~d**, adelig.

titter ['titə] fnis(e) *c el n.*

titular ['titjulə] titulær.

to [tu, tə] til; for; (for) å.

toad [toud] padde *c;* **~ stool**, fluesopp *c;* **~y**, spyttslikker *c;* krype; smiske.

toast [toust] ristet brød *n;* skål(tale *c*) *c;* riste; skåle.

tobacco [tə'bækou] tobakk *c;* **~nist**, tobakkshandler *c.*

toboggan [tə'bɔgən] kjelke *c.*

today [tə'dei] i dag.

toe [tou] tå *c;* spiss *c;* røre med tåa.

toffee ['tɔfi] fløtekaramell *c.*

together [tə'geðə] sammen.

toil [tɔil] slit *n;* slite; streve.

toilet ['tɔilit] toalett *n;* antrekk *n;* påkledning *c.*

token ['toukn] tegn *n;* merke *n;* erindring *c.*

tolerable ['tɔlərəbl] tåle-lig; utholdelig; ~ **nce,** toleranse c; ~ **nt,** tole-rant; ~ **te,** tåle; finne seg i; tolerere; ~ **tion,** toleranse c.

toll [toul] vei-, bropen-ger; ringe; klemte; ~ **call,** rikstelefonsamta-le c.

tomato [tə'mɑːtou], pl ~ **es,** tomat c.

tomb [tuːm] grav(mæle) (n); ~ **stone,** gravstein c.

tomboy ['tɔmbɔi] galne-heie c; vilter jente c.

tomcat ['tɔmkæt] hannkatt c.

tome [toum] bind (av bok).

tomorrow [tə'mɔrou] i morgen.

ton [tɔn] tonn n.

tone [toun] tone c; klang c; tone(fall n).

tongs [tɔŋz] pl **(a pair of)** ~, (en) tang c.

tongue [tʌŋ] tunge c; språk n; bruke munn på.

tonic ['tɔnik] styrkende (middel).

tonight [tə'nait] i aften; i natt.

tonnage ['tʌnidʒ] tonnasje c.

tonsil ['tɔnsl] anat mandel c.

too [tuː] også; (alt)for.

tool [tuːl] verktøy n; red-skap n; ~ **-kit,** verktøy-kasse c.

tooth [tuːþ] pl **teeth,** tann c; ~ **ache,** tannpine c; ~ **-brush,** tannbørste c.

top [tɔp] topp c; øverste del; overside c; spiss c; mers n; snurrebass c; øverst; prima; rage opp; være fremherskende; overgå; toppe; ~ **-hat,** flosshatt c; ~ **most,** høyest; øverst.

topic ['tɔpik] emne n; te-ma n; ~ **al,** aktuell.

torch [tɔːtʃ] fakkel c; **(electric)** ~, lommelykt c.

torment ['tɔːmənt] kval c; pinsel c; [tɔ'-] pine; pla-ge.

torpid ['tɔːpid] sløv; treg.

torrent ['tɔrənt] strøm c; striregn n.

torrid ['tɔrid] brennende het.

tortoise ['tɔːtəs] skilpadde c.

tortuous ['tɔːtjuəs] kroket; buktet.

torture ['tɔːtʃə] tortur(ere) c.

toss [tɔs] kast(e) *n.*

total ['toutl] hel; total; samlet sum *c;* ~ **up to,** beløpe seg til; ~ **ity** [tou'tæliti] helhet *c.*

totter ['tɔtə] vakle; stavre.

touch [tʌtʃ] (be)røre; ta på; føle på; ~ **up,** friske opp; berøring *c;* anstrøk *n;* **get in(to)** ~ **with,** komme i forbindelse med; ~ **ing,** rørende; angående; ~ **y,** pirrelig; nærtagende.

tough [tʌf] seig; vanskelig; vrien; barsk; ~ **ness,** seighet *c.*

tour [tuə] (rund)reise *c;* tur *c;* turné *c;* reise (omkring).

tourist ['tuərist] turist *c;* ~ **agency,** ~ **office,** *amr* ~ **bureau,** reisebyrå *n.*

tow [tou] buksering *c;* stry *n;* slepe; buksere.

toward(s) [tə'wɔ:d(z)] mot; i retning av; (hen)imot.

towel ['tauəl] håndkle *n.*

tower ['tauə] tårn *n;* heve seg; kneise; ~ **ing,** tårnhøy.

town [taun] by *c;* ~ **council,** bystyre *n;* ~ **hall,** rådhus *n;* ~ **ship,** kommune *c;* ~ **sman,** bysbarn.

toy [tɔi] leketøy *n.*

trace [treis] spor *n;* merke *n;* (etter)spore; oppspore; streke opp; ~ **able,** påviselig.

track [træk] spor *n;* far *n;* fotspor *n;* vei *c;* sti *c;* jernbanelinje *c; sport* bane *c;* (etter)spore.

traction ['trækʃn] trekking *c;* trekk *n;* ~ **tor,** traktor *c.*

trade [treid] handel *c;* bransje *c;* næring *c;* håndverk *n;* (frakt)fart *c;* handle; ~ **-mark,** varemerke *n;* fabrikkmerke *n;* ~ **r,** næringsdrivende *c;* handelsskip *n;* ~ **(s) union,** fagforening *c.*

tradition [trə'diʃn] overlevering *c;* tradisjon *c.*

traffic ['træfik] trafikk *c;* ferdsel *c;* handel *c;* trafikkere; handle; ~ **jam,** trafikkaos *n.*

tragedy ['trædʒidi] tragedie *c;* ~ **ic(al),** tragisk:

trail [treil] slep *n;* hale *c;* løype *c;* vei *c;* spor *n;* slepe; (opp)spore; ~ **er,** (bil)tilhenger *c.*

train [trein] tog *n;* slep *n;* rekke *c;* rad *c;* følge *n;* opptog *n;* utdanne (seg);

trene; ~ ee [trei'ni:] være-gutt c.

trait [treit] (karakter- el ansikts)trekk n; ~ or, forræder c; ~ orous, forrædersk.

tram(-car) [træm(ka:)] sporvogn c; trikk c.

tramp [træmp] fottur c; trampbåt c; landstryker c; ludder n; trampe; vandre; traske; ~ le, tråkke.

tramway ['træmwei] sporvei c; trikk c.

tranquil ['trænkwil] rolig.

transact [træn'zækt] utføre; ~ ion, forretning c.

transcend [træn'send] overgå; overskride; ~ cribe, skrive om; transskribere; ~ cript ['trænskript] gjenpart c; kopi c.

transfer ['trænsfə:] overføring c; forflytting c; [-'fə:] overføre; forflytte; ~ able, som kan overføres; ~ ence ['træns-] overføring c.

transform [træns'fɔ:m] omdanne; omforme; forvandle; ~ ation, omforming c; forvandling c.

transfuse [træns'fju:z]

inngyte; overføre (blod); ~ gress(ion), overtre(delse c).

transit ['trænzit] transitt c; gjennomgang c, -reise c; ~ ion [-'ziʃn] overgang c.

translate [træns'leit] oversette; ~ ion, oversettelse c; ~ or, oversetter c.

transmission [trænz'miʃn] tekn, fys, rad overføring c; ~ t, oversende; overføre.

transparent [træns-'pɛərənt] gjennomsiktig; ~ pire, svette; sive ut; ~ port ['trænspɔ:t] befordring c; transport c; fig henrykkelse c; [-'pɔ:t] befordre; transportere.

trap [træp] felle c; ~ s, greier; fange i felle; besnære; ~ door, (fall)-lem c; luke c.

trapper ['træpə] pelsjeger c.

trash [træʃ] skrap n; sludder n; ~ y, verdiløs; unyttig.

travail ['træveil] slit n; fødselsveer.

travel ['trævl] reise (i); være på reise; reise c; ~ ler, reisende c; passasjer c.

trawl [trɔ:l] trål(e) c.
tray [trei] brett n; bakke c.
treacherous [ˈtretʃərəs] forrædersk; ~y, forræderi n.
tread [tred] tre; tråkke; trinn n; gange c; ~le pedal c.
treason [ˈtri:zn] (høy)forræderi n.
treasure [ˈtreʒə] skatt c; klenodie n; gjemme (på); verdsette; ~er, kasserer c; skattmester c; ~y, skattkammer n; (hoved)kasse c; statskassen c.
treat [tri:t] behandle; traktere; spandere; traktement n; nytelse c; ~ with, underhandle med; ~ise [ˈtri:tiz] avhandling c; ~ment, behandling c; ~y, traktat c.
treble [ˈtrebl] tredobbelt; diskant.
tree [tri:] tre n.
tremble [ˈtrembl] skjelve.
tremendous [triˈmendəs] veldig; skrekkelig.
trench [trentʃ] grøft c; skyttergrav c; grave; grøfte; ~ant, skarp; bitende; ~-coat, vanntett ytterfrakk c.

trend, retning c; tendens c; strekke seg.
trespass [ˈtrespəs] gå el trenge seg inn på annenmanns eiendom; ~er, uvedkommende.
tress, lokk c; flette c.
trial [ˈtraiəl] prøve(lse) c; forsøk n; rettergang c; sak c; **on** ~, på prøve; for retten.
triangle [ˈtraiæŋgl] trekant c.
tribe [traib] stamme c; slekt c; flokk c, skare c.
trick [trik] knep n; kunststykke n; lure; ~ **out**, spjåke til.
trickle [ˈtrikl] risle; pible.
trick(s)y [ˈtrik(s)i] lur; kinkig.
trifle [ˈtraifl] bagatell c; tøve; ~ing, ubetydelig; tøvet.
trigger [ˈtrigə] avtrekker c (på skytevåpen).
trill, trille; slå triller.
trim, nett; fiks; velordnet; trimme; bringe i orden; klippe; stusse; orden c; stand c; pynt c; ~ **mings**, besetning c; pynt c.
trinity [ˈtriniti] treenighet c.
trinket [ˈtriŋkit] smykke n.

trip, utflykt *c;* tur *c;* kortere reise; trippe; snuble.

tripe [traip] innmat *c;* vrøvl *n;* ~ **s**, innvoller.

triple ['tripl] tredobbelt.

trite [trait] forslitt; banal.

triumph ['traiəmf] triumf *c;* triumfere **(over** over); ~ **ant** ['ʌmf-] triumferende.

trivial ['triviəl] hverdagslig; triviell; ubetydelig.

trolley ['trɔli] tralle *c;* ~ **(bus)** trolleybuss *c.*

troop [tru:p] tropp *c;* flokk *c; pl* tropper; samle seg; marsjere.

trophy ['troufi] trofé *n;* seierstegn *n.*

tropical ['trɔpikl] tropisk; **the** ~ **s**, tropene.

trot [trɔt] trav(e) *n;* ~ **ter**, travhest *c.*

trouble ['trʌbl] vanskelighet *c;* ubehagelighet *c;* ugreie *c;* besvær *n;* plage *c;* bry *n;* uleilighet *c;* røre i (vann); forstyrre; forurolige; bry; plage; besvære; ~ **some**, besværlig; brysom; plagsom.

trough [trɔf] trau *n.*

trousers ['trauzəz] bukser.

trousseau ['tru:sou] brudeutstyr *n.*

trout [traut] aure *c.*

truant ['tru:ənt] skulker *c.*

truce [tru:s] våpenstillstand *c.*

truck [trʌk] tralle *c;* transportvogn *c;* godsvogn *c; amr* lastebil *c;* tuskhandel *c;* frakte med godsvogn *el* lastebil.

trudge [trʌdʒ] traske.

true [tru:] sann; tro(fast); riktig; ekte; **come** ~, gå i oppfyllelse; **be** ~ **of**, være tilfelle med.

truffle ['trʌfl] trøffel *c.*

truly ['tru:li] i sannhet; oppriktig; **yours** ~, ærbødigst (foran underskriften i et brev).

trump [trʌmp] trumf(e) *c;* ~ **up**, dikte opp.

trumpet ['trʌmpit] trompet *c;* støte i trompet; utbasunere.

trunk [trʌŋk] (tre)stamme *c;* kropp *c;* hoveddel *c;* snabel *c;* (stor) koffert *c;* ~ **s**, turn- badebukser; ~ **line**, hovedlinje *c;* ~ **call**, rikstelefonsamtale *c;* ~ **dialling**, fjernvalg *n.*

trust [trʌst] tillit *c* **(in** til); betrodde midler; **on** ~, på kreditt; **in** ~, til forvaring; *merk* trust; stole på; ~ **ee**; tillitsmann *c*, verge *c*; ~ **ful**, ~ **ing**, tillitsfull.

trustworth|iness ['trʌstwə:ðinis] pålitelighet *c*; ~ **y**, pålitelig.

truth [tru:þ] sannhet *c*; ~ **ful**, sannferdig.

try [trai] forsøke; undersøke; prøve; sette på prøve; anstrenge; røyne på; ~ **on**, prøve på (seg klær); ~ **ing**, anstrengende; vanskelig; ubehagelig.

tub [tʌb] balje *c*; kar *n*; **(bath)** ~ badekar *n*.

tube [tju:b] rør *n*; munnstykke *n*; *amr* (radio)rør *n*; tube *c*; undergrunnsbanen (i London).

TUC (The Trades Union Congress) Landsorganisasjonen (i England).

tuck [tʌk] legg *n* (på klær); sy i legg; stikke, folde **(in** inn); ~ **up**, brette opp.

Tuesday ['tju:zdi] tirsdag *c*.

tug [tʌg] slepebåt *c* (ogs. ~ **boat);** slepe, taue; hale.

tuition [tju(:)iʃn] under-

visning *c*; betaling for undervisning.

tulip ['tju:lip] tulipan *c*.

tumble ['tʌmbl] tumle; rulle; ramle ned; ~ **r**, øl- *el* vannglass *n*; akrobat *c*.

tumour ['tju:mə] svulst *c*.

tumult ['tju:mʌlt] tumult *c*; forvirring *c*; tummel *c*; ~ **uous** ['mʌl-] stormende; urolig.

tuna ['tju:nə] tunfisk *c*.

tune [tju:n] melodi *c*; *mus* harmoni *c*; stemme; **out of** ~, ustemt; ~ **in (to)** *rad* stille inn (på).

turbot ['tə:bət] piggvar *c*.

turbulent ['tə:bjulənt] urolig; opprørt; stormende.

tureen [tju'ri:n] terrin *c*.

turf [tə:f] grastorv *c*; veddeløpsbane *c*.

Turkey ['tə:ki] Tyrkia; **turkey**, kalkun *c*.

Turkish ['tə:kiʃ] tyrkisk.

turmoil ['tə:mɔil] bråke; uro *c*.

turn [tə:n] dreie (rundt); vende; snu; svinge; omvende; forandre (seg) **(into** til); vende noen bort **(from** fra); bøye av; bli; surne, skilles; ~ **a corner,** dreie om hjørnet; ~ **down,** *dt* avslå; ~ **off, on,** skru av, på (vannkran osv.); ~ **out,** kaste, vise ut; vise seg å være; frembringe; produsere (varer); ~ **to,** ta fatt på; ~ **up,** vende opp; skru opp; vise seg uventet; omdreining *c;* krumning *c;* vending *c;* omslag *n;* omskifting *c;* forandring *c;* tur *c,* slag *n;* tur *c,* omgang *c* (**by** ~**s,** skiftevis); **do somebody a good** ~, gjøre noen en tjeneste; **it is my** ~, det er min tur; ~**ing-point,** vendepunkt *n.*

turnip ['tə:nip] turnips *c.*

turnout ['tə:n'aut] utstyr *n;* kjøregreier; streik *c;* fremmøte *n;* (netto) produksjon *c;* ~ **over,** omsetning *c;* ~ **pike** veibom *c;* ~ ~ (**road**), *amr* avgiftsbelagt motorvei *c;* ~ **-up,** oppbrett *n.*

turtle ['tə:tl] skilpadde *c;* turteldue *c.*

tusk [tʌsk] støttann *c.*

tutor ['tju:tə] (hus)lærer *c;* studieleder *c.*

tuxedo [tʌk'si:dou] *amr* smoking *c.*

tweezers ['twi:zəz] pinsett *c.*

twelfth [twelfθ] tolvte.

twelve [twelv] tolv; ~**fold,** tolvdobbelt.

twentieth ['twentiiθ] tyvende.

twenty ['twenti] tyve; ~**fold,** tyvedobbelt.

twice [twais] to ganger.

twig, kvist *c;* ~**gy,** grenet; mager.

twilight ['twailait] tusmørke *n;* grålysning *c;* skumring *c.*

twin, tvilling *c;* dobbelt-.

twine [twain] snoing *c;* hyssing *c;* sno; tvinne.

twinkle ['twiŋkl] blinke; glitre; funkle.

twirl [twə:l] virvle; snurre.

twist, vridning *c;* omdreining *c;* tvist *c;* vri; sno; tvinne.

twitch [twitʃ] napp(e) *n;* rykk(e) *n.*

twitter ['twitə] kvitter *n;* kvitre.

two [tu:] to; ~**fold,** dobbelt; ~ **pence** ['tʌpəns] pence.

type [taip] type *c;* forbilde *n;* mønster *n;* preg *n;* sats *c;* skrive på maskin; ~**writer,** skrivemaskin *c.*

typhoon [tai'fu:n] tyfon *c.*

typist ['taipist] maskin-skriver(ske) c.
typical ['tipikl] typisk (of for).
tyrannize ['tirənaiz] tyran-nisere; ~ **ny**, tyranni n; ~ **t** ['tairənt] tyrann c.
tyre [taiə] bil- el sykkel-dekk n.

U

udder ['ʌdə] jur n.
ugliness ['ʌglinis] stygghet c; ~ **y**, stygg, heslig.
U. K. = United Kingdom.
ulcer ['ʌlsə] sår n; (gastric) ~, magesår n.
ultimate ['ʌltimit] sist; endelig.
umbrella [ʌm'brelə] paraply c.
umpire ['ʌmpaiə] oppmann c; dommer c (sport).
unable [ʌn'eibl] ute av stand (to til); ~ **abridged**, uforkortet; ~ **acceptable**, uantagelig.
unaccustomed ['ʌnə'kʌstəmd] uvant; ~ **to**, ikke vant til.
unacquainted ['ʌnə'kweintid] ukjent; ~ **affected**, uberørt; enkel; naturlig; ~ **alterable**, uforanderlig; ~ **amiable**, uelskverdig.

unanimity [ju:nə'nimiti] enstemmighet c; ~ **ous** [ju'næniməs] enstemmig.
unanswerable [ʌn'a:nsərəbl] som ikke kan besvares; ugjendrivelig; ~ **armed**, ubevæpnet; ~ **assuming**, beskjeden; ~ **attainable**, uoppnåelig; ~ **attended**, forlatt; ~ **available**, utilgjengelig; ikke for hånden; ~ **avoidable**, uunngåelig.
unaware ['ʌnə'wɛə] uvitende (of om); ~ **s**, uforvarende.
unbalanced ['ʌn'bælənst] ubalansert; ulikevektig; ~ **bar**, åpne; ~ **bearable**, uutholdelig; ~ **becoming**, ukledelig; ~ **believing**, vantro; ~ **bend**, slappe av; tø opp; ~ **bias(s)ed**, fordomsfri; ~ **bidden**, ubuden; ~ **bind**, løse; ~ **bolt**, åpne; ~ **bound**, ubundet.

unbroken [ˈʌnˈbroukn]
ubrutt; ~ **burden**, lesse
av; lette (of for); ~ **but-
ton**, knappe opp; ~ **cea-
sing**, uopphørlig; ~ **cer-
tain**, usikker; ~ **checked**,
uhindret.
uncle [ˈʌŋkl] onkel c.
uncomfortable
[ʌnˈkʌmfətəbl] ubehage-
lig; ubekvem; ~ **com-
mon**, usedvanlig; ~ **con-
cerned**, ubekymret; uin-
teressert; ~ **conditional**,
ubetinget; ~ **conscious**,
bevisstløs; ubevisst.
uncontested [ˈʌnkɔnˈtestid]
ubestridt; ~ **convinced**,
ikke overbevist; ~ **cou-
ple**, kople fra; ~ **cover**,
avdekke; ~ **damaged**,
ubeskadiget; ~ **decided**,
uavgjort; ubestemt;
~ **defined**, ubestemt;
~ **deniable**, unektelig.
under [ˈʌndə] under; ne-
de; nedenfor; underord-
net; under-; ~ **bid**, un-
derby; ~ **clothing**, un-
dertøy n; ~ **cut**, under-
selge; trykke prisnivået;
rykke grunnen bort un-
der; ~ **developed**, under-
utviklet; ~ **done**, halvrå;
~ **estimate**, undervurde-
re; ~ **expose**, *fotogr* un-

dereksponere; ~ **fed**,
underernært; ~ **go**,
gjennomgå; ~ **graduate**,
student c; ~ **ground**
(railway), undergrunns-
bane c; ~ **line**, under-
streke; ~ **mine**, under-
minere; ~ **neath**, under;
~ **sign**, undertegne;
~ **sized**, under gjennom-
snittsstørrelse; ~ **stand**,
forstå; oppfatte; erfare;
høre; ~ **statement**, for
svakt uttrykk n; ~ **take**,
foreta; ~ **taking**, foreta-
kende n; påta seg; ~ **va-
lue**, undervurdere;
~ **wear**, undertøy n.
undeserved [ˈʌndiˈzɜːvd]
ufortjent; ~ **desirable**,
uønsket; brysom; plag-
som; ~ **developed**, uut-
viklet; ~ **digested**, ufor-
døyet; ~ **disturbed**,
uforstyrret; ~ **do**, knytte
opp; pakke opp;
~ **doubted(ly)**, utvil-
som(t); ~ **dress**, kle av
(seg); ~ **due**, utilbørlig;
~ **dying**, uforgjengelig;
~ **earthly**, overnaturlig;
overjordisk; ~ **easy**,
urolig; engstelig; ~ **eat-
able**, uspiselig; ~ **edu-
cated**, uutdannet;
~ **employed**, arbeidsløs.

unequal [ˈʌnˈi:kwəl] ulik; ~ **essential**, uvesentlig; ~ **even**, ujevn; ~ **expected** uventet; ~ **explored**, ikke utforsket; ~ **fading**, ekte (farge); ~ **failing**, ufeilbar; ~ **fair**, urimelig; urettferdig; ~ **fashionable**, umoderne; ~ **fasten**, løse; åpne; ~ **favourable**, ugunstig; ~ **feeling**, ufølsom; ~ **finished**, uferdig; ~ **fit**, uskikket; ~ **fold**, utfolde (seg); ~ **foreseen**, ikke forutsett; ~ **fortunate**, beklagelig; uheldig; ~ ~ **ly**, dessverre; ~ **furnished**, umøblert; ~ **gainly**, klosset; ~ **grateful**, utakknemlig; ~ **happy**, ulykkelig; ~ **healthy**, usunn; ~ **hook**, ta av kroken; hekte opp; ~ **hurt**, uskadd.

uniform [ˈju:nifɔ:m] ensartet; uniformere; uniform c.

unimaginative [ˈʌniˈmædʒinətiv] fantasiløs; ~ **impaired**, usvekket; ~ **influenced**, ikke påvirket; ~ **injured**, uskadd; ~ **insured**, ikke assurert; ~ **intelligent**, uintelli-

gent; ~ **intelligible**, uforståelig; ~ **intentional**, utilsiktet.

union [ˈju:njən] forening c; lag n; enighet c; union c; ekteskap(elig forbindelse) n; **(trade)** ~, fagforening c; rørkobling c.

unique [juˈni:k] enestående.

unit [ˈju:nit] enhet c; ~ **e**, [juˈnait] forene (seg); **the United Kingdom**, kongeriket Storbritannia og (Nord-)Irland; **the United States (of America)**, De forente stater; ~ **y** [ˈjuniti] enhet c; enighet c.

universal [ju:niˈvə:səl] universell; altomfattende; verdens-; alminnelig; ~ **ality** [-ˈsæl-] altomfattende karakter c; ~ **e**, univers n; verden c; ~ **ity**, universitet n.

unjust [ˈʌnˈdʒʌst] urettferdig; ~ **kind**, uvennlig; ~ **known**, ukjent; ~ **lawful**, ulovlig.

unless [ənˈles, ʌnˈ-] med mindre; hvis ikke.

unlike [ˈʌnˈlaik] ulik; motsatt; ~ **limited**, ubegrenset; ~ **load**, losse; lesse

av; ~ **lock**, låse opp;
~ **matched**, uovertruffet;
~ **mentionable**, unevne-
lig; ~ **merciful**, nådeløs;
~ **mindful**, glemsom;
uten tanke **(of** på);
~ **mistakable**, umiskjen-
nelig; ~ **mitigated**, abso-
lutt; ren(dyrket).

unmoved [ˈʌnˈmuːvd] ube-
rørt; uanfektet.

unnatural [ʌnˈnætʃrəl]
unaturlig; ~ **necessary**,
unødvendig; ~ **noticed**,
ubemerket; ~ **obtrusive**,
beskjeden.

unpack [ˈʌnˈpæk] pakke
ut; ~ **palatable**, usmake-
lig; ~ **paralleled**, uten
sidestykke *n*; ~ **pleasant**,
ubehagelig; ~ **populari-
ty**, upopularitet *c*;
~ **precedented**, uhørt;
enestående; ~ **preju-
diced**, fordomsfri;
~ **prepared**, uforberedt;
~ **pretentious**, be-
skjeden; ~ **principled**,
prinsippløs; ~ **profit-
able**, ulønnsom;
~ **promising**, lite loven-
de; ~ **qualified**, uskik-
ket; absolutt; ubetinget;
~ **questionable**, ubestri-
delig; utvilsom; ~ **ravel**,
løse (opp); greie ut;

~ **reasonable**, urimelig;
ufornuftig; ~ **refined**,
uraffinert; udannet;
~ **reliable**, upålitelig;
~ **remitting**, uopphørlig;
~ **rewarded**, ubelønnet;
~ **rivalled**, uten like;
uforlignelig; ~ **safe**,
utrygg; upålitelig; ~ **sa-
tisfactory**, utilfredsstil-
lende; ~ **savoury**, usma-
kelig; ~ **screw**, skru løs;
~ **scrupulous**, hensyns-
løs; samvittighetsløs;
~ **seen**, usett; ~ **selfish**,
uselvisk.

unsettle [ˈʌnˈsetl] rokke
ved; bringe ut av fat-
ning; ~ **d**, ustadig, usik-
ker; ubetalt; ikke be-
bodd.

unshrinkable [ˈʌnˈʃriŋkəbl]
krympefri; ~ **ing**, ufor-
sagt.

unsightly [ʌnˈsaitli] stygg;
heslig; ~ **skilled**, ikke
faglært; ~ **sociable**, usel-
skapelig; ~ **sophisticat-
ed**, enkel, naturlig;
~ **sound**, usunn; sykelig;
bedervet; skadd;
~ **sparing**, gavmild;
~ **speakable**, usigelig;
~ **spent**, ubrukt; ~ **stab-
le**, usikker; ustø; ~ **stea-
dy**, ustø; usikker;

~ **suitable**, upassende;
~ **surpassed**, uovertruffen; ~ **thinkable**, utenkelig; ~ **tidy**, uordentlig; ~ **tie**, knytte opp.

until [ʌnˈtil] (inn)til.

untimely [ˈʌnˈtaimli] ubeleilig; for tidlig; brått;
~ **tiring**, utrettelig;
~ **touched**, uberørt;
~ **travelled**, ikke bereist;
~ **tried**, uforsøkt;
~ **true**, usann; utro;
~ **usual**, usedvanlig;
~ **utterable**, usigelig;
~ **varied**, uforanderlig;
~ **veil**, avsløre; ~ **warranted**, uberettiget;
~ **well**, uvel; ~ **wieldy**, besværlig; ~ **willing**, uvillig; ~ **wise**, uklok;
~ **wittingly**, uforvarende; ~ **worthy**, uverdig;
~ **wrap**, pakke ut;
~ **written**, uskrevet.

up [ʌp] oppe; opp; oppover; opp i; oppe på;
the sun is ~, solen har stått opp; **time is** ~, tiden er utløpt, omme;
be hard ~, ha det vanskelig (økonomisk); ~
to, inntil; **it's** ~ **to me to do**, det er min sak å gjøre; **what's** ~ **?** hva er på ferde?; **it's all** ~

with him, det er ute med ham.

upbraid [upˈbreid] bebreide; ~ **bringing**, oppdragelse c; ~ **heaval**, omveltning c; ~ **hill**, oppover bakke; ~ **hold**, vedlikeholde; støtte.

upholster [ʌpˈhoulstə] stoppe; polstre; trekke;
~ **er**, salmaker c.

upkeep [ˈʌpkiːp] vedlikehold n.

upon [əˈpɔn] (op)på.

upper [ˈʌpə] øvre; høyere;
~ **s**, overlær n; **tøygamasjer**; ~ **most**, øverst.

upright [ˈʌprait] opprettstående; rettskaffen.

uproar [ˈʌprɔː] oppstyr n.

upset [ʌpˈset] velte; kantre; bringe ut av fatning c.

upshot [ˈʌpʃɔt] resultat n.

upside [ˈʌpsaid]: ~ **down**, opp ned; endevendt.

upstairs [ˈʌpˈstɛəz] ovenpå.

up-to-date [ˈʌptəˈdeit] à jour; moderne.

upward [ˈʌpwəd] oppover.

urchin [ˈɔːtʃin] sjøpinnsvin c; (gate)gutt c.

urge [əːdʒ] drive; tilskynde; anbefale; be inntrengende; betone sterkt; ~ **ncy** press n; tvingende nødvendighet c; ~nt, påtrengende nødvendig; presserende; som haster.

urn [ə:n] urne c.

us [ʌs] oss.

U.S.(A.) = United States (of America).

usage [ˈjuːzidʒ] skikk og bruk; sedvane c; språkbruk c; behandling c.

use [juːs] bruk c; anvendelse c; skikk c; øvelse c; vane c; nytte c; [juːz] bruke; benytte; behandle; **he** ~**d to do**, han pleide å gjøre; ~**d to**, vant til; ~**ful**, nyttig; brukbar; ~**less**, unyttig; ubrukbar.

usher [ˈʌʃə] dørvakt c; rettstjener c; føre inn; ~ **in**, innlede; innvarsle.

usual [ˈjuːʒuəl] vanlig.

usurer [ˈjuːʒərə] ågerkar; ~**y** [ˈjuːʒuri], åger c.

utensil [juˈtensil] redskap n; (kjøkken)utstyr n.

utility [juˈtiliti] nytte c; ~**ze**, [ˈjuːtilaiz] bruke; nyttiggjøre (seg); utnytte.

utmost [ˈʌtmoust] ytterst.

utter [ˈʌtə] fullstendig, absolutt; ytre; uttale; ~**ance**, ytring c; uttalelse c; språklig ytringsmåte c; ~**most**, ytterst.

V

vacancy [ˈveikənsi] tomrom n; ledig plass c, ledig post c; ~**t**, tom; ledig; ubesatt.

vacation [vəˈkeiʃn] ferie c.

vaccinate [ˈvæksineit] vaksinere.

vacillate [ˈvæsileit] vakle; ~**ion**, slingring c; vakling c.

vacuum [ˈvækjuəm] **cleaner**, støvsuger c.

vague [veig] vag; ubestemt.

vain [vein] tom; forgjeves; forfengelig; stolt (**of** av); **in** ~, forgjeves.

valet [ˈvælit] kammertjener c.

valiant [ˈvæliənt] tapper.

valid [ˈvælid] gyldig; ~**ity** [vəˈliditi], gyldighet c.

valise [vəˈliːz] reiseveske c.

valley [ˈvæli] dal c.

valour [ˈvælə] tapperhet c.

valuable [ˈvæljuəbl] verdi-

full; ~ **ables** verdisaker;
~ **e** ['-ju] verdi *c;* valør *c;*
valuta *c;* vurdere; verd-
sette.

valve [vælv] ventil *c;* klaff
c; rad rør *n.*

van [væn] flyttevogn *c;*
varevogn *c; jernb* gods-
vogn *c.*

vanilla [və'nilə] vanilje *c.*

vanish ['væniʃ] forsvinne.

vanity ['væniti] forfenge-
lighet *c;* tomhet *c;* ~-
bag, ~-**case,** selskaps-
veske *c.*

variable ['vɛəriəbl] foran-
derlig; ~ **nce,** forskjell *c;*
uoverensstemmelse *c;*
~ **tion,** forandring *c;*
forskjell *c;* variasjon *c.*

variety [və'raiəti] avveks-
ling *c;* forandring *c;*
mangfoldighet *c;* avart
c; ~ **show,** varietéfore-
stilling *c.*

various ['vɛəriəs] forskjel-
lig(e); diverse; forander-
lig.

varnish ['va:niʃ] ferniss(e-
re) *c.*

vary ['vɛəri] forandre
(seg); variere; veksle; ~
from, avvike fra.

vase [va:z] vase *c.*

vast [va:st] uhyre; veldig;
umåtelig.

vault [vɔ:lt] hvelv(ing) *n*
(c); sprang *n,* hopp *n;*
pole ~, stavsprang *n;*
hvelve (seg); hoppe.

veal [vi:l] kalvekjøtt *n;*
roast ~, kalvestek *c.*

vegetable ['vedʒitəbl]
plante-, vegetabilsk;
kjøkkenvekst *c;* ~ **bles,**
grønnsaker; ~ **rian** [-'tæ-
riən] vegetarianer *c;*
~ **tion,** vegetasjon *c.*

vehemence ['vi:iməns] hef-
tighet *c;* voldsomhet *c;*
~ **t,** heftig; voldsom.

vehicle ['vi:ikl] kjøretøy *n;*
redskap *n;* (uttrykks)-
middel *n.*

veil [veil] slør *n;* (til)slø-
re; tilhylle.

vein [vein] vene *c;* (blod)-
åre *c;* åre *c* (i tre); stem-
ning *c.*

velocity [vi'lɔsiti] hastighet
c.

velvet ['velvit] fløyel *c;*
~ **een,** bomullsfløyel *c.*

venal ['vi:nl] bestikkelig.

vending machine salgsau-
tomat *s.*

vendor ['vendɔ:] selger *c.*

venerable ['venərəbl] ær-
verdig.

venerate ['venəreit] høyak-
te; holde i ære; ~ **ion,**
ærbødighet *c;* ærefrykt
c.

Venetian [viˈniːʃn] venetiansk; venetianer c; ~ **blind,** persienne c.

vengeance [ˈvendʒəns] hevn c.

Venice [ˈvenis] Venezia.

venison [ˈven(i)zn] vilt n; dyrekjøtt n.

venom [ˈvenəm] gift(ighet) c.

vent, lufthull n; trekkhull n; fritt løp n; **give** ~ **to,** gi luft, gi avløp n.

ventilate [ˈventileit] ventilere; drøfte; ~ **ion,** ventilasjon c; ~ **or,** ventilator c.

ventriloquist [venˈtriləkwist] buktaler c.

venture [ˈventʃə] vågestykke n; spekulasjon c; risiko c; våge; løpe en risiko; ~ **some,** dristig.

veracious [vəˈreiʃəs] sannferdig; ~ **ty** [vəˈræsiti] sannferdighet c.

verb [vəːb] verb(um) n; ~ **al,** muntlig; ord-; ordrett; verbal-.

verdict [ˈvəːdikt] jur kjennelse c.

verge [vəːdʒ] rand c; kant c.

verify [ˈverifai] bevise; bekrefte; etterprøve.

veritable [ˈveritəbl] sann; virkelig.

vermin [ˈvəːmin] skadedyr n.

verse [vəːs] vers n; verselinje c; poesi c; ~ **ed,** bevandret; kyndig; erfaren **(in** i); ~ **ion** [ˈ-ʃn] oversettelse c; versjon c, gjengivelse c.

verve [vəːv] liv n; kraft c.

very [ˈveri] meget; **the** ~ **best,** det aller beste; **the** ~ **same,** selvsamme; **in the** ~ **act,** på fersk gjerning c.

vessel [ˈvesl] kar n; skip n.

vest, undertrøye c; vest c; forlene; overdra.

vestibule [ˈvestibjuːl] (for)-hall c; entré c; vestibyle c.

vestige [ˈvestidʒ] spor n.

vestry [ˈvestri] sakristi n.

vet [vet] dyrlege c; (lege)-undersøke.

veterinary [ˈvetrin(ə)ri] **(surgeon),** dyrlege c; veterinær c.

vex [veks] ergre; plage; irritere; ~ **ation,** ergrelse c; plaging ~ **atious,** ergerlig; fortredelig; brysom.

vial [ˈvaiəl] medisinglass n.

vibrate [vaiˈbreit] vibrere; ~ **ion,** vibrasjon c; svingning c; dirring c.

vicar ['vikə] sogneprest *c.*

vice [vais] last *c;* feil *c;* mangel *c;* skruestikke *c;* vise-.

vice versa ['vaisi 'və:sə] omvendt.

vicinity [vi'siniti] nærhet *c;* naboskap *n.*

vicious ['viʃəs] lastefull; slett; ondskapsfull.

victim ['viktim] offer *n;* ~ **ize,** bedra; narre.

victor ['viktə] seierherre *c;* ~ **ious,** seierrik; ~ **y,** seier *c.*

Vienna [vi'enə] Wien.

view [vju:] syn *n;* blikk *n;* synsvidde *c;* utsikt *c;* mening *c;* bese; se på; betrakte; **in** ~ **of,** i betraktning av; **point of** ~, synspunkt *n;* **in my** ~, i mine øyne; **with a** ~ **to,** i den hensikt å; ~ **er,** fjernsynsseer; ~ **-finder,** søker *c* (på fotografiapparat); ~ **point,** synspunkt *n.*

vigorous ['vigərəs] kraftig; sprek; sterk.

vigour ['vigə] kraft *c.*

vile [vail] sjofel; ussel.

village ['vilidʒ] landsby *c;* ~ **r,** landsbyboer *c.*

villain ['vilən] kjeltring *c;* skurk *c;* ~ **y,** skurkestrek *c.*

vine [vain] vinranke *c;* vinstokk *c.*

vinegar ['vinigə] eddik *c;* ~ **tage,** vinhøst *c;* årgang *c.*

violate ['vaiəleit] krenke; overtre; bryte; ~ **ence,** vold(somhet) *c;* ~ **ent,** voldsom.

violet ['vaiəlit] fiol *c.*

violin [vaiə'lin] fiolin *c.*

viper ['vaipə] hoggorm *c.*

virgin ['və:dʒin] jomfru *c.*

virtue ['və:tʃu] dyd *c;* ærbarhet *c;* **by** ~ **of,** i kraft av.

virtuous ['və:tʃuəs] dydig.

viscount ['vaikaunt] vicomte *c.*

visé ['vizei] visum *n;* visere.

visibility [vizi'biliti] synlighet *c;* siktbarhet *c;* ~ **le,** synlig.

vision ['viʒən] syn *n;* synsevne *c;* visjon *c.*

visit ['vizit] besøk(e) *n.*

visitor ['vizitə] besøkende *c;* ~ **s' book,** fremmedbok *c.*

visual ['viʒuəl] syns-; synlig.

vital ['vaitl] livs-; livsviktig; ~ **ity,** livskraft *c.*

vivid livlig; levende.

vocabulary [vo'kæbjuləri]

ordsamling *c;* ordliste *c;* ordforråd *n.*

vocal ['voukl] stemme-; vokal-; sang-; ~ **chord,** stemmebånd *n;* ~ **ist,** sanger(inne) *c.*

vocation [vo'keiʃn] kall *n;* yrke *n;* ~ **al school,** yrkesskole *c.*

vogue [voug] mote *c.*

voice [vois] stemme *c;* uttrykk.

void [void] tom; *jur* ugyldig; tomrom *n;* lakune *c;* ~ **of,** fri for; blottet for.

volatile ['volətail] flyktig.

volcano [vol'keinou] *pl* **-es,** vulkan *c.*

volition [vou'liʃn] vilje *c.*

volley ['voli] salve *c; tennis* fluktslag *n;* fyre av.

voluble ['voljubl] flytende; munnrapp.

volume ['voljum] bind *n;* bok *c;* volum *n;* innhold *n;* omfang *n;* ~ **inous** [və'lju:-] omfangsrik.

voluntary ['voləntəri] frivillig; ~ **eer** [volən'tiə] frivillig; påta seg frivillig.

vomit ['vomit] brekke seg.

votary ['voutəri] tilhenger *c;* ~ **e,** (valg)stemme *c;* avstemning *c;* avlegge stemme; votere, vedta; ~ **er,** velger *c.*

vouch [vautʃ]: ~ **for,** borge for; innestå for; ~ **er,** bilag *n;* kvittering *c.*

vow [vau] (høytidelig) løfte *n;* love (høytidelig).

vowel ['vauəl] vokal *c.*

voyage ['voidʒ] (lengre) reise (til sjøs *el* pr. fly).

vulgar ['vʌlgə] alminnelig; simpel; tarvelig; rå; vulgær; ~ **ity** [-'gær-] plumphet *c;* simpelhet *c;* ~ **ize,** forsimple.

vulnerable ['vʌlnərəbl] sårbar; i faresonen (kortspill).

vulture ['vʌltʃə] gribb *c.*

W

wad [wod] dott *c;* propp *c;* ~ **ding,** vattering *c;* vatt *c.*

wade [weid] vade; vasse;

~ **rs,** vadestøvler; sjøstøvler.

wafer ['weifə] (tynn) kjeks *c.*

waffle ['wɔfl] vaffel c;
~-iron, vaffeljern n.
wag [wæg] svinge; dingle;
logre med; skøyer c.
wages ['weidʒiz] lønn c.
waggon ['wægən] laste-
vogn c; ~er, kjørekar c.
waif [weif] hittebarn n;
herreløst dyr n.
wail [weil] klage; jamre
seg; jammer c; klage c.
waist [weist] liv n; midje
c; ~coat ['weiskout] vest
c.
wait [weit] vente; varte
opp; ~ for, vente på;
keep ~ing, la vente;
~er, kelner c; ~ing-
room, venteværelse n;
~ress, serveringsdame
c.
waive [weiv] oppgi; gi av-
kall på.
wake [weik] kjølvann n;
vekke; våkne; ~ up,
våkne; vekke; ~n, våk-
ne; vekke.
walk [wɔːk] gå; spasere;
vandre; spasertur c;
gange c; ~er, fotgjenger
c; spaserende.
walking ['wɔːkiŋ]: ~ tour,
spasertur c; ~ing-stick,
spaserstokk c.
wall [wɔːl] mur c; vegg c;
omgi med mur c; befes-

te; ~ up, mure til; ~et,
veske c; lommebok c.
wallow ['wɔlou] velte seg.
wallpaper ['wɔːl'peipə] ta-
pet c.
walnut ['wɔːlnʌt] valnøtt
c.
walrus ['wɔːlrəs] hvalross
c.
waltz [wɔːls] (danse) vals
·c.
wander ['wɔndə] vandre;
gå seg bort; tale over
seg; ~er, vandrings-
mann c.
wane [wein] avta; blekne;
svinne.
wangle ['wæŋgl] fikse;
bruke knep.
want [wɔnt] mangel c (of
på); trang c; nød c;
mangle; ønske; trenge;
ville ha.
wanton ['wɔntən] flokse c;
vilter.
war [wɔː] krig c.
warble [wɔːbl] trille; syn-
ge.
ward [wɔːd] vakthold n;
formynderskap n; vern
n; myndling c; avdeling
c, sal c (i hospital);
~en, vokter c; oppsyns-
mann c.
wardrobe ['wɔːdroub] gar-
derobe c; klesskap n.

ware vare(sort *c*); varer;
china ~, porselenssa-
ker; ~**house**, lagerbyg-
ning *c*; lagre.

warm [wɔ:m] varm; var-
me (seg); ~**th**, varme *c*.

warn [wɔ:n] advare
(**against** mot); varsle;
formane; ~**ing**, (ad)var-
sel *c*; oppsigelse *c*.

warp [wɔ:p] forvri; gjøre
kroket; (om trevirke) slå
seg.

warrant ['wɔrənt] bemyn-
digelse *c*; garanti *c*; sik-
kerhet *c*; hjemmel *c*; be-
myndige; garantere.

warrior ['wɔriə] kriger *c*.

wart [wɔ:t] vorte *c*.

wary ['wɛəri] forsiktig.

was [wɔz] var; ble.

wash [wɔʃ] vaske (seg);
skylle over; ~ **up**, vaske
opp; ~**ed out**, utvasket;
utslitt; vask *c*; skylling
c; (bølge)slag *n*; plask *n*;
skvulp *c*; ~**er**, vaskema-
skin *c*; ~**erwoman**, vas-
kekone *c*; ~**ing**, vask *c*;
vasketøy *n*.

wasp [wɔsp] veps *c*; ~**ish**,
vepse-; irritabel.

waste [weist] øde; udyr-
ket; ubrukt; unyttig; av-
falls-; ødeleggelse *c*; ød-
selhet *c*; sløsing *c*; tap *n*;

ødelegge; sløse; (gå til)
spille; ~**paper basket**,
papirkurv *c*.

watch [wɔtʃ] vakt(hold) *c*
(n); armbånds-, lom-
meur *n*; våke; se på;
iaktta; passe på; ~**ful**,
påpasselig; ~**maker**, ur-
maker *c*; ~**man**, vakt-
mann *c*.

water ['wɔ:tə] vann *n*; ~**s**,
farvann *n*; vanne; ta inn
vann; spe opp; løpe i
vann; **high** ~, flo *c*; **low**
~, ebbe *c*; ~**-colour**,
vannfarge *c*; ~**course**,
vassdrag *n*; ~**ing-place**,
badested *n*; vannings-
sted *n*; ~**proof**, vann-
tett; regnfrakk *c*;
~**shed**, vannskille *n*;
~**tight**, vanntett; ~**way**,
vannvei *c*, kanal *c*;
~**works**, vannverk *n*;
~**y**, våt; vassen.

wave [weiv] bølge *c*; vifte;
vinke; vaie; bølge (hår).

waver [weivə] være usik-
ker; vakle.

wax [wæks] voks *c*; vok-
se; tilta (måne).

way [wei] vei(stykke) *c*
(n); retning *c*; kurs *c*;
måte *c*; *mar* fart *c*; **by
the** ~, forresten; **by** ~
of, gjennom; via; **out of**

the ~, uvanlig; **have one's** ~, få sin vilje; ~ **lay**, ligge på lur etter; ~ **side**, veikant *c;* ~ **ward**, egensindig.

we [wi(:)] vi.

weak [wi:k] svak; ~ **en**, svekke(s); ~ **ly**, svakelig; svakt; ~ **ness**, svakhet . *c.*

wealth [welþ] velstand *c;* rikdom *c;* ~ **y**, velstående.

weapon ['wepən] våpen *n.*

wear [wɛə] bære; ha på (seg); slite(s); være holdbar; bruk *c;* slit(asje) *n· (c);* holdbarhet *c;* ~ **away**, slite(s); ~ **and tear**, slitasje *c.*

weariness ['wiərinis] tretthet *c.*

weary ['wiəri] trett; trette(s).

weather ['weðə] vær *n; mar* lo; klare seg gjennom; ~ **beaten**, værbitt; ~ **-forecast**, værvarsel *n.*

weave [wi:v] veve; flette; danne; vev(n)ing *c.*

web, vev *c;* spindelvev *n el c;* ~ **-foot**, svømmefot *c.*

wed, ekte; gifte seg med; ektevie; forbinde.

wedding ['wediŋ] bryllup

n; ~ **-dress**, brudekjole *c;* ~ **-ring**, giftering *c.*

wedge [wedʒ] kile *c;* kile fast.

wedlock ['wedlɔk] ekteskap *n.*

Wednesday ['wenzdi] onsdag *c.*

weed [wi:d] ugress *n;* ukrutt *n;* luke; renske.

week [wi:k] uke .*c;* ~ **day**, hverdag *c.*

weep [wi:p] gråte.

weigh [wei] veie; ~ **(up)on**, tynge på; ~ **t**, vekt *c;* byrde *c;* ~ **ty**, vektig; tung.

welcome ['welkəm] (ønske) velkommen; velkomst(hilsen) *c.*

weld, sveise (sammen).

welfare ['welfɛə] velferd *c.*

well, brønn *c;* kilde *c;* sjakt *c;* godt; vel; riktig; frisk; **as ~ as**, så vel som; så godt som; ~ **off**, ~ **-to-do**, velstående; **I am not ~**, jeg er ikke frisk; ~ **-advised**, klok; veloverveid; ~ **-bred**, veloppdragen; ~ **-intentioned**, velmenende; ~ **-known**, velkjent.

Welsh [welʃ] walisisk; ~ **man**, valiser *c.*

welter ['weltə] rulle; velte seg; rot *n;* virvar *n*.

west, vest *c;* vestlig; vest-; vestre; ~ **ern,** vestlig; ~ **erner,** vesterlending *c;* ~ **ward(s),** vestover; mot vest.

wet, våt; fuktig; regnfull; rå; ~ **through,** gjennomvåt; væte *c;* fuktighet *c;* væte; fukte.

whack [wæk] klask *n;* del *c*.

whale [(h)weil] hval *c;* ~ **oil,** hvalolje *c;* ~ **r,** hvalfanger *c;* fangstskip *n*.

whaling [(h)weiliŋ] hvalfangst *c*.

wharf [(h)wɔ:f] brygge *c;* kai *c*.

what [(h)wɔt] hva; hva for en; hvilken; det som; ~ **about ...?,** hva med ...?; ~ **ever,** hva ... enn; hva i all verden.

wheat [(h)wi:t] hvete *c*.

wheel [(h)wi:l] hjul *n;* rokk *c;* ratt *n;* kjøre; trille; rulle; ~ **barrow,** trillebår *c*.

wheeze [(h)wi:z] hvese.

when [(h)wen] når; da; mens dog; ~ **ce,** hvorfra; ~ **(so)ever,** når ... enn; når som helst som.

where [(h)wɛə] hvor;

hvorhen; ~ **abouts,** hvor omtrent; oppholdssted *n;* ~ **as,** mens derimot; ~ **upon,** hvoretter; ~ **ver,** hvor som helst; hvor enn; hvor i all verden.

whet [(h)wet] hvesse; slipe.

whether [(h)wɛðə] (hva) enten (or eller); om.

which [(h)witʃ] hvilken; hvem; som; (hva) som.

while [(h)wail] tid *c,* stund *c;* mens; så lenge som.

whim [(h)wim] lune *n;* nykke *c;* innfall *n*.

whimper [(h)wimpə] klynke.

whimsical [(h)wimzikl] lunefull; snurrig; underlig.

whine [(h)wain] klynke; sutre; klage; klynk *n*.

whip [(h)wip] pisk(e) *c;* slå; svepe *c; pol* innpisker *c*.

whirl [(h)wə:l] virvle; snurre; virvel *c;* snurring *c*.

whisk [(h)wisk] visk *c;* støvkost *c;* feie; sope; daske; piske (egg, fløte); ~ **ers,** kinnskjegg *n*.

whisper [(h)wispə] hviske; hvisking *c*.

whistle ['(h)wisl] plystre; pipe; plystring *c;* fløyte *c.*

white [(h)wait] hvit; ren; bleik; hvitte; hvitt; hvite *c;* ~ **lie**, nødløgn *c;* ~**-hot**, hvitglødende; ~ **n**, gjøre hvit; bleike(s); ~ **ness**, hvithet *c;* ~ **wash**, renvasking *c;* hvitte; renvaske.

Whitsun(tide) ['(h)witsun-(taid)] pinse *c.*

whittle [(h)witl] spikke.

whizz [(h)wiz] suse; visle.

who [hu:] hvem; hvem som; som; den som; ~ **ever**, hvem enn; enhver som; hvem i all verden.

whole [houl] hel; helhet *c;* **on the** ~, i det hele tatt; stort sett; ~ **hearted**, helhjertet; ~ **some**, sunn; gagnlig.

whoop [hu:p] hyle; huie; gispe; huing *c;* ~ **ing-cough**, kikhoste *c.*

whore [hɔ:] hore *c.*

whose [hu:z] hvis.

whosoever [hu:sou'evə] hvem som enn; enhver som.

why [(h)wai] hvorfor; hva! åh!

wick, veke *c.*

wicked ['wikid] ond; slem; ~ **ness**, ondskap *c.*

wicker ['wikə]: ~ **basket**, vidjekurv *c;* ~ **chair**, kurvstol *c.*

wide [waid] vid; vidstrakt; stor; bred; ~ **n**, utvide (seg).

widow ['widou] enke *c;* ~ **er**, enkemann *c.*

width [widþ] vidde *c;* bredde *c.*

wife [waif] *pl* **wives** [waivz] hustru *c;* kone *c.*

wig, parykk *c.*

wild [waild] vill; vilter; ustyrlig; forrykt; villmark *c;* ~ **erness** ['wildənis] villmark *c;* villnis *n.*

wilful ['wilful] egensindig.

will, vilje *c;* **(last)** testamente *n;* vil.

willing ['wiliŋ] villig.

willow ['wilou] pil(etre) *c (n).*

win, vinne; seire.

wince [wins] krympe seg.

wind [wind] vind *c;* pust *c;* lufte; la puste ut; få teften av; **throw to the** ~ **s**, gi en god dag i; ~ **bag**, snakkesalig person; ~ **fall**, nedfallsfrukt *c;* uventet fordel *c;* [waind] tvinne; sno; vikle; bøyning *c,* slyng *c;*

~ **up,** vinde opp; avslutte; avvikle (forretning); trekke opp (et ur).

winding ['waindiŋ] omdreining *c;* sving *c;* bøyning *c;* ~ **-up,** avvikling *c;* likvidasjon *c.*

windlass ['windləs] vinsj *c.*

window ['windou] vindu *n;* ~ **dresser,** vindusdekoratør *c;* ~ **ledge,** ~ **sill,** vinduskarm *c;* ~ **shutter,** vinduslem *c.*

windpipe ['windpaip] luftrør *n;* ~ **-screen,** *amr* ~ **-shield,** frontglass *n;* ~ **y,** blåsende.

wine [wain] vin *c.*

wing [wiŋ] vinge *c;* fløy *c.*

wink, blinke; plire; blunk *n.*

winner ['winə] vinner *c.*

winning ['winiŋ] vinnende.

winter ['wintə] vinter *c;* overvintre.

wintry ['wintri] vinterlig.

wipe [waip] tørke, stryke av; ~ **off,** tørke bort (*el* av); ~ **out,** stryke ut; utslette.

wire ['waiə] (metall)tråd *c;* (lednings)tråd *c;* streng *c; dt* telegram *n;* telegrafere; ~ **less,** trådløs (telegraf); radio(telegram)

c (n); ~ **less operator,** radiotelegrafist *c;* ~ **less set,** radioapparat *n.*

wiry ['wairi] ståltråd-; seig.

wisdom ['wizdəm] visdom *c.*

wise [waiz] vis; klok; måte *c;* ~ **crack,** morsomhet *c.*

wish [wiʃ] ønske *v & s (n).*

wisp, dott *c;* visk *c.*

wit, vidd *n;* vett *n;* forstand *c;* klokskap *c;* åndrikhet *c.*

witch [witʃ] heks *c;* forhekse.

with [wið] med; sammen med; hos; foruten; av; **live** ~, bo hos; **angry** ~, sint på; ~ **draw,** trekke (seg) tilbake **(from** fra); ta tilbake; ta ut (av banken); ~ **drawal,** tilbakekalling *c;* uttak *n* (av en bank).

wither ['wiðə] visne.

withhold [wið'hould] holde tilbake; nekte (samtykke); ~ **in,** innenfor; innvendig; innen; ~ **out,** utenfor; uten; ~ **stand,** motstå.

witness ['witnis] vitne(sbyrd) *n (n);* bevitne(lse *c);* være vitne til; se;

oppleve; ~-**box**, vitne-
boks *c*.

witty ['witi] åndrik; vittig.

wizard ['wizəd] trollmann
c.

wobble ['wɔbl] slingre;
være ustø; rave.

woe [wou] smerte *c*; sorg
c; ~**ful**, sørgelig.

wolf, *pl* **wolves** [wulf, -vz]
ulv *c*.

woman ['wumən], *pl* **wom-
en** ['wimin] kvinne *c*; ko-
ne *c*; ~**hood**, kvinnelig-
het *c*; voksen (kvinnes)
alder *c*; kvinner; ~**ly**,
kvinnelig.

womb [wu:m] livmor *c*;
skjød *c*.

wonder ['wʌndə] (for)und-
ring *c*; (vid)under *n*;
undre seg; ~**ful**, vidun-
derlig.

woo [wu:] beile til.

wood [wud] skog *c*; tre *n*;
tømmer *n*; ved *c*; trevir-
ke *n*; ~**ed**, skogvokst;
~**en**, tre-; av tre; klos-
set; stiv; ~**work**, treverk
n; trearbeid *n*.

wool [wul] ull *c*; garn *n*;
~**len**, ull-; av ull.

word [wɔ:d] ord *n*; be-
skjed *c*; uttrykke; for-
mulere; **by ~ of mouth**,

muntlig; ~**ing**, ordlyd
c.

work [wə:k] arbeid *n*;
verk *n*; gjerning *c*; ~**s**,
verk *n*; fabrikk *c*; arbei-
de; (om maskin) gå; vir-
ke; drive; betjene (ma-
skin); ~ **out**, utarbeide;
løse (problem); vise seg
(brukbar, effektiv); ~
up, opparbeide; bearbei-
de; **at ~**, i arbeid;
~**able**, brukbar; ~**day**,
hverdag *c*; ~**er**, arbei-
der *c*.

working: in ~ order, i
brukbar stand.

workman ['wə:kmən] ar-
beider *c*; ~**like**, fagmes-
sig; ~**ship**, fakkyndig-
het *c*; (fagmessig) utfø-
relse *c*.

workshop ['wə:kʃɔp] verk-
sted *n*.

world [wə:ld] verden *c*;
~**ly**, verdslig; jordisk;
~**-wide**, verdensomfat-
tende.

worm [wə:m] orm *c*; mark
c; lirke; sno seg (som en
orm); ~**-eaten**, mark-
spist.

worn-out ['wɔ:n'aut] utslitt.

worry ['wʌri] plage; engste
(seg); bry; engstelse *c*;
bekymring *c*; plage *c*.

worse [wə:s] verre; dårligere.

worship ['wə:ʃip] (guds)-dyrkelse c; tilbedelse c; tilbe; dyrke; holde gudstjeneste c.

worst [wə:st] verst; dårligst; beseire.

worsted ['wustid] kamgarn n.

worth [wə:þ] verd; verdi c; it is ~ while, det er umaken verd; ~ y ['wə:ði] verdig; aktverdig.

would [wud] ville; ble; ville gjerne; pleide; ~ - be, som vil være; som utgir seg for å være.

wound [wu:nd] sår(e) n.

wrangle ['ræŋgl] kjekle; kjekling c; ~ r, kranglefant c; amr cowboy c.

wrap [ræp] vikle; svøpe; ~ (up), pakke inn; sjal n, pledd n; ~ per, omslag n; emballasje c; overtrekk n; morgenkjole c; ~ ping paper, innpakningspapir n.

wrath [rɔþ] vrede c.

wreath [ri:þ] krans c;

vinding c; ~ e [ri:ð] (be)kranse.

wreck [rek] ødeleggelse c; skibbrudd n; vrak n; tilintetgjøre; strande; forlise.

wren [ren] gjerdesmutt c.

wrench [ren(t)ʃ] vri; rykke.

wrestle ['resl] bryte (med); kjempe; stri; ~ r, bryter c.

wretched ['retʃid] elendig.

wriggle ['rigl] vrikke; vri seg; sno seg.

wring [riŋ] vri (seg).

wrinkle ['riŋkl] rynke c.

wrist [rist] håndledd n; ~ -watch, armbåndsur n.

write [rait] skrive; ~ r, skribent c; forfatter c.

writing ['raitiŋ] skrivning c; (hånd)skrift c; innskrift c.

wrong [rɔŋ] urett; feil; forkjært; vrang; gal; forurette(lse c); urett; be ~, ta feil; ~ doer, en som gjør urett; forbryter c; ~ doing, urett c; forsyndelse c; forbrytelse c.

wry [rai] skjev; vri (seg).

X

X, Xt = Christ.
Xmas = Christmas.

X-ray ['eks'rei] røntgen-
stråle *c;* røntgenfotogra-
fere.

Y

yacht [jɔt] yacht *c;* lystbåt
c; ~ **ing,** seilsport *c.*
Yankee ['jæŋki] i USA:
innbygger av New Eng-
land; i verden for øvrig:
innbygger i USA.
yap [jæp] bjeff(e) *n.*
yard [ja:d] yard *c* (eng.
lengdemål: 0,914 m);
mar rå *c;* gård(splass) *c.*
yarn [ja:n] garn *n;* histo-
rie *c.*
yawn [jɔ:n] gjesp(e) *c.*
year [jiə] år *n;* ~ **ly,** årlig.
yeast [ji:st] gjær *c.*
yell [jel] hyl(e) *n.*
yellow ['jelou] gul; gulfar-
ge *c;* gulne; ~ **ish,** gul-
aktig.
yelp [jelp] bjeff(e) *n.*
yes [jes] ja.
yesterday ['jestədi] i går.
yet [jet] enda; ennå; dog;
likevel; **as** ~, ennå.
yield [ji:ld] gi; innbringe;

kaste av seg; yte; gi
etter; utbytte *n;* ytelse *c.*
yoke [jouk] åk *n;* (for)-
spann *n;* forene; spenne
i åk.
yolk [jouk] eggeplomme
c.
you [ju:] du, deg; De,
Dem; dere; man.
young [jʌŋ] ung; liten; **the**
~, ungdommen; ~ **ster,**
ung gutt *c.*
your [jɔ:ə] din; ditt; dine;
deres; Deres, ~ **s,** (sub-
stantivisk) din; Deres;
~ **self,** *pl* ~ **selves,** du (*el*
deg, De, Dem) selv; re-
fleksivt: deg (*el* Dem);
seg; deg (*el* Dem, seg)
selv.
youth [ju:þ] ungdom *c;*
ung mann *c;* ~ **hostel,**
ungdomsherberge *n.*
Yugoslavia ['ju:gousla:viə]
Jugoslavia.

Z

zeal [zi:l] iver *c;* ~**ous** [ˈzeləs] ivrig; nidkjær; ~**ot**, svermer *c;* fanatiker *c.*

zebra [ˈzi:brə] sebra *c;* ~ **crossing**, fotgjengerovergang *c* (med striper).

zero [ˈziərou] null(punkt) *n.*

zest, lyst *c;* glede *c* (**for** ved); behag *n.*

zip fastener [ˈzip ˈfa:snə] *el* **zipper** [ˈzipə] glidelås *c.*

zone [zoun] sone *c.*

zoo [zu:] *dt* zoologisk hage *c;* ~**logist** [zouˈblədʒist] zoolog *c;* ~**logy** [zouˈblədʒi] zoologi *c.*

Norwegian-English

Dictionary

A

abbed, abbot; ~ **isse,** abbess.

abc-bok, primer, ABC-book.

abdikasjon, abdication; ~ **sere,** abdicate.

abnorm, abnormal; ~ **itet,** abnormity.

abonnement, subscription; ~ **nt,** subscriber; ~ **re,** subscribe (**på:** to).

abort, abortion, miscarriage; ~ **ere,** abort, miscarry.

absolutt, absolute.

absorbere, absorb.

abstrakt, abstract.

absurd, absurd; ~ **itet,** absurdity.

ad-, se også **at-**.

addere, add (up); ~ **isjon,** addition.

adel, nobility; ~ **ig,** noble, titled; ~ **smann,** nobleman.

adgang, admittance, admission; (**vei til**) approach, access; ~ **forbudt,** no admittance.

adjektiv, adjective.

adjø, good-bye.

adle, ennoble, knight.

adlyde, obey.

administrasjon, administration, management; ~ **ativ,** administrative; ~ **ere,** manage, administer.

admiral, admiral.

adopsjon, adoption; ~ **tere,** adopt; ~ **tivbarn,** adopted (el adoptive) child.

adresse, ~ **re,** address.

advare, warn (**mot:** against; **om:** of); ~ **sel,** warning.

adverb, adverb.

advokat, lawyer; (**høyesteretts** ~) barrister; (jur rådgiver) solicitor; amr attorney.

affekt, excitement; emotion, passion; **komme i**

~, become excited; ~**ert,** affected.

affære, affair.

aften, evening, night; **høytids-,** eve; ~**smat,** supper.

Afrika, Africa.

afrikaner, ~**sk,** African.

agent, agent; ~**ur,** agency.

agere, act, play, sham.

agitasjon, agitation; ~**ere,** agitate.

agn, bait; (på korn) chaff, husk; ~**e,** bait.

agronom, agronomist.

agurk, cucumber.

à jour, up to date.

akademi, academy; ~**ker,** university man; ~**sk,** academic(al).

ake, sledge, slide (on a sledge).

akevitt, aquavit.

akklamasjon, acclamation; ~**imatisere,** acclimatize.

akkompagnere, accompany; ~**atør,** accompanist.

akkord, mus chord; arb contract, piece-work; merk composition, arrangement.

akkurat, adj exact, accurate; precise; adv (nett-opp) exactly, just.

à konto, on account.

akrobat, acrobat.

aks, ear, spike; ~**e,** axis; ~**el,** (på hjul) axle; mask shaft; (skulder) shoulder.

aksent, accent; ~**uere,** accent, accentuate.

aksept, merk acceptance; ~**abel,** acceptable; ~**ere,** accept; merk accept, honour.

aksje, share; amr stock; ~**kapital,** share capital; ~**selskap,** limited liability company (A/S = Ltd.); amr corporation, stock company.

aksjon, action; gå til ~, take action; ~**ær,** shareholder.

akt, act; ~**e,** intend; respect; ~**else,** respect, regard, esteem.

akter, aft; astern; ~**dekk,** after-deck; ~**ende,** stern.

aktiv, active; ~**a,** pl assets (~ **og passiva,** assets and liabilities); ~**itet,** activity.

aktor, counsel for the prosecution, prosecutor; ~**at,** prosecution.

akt|pågivende, mindful, attentive; ~ **pågivenhet,** attention; ~ **som,** heedful, careful; ~ **stykke,** document; ~ **ualitet,** current interest; ~ **uell,** topical, current; ~ **ver-dig,** respectable.

akusti|kk, acoustics *pl;* ~ **sk,** acoustic.

akutt, acute.

akvarell, water-colour.

akvarium, aquarium.

alarm, alarm; ~ **ere,** alarm.

albatross, albatross.

albue, elbow.

album, album.

aldeles, quite, entirely; ~ **ikke,** not at all.

alder, age; ~ **dom,** old age; ~ **sforskjell,** difference in age; ~ **strygd,** old-age pension.

aldri, never.

alene, alone, by oneself.

alfabet, alphabet; ~ **isk,** alphabetical.

alge, alga *(pl* algae), seaweed.

alkohol, alcohol; ~ **iker,** alcoholic.

alkove, alcove.

all, all; ~ **e,** everyone, everybody, all.

allé, avenue.

allehelgens|aften, All Saints' Eve, *amr* Halloween; ~ **dag,** All Saint's Day.

aller| best, best of all, the very best; ~ **først,** first of all; ~ **mest,** most of all.

alle|rede already; as early as; ~ **sammen,** all of us (you, them), everybody; ~ **slags,** all kinds of; ~ **stedsnærværende,** omnipresent.

all|farvei, public highway. **alli|anse,** alliance; ~ **ere;** ~ **ert,** ally; **de allierte,** the Allies.

alligator, alligator.

allikevel, still, yet, all the same.

all|makt, omnipotence; ~ **mektig,** almighty.

allmenn, general; ~ **be-finnende,** state of health in general; ~ **heten,** the public; ~ **ing,** common.

all|sidig, versatile; allround; ~ **slags,** all kinds of; ~ **tid,** always; ~ **ting,** everything; ~ **vi-tende,** omniscient, allknowing.

alm, elm.

almanakk, almanac.

alm|innelig, common, general, ordinary; ~ **isse**, alms, charity; ~ **ue**, the common people.

alminnelighet, i ~, in general, generally.

alpelue, beret.

alt, everything, all; se **allerede**; *mus* (contr)alto.

altan, balcony.

alter, altar; ~ **gang**, communion.

alterert, excited, agitated; ~ **nativ**, alternative.

altetende, omnivorous.

altfor, too, much too, far too; ~ **så**, therefore, consequently, so.

aluminium, aluminium; ~ **n**, alum.

alv, elf, fairy.

alvor, seriousness, earnestness; gravity; **for ~**, in earnest; ~ **lig**, serious, earnest; grave.

amalgam, amalgam; ~ **sone**, amazon; ~ **tør**, amateur.

ambassade, embassy; ~ **ør**, ambassador.

ambisjon, ambition.

ambolt, anvil.

ambulanse, ambulance.

Amerika, America.

amerikaner; ~ **sk**, American; ~ **sk olje**, castor oil.

amme, *s* & *v* nurse.

ammoniakk, ammonia.

ammunisjon, ammunition.

amnesti, amnesty.

amortisere, amortize; ~ **ing**, amortization.

amper, fretful, peevish.

amputasjon, amputation; ~ **ere**, amputate.

amulett amulet, charm.

analfabet, illiterate.

analyse, analysis *(pl analyses)*; ~ **re**, analyse.

ananas, pineapple.

anarki, anarchy; ~ **st**, anarchist.

anatomi, anatomy.

anbefale, recommend; ~ **ing**, recommendation.

anbringe, put, place.

anbud, tender (**på**: for).

and, duck.

andakt, (andektighet) devotion; (kort gudstjeneste) prayers; ~ **ektig**, devout.

andel, share; quota.

andpusten, out of breath.

andragende, application.

andre, others, other people.

andrik, drake; ~ **unge**, duckling.

ane, suspect, guess; (**jeg ~ r ikke**) I have no idea.

anekdote, anecdote.

anelse, suspicion.

aner, *pl* ancestors.

anerkjenne, acknowledge, recognize; ~ **lse,** acknowledg(e)ment; recognition.

anfall, assault; attack; *med* fit; ~ **e,** attack, assault.

anføre, command, lead; *merk* enter, book; (sitere) cite, quote; ~ **sel,** command; quotation; ~ **selstegn,** quotation marks.

angel, hook; ~ **sakser,** ~ **saksisk,** Anglo-Saxon.

angi, inform against; (vise) indicate; (nevne) state; ~ **velig,** alleged, ostensible; ~ **ver,** informer.

angre, regret; repent **(på:** of).

angrep, attack, assault, charge; ~ **ipe,** attack, assault; (tære) corrode; ~ **iper,** aggressor, attacker.

angst, fear, dread; anxiety.

angå, concern, regard, bear on; ~ **ende,** concerning, regarding.

anholde, apprehend, ar-

rest; ~ **lse,** apprehension, arrest.

animere, animate.

anis, anise.

anke, *s & v* appeal.

ankel, ankle.

anker, anchor; ~ **kjetting,** cable; ~ **spill,** windlass.

anklage, *v* accuse **(for:** of), charge **(for:** with); *s* accusation; charge; ~ **r,** *jur* prosecutor.

ankomme, arrive **(til:** at, in); ~ **st,** arrival.

ankre, anchor.

anledning (gang, festlig ~) occasion, (gunstig ~, sjanse), opportunity.

anlegg, (oppføring) construction; (fabrikk) works, plant; *elektr* installation; (evner) talent, turn; ~ **e,** construct, lay out; (sak) bring an action against.

anliggende, affair; business.

anløpe, *mar* touch at, call at.

anmelde, (til politiet) report, denounce; (bok) review; ~ **lse,** report, denunciation; (bok) review; ~ **r,** reviewer.

anmerke, note, put

down; ~ **ning,** comment, note, remark.

anmode om, request; ~ **ning,** request.

anneks, annex.

annektere, annex; ~ **ing,** annexation.

annen, other; *num* second; ~ **klasse(s),** second-class; ~ **rangs,** second-rate; ~ **steds,** elsewhere; somewhere else.

annerledes, different; otherwise.

annonse, advertisement; ~ **re,** advertise.

annullere, cancel, annul; ~ **ing,** cancellation.

anonym, anonymous; ~ **itet,** anonymity.

anretning, serving; (sted) pantry; ~ **te,** arrange, prepare; (forårsake) cause.

ansamling, crowd (of people).

ansatt, employed (in an office).

anse for, regard as, consider; ~ **else,** reputation; ~ **lig,** considerable; ~ **tt,** respected; ~ **tee,** employ, engage, appoint; ~ **ttelse,** employment, engagement, appointment.

ansiennitet, seniority.

ansikt, face; ~ **sfarge,** complexion; ~ **strekk,** feature.

ansjos, anchovy.

anskaffe, procure, get; (kjøpe) purchase; ~ **lse,** procurement; purchase.

anskuelig, plain, intelligible; ~ **iggjøre,** elucidate, illustrate; ~ **se,** view.

anslag, *mus* touch; (vurdering) estimate; ~ **å,** *mus* strike; estimate **(til:** at).

anspenne, strain; ~ **spent,** (in)tense; ~ **spore,** stimulate, urge.

anstalt, institution.

anstandsdame, chaperon.

anstendig, decent, proper; ~ **het,** decency.

anstrenge seg (for å) endeavour (to), exert oneself (to); ~ **lse,** effort, exertion; ~ **nde,** tiring, strenuous.

anstøt, offence, scandal; ~ **elig,** offensive, indecent; ~ **sten,** stumbling block.

ansvar, responsibility; ~ **lig,** responsible, **(for:** for; **overfor:** to); ~ **sløs,** irresponsible.

anta, suppose; (en lære etc.) embrace, adopt; (form etc.) assume; ~**gelig**, acceptable; (sannsynligvis) probably; ~**gelse**, acceptance; adoption; supposition.

antall, number.

antarktisk, antarctic.

antenne, s aerial, antenna *(pl* -ae); c light, set fire to; ~ **lig**, inflammable.

antikk, antique; ~**ken**, antiquity; second-hand bookseller; ~**vert**, antiquated.

antiluftskyts, anti-aircraft guns; ~ **pati**, antipathy; ~**septisk** antiseptic.

antrekk, dress, attire.

antyde, indicate; (la forstå) suggest, hint; ~ **ning**, indication; (forslag) suggestion; (spor) trace.

anvende, use, employ **(til:** for); (tid) spend; (teori) apply **(på:** to); ~ **lig**, applicable, practicable; ~ **lse**, employment, use, application.

anvise, (vise) show; (tildele) assign; *merk* pass for payment; (på bank) draw on a bank; ~**ning**, instructions, *merk* order, cheque.

aparte, odd, queer.

apati, apathy; ~ **sk**, apathetic.

ape, monkey, ape; c mimic, ape.

apopleksi, apoplexy; ~ **tisk**, apoplectic.

apostel, apostle.

apotek, chemist's shop, pharmacy; *amr* drugstore; ~ **er**, chemist, druggist; ~ **ervarer**, drugs.

apparat, apparatus, (fjernsyn, radio) set.

appell, appeal; ~ **ere**, appeal.

appelsin, orange.

appetitt, appetite; ~ **elig**, appetizing, delicate.

applaudere, applaud; ~ **s**, applause.

aprikos, apricot.

april, April; ~ **snar**, April fool.

apropos, by the way.

araber, Arab; ~ **isk**, Arabian (språket) Arabic.

Arabia, Arabia.

arbeid, work, labour; (beskjeftigelse) employment; *(et* ~ *)* a job; ~ **e**, work, labour; ~ **er**, worker, workman; **(grov** ~ **)**

labourer; ~**erklasse,** working class; ~**erparti,** Labour Party; ~**sdag,** working day, workday; ~**sdyktig,** able to work; ~**sgiver,** employer; ~**slønn,** wages; ~**sløs,** unemployed; ~**sløshet,** unemployment; ~**som,** industrious; ~**staker,** employee; ~**stid,** working hours; ~**stillatelse,** work (*el* labour) permit; ~**sværelse,** study.

areal, area.

arena, arena.

arg, (sint) angry, indignant.

argument, argument; ~**asjon,** argumentation; ~**ere,** argue.

arie, aria.

aristokrat, aristocrat; ~**i,** aristocracy; ~**isk,** aristocratic.

aritmetikk, arithmetic.

ark, *bibl* ark; (papir) sheet.

arkeolog, archaeologist.

arkitekt, architect; ~**ur,** architecture.

arkiv, archives *pl; merk* file, record; ~**ar,** archivist, keeper of the records; ~**ere,** file; ~**skap,** filing cabinet.

arktisk, arctic.

arm, arm; ~**bånd,** bracelet; ~**båndsur,** wristwatch; ~**é,** army; ~**hule,** armpit.

aroma, aroma; ~**tisk,** aromatic.

arr, scar; *bot* stigma.

arrangere, arrange, organize.

arrangør, organizer.

arrest, arrest, custody; *mar* embargo; (fengsel) prison; ~**ant,** prisoner; ~**ere.** arrest.

arroganse, arrogance; ~**t,** arrogant, haughty.

arsenal, arsenal.

arsenikk, arsenic.

art, (vesen) nature; (slags) sort, kind; *sci* species.

arterie, artery.

artikkel, article; ~**ulere,** articulate.

artilleri, artillery.

artist, artiste; ~**isk,** artistic.

artium, *(omtr tilsv.)* General Certificate of Education (Advanced Level) (GCEA).

arv, inheritance; ~**e,** inherit; ~**efølge,** order of succession; ~**egods,** inheritance; ~**elig,** heri-

table; hereditary;
~ **eløs**, disinherited;
~ **ing**, heir; (kvinnelig)
heiress.
asbest, asbestos.
asfalt; ~ **ere**, asphalt.
Asia, Asia; ~ **tisk**, Asian,
Asiatic.
asjett, small plate.
ask, *bot* ash; ~ **e**, ashes
pl; ~ **ebeger**, ash-tray.
askese, asceticism; ~ **t**,
ascetic; ~ **tisk**, ascetic.
asparges, asparagus.
aspirant, aspirant, candi-
date; ~ **ere til**, aspire to.
assimilasjon, assimila-
tion; ~ **ere**, assimilate
(**med**: to).
assistanse, assistance;
~ **ent**, assistant; ~ **ere**,
assist.
assortere, assort.
assuranse, insurance;
~ **ere**, insure.
astma, asthma.
astrolog, astrologer;
~ **nom**, astronomer.
asurblå, azure.
asyl, asylum; refuge.
at, that.
ateisme, atheism; ~ **t**,
atheist.
atelier, studio.
Aten, Athens.

atferd, conduct, beha-
viour.
atkomst, access.
Atlanterhavet, the Atlan-
tic (Ocean).
atlet, athlete; ~ **isk**, ath-
letic.
atmosfære, atmosphere;
~ **isk**, atmospheric;
~ **iske forstyrrelser**, at-
mospherics.
atom, atom; ~ **bombe**,
atom(ic) bomb; ~ **dre-**
vet, nuclear- *el* atomic-
powered; ~ **kraftverk**,
atomic power plant.
atskille, part, separate,
segregate; ~ **lse**, separa-
tion.
atskillig, *adv* considera-
bly, a good deal; ~ **e**,
several, quite a few.
atspredelse, diversion;
amusement; ~ **t**, *fig* ab-
sent-minded.
attentat, attempt(ed mur-
der).
atter, again, once more.
attest, certificate, testi-
monial; ~ **ere**, certify.
attføring, rehabilitation.
attrå, *v* desire, covet; *s*
desire (**etter**: of); cra-
ving, longing (**etter**: for;
etter å: to); ~ **verdig**,
desirable.

audiens, audience; ~ **torium,** lecture room.
august, August.
auksjon, auction, public sale; ~ **arius,** auctioneer.
aure, trout.
Australia, Australia; ~ **ier,** ~ **sk,** Australian.
autentisk, authentic.
autodidakt, self-taught person; ~ **graf,** autograph; ~ **mat,** slot (*el* vending) machine; ~ **matisk,** automatic; ~ **risasjon,** authorization; ~ **risere,** authorize; ~ **risert,** authorized, licensed; ~ **ritet,** authority.
av, *prp* of; by; from; *adv* off.
avanse, *merk* profit; ~ **ment,** promotion; ~ **re,** (rykke fram) advance; (forfremmes) be promoted, rise.
avantgarde, vanguard, van.
avart, variety.
avbestille, cancel; ~ **ing,** cancellation.
avbetale, pay off; ~ **ing,** paying off; *konkr* part payment, instalment;

(på ~) on hire purchase.
avbilde, portray, depict.
avbleket, discoloured, faded.
avbryte, interrupt; (for godt) break off; ~ **lse,** interruption; break.
avbud, sende ~ , send an excuse.
avdanket, discarded; ~ **dekke,** uncover; (statue) unveil.
avdeling, *merk* department; section; *mil* detachment; ~ **skontor,** branch office; ~ **ssjef,** department manager, head of department.
avdrag, part payment, instalment; ~ **svis,** by instalments.
avdrift, deviation; *mar* drift.
avdød, deceased; late.
avertere, advertise (**etter:** for).
avfall, refuse, waste; (søppel) rubbish; ~ **sdynge,** refuse (*el* rubbish) heap.
avfarge, decolour.
avfeldig, decrepit, infirm; ~ **het,** decay, infirmity.
avfolke, depopulate; ~ **ing,** depopulation.

avfyre, fire, discharge.

avføring, motion, evacuation, stools; **~ smiddel,** laxative, aperient.

avgang, departure; **~ seksamen,** leaving (*el* final) examination; **~ stid,** time of departure.

avgift, (skatt) tax; (toll) duty; (gebyr) fee; **~ spliktig,** liable to duty.

avgjøre, (ordne) settle; (bestemme) decide, determine; **~ lse,** settlement; decision; **~ nde,** decisive; (endelig) final.

avgrense, bound, limit.

avgrunn, abyss, gulf.

avgud, idol; **~ sbilde,** idol; **~ sdyrkelse,** idolatry.

avgå, depart, leave, sail (til: for).

avhandling, treatise, paper; thesis, dissertation.

avhende, dispose of.

avhenge av, depend on; **~ ig,** dependent (av: on); **~ ighet,** dependence.

avhjelpe, (et onde) remedy; (mangel) relieve.

avhold(enhet), abstinence; **~ e** (hindre) prevent; (møter) hold; **~ ~ seg fra,** abstain from; **~ smann,** teetotaller, total abstainer; **~ t,** popular.

avis, (news)paper; **~ kiosk,** newsstand, (større) bookstall.

avkall, renunciation; **gi ~ på,** give up, relinquish.

avkastning, yield, profit.

avkjøle, cool; refrigerate; **~ ing,** cooling; refrigeration.

avklare, clarify.

avkle, undress, strip; **~ dning,** undressing, stripping.

avkobling, relaxation.

avkom, offspring; *jur* issue.

avkrefte, weaken, enfeeble; **~ lse,** weakening, enfeeblement; **~ t,** weakened.

avkrok, out-of-the-way place.

avl, (grøde) crop, produce; (kveg) breeding; **~ e** (av jorda) raise, grow; (frambringe) beget; (om dyr) breed.

avlang, oblong.

avlaste, relieve (for: of).

avlat, indulgence;

~ **skremmer**, pardoner.
avlede, (utlede av) derive from; (tanker) divert.
avlegge, (besøk) pay; (regnskap) render; (eksamen) pass; ~ **ger**, cutting; ~ **s**, antiquated, out of date, obsolete.
avleire, deposit; ~ **ing**, stratification.
avlesse, unload, discharge.
avlevere, deliver; ~ **ing**, delivery.
avling, crop.
avlive, put to death, kill.
avlyse, cancel, call off.
avløp, outlet; ~ **sgrøft**, drain.
avløse, (vakt) relieve; (følge etter) succeed; ~ **ning**, relief.
avmagre, emaciate; ~ **ingskur**, reducing treatment (*el* cure).
avmakt, impotence; ~ **mektig**, impotent; ~ **målt**, measured; formal.
avpasse, adapt (**etter:** to).
avregning, (~ **soppgave**) (statement of) account; (oppgjør) settlement; ~ **reise**, *v* leave, depart (**til:** for); *s* departure; ~ **runde**, round (off).

avsats, (i fjell) ledge; (trappe-) landing.
avse, spare.
avsendelse, dispatch, shipment; ~ **r**, sender; (av varer også) consignor, shipper.
avsetning, sale; ~ **te** (fra embete) remove, dismiss; (konge) dethrone; (selge) sell; ~ **telse**, removal, dismissal; dethronement.
avsi (dom), give (judgment).
avsides, remote, out of the way.
avsindig, insane, mad; (rasende) frantic; ~ **n**, madness.
avskaffe, abolish; ~ **lse**, abolition.
avskjed, leave; (avskjedigelse) dismissal; (frivillig) retirement; **få** ~, be dismissed, *dt* be sacked *el* fired; ~ **ige**, dismiss; *mil* discharge; *dt* sack, fire; ~ **sbesøk**, farewell visit; ~ **ssøknad**, resignation.
avskrekke, frighten, deter.
avskrift, copy; ~ **ve**, *merk* write off; ~ **vning**, copying; (-sbeløp) write-off.

avsky, v detest, abhor; s disgust, aversion; ~**elig,** detestable, abominable.

avslag, refusal; merk reduction, allowance.

avslutte, finish, close, conclude; ~**ning,** close, conclusion.

avsløre (røpe) reveal; (avduke) unveil.

avsmak, distaste, dislike.

avsnitt, paragraph; (utdrag) passage, section.

avsondre, separate; ~**et,** isolated; ~**ing,** separation.

avspenning, détente.

avsperre, bar, cut off; ~**spore,** derail; ~**stamning,** descent; ~**stand,** distance; ~ **sted,** away, off; ~**stemning,** voting, vote; ~**stigning** alighting; ~**stive,** shore (up), support.

avstraffe, punish; ~**lse,** punishment.

avstøpning, cast.

avstå, (overlate) give up; ~ **fra,** desist from; (land) cede; ~**else,** (land) cession.

avta, fall off, decrease, decline.

avtale, v arrange; agree on; ~s (overenskomst), agreement; (~ om møte) appointment.

avtrekker, trigger.

avtrykk, (opptrykk) impression, print, copy.

avvei, wrong way; **på -er,** astray; ~**e,** balance, weigh.

avvekslende, varying; ~**ing,** change, variation.

avvente, await, wait for.

avverge, ward off, avert.

avvike, differ (**fra:** from).

avvikle, get through, finish; merk (forretning) wind up.

avvise (en) turn (el send) away; (forslag) refuse, reject; (beskyldning) repudiate; ~**ning,** dismissal, refusal, rejection, repudiation.

avvæpne, disarm; ~**ing,** disarmament.

B

babord, port.
bad, bath; bathroom;
(ute) bathe, swim; ~ **e,**
take (*el* have) a bath;
(ute) go bathing, go for
a swim, bathe; ~ **ebuk-
se,** swimming trunks;
~ **edrakt,** bathing suit *el*
costume; ~ **ehette,** ba-
thing cap; ~ **ehotell,**
sea-side hotel; ~ **ekar**
(bath)tub; ~ **eværelse,**
bathroom.
badstue, sauna, steam
bath.
bagasje, luggage, især
amr baggage.
bagatell, trifle.
bajonett, bayonet.
bak, *prp, adv og s* be-
hind; ~ **aksel,** rear axle;
~ **bein,** hind leg; ~ **dør,**
back door.
bake, bake; ~ **pulver,**
baking powder; ~ **r,**
baker; ~ **ri,** bakery.
bakerst, *adj* hindmost;
adv at the back; ~ **etter**
prp behind; *adv* after-
wards; ~ **evje,** backwa-
ter; ~ **fra,** from behind;
~ **grunn,** background;

~ **hold,** ambush; ~ **hånd**
fig reserve.
bakke, *s* hill; *v* reverse,
back; ~ **ut,** back out;
~ **kam,** hill crest.
bakkropp, hind part (of
the body); (insekt) ab-
domen; ~ **lengs,** back-
wards; ~ **lykt,** rear (*el*
tail) light; ~ **rus,** hang-
over; ~ **side,** back.
bakstrev, reaction; ~ **ta-
le,** slander; ~ **tanke,**
secret thought, ulterior
motive.
bakterie, bacterium (*pl*
-ia) ~ **olog,** bacteriolo-
gist.
baktropp, rear; ~ **vendt,**
the wrong way.
balanse, balance; ~ **re,**
poise; også *merk* bal-
ance.
baldakin, canopy.
bale, toil, struggle.
balje, tub.
balkong, balcony; *teat* ·
dress circle.
ball, ball.
ballade, (dikt) ballad;
(ståhei) row.
ballast, ballast.

balle, (vare-) bale; (tå-)-ball.

ballet, ballet.

ballong, balloon; (flaske) demijohn; (syre-) carboy.

balsam, balsam, balm; ~ **ere,** embalm.

baltisk, Baltic.

bambus, bamboo.

banal, commonplace, trivial.

banan, banana.

bandasje, ~ **re,** bandage.

bande, band, gang; ~ **itt,** bandit, gangster, brigand.

bandolær, bandolier.

bane, *idr* course, track, ground; *ast* orbit; *v* ~ **vei,** clear the way; ~ **brytende** (arbeid) pioneer(ing); ~ **sår,** mortal wound.

bank, bank; (pryl) a thrashing; ~ **bok,** passbook, bank-book; ~ **e,** *s* bank; *v* beat, thrash; ~ **ekjøtt,** stewed beef; ~ **erott,** *s* bankruptcy, failure; (gå ~) go bankrupt; ~ **ett,** banquet; ~ **eånd,** rapping spirit; ~ **ier,** bankier; ~ **obligasjon,** bank bond; ~ **obrev,** registered let-

ter, *amr* money letter; ~ **sjef,** bank manager.

bann, ban, excommunication; ~ **e,** curse, swear; ~ **er,** banner; ~ **lyse** (lyse i bann) excommunicate, ban; (forvise) banish.

bar, *s* bar; *adj* bare.

barakke, barracks; (arbeids~) hut, shed.

barbar, barbarian; ~ **i,** barbarism; ~ **barbarity;** ~ **isk,** (grusom) barbarous.

barber, barber; ~ **blad,** razorblade; ~ **e (seg)** shave; ~ **høvel,** safety razor; ~ **maskin,** (electric) shaver *el* razor.

bare, *adv* only, just, but; *adj* mere.

bark, bark; ~ **e,** (garve) tan; (avbarke) bark; ~ **et,** tanned; hardened.

barlind, yew-tree; ~ **skog,** conifer forest; ~ **tre,** conifer.

barm, bosom, . bust; ~ **hjertig,** merciful; ~ **hjertighet,** mercy, compassion.

barn, child *(pl* children); ~ **aktig,** childish; ~ **dom,** childhood; ~ **ebarn,** grandchild;

~**ebidrag**, family allowance; ~**ehage**, nursery school, kindergarten; ~**ehjem**, children's home; ~**eoppdragelse**, children's education; ~**epike**, ~**epleierske**, nurse; ~**evogn**, perambulator, pram; især *amr* baby carriage; ~**slig**, childish.

barokk, grotesque; baroque.

barometer, barometer.

baron, baron; ~**esse**, baroness.

barre, bar, ingot.

barriere, barrier; ~**kade**, ~**kadere**, barricade.

barsel, lying in, confinement; ~**seng**, childbed.

barsk, harsh, stern, rough; (klima) severe.

bart, moustache.

baryton, barytone.

bas, ganger, foreman.

basar, baza(a)r.

base, base; ~**ere**, base, found; ~**is**, basis.

basill, bacillus *(pl* -i), germ.

basketak, fight, struggle.

bass, bass; ~**eng**, reservoir; (havne-) basin; (svømme-) swimming-pool.

bast, bast, bass.

bastard, bastard; hybrid, mongrel.

basun, trombone; *bibl* trumpet.

batalje, fight, battle; ~**on**, battalion.

batteri, battery.

baug, bow.

baute, go about, tack.

bavian, baboon.

be, ask (**om**: for); (innstendig) beg; (til Gud) pray.

bearbeide (materiale) work (up); (bok) revise; *teat* adapt.

bebo, (sted) inhabit; (hus) occupy; ~**elig**, habitable; ~**else**, habitation; ~**elseshus**, dwelling house; ~**er**, (sted) inhabitant, resident; (hus) occupant.

bebreide, ~**lse**, reproach.

bebude, announce, proclaim.

bebygge, cover with buildings; (kolonisere) settle, colonize; ~**lse**, buildings; settlement.

bedding, slip.

bededag, prayer-day; ~**hus**, chapel.

bedekke, cover; ~**ning**, cover(ing); *agr* cover, leap.

bedervelig, perishable; ~**t**, spoilt.

bedra, deceive; (for penger) cheat, defraud, swindle; ~**ger**, deceiver; swindler; ~**geri**, deceit; fraud, swindle; ~**gersk**, deceitful.

bedre, *adj* better; *v* better, improve.

bedrift, (dåd) achievement, exploit; *merk* business, concern; factory, works.

bedrøve, grieve, distress; ~**t**, sorry; grieved (**over**: at); ~**lig**, sorrowful, sad, dismal.

bedømme, judge; ~**lse**, judg(e)ment.

bedøve, (ved slag og *fig*) stun, stupefy; *med* anaesthetize, narcotize; (forgifte) drug; ~**lsesmiddel**, anaesthetic, narcotic.

bedåre, charm, ~**nde**, charming, bewitching.

befal, officers; ~**e**, command, order; ~**ing**, command, order(s); ~**ingsmann**, officer.

befatte seg med, have to do with, concern oneself with.

beferdet, busy, crowded.

befeste, (styrke) strengthen; *fig* confirm; *mil* fortify; ~**ning**, fortification.

befinne seg, be; find oneself; ~**nde**, (state of) health.

befolke, populate, people; ~**ning**, population.

befordre (sende), forward; (transportere) carry, convey; ~**ingsmiddel**, (means of) conveyance.

befrakte, freight, charter; ~**er**, charterer.

befri, (set) free, release, liberate; ~**else**, release, liberation; *fig* relief.

befrukte, fructify, make fruitful, fertilize.

beføle, feel, finger, paw.

begavelse, gifts, talents, intelligence; ~**t**, gifted, talented.

begeistret, *adj* enthusiastic (**for**: about); ~**ing**, enthusiasm.

beger, cup, beaker.

begge, both, either.

begivenhet, event, incident, occurrence.

begjær, desire, lust; ~**e**, desire, covet; ~**ing**, request; demand; ~**lig** *adj*, desirous (**etter**: of),

greedy (etter: of, for);
~ lighet, greed.

begrave, bury; ~ lse, funeral, burial; ~ lsesbyrå, firm of undertakers.

begrense, limit, restrict; ~ ning, limitation, restriction.

begrep, notion, idea (om: of).

begripe, understand, comprehend, grasp.

begrunne, state the reasons for; ~ lse, ground.

begunstige; ~ lse, favour.

begynne, begin, start, commence; ~ lse, beginning, start, outset, commencement; ~ r, beginner, novice.

begå, commit, make.

behag, pleasure, satisfaction; ~ e, please; ~ elig, agreeable, pleasant.

behandle, treat, handle; ~ ing, treatment, handling.

behefte, burden, encumber; sterkt ~ t, heavily mortgaged.

behendig, handy, deft, adroit.

beherske, master, control.

behold, i ~, safe, intact; ha i ~, have left; ~ e, keep, retain; ~ er, con-

tainer; ~ ning, stock, supply; (kasse) cash balance.

behov, need, requirement; ~ hørig, due, proper; ~ høve, need, want, require.

beige, beige.

bein, adj straight; s (knokkel) bone; (lem) leg; ~ brudd, fracture.

beis, ~ e, stain.

beisk, se besk.

beite, s pasture; v graze.

bek, pitch.

bekjempe, combat, fight.

bekjenne, confess, ~ nelse, confession; ~ t, s acquaintance; ~ tgjøre, announce; ~ tskap, acquaintance.

bekk, brook.

bekkasin, snipe.

bekken, (for syke) bedpan; mus cymbal; med pelvis.

beklage, regret, be sorry, deplore; (~ seg over) complain of el about; ~ lig, regrettable, deplorable; ~ lse, regret.

bekoste, pay the expenses of; ~ ning; på min ~, at my expense.

bekranse, wreathe.

bekrefte, confirm; (bevitne) attest, certify; ~ **lse,** confirmation; ~ **nde,** affirmative.

bekvem, convenient; (makelig) comfortable; ~ **me seg til,** bring oneself to; ~ **melighet,** comfort, convenience.

bekymre, worry, trouble; ~ **seg for,** be concerned (el worried) about; ~ **seg om,** care about; ~ **et,** worried, concerned, anxious; ~ **ing,** worry, care, concern, anxiety.

belaste, load; merk charge, debit; ~ **ning,** load.

belegg, coat(ing); (på tunga) fur; ~ **e,** cover, coat.

beleilig, convenient.

beleire, besiege; ~ **ing,** siege.

belg, bot shell, pod; (blåse-) bellows.

Belgia, Belgium.

belgier, belgisk, Belgian.

beliggende, lying, situated; ~ **het,** situation, site; (geografisk) position.

belte, belt, girdle.

belyse, light (up), illuminate; fig elucidate;

~ **ning,** lightning, illumination.

belære, instruct, teach; ~ **nde,** instructive.

belønne; ~ **ing,** reward.

beløp, amount; ~ **e seg til,** amount to.

bemanne, man.

bemektige seg, seize, take possession of.

bemerke, (si) remark, observe. ~ **elsesverdig,** remarkable; ~ **ning,** remark; comment.

bemyndige, authorize; ~ **lse,** authority, authorization.

ben, se bein.

bendelbånd, tape; ~ **orm,** tapeworm.

benekte, deny; ~ **nde,** adj negative; adv in the negative.

benk, bench; seat.

benklær, trousers.

bensin, petrol; amr gas(oline); ~ **stasjon,** petrol (el service) station.

benytte, use, make use of, employ; ~ **lse,** use, using.

benåde, ~ **ning,** pardon.

beordre, order, direct.

beplante, plant.

berede, prepare; ~ **skap,** preparedness.

beregne, calculate; ~ **seg,** charge; ~ **ende,** calculating, scheming; ~ **ing,** calculation.

beretning, account, report; ~ **te,** relate, report; ~ **tige,** entitle; ~ **tigelse,** right; ~ **tiget,** legitimate; (~ **til**) entitled to.

berg, mountain, hill; ~ **art,** species of stone, mineral; ~ **e,** save, rescue; ~ **elønn,** salvage money; ~ **ing,** saving, salvage; ~ **ingskompani,** salvage company; ~ **kløft,** ravine; ~ **lendt,** mountainous; ~ **preke-nen,** the Sermon on the Mount; ~ **verk,** mine; ~ **verksdrift,** mining.

berike, enrich.

beriktige, correct, rectify; ~ **lse,** correction, rectification.

berme, dregs *pl,* lees *pl.*

berolige, soothe, calm down; ~ **nde,** reassuring, comforting; ~ **nde middel,** sedative.

beruse, intoxicate; inebriate; ~ **lse,** intoxication; ~ **t,** intoxicated, inebriate(d); drunk; tipsy.

beryktet, disreputable, of bad repute, notorious.

berømme, praise, commend; ~ **melse,** fame, celebrity, renown; (ros) praise, commendation; ~ **t,** famous, celebrated.

berøre, touch; *fig* touch on; (ramme) affect; ~ **ingspunkt,** point of contact.

berøve, deprive of.

besatt, possessed, obsessed.

bese, view, inspect, look over.

besegle, seal.

beseire, defeat, conquer.

besetning, (fe) livestock; (på klær) trimming; *mil* garrison; *mar* crew; ~ **te,** (land) occupy; (post) fill.

besindig, cool, sober; ~ **ne seg,** change one's mind.

besitte, possess; ~ **lse,** possession; ~ **lser,** (land)dominions, dependencies.

besjele, animate.

besk, bitter, acrid.

beskaffenhet, nature; (tilstand) condition.

beskatning, taxation; ~ **te,** tax.

beskjed, (svar) answer; (bud) message; ~ **en,** modest; ~ **enhet,** modesty.

beskjeftige, employ; ~ **lse,** occupation, employment.

beskjære, (tre) prune, trim; *fig* curtail, reduce.

beskrive, describe; ~ **nde,** descriptive; ~ **lse,** description, account.

beskylde for, accuse of, charge with; ~ **ning,** accusation.

beskytte, protect, (safe)-guard; ~ **lse,** protection, safeguard; ~ **r,** protector.

beslag, (av metall) fittings; ~ **legge,** confiscate, seize; ~ **leggelse,** confiscation, seizure.

beslektet, related (**med:** to).

beslutte, decide, resolve, make up one's mind; ~ **ning,** resolution, decision.

besnære, ensnare, fascinate; ~ **nde,** fascinating.

besparelse, saving, economy; ~ **nde,** economical.

best, *s* beast, brute; *adv* best.

bestand, stock; ~ **del,** component, ingredient; ~ **ig,** constantly, always.

besteborger, bourgeois; ~ **far,** grandfather, ~ **mor,** grandmother.

bestemme, decide, resolve; (fastsette) fix; ~ **melse,** decision; (påbud) regulation; ~ **melsessted,** destination; ~ **t,** (fastsatt) appointed, fixed; (nøyaktig) definite; (om karakter) determined; (av skjebnen) destined; *adv* definitely.

bestige, (hest) mount; (trone) ascend; (fjell) climb.

bestikk (spise-) knife, fork and spoon.

bestikke, bribe; ~ **lig,** corrupt(ible); ~ **lse,** bribery.

bestille, (varer) order; (billett, rom) book; *amr* reserve; ~ **ling,** (ordre) order; (billett, rom) booking, *is amr* reservation.

bestrebe seg, endeavour; ~ **lse,** endeavour, effort.

bestyre, manage, be in charge of; ~ **r,** manager, director; (skole) headmaster.

bestyrke, confirm.

bestyrtelse, consternation; ~ **t,** dismayed.

bestå, exist; (vare) continue, endure; (eksamen) pass; ~ **av,** consist of; ~ **ende,** existing.

besvare, answer, reply to; ~ **lse** (av oppgave) paper.

besvime, ~ **lse,** faint, swoon.

besvær, trouble, inconvenience; ~ **e,** (give) trouble; ~ **lig,** troublesome; difficult.

besynderlig, strange, curious.

besøk, visit, call; ~ **e,** visit, call on (a person), call at (a place); come and (el to) see (a person); ~ **ende,** visitor.

besørge, see to, attend to.

betakke seg, decline with thanks.

betale, pay; ~ **ing,** payment.

betegne, (bety) signify, denote, mark; ~ **lse,** designation, term; ~ **nde,** significant; characteristic.

betenke seg, hesitate; ~ **elighet,** scruple; ~ **ning,** hesitation.

betennelse, inflammation.

betingelse, condition; terms pl: ~ **t,** conditional.

betjene, (ekspedere) serve; (maskin) operate; ~ **ing,** service; (personale) staff.

betone, stress, emphasize; ~ **ing,** stress, emphasis.

betong, concrete.

betrakte, look at, regard; ~ **elig,** considerable; ~ **ning,** consideration.

betro, confide; ~ **dd,** trusted.

betvile, doubt, question.

bety, mean; signify; ~ **delig,** adj considerable; adv considerably; ~ **dning,** meaning, sense; (viktighet) significance, importance; ~ **dningsfull,** important; ~ **dningsløs,** insignificant.

beundre, admire; ~ **ing,** admiration; ~ **ingsverdig,** admirable.

bevare, keep, preserve.

bevege (seg), move, stir; ~ **elig,** movable; ~ **else,** movement; ~ **grunn,** motive.

bever, beaver.

beverte, serve; entertain.
bevilge, ~ **ning,** grant.
bevilling, licence.
bevirke, bring about, cause.
bevis, proof; (~ materiale) evidence (**på, for:** of); ~ **e,** prove; ~ **elig,** provable.
bevisst, conscious; ~ **het,** consciousness; ~ **løs,** unconscious, senseless.
bevitne, testify to, certify; ~ **lse,** certificate, attestation.
bevokte, guard, watch.
bevæpne, arm.
beære, honour.
biapparat extension telephone.
bibel, Bible; ~ **sk,** biblical.
bibliotek, library; ~ **ar,** librarian.
bidra, contribute; ~ **g,** contribution; (understøttelse) allowance.
bie, bee.
bielv, tributary, affluent; ~ **fag,** subsidiary subject.
bifall, applause; (samtykke) approval; ~ **e,** approve (of); consent to.
biff, (beef)steak.
bigami, bigamy.

bifortjeneste extra income; ~ **hulebetennelse,** sinusitis.
bikube, beehive.
bil, (motor-)car; *amr* auto(mobile); ~ **dekk,** tyre; *amr* tire; ~ **e,** *v* go by car, motor; ~ **ist,** motorist; ~ **utleie,** car hire service, car rental; ~ **verksted,** garage, motor repair shop.
bilag, (regnskap) voucher; (til brev) enclosure; ~ **legge,** settle; ~ **leggelse,** settlement.
bilde, picture.
biljard, billiards.
billedbok, picturebook; ~ **hogger,** sculptor; ~ **lig,** figurative.
billett, ticket; ~ **kontor,** *teat* box-office; *jernb* booking-office; *amr* ticket office; ~ **ør,** ticket collector, conductor.
billig, cheap, inexpensive; ~ **bok,** paper-back, pocket-book; ~ **e,** (bifalle) approve (of).
bind, (forbinding) bandage; (bok) volume; ~ **e,** tie, bind, fasten; ~ **ers,** (paper) clip *el* fastener; ~ **estrek,** hyphen.

binge, bin; (grise-) (pig)-sty.

biografi, biography.

biologi, biology.

birolle, minor *(el* subordinate) part.

birøkt, bee-keeping.

bisak, side issue.

bisam, muskrat.

bisarr, bizarr, odd.

bisetning, subordinate clause.

bisettelse, funeral service.

biskop, bishop.

bislag, porch.

bisle, bridle.

bisonokse, bison.

bisp, bishop; ~**edømme,** bishopric, diocese; ~**evisitas,** episcopal visitation.

bissel, bit; bridle.

bistand, assistance, aid.

bister, grim, gruff, stern.

bistå, assist, aid, help.

bit, bit, morsel; ~**e,** bite; ~**ende,** biting; *fig* sarcastic.

bitte liten, tiny.

bitter, bitter; (besk) acrid.

bjeff, yelp, bark **(til:** at).

bjelle, little bell; ~ **klang,** jingle; ~ **ku,** bell-cow.

bjørk, birch.

bjørn, bear; ~**ebær,** blackberry.

bla, turn over the leaves; ~**d,** leaf *(pl* leaves); (kniv) blade.

blaffe, (lys) flicker; (seil) flap.

blakk, (hest) dun; (pengelens) broke.

blande, mix, mingle; (kvaliteter) blend; (kort) shuffle; ~**ing,** mixture; (av kvaliteter) blend; ~**ingsrase,** cross-breed.

blank, shining; bright; (ubeskrevet) blank; (glatt) glossy; ~**ett,** form; *amr* blank.

blant, among; ~ **andre,** among others; ~ **annet,** among other things.

blasert, blasé.

blasfemi, blasphemy; ~**sk,** blasphemous.

blei, wedge.

bleie, nappy, *amr* diaper.

bleike, bleach.

blek *(el* **bleik),** pale; ~ **ne,** turn pale; *fig* fade.

blekk, ink; ~ **hus,** inkstand; ~ **klatt,** blot; ~ **sprut,** squid; octopus.

blemme, blister.

blende, dazzle; (vindu) darken; ~**ende,** dazzling; ~**ing,** black-out.

bli, be; (forbli) stay, remain; (overgang) become; turn; grow, get.

blid, mild, gentle; smiling.

blikk, look, glance; (metall) sheet iron; ~ **boks,** ~ **eske,** tin; *amr* can; ~ **enslager,** tinman; ~ **stille,** dead calm.

blind, blind; ~ **e,** blind; ~ **ebukk,** blindman's buff; ~ **emann,** dummy; ~ **gate,** blind alley; ~ **het,** blindness; ~ **passasjer,** stowaway; ~ **tarm,** appendix; ~ **tarmbetennelse,** appendicitis.

blingse, squint.

blink, glimpse; (av lyn) flash; (med øynene) twinkle; (i skive) bull's eye; ~ **e,** twinkle; (trær) mark, blaze; ~ **skudd,** bull's eye.

blitz, *fotogr* flashlight, flash lamp.

blod, blood; ~ **bad,** massacre; ~ **fattig,** anaemic; ~ **ig,** gory; bloody; ~ **igle,** leech; ~ **overføring,** blood transfusion; ~ **propp,** blood-clot; ~ **pudding,** black pudding; ~ **skam,** incest;

~ **styrtning,** violent hemorrhage; ~ **sutgytelse,** bloodshed; ~ **trykk,** blood pressure.

blokade, blockade; ~ **k,** (bolig-, kloss) block; (skrive-) pad; ~ **kere,** (vei, konto) block; (havn) blockade; ~ **khus,** block-house.

blomkål, cauliflower.

blomst, flower; *(is på frukttrær)* blossom; (blomstring) bloom; ~ **erforretning,** florist's shop; ~ **erhandler,** florist; ~ **erpotte,** flower-pot; ~ **erstøv,** pollen; ~ **re,** flower, bloom; ~ **ring,** flowering.

blond, blond, fair; ~ **e,** lace; ~ **ine,** blonde.

blot, sacrifice.

blotte, (lay) bare; ~ **legge,** expose.

bluferdig, bashful, coy.

blund, nap; ~ **e,** nap, doze.

blunk, twinkle; ~ **e,** twinkle; wink, blink (til: at).

bluse, blouse.

bluss, blaze, flame; (gass) jet; ~ **e,** blaze, flame; ~ **e opp,** flare (up), blaze up.

bly, lead; ~**ant,** pencil; ~**lodd,** plummet.

blyg, bashful, shy; ~**het,** bashfulness; shyness.

blære, (vable) blister; (urin-) bladder.

blø, bleed.

bløt, soft; ~**aktig,** effeminate; ~**kokt,** soft boiled.

blå, blue; ~**bær,** bil-, blue-, *el* whortleberry; ~**papir,** carbon paper; ~**rev,** blue fox.

blåse, blow; ~**belg,** bellows.

blåskjell, sea mussel; ~**veis,** blue anemone.

bo, *v* live; (midlertidig) stay; *jur* estate; ~**besty-rer,** trustee.

boble *s* & *v* bubble.

bod (salgs-) stall, booth.

bohem, Bohemian.

boikott; ~**e,** boycott.

bok book; ~**anmeldelse,** (book) review; ~**bind,** (book-) cover; ~**binder,** bookbinder; ~**føre,** enter, book; ~**føring,** book-keeping; ~**handel,** book(seller's) shop; *amr* bookstore; ~**holder,** bookkeeper, accountant; ~**holderi,** book-keeping, accountancy;

~**hylle,** bookshelf; ~**orm,** book-worm.

boks, (blikk-) tin; ~**e,** box; ~**ehanske,** boxing-glove; ~**-ekamp,** boxing-match.

bokstav, letter; ~**elig,** literal; ~**ere,** spell; ~**rim,** alliteration.

boktrykker, printer.

bolig, house, dwelling; residence; ~**nød,** housing famine.

bolle, (kar) bowl, basin; (hvete-) bun, muffin; (fiske-, kjøtt-) ball.

bolt, ~**e,** bolt.

bolverk, (vern) bulwark.

bom, bar; (på vei) turnpike; tollbar, tollgate; (gymnastikk) beam; (feilskudd) miss.

bombardement, bombardment; ~**ere,** bomb(ard), shell.

bombe, bomb.

bomme, miss; ~**rt,** blunder.

bom stille, stock-still.

bomull, cotton.

bonde, peasant, farmer; ~**gård,** farm.

bone, wax, polish.

bonus, bonus.

bopel, residence.

bor, bore; drill.

bord, table; (kant) border, trimming; *mar* board; (fjøl) board; ~ **bein,** table leg; ~ **bønn,** grace; ~ **dame,** partner at table; ~ **duk,** tablecloth; ~ **e,** board; ~ **ell,** brothel.

bore, bore; (i metall og stein) drill; ~ **plattform,** drilling platform; ~ **tårn,** derrick.

borg, castle; (kreditt) credit, trust.

borger, citizen; ~ **krig,** civil war; ~ **mester,** mayor; ~ **plikt,** civic duty; ~ **rettigheter,** civil *(el* civic) rights.

bornert, narrow-minded.

borsyre, boric acid.

bort, away, off; **reise** ~, go away; **ta** ~, remove, take away; **vise** ~, dismiss, turn away; ~ **e,** away; absent; gone; ~ **ekamp,** away match; ~ **enfor,** beyond; ~ **est,** farthest, furthest, furthermost; ~ **falle,** drop, lapse; ~ **forklare,** explain away; ~ **føre,** carry off, kidnap; ~ **førelse,** kidnapping; ~ **gang,** death, decease; ~ **gjemt,** hidden away; remote;

~ **imot,** towards; nearly; ~ **kommet,** lost; ~ **lede,** (vann) drain off; (tanker) divert; (mistanke) ward off; ~ **reist,** away (from home); ~ **sett fra** apart from; ~ **skjemt,** spoilt; ~ **visning,** dismissal, expulsion.

borvann, dilution of boric acid.

bosatt, resident, living.

bot, *jur* fine; (botshandling) penance.

botaniker, botanist; ~ **k,** botany.

botemiddel, remedy.

bra, *adj* good, *adv* well.

brake, *c & s* crash, peal.

brakk, (vann) brackish; (jord) fallow.

brakke, hut, barracks.

bramfri, unostentatious.

brann, fire, conflagration; ~ **alarm,** fire-alarm; ~ **bil,** fire-engine; ~ **farlig,** inflammable; ~ **forsikring,** fire insurance; ~ **mann,** fireman; ~ **mur,** fire-proof wall; ~ **slange,** fire-hose; ~ **slokkingsapparat,** (fire) extinguisher; ~ **stasjon,** fire-station.

bransje, trade, line (of business).

Brasil, Brazil.

bratsj, viola, tenor violin.

bratt, steep, precipitous.

bre, s glacier; v spread; ~**d,** broad, wide; ~**dd,** (elv) bank; (sjø) shore; ~**dde,** breadth, width; geo latitude; ~**ddfull,** brimful; ~**dside,** broadside.

bregne, fern, bracken.

breke, bleat.

brekke, break, fracture; ~ **seg,** vomit.

brem (på hatt) brim.

bremse, c & s brake.

brenn|bar, inflammable; ~**e,** burn; ~**emerke,** s brand, stigma; v brand, stigmatize; ~**ende,** burning; (svilende), scorching; ~**enesle,** nettle; ~**evin,** spirits, liquor(s); ~**glass,** burning-glass; ~**ing,** surf, breakers; ~**punkt,** focus.

brensel, fuel.

bresje, breach.

brett, board; (serverings-) tray; (fold) crease; ~**e** fold double.

brev, letter; ~**kort,** postcard; ~**porto,** postage; ~**veksle,** correspond.

brigade, brigade; ~**general,** brigadier.

brigg, brig.

brikke, (underlag) mat; (i spill) man, piece.

briljant, brilliant.

brille|r, spectacles, glasses; ~**slange,** cobra.

bringe, (til den talende) bring; take; ~ **bort,** carry; ~**bær,** raspberry.

bris, breeze.

brisling, sprat, brisling.

brist, (feil) flaw, defect; ~**e,** burst, crack; ~**epunkt,** breaking point.

brite Briton; ~**isk,** British.

brodd zool og fig, sting.

broder|e, embroider; ~**i,** embroidery.

broder|lig, brotherly, fraternal; ~**mord,** fratricide.

broket, multi-coloured, variegated; chequered.

brokk, hernia.

bronse, bronze.

bror, brother; ~**datter,** niece; ~**part,** lion's share; ~**skap,** brotherhood, fraternity; ~**sønn,** nephew.

brosje, brooch.

brosjyre, brochure, booklet, pamphlet.

brott, surf, breakers; ~**sjø,** breaker.

bru, bridge.
brud, bride; ~ **ekjole,** wedding dress; ~ **epar,** bridal couple; ~ **gom,** bridegroom.
brudd, break, rupture; (bein-) fracture; (krenkelse) breach; ~ **en,** broken; ~ **stykke,** fragment.
bruk, use; (skikk) practice, custom; (gard) farm; (bedrift) factory, works; ~ **bar,** usable, fit for use; ~ **e,** use, employ; (tid, penger) spend; (pleie) be in the habit of; ~ **sanvisning,** directions for use; ~ **skunst,** applied (*el* decorative) art.
bru|**legge,** pave; ~ **legning,** paving; pavement.
brumme, growl; *fig* grumble.
brun, brown.
brunst, (hunndyr) heat; (hanndyr) rut; ~ **ig,** in heat; rutting.
brus, (lyd) rushing sound, roar; (drikk) (fizzy) lemonade; ~ **e,** (lyd) roar; (skumme) fizz.
brusk, gristle.
Brussel, Brussels.
brusten, broken; (om øyne) glazed.

brutal, brutal.
brutto|**beløp,** gross amount; ~ **inntekt,** gross earnings; ~ **vekt,** gross weight.
bry, *s & v* trouble; bother; ~ **dd,** embarrassed; ~ **deri,** inconvenience, trouble.
brygg, brew; ~ **e,** *v* brew; (kai) wharf, quay; ~ **erhus,** washhouse, laundry; ~ **eri,** brewery; ~ **esjauer,** docker; longshoreman.
bryllup, wedding; ~ **sreise,** honeymoon.
bryn (eye)brow; ~ **e,** *s* whetstone; *v* sharpen, whet; ~ **je,** coat of mail.
brysom, troublesome.
brysk, brusque, blunt.
bryst, breast; (~ **kasse**) chest; ~ **bilde,** bust; ~ **nål,** brooch; ~ **vern,** parapet; ~ **vorte,** nipple.
bryte, (brekke) break; (lys) refract; *mar* break; *idr* wrestle; ~ **r,** *idr* wrestler; *elektr* switch.
brød, bread; (et ~) a loaf (of bread); ~ **e,** guilt; ~ **rister,** toaster; ~ **skorpe,** crust of b.; ~ **smule,** crumb (of b.).
brøk, fraction; ~ **del,**

fraction; ~**regning**, fractions; ~**strek**, fraction line.

brøl; ~**e**, roar, bellow.

brønn, well.

brøyte, clear a road.

brå, abrupt, sudden; ~**hast**, hot hurry; ~**k** (mas) fuss; (larm) noise; ~**ke**, fuss; make a noise; ~**kende**, fussy; noisy; ~**vende**, turn short.

bu (salgs-) s booth, stall.

bud, (befaling) command; *bibl* commandment; (ærend) message; (sendebud) messenger; (tilbud) offer; (auksjon) bid; ~**eie**, dairymaid; ~**sjett**, budget; ~**skap**, message.

bue, bow; (hvelving) arch; (sirkel-) arc; ~**gang**, arcade; ~**skytter**, archer.

buffet, (møbel) sideboard, buffet; (i restaurant) buffet.

buk, belly; abdomen.

bukett, bouquet, nosegay, bunch.

bukk, (geit) he-goat; (tre) horse, trestle; (kuske-) box; **hoppe** ~, (play) leapfrog; (hilsen) bow;

~**e**, bow; ~ **under**, succumb **(for:** to).

bukser, trousers; *is amr* pants; (korte) breeches; shorts; ~**re**, tow, tug; ~**seler**, braces; *amr* suspenders.

bukspyttkjertel, pancreas.

bukt, (hav) gulf, bay.

buktaler, ventriloquist.

bukte seg, bend, wind, meander.

bulder, noise, din; rumble; ~**re**, roar, rumble.

bule (kul) bump, lump; bulge; (kneipe) dive.

bulevard, boulevard.

buljong, broth, clear soup, bouillon; (for syke) beef tea; ~**terning**, bouillon cube.

bulk, dent, dint; ~**et**, dented.

bulle, bull; ~**tin**, bulletin.

bunad, national costume.

bunke, heap, pile; ~**er**, *mar* bunker; ~**re**, bunker.

bunn, bottom; ~**fall**, sediment, deposit; (i flaske) dregs, lees.

bunt, bundle, bunch; ~**e**, bundle, bunch; ~**maker**, furrier.

bur, cage.

burde, ought to, should.
burlesk, burlesque.
burgunder, burgundy.
buse på, go in head foremost; ~ **ut med,** blurt out; ~ **mann,** bugbear, bogey.
busk, bush, shrub.
buskap, cattle, livestock.
buskas, thicket, brush.
buss, bus; (tur-)coach.
bust, bristle; ~ **et,** dishevelled, untidy.
butikk, shop, *amr* store; ~ **ekspeditør,** shop assistant; salesman; ~ **tyv,** shoplifter.
butt, blunt.
butterdeig, puff paste.
by, town; city; ~ **bud,** porter.
by, *v* (befale) command, order; (tilby) offer; (gjøre bud) bid.
bygd, country district, parish.
byge, shower; (vind-) squall; (torden-) thunderstorm.
bygg, (korn) barley; (bygning) building; ~ **e,** build, construct; ~ **herre,** builder's employer; ~ **mester,** (master) builder.
bygning, building.

bygsel, lease; ~ **le,** lease.
byll, boil, abscess.
bylt, bundle.
byrde, burden, load.
byregulering, town-planning; ~ **rett,** magistrate's court.
byrå, bureau, agency; ~ **krat,** bureaucrat; ~ **krati,** bureaucracy, red tape.
bysse, galley; *v* lull.
byste, bust; ~ **holder,** bra, brassiere.
bystyre, town council.
bytte, exchange; (krigs-) booty, spoils; (dyrs) prey; *v* (ex)change.
bær, berry.
bære, carry; *fig* bear; (holde oppe); support; (være iført) wear; ~ **seg,** (jamre) moan, wail; ~ **evne,** *mar* carrying capacity; ~ **pose,** carrier bag; ~ **r,** porter; ~ **stol,** sedan-chair.
bøddel, hangman, executioner.
bøffel, buffalo.
bøk, beech.
bølge, wave, billow; sea; ~ **blikk,** corrugated iron; ~ **bryter,** breakwater; ~ **topp,** wave-crest.
bøling, flock; herd.

bønn (til Gud), prayer; (bønnfallelse) entreaty; (anmodning) request; ~**e**, bean; ~**ebok**, prayerbook; ~**eskrift**, petition; ~**falle**, entreat, implore, beseech; ~**høre**, grant, hear.

bør, (av **burde**) ought to, should; *s* burden, charge; (medvind) fair wind.

børs, exchange; bourse; ~**mekler**, stockbroker.

børse, gun.

børste *s & v* brush.

bøsse, (salt-, pepper-) castor; (spare-) (money-)box.

bøte, (sette i stand) mend, patch; ~ **for**, pay for.

bøtte, bucket; pail.

bøye, (sjømerke) buoy; life-buoy; *v* bend, bow; *gram* inflect; ~**lig**, flexible.

bøyle, hoop, ring.

både, ~ **og**, both – and.

bål, (bon)fire; (som straff) stake.

bånd, band; tape; tie; (pynt) ribbon; *fig* bond, tie; ~**opptaker**, tape recorder.

båre, (lik-) bier; (syke-) stretcher.

båt, boat; ~**byggeri**, boat builder's yard; ~**naust**, boat house; ~**shake**, boat-hook; ~**sman**, boatswain.

C

ca., ab., abt. (about), approx. (approximately).

campingvogn, caravan; *amr* trailer.

celeber, celebrated.

celle, cell; ~**formet**, cellular; ~**vev**, cellular tissue.

cellist, (violin)cellist;

~**o**, cello.

cellu|l, synthetic wool; ~**oid**, celluloid; ~**ose**, (papirmasse) woodpulp.

celsius, centigrade.

centigram, centigramme; ~**liter**, centilitre; ~**meter**, centimetre.

cerebral parese, cerebral palsy.

certeparti, charter-party.
champagne, champagne.
chartre, charter.

cif, *merk* c.i.f., C.I.F.
cisterne, cistern, tank.

D

da, *adv* then; *tidskonj* when; *årsakskonj* as.
daddel, *bot* date; (kritikk) blame, censure; ~ **elverdig,** blameworthy, reprehensible.
dag, day; ~ **blad,** daily; ~ **bok,** diary; ~ **driver,** idler; ~ **es,** dawn; ~ **gry,** dawn, daybreak; ~ **lig,** daily; ~ **ligstue,** parlour, sitting-room, living-room; ~ **slys,** daylight; ~ **sorden,** agenda.
dakapo, encore.
dal, valley; ~ **e,** sink, go down.
dam, (spill) draughts; *amr* checkers; (vann) pond; pool; puddle; (demning) dam; ~ **brett,** draught-board.
dame, lady; (kort) queen; ~ **frisør,** ladies' hairdresser; ~ **messig,** ladylike; ~ **skredder,** ladies' tailor.
damp, (vann-) steam; vapour; ~ **bad,** steam-

bath; ~ **e,** steam; ~ **er,** steamer; ~ **maskin,** steam-engine; ~ **skip,** steamship, steamer.
Danmark, Denmark.
danne, (forme) form, shape; ~ **lse,** culture, education; (tilblivelse) formation; ~ **t,** well-bred, cultured.
dans, dance; ~ **e,** dance; ~ **er,** ~ **erinne,** dancer.
dansk, Danish; ~ **e,** Dane.
data, data, facts; ~ **abehandling,** data processing; ~ **amaskin,** computer; ~ **ere,** date; ~ **o,** date.
datter, daughter; ~ **datter,** granddaughter.
davit, *mar* davit.
daværende, at that time, then.
de, *pers pron* they; *demonst pron* those.
debatt, debate.
debet, debit; ~ **itere,** debit; ~ **itor,** debtor.

debut, debut, first appearance; **~ere,** make one's debut.

dedikasjon, dedication; **~sere,** dedicate.

defekt *adj* defective, *s* defect.

definere, define.

deg, you; yourself.

degradere, degrade.

deig, dough; (smør-) paste.

deilig, (vakker) beautiful, lovely; (om smak) delicious.

dekk, *mar* deck; (bil-) tyre; **~e,** *v* cover; (utgifter) meet, cover; (bord) lay; *s* cover(ing); (lag) layer; **~slast,** deck-cargo.

deklamasjon, declamation, recitation.

dekning *merk* payment, settlement, cover; (reportasje) coverage.

dekorasjon, decoration; *pl teat* scenery; **~ativ,** ornamental; **~atør,** decorator; (vindus-) window-dresser; **~ere,** decorate; (vindu) dress.

dekret, decree.

deksel, cover, lid.

del, part, portion; (andel) share; **~aktighet,** parti-

cipation; (i forbrytelse) complicity; **~e,** divide; share; **~elig,** divisible.

delegasjon, delegation; **~ere, ~ert,** delegate.

delfin, dolphin.

delikat, (lekker) delicious, dainty; (fintfølende *el* kinkig) delicate; **~esse,** delicacy.

deling, division, partition.

dels, in part, partly.

delta, *s* delta.

delta (i) take part (in), participate (in); **~gelse,** participation; (medfølelse) sympathy; **~ker,** participant; *merk* partner.

delvis, *adv* in part, partly; *adj* partial.

dem, them; **Dem,** you.

demagog, demagogue.

dementere, deny, contradict; **~ i,** denial, contradiction.

demme, dam; **~ning,** dam, barrage.

demokrat, democrat; **~i,** democracy; **~isere,** democratize; **~isk,** democratic.

demon, demon; **~isk,** demoniac.

demonstrant, demonstrator; ~ **asjon,** demonstration; ~ **ere,** demonstrate.

demoralisere, demoralize.

dempe, (lyd) deaden, muffle; (lys) subdue; *fig* damp down; *mus* mute; ~ **r,** damper.

demre, dawn; ~ **ing,** dawn, twilight.

den, it; that; the; ~ **gang,** then, at that time.

denge, thrash, beat.

denne, this.

departement, ministry; *is amr* department.

deponere, deposit, lodge.

depositum, deposit.

depot, depot.

deprimert, depressed.

deputasjon, deputation; ~ **ert,** deputy.

der, there; ~ **e,** you; ~ **etter** then, afterwards, subsequently; ~ **es** their(s); your(s); ~ **for,** therefore, so; ~ **fra,** from there, thence; ~ **iblant,** among them; ~ **imot,** on the other hand; ~ **på,** then, next; ~ **som,** if, in case; ~ **ved,** thereby; by that means; ~ **værende,** local, there (present).

desember, December.

desertere, desert; ~ **ør,** deserter.

desimal, decimal.

desinfeksjon, disinfection; ~ **feksjonsmiddel,** disinfectant; ~ **fisere,** disinfect.

desorientere, confuse.

desperasjon, desperation; ~ **t,** desperate.

despot, despot; ~ **i,** despotism.

dessert, sweet; *(is* frukt) dessert.

dessuten, besides, moreover.

dessverre, unfortunately.

destillasjon, distillation; ~ **atør,** distiller; ~ **ere,** distil.

desto, the; ~ **bedre,** all (*el* so much) the better.

det, it; that; the; there.

detalj, detail; *merk* retail; ~ **ist,** retailer, retail dealer.

detektiv, detective.

dette, this.

devaluere, devalue; ~ **ing,** devaluation.

diagnose, diagnosis; ~ **kon,** (male) nurse; ~ **lekt,** dialect; ~ **log,** dialogue; ~ **mant,** diamond; ~ **mantsliper,** diamond-cutter; ~ **me-**

ter, diameter; ~**ré,** diarrhoea.

diett (mat) diet; (-penger) daily allowance.

difteri, diphtheria.

diger, big, bulky, huge.

digresjon, digression.

dike, dike.

diksjon, diction.

dikt, poem; ~**afon,** dictaphone; ~**at,** dictation; ~**ator,** dictator; ~**atur,** dictatorship; ~**e,** (oppdikte) invent; (skrive poesi) write (*el* compose) poetry; ~**er,** poet; ~**ere,** dictate; ~**ning,** poetry.

dilemma, dilemma.

diligence, stage-coach.

dill (krydder) dill; (tull) nonsense.

dimensjon, dimension, size.

dimittere, dismiss.

diplom, diploma; ~**at,** diplomat(ist); ~**ati,** diplomacy; ~**atisk,** diplomatic.

direksjon, board of directors; ~**te** direct; ~**torat,** directorate; ~**tør,** manager; *amr* president; (for offentlig institusjon) director.

dirigent, (møte-) chair-

man; *mus* conductor; ~**ere,** (møte) be in the chair, preside; (trafikk) direct; *mus* conduct.

dirk, picklock.

dirre, quiver, vibrate.

dis, (tåke) haze; ~**ig,** hazy.

disiplin, discipline; (fag) branch of knowledge; ~**pel,** disciple.

disk, counter.

diskontere; ~**o,** discount.

diskos, discus.

diskotek, discotheque.

diskresjon, discretion; ~**kret,** discreet; ~**kriminere,** discriminate (against); ~**kriminering,** discrimination; ~**kusjon,** discussion; ~**kutere,** discuss; ~**kvalifisere,** disqualify.

dispasjør, average stater; ~**pensasjon,** exemption; ~**ponent,** manager; ~**ponere over,** have at one's disposal *el* available; ~**ponibel,** available; ~**posisjon,** disposition; (utkast) outline; (rådighet) disposal.

disse, these.

dissekere, dissect; ~**sjon,** dissection.

dissens, dissent; ~**ter,**

dissenter, nonconformist; ~ **tere,** dissent.

dissonans, dissonance, discord.

distanse, distance.

distinksjon (merke), badge; ~ **t,** distinct.

distrahere, distract, disturb; ~ **ksjon,** absence of mind.

distré, absent-minded.

distrikt, district, area.

dit, there.

diva, diva. ~ **n,** couch, divan.

diverse, sundry, various.

dividend; ~ **dende,** dividend; ~ **dere,** divide; ~ **sjon,** division.

djerv, bold, brave.

djevel, devil, fiend; ~ **sk,** demoniac, devilish, diabolical; ~ **skap,** devilry.

do, loo, lavatory, privy.

dobbelt, double, twofold; ~ **spill,** double-dealing; ~ **bokholderi,** bookkeeping by double entry; ~ **værelse,** double room; ~ **så mange,** twice as many.

dog, however, still, yet.

dogg, dew; ~ **et,** dewy.

dogmatisk, dogmatic.

dokk, dock; **tørr** ~, drydock.

dokke, doll; (marionett) puppet.

doktor, doctor, (lege) physician; ~ **grad,** doctor's degree.

dokument, ~ **ere,** document; ~ **mappe,** briefcase.

dolk, dagger.

dom, sentence; judgment; ~ **felle,** convict; ~ **inere,** dominate; ~ **kirke,** cathedral; ~ **mer,** judge, justice; (fotball) referee; ~ **prost,** dean; ~ **stol,** court of justice; lawcourt.

dongeri, dungaree, jean; ~ **bukser,** dungarees, jeans.

dope, dope.

dorg, trailing line.

dorme, doze.

dorsk, indolent.

dosent, senior lecturer; *amr* associate professor; ~ **is,** dose.

doven, lazy, idle; ~ **enskap,** laziness; ~ **ne seg,** idle, laze.

dra, (trekke) draw, pull; (bevege seg) go, move; ~ **g,** pull, tug; (av sigarett) whiff, puff.

drabantby, satellite town, dormitory suburb.

dragon, dragoon.
drake, dragon; (leke) kite.
drakt, dress, costume.
dram, dram, nip.
drama, drama; ~**tiker**, dramatist, playwright; ~**tisk**, dramatic.
dranker, drunkard, drinker.
drap, manslaughter, murder, homicide.
drastisk, drastic.
dregg, grapnel, drag.
dreibar, revolving; ~**e**, turn; ~**ebenk**, lathe; ~**er**, turner; ~**ning**, turn; rotation.
drenere, drain.
dreng, farm servant.
drepe, kill.
dress, suit; ~**ere**, train; ~**ur**, training.
drift, instinct; (virksomhet) operation(s); (strøm) drift; ~**ig**, active, enterprising; ~**skapital**, working capital; ~**somkostninger**, working expenses; ~**sår**, working year.
drikk, drink; (det å drikke) drinking; ~**e**, drink; ~**epenger**, tip(s), gratuity; ~**evarer**, beverages, drinkables; ~**evi-**

se, drinking song; ~**feldig**, addicted to drink(ing).
drill, drill.
dristig, bold, daring; ~**het**, boldness, daring.
drive (jage) drive; (forretning o.l.) carry on, run; (maskin) drive, operate, work; (gå og drive) lounge, saunter; *mar* drift, be adrift; ~**fjær**, mainspring; ~**garn**, drift-net; ~**hjul**, driving-wheel; ~**hus**, hothouse, conservatory; ~**kraft**, motive power; ~**stoff**, fuel.
drone, drone.
dronning, queen.
drops, sweets, drops.
drosje, taxi, cab; ~**holdeplass**, taxi (el cab) rank (el stand).
drue, grape; ~**klase**, cluster of grapes; ~**sukker**, grapesugar, glucose.
drukken, intoxicated, drunk; ~**skap**, drunkenness.
drukne, *vt* drown; *vi* be drowned.
dryg, se *drøy*.
drypp; ~**e**, drop, drip.
drysse, *vt* sprinkle; *vi* fall.

drøfte, discuss, talk over; ~ **lse,** discussion, talk.

drøm; ~ **me,** dream.

drønn; ~ **e,** boom, bang.

drøpel, uvula.

drøv, cud; **tygge** ~ , chew the cud, ruminate.

drøy, (rekker langt) goes a long way; ~ **e,** make st. go far.

dråpe, drop.

du, you. ~ **blett,** duplicate.

due, pigeon; (turtel-) dove.

duell, duel; ~ **ere,** (fight a) duel.

duett, duet.

duft, fragrance, odour, aroma; ~ **e,** smell (sweet).

duge, be good, be fit; ~ **lig,** fit, capable.

duk, (bord-) table-cloth.

dukke, *v* duck, dive, plunge; ~ **opp,** turn up; *s se dokke.*

dum, stupid, silly, foolish; ~ **dristig,** foolhardy; ~ **het,** stupidity; foolishness.

dump, *adj* dull; (lyd) muffled; *s* depression; (lyd) thud; ~ **e,** (falle) plump; (stryke) fail; *merk* dump.

dumrian, fool, blockhead.

dun, down; ~ **dyne,** eider-down; ~ **et,** downy.

dunder, banging, roar, thunder; ~ **re,** bang, roar.

dunk, *c* keg; tin; *n* thump, knock; ~ **e,** bump, knock; ~ **el,** dark, dim, obscure.

dunst, vapour, fume; ~ **e,** reek, fume; (~ **bort**) evaporate.

dur, *mus* major; (lyd) drone; (sterk) roar; ~ **e,** drone; roar.

dusin, dozen.

dusj, shower(-bath), douche.

dusk, tuft; tassel; ~ **regn;** ~ **regne,** drizzle.

dusør, reward.

dvale (om dyr) hibernation; (sløvhet) lethargy, torpor; **ligge i** ~ , hibernate.

dvele, tarry, linger; *fig* ~ **ved,** dwell (up)on.

dverg, dwarf; ~ **aktig,** dwarfish.

dvs., i.e., that is (to say).

dybde, depth; *fig* profundity.

dyd, virtue; ~ **ig,** virtuous; ~ **smønster,** paragon of virtue.

dykke, dive; ~**r,** diver.

dyktig, capable, able, competent, efficient, clever.

dynamisk, dynamic; ~**itt,** dynamite; ~**o,** dynamo.

dynasti, dynasty.

dyne, (klitt) dune, down; (i seng) featherbed, eiderdown.

dynge, *s & v* heap, pile.

dynke, sprinkle.

dynn, mire, mud.

dyp, *adj* deep; *(fig også)* profound; *s* deep, depth; ~**fryse,** deep-freeze; ~**fryser,** deep freeze, freezer; ~**pe,** dip; ~**sindig,** profound.

dyr, *adj* dear, expensive; *s* animal; beast; ~**eart,** species of animals; ~**ebar,** dear, precious; ~**ehage,** zoological garden(s), zoo; ~**ekjøpt,** dearly bought; ~**esteik,** roast venison; ~**isk,** (brutal) brutish, bestial.

dyrkbar, arable; ~**e** (jorda) cultivate, till; korn *o.l.* grow; *relg* worship.

dyrlege, veterinary; *dt* vet; ~**tid,** time of high prices.

dysse, lull, hush; ~ **ned,** hush *(el* smother) up.

dyst, combat, fight; ~**er,** sombre, gloomy.

dytt; ~**e,** nudge, prod, push.

dyvåt, drenched.

dø, die.

død, *s* death, decease; *adj* dead; ~**elig,** mortal, deadly; ~**født,** stillborn; ~**sleie** death-bed; ~**sstraff,** capital punishment.

døende, dying.

døgn, day and night, 24 hours; ~**flue,** ephemera.

dømme, judge; *jur* sentence, convict.

dønning, swell, heave.

døpe, baptize, christen; ~**navn,** Christian name, forename; *amr* first *(el* given) name.

dør, door. **dørk,** deck, floor.

dørkarm, door-case; ~**slag,** colander; ~**terskel,** threshold; ~**åpning,** doorway.

døs; ~**e,** doze, drowse; ~**ig,** drowsy; ~**ighet,** drowsiness.

døv, deaf; ~**het,** deafness; ~ **stum**, deaf-and-dumb.

dåd, deed, achievement, act.

dådyr, fallow, deer.

dåne, swoon, faint.

dåp, baptism, christening.

dåre, s fool; ~ **lig**, (slett) bad, poor; (syk) ill, unwell; ~ **ligere**, worse; poorer; ~ **ligst**, worst, poorest.

dåse, tin, box.

E

ebbe, s ebb(-tide), low tide; v (ut) ebb (away).

ed, oath; **falsk** ~, perjury; **avlegge** ~ (på), take an oath (on).

EDB, E.D.P. (electronic data processing).

edder, venom; ~ **kopp**, spider.

eddik, vinegar.

edel, noble; ~ **modig**, nobleminded, magnanimous, generous; ~ **stein**, precious stone, gem.

ederdun, eider (-down).

edfeste, swear (in).

edru, sober; ~ **elig**, sober; ~ **elighet**, sobriety.

EF, EC (European Community).

effekt, effect; ~ **er**, effects; ~ **full**, effective; ~ **iv**, effective; (dyktig); efficient; ~ **uere**, effect, execute.

eføy, ivy.

egen, own; (eiendomme-lig) peculiar (for: to); (særegen) particular; (underlig) odd, singular; ~ **artet**, peculiar; ~ **artethet**, peculiarity; ~ **mektig**, arbitrary; ~ **navn**, proper name; ~ **nytte**, self-interest; ~ **rådig**, wilful, arbitrary; ~ **skap**, quality; i ~ **skap av**, in the capacity of; ~ **tlig**, proper, real; adv properly (el strictly) speaking; ~ **verdi**, intrinsic value.

egg, egg; (på kniv) edge; ~ **e**, incite, goad; ~ **ende**, inciting; ~ **eglass**, egg-cup; ~ **ehvite**, white of an egg; ~ **eplomme**, yolk of an egg; ~ **erøre**, scrambled eggs; ~ **stokk**, ovary.

egle, pick a quarrel.

egn, region, parts, tract.

egne, **seg (for, til)**, be suited (to *el* for), be suitable *(el* fit) (for); ~**t**, fit(ted), proper, suitable.

egoisme, selfishness, egotism, egoism; ~**t**, ego(t)ist; ~**tisk**, ego(t)istic(al).

eid, isthmus, neck of land.

eie, *s* possession; *v* own, possess; ~**form**, the genitive; ~**ndeler**, belongings, property; ~**ndom**, property, (jord) estate; ~**ndommelig**, peculiar; ~**ndommelighet**, peculiarity; ~**ndomsmekler**, estate agent; ~**r**, owner, proprietor.

eik, oak; ~**e**, (i hjul) spoke; ~**enøtt**, acorn.

eim, vapour; odour.

einer, juniper.

einstøing, lone wolf.

ekkel, disgusting, nasty.

ekko, echo.

ekorn, squirrel.

eksakt, exact.

eksamen, examination, *dt* exam; **ta** ~, pass an examination; ~**svitnemål**, certificate, diploma.

eksaminere, examine; question.

ekseksjon, execution; ~**utiv**, executive; ~**vere**, execute.

eksellense, excellency.

eksem, eczema.

eksempel, example, instance; **for** ~, for example *el* instance, e.g. (exempli gratia); ~**lar**, specimen; (bok o.l.) copy; ~**larisk**, exemplary.

eksentrisk, eccentric.

eksepsjonell, exceptional.

eksersere, drill; ~**erplass**, drillground; ~**is**, drill.

ekshaust, exhaust.

eksil, exile.

eksistens, existence; ~**re**, exist.

ekskludere, expel; ~**siv**, exclusive; ~**sive**, exclusive of, excluding, excluded; ~**sjon**, expulsion.

ekskrementer, excrements.

ekskursjon, excursion.

eksos, exhaust; ~**rør**, exhaust pipe.

eksotisk, exotic.

ekspedere, (sende) despatch, forward; (gjøre av med) despatch, disma pose of; (en kunde) attend to, serve; ~**isjon**, forwarding; (kontor) office; (ferd) expedition; ~**itrise**, shop assistant, saleswoman, shopgirl; ~**itør**, shop assistant, salesman; *amr* clerk; (på kontor) forwarding clerk.

eksperiment, experiment; ~**ere**, experiment.

ekspert, expert.

eksplodere, explode, blow up, burst; ~**siv**, explosive; ~**sjon**, explosion.

eksport, export(ation); *konkr* exports; ~**ere**, export; ~**ør**, exporter.

ekspress, express.

ekspropriasjon, expropriation, dispossession; ~**ere**, expropriate.

ekstase, ecstasy.

ekstemporere (på skole) do unseens.

ekstra, extra; ~**kt**, extract; ~**nummer**, (avis) special issue; (dacapo) encore; ~**ordinær**, extraordinary, exceptional; ~**skatt**, supertax, surtax; ~**tog**, special train; ~**vaganse**, extravagance.

ekstrem, extreme.

ekte, genuine, real; (gull *o.l.)* pure; (ekte født) legitimate; *v* marry; ~**felle**, spouse; ~**par**, married couple; ~**skap**, matrimony, marriage; ~**skapsbrudd**, adultery.

ekthet, genuineness.

ekvator, the equator.

ekvipere, equip, fit out; ~**ing**, equipment; ~**ingsforretning**, gentlemen's outfitter.

elastisitet, elasticity; ~**k**, elastic.

elde, (old) age; ~**es**, grow old, age; ~**gammel**, very old; (fra gammel tid) ~**r**, older; elder.

elefant, elephant.

elegant, elegant, fashionable.

elegi, elegy; ~**sk**, elegiac.

elektrifisere, electrify; ~**ker**, electrician; ~**sitet**, electricity; ~**sk**, electric(al).

elektroingeniør, electrical engineer; ~**n**, electron; ~**teknikk**, electrotechnics.

element, element; ~**ær**, elementary.

elendig, wretched, miserable; ~ **het**, wretchedness, misery.

elev, pupil; (voksen) student.

elfenbein, ivory.

elg, elk; *amr* moose.

eliminasjon, elimination; ~ **ere**, eliminate.

elite, élite; pick.

eller, or; ~ **s**, or else, otherwise; (vanligvis) usually, generally.

elleve, eleven; ~ **te**, eleventh.

elske, love; ~ **elig**, lovable; ~ **er**, lover; ~ **erinne**, mistress; ~ **verdig**, amiable, kind; ~ **verdighet**, kindness.

elv, river; ~ **ebredd**, bank; ~ **eleie**, river-bed; ~ **munning**, mouth of a river; estuary.

emalje; ~ **re**, enamel.

emballasje, packing (material).

embete, office; ~ **smann**, (Government) official, civil servant; ~ **seksamen**, university degree.

emblem, emblem, badge.

emigrant, emigrant; ~ **ere**, emigrate.

emne, *s* subject, topic; (materiale) material.

en, *art* a, an; *num pron* one.

enda (foran komparativ) still, even; se *ennå*.

ende, *s* end; *v* end, finish, conclude; ~ **fram**, straightforward; ~ **lig**, *adj* final, definite; *adv* at last, finally; ~ **lse**, ending, termination; ~ **stasjon**, terminus; ~ **vende**, turn upside down.

endog, even.

endre, alter, amend; ~ **ing**, alteration.

ene og alene, solely; ~ **boer**, hermit, recluse; ~ **bolig**, one-family house, self-contained house; ~ **forhandler**, sole distributor; ~ **rett**, monopoly, sole right.

energi, energy; ~ **sk**, energetic.

enerådig, absolute; ~ **s**, agree; ~ **ste**, only; ~ **stående**, unique; ~ **tale**, monologue; ~ **velde**, absolute power; ~ **voldsherre**, absolute ruler, autocrat.

enfold, simplicity; ~ **ig**, simple.

eng, meadow.

engang, once; ~ **sflaske,** non-returnable bottle.

engasjement, engagement; ~ **re,** engage; (til dans) ask for a dance.

engel, angel.

engelsk, English; ~ **mann,** Englishman.

en gros, wholesale.

engstelig, uneasy; anxious.

enhet, unity; unit.

enhver, s everybody; adj every, any.

enig (være ~) agree, be agreed; ~ **het,** agreement.

enke, widow; ~ **dronning,** queen dowager; queen mother; ~ **mann,** widower.

enkel, simple, plain; single; ~ **thet,** detail; ~ **tknappet,** single-breasted; ~ **tværelse,** single room.

enn, than; but.

ennå, still, yet **(ikke ~),** not yet.

enorm, enormous, huge.

ens, identical, alike; ~ **artet,** uniform; ~ **farget,** plain; of one colour; ~ **formig,** monotonous.

ensidig, (syn) one-sided, bias(s)ed.

enslig, solitary, single; ~ **om,** lonely, solitary; ~ **omhet,** loneliness, solitude.

enstemmig, unanimous; mus unison; ~ **het,** unanimity.

entall, the singular.

enten – eller, either .. or.

entré, hall; (betaling) admission (fee).

entreprenør, contractor.

enveisgate, ~ **kjøring,** one-way street, traffic.

epidemi, epidemic.

epilepsi, epilepsy; ~ **tiker,** ~ **tisk,** epileptic.

epilog, epilogue.

episk, epic.

episode, episode; ~ **isk,** episodic.

epistel, epistle.

eple, apple; ~ **vin,** cider.

epoke, epoch.

epos, epic, epos.

eremitt, hermit.

erfare, (få vite) learn; (oppleve) experience; ~ **en,** experienced; ~ **ing,** experience.

ergerlig, (kjedelig) annoying, vexatious; **(~ over)** annoyed (el vexed at); ~ **re,** annoy, vex;

~ relse, annoyance, vexation.

erindr|e, remember, recollect; **~ing,** remembrance.

erke-, arch.

erkjenne, acknowledge, admit, recognize; **~lse,** acknowledgment, recognition, admission.

erklær|e, declare, state; **~ing,** declaration, statement.

erme, sleeve.

ernær|e, (fø) nourish; **~ing,** nourishment, nutrition.

erobr|e, conquer; **~er,** conqueror; **~ing,** conquest.

eroti|kk, eroticism; **~sk,** erotic.

erstatning, compensation; (surrogat) substitute; **~s-krav,** claim for compensation; **~splikt,** liability.

erstatte, replace; (gi erstatning) compensate.

ert, pea.

erte, tease **(med:** about).

erts, ore.

erverv, trade, livelihood; **~e (seg),** acquire.

ese, (gjære) ferment; (heve seg) rise.

esel, donkey; ass.

esing, fermentation; *mar* gunnel, gunwale.

eskadre, eskadron, squadron.

eske, box.

eskimo, Eskimo.

eskorte, ~re, escort.

espalier, trellis, espalier.

ess, (kort) ace; *mus* E flat.

esse, forge, furnace.

essens, essence.

esteti|ker, aesthete; **~kk,** (a)esthetics; **~sk,** (a)esthetic.

etabl|ere, establish; **~ering; ~issement,** establishment.

etappe, stage.

etasje, stor(e)y, floor.

etat, service.

ete, eat.

eter, ether.

etikett, label; **~e,** etiquette.

eti|kk, ethics; **~sk,** ethical.

etse, corrode.

etter, *prp* after; (bak) behind; (ifølge) according to; *adv* after(wards); **~betaling,** back pay; **~forske,** inquire into, investigate; **~forskning,** investigation; **~følge,**

follow; succeed; ~**føl-ger**, successor; ~**gi**, remit, pardon; ~**givelse**, remission; ~**hånden**, gradually; ~**komme**, comply with; ~**kommer**, descendant; ~**krav (mot)**, cash on delivery (C.O.D.); ~**krigs-**, post-war; ~**late**, leave (behind); ~**ligne**, imitate; ~**ligning**, imitation; ~**lyse**, advertise for; ~**lyst**, wanted; ~**middag**, afternoon; ~**navn**, surname, family name; ~**nøler**, straggler; latecomer; ~**på**, afterwards; ~**retning**, information, news; ~**retningsvesen**, intelligence service; ~**se**, inspect; overhaul; ~**skudd**, (på-), in arrear(s); ~**som**, as, since; ~**spill**, epilogue; ~**spørsel**, de-

mand; ~**syn**, inspection; overhaul; ~**tanke**, reflection; ~**trykk**, emphasis, stress; ~**trykk forbudt**, copyright; all rights reserved; ~**utdannelse**, in-service training; ~**virkning**, after-effect.

etui, case.
Europa, Europe; ~**arådet**, the Council of Europe (CE); ~**eer**; ~**eisk**, European.
evakuere, evacuate.
evangelisk, evangelic(al); ~**um**, gospel.
eventualitet, contingency; ~**ell**, possible; (if) any; ~**elt**, *adv* possibly, if necessary.
eventyr, (opplevelse) adventure; (fortelling) (fairy-)tale; ~**er**, adventurer; ~**lig**, fabulous, fantastic.

F

fabel, fable; ~**elaktig**, fabulous; ~**le**, fable.
fabrikant, manufacturer; ~**asjon**, manufacture; ~**at**, make, product; ~**k**, factory, mill;

~**karbeider**, factory worker; ~**kere**, manufacture, make; ~**kmerke**, trade mark.
fadder, godfather; godmother.

faderlig, fatherly, paternal.

fadervår, the Lord's Prayer.

fadese, blunder.

fag, (skole) subject; (område) line, profession; (håndverk) trade; ~ **arbeider,** skilled workman.

fagforening, trade(s) union; ~ **lært,** skilled; ~ **mann,** expert, specialist; ~ **utdannelse,** specialized (el professional) training.

fajanse, faience.

fakir, fakir.

fakke, catch.

fakkel, torch.

faktisk, adj actual, real, virtual; adv as a matter of fact, actually, virtually, in fact.

faktor, factor; ~ **um,** fact.

faktura, invoice (over, på: for).

fakultet, faculty.

falk, falcon, hawk.

fall, fall; **i** ~, in case; ~ **dør,** trapdoor; ~ **e,** fall, drop; ~ **eferdig,** tumbledown.

fallent, bankrupt; ~ **itt,** s bankruptcy, failure; adj bankrupt.

fallskjerm, parachute; ~ **hopper,** parachutist.

falme, fade.

falsk, false; (forfalsket) forged; ~ **het,** falseness; ~ **mynter,** counterfeiter, coiner; ~ **neri,** forgery.

familie, family; ~ **navn,** family name; surname.

familiær, familiar.

famle, grope, fumble **(etter:** for).

fanatiker; fanatisk, fanatic.

fanden, the Devil, the Fiend; Old Nick; ~ **ivoldsk,** devil-may-care.

fane, banner, standard.

fanfare, fanfare, flourish.

fang, lap; ~ **e,** v catch, capture; s prisoner, captive; ~ **eier,** prison camp; ~ **enskap,** captivity; ~ **evokter,** warder, jailer; ~ **st,** (bytte) capture; (fisk) catch, draught.

fant, tramp; gipsy.

fantasere, rave; ~ **i,** (innbilningsevne) imagination; (innfall) fancy, fantasy; mus fantasia; ~ **ifull,** imaginative; ~ **t,** visionary; ~ **tisk,** fantastic.

far, father; (spor) track, trail; ~ **ao,** Pharaoh; ~ **bror,** (paternal) uncle.

fare, v (reise) go, travel; mar sail; (ile) rush; s danger, peril; ~ **truende,** perilous.

farfar, (paternal) grandfather.

farge, s, colour; (stoff) dye; paint; (kort) suit; v dye; colour; ~ **fjernsyn,** colour television; ~ **handel,** colour shop; ~ **legge,** colour.

farin, castor sugar.

fariseer, Pharisee.

farlig, dangerous, perilous.

farmasi, pharmacy; ~ **øyt,** (dispensing) chemist's assistant.

farmor, (paternal) grandmother.

farse, (mat) forcemeat; (komedie) farce.

farsott, epidemic.

fart, (hastighet) speed, rate; (handels-) trade; ~ **sgrense,** speed limit.

fartøy, vessel, craft, ship; ~ **vann,** waters.

farvel, good-bye.

fasade, front, façade.

fasan, pheasant.

fascisme, Fascism; ~ **t;** ~ **tisk,** Fascist.

fase, phase.

fasit, key; answer book.

fasong, shape, cut.

fast, firm; solid; (~ **satt**) fixed.

faste, v & s fast; ~ **lavn,** Shrovetide; ~ **tid,** Lent.

fasthet, firmness; solidity; ~ **holde,** stock to, insist on, maintain; ~ **land,** continent; ~ **sette,** appoint, fix, stipulate.

fat, dish; (tønne) cask, barrel.

fatt (få ~ i) get (el catch) hold of.

fatle, sling.

fatning, composure.

fatte, (betripe) comprehend, understand; (beslutning) make, take (a decision); ~ **t,** composed, collected.

fattig, poor; ~ **dom,** poverty.

favn, (mål) fathom; ~ **e,** embrace; ~ **tak,** embrace, hug.

favorisere; favør, favour.

fe, fairy; (dyr) cattle.

feber, fever; ~ **aktig,** feverish.

febrilsk, feverish, fidgety.

februar, February.

fedme, fatness, obesity.

fedreland (native) country; ~ **ssang**, national anthem.

fedrift, cattle breeding.

feie, sweep; ~ **brett**, dustpan; ~ **er**, chimney-sweep.

feig, cowardly; ~ **ing**, coward; ~ **het**, cowardice.

feil, s mistake, error; (mangel) defect, fault; (skyld) fault; adj wrong, incorrect; adv amiss, wrong(ly); ~ **fri**, faultless; ~ **tagelse**, mistake.

feire, celebrate.

feit, fat.

fekte fence; ~ **ing**, fencing.

fele, fiddle; ~ **spiller**, fiddler.

felg, rim.

felle, s trap; v (trær) fell; (drepe) slay; (tårer) shed; ~ **s**, common, joint; ~ **smarkedet**, the Common Market; ~ **sskap**, community.

felt, (område) field; sphere; mil field; ~ **flaske**, canteen; ~ **seng**, campbed; ~ **tog**, campaign.

fem, five; ~ **te**, fifth; ~ **ten**, fifteen; ~ **ti**, fifty.

fenge, catch (el take) fire;

~ **hette**, (percussion) cap.

fengsel, prison, jail; ~ **sle**, imprison; fig captivate, fascinate.

fenomen, phenomenon; (pl -mena); ~ **al**, phenomenal.

ferd, expedition; (oppførsel) conduct; ~ **ig**, (rede) ready; (fullendt) finished, done; ~ **ighet**, skill; ~ **sel**, traffic; ~ **selsåre**, thoroughfare.

ferie, holiday(s); amr vacation; ~ **re**, (spend one's) holiday.

ferje, ferry(-boat).

ferniss; **fernissere**, varnish.

fersk, fresh; ~ **en**, peach.

fesjå, cattle-show.

fest, (privat) celebration, party; (offentlig) festival; (måltid) feast, banquet; ~ **forestilling**, gala performance; ~ **e**, s hold; handle; v fasten, fix; (holde ~) feast, celebrate; ~ **ning**, fort, fortress.

fet, fat; ~ **evarer**, delicatessen; ~ **t**, fat, grease.

fetter, (male) cousin.

fiasko, failure, fiasco; dt flop.

fiber, fibre.
fiende, enemy; ~skap, enmity; ~tlig, hostile; ~lighet, hostility.
figur, figure, shape; ~lig, figurative.
fiken, fig; ~blad, fig leaf.
fiks, smart; (idé) fixed; ~e, fix.
fil, file, file.
filet, fillet.
filial, branch.
filipens, pimple.
fille, rag, tatter; ~rye, patchwork rug.
film, film, picture; *amr* movie; ~atelier, studio; ~byrå, film agency; ~e, film; ~stjerne, film star.
filolog, philologist; ~i, philology; ~isk, philological.
filosof, philosopher; ~i, philosophy.
filt, felt; ~er, filter, strainer; ~rere, filter, strain.
fin, fine.
finale, *sport* final(s); *mus* finale.
finanser, finances; ~siell, financial; ~siere, finance.
finér, veneer.

finger, finger; ~avtrykk, fingerprint; ~bøl, thimble; ~e, feign; ~ferdighet, dexterity; *mus* execution; ~nem, handy.
Finland, Finland.
finne, (fisk) fin; (finlending) Finn; *v* find; ~sted, take place; ~rlønn, reward.
finsk, Finnish.
fintfølende, sensitive.
fiol; ~ett, violet; ~in, violin; ~inist, violinist.
fire, *num* four; *v* ease off, lower; *fig* yield; ~fisle, lizard; ~kant, square; ~kløver, four-leaved clover; ~linger, quadruplets.
firma, firm, company; ~merke, trade mark.
fisk, fish; ~e, *v* fish; *s* fishing; (fiskeri) fishery; ~ehandler, fishmonger; ~er, fisherman; ~eredskap, fishing tackle; ~eri, fishery; ~erigrense, limit of the fishing zone, fishing limits; ~eriminister, Minister of Fisheries; ~estang, fishing rod.
fjas, foolery, nonsense.
fjel, board.

fjell, mountain; rock; ~ **kjede,** chain *(el* range) of mountains; ~ **klatrer,** mountaineer, alpinist; ~ **land,** mountainous country.

fjerde, fourth.

fjern, far(-off), distant, remote; ~ **e,** remove; *vr* withdraw; ~ **skriver,** teleprinter; ~ **syn,** television, TV, *dt* telly; ~ **synsapparat,** television set; ~ **synsskjerm,** television screen; ~ **valg,** dialled trunk call.

fjord, fjord; fiord; (Skottland) firth.

fjorten, fourteen; ~ **dager,** a fortnight.

fjær, feather; (stål-) spring; ~ **e,** (ebbe) ebb; ~ **fe,** poultry.

fjøs, cowhouse.

flagg, flag; colours; ~ **e,** fly the flag; ~ **ermus,** bat; ~ **stang,** flaggstaff.

flagre, flutter, flicker.

flak, flake; (is-) floe.

flakke (vandre) roam, rove.

flakong, flacon.

flaks (ha ~) be in luck, be lucky; ~ **e,** flap, flutter.

flamme, *v & s* flame, blaze.

flanell, flannel.

flanke, flank.

flaske, bottle; ~ **hals,** bottleneck.

flass, dandruff.

flat, flat; ~ **e,** flat; ~ **einnhold,** area; ~ **lus,** crab-louse.

flau, (skamfull) ashamed; flat, insipid; *merk* dull, flat; ~ **vind,** light wind.

flekk, stain, spot.

flenge, *v & s* slash, tear.

flere (enn) more (than); (atskillige) several; ~ **koneri,** polygamy; ~ **stavelsesord,** polysyllable; ~ **tall,** *gram* the plural; (de fleste) the majority; ~ **tydig,** ambiguous.

flesk, pork; bacon.

flest(e), most; (de fleste) most.

flette, *v & s* plait, braid.

flid, diligence, industry.

flikk, patch; ~ **e,** patch; (sko) cobble.

flimre, glimmer.

flink, clever; good.

flint, flint.

flir; ~ **e,** grin.

flis (tre-) chip, splinter; (golv) tile; ~ **elagt,** tiled.

flittig, diligent, industrious.

flo, flood(-tide), high tide; ~ **d,** river; ~ **dhest,** hippopotamus, *dt* hippo.

floke, *v & s* ravel, tangle.

flokk, (mennesker) crowd, party; (fe) herd; (sau) flock; (ulv) pack; (fugl) flight, flock; ~ **e seg,** flock, crowd.

flom, flood; ~ **me** (over), overflow.

flor, (stoff) gauze; crape; (blomstring) bloom, flowering, blossom; ~ **a,** flora; ~ **ere,** flourish.

flosshatt, top hat, silk hat.

flott (flytende), afloat; (fin) smart, stylish; (rundhåndet) liberal; ~ **e seg,** be lavish; ~ **ør,** float.

flue, fly.

flukt, escape; (flyging) flight; ~ **stol,** deckchair.

fluor, fluorine.

fly *v* fly; *s* plane, aeroplane, aircraft, *amr* airplane; ~ **billett,** flight ticket; ~ **buss,** airport

bus; ~ **geblad,** flysheet, pamphlet; ~ **gefisk,** flying fish; ~ **gel,** grand piano; ~ **ger,** aviator, airman; (føreren av flyet) pilot; ~ **ging,** aviation; ~ **kaprer,** hijacker; ~ **kapring,** hijacking; ~ **plass,** airport; *mil* airfield; ~ **vertinne,** air hostess, stewardess.

flykte, run away, fly, flee (unnslippe) escape; ~ **ig,** inconstant, transitory; ~ **ning,** fugitive, refugee.

flyndre, flounder.

flyte, flow, run; (på vannet) float; ~ **dokk,** floating dock; ~ **nde,** liquid; (tale) fluent.

flytting, removal; ~ **e,** move; ~ **ebil,** removal van.

flørt, flirtation; (om person) flirt; ~ **e,** flirt.

fløte, *v* float; *s* cream.

fløy, wing.

fløyel, velvet.

fløyte, *s* whistle; *mus* flute; *v* whistle; ~ **spiller,** flutist.

flå, flay, skin; *fig* flay, fleece; ~ **kjeftet,** flippant.

flåte, fleet; marine; *mil* navy; (tømmer-) float, raft.

FN, UN (United Nations).

fnise; fnising, titter, giggle.

fnugg, (støv-) speck of dust; (snø-) flake.

fnyse, snort.

fold, fold; crease; *agr* fold; ~ **e,** fold.

folk, people; *dt is amr* folk(s); (arbeids-) men, hands; ~ **eavstemning,** plebiscite, referendum; ~ **eferd,** tribe, nation; ~ **elig,** popular; ~ **erik,** populous; ~ **esang,** folksong; ~ **etrygd,** national insurance; ~ **evise,** (ancient) ballad, folksong.

follekniv, clasp-knife; jack-knife.

fomle, fumble.

fond, fund.

fonn, drift of snow.

font, font; ~ **ene,** fountain.

for, *prp* for, to , at, of, etc; *adv* (altfor) too; (med infinitiv) (in order) to; *konj* for.

fôr, (i klær) lining; (til dyr) fodder; forage.

forakt, contempt, scorn,

disdain; ~ **e,** despise, disdain; ~ **elig,** contemptible, despicable; (som viser forakt) contemptuous.

foran, *prp & adv* before, in front of, ahead of; ~ **derlig,** changeable, variable; ~ **dre,** change, alter; ~ **dring,** change, alteration; ~ **ledige;** ~ **ledning,** occasion, cause; ~ **stående,** above; the foregoing.

forarge, scandalize; offend; ~ **lse,** scandal, offence.

for at (so) that, in order that.

forbanne; ~ **lse,** curse; ~ **t,** blasted, (ac)cursed, damned.

forbause, surprise, amaze, astonish; ~ **lse,** surprise, amazement, astonishment.

forbedre, better, improve; ~ **seg,** improve; ~ **ing,** improvement.

forbehold, reservation, reserve; ~ **holde seg,** reserve; ~ **rede,** prepare; ~ **redelse,** preparation; ~ **redende,** preparatory.

forbi, *prp & adv* by, past; ~ **gå,** pass over; ~ **gåel-**

se, neglect; ~**gående**, passing; ~**kjøring**, overtaking.

forbilde, model.

forbinde, connect, link; (sår) dress, bandage; ~**else**, connection; relation(s); touch; (samferdsel) communication.

forbli, remain, stay.

forblø seg, bleed to death.

forbløffe, amaze, bewilder; ~**lse**, amazement, bewilderment.

forbokstav, initial (letter).

forbrenne, burn; ~**ing**, burning; kjem combustion.

forbruk, consumption; ~**e**, consume; ~**er**, consumer.

forbrytelse, crime; ~**r**, criminal; offender.

forbud, prohibition.

forbund, association, league; ~**sfelle**, ally; ~**srepublikken**, the Federal Republic of Germany.

forby, forbid; (ved lov) prohibit , ban.

forbytte, mix up.

forbønn, (gå i ~ for) intercede for.

fordampe, evaporate.

fordel, advantage; ~**aktig**, advantageous; ~**e**, distribute, divide; ~**ing**, distribution.

forderve, fig deprave; ~**lse**, depravation.

fordi, because.

fordoble, double; fig redouble.

fordom, prejudice; ~**sfri**, unprejudiced, unbias(-s)ed.

fordra, stand, bear, endure.

fordre, claim, demand; ~**ing**, claim, demand; ~**ingsfull**, exacting, pretentious; ~**ingsløs**, unpretentious.

fordreie, distort, twist.

fordrive, drive away; (tiden) while away.

fordrukken (foran s) drunken; sottish.

fordufte (også fig) evaporate.

fordyre, make dearer.

fordømme, condemn; ~**lse**, condemnation.

fordøye, digest; ~**lig**, digestible; ~**lse**, digestion.

fôre, (klær) line; (dyr) feed.

forebygge, prevent.

foredle, refine; ~ **ing**, refinement, improvement.
foredrag, lecture, talk; (språkbehandling) diction; *mus* execution; ~ **dragsholder**, lecturer; ~ **gangsmann**, pioneer; ~ **gi**, pretend; ~ **gripe**, anticipate; ~ **gå**, take place; ~ **gående**, preceding; ~ **komme**, occur; (synes) seem, appear; ~ **kommende**, obliging; ~ **komst**, occurrence, existence.
foreldet, obsolete, out of date; (krav) (statute-)barred.
foreldre, parents; ~ **løs**, orphan.
forelegge, place *(el* put) before, submit; ~ **lese**, lecture; ~ **leser**, lecturer; ~ **lesning**, lecture; ~ **ligge**, be, exist.
forelske seg, fall in love; ~ **lse**, love; ~ **t**, in love (**i**: with).
foreløpig, provisional, temporary.
forene, unite, combine; ~ **ing**, union, association, society, club; ~ **kle**, simplify.
foresatt, superior; ~ **skrevet**, prescribed;

~ **slå**, propose, suggest; ~ **speile**, hold out; ~ **spørre**, inquire; ~ **spørsel**, inquiry; ~ **stille**, introduce (**for**: to); represent; *v* imagine; ~ **stilling**, *teat* performance; (begrep) idea; ~ **stå**, (lede) manage, be in charge of; (komme) be at hand, approach.
foreta, undertake, make; ~ **tagende**, undertaking, enterprise; ~ **taksom**, enterprising; ~ **teelse**, phenomenon; ~ **trede**, audience; ~ **trekke**, prefer (**for**: to); ~ **vise**, present; ~ **visning**, presentation.
forfall, decay; *fig* decline; *jur* excuse; *merk* (**ved** ~) when due; **ha** ~, be prevented; ~ **e**, decay; *merk* fall due; ~ **sdag**, *merk* due date *(el* day).
forfalske, falsify; forge; ~ **ning**, falsification, forgery.
forfatning, (tilstand) state, condition; (stats-) constitution.
forfatte, compose, write; ~ **r**, author, writer.

for|fedre, forefathers, ancestors; **~ fekte,** defend; **~ fengelig,** vain; **~ fengelighet,** vanity.

forferde, terrify, appal, dismay; **~ lig,** appalling, frightful, terrible, dreadful; **~ lse,** terror, dismay.

forfine, refine.

forfjamse|lse, confusion; **~ t,** confused.

forfjor, i ~, the year before last.

forflyt|te, ~ ning, transfer.

forfra (fra forsiden) from the front; (om igjen) from the beginning.

forfremme, advance, promote; **~ lse,** promotion.

forfrisk|e, refresh; **~ ning,** refreshment.

for|frossen, frozen, chilled; **~ fryse,** freeze; **~ frysning,** frost-bite.

forfølge, pursue; (for å skade) persecute; **~ lse,** pursuit; persecution; **~ r,** puruser; persecutor.

forføre, seduce; **~ lse,** seduction; **~ r,** seducer.

for|gangen, bygone, gone by; **~ gasser,** carburettor; **~ gifte,** poison; **~ gjenger,** predecessor; **~ gjeves,** *adj* vain *adv* in

vain; **~ glemmegei,** forget-me-not; **~ glemmelse,** oversight; **~ grene seg,** ramify, branch (off); **~ grunn,** foreground; *teat* front of the stage; **~ gude,** idolize; **~ gylle,** gild; **~ gå,** perish; **~ gårs, i ~,** the day before yesterday.

for|hale, delay, retard; **~ handle,** negotiate, *merk* deal in, . sell; **~ handling,** negotiation; distribution, sale; **~ haste seg,** be in too great a hurry; **~ hastet,** hurried, hasty; **~ hekse,** bewitch; **~ heng,** curtain; **~ henværende,** former; **~ herde,** harden; **~ herlige,** glorify; **~ herligelse,** glorification; **~ hindre,** prevent; **~ hindring,** hindrance, obstacle; **~ hjul,** front wheel.

forhold (proporsjon) proportion; (forbindelse) relation(s), connection; (omstendighet) fact, circumstances; *mat* ratio; **~ e seg** (gå fram) proceed; **saken ~ er seg slik,** the fact (of the matter) is this; **~ smessig,** proportional; **~ sre-**

gel, measure; ~svis, comparatively.

forhør, examination; inquiry; ~e, examine; ask; ~e seg, inquire.

forhøye, heighten, raise; (lønn) increase; (pris) raise, increase; ~else, rise, increase; ~ning, rise; (i lokale) platform.

forhånd, (i kort) lead; **på ~,** in advance, beforehand.

forhåpentlig, it is to be hoped; ~ning, hope, expectation; ~ningsfull, hopeful.

fôring, (klær) lining; *mar* ceiling; (av dyr) feeding.

forkaste, reject; ~kastelig, objectionable; ~kjemper, champion, advocate; ~kjæle, spoil; ~kjærlighet, predilection, preference.

forkjøle seg, catch a cold; **jeg er ~t,** I have a cold; ~lse, cold.

forkjøpet (komme i ~) anticipate.

forkjørsrett, right of way, priority.

forklare, explain; ~ing, explanation; ~lig, explicable.

forkle, s apron; v disguise; ~dning, disguise.

forkludre, bungle; ~korte, shorten, abridge; (ord) abbreviate; ~kortelse, shortening, abridgment, abbreviation; ~kynne, announce; *jur* serve; *relg* preach; ~kynnelse, announcement, preaching; ~lag, publishing house; ~lange, demand, ask (for), claim.

forlate, leave; (oppgi) abandon; ~else, pardon; **(om ~)** (beg your) pardon, sorry.

forleden (dag), the other day.

forlegen, embarrassed; ~enhet, embarrassment; ~ge, mislay; (utgi) publish; ~er, publisher.

forlenge, lengthen, prolong, extend; ~else, lengthening, prolongation, extension.

forlik, agreement, compromise; ~e, reconcile.

forlis, (ship)wreck; ~lise, be lost el wrecked.

forlove seg, become engaged **(med:** to); ~de

(hans, hennes ~), his fiancée, her fiancé.

forlystelse, entertainment, amusement.

forløp, (gang) course; **~e** (løpe av) pass off; **~er,** forerunner.

form, form, shape; (støpe-) mould; **~alitet,** formality.

formane, exhort, admonish; **~ing,** exhortation, admonition, warning.

formann (i styre) chairman, *amr* president; (i forening) president; arbeids-) foreman.

formasjon, formation; **~at,** size; **~e,** form, shape; **~el,** formula; **~elig,** *adv* actually, positively; **~ell,** formal; **~ere seg,** breed, multiply, propagate; **~ering,** breeding, multiplication, propugation.

formiddag, morning; **~milde,** (lindre) alleviate; (bløtgjøre) mollify; **~mildende omstendighet,** extenuating circumstance; **~minske,** reduce, decrease, diminish.

formlære, accidence;

~løs, formless, irregular.

formode, suppose, presume; **~entlig,** probably, presumably; **~ning,** supposition.

formsak, matter of form.

formue, fortune; (eiendom) property; **~nde,** wealthy, well off; **~skatt,** property tax:

formular, form; **~ere,** formulate; word; **~ering,** formulation.

formynder, guardian.

formørke, darken; eclipse; **~lse,** (sol, måne) eclipse.

formål, purpose, object.

fornavn, Christian *el* first name, forename.

fornem, distinguished; **~het,** distinction, gentility; **~me,** feel; **~melse,** feeling.

fornuft, reason; **sunn ~,** common sense; **~ig,** reasonable, sensible.

fornye, renew; **~lse,** renewal.

fornærme, offend, insult; **~lse,** insult.

fornøyd, satisfied, pleased, content(ed); **~elig,** amusing, delightful; **~else,** pleasure; (forlystelse) entertainment, amusement.

forord, preface, foreword; ~ **ordne**, ordain, order; *med* prescribe; ~ **ordning**, ordinance, decree; ~ **over**, forward, ahead.

forpakte, farm, rent; ~ **pakter**, tenant (farmer); ~ **peste**, infect; ~ **plante (seg)**, propagate; ~ **plantning**, propagation; ~ **pleining** (kost), board; ~ **plikte seg**, engage (oneself), bind oneself; ~ **pliktelse**, obligation, engagement; ~ **pliktende**, binding; ~ **pliktet**, obliged, bound; ~ **post**, outpost; ~ **purre**, frustrate, foil.

forrang, precedence; ~ **regne seg**, miscalculate; ~ **rente**, pay interest on.

forrest, foremost; ~ **en**, (apropos), by the way; (dessuten) besides.

forretning, business; (butikk) shop; ~ **sbrev**, business (*el* commercial) letter; ~ **sforbindelse**, business connection; ~ **slokale(r)**, business premises; ~ **smann**, bu-

siness man; ~ **smessig**, businesslike; ~ **sreise**, business trip.

forrett, (mat) entrée, first course.

forrige, last; previous.

forrykke, displace; *fig* disturb; ~ **rykt**, crazy; ~ **ræder**, traitor **(mot:** to); ~ **ræderi**, treachery; (lands-) treason; ~ **rædersk**, treacherous; ~ **råd**, supply, store; ~ **råde**, betray; ~ **råtne**, rot, putrefy; ~ **råtnelse**, putrefaction.

forsagt, timid, diffident.

forsalg (billetter) advance booking.

forsamling, assembly.

forseelse, offence; ~ **segle**, seal (up); ~ **sendelse**, forwarding; (vareparti) consignment; ~ **sere**, force; ~ **sete**, front seat; ~ **sett**, purpose; ~ **settlig**, intentional; ~ **side**, front; (mynt o.l.) face.

forsikre, assure; (assurere) insure; ~ **ing**, assurance; insurance; ~ **ingspolise**, insurance policy; ~ **ingspremie**, insurance premium; ~ **ingsselskap**, insurance company.

forsiktig, (varsom) careful; (ved fare) cautious; ~ **het,** care; caution.

for|sinke; ~ **sinkelse,** delay; ~ **skanse,** entrench, barricade; ~ **skansning,** entrenchment, barricade.

forske, forskning, research; ~ **r,** researcher, research worker.

forskjell, difference; distinction; ~ **ig,** different; (atskillige) various.

forskrekke, frighten; ~ **lse,** fright.

for|skrudd, eccentric; ~ **skudd,** advance; ~ **skuddsvis,** in advance; ~ **skyve,** displace, shift; ~ **slag,** proposal, suggestion; motion; ~ **slitt,** hackneyed.

for|smak, foretaste; ~ **smedelig,** disgraceful; ~ **små,** refuse; ~ **snakke seg,** make a slip of the tongue; ~ **snevring,** contraction; ~ **sommer,** early summer; ~ **sone,** reconcile, conciliate; ~ **soning,** (re)conciliation; ~ **sorg,** (understøttelse) poor relief; ~ **sove seg,** oversleep (oneself); ~ **sovelse,** oversleeping.

forspill, prelude; ~ **e,** forfeit; throw away.

for|spise seg, overeat (oneself); ~ **sprang,** start, lead; ~ **stad,** suburb.

forstand, (fornuft) reason, sense; ~ **er,** principal, director; ~ **ig,** sensible.

for|stavelse, prefix; ~ **stavn,** stem, prow; ~ **steine,** petrify; ~ **sterke,** strengthen, reinforce, fortify; ~ **sterker,** *rad* amplifier; ~ **sterkning,** strengthening; reinforcement.

forstmann, forester.

for|stoppelse *med* constipation; ~ **stue,** *v* strain, sprain; *v mar* shift; ~ **stumme,** become silent.

forstyrre, disturb; (bry) trouble; ~ **lse,** disturbance, trouble.

forstørre, magnify; *fotogr* enlarge; ~ **lse,** magnification; enlargement; ~ **lsesglass,** magnifying glass.

forstå, understand; see; ~ **else,** understanding.

forsvar, defence; ~ **e,** defend; ~ **er** *jur* counsel for the defence; ~**lig** (berettiget) justifiable; (sikker) secure; ~**sløs**, defenceless.

for**svinne**, disappear, vanish; ~**syn**, providence; ~**syne**, supply, provide; (~ **seg**, ved bordet) help oneself (**med**: to); ~**syning**, supply; ~**søk**, attempt (**på**: at); (prøve) test, trial; ~**søke**, try, attempt; ~**sømme**; ~**sømmelse**, neglect; ~**sørge**, provide for, support; ~**sørger**, supporter.

fort, s fort; *adv* quickly, fast.

for**tau**, pavement; *amr* sidewalk; ~**skant**, kerb, curb.

for**tegnelse**, list, catalogue, record.

for**telle**, tell; ~**telling**, story; ~**teppe**, curtain; ~**tid**, past; ~**tie**, conceal (**for**: from); ~**tinne**, tin.

for**tjene**, deserve; ~**este**, profit; ~**t**, worthy (**til**: of).

for**løpende**, consecutive.

for**tolke**, interpret; ~**tolkning**, interpretation; ~**tolle**, pay duty

on, clear; declare; ~**treffelig**, excellent; ~**trenge**, supplant, supersede.

for**trinn**, preference; (fordel) advantage; ~**svis**, preferably, by preference.

for**trolig**, confidential; ~**het**, confidence.

for**tropp**, van(guard).

for**trylle**, charm, fascinate; ~**lse**, charm, fascination.

for**tsette**, continue, go on, carry on; ~**lse**, continuation.

for**tumlet**, confused.

for**tvile**; ~**lse**, despair; ~**t**, desperate; in despair.

for**tynne**, dilute; ~**tære**, consume; ~**tørnet**, exasperated; ~**tøye**, moor, make fast; ~**tøyning**, mooring.

for**ulempe**, molest; (plage) annoy; ~**lykke**, be lost, perish; be wrecked.

for**underlig**, strange, odd; ~**re**, surprise; ~**ring**, surprise.

for**urense**, pollute; ~**ning**, pollution.

forut, in advance, ahead; *mar* forward; ~**anelse**,

presentiment; ~ **bestemt**, predeterminate; ~ **bestille**, book in advance; ~ **en**, besides; ~ **inntatt**, predisposed, prejudiced; ~ **satt at**, provided (that); ~ **se**, foresee; ~ **setning**, condition, understanding; ~ **sette**, assume, (pre)suppose, take for granted; ~ **si**, foretell, predict.

forvalt|e, administer, manage; ~ **er**, steward, manager; ~ **ning**, administration, management.

forvandl|e, transform, change; ~ **ing**, transformation.

for|vanske, distort, misrepresent; ~ **varing**, keeping, custody; charge; ~ **veien**: i ~, beforehand, in advance; ~ **veksle**, mistake **(med**: for); ~ **veksling**, confusion, mistake; ~ **ventning**, expectation, anticipation; ~ **vikling**, complication; ~ **virre**, confuse; ~ **virring**, confusion; ~ **vise**, banish, exile; ~ **visning**, banishment; exile; ~ **visse seg om**, make sure of; ascer-

tain; ~ **vissning**, assurance; ~ **vitre**, disintegrate; ~ **vitring**, disintegration; ~ **vrenge**, distort, twist; ~ **vrengning**, distortion; ~ **vridd**, distorted; ~ **værelse** antechamber *el* -room.

forårsake, cause, occasion.

fosfor, phosphorus.

foss, waterfall, cataract; ~ **e**, gush.

fossil, fossil.

foster, fetus; embryo; ~ **fordrivelse**, feticide, criminal abortion; ~ **foreldre**, foster-parents.

fostre, rear; *fig* breed.

fot, foot; (bord) leg; (glass) stem; (mast) heel; **på stående** ~, offhand; **stå på en god** ~ **med**, be on good terms with; ~ **ball**, football; ~ **ballbane**, football ground; ~ **ballkamp**, football match; ~ **efar**, footprint; ~ **feste**, footing; ~ **gjenger**, pedestrian; ~ **gjengerovergang**, zebra *(el* pedestrian crossing; ~ **note**, footnote.

foto|apparat, camera;

~ **forretning,** camera shop; ~ **graf,** photographer; photograph; ~ **grafering,** photography; ~ **grafi,** photo(graph); ~ **kopi,** ~ **kopiere,** photocopy; ~ **stat,** photostat (copy).

fotspor, footprint; ~ **trinn,** footstep; ~ **tøy,** footwear.

fra, from; ~ **be seg,** deprecate, decline; ~ **drag,** deduction; ~ **fall,** drop-out; ~ **flytte,** leave.

frakk, (over)coat; ~ **e-skjøt,** coattail.

fraksjon, section, wing.

frakt (avgift båt, fly) freight; *(jernb,* bil) carriage; (varer båt) cargo; ~ **brev,** *mar* bill of lading; *jernb* consignment note; *amr* freight bill; ~ **e,** carry, freight; ~ **gods,** goods.

fralegge seg (ansvar) disclaim, deny.

fram, forward, on (se også **frem-);** ~ **for,** before; in preference to; ~ **for alt,** above all; ~ **gang,** progress; ~ **gangsmåte,** procedure, course; ~ **komstmiddel,** con-

veyance; ~ **møte,** attendance; ~ **over,** forward, ahead; ~ **steg,** progress; ~ **støt,** drive, push; ~ **tid,** future; ~ **tidig,** future.

frankere, stamp.

Frankrike, France.

fransk, French, ~ **mann,** Frenchman.

fraråde, advise against, dissuade.

frase, empty phrase; ~ **r,** cant.

frasi seg, renounce, resign; ~ **skilt,** divorced.

frata, deprive of; ~ **tre,** retire from.

fravike, deviate from; ~ **vær,** absence; ~ **værende,** absent.

fredag, Friday.

fred, peace; ~ **e,** preserve, protect; ~ **elig,** peaceful; ~ **løs,** outlaw; ~ **ning,** protection; ~ **sommelig,** peaceable.

fregatt, frigate.

fregne, freckle.

frekk, impudent, cheeky; ~ **het,** impudence, face.

frekvens, frequency.

frelse, *s* rescue; *relg* salvation; *v* save, rescue; ~ **r,** saver, rescuer; *relg* Saviour; ~ **sarméen,** the Salvation Army.

fremad, forward, onward; ~ **bringe,** produce; ~ **by,** offer.

fremdeles, still.

fremgå, appear **(av:** from).

fremherskende, predominant; ~ **heve,** stress, emphasize; ~ **holde,** point out.

fremkalle, *teat* call before the curtain; (forårsake) cause, bring about; *fotogr* develop.

fremlegge, present, produce.

fremleie, *s* subletting.

fremme, further, promote, advance; ~ **lig,** forward.

fremmed, *adj* strange; (utenlandsk) foreign; *s* stranger; foreigner; *jur* alien; ~ **arbeider,** foreign worker.

fremragende, prominent, eminent; ~ **sette,** put forward.

fremskritt, progress; ~ **skynde,** hasten, expedite.

fremst, *adj* front; foremost; *adv* in front; **først og** ~, primarily, first of all.

fremstille (lage) produce,

make; (avbilde) represent; (rolle) personate; (skildre) describe; ~ **stilling** (fabrikasjon) production; (rolle) impersonation; (redegjørelse) account; ~ **stående,** prominent.

fremtoning, phenomenon, appearance; ~ **tredende,** prominent, outstanding.

frese, (sprake) crackle; (sprute) sputter; (visle) hiss.

fresko, fresco.

fri, *adj* free; **i det** ~, in the open (air); *v* (beile) propose; ~ **dag,** holiday, day off; ~ **er,** suitor; ~ **eri,** proposal; ~ **finne,** acquit **(for:** of); ~ **finnelse,** acquittal; ~ **gi,** ~ **gjøre** set free, release; ~ **gjørelse,** release, liberation; emancipation; ~ **handel,** free trade; ~ **havn,** free port; ~ **het,** freedom, liberty; ~ **idrett,** athletics; ~ **idrettsmann,** athlete.

frikjenne, acquit **(for:** of).

frikvarter, break, recess; ~ **land,** open ground.

friluftsliv, outdoor life; ~ **merke,** (postage)

stamp; ~ **modig,** frank, open; ~ **murer,** freemason.

friserdame, hairdresser.

frisk, fresh; (sunn) healthy, in good health, well; (fersk, ny) fresh; ~ **e opp,** (kunnskaper) brush up; ~ **ne til,** recover; (om vind) freshen.

frispark, free kick.

frist, respite; dead-line; ~ **e,** (lide) experience; (føre i fristelse) tempt; ~ **else,** temptation.

frisyre, style of dressing the hair; ~ **ør,** hairdresser.

fritta, exempt; ~ **tenker,** freethinker; ~ **tid,** leisure (time), spare time.

fritt, *adv* freely; (gratis) free (of charge).

frivakt, off-duty watch; **ha** ~ **vakt,** be off duty; *adj* voluntary; *s* volunteer.

frodig, luxuriant; ~ **het,** luxuriance.

frokost, breakfast.

from, pious; mild; ~ **het,** piety.

front, front; ~ **glass,** windscreen; ~ **lys,** headlight.

frossen, frozen; ~ **t,** frost.

frosk, frog; ~ **emann,** frogman.

frottere, rub.

fru, Mrs.; ~ **e,** (hustru) wife; (gift kvinne) married woman.

frukt, fruit; *fig* product; ~ **avl,** fruit growing; ~ **bar,** fertile; (fruktbringende) fruitful; ~ **barhet,** fertility; ~ **hage,** orchard; ~ **handler,** fruiterer; ~ **saft,** fruit juice; ~ **sommelig,** pregnant, with child; ~ **sommelighet,** pregnancy.

frustrert, frustrated.

fryd, joy, delight; ~ **e,** gladden; rejoice; ~ **efull,** joyful, joyous.

frykt, fear, dread.; ~ **e,** fear, dread, be afraid of; ~ **elig,** fearful, dreadful; ~ **inngytende,** terrifying.

frynse, fringe.

fryse, freeze; (om person) be cold, freeze; ~ **boks,** freezer; (dypfryser) deep-freeze; ~ **punkt,** freezing point; ~ **ri,** cold storage plant.

frø, seed.

frøken, unmarried woman; (tittel) Miss.

fråde, *s & v* froth, foam.

fråtse, gormandize; ~ **i**, *fig* revel in; ~ **ri**, gluttony.

fugl, bird; ~ **eskremsel**, scarecrow.

fukte, wet, moisten; ~ **ig**, damp, moist; ~ **ighet**, dampness, moisture.

full, full; (~ **stendig**) complete; (beruset) drunk; **drikke seg** ~, get drunk; ~ **t**, fully, quite; ~ **blods**, thoroughbred; ~ **ende**, complete; ~ **endt**, perfect; ~ **føre**, carry through, complete; ~ **kommen**, perfect; ~ **kommenhet**, perfection; ~ **makt**, authority; ~ **mektig**, confidential (*el* head) clerk; ~ **måne**, full moon; ~ **stendig**, complete.

fundament, foundation, basis; ~ **al**, fundamental.

fundere, found; *merk* fund; (gruble) muse; ~ **ing**, foundation; musing; reflection.

fungere, function; ~ **nde**, acting.

funksjon, function; ~ **ær**, employee; (offentlig) civil servant.

funn, find, discovery.

fure, *agr* furrow; (rynke) wrinkle; *v* furrow; line.

furte, sulk; ~ **n**, sulky.

furu, pine; (materialet) deal.

fusjon *merk* merger, amalgamation.

fusk, cheating; ~ **e**, cheat.

futteral, case, cover.

futurum, the future (tense).

fy! fie!

fyke (snø, sand), drift.

fylde, plenty, abundance; ~ **estgjørende**, satisfactory; ~ **ig**, plump; complete; (om vin) fullbodied.

fylke, county.

fyll, (i mat) stuffing; (drikking) drinking; ~ **e**, fill; stuff; ~ **ebøtte**, guzzler; boozer; ~ **epenn**, fountain pen.

fyr, (om person) fellow, chap; (ild) fire; (lys) light; ~ **bøter**, stoker; ~ **e**, fire, heat; ~ **ig**, fiery.

fyrste, prince; ~ **edømme**, principality; ~ **inne**, princess.

fyrstikk, match; ~**stikk-eske**, match-box; ~**tårn**, lighthouse; ~**verkeri**, fireworks; ~**vokter**, lighthousekeeper.

fysiker, physicist; ~**k**, *sc* physics; (konstitusjon) physique.

fysisk, physical.

fæl, horrible, hideous, awful.

færre, fewer; ~**est**, fewest.

fø, feed; ~**de** *s* food; *v* bear; give birth to; ~**dt**, born; ~**deby**, native town; ~**dsel**, birth; ~**dselsdag**, birthday; ~**dselsår**, year of birth; ~**flekk**, mole, birthmark.

følbar, tangible; ~**e** (**seg**), feel; ~**ehorn**, feelers, antenna; ~**else**, feeling; (fornemmelse) sensation; (sinnsbevegelse) emotion; (sansen) touch; ~**elsesløs**, unfeeling, callous.

følge, *v* (~ **etter**) follow; (**etter** ~) succeed; (ledsage) accompany; *s* (**rekke** ~) succession; (resultat) result, consequence; (selskap) company; ~**lig**, consequent-

ly, accordingly; ~**nde**, the following.

føling, touch.

føljetong, serial.

føll, foal; (hingst) colt; (hoppe) filly.

følsom, sensitive.

før, *prp* before, prior to; *adv* before, previously; *konj* before; ~**e**, *v* carry; (lede) lead, conduct; (en vare) stock, keep; *amr* carry; (bøker) keep; *s* (state of) the roads; ~**er**, leader; (veiviser) guide; *mar* master; (fly) pilot; ~**er-kort**, driving *(el* driver's) licence; ~**historisk**, pre-historic; ~**krigs**, pre-war.

først, *adv* first; ~**e**, first; ~**ehjelp**, first aid; ~**eklasses**, first-class; ~**kommende**, next; ~**nevnte**, the first mentioned; (av to) the former.

førti, forty.

føye, (rette seg etter) humour, please; ~ **sammen**, join, unite; ~ **til**, add; ~**lig**, compliant.

få, *v* get, receive, obtain; have; *adj* few; ~**fengt**, futile, vain; ~ **mælt**, reticent.

fårehund, shepherd's dog; (skotsk) collie; ~ **kjøtt,** mutton; ~ **kotelett,** mutton chop.

fåtall, minority; ~ **ig,** few in number.

G

gaffel, fork; *mar* crotch.

gagn, benefit, good; ~ **e,** benefit, be of advantage to; ~ **lig,** advantageous, useful.

gal, mad, crazy; (feil) wrong; **bli ~,** go mad.

galant, polite; (mot damer) gallant.

gale, crow.

galge, gallows.

galla(antrekk), full dress.

galle, gall, bile; ~ **blære** gall-bladder; ~ **stein,** gall-stone; ~ **syk,** bilious.

galleri, gallery.

gallionsfigur, figure head.

gallupundersøkelse, Gallup poll, public opinion poll.

galopp; ~ **ere,** gallop.

galskap, madness.

galvanisere, galvanize.

gamasjer, gaiters; leggings.

gamlehjem, old people's home.

gammel, old; **(fra ~ tid);** ancient; ~ **dags,** oldfashioned.

gane, *s* palate; *v* gut.

gang (om tid) time; (forløp) course; (gåing) walk; (korridor) corridor; ~ **bar,** current.

ganske, quite, fairly, pretty; ~ **visst,** certainly.

gap, gap, opening; ~ **e,** gape, yawn; ~ **estokk,** pillory.

garantere, ~ **i,** guarantee.

garasje, garage.

garde, guard(s); ~ **robe,** *(teat* og restaurant) cloakroom; (klær) wardrobe; ~ ~ **dame,** ~ ~ **vakt,** cloakroom attendant.

gardin, curtain; ~ **trapp,** step-ladder.

garn, yarn, thread, cotton; (fiske-) net.

garnison, garrison.

garnnøste, ball of yarn.

gartner, gardener; ~ **i,** market garden.

garve, tan; ~ **r,** tanner; ~ **ri,** tannery.

gas (tøy), gauze.

gasje, salary; se *lønn.*

gass, gas; ~ **bluss,** gas-jet; ~ **maske,** gas mask; ~ **verk,** gas-works.

gast, man, hand.

gate, street; ~ **dør,** street-door; ~ **pike,** prostitute; ~ **stein,** paving stone.

gauk, cuckoo.

gaule, howl.

gave, gift; donation; present; (natur-) talent, gift.

gavmild, liberal, open-handed.

geberde, gesture.

gebiss (set of) false teeth, denture.

gebyr, fee, charge.

gehør, ear.

geip, grimace.

geistlig, clerical, ecclesiastical; ~ **het,** clergy.

geit, goat; ~ **ost,** goat's cheese.

gelé, jelly.

geledd, rank; (i dybden) file.

gelender, banister, railing.

gemytt, temper, disposi-tion; ~ **lig,** pleasant; genial.

general, general; ~ **direktør,** director-general; ~ **forsamling,** general meeting; ~ **isere,** generalize; ~ **isering,** generalization; ~ **konsul,** consul-general; ~ **sekretær,** secretary-general.

generasjon, generation.

generell, general.

Genève, Geneva.

geni, genius; ~ **al,** of genius; ingenious.

genitiv, the genitive (case).

genre, style, line, manner.

genser, sweater, pullover.

geografi, geography; ~ **logi,** geology; ~ **metri,** geometry.

germansk, Germanic, Teutonic.

gesims, cornice.

geskjeftig, fussy, bustling.

gestikulere, gesticulate.

getto, ghetto.

gevinst, profit, gains; (i lotteri) prize; (i spill) winnings.

gevær (jakt ~), gun; **(militær ~),** rifle; ~ **kule,** bullet.

gi, give; (kort) deal.

gift, *adj* married (med: to); *s* poison; ~ **e seg**, get married, marry; ~ **ermål**, marriage; ~ **ig**, poisonous.

gigant, giant; ~ **isk**, gigantic.

gikt, rheumatism; gout.

gild, fine; (om farge) gaudy; ~ **e**, feast, banquet.

gips, gypsum; (brent) plaster; ~ **e**, plaster.

gir; ~ **e**, gear; ~ **stang**, gear lever.

girere (overføre) transfer; endorse; ~ **o**, giro; ~ **onummer**, giro number.

gisp; ~ **e**, gasp.

gissel, hostage.

gitar, guitar.

gitter, railing; grating.

gjalle, resound.

gjedde, pike.

gjel, gully, ravine.

gjeld, debt; ~ **e**, (angå) apply to, concern; (være gyldig) be valid, hold good, apply; (kastrere) geld, castrate; ~ **ende**, *jur* in force; **gjøre** ~ **ende**, maintain; advance; ~ **sbevis**; ~ **sbrev**, I.O.U.; (obligasjon) bond.

gjelle (fiske-), gill.

gjemme, *v* hide, conceal; ~ **sted**, hidingplace.

gjemsel, (lek) hide-and-seek.

gjendrive, refute; ~ **ferd**, apparition, ghost; ~ **fortelle**, retell; ~ **fortelling**, reproduction.

gjeng, gang; (klikk) set.

gjenge, (på skrue) thread, groove; (lås-) ward; (gang) course, progress.

gjengi, render; ~ **velse** (redegjørelse) account; (oversettelse) rendering.

gjengjeld, return; ~ **e**, return, repay.

gjengs, current; prevalent.

gjenkjenne, recognize; ~ **kjennelse**, recognition; ~ **klang**, echo; ~ **levende**, surviving; survivor; ~ **lyd**; ~ **lyde**, echo.

gjennom, *prp* through; ~ **bore**, pierce; ~ **brudd**, breaking through; *fig* awakening; ~ **fart**, passage; ~ **føre**, carry through, accomplish; ~ **gang**, passage, thoroughfare; ~ **gangsbillett**, through ticket; ~ **gripende**, thorough, radical; ~**gå**, go through, examine; (et kurs) take; ~**gående**, *adv* generally; ~**kjørsel forbudt**, no thoroughfare; ~**reise**, journey through; transit; **han var her på** ~**reise**, he was passing through here; ~**siktig**, transparent; ~**siktighet**, transparency; ~**skue**, see through; ~**slag** (kopi) (carbon) copy; ~**snitt**, average; ~**snittlig**, average; *adv* on an average; ~**stekt**, (well) done; ~**syn**, inspection; ~**trekk**, draught; ~**trenge**, penetrate; pierce; ~**trengende**, piercing; ~**våt**, wet through, drenched, soaked.

gjenoppbygge, rebuild; ~**bygging**, reconstruction; ~**live**, revive; ~**rette**, re-establish, restore; ~**rettelse**, re-establishment, restoration; ~**ta**, resume.

gjenpart, copy, duplicate.

gjensidig, mutual, reciprocal; ~**skinn**, reflection; ~**speile**, reflect, mirror; ~**stand**, object; thing; (emne) subject,

~**stridig**; refractory; obstinate, stubborn; ~**syn**: **på** ~, see you again tomorrow, next week! *etc;* so long!

gjenta, repeat; ~**gelse**, repetition; ~**tte ganger**, repeatedly.

gjenvelge, re-elect; ~**vinne**, regain, recover.

gjerde, fence; ~ **inn**, fence in.

gjerne, willingly, gladly; (**jeg vil(le)** ~) I should like to; ~**ing**, deed, act, action.

gjerrig, stingy, mean.

gjesp; ~**e**, yawn.

gjest, guest; visitor; ~**e**, visit; ~**fri**, hospitable; ~**frihet**, hospitality.

gjete, herd, tend; ~**r**, herdsman; (**saue**~), shepherd.

gjetning, guess(work); ~**te**, guess (**på**: at).

gjær, yeast; ~**e**, *v* ferment; **s i** ~**e**, brewing, in the wind; ~**ing**, fermentation.

gjø, bark, bay; ~(**de**), fatten.

gjødsel, manure; (**kunst**~) fertilizer; ~**le**, manure; fertilize.

gjøgle, juggle; ~**r**, juggler.

gjøkalv, fatted calf.

gjøn, fun; **drive ~,** make fun (med: of).

gjøre, do; make; **~mål,** business, duties.

gjørlig, practicable, feasible.

gjørme, mud, mire; **~t,** muddy.

glad, glad, happy, pleased.

glane, stare, gape (på: at).

glans, splendour; lustre; (på tøy) gloss; (politur) polish; **~bilde,** glossy picture.

glasere; glasur, glaze.

glass, glass; **~maleri,** stained glass; **~mester,** glazier; **~rute,** pane of glass.

glatt, smooth; (som man glir på) slippery.

glede, s joy, delight, pleasure; v please, gladden; vr rejoice; (til) look forward to; **~lig,** pleasant, gratifying; **~lig jul,** a merry Christmas.

glemme, v forget; (~ igjen) leave; **~sel,** oblivion; **~som,** forgetful; **~somhet,** forgetfulness.

gli, s: få på ~, set going; v slip; glide; slide; **~de-**

flukt, volplane; **~delås,** zip(per); **~deskala,** sliding scale.

glimre, glitter, glisten; fig shine; **~rende,** brilliant; splendid; **~t,** gleam; (flyktig blikk) glimpse; (lyn) flash; **~te,** gleam; flash.

glinse, glisten, shine.

glipp: gå ~ av, miss, lose; **~e,** fail; (med øynene) blink, wink.

glis; ~e, grin.

glitre; ~ing, glitter.

glo, s live coal; pl embers; v stare, gape (på: at).

globus, globe.

gloende, red-hot; **~rete;** gaudy.

glorie, glory, halo.

glose, word; **~bok,** notebook; **~forråd,** vocabulary.

glugge, hole, aperture.

glupsk, greedy, voracious.

glød, fig glow, ardour; **~e,** glow; **~ende,** red-hot; glowing; fig ardent.

gløgg, shrewd, bright, smart.

gløtt, peep, gleam; **på´~,** ajar.

gnage, gnaw; (ved gnidning) fret, chafe; ~**r**, rodent.

gni, rub; ~**dning**, rubbing, friction; ~**er**, miser; ~**eraktig**, niggardly, stingy.

gnist, spark; ~**re**, sparkle.

gnål, (mas) nagging; ~**e**, nag, harp on one string.

god, good; (snill) kind; **vær så ~**, (if you) please; (tilbydende) there it is; help yourself; ~**artet**, mild; ~**bit**, titbit; ~**e**, s good, benefit; **til** ~**e**, due; ~**het**, goodness; kindness; ~**kjenne**, sanction, approve (of); ~**kjennelse**, approval; ~**modig**, good-natured.

gods, (varer) goods; (jord) estate, ~**eier**, land-owner, landed proprietor; ~**ekspedisjon**, goods office.

godskrive, credit; ~**slig**, good-natured; ~**snakke med**, coax.

godstog, goods train; *amr* freight train; ~**vogn**, (åpen) truck; (goods)wag(g)on; *amr* freight car; (lukket) van.

godt, *adv* well.

godta, accept.

godtgjøre, (erstatte), compensate, make good; ~**lse**, compensation.

godtroende, credulous; ~**troenhet**, credulity; ~**vilje**, good will.

gold, barren, sterile.

golf, gulf; (spill) golf; ~**bane**, golf links; ~**strømmen**, the Gulf Stream.

golv, floor; ~**teppe**, carpet.

gondol, gondola.

gongong, gong.

gorilla, gorilla.

gotisk, Gothic.

grad, degree; (rang) rank, grade; ~**sforskjell**, difference in degree; ~**vis**, gradual.

grafikk, prints, graphic art; ~**sk**, graphic(al).

gram, gram, gramme.

grammatikk, grammar; ~**isk**, grammatical.

grammofon, gramophone; ~**plate**, (gramophone)record.

gran, spruce.

granat, *mil* shell; (**hånd ~**) (hand)grenade; (edelstein) garnet.

granitt, granite.

granske, inquire into,

scrutinize; ~ **ing,** inquiry, scrutiny.

gras, grass; ~ **klipper,** lawn-mower; ~ **rota** the grassroots *pl.*

grasiøs, graceful.

gratiale, gratuity, bonus.

gratis, free (of charge), gratis.

gratulasjon, congratulation; ~ **ere,** congratulate **(med:** on).

grav, pit; (for døde) grave, tomb; (festnings-) moat; ~ **e,** dig; ~ **e ned,** bury; ~ **emaskin,** excavator; ~ **er,** sexton; ~ **ere,** engrave; ~ **erende,** grave; ~ **haug,** grave-mound; barrow.

gravid, pregnant.

gravitasjon, gravitation.

gravkapell, mortuary; ~ **legge,** entomb, bury; ~ **lund,** cemetery, graveyard; ~ **skrift,** epitaph; ~ **stein,** tombstone; ~ **ør,** engraver.

grei, (tydelig) clear, plain; (lett) easy; ~ **e,** (klare) manage, succeed in; (kjemme) comb; (ordne) arrange; put straight.

grein, branch; (større på tre) bough.

greip, (dung)fork.

Grekenland, Greece; ~ **er,** Greek.

grell, garish, gaudy.

gremme seg, grieve, ~ **lse,** grief, vexation.

grense, *s* frontier, border; *fig* limit; ~ **til,** *v* border on; ~ **land,** borderland, ~ **løs,** boundless.

grep, grasp, grip, hold.

gresk, Greek.

gress, grass; ~ **enke,** grass-widow; ~ **kar,** pumpkin.

gretten, cross, peevish.

greve, count; *eng* earl; ~ **inne,** countess.

grevling, badger.

gribb, vulture.

grill; grille, grill.

grimase, grimace.

grind, gate.

grine, (gråte) weep, cry; (være gretten) grumble, fret; ~ **biter,** grumbler.

gripe, catch, seize; grasp; *fig* grip; ~ **an,** go about; ~ **nde,** touching, impressive.

gris, pig; ~ **e til,** foul; ~ **ebinge,** pigsty; ~ **eri,** filth; ~ **et,** dirty; ~ **unge,** piglet.

grisk, greedy **(etter:** for, of); ~ **het,** greed(iness).

grissen, sparse, scattered.
gro, grow; **~bunn,** soil.
grop, cavity, hollow.
gros: en ~, wholesale;
~s, gross; **~serer,**
~sist, wholesaler, merchant.
grotesk, grotesque.
grotte, grotto.
grov, coarse; rough;
gross; (uhøflig) rude; **~**
feil, bad *(el* gross) mistake; **~het,** coarseness;
grossness; **~kornet,**
coarse-grained; **~smed,**
blacksmith.
gruble, muse, brood.
grue for, dread; **~e,** *s*
hearth, fire-place;
~elig, horrible, shocking.
grumset, muddy, thick.
grundig, thorough; **~het,**
thoroughness.
grunn, (fornuftsgrunn)
reason **(til:** for); (årsak)
cause **(til:** of); (bunn)
ground, bottom; **på ~**
av, owing to, because
of; *adj* shallow; **~e,** *s*
bank, shoal; *v* ground,
found; **~fjell,** bedrock;
~lag, basis, foundation; **~legge,** found,
establish; **~leggelse,**
foundation, establish-

ment; **~legger,** founder; **~lov,** constitution;
~lønn, basic salary;
~stein, foundation
stone, **~stoff,** element;
~støte, run aground,
ground; **~tone,** keynote; **~vann,** ground
water; **~voll,** foundation, basis.
gruppe; ~re seg, group.
grus, gravel; **~tak,** gravel-pit.
grusom, cruel; **~het,**
cruelty.
grut, grounds *pl.*
gruve, mine; **~arbeider,**
miner; **~drift,** mining.
gry, *c* & *s* dawn.
gryn, grain; (havre-)
groats *pl.*
grynt; ~e, grunt.
gryte, pot.
grøde, crop.
grøft; ~e, ditch.
Grønland, Greenland.
grønn, green; **~saker,**
vegetables; **~såpe,** soft
soap.
grøsse, shudder, thrill.
grøt, porridge.
grå, gray, grey.
grådig, greedy, voracious; **~het,** greed(iness).

gråne, turn gray; ~ **sprengt,** grizzled.

gråt, weeping; ~ **e,** cry, weep.

gud, God; ~ **barn,** godchild; ~ **dom,** deity, divinity; ~ **dommelig,** divine; ~ **ebilde,** idol; ~ **far,** godfather; ~ **fryktig,** godly, pious; ~ **fryktighet,** godliness, piety; ~ **sbespottelig,** blasphemous; ~ **sbespottelse,** blasphemy; ~ **stjeneste,** (divine) service.

gufs, gust.

gul, yellow; ~ **rot,** carrot.

gull, gold; ~ **alder,** golden age; ~ **bryllup,** golden wedding; ~ **gruve,** gold-mine; ~ **medalje,** gold medal; ~ **smed,** jeweller, gold-smith.

gulne, turn yellow.

gulsott, jaundice.

gulv, floor; ~ **teppe,** carpet.

gummi, rubber; (lim) gum; ~ **strikk,** rubber (el elastic) band.

gunst; ~ **bevisning,** favour; ~ **ig,** favourable.

gurgle, gargle.

gusten, sallow, wan.

gutt, boy, lad; ~ **aktig,** boyish.

guvernante, governess.

guvernør, governor.

gyldig, valid; ~ **het,** validity.

gyllen, golden.

gymnas, grammar school.

gymnastikk, gymnastics, physical exercises.

gynge, v swing, rock; s swing; ~ **hest,** rocking horse.

gys; ~ **e,** shudder; ~ **elig,** horrible; ~ **elighet,** horror.

gyte, (fisk) spawn.

gå, go; (spasere) walk; (avgå) leave; (om maskiner) work; **det** ~ **r an,** it will do; ~ **etter,** (hente) go for; (rette seg etter) go by; ~ **fra,** leave; ~ **framover,** (make) progress; ~ **igjen,** reappear, haunt; ~ **ned,** ast set; ~ **opp,** ast, teat, merk rise; ~ **over,** cross, go over; ~ **på,** go ahead.

gågate, pedestrian street.

gård, (på landet) farm; (i byen) house; (gårdsplass) (court)yard; ~ **bruker,** farmer.

gås, goose *(pl* geese); ~ **egang,** single file; ~ **eøyne,** quotation marks; ~ **unge,** gosling.

gåte, riddle, puzzle; ~ **full,** enigmatic; puzzling.

H

ha, have.

Haag, the Hague.

habil, competent, efficient.

hage, garden; (frukt-) orchard; ~ **bruk,** gardening.

hagl, hail; (et) hailstone; (til skyting) shot; ~ **børse,** fowling-piece, shotgun; ~ **e,** hail.

hai, shark.

haike, hitch-hike.

hake, (krok) hook; *fig* drawback (ved: to); (del av ansikt) chin; ~ **kors,** swastika.

hakk, notch, indention; ~ **e,** *s* pick(axe), hoe; *v* pick, hack, hoe; (om fugler) peck (på: at); ~ **espett,** woodpecker.

hale *s* tail; *v* haul, pull.

hall, hall; (hotell) lounge, lobby.

hallik, pimp, pander, ponce.

hallomann, announcer.

hallusinasjon, hallucination.

halm; ~ **strå,** straw; ~ **tak,** thatched roof.

hals, neck; (strupe) throat; ~ **bånd,** necklace; (til hund) collar; ~ **hogge,** behead, decapitate.

halt, lame; ~ **e,** limp; *fig* halt.

halv, half; ~ **annen,** one and a half; ~ **dagspost,** half-time post; ~ **del,** half *(pl* halves); ~ **ere,** halve; ~ **kule,** hemisphere; ~ **mørke,** twilight; ~ **pensjon,** half-board *(el* -pension); ~ **sirkel,** semi-circle; ~ **veis,** half-way; ~ **øy,** peninsula.

ham *pron* him.

hammer, hammer.

hamp, hemp.

hamre, hammer.

hamstre, hoard.

han, he; ~ **s,** his.

handel, trade, commerce; **(en enkelt ~)** bargain; ~ **savtale**, trade agreement; ~ **sbrev**, trading licence; ~ **sflåte**, mercantile marine; ~ **sforbindelse**, trade connection; ~ **sgymnas**, business college; ~ **shøyskole**, school of economics and business administration; ~ **skorrespondanse**, commercial correspondence; ~ **sreisende**, commercial traveller; ~ **sskole**, commercial school.

handle, act; (drive handel) trade, deal; (gjøre innkjøp) shop; ~ **kraftig**, energetic; ~ **måte**, procedure.

handling, action, act.

hane, cock; *amr* rooster.

hang, bent, inclination.

hangar, hangar.

hank, handle, ear.

hankjønn, male sex; *gram* the masculine (gender).

hann, male, he.

hanske, glove.

hard, hard; (streng) severe; ~ **før**, hardy; ~ **hendt**, rough; ~ **hjertet**, hardhearted; ~ **hudet**, callous; ~ **kokt**, hard-boiled; ~ **nakket**, obstinate, persistent.

hare, hare; ~ **skår**, harelip.

harem, harem.

harke, hawk.

harm, indignant **(på:** with); ~ **e**, indignation; ~ **løs**, harmless, inoffensive.

harmonere, harmonize; ~ **i**, harmony; ~ **isk**, harmonious.

harpe, harp; ~ **spiller**, harpist.

harpiks, resin.

harpun; ~ **ere**, harpoon.

harsk, rancid.

harv; ~ **e**, harrow.

hasardspill, gambling.

hasj(isj), hashish.

hasp(e), (vindus) catch.

hassel, hazel; ~ **nøtt**, hazel nut.

hast, hurry, haste; ~ **e**, hasten, hurry; (det haster) it is urgent; ~ **ig**, hurried, quick; (overilet) hasty; ~ **ighet**, speed, rate, velocity; ~ **verk**, hurry, haste.

hat, hatred, hate; ~ **e**, hate; ~ **eful**, spiteful; ~ **sk**, rancorous.

hatt, hat; (dame-) bonnet; ~ **emaker**, hatter.

haug (bakke) hill; (dynge) heap, pile.

hauk, hawk; ~ **e,** call, shout.

hav, sea; ocean; ~ **arere** (bli skadd) be damaged; (totalt) be wrecked; ~ **ari** (skade) damage; (skibbrudd) (ship)-wreck; *jur* average; ~ **blikk,** (dead) calm; ~ **frue,** mermaid.

havn, harbour; (by) port; ~ **earbeider,** docker; ~ **fogd,** harbour master; ~ **emyndigheter;** ~ **evesenet,** the port authorities.

havre, oats *pl;* ~ **gryn,** groats; ~ **grøt,** porridge; ~ **mjøl,** oatmeal; ~ **velling,** gruel.

havsnød, distress (at sea).

hebraisk; ~ **eer,** Hebrew.

hede, heath.

hedensk, heathen, pagan; ~ **ap,** heathenism, paganism.

heder, honour, glory; ~ **lig,** honourable; honest; ~ **lighet,** integrity; ~ **sbevisning,** mark of respect; ~ **sgjest,** guest of honour.

hedning, pagan, heathen.

hedre, honour.

hefte, *s* pamphlet, brochure, booklet; part; *v* (oppholde) delay, detain; (feste) fix, fasten; attach; (bok) stitch, sew; ~ **maskin,** stapling machine.

heftig, vehement, violent; (smerte) acute, intense; ~ **plaster,** adhesive plaster.

hegg, bird cherry.

hegre, *zool* heron.

hei, heath; moor; upland.

heis, lift; *amr* elevator; ~ **e,** hoist; ~ **ekran,** crane.

hekk, hedge; *idr* hurdle; ~ **e,** nest; (ruge ut) hatch; ~ **eløp,** hurdle-race.

hekle, *v* crochet.

heks, witch, hag; ~ **e,** practise witchcraft; ~ **eri,** witchery.

hekte, *s* & *v* hook.

hektisk, hectic.

hektogram, hectogram(me); ~ **liter,** hectolitre.

hel, whole, all, entire; ~ **t** *adv* quite, totally, entirely, completely; ~ **automatisk,** fully automatic.

helbred, health; ~ **e,** cure; heal; ~ **elig,** curable; ~ **else,** cure, healing; ~ **stilstand,** state of health.

heldagsstilling, full-time position.

heldig, fortunate; successful; (slumpe-) lucky; ~ **vis,** fortunately; (til alt hell) luckily.

hele, s whole; v heal; (ta imot tyvegods) receive stolen goods; ~ **r,** receiver (of stolen goods).

helg (helligdag) holiday; (høytid) (church) festival; ~ **en,** saint.

helhet, whole, totality; entirety; ~ **sinntrykk,** general impression.

helikopter, helicopter.

hell, (slumpe-) luck; fortune; success.

Hellas, Greece.

helle, s flag(stone); vi (skråne) slant, slope; (øse) pour; ~ **fisk,** halibut; ~ **ristning,** rock carving (el engraving).

heller, rather, sooner.

hellig, holy, sacred; ~ **brøde,** sacrilege; ~ **dag,** holiday; ~ **het,** holiness; ~ **holde,** observe; ~ **holdelse,** observance.

helling, slope; fig inclination.

helse, health; ~ **attest,** health certificate; ~ **vesen,** public health service.

helst, preferably.

helt s hero; ~ **edåd,** heroic deed; ~ **emodig,** heroic; ~ **inne,** heroine.

helvete, hell.

hemme, hamper, check.

hemmelig; ~ **het,** secret; ~ **hetsfull,** mysterious; (om person) secretive.

hemning med, inhibition.

hemorroider, piles, haemorrhoids.

hempe, loop.

henblikk: med ~ **på,** with a view to.

hende, happen, occur; ~ **lse,** occurrence; (episode) incident; (begivenhet) event.

hendig, handy.

henfallen til, addicted to.

henført, in ectasy, entranced.

henge, hang; ~ **bjørk,** weeping birch; ~ **køye,** hammock; ~ **lås,** padlock; ~ **myr,** quagmire.

hengiven, devoted, attached; ~ **venhet,** affection, devotion.

hengsel, hinge; ~ **let,** lanky.

henhold: i ~ til, with reference to; ~ **holdsvis,** respectively; ~ **imot,** towards; ~ **lede** (oppmerksomheten), draw, call; ~ **legge,** shelve; *jur* drop.

henne, her; ~ **s,** her(s).

henrette, execute; ~ **rettelse,** execution; ~ **rivende,** charming, fascinating; ~ **rykkelse,** delight, rapture; ~ **rykt,** delighted **(over:** at, with).

henseende, respect; ~ **sikt,** intention, purpose; ~ **siktsmessig,** suitable, adequate; ~ **stand,** respite; ~ **stille;** ~ **stilling,** request; ~ **syn,** regard, consideration; ~ **synsfull,** considerate; ~ **synsledd,** indirect object; ~ **synsløs,** inconsiderate.

hente, fetch, go for, collect.

hentyde, allude **(til:** to), hint **(til:** at); ~ **ning,** allusion, hint.

henvende, address, direct; ~ **seg til,** (tiltale) address oneself to; ~ **seg til** (om) apply to (for); ~ **vendelse,** application; ~ **vise,** refer; ~ **visning,** reference.

her, here; ~ **barium,** herbarium; ~ **berge,** hostel.

herde, harden; (stål) temper.

heretter, from now on; ~ **fra,** from here.

herje, ravage, harry.

herkomst, extraction, descent.

herlig, glorious, magnificent; ~ **het,** glory.

herme; ~ **etter,** mimic.

hermed, herewith, with this.

hermelin, ermine.

hermetikk, tinned *(el* canned) food(s); ~ **ikkboks,** tin, can; ~ **ikkfabrikk,** canning factory, cannery; ~ **ikkåpner,** tin opener; ~ **isere,** tin, can; (frukt) preserve; ~ **isk,** hermetic; (hermetisert) tinned, canned; (frukt) preserved.

herold, herald.

herre, gentleman; (over-) lord; master.

herred, district; ~ **styre,** rural district council.

herredømme, rule, dominion; ~ **ekvipering,**

gentleman's outfitter; ~**gård**, manor; ~**konfeksjon**, men's (ready-made) clothing.

herske, rule; reign; (være rådende) prevail; ~**r**, sovereign; ruler; ~**rinne**, mistress; ~**syk**, domineering.

hertug, duke; ~**inne**, duchess.

herved, hereby.

hes, hoarse.

hesje, s haydrying rack.

heslig, ugly; ~**het**, ugliness.

hest, horse; ~**ehandler**, horsedealer; ~**ekraft**, horsepower; ~**ekur**, rough remedy; ~**eveddeløp**, horse race.

het, hot; ~**e** s heat; v be called el named; ~**eslag**, sunstroke; ~**te**, hood.

hevd, prescription; (sedvane) custom; **holde i** ~, maintain; ~**e**, maintain, assert; ~**vunnen**, time-honoured.

heve, raise; remove; (oppheve) lift; (få utbetalt) draw; (sjekk) cash; (møte) dissolve, adjourn; ~**lse**, rising, swelling; ~**rt**, syphon.

hevn; ~**e**, revenge; ~**gjerrig**, revengeful.

hi, lair.

hikk; ~**e**, hiccough, hiccup.

hikst, catch (of breath); ~**e**, catch one's breath, pant.

hilse, greet; ~**n**, greeting; (sendt) compliments, regards.

himmel, (synlig) sky; fig heaven; ~**fartsdag**, Kristi ~, Ascension Day; ~**sk**, heavenly, celestial; ~**strøk**, zone.

hind, hind; ~**er**, hindrance, obstacle; ~**erløp**, steeplechase; ~**re**, prevent, hinder; ~**ring**, hindrance, obstacle.

hingst, stallion.

hinke, limp; (hoppe) hop.

hinne, membrane; (tynn) film.

hisse, excite; (egge) set on; ~**ig**, hot-headed, quick-tempered.

historie, history; (fortelling) story; ~**iker**, historian; ~**isk**, historic(al).

hit, here; ~**til**, so far, (up) till now, hitherto.

hittebarn, foundling;

~**godskontor**, lost property office.

hive, (hale) heave; (kaste) throw, fling; (etter pust) gasp (for breath).

hjelm, helmet.

hjelp, help; assistance, aid; ~**e**, help, aid, assist; ~**eaksjon**, relief action; ~**eløs**, helpless; ~**emiddel**, aid; ~**er**, assistant; ~**som**, helpful.

hjem, home; ~**by**, native town; ~**komst**, return; ~**land**, native country; ~**lig**, domestic; (hyggelig) homelike.

hjem|lengsel, homesickness, nostalgia; ~**vei**, way home.

hjemme, at home; ~**fra**, from home; ~**industri**, domestic industry; ~**seier**, home (win).

hjerne, brain; ~**betennelse**, inflammation of the brain; ~**hinnebetennelse**, meningitis; ~**rystelse**, concussion of the brain.

hjerte, heart; ~**anfall**, heart attack; ~**bank**, palpitation; ~**infarkt**, infarct of the heart; ~**lig**, hearty, cordial; ~**lighet**, cordiality;

~**løs**, heartless; ~**onde**, heart trouble *el* disease; ~**r**, (kort) hearts; ~**skjærende**, heartrending; ~**slag**, heartbeat; *med* heart failure.

hjort, deer *(pl* deer); (kron-) stag; ~**eskinn**, buckskin.

hjul, wheel; ~**aksel**, (wheel) axle; ~**beint**, bow-legged; ~**spor**, rut, wheel track.

hjørne, corner; ~**stein**, corner-stone.

hode, head; ~**arbeid**, brain work; ~**kulls**, headlong; ~**pine**, headache; ~**pute**, pillow.

hoff, court; ~**folk**, courtiers; ~**narr**, court jester *el* fool.

hofte, hip; ~**holder**, girdle.

hogg, cut; ~**e**, cut, chop; ~**estabbe**, chopping-block; ~**orm**, viper, adder; ~**tann**, fang; (stor) tusk.

hogst, cutting, felling.

hold, (sting) pain, stitch; (avstand) range, distance; (kant) quarter; ~**bar**, tenable; *fig* valid; (varig) durable; ~**barhet**, durability;

~e, hold; (~ seg, beholde) keep; (vare) last; ~eplass, stop, halt; taxi rank *(el* stand); ~epunkt, basis; ~ning, (innstilling) attitude; (kroppsføring) carriage; ~ningsløs, weak, vacillating.

Holland, Holland; ~sk, Dutch.

hollender, Dutchman.

holme, islet, holm.

holt, grove.

homoseksuell, homosexual; *dt s* pansy, queer, fairy; (kvinnelig) Lesbian.

honning, honey.

honnør, honour; ~orar, fee; ~orere, pay; (veksel) honour.

hop, crowd; ~e seg opp, pile up.

hopp; ~e, jump, leap; ~bakke, jumping hill; ~e, (hest) mare.

hor, adultery; ~e, whore.

horisont, horizon.

hormon, hormone.

horn, horn; ~ briller, hornrimmed spectacles; ~hinne, cornea; ~musikk, brass music.

hos, with, at.

Hosebåndsordenen, The Order of the Garter.

hospital, hospital; ~s, hospice.

hoste, *s & v* cough.

hotell, hotel.

hov, (hest) hoof.

hovedarving, principle heir; ~bestanddel, main ingredient; ~bygning, main building; ~gate, main street; ~inngang, main entrance; ~kontor, head office; ~kvarter, headquarters; ~nøkkel, master key; ~person *teat* principal character; ~postkontor, central *(el* general) post office; ~regel, principal rule; ~rolle, principle *(el* leading) part; ~sak, main point; ~sakelig, mainly, chiefly; ~setning, *gram* main clause; ~stad, capital; ~vekt: legge ~en på, lay particular stress on.

hoven, swollen; *fig* arrogant; ~enhet, swelling; *fig* arrogance; ~ere, exult; ~mester, headwaiter; ~mod, arrogance; pride; ~ne opp, swell.

hud, skin; (større dyr) hide.

huk: sitte på ~, squat; **~ e seg ned,** crouch, squat.

hukommelse, memory.

hul, hollow; **~ der,** fairy; **~ e ut,** v hollow; s cave, cavern; **~ het,** hollowness.

hulke, sob.

hull, hole; **~ et,** full of holes; **~ kort,** punch(ed) card; **~ maskin,** perforator.

hul|mål, measure of capacity; **~ ning,** hollow, depression; **~ rom,** cavity; **~ ter til bulter,** pell-mell, helter-skelter; **~ øyd,** hollow-eyed.

human, humane; **~ isme,** humanism; **~ ist,** humanist.

humle, zool bumblebee; bot hop.

hummer, lobster; **~ teine,** lobster-pot.

humor, humour; **~ istisk,** humorous.

hump; ~ e, bump.

humør, spirits; **godt, dårlig ~,** high, low spirits.

hun, she.

hund, dog; (jakt-) hound; **~ edager,** dogdays; **~ ehus,** kennel; **~ evakt,** mar middle watch; **~ eveddeløp,** dog racing.

hundre, a hundred; **~ del,** hundredth; **~ års-dag,** hundredth anniversary; **~ årsjubileum,** centenary.

hundse, bully.

hunger, hunger; **~ sdød,** death by starvation; **~ snød,** famine, starvation.

hunkjønn, female sex; gram feminine gender.

hunn, she, female.

hurra, hurra(h); **~ rop,** cheer.

hurtig, quick, rapid, fast; **~ het,** quickness, speed, rapidity; **~ løp,** (skøyter) speed skating; **~ tog,** fast train; express(-train).

hus, house; building; **~ arbeid,** house work; **~ bestyrerinne,** housekeeper; **~ bruk, til ~,** for home purposes; **~ dyr,** domestic animal; **~ e,** house; **~ flid,** home crafts, domestic industry; **~ frue,** mistress; **~ hjelp,** maid (-servant); **~ holdning,** housekeeping; (husstand) household.

huske, v remember, recollect; (gynge) swing, see-saw; s swing.

hus|leie, rent; ~ **lig**, domestic; ~ **ly**, shelter; ~ **mor**, housewife; ~ **tru**, wife; ~ **vill**, houseless.

hutre, shiver.

hva, what.

hval, whale; ~ **fanger**, whaleman; (skip) whaler; ~ **fangst**, whaling; ~ **ross**, walrus.

(h)valp, pup(py), whelp.

hvelv|e; ~ **ing**, arch, vault.

hvem, who; whom.

hver, every; each; ~ **andre**, each other, one another; ~ **dag**, weekday; ~ **dagsklær**, everyday clothes; ~ **dagslig**, commonplace, everyday; ~ **gang**, every time.

hvese, hiss; (katt) spit.

hvete, wheat; ~ **brødsdager**, honeymoon; ~ **mjøl**, wheat-flour.

hvil; ~ **e**, *s & v* rest; ~ **edag**, day of rest; ~ **eløs**, restless.

hvilken, which; what; ~ **som helst**, any.

hvin; **hvine**, shriek.

(h)virvel, whirl; (i vannet) whirlpool, eddy; (knokkel) vertebra.

hvis, if, in case; *gen* whose.

hviske, whisper.

hvit; ~ **e**, white; ~ **evarer**, linens; ~ **glødende**, white-hot; ~ **løk**, garlic; ~ **ne**, whiten; ~ **ting**, (fisk) whiting.

hvor, (sted) where; (grad) how; ~ **av**, of which, of whom; ~ **dan**, how; ~ **for**, why; ~ **fra**, from where; ~ **hen**, where; ~ **vidt**, whether.

hybel, bed-sitting-room; *dt* bedsitter, digs *pl;* ~ **leilighet**, flatlet.

hydraulisk, hydraulic.

hydrofoilbåt, hydrofoil.

hyene, hyena.

hygge, *s* comfort; cosiness; ~ **seg**, make oneself comfortable; have a good time; ~ **lig**, cosy; nice; (behagelig) pleasant, comfortable.

hygiene, hygiene; ~ **isk**, hygienic.

hykle, feign, simulate; ~ **r**, hypocrite; ~ **rsk**, hypocritical.

hyl; ~ **e**, howl, yell.

hylle, *s* shelf; rack; (i fjellet) ledge; *v* wrap, cover; (gi hyllest) pay homage to; ~ **st**, homage.

hylse, case, casing; ~**ter**, case, cover; holster.

hypnose, hypnosis; ~**tisere**, hypnotize; ~**tisk**, hypnotic.

hypotek, mortgage; ~**tese**, hypothesis; ~**tetisk**, hypothetical.

hyppe, earth up.

hyppig, frequent; ~**het**, frequency.

hyrde, shepherd; ~**dikt**, pastoral (poem); ~**stav**, pastoral staff, crook.

hyre, s (lønn) wages; v engage, sign on; ~**kontrakt**, articles of agreement.

hyse (kolje) haddock.

hyssing, string.

hysteri, hysterics; ~**sk**, hysterical.

hytte, hut, cottage, cabin.

hæl, heel.

hær, army; ~**skare**, host; ~**verk**, malicious damage.

høflig, polite, civil, courteous; ~**het**, politeness, civility, courtesy.

høne, hen, fowl; ~**s**, fowl, poultry; ~**segård**, poultry yard; ~**sehus**, hen-house; ~**seri**, poultry farm.

hørbar, audible; ~**e**,

hear; (høre etter) listen; ~**eapparat**, hearing aid; ~**erør**, ear-trumpet; (på telefon) receiver; ~**evidde**, earshot, hearing; ~**lig**, audible; ~**sel**, hearing.

høst, (årstid) autumn; amr fall; (innhøsting) harvest; (grøde) crop; ~**e**, harvest, reap.

høvding, chief, chieftain.

høve, se **anledning, passe.**

høvel; **høvle**, plane; ~**benk**, joiner's bench; ~**flis**, shavings.

høy, s hay. adj high; (person, tre) tall; (lyd) loud; ~**akte**, esteem highly; ~**aktelse**, high esteem.

høyde, height; (nivå) level; (vekst) stature; (over havet) elevation; (lyd) loudness; mus pitch; geo, ast altitude; ~**hopp**, high jump; ~**punkt**, height, climax, peak.

høyesterett, supreme court; ~**fjell**, (high) mountain; ~**fjellshotell**, mountain hotel; ~**forræderi**, (high) treason; ~**frekvens**, high frequency; ~**gaffel**, pitch-

fork; ~ **het,** highness;
~ **kant: på ~,** on edge;
~ **konjunktur,** boom;
~ **lytt,** *adj* loud; *adv*
aloud, loudly; ~ **messe,**
morning service; (katolsk) high mass; ~ **ne,**
raise, enhance; ~ **onn,**
haymaking.

høyre, right; *pol* the
Right; (partiet) the Conservative Party; ~ **mann,**
conservative.

høyrød, scarlet; ~ **røstet,**
loud, vociferous; ~ **sesong,** peak season;
~ **skole,** university;
~ **spenning;** ~ **spent,**
high tension; ~ **st,** most,
highly; (i høyden) at
(the) most; ~ **stakk,**
haystack.

høytid, festival; ~ **elig,**
solemn; ~ **elighet,** ceremony; ~ **sdag,** holiday;
~ **sfull,** solemn.

høytrykk, high pressure.

høytstående, high, important; ~ **taler,** loudspeaker; ~ **travende,** high-flown.

høyvann, high water.

hå, (fisk) *s* piny dogfish;
agr aftermath.

hålke, slipperiness.

hån, scorn, disdain.

hånd, hand; ~ **arbeid,**
(sytøy) needlework;
(motsatt maskinarbeid)
handwork; ~ **bevegelse,**
gesture; ~ **bok,** manual,
handbook; ~ **flate,**
palm; ~ **granat,** grenade; ~ **gripelig,** palpable;
~ **heve,** maintain;
~ **jern,** handcuffs *pl;*
~ **kle,** towel; ~ **kuffert,**
suitcase; handbag; ~ **laget,** handmade; ~ **ledd,**
wrist; ~ **skrift,** handwriting; ~ **sopprekning,**
show of hands; ~ **srekning,** a (helping) hand;
~ **tak,** handle; ~ **tere,**
handle, manage;
~ **trykk,** handshake;
~ **verk,** trade, craft;
~ **verker,** craftsman, tradesman, artisan; ~ **veske,** handbag.

håne, scorn, mock; ~ **latter,** scornful laughter;
~ **lig,** contemptuous,
scornful.

håp; ~ **e,** hope; ~ **efull,**
hopeful, promising;
~ **løs,** hopeless.

hår, hair; ~ **børste,**
hairbrush; ~ **reisende,**
hair-raising; horrific;
~ **tørrer,** hair dryer;
~ **vann,** hair lotion.

hås, hoarse, husky.

håv, net; (stor) dipper.

I

i, in, at; (tidens lengde) for.
i aften, tonight, this evening.
iaktta, observe; watch; ~gelse, observation; ~ker, observer.
iallfall, in any case, at all events, at any rate.
iberegnet, included.
iblant, now and then; se *blant*.
i dag, today, to-day.
idé, idea; ~al, ideal; ~alist, idealist; ~alistisk, idealistic; ~ell, ideal.
identifikasjon, identification; ~fisere, identify; ~sk, identical; ~tet, identity.
idet, *konj.* as, when.
idiot, idiot; ~isk, idiotic.
idrett, sport(s); (fri-) athletics; ~sforening, sports club; ~smann, sportsman; ~splass, sports ground.
idyll, idyll; ~isk, idyllic.
i fall, if, in case; ~ fjor, last year; ~ forfjor, the year before last; ~ for-

gårs, the day before yesterday; ~ formiddag, this morning.
ifølge, according to, in accordance with.
igjen, again; (til overs) left; gi ~, give back.
igle, leech.
i går, yesterday.
ihendehaver, holder, bearer.
iherdig, energetic, persevering; ~het, energy.
i hjel, dead, to death.
i hvert fall, se *iallfall*.
ikke, not; no; ~ noe(n), *adj* no, not any; *s* nothing, nobody, not anybody.
i kveld, tonight, this evening.
ilbud, express message; (person) express messenger.
ild, fire; ~fast, fireproof; ~flue, fire-fly; ~full, fiery; ~prøve, ordeal; ~raker, poker; ~rød, fiery red; ~spåsettelse, arson; ~sted, fire-place.
ile, *v* hasten, hurry; *s*

stone sinker; ~**gods,** express goods.

iligne, assess, tax.

i like måte, likewise; (svar) the same to you.

ille, ill, bad(ly); ~**befinnende,** indisposition.

illegal, illegal; ~**itim,** illegitimate.

illevarslende, ill-boding, sinister, ominous.

illojal, disloyal; (konkurranse) unfair; ~**itet,** disloyalty.

illusjon, illusion; ~**sorisk,** illusory; ~**strasjon,** illustration; ~**strere,** illustrate.

ilsamtale, urgent call; ~**telegram,** express telegram; ~**ter,** hasty; irritable.

imaginær, imaginary.

imellom (en gang ~), once in a while; se *mellom.*

imens, *konj* while; *adv* in the meantime, meanwhile.

imidlertid, however.

immatrikulere, matriculate.

immun, immune (mot: from); ~**itet,** immunity.

i morgen, tomorrow; ~**morges,** this morning.

imot, against; **ha ~,** dislike.

imperativ, the imperative (mood); ~**fektum,** the imperfect *el* past tense.

imperium, empire.

implisere, involve, implicate.

imponere, impress; ~**nde,** impressive; (veldig) imposing.

import, import(ation); *konkr* imports *pl;* ~**ere,** import; ~**ør,** importer.

impotens, impotence; ~**t,** impotent.

impregnere (tøy), proof.

impresario, impresario, manager.

improvisasjon, improvisasjon; ~**isere,** improvise.

impuls, impulse; ~**iv,** impulsive.

imøtegå, (motsette seg) oppose; (gjendrive) refute; ~**komme,** meet, accommodate; ~**kommende,** obliging; ~**se,** look forward to, await.

i natt (som var) last night; (som er *el* kommer) tonight, this night.

indeks, index.

India, India; ~**ner;** ~**nsk,** Indian.

indignasjon, indignation;

~ **ert**, indignant (over: at).

indikativ, the indicative (mood); ~ **direkte**, indirect; ~ **disium**, circumstantial evidence; ~ **disk**, Indian; ~ **diskresjon**, indiscretion; ~ **diskret**, indiscreet; ~ **disponert**, indisposed; ~ **divid**; ~ **dividuell**, individual.

indre, *adj* inner, interior, internal; *s* interior, internal.

industri, industry; ~ **arbeider**, industrial worker; ~ **ell**, industrial.

infam, infamous; ~ **fanteri**, infantry, foot; ~ **feksjon**, infection; ~ **filtrasjon**, infiltration; ~ **finitiv**, the infinitive (mood); ~ **fisere**, infect; ~ **fisering**, infection; ~ **flasjon**, inflation; ~ **fluensa**, influenza; *dt* flu; ~ **fluere**, influence, affect; ~ **formasjon**, information; ~ **formere**, inform.

ingefær, ginger.

ingen, *adj* no; *s* no one, nobody, (om to) neither; none.

ingeniør engineer.

ingen som helst, no, none *el* no one whatever; ~ **steds**, nowhere; ~ **ting**, nothing.

inhabil, disqualified; **gjøre** ~, disqualify.

inhalere, inhale.

initialer, initials.

initiativ, initiative.

injurie, (skriftlig) libel; (muntlig) slander; ~ **ere**, libel.

inkarnasjon, incarnation; ~ **kasso**, collection; **inkludere**, include; ~ **klusive**, inclusive of, including; ~ **kompetent**, incompetent; ~ **konsekvens**, inconsistency; ~ **konsekvent**, inconsistent.

inn, in; ~ **i**, into; ~ **anke**, appeal; ~ **arbeide: godt** ~ ~ **t**, well established.

innbefatte, include; ~ **retning**; ~ **rette**, report; ~ **taling**, payment.

innbille, make (one) believe; ~ **ning**, imagination, fancy; ~ **sk**, conceited; ~ **skhet**, conceit.

innbinding, binding; ~ **blandet**, **bli** ~ **blandet i**, be mixed up with, be involved in; ~ **blanding**, intervention; (utidig) interference; ~**blikk**, insight; ~**bo**, furniture; ~**bringe**, yield, bring in, fetch; ~**bringende**, lucrative.

innbrudd, burglary; ~**styv**, burglar.

innby, invite; ~**delse**, invitation; ~**dende**, inviting.

innbygger, inhabitant.

innbyrdes, mutual.

inndele, divide; classify; ~**deling**, division; classification; ~**dra**, (konfiskere) confiscate; ~**drive** (innkassere) collect.

inne, in; ~**bære**, involve, imply; ~**frossen**, icebound; ~**ha**, hold; ~**haver**, (eier) possessor; (lisens o.l.) holder; ~**holde**, contain, hold.

innen (et tidsrom) within; (et tidspunkt) by; ~**bys**, within the town; local; ~**dørs**, indoor; *adv* indoors; ~**for**, within; ~**fra**, from within.

innerst, inmost, innermost; *adv* farthest in.

inneslutte, surround; ~**sluttet**, reserved; ~**sperre**, shut up, imprison; ~**sperring**, confi-

nement; ~**stengt**, shut up, confined; ~**stå**, answer *(el* vouch) for.

inneværende, present, current.

innfall, (tanke) fancy, whim; ~**fatning**, mounting; setting; (brille-) rim; ~**finne seg**, appear; turn *(el* show) up; ~**flytelse**, influence; **ha** ~**flytelse på**, influence; ~**flytelsesrik**, influential; ~**fri** (veksel) meet, honour; (løfte) fulfil; ~**født**, native; ~**føre**, import; (noe nytt) introduce; ~**føring**, introduction; ~**førsel**, se *import*.

inngang, entrance; ~**gifte**, intermarriage; ~**gjerde**, fence in, enclose; ~**gravere**, engrave; ~**grep**, encroachment; *med* operation; ~**gripende**, radical, thorough; ~**grodd**, inveterate, deeply rooted; ~**gå**, (avtale *o.l.)* enter into, make; ~**gående**, thorough.

innhegning, enclosure; ~**hente**, (ta igjen) catch up with, overtake.

innhold, contents *pl;*

~ **sfortegnelse**, (table of) contents.

innhylle, envelop, wrap up.

innhøste; ~ **høsting**, harvest.

inni, inside, within.

innkalle, call in; summon; ~ **kallelse**, summons; ~ **kassere**, collect; ~ **kjøp**, purchase; ~ **kjøpspris**, buying price; (kostpris); ~ **kjøpssjef** (chief) buyer; ~ **kjørsel**, drive; ~ **kreve**, collect; ~ **kvartering**, accommodation, *mil* quartering.

innlasting, shipment; ~ **late seg (på)** enter *(el* embark) (on); ~ **lede**, open; ~ **ledende**, introductory; ~ **ledning**, opening, introduction; ~ **legg**, (i brev) enclosure; (i debatt) contribution; *jur* plea; ~ **lemme**, incorporate; ~ **levere**, hand in; ~ **losjere**, lodge, accommodate; ~ **lysende**, evident, obvious; ~ **løse** (få utbetalt) cash.

innmark, home fields; ~ **mat**, pluck; ~ **melding**, entry.

innover, *adv* inward(s).

innpakking, packing (up), wrapping (up); ~ **pakningspapir**, wrapping paper; ~ **pisker**, whip.

innramme, frame; ~ **rede**, fit up, furnish; ~ **registrere**, register; ~ **retning**, (apparat) contrivance, device; ~ **rette**, arrange; adjust; ~ **rullere**, enrol(l); admit; ~ **rømme**, (gi) allow, grant; (vedgå) admit; ~ **rømmelse**, allowance, admission, concession.

innsamling, collection; ~ **sats**, (anstrengelse) effort; (i spill) stake(s); ~ **se**, realize; ~ **sender**, sender; ~ **sette**, install; ~ **side**, inside; ~ **sigelse**, objection; ~ **sikt**, insight; ~ **sjø**, lake; ~ **skipe**, ship; ~ **skjerpe**, enjoin; ~ **skjerpelse**, enforcement; ~ **skrenke**, restrict; limit; ~ **skrive**, enter; ~ **skrumpet**, shrunken; ~ **skudd**, contribution; (i leilighet) share; (i bank) deposit; ~ **skytelse**, impulse; ~ **skyter**, depositor; ~ **slag**, element;

~ **smigrende**, ingratiating; ~ **snitt**, incision; ~ **stendig**, urgent, pressing; ~ **stifte**, institute; ~ **stille**, (til embete) nominate; (maskin) adjust; (kikkert) focus; (stanse) stop; (avlyse) cancel; ~ **stilling**, nomination; adjustment; (fra komité) report.

innta, (måltid) partake of, take; (erobre) take; ~ **tekt**, income; (offentlig) revenue; ~ **tektsskatt**, income tax; ~ **til**, till, until, up to; ~ **tre**, happen, occur; ~ **treden**, entry; ~ **treffe**, (hende) happen, occur; ~ **trengende**, urgent; ~ **trykk**, impression.

innunder, below, under; (tid) near *el* just before.

innvandre, immigrate; ~ **rer**, immigrant; ~ **ring**, immigration.

innvende, object (imot to); ~ **ig**, internal, inside; ~ **ing**, objection.

innvie, (åpne) inaugurate; (i en hemmelighet) initiate (in); ~ **lse**, inauguration; initiation.

innviklet, complicated, intricate, complex;

~ **vilge**, grant; ~ **virke på**; ~ **virkning**, influence; ~ **voller**, entrails, bowels; ~ **vortes**, *adj* internal.

insekt, insect; ~ **sinuasjon**, insinuation; ~ **sinuere**, insinuate; ~ **sistere**, insist (**på**: . upon); ~ **solvens**, insolvency; ~ **solvent**, insolvent; ~ **speksjon**, inspection; ~ **spektør**, inspector; ~ **spirasjon**, inspiration; ~ **spirere**, inspire; ~ **spisere**, inspect; ~ **stallasjon**, installation; ~ **stallatør**, electrician; ~ **stallere**, install; ~ **stinkt**, instinct; ~ **stitusjon**, institution; ~ **stitutt**, institute.

instruere, instruct; ~ **ks(er)**, instructions; ~ **ktør**, instructor; *teat* director; ~ **ment**, instrument.

intakt, intact.

intellektuell, intellectual; ~ **igens**, intelligence; ~ **igent**, intelligent.

intendant, intendant; *mil* commissary.

intens, intense; ~ **itet**, intensity.

interessant, interesting;

~ **e**, interest; ~ **ere**, interest; ~ **ert**, interested.

interiør, interior; ~ **messo**, interlude, intermezzo; ~ **nasjonal**, international; ~ **natskole**, boarding-school; ~ **nere**, intern; ~ **nering**, internment; ~ **pellasjon**, question; ~ **pellere**, put a question to, interpellate; ~ **vall**, interval; ~ **venere**, intervene; ~ **vensjon**, intervention; ~ **vju**; **intervjue**, interview.

intet, no; none; (ingenting) nothing; ~ **kjønn**, the neuter (gender); ~ **sigende**, insignificant.

intim, intimate; ~ **itet**, intimacy.

intoleranse, intolerance; ~ **t**, intolerant.

intransitiv, intransitive.

intrige; ~ **re**, intrigue, plot.

introduksjon, introduction; ~ **sere**, introduce.

intuisjon, intuition; ~ **tiv**, intuitive.

invalid, *adj*, invalid, disabled; *s* invalid.

invasjon, invasion; ~ **ventar** (møbler) furniture; (fast tilbehør) fixtures *pl;* (løst) fittings *pl;*

(-fortegnelse) inventory; ~ **vestere**, invest; ~ **vestering**, investment.

i overmorgen, the day after tomorrow.

ire, Irishman.

irettesette; ~ **lse**, rebuke, reprimand.

Irland, Ireland, Eire.

ironi, irony; ~ **sere**, speak ironically; ~ **sk**, ironic(al).

irr, verdigris; ~ **e**, rust.

irrelevant, irrelevant.

irritabel, irritable; ~ **asjon**, irritation; ~ **ere**, irritate.

irsk, Irish.

is, ice; (-krem) ice-cream; ~ **aktig**, icy; ~ **bjørn**, polar bear; ~ **bre**, glacier; ~ **bryter**, ice-breaker; ~ **e**, ice.

iscenesette, produce, stage.

isenkram, hardware, ironware.

isfjell, iceberg; ~ **flak**, ice floe.

isjias, sciatica.

islam, Islam.

Island, Iceland; ~ **sk**, Icelandic.

islending, Icelander.

isolasjon, isolation; *tekn* insulation; ~ **ere**, isolate; *tekn* insulate.

isse, crown, top.
i stedet, instead.
istedenfor, instead of.
istiden, the glacial period.
i stykker, to pieces, broken.
især, particularly, especially.
Italia, Italy; ~ **ener;** ~ **ensk,** Italian.

iver, eagerness.
iverksette, carry into effect, execute; ~ **lse,** execution.
ivrig, eager, anxious, keen.
iørefallende, catchy.
iøynefallende, conspicuous.
i år, this year.

J

ja, yes; well; indeed.
jag, rush, hurry; ~ **e,** *vt* chase; hunt; drive (away); *vi* (~ **av sted**) hurry, rush; ~ **er,** *mar* destroyer; ~ ~ **fly,** fighter; ~ **uar,** jaguar.
jakke, jacket, coat.
jakt, hunting, shooting; ~ **hund,** sporting dog.
jammer, lamentation, wailing; (elendighet) misery; ~ **re,** wail; ~ **re over,** bewail.
jamsides, side by side; ~ **stilling,** equal position; ~ **vekt,** equilibrium, balance.
januar, January.
Japan, Japan; ~ **er;** ~ **sk,** Japanese.

jarl, earl.
jeg, I; *s* ego, self.
jeger, hunter, sportsman.
jeksel, molar.
jenke seg (etter) adapt oneself to.
jente, girl, lass; ~ **unge,** little girl.
jern, iron; ~ **alder,** iron age.
jernbane, railway, *amr* railroad; ~ **konduktør,** guard; *amr* conductor; ~ **kupé,** compartment; ~ **skinne,** rail; ~ **stasjon,** railway station; ~ **tog,** train; ~ **vogn,** railway-carriage; *amr* railroad car.
jernbeslag, iron mounting; ~ **blikk,** sheet-

iron; ~ **hard,** hard as iron; ~ **malm,** iron ore; ~ **teppe,** iron curtain; ~ **vare,** ironware, hardware; ~ **verk,** ironworks.

jerv, glutton, wolverene.

jesuitt, Jesuit.

jetfly, jet plane.

jevn, even, level; smooth; ~ **aldrende,** of the same age; ~ **døgn,** equinox; ~ **e,** level; *fig* smooth, adjust; (suppe) thicken; ~ **føre,** compare; ~ **god,** equal.

jo, yes; ~ **mer,** ~ **bedre,** the more, the better.

jobb, job; ~ **e** (arbeide), work.

jod, iodine; ~ **holdig,** iodic.

jodle, yodel.

jolle, dinghy.

jomfru, virgin, maid(en); ~ **elig,** virgin(al); ~ **nalsk,** old-maidish, spinsterish; ~ **elig,** virgin(al); ~ **tur,** maiden trip.

jonsok, Midsummer day.

jord, earth; (-overflaten) ground; (-bunn) soil; (-egods) land; ~ **bruk,** agriculture, farming; ~ **bunn,** soil; ~ **bær,** strawberry; ~ **e** v, earth; s field; ~ **egods,** landed property, estate; ~ **isk,** earthly; ~ **klode,** globe; ~ **mor,** midwife; ~ **skjelv,** earthquake.

journal, journal; *mar* log-book; ~ **ist,** journalist.

jubel, exultation, jubilation; rejoicing(s); ~ **ile-re,** celebrate a jubilee; ~ **ileum,** jubilee; ~ **le,** shout with joy, be jubilant.

jugl, gimcrack.

jugoslav, jugoslavisk, Yugoslav.

Jugoslavia, Yugoslavia.

juks, (skrap) trash; (fusk) cheating; ~ **e,** cheat.

jul, Christmas; ~ **aften,** Christmas Eve; ~ **egave,** Christmas present *(el* gift); ~ **enisse,** Santa Claus, Father Christmas.

juli, July.

jumper, jumper.

jungel, jungle.

juni, June.

jur, udder, bag.

juridisk, legal, juridicial; ~ **ist,** lawyer; (student) law student; ~ **y,** jury.

jus, law.

justere, adjust.
justisdepartement, ministry of justice; ~**mord,** judicial murder.
jute, jute.
juv, canyon.
juvél, jewel, gem; ~**besatt,** jewelled; ~**er,** jeweller.

Jylland, Jutland.
jypling, colt.
jærtegn, sign, omen.
jøde, Jew; ~**inne,** Jewess; ~**isk,** Jewish.
jøkel, glacier.
jåle, *s* la-di-da; ~**t,** affected, la-di-da.

K

kabal, patience.
kabaret, cabaret.
kabel, cable.
kabinett, cabinet; ~**spørsmål,** (stille ~ ~) demand a vote of confidence.
kadaver, carcass.
kadett, cadet.
kafé, café, coffee-house.
kafeteria, cafeteria.
kaffe, coffee; ~**bønne,** coffee bean; ~**grut,** coffee-grounds; ~**in,** caffein(e); ~**kanne,** coffee-pot.
kagge, keg.
kahytt, cabin; stateroom.
kai, quay, wharf.
kajakk, kayak.
kakao, cocoa.
kake, cake; pastry.

kakerlakk, cockroach.
kaki, khaki.
kaktus, cactus.
kalas, carousal, feast.
kald, cold, frigid; ~**blodig,** cold-blooded; (rolig) cool; *adv* in cold blood; coolly; ~**svette,** be in a cold sweat.
kalender, calendar.
kalesje, hood.
kaliber, calibre, bore.
kalk, (beger) chalice; cup; (jordart) lime; (til hviting) whitewash; (pussekalk) plaster; ~**e,** whitewash; plaster; ~**holdig jord,** calcareous earth.
kalkulasjon, calculation; ~**ator,** calculator; ~**ere,** calculate.
kalkun, turkey.

kalkyle, calculation.
kalle, call.
kalori, calorie.
kalosjer, galoshes.
kalv, calf; ~ **beint,** knock-kneed; ~ **e,** calve, ~ **ekjøtt,** veal.
kam, comb; **(hane ~, bakke ~)** crest.
kamé, cameo.
kamel, camel.
kamera, camera.
kamerat, companion, friend; comrade; ~ **skap,** companionship; ~ **slig,** comradely.
kamfer, camphor; ~ **dråper,** camphorated spirits.
kamgarn, worsted.
kamin, fire-place; ~ **hylle,** mantelpiece.
kammer, chamber; room; ~ **musikk,** chamber music; ~ **pike,** lady's maid; ~ **tjener,** valet.
kamp, fight, combat, struggle; ~ **anje,** campaign; ~ **dyktig,** in fighting condition; *mil* effective; ~ **ere,** camp; ~ **estein,** boulder; ~ **ånd,** fighting spirit.
kamuflasje; ~ **ere,** camouflage.

Kanada, Canada; ~ **ier;** ~ **isk,** Canadian.
kanal, (gravd) canal; (naturlig) channel.
kanarifugl, canary.
kandidat, (ansøker) candidate; (en som har tatt embetseksamen) graduate; ~ **ur,** candidature.
kanefart, sleighing.
kanel, cinnamon.
kanin, rabbit.
kanne (kaffe, te) pot; (metall) can.
kannibal, cannibal.
kano, canoe.
kanon, gun, (gammeldags) cannon; ~ **båt,** gunboat; ~ **ér,** gunner; ~ **kule,** cannon-ball.
kanskje, perhaps, maybe.
kansler, chancellor.
kant, (rand) edge; (egn) part, region; (retning) direction; (hold) quarter; ~ **ate,** cantata; ~ **e,** border, edge; ~ **et,** angular; ~ **ine,** canteen; ~ **re,** capsize.
kaos, chaos; ~ **tisk,** chaotic.
kapasitet, capacity; ability.
kapell, chapel; ~ **an,** cu-

rate; ~**mester**, conductor.

kaperfartøy, privateer.

kapital, capital; ~**isme**, capitalism; ~**ist**, capitalist; ~**istisk**, capitalistic.

kapittel, chapter.

kapitulasjon, capitulation; ~**ere**, capitulate, surrender.

kapp, (forberg) cape; om ~, in competition; **løpe om** ~, race; *v* cut; *s* cloak, mantle; (frakk) coat; ~**es**, vie, compete (**om**: for); ~**estrid**, competition, rivalry; ~**løp**, (running)race; ~**roing**, boat-race; ~**rusting**, armaments race; ~**sag**, cross-cut saw; ~**seilas**, sailing race, regatta.

kapre, seize, capture.

kapsel, capsule.

kaptein, captain.

kar, vessel; (mann) man; fellow, chap.

karabin, carabine.

karaffel, decanter, carafe.

karakter, character; (på skolen) mark; *am* grade; ~**fast**, firm; ~**isere**, characterize; ~**istikk**, characterization; ~**istisk**, characteristic (**for**: of).

karamell, caramel.

karantene, quarantine.

karat, carat.

kardemomme, cardamom.

kardialgi, heartburn, cardialgia.

kardinal, cardinal.

karikatur, caricature, cartoon; ~**aturtegner**, caricaturist, cartoonist; ~**ere**, caricature.

karjol, carriole; *amr* sulky.

karm, frame, case.

karneval, carnival; (maskeball) fancy-dress ball.

karosseri, body.

karri, curry.

karriere, career.

karrig, meagre; (jord) barren.

kart, map; *mar* chart.

kartell, cartel.

kartong, carton; (papp) cardboard.

kartotek, file(s), index; ~**skap**, filing cabinet.

karusell, merry-go-round.

karve, *v* cut; *bot* caraway.

kaserne, barracks.

kasino, casino.

kaskoforsikring, (skip) hull insurance; (bil) motor insurance.

kassalapp; -**seddel**, slip, check.

kasse, (av tre) case; (mindre) box; (penge-skrin) cashbox; (i butikk) (cash *el* pay)desk; ~ **beholdning,** cash in hand; ~ **bok,** cash book; ~ **kontrollappa-rat,** cash register; ~ **re,** discard, scrap; ~ **rer,** cashier, treasurer; ~ **rol-le,** saucepan; ~ **tt,** cassette.

kast, throw, cast; (vind) gust; (not-) sweep.

kastanje, chestnut; ~ **tter,** castanets.

kaste, *v* throw, cast; toss; *s* caste; ~ **spyd,** javelin.

kastrere, castrate.

kasus, case.

katakombe, catacomb.

katalog, catalogue.

katarr, catarrh.

katastrofal, catastrophic; disastrous; ~ **e,** cata-strophe, disaster.

katedral, cathedral.

kategori, category; ~ **sk,** categorical.

katekisme, catechism.

kateter (på skole) (tea-cher's) desk.

katolikk, Catholic; ~ **isisme,** Catholicism; ~ **sk,** Catholic.

katt, cat; ~ **unge,** kitten.

kausjon, security, surety; (ved løslatelse) bail; ~ **ere (for),** stand secu-rity (for).

kautsjuk, rubber, caou-tchouc.

kav, *s* bustle.

kavaler, gentleman; (i dans) partner; ~ **eri,** ca-valry; ~ **kade,** caval-cade.

kave, struggle; bustle about.

kaviar, caviar.

kavring, rusk.

keiser, emperor; ~ **døm-me,** empire; ~ **inne,** em-press.

keitet, awkward, clumsy.

keivhendt, left-handed.

kelner, waiter.

kemner, town treasurer.

kenguru, kangaroo.

kennel, kennels *pl*.

keramikk, ceramics.

kikhoste, whooping cough.

kikke, peep, peer; ~ **rt,** binoculars, field-glasses; *teat* opera-glasses.

kilde, source, spring.

kile, *v* tickle; (blei) *s & v* wedge; ~ **n,** ticklish; ~ **skrift,** cuneiform (characters); ~ **vink,** box on the ear.

kilo, kilo; ~**gram,** kilogram(me); ~**meter,** kilometre.

kime, *s* germ, embryo; *v* ring, chime.

Kina, China; ~**eser;** ~**esisk,** Chinese.

kinin, quinine.

kinkig, ticklish, delicate.

kinn, cheek; ~**e,** *s & v* churn; ~**skjegg,** whiskers.

kino, cinema; **gå på** ~ go to the cinema *(el* the pictures, *amr* the movies).

kiosk, kiosk, **(avis~)** newsstand, (news)stall.

kirke, church; (dissenter-) chapel; ~**gård,** graveyard, cemetery; (ved kirken) churchyard; ~**lig,** ecclesiastical; ~**tjener,** sexton.

kirsebær, cherry.

kirurg, surgeon; ~**i,** surgery.

kiste, chest; *mar* locker; (lik-) coffin.

kitt; ~**e,** putty.

kittel, smock(-frock).

kjake, jaw.

kjapp, quick, fast.

kje, kid.

kjed, weary, tired; ~**e,** *v* tire, bore; ~**e seg,** be bored; *s* chain; ~**efor-retning,** chain store; ~**elig,** tiresome, tedious; boring, dull; (er-gerlig) annoying.

kjeft, muzzle, chops; **hold** ~, shut your mouth, shut up.

kjegle, *mat* cone; *typogr* shank; ~**formet,** conical; ~**spill,** ninepins, skittles.

kjekk, (tiltalende) nice, likable.

kjekl, wrangling; ~**e,** wrangle, quarrel.

kjeks, biscuit, cracker.

kjele, kettle; (damp-) boiler; ~**dress,** boiler suit, overalls.

kjelke, sledge; toboggan.

kjeller, (etasje) basement; (rom) cellar.

kjeltring, scoundrel, rascal.

kjemi, chemistry; ~**ka-lier,** chemicals, ~**ker,** chemist; ~**sk,** chemical.

kjemme, comb.

kjempe, *s* giant; *v* fight, struggle; ~**messig,** gigantic.

kjenne, know; ~**lig,** recognizable **(på:** by); ~**lse,** decision; (av jury) verdict; ~ **merke**, mark, sign; ~ **r**, connoisseur.

kjenning, *mar* sight (of land); (bekjent) acquaintance; ~ **skap**, knowledge (**til**: of); acquaintance (**til**: with).

kjensgjerning, fact.

kjent, known, familiar; acquainted; well-known.

kjepp, stick, cudgel; ~ **hest**, hobby-horse.

kjerne, *s & v* churn; (nøtt og *fig)* kernel; (frukt) seed; pip; (celle) nucleus; *fig* core, essence, heart; ~ **fysikk**, nuclear physics.

kjerre, cart.

kjerring, (old) woman, crone.

kjertel, gland.

kjetter, heretic; ~ **i**, heresy; ~ **sk**, heretical.

kjetting, chain.

kjeve, jaw.

kjevle, *s* rolling-pin; *v* roll.

kjole, dress; frock; gown; (preste-) gown; (herre-) dress-coat; ~ **liv**, bodice; ~ **stoff**, dress material.

kjortel, coat.

kjæle, fondle, caress;

~ **n**, cuddly; ~ **navn**, pet name.

kjær, dear; ~ **este**, sweetheart; ~ **kommen**, welcome; ~ **lig**, fond, loving, affectionate; ~ **lighet**, love, affection; (neste-) charity; ~ **tegn**; ~ **tegne**, caress.

kjøkken, kitchen; *mar* galley; ~ **benk**, dresser; ~ **hage**, kitchen garden; ~ **sjef**, chef.

kjøl, keel.

kjøleanlegg, cold storage plant; ~ **skap**, refrigerator; *dt* fridge; *am* ice-box.

kjølig, cool; (ubehagelig) chilly; ~ **ne**, cool.

kjønn, sex; *gram* gender.

kjøp, purchase; buying; (godt-) bargain; ~ **e**, buy, purchase (**av**: from); ~ **er**, buyer, purchaser; ~ **esum**, purchase price; ~ **mann**, (detalj-) shopkeeper; (grossist) merchant.

kjøre, drive; run; ride; ~ **kort**, driver's *(el* driving) licence; ~ **r**, driver; ~ **tur**, drive, ride; ~ **tøy**, vehicle.

kjøter, cur, mongrel.

kjøtt, flesh; (mat) meat;

~ **etende,** carnivorous; ~ **forretning,** butcher's shop.

klabbeføre, cloggy *el* sticky snow.

kladd, rough draft.

klaff, leaf, flap; (ventil) valve; ~ **e,** tally; fit.

klage, *v* complain; **(over:** of); *s* complaint; ~ **sang,** elegy.

klam, clammy, damp.

klammer, brackets.

klammeri, altercation, quarrel.

klamre seg til, grasp, cling to.

klander; ~ **re,** blame.

klang, sound, ring.

klapp, (lett slag) tap, rap, pat; (bifall) applause, clapping of hands; ~ **e,** clap, applaud; (som kjærtegn) pat, stroke; ~ **erslange,** rattlesnake; ~ **sete,** flap-up seat.

klapre, rattle; (om tenner) chatter.

klaps; ~ **e,** slap.

klar, clear; bright; (tydelig) plain, evident; ~ **e,** manage; ~ **ere,** clear; ~ **ering,** *merk* clearance; ~ **het,** clearness; clarity; ~ **inett,** clarinet.

klase, cluster, bunch.

klask; ~ **e,** smack.

klasse, class; (skole-) form, class; *amr* grade; ~ **ifisere,** classify; ~ **ifisering,** classification; ~ **iker,** classic; ~ **isk,** classic(al).

klatre, climb.

klatt, (blekk) blot; (smør) pat; (klump) lump.

klausul, clause.

klave, collar.

klavér, piano; ~ **iatur,** keyboard.

kle, dress; (holde med klær) clothe; (passe) become, suit; ~ **seg,** dress; ~ **av seg,** undress; ~ **på seg,** dress (oneself).

klebe, stick, adhere **(ved:** to); ~ **erstein,** steatite; ~ **rig,** sticky, adhesive.

klede, cloth; ~ **bon,** garment; ~ **lig,** becoming.

klegg, gadfly, horsefly.

klekke, hatch; ~ **lig,** considerable.

klem, hug, squeeze; ~ **me,** *s* clamp; *v* squeeze; pinch; (kjærtegn) hug, squeeze.

klemt; ~ **e,** toll.

klenge, cling, stick; ~ **navn,** nickname.

kleptoman, kleptomaniac.

klesbørste, clothes-brush; ~ **henger,** coat hanger; ~ **klype,** clothes-peg; ~ **kott,** closet; ~ **plagg,** garment; ~ **skap,** wardrobe.

kli, bran.

klient, client; ~ **el,** clientele.

klikk, set, gang, clique; **slå** ~, misfire; *fig* fail; ~ **e,** misfire; fail.

klima, climate; ~ **ks,** climax; ~ **tisk,** climatic.

klimpre, strum.

klinge, *s* blade; *v* sound; jingle; ~ **ende mynt,** hard cash; ~ **klang,** dingdong; jingle.

klinikk, clinic; ~ **sk,** clinic(al).

klinke, *s* rivet; (på dør) latch; *v* rivet.

klipp, cut, clip; ~ **e,** cut, clip; (sauer) shear; *s* rock; ~ **fisk,** split cod, klippfish.

klirr; ~ **e,** clash, clink, jingle.

klisjé, cliché.

kliss, sticky mass; stickiness; ~ **e,** stick; ~ **et,** sticky; ~ **våt,** drenched, soaked.

klister; ~ **re,** paste.

klo, claw; (rovfugl) talon.

kloakk, sewer; ~ **innhold,** sewage; ~ **anlegg,** sewerage.

klode, globe, sphere.

klok, wise, prudent.

klokke, (til å ringe med) bell; (vegg-) clock; (armbåndsur) watch; ~ **r,** sexton; ~ **slett,** hour.

klokskap, wisdom, prudence.

klor, chlorine; ~ **e,** scratch; ~ **oform;** ~ **oformere,** chloroform; ~ **vann,** chlorine water.

klosett, water-closet, W.C.

kloss, *s* block; *fig* bungler; *adj* close; ~ **et,** clumsy.

kloster, monastery; (nonne-) convent, nunnery.

klovn, clown.

klubb, club; ~ **e,** mallet, club; *v* club; ~ **lokale,** club-house.

klukk; ~ **e,** cluck.

klump, lump; (jord-) clod; ~ **et,** lumpy; ~ **fot,** club-foot.

klunke (på instrument) strum.

kluss, trouble; fuss; ~ **e med,** tamper with.

klut, cloth; rag; (støve-) duster.

klynge, s cluster, group; v cling to.

klynk; ~ **e,** whimper, whine.

klyp, nip, pinch; ~ **e,** s clip; (snus) pinch; ~ **e,** v nip, pinch.

klyse, gob.

klyster, clyster.

klær, clothes, clothing.

klø, vt scratch; vi itch.

kløft, cleft, crack.

kløkt, shrewdness, sagacity; ~ **ig,** shrewd, sagacious.

kløne, bungler; ~ **t,** awkward; clumsy.

kløver, (kort) clubs; bot clover.

kløvhest, packhorse.

kløyve, split, cleave.

kna, knead, work.

knagg, peg.

knake, creak.

knall, report, crack.

knapp, adj scant(y), scarce; s button; ~ **e,** button; ~ **e igjen,** button up; ~ **e opp,** unbutton; ~ **enål,** pin; ~ **het,** scarcity, shortage; ~ **hull,** buttonhole.

knapt, (neppe) hardly, barely, scarcely.

knase, crackle, (s)crunch.

knaus, crag, rock.

kne, knee.

knebel; ~ **le,** gag.

knegge, neigh, whinny.

kneipe, dive, pub.

kneise, strut, carry the head high.

knekk, crack; (brudd) break, crack; fig shock; ~ **e,** break, crack, snap.

knekkebrød, crispbread.

knekt, fellow; (kort) knave.

knele, kneel.

knep, trick; (håndlag) knack; ~ **en,** narrow.

knepp; ~ **e,** click.

knip, pinch; (mage-) gripes; ~ **e,** s pinch, fix; v pinch; (spare) spare, pinch; (stjele) purloin; ~ **etak, (i et** ~ **)** at a pinch; ~ **etang,** pincers.

kniplinger, lace.

knippe, bunch; bundle.

knips; ~ **e,** fillip, snap.

knirke, creak.

knis; ~ **e,** giggle, titter.

knitre, crackle.

kniv, knife (pl knives).

knoke, knuckle; ~ **kel,** bone; ~ **let,** bony.

knoll, bot tuber.

knop, knot.

knopp, bud; ~ **skyting,** budding; gemmation.

knott, knob; zool gnat.

knudret, rugged; rough.

knuge, press, squeeze; (tynge) oppress; ~ **nde,** oppressive.

knurr; ~ **e,** growl, snarl; *fig* murmur, grumble.

knuse, crush, smash; break.

knusk, tinder; ~ **tørr,** bonedry.

knuslet, niggardly, mean.

knute, knot; ~ **punkt,** junction.

kny, *s* slightest sound; *v* breathe a word.

knytte, tie, knot; *v fig* attach, bind, tie; *s* bundle; ~ **neve,** fist.

koagulere, coagulate.

koalisjon, coalition.

kobbe, seal.

kobbel, (to) couple; (tre) leash.

kobber, copper.

koble, couple; ~ (slappe) **av,** relax.

kobolt, cobalt.

kode, code.

koffert (hånd-) suitcase; (stor) trunk.

koie, shanty.

kok, boiling (state); ~ **ain,** cocaine; ~ **e,** boil; (lage mat) cook; ~ **eplate,** hot-plate; ~ **epunkt,** boiling point.

kokett, coquettish; ~ **ere,** flirt, coquet.

kokhet, boiling hot.

kokk; ~ **e,** cook.

kokosnøtt, coco(a)nut.

koks, coke.

kolbe, (gevær-) butt; *kjem* retort, flask; *bot* spadix.

koldbrann, gangrene.

kolera, cholera; ~ **isk,** choleric.

kolibri, colibri, hummingbird.

kolikk, gripes, colic.

kolje, haddock.

kollbøtte, somersault; **slå** ~, turn a somersault.

kollega, colleague.

kolleksjon, collection; ~ **t,** collection; ~ **tiv,** collective.

kolli, packages, piece.

kollidere, collide, clash; ~ **sjon,** collision, clashing.

kolon, colon.

koloni, colony; ~ **alhandler,** grocer; ~ **alvarer,** groceries; ~ **sasjon,** colonization; ~ **sere,** colonize.

kolonnade, colonnade; ~ **e,** column.

koloss, colossus; ~ **al,** colossal.

kombinasjon, combination; ~ **ere**, combine.

komedie, comedy.

komet, comet.

komfort, comfort(s); ~ **abel**, comfortable.

komfyr, range; cooker.

komiker, comic acter; ~ **sk**; comic(al).

komité, committee.

komma, comma.

kommandant, commandant, governor; ~ **ere**, order; command; ~ **o**, command; ~ **ør**, commodore.

komme, *v* come; (**an** ~) arrive; get; ~ **nde**, coming, next.

kommentar, (bemerkning) comment; (forklaring) commentary; ~ **ere**, comment (on).

kommersiell, commercial.

kommisjon, commission; (nemnd) board; ~ **ær**, commission agent.

kommissariat, commissariat; ~ **ær**, commissary.

kommode, chest of drawers; *amr* bureau.

kommunal, local; (i by) municipal; ~ **e**, municipality; (land-) rural district; ~ **eskatt**, local rate *el* tax.

kommunikasjon, communication; ~ **smiddel**, means of communication.

kommuniké, communiqué.

kommunisme, communism; ~ **t**, communist.

kompani, company; ~ **iskap**, partnership; ~ **jong**, partner.

kompass, compass.

kompensasjon, compensation.

kompetanse, competence; ~ **ent**, competent.

kompleks, *s* & *adj* complex.

komplett; ~ **ere**, complete.

kompliment, compliment; ~ **kasjon**, complication; ~ **sere**, complicate.

komplott, conspiracy, plot.

komponere, compose; ~ **nist**, composer; ~ **sisjon**, composition.

kompott, compote, stewed fruit.

komprimere, compress.

kompromiss, compromise.

kompromittere, compromise.

kon|densator, condenser;
~ **densere,** condense;
~ **ditor,** confectioner;
pastry cook; ~ **ditori,**
confectioner's shop;
(med servering) tea-
room; ~ **dolanse,** con-
dolence; ~ **dolere,** con-
dole with; ~ **duite,** tact;
~ **duktør,** guard; (buss,
trikk) conductor.

kone, (hustru) wife;
(kvinne) woman.

kon|feksjon, ready-made
clothes; ~ **fekt,** sweets,
chocolates; *amr* candy;
~ **feranse,** conference;
(samtale) interview;
~ **ferere,** confer; ~ **fe-**
sjon, confession, creed;
~ **fesjonsløs,** adhering to
no creed; ~ **fidensiell,**
confidential; ~ **firmant,**
candidate for confirma-
tion, confirmand; ~ **fir-**
masjon, confirmation;
~ **firmere,** confirm;
~ **fiskasjon,** confisca-
tion; ~ **fiskere,** confis-
cate, seize; ~ **flikt,**
conflict.

konge, king; ~ **dømme,**
monarchy; ~ **lig,** royal;
~ **rike,** kingdom.

kongle, cone.

kongress, congress.

konjakk, cognac, brandy.

konjunk|sjon, conjunc-
tion; ~ **tiv,** the subjunc-
tive (mood); ~ **turer,**
state of the market;
trade conditions.

kon|kav, concave; ~ **klu-**
dere, conclude; ~ **klu-**
sjon, conclusion; ~ **kret,**
concrete; ~ **kurranse,**
competition; ~ **kurrent,**
competitor; ~ **kurrere,**
compete; ~ **kurs,** fail-
ure, bankruptcy; *adj*
bankrupt; **gå** ~ **kurs,**
fail, go into bankruptcy.

konsekven|s, consistency;
consequence; ~ **t,** con-
sistent.

konsent|rasjon, concentra-
tion; ~ **rasjonsleir,** con-
centration camp; ~ **rere**
(seg), concentrate.

konsept, (rough) draft; **gå**
fra ~ **ene,** lose one's
head.

konsern, group.

konsert, concert.

konser|vativ, conservative;
~ **ator,** keeper, curator;
~ **ere,** keep, preserve;
~ **ering,** preservation.

kon|sesjon, concession, li-
cence; ~ **sis,** concise;
~ **sonant,** consonant;
~ **spirere,** conspire;

~**stant**, invariable, constant; ~**statere**, ascertain; state.
konstitusjon, constitution.
konstruere, construct; ~**ksjon**, construction; ~**ktør**, constructor.
konsul, consul; ~**at**, consulate; ~**ent**, adviser, consultant; ~**tasjon**, consultation; ~**tere**, consult.
konsumere, consume.
kontakt, contact, touch; *elektr* switch; ~**tant**, cash; ~**tinent**, continent; ~**tinentalsokkelen**, the Continental Shelf; ~**tingent**, subscription; (kvote) quota; ~**to**, account.
kontor, office; ~**dame**, office girl, woman clerk; typist; ~**ist**, clerk; ~**tid**, office hours.
kontra, versus; ~**bass**, doublebass; ~**hent**, contractor; ~**here**, contract.
kontrakt, contract; ~**trast**, contrast.
kontroll; ~**ere**, control, check; ~**ør**, controller, supervisor, inspector.
kontur, contour, outline.

konvall, lily of the valley; ~**veks**, convex; ~**vensjon**, convention; ~**versasjon**, conversation; ~**versasjonsleksikon**, encyclop(a)edia; ~**versere**, converse; *tr* entertain; ~**voi**, convoy; ~**volutt**, envelope.
kooperativ, co-operative; ~**ordinasjon**, co-ordination.
kopi; ~**ere**, copy.
kople, couple; ~**ling**, coupling; *jernb* coupler; (bil) clutch.
kopp, cup; ~**er**, *med* small-pox; (metall) copper; ~**erstikk**, print.
kor, chorus; (sangerne) choir; ~**al**, choral.
korall, coral; ~**rev**, atoll.
kordfløyel, corduroy.
korg, basket.
korint, currant.
kork, cork; ~**etrekker**, cork screw.
korn, grain; (på marken) corn; (sikte-) aim, sight.
kornett, cornet.
korporal, corporal.
korps, corps, body.
korpulent, corpulent, stout.
korrekt, correct; ~**ur**, proof.

korrespond|anse, correspondence; ~ **ent,** correspondent; ~ **ere,** correspond.
korridor, corridor.
korrup|sjon, corruption; ~ **t,** corrupt.
kors, cross.
korsett, corset, stays.
kors|feste, crucify; ~ **festelse,** crucifixion; ~ **rygg,** loins; ~ **tog,** crusade; ~ **vei,** crossroad.
kort, *s* card; *adj* short; ~ **fattet,** concise, brief; ~ **het,** shortness; brevity, conciseness; ~ **klipt,** close cropped; ~ **siktig,** short (-term); ~ **slutning,** short circuit; ~ **spill,** card-game; ~ **stokk,** pack *(amr* deck) of cards; ~ **synt,** *fig* shortsighted; ~ **varig,** of short duration, short-lived.
kose, *vr* make oneself cosy; ~ **lig,** cosy, snug; nice.
kosmet|ikk, cosmetics *pl;* ~ **isk;** ~ **isk preparat,** cosmetic.
kost, (mat) board, food, fare; (feie-) broom; (maler-) brush; ~ **bar,** precious, valuable; (dyr) expensive; ~ **e,** cost; ~ **eskaft,** broom-stick; ~ **skole,** boarding-school.
kostyme, costume.
kotelett, cutlet, chop.
kott, cubby(hole).
krabbe, *s* crab; *v* crawl.
kraft, strength; power; force; ~ **anstrengelse,** effort; ~ **ig,** strong, vigorous; ~ **stasjon,** power station.
krage, collar.
krakilsk, cantankerous, quarrelsome.
krakk, stool; (handelskrise) crash, collapse.
kram, *s* wares; (skrap) trash; *adj* clogging, wettish; ~ **bu,** shop; ~ **kar,** pedlar.
kramp|aktig, convulsive; ~ **e,** (jernkrok) cramp; (-trekning) spasm; fit, convulsions; cramp; ~ **elatter,** hysteric laughter; ~ **etrekning,** convulsions.
kran, (heise) crane; (vann-) tap, cock.
krang|el; ~ **le,** quarrel.
kraniebrudd, fracture of the scull.
krans, wreath, garland.

krater, crater.
kratt, thicket, brushwood.
krav, demand; (fordring) claim.
kreatur, animal; (kveg) cattle.
kredit; kreditere, credit; ~**or**, creditor; **kreditt**, credit.
kreft, cancer.
krem, (pisket fløte) whipped cream; (hud- o.l.) cream.
kremere, cremate.
kremt, throat-clearing; ~**e**, clear one's throat.
krenge, careen, heel.
krenke, violate; (en) hurt; offend; ~**lse**, violation; injury; ~**nde**, insulting.
krepp, crape.
kreps, crawfish, crayfish.
kresen, fastidious, discriminating; particular.
krets, circle; ring; (distrikt) district; ~**e**, circle.
kreve, demand; require; (fordre) claim.
krig, war; ~**er**, warrior; ~**ersk**, martial, warlike.
kriminaldomstol, criminal court; ~**film**, detective film; ~**roman**, de

tective novel; ~**sak**, criminal case.
kriminell, criminal.
kringkaste, broadcast; ~**ing**, broadcasting.
krise, crisis, *pl* crises.
kristelig; ~**en**, Christian; ~**torn**, holly; ~**us**, Christ.
kritiker, critic; (anmelder) reviewer; ~**kk**, criticism; ~**sere**, criticize; ~**sk**, critical.
kritt; ~**e**, chalk.
kro, inn, pub(lic-house).
krok (hjørne), corner; (jern-) hook, crook; (fiske-) hook.
krokket, croquet.
krokodille, crocodile.
krone, *s & v* crown.
kronikk, feature article.
kroning, coronation.
kronologi, chronology; ~**sk**, chronological.
kronprins, Crown Prince; (i England) Prince of Wales.
kropp, body; ~**sarbeid**, manual work.
krukke, pitcher, jar.
krum, curved, crooked; ~**kake**, rolled wafer; ~**me**, bend, bow; ~**ming**, bend, curve; ~**tapp**, crank.

krus, mug; (øl-) tankard;
~ **ning,** ripple.

krusifiks, crucifix.

krutt, (gun-) powder.

kry, *adj* proud; *v* swarm.

krybbe, manger, crib.

krydder; ~ **deri,** spice;
~ **re,** spice, season.

krykke, crutch.

krympe, shrink.

krypdyr, reptile; ~ **e,**
creep; (kravle) crawl;
fig fawn, cringe; ~ **skyt-
ter,** poacher.

krysning, cross(ing).

kryss, cross (vei-) cross-
roads; ~ **e,** cross; ~ **er,**
cruiser; ~ **finér,** ply-
wood; ~ **forhør,** cross-
examination; ~ **ild,**
cross-fire; ~ **ordoppgave,**
crossword puzzle.

krystall, crystal.

krøll(e), *s* curl; ~ **e,** *v*
curl; (om papir, klær)
crease, crumple; ~ **et,**
curly; crumpled;
~ **tang,** curling iron.

krønike, chronicle, an-
nals.

krøpling, cripple.

kråke, crow.

kräs, crop.

ku, cow.

kubbe, log.

kube, hive.

kubein, crowbar.

kubikkinnhold, volume;
~ **meter,** cubic metre;
~ **rot,** cube root.

kue, subdue, cow; ~ **jon,**
coward.

kul, bump.

kulde, cold; ~ **grad,** de-
gree of frost; ~ **gysning,**
cold shiver.

kule, ball; globe; *mat*
sphere; (gevær-) bullet;
~ **lager,** ball-bearing;
~ **penn,** ballpen; ~ **støt,**
putting the shot.

kulinarisk, culinary;
~ **ing,** breeze; ~ **isse,**
scene, wing.

kull, (fugler) brood,
hatch; (pattedyr) litter;
(tre-) charcoal; (stein-)
coal; ~ **boks,** coal-
scuttle; ~ **gruve,** coal
mine; ~ **kaste,** upset;
~ **svart,** jet black;
~ **stoff,** carbon; ~ **syre,**
carbonic acid.

kulminere, culminate.

kultivere, cultivate; ~ **ur,**
civilization; culture;
~ **urell,** cultural; ~ **us,**
cult.

kum, tank; ~ **merlig,** mi-
serable.

kunde, customer, client.

kunne, be able to; ~ **gjø-**

re, make known; announce; ~ **skap**, knowledge.

kunst, art; (-stykke) trick; ~ **ig**, artificial; ~ **løp**, figure skating; ~ **maler**, artist, painter; ~ **ner**, artist; ~ **stoff**, synthetic material; ~ **verk**, work of art.

kupé, *jernb* compartment; (bil) coupé.

kupert, rough, rugged.

kupong, coupon.

kupp, coup; (fangst) haul.

kuppel, dome; (lampe-) globe.

kur, cure, (course of) treatment; **gjøre** ~ **til**, make love to; ~ **anstalt**, sanatorium.

kurér, courier.

kurere, cure, heal; ~ **fyrste**, elector; ~ **iositet**, curiosity; ~ **iøs**, curious, singular.

kurs, course; *merk* quotation; (valuta-) rate (of exchange); ~ **iv**, italics; ~ **notering**, exchange quotation.

kursted, health resort; spa.

kursus, course.

kurtisane, courtesan; ~ **ere**, flirt with.

kurv, basket; ~ **e**, curve ~ **fletning**, wicker-work; ~ **stol**, wicker chair.

kusine, cousin.

kusk, coachman, driver.

kusma, mumps.

kutt; ~ **e**, cut.

kuvert, cover.

kvadrant, quadrant; ~ **at**, square; ~ **atmeter**, square metre; ~ **atrot**, square root.

kvaksalver, quack(doctor).

kval, pang, agony, anguish.

kvalifikasjon, qualification; ~ **fisere**, qualify; ~ **tet**, quality.

kvalm, sick; (lummer) close; ~ **e**, sickness, nausea.

kvantitet; ~ **um**, quantity.

kvart, quarter, fourth; (format) quarto; ~ **al**, (tid) quarter; (hus) block; ~ **e**, hook, nab; ~ **er**, quarter (of an hour); ~ **ett**, quartet.

kvarts, quartz.

kvass, sharp.

kvast, tuft.

kve, pen, fold.

kveg, cattle; ~**avl**, breeding of cattle.

kveil; ~**e**, coil.

kveite, (fisk), halibut.

kveker, Quaker.

kveld, evening; **i** ~, this evening, tonight.

kvelle, strangle; stifle; choke; suffocate; smother; ~**erslange**, boa constrictor; ~**stoff**, nitrogen.

kvern, (hand-)mill, grinder.

kvesse, whet, sharpen.

kvie seg, feel reluctant.

kvige, heifer.

kvikk, lively, quick; ~**sand**, quicksand; ~**sølv**; quicksilver, mercury.

kvikne til, rally, recover.

kvinne, woman *(pl* women); ~**lig**, female; feminine; ~**sak**, feminism.

kvintessens, quintessence; ~**ett**, quintet.

kvise, pimple.

kvist, twig, sprig; (i bord) knot; (i hus) garret, at-

tic; ~**e**, strip; ~**kammer**, garret.

kvitre, chirp, twitter.

kvitt (bli ~), get rid of.

kvittere, (give a) receipt; ~**ing**, receipt.

kvote, quota; ~**ient**, quotient.

kylling, chicken.

kyndig, skilled; ~**het**, knowledge, skill.

kyniker; ~**isk**, cynic.

kysk, chaste; ~**het**, chastity.

kyss; ~**e**, kiss.

kyst, coast; ~**båt**, coaster; ~**by**, seaside town.

kø, queue; (biljard) cue.

København, Copenhagen.

kølle, club, cudgel.

Köln, Cologne.

køye, *s* berth; (henge-) hammock; (fast) bunk; *v* turn in.

kål, cabbage; ~**rabi**, Swedish turnip.

kåpe, coat.

kår (forhold) conditions; circumstances.

kårde, rapier.

kåre, choose, elect.

kåt, wild, wanton.

L

la, let; (våpen) load, charge; (tillate) allow, permit, let.

labb, paw.

laboratorium, laboratory.

labyrint, labyrinth, maze.

ladested, small seaport town; ~ **ning,** (last) cargo, load; (krutt) charge.

lag, (jord- o.l.) layer, stratum; (strøk) coat(ing); (sports- o.l.) team.

lage, make.

lager, stock, store; (lokale) warehouse; **på ~,** in stock; **ikke på ~,** out of stock.

lagmannsrett, court of assize.

lagre, store; (for å forbedre) season.

lagune, lagoon.

lake, brine, pickle; (fisk) burbot.

lakei, lackey, footman.

laken, sheet.

lakk, (ferniss) lacquer, varnish; (emalje-) enamel; (segl-) sealing wax; ~ **e,** seal; ~ **ere,** varnish, lacquer, enamel; ~ **sko,** patent leather shoes.

lakris, liquorice.

laks, salmon.

lam, s lamb; adj paralysed; ~ **a,** llama; ~ **ell,** elektr segment; ~ **me,** (gjøre lam) paralyse; (få lam) lamb; ~ **mekjøtt,** lamb.

lampe, lamp; ~ **feber,** stage fright; ~ **skjerm,** lamp shade; ~ **tt,** bracket lamp.

land, country; (mots. sjø) land; ~ **bruk,** agriculture; ~ **brukshøgskole,** agricultural college; ~ **bruksskole,** agricultural school; ~ **e,** land; ~ **eiendom,** landed property; ~ **eplage,** scourge; ~ **esorg,** national mourning; ~ **evei,** highway; ~ **flyktig,** exiled; ~ **flyktighet,** exile; ~ **gang,** landling; konkr gangway; ~ **krabbe,** landlubber; ~ **måler,** surveyor; ~ **område,** territory; ~ **sby,** village; ~ **sdel,** part of the country; ~ **sforræder,** traitor; ~ **sforræderi,** treason; ~ **skamp,** international (match); ~**skap**, scenery; (maleri) landscape; ~**slag**, national team; ~**smann**, (fellow) countryman; ~**smøte**, national congress.

lang, long; ~**e**, (fisk) ling; ~**fredag**, Good Friday; ~**modig**, long-suffering; ~**renn**, cross-country race; ~**s**, *prp* along; **på** ~**s**, lengthwise; ~**som**, slow; ~**synt**, long-sighted; ~**t**, far; ~**trekkende**, far-reaching; ~**varig**, of long duration, long; ~**viser**, minute hand.

lanse, lance, spear; ~**re**, launch, introduce.

lanterne, lantern.

lapp, patch; (papir) scrap; ~**e**, patch; ~**eteppe**, patch-work.

lapskaus, stew, hash; ~**us**, slip.

larm, noise; ~**ende**, noisy.

larve, caterpillar, larva.

lasaron, tramp.

lass, load.

last, (synd) vice; (bør) burden; (skips-) cargo; ~**e**, load; (klandre)

blame; ~**ebil**, lorry; *amr* truck; ~**ebåt**, cargo boat; ~**erom**, hold.

lat, lazy; ~**e** (synes) seem, appear; ~**e som om**, pretend to (med *inf*), pretend that.

latin, latinsk, Latin.

latter, laughter, laugh; ~**lig**, ridiculous.

laug, guild.

laurbær, *bot* laurel; *fig* laurels.

lauv, leaves, foliage.

lav, *adj* low; *s bot* lichen; ~**a**, lava; ~**adel**, gentry; ~**endel**, lavender; ~**erestående**, inferior, lower; ~**land**, lowland.

le, *s* shelter; *mar* lee-(ward); *v* laugh.

ledd, joint; (av kjede) link; (slekts-) generation.

lede, lead; (bestyre) manage, conduct; (vei-) guide; *fys* conduct; ~**lse**, direction, management; guidance; ~**nde**, leading; ~**r**, leader; *merk* manager, executive; *fys* conductor; (i avis) leader, *amr* editorial; ~**stjerne**, lodestar.

ledig, (stilling, leilighet)

vacant, (ikke opptatt) free, available; ~**gang**, idleness.

ledning, line; (rør) pípe.

ledsage, accompany; ~**r**, companion.

legal, legal; ~**alisere**, legalize; ~**asjon**, legation; ~**at**, endowment, foundation.

lege, s doctor; physician; v heal, cure; ~**attest**, medical certificate; ~**middel**, medicine, drug.

legeme, body; ~**lig**, bodily, corporal.

legende, legend; ~**arisk**,

legere; ~**ing**, alloy.

legg, n fold, plait; c calf; ~**e**, put, lay, place; ~ **seg**, lie down; (gå til sengs) go to bed.

legitim, legitimate; ~**asjonspapirer**, identification papers; ~**ere seg**, prove one's identity.

lei, s direction; mar channel; adj sorry (**for:** about el for); sick, tires (**av:** of); ~**der**, ladder; ~**e**, s (betaling) rent, hire; v hire; rent; (leie ut) let; (føre ved hånden) lead; ~**ebil**, rented (el hired) car; ~**eboer**,

tenant; (losjerende) lodger; ~**egård**, block of flats; amr apartment house; ~**etropper**, mercenaries; ~**lending**, tenant farmer; ~**lighet**, (beleilig tid) opportunity; (anledning) occasion; (bolig) flat; amr apartment.

leir, camp; ~**e**, clay; ~**krukke**, earthen pot; ~**varer**, earthenware.

lek, s game, play; adj lay; ~**e**, v play; s toy; ~**ekamerat**, playfellow; ~**eplass**, playground; ~**etøy**, toy(s).

lekk; ~**e**, leak.

lekker, dainty, nice, delicate.

lekmann, layman; ~**predikant**, lay preacher.

lekse, lesson.

leksikon, (konversasjons-) encyclopaedia; (ordbok) dictionary.

lektor, grammar school teacher; (universitets-) lecturer.

lem, c trapdoor; (vindus-) shutter; n member; (arm el bein); limb; ~**en**, lemming; ~**feldig**, lenient; ~**leste**, mutilate; maim.

lempe på, relax, modify; **med ~,** gently.

lemster, stiff.

lend, loin; **~e,** ground.

lene, lean; **~stol,** arm-chair, easy-chair.

lengde, length; *geo* longitude; **i ~den,** *fig* in the long run; **~e,** long, (for) a long time; **~es,** long **(etter:** for); **~sel,** longing, yearning; **~selsfull,** longing; **~te,** long.

lenke, *s & v* chain; fetter.

lens, empty; *mar* dry; free (from water); **~e,** *v* run before the wind; (tømme) empty; (øse) bale; *s* timber-boom; **~herre,** feudal lord.

leopard, leopard.

leppe, lip; **~stift,** lip-stick.

lerke, *zool* lark; (lomme-) (pocket-)flask.

lerret, linen; (seilduk) canvas; (film) screen.

lese, read; **~bok,** reader; **~lig,** legible, readable; **~sal,** reading-room.

leske, quench; **~drikk,** refreshing drink.

lespe, lisp.

lesse, load; **~ av,** un-load.

lest, last.

lete, look, search **(etter:** for).

letne, (klarne opp) lighten *(el* clear) up.

lett, (mots. tung) light; (mots. vanskelig) easy; **~bevegelig,** easily moved; **~e,** (om vekt) lighten; (gjøre mindre vanskelig) facilitate; (løfte) lift; (hjertet) relieve, ease; (tåke) clear, lift; (om fly) take off; **~e anker,** weigh anchor; **~else,** relief.

lettsindig, light, frivolous; **~sindighet,** levity; **~troende,** credulous; **~vekt,** lightweight.

leve, live, be alive; **~brød,** livelihood; **~dyktig,** viable; **~kostnad,** cost of living; **~n,** noise, uproar; **~nde,** living; alive; *fig* lively.

lever, liver; **~postei,** liver paste.

leverandør, supplier; **~anse,** delivery; supply; **~e,** deliver; furnish, supply; **~ing,** delivery; supply.

levesett, mode of living;

~ **standard,** standard of living.

levne, leave; ~ **et,** life; ~ **ing,** remnant; (mat) left-overs *pl.*

levre, coagulate; ~ **t,** clotted.

li, hillside.

liberal, liberal.

lide, suffer; ~ **lse,** suffering; ~ **nskap,** passion; ~ **nskapelig,** passionate.

liga, league.

ligge, lie.

ligne, resemble; (skatt) assess; ~ **else,** parable; ~ **ende,** similar; ~ **ing,** (skatt) assessment; *mat* equation.

lik, *s* corpse, dead body; *adj* like; similar; equal.

like, *adj* (tall) even; *adv* equally, just; ~ **etter,** immediately after; ~ **overfor,** (just) opposite; ~ **ved,** close by; *s* match; **uten** ~, unique; *v* like, fancy, enjoy; ~ **fram,** straightforward; ~ **gyldig,** indifferent; ~ **ledes,** likewise; ~ **stilling,** equality; ~ **strøm,** direct current; ~ **så,** likewise; ~ **vekt,** equilibrium; ~ **vel,** still, yet, all the same; after all.

likhet, likeness, resemblance; similarity; (i rettigheter) equality; ~ **stegn,** sign of equation.

likkapell; ~ **kjeller,** mortuary; ~ **kiste,** coffin.

liksom, like; as; (som om) as if; (så å si) as it were.

likså (stor, mye) **som,** as (big, much) as.

liktorn, corn.

likvid, liquid; ~ **ere,** liquidate.

likør, liqueur.

lilje, lily.

lilla, lilac, mauve.

Lilleasia, Asia Minor.

lim; ~ **e,** glue; ~ **e,** *s* broom.

limonade, lemonade.

lin *bot* flax; (tøy) linen.

lindre, relieve, ease; ~ **ing,** relief, ease.

line, rope; (fiske-) line; ~ **danser,** tight-rope walker.

linerle, wagtail.

linjal, ruler; ~ **e,** line; (studie-) side; ~ **ere,** rule, line.

linoleum, linoleum; ~ **olje,** linseed oil.

linse, lens; *bot* lentil.

lintråd, linen thread; ~ **tøy,** linen.

lirekasse, barrel organ; ~ **mann,** organ-grinder.
lisens, licence; *amr* license; **gi** ~, to license.
list, (lurhet) cunning; (kant) list; ~ **e,** *s* list; ~ **e seg,** move gently, steal; ~ **ig,** cunning, sly.
lite *adj, adv* little.
liter, litre, liter.
litt, a little, a bit.
litteratur, literature; ~ **ær,** literary.
liv, life; (kjole-) bodice; (midje) waist; ~ **aktig,** lifelike; ~ **belte,** life-belt; ~ **båt,** life-boat; ~ **kjole,** tail *(el* dress) coat, tails; ~ **lig,** lively, gay; ~ **mor,** womb, uterus; ~ **nære,** support oneself; *vr* subsist, support oneself; ~ **ré,** livery; ~ **rem,** belt; ~ **rente,** annuity; ~ **rett,** favourite dish; ~ **sanskuelse,** view of life; ~ **sbetingelse,** essential condition; ~ **sfare,** mortal danger; ~ **sforsikring,** life insurance; ~ **svarig,** for life; ´ ~ **vakt,** bodyguard.
ljå, scythe.
lo (på tøy) nap, pile.
lodd, (skjebne) lot; (i lotteri) ticket; (på vekt)

weight; *mar* lead; ~ **e** (måle havdyp) sound; *fig* plumb; (metall) solder; ~ **e ut,** raffle; ~ **elampe,** soldering lamp; ~ **en,** shaggy; ~ **rett,** perpendicular, vertical; ~ **seddel,** lottery ticket; ~ **trekning,** drawing of lots.
loff, white bread.
loffe, *mar,* luff.
loft, loft; ~ **srom,** garret, attic.
logaritme, logarithm; ~ **tabell,** table of logarithms.
logg, log; ~ **bok,** logbook.
logikk, logic; ~ **sk,** logical.
logre, wag the tail.
lojal, loyal; ~ **itet,** loyalty.
lokal, local; ~ **e,** premises, room; ~ **isere,** localize.
lokk, cover, lid; (hår) lock; ~ **e,** allure, lure, decoy; tempt; (fugl) call; ~ **edue,** decoy, stool pigeon; ~ **emat,** bait.
lokomotiv, locomotive, engine; ~ **fører,** enginedriver; *amr* engineer.

lomme, pocket; ~**bok,** wallet, pocket-book; *amr* billfold; ~**lerke,** (hip-)flask; ~**lykt,** (electric) torch, flashlight; ~**tyv,** pickpocket; ~**tørkle,** (pocket) handkerchief; ~**ur,** watch.

loppe, flea; ~**marked,** flea market.

lort, dirt, filth.

los; ~**e,** pilot.

losje, *teat* box; (frimurer-) lodge; ~**ere,** lodge; ~**erende,** lodger; ~**i,** lodging(s).

loslitt, threadbare.

loss: kaste ~, cast off; ~**e,** unload, land; ~**ebom,** derrick; ~**epram,** lighter.

lott, share; (på fiske) lay; ~**eri,** lottery.

lov, (tillatelse) leave, permission; *jur* law; (en enkelt) statute, act; ~**e,** (prise) praise; (gi et løfte) promise; ~**ende,** promising; ~**forslag,** bill; ~**givende,** legislative; ~**givning,** legislation; ~**lig,** lawful, legal; ~**lydig,** law-abiding; ~**løs,** lawless; ~**overtreder,** offender; ~**prise,** praise; ~**sang,**

hymn; ~**stridig,** illegal; ~**tale,** eulogy.

lubben, plump; chubby.

lue, (flamme) *s & v* blaze, flame; (hodeplagg) cap.

luffe, flipper.

luft, air; **i fri** ~, in the open (air); ~**e,** air; ~**fart,** aviation; ~**forurensning,** air pollution; ~**havn,** airport; ~**ig,** airy; ~**post,** airmail; ~**slott,** castles in the air *(el* in Spain); ~**speiling,** mirage; ~**trykk,** atmospheric *(el* air) pressure.

lugar, cabin.

lugg, forelock; ~**e,** pull (by) the hair.

luke, *s* (lem) trapdoor; (på kontor) window; (billett-) wicket; *mar* hatch; *v* weed.

lukke, *v* shut; close.

lukningstid, closing time.

luksuriøs, luxurious; ~**s,** luxury.

lukt, smell; scent; odour; ~**e,** smell.

lummer, close; (også *fig)* sultry.

lumpen, paltry; mean.

lumsk, insidious.

lun, (i le) sheltered; (varm) mild.

lund, grove.
lune, *v* shelter; *s* humour, mood; whim; ~ **full**, capricious.
lunge, lung; ~ **betennelse**, pneumonia.
lunken, tepid, lukewarm.
lunsj, lunch; (formelt) luncheon.
lunte *s* fuse.
lupe, magnifying glass.
lur, *s* (kort søvn) nap, doze; (instrument) lur(e); *adj* cunning, sly; ~ **e**, (bedra) trick, fool, take in.
lurveleven, hubbub; ~ **t**, shabby.
lus, louse, *pl* lice; ~ **ing**, box on the ear.
luske, sneak, slink.
lut, *s* lye, lixivium; *adj* bent, stooping; ~ **e**, soak in lye; (bøye seg) stoop, bend.
luthersk, Lutheran.
lutre, purify.
ly, shelter, cover.
lyd, sound; ~ **bølge**, sound wave; ~ **bånd**, recording tape; ~ **bånd-opptaker**, tape recorder; ~ **demper**, silencer, muffler; ~ **e**, sound; (om tekst) read, run; (adlyde) obey; ~ **ig**,

obedient; ~ **ighet**, obedience; ~ **lære**, acoustics; phonetics; ~ **løs**, noiseless; ~ **mur**, sound barrier; ~ **skrift**, phonetic writing.
lykke, (hell) (good) fortune, luck; (-følelse) happiness; ~ **lig**, happy; ~ **s**, succeed.
lykksalig, blissful; ~ **ønske**, congratulate (med: on).
lykt, lantern; (gate-) streetlamp; ~ **estolpe**, lamppost.
lymfe, lymph; ~ **kjertel**, lymphatic gland.
lyn, lightning; (-glimt) flash; ~ **avleder**, lightning conductor; ~ **e**, lighten; *fig* flash.
lyng, heather; ~ **mo**, heath.
lynne, disposition, temper.
lynsje, lynch.
lyr, (fisk) pollack.
lyre, lyre; ~ **iker**, lyric poet; ~ **ikk**, lyric poetry; ~ **isk**, lyric(al).
lys, *s* light; (talg-) candle; *adj* light, bright; (hår og hud) fair; ~ **bilde**, slide; ~ **e**, light, shine; ~ **ende**, lumin-

ous, shining, bright;
~ **ekrone**, chandelier;
~ **erød**, pink, light red;
~ **kaster**, searchlight;
(på bil) headlight; ~ **ne**,
lighten; (dages) grow
light, dawn; ~ **ning**, (til
ekteskap) banns *pl;* (i
skogen) glade; ~ **punkt**,
bright spot; ~ **pære**,
(electric) bulb.

lyst, delight, pleasure;
(tilbøyelighet) inclina-
tion; mind; **ha ~ på,**
want, feel like; **ha ~ til,**
I should like to, I want
to; ~ **hus**, arbour, sum-
mer-house; ~ **ig**, merry,
gay; ~ **ighet**, mirth,
merriment; ~ **re**, obey;
(fiske) spear; ~ **spill**, co-
medy.

lyte, blemish, flaw, de-
fect; ~ **fri**, faultless,
flawless.

lytte, listen; ~ **r**, listener.

lyve, lie, tell a lie.

lær, leather.

lærd, learned; ~ **dom**,
learning.

lære, *v* (andre) teach;
(selv) learn; *s* (hånd-
verks-) apprenticeship;
~ **bok**, textbook; ~ **gutt**,
apprentice; ~ **r**, teacher,
master; ~ **tid**, appren-
ticeship.

lærling, apprentice.

lødig, fine, genuine, pure.

løe, barn.

løft, lift; *fig* big effort.

løfte, *v* lift, raise; *fig*
elevate; *s* promise;
(høytidelig) vow;
~ **brudd**, breach of pro-
mise.

løgn, lie, falsehood; ~ **er**,
liar.

løk, onion; (blomster-)
bulb.

løkke, (renne-) loop,
noose.

lømmel, lout, scamp.

lønn, wages, pay; (gasje)
salary; (belønning) re-
ward; *bot* maple; ~ **e,**
pay; (belønne) reward;
~ **e seg**, pay; ~ **ing**, se
lønn; ~ **ingsdag**, pay-
day; ~ **ingsliste**, pay-
roll; ~ **lig**, secret;
~ **sforhøyelse**, increase
of wages; ~ **skonflikt**,
wage dispute; ~ **skonto**,
wages account; ~ **som**,
profitable; ~ **sstopp**,
wage-freeze.

løp, run, course; (elv)
course; (børse) barrel;
(kanon) bore; **i ~ et av**,
in the course of, during.

løpe, run; ~ **bane**, career;
~ **grav**, trench; ~ **num-**

mer, serial number; ~ **r,** runner; (sjakk) bishop; (fotball) forward; ~ **tid,** (dyrs) rutting time; *merk* (veksel) currency; (lån) term.

løpsk: hesten løp ~ , the horse bolted.

lørdag, Saturday.

løs, loose; ~ **t skudd,** blank shot; ~ **t snakk,** idle talk; ~ **arbeid,** casual employment; ~ **e,** unfasten, loosen; (løslate) let loose; (løse opp) untie; (billett) book, *amr* buy; (en oppgave) solve; ~ **epenger,** ransom; ~ **gjenger,** tramp, vagrant; ~ **late,** release,

set free; ~ **ne,** loosen; ~ **ning,** solution; ~ **revet,** disconnected; ~ **øre,** movables *pl.*

løv, se *lauv.*

løve, lion; ~ **tann** *bot* dandelion.

løy, *adj* slack; ~ **e,** *mar* abate; ~ **er,** fun; ~ **pe,** (ski-) ski-track.

løytnant, lieutenant.

lån, loan; ~ **e (av),** borrow (from); (låne ut) lend, *amr* loan.

lår, thigh; (slakt) leg.

lås, ~ **e,** lock.

låt, sound; (melodi) tune; ~ **e,** sound.

låve, barn.

M

madrass, mattress.

magasin, (stor-) department store; (blad; i gevær) magazine; (lager) warehouse; ~ **ere,** store, warehouse.

mage, stomach; (buk) belly; ~ **saft,** gastric juice; ~ **sår,** gastric ulcer.

mager, lean; *fig* meagre.

magi, magic; ~ **ker,** magician; ~ **sk,** magic(al).

magnet, magnet; ~ **isk,** magnetic.

mahogni, mahogany.

mai, May.

mais, maize; *amr* corn; ~ **kolbe,** corncob.

majestet, majesty; ~ **isk,** majestic.

majones, mayonnaise.

major, major; ~ **itet**, majority.

mak, i ro og ~, at one's leisure.

makaroni, macaroni.

make, *s* (like) match, equal, like; (ekte-, fugls ~) mate; ~ **lig**, *adj* easy, comfortable; (om person) indolent, easygoing; *adv* at one's ease; ~ **løs**, matchless, unique.

makker, partner.

makrell, mackerel; ~ **størje**, tunny.

maksimum, maximum.

makt, power; (kraft) force; **med** ~, by force; **stå ved** ~, be in force, be valid; **ha** ~ **-en**, be in power; ~ **e**, manage; be able to; ~ **esløs**, powerless.

male, paint; (på kvern) grind; (om katt) purr; ~ **er**, painter; (kunst-, også) artist; ~ **eri**, painting, picture; ~ **erkost**, paint-brush; ~ **ermester**, master (house-)painter; ~ **erpensel**, paint-brush; ~ **ing**, painting; (farge) paint; (på kvern) grinding.

malm, ore.

malplassert, misplaced.

malstrøm, maelstrom, vortex, whirlpool.

malt, malt; ~ **ekstrakt**, malt extract.

maltraktere, maltreat; ~ **urt**, wormwood; ~ **urtbeger**, cup of bitterness.

mamma, mamma, ma(mmy), mum(my); ~ **dalt**, mammy's darling, sissy.

mammon, mammon.

mammut, mammoth.

man, *(ubest pron)* one; people, we, you, they.

man, *s* mane.

mandag, Monday.

mandat, (fullmakt) authority; (~ **styre**) mandate; (oppdrag) commission; ~ **del**, almond; (halskjertel) tonsil; ~ **dig**, manful, manly; ~ **dolin**, mandolin; ~ **e**, conjure; ~ **ér**, manner; mannerism; ~ **esje**, ring; ~ **et**, jellyfish.

mange, many, a great *(el* good) many, a lot of, plenty of; ~ **l**, want, lack; (knapphet) shortage, scarcity; (feil) defect, flaw; ~ **lfull**, defective, faulty; ~ **millio-**

nær, multimillionaire; ~ **sidet,** many-sided.

mangfoldig, manifold; ~ **e,** very many, ever so many; ~ **gjøre,** (noe skrevet) duplicate.

mangle, (ikke ha) want, lack; (ikke finnes) be wanting, be missing; (ikke ha nok) be short of; ~ **nde,** missing.

mani, mania, craze; ~ **fest,** manifesto; ~ **kyre,** manicure; ~ **pulasjon,** manipulation; ~ **pulere,** manipulate.

manke, mane.

mankere, be wanting *el* missing; ~ **o,** deficiency, deficit.

mann, man; (ekte-) husband; ~ **dom,** manhood; ~ **equin,** mannequin; ~ **haftig,** mannish; ~ **lig,** male, masculine; ~ **skap,** (skip og fly) crew; ~ **sling,** manikin; ~ **tall,** census.

mansjett, cuff; ~ **knapp,** cuff-link.

manuell, manual; ~ **faktur,** drapery goods; ~ **fakturhandel,** draper's shop; *amr* dry-goods store; ~ **skript,** manuscript.

manøvre; ~ **re,** manoeuvre.

mappe, (dokument-) briefcase.

mare; ~ **ritt,** nightmare.

marg, (i bok) margin; (i bein) marrow; ~ **arin,** margarine; ~ **in,** margin; ~ **inalskatt,** surtax.

marine, navy; ~ **soldat,** marine.

marionett, puppet.

mark *(el* **makk),** maggot, worm; (åker) field; ground, land; ~ **ant,** marked, distinctive; ~ **blomst,** wild flower; ~ **ed,** market; ~ **edsføring,** marketing; ~ **ere,** mark; ~ **ise,** (solseil) awning; ~ **mus,** field-mouse.

marmelade, marmalade.

marmor, marble.

mars, March.

marsipan, marzipan.

marsj; ~ **ere,** march.

marsjal, marskalk, marshal.

marsjandisehandler, second-hand dealer, junk dealer.

marsvin, guinea-pig.

martre, torture; ~ **yr,** martyr.

mas, trouble, bother;

(gnål) importunities; ~ e, fuss, bother; (gnåle) importune; ~ ekopp, persistent person.

maske, (i nett) mesh; (strikking) stitch; (for ansiktet) mask; ~ rade, fancy-dress ball; ~ re, mask, disguise.

maskin, machine; engine; ~ eri, machinery; ~ gevær, machine gun; ~ ingeniør, mechanical engineer; ~ ist, engineer; ~ rom, engine-room; ~ skade, break-down; (liten) engine trouble; ~ skrive, type(write); ~ skriver, typist; ~ skriving, type-writing.

maskot, mascot.

maskulin, masculine.

masovn, blast furnace.

massakre; ~ re, massacre.

massasje, massage.

masse, mass; en ~ av, a lot of, lots of, heaps of; ~ media, mass media.

massiv, massive; (ikke hul) solid.

mast, mast.

mat, food; ~ e, feed.

matematiker, mathematician; ~ ikk, mathematics; ~ isk, mathematical.

materiale, material; ~ alisme, materialism; ~ alistisk, materialistic; ~ e, matter, (i sår) matter, pus; ~ ell, *adj s.* material.

matlaging, cooking; ~ mor, mistress of a house; ~ olje, vegetable oil; ~ rester, left-overs.

matrikkel, register, roll; ~ ulere, register; ~ ulering, registration.

matrise, matrix.

matros, seaman.

matt, (glansløs) dull, mat; (svak) faint; (i sjakk) mate; ~ e, *s* mat; ~ het, faintness; dullness.

matvarer, foods, foodstuffs.

maur, ant; ~ tue, anthill.

med, *prp* with; by.

medalje, medal; ~ ong, medallion; (smykke) locket.

medarbeider, collaborator, co-worker; ~ borger, fellow citizen; ~ dele, inform, state, report; communicate; advise; ~ delelse, communication, advice; informa-

tion; ~**delsom**, communicative; ~**eier**, joint owner, co-owner; ~**født**, inborn, innate; ~**følelse**, sympathy; ~**føre**, involve; ~**gang**, prosperity, success; ~**gi**, admit; ~**gift**, dowry; ~**gjørlig**, amenable; ~**hjelper**, assistant; ~**hold**, support.
medisin, medicine; ~**siner**, (student) medical student; (lege) doctor; ~**sinsk**, medical; ~**sintran**, cod-liver oil.
medisterpølse, pork sausage.
medlem, member; ~**skap**, membership.
medlidende, compassionate; ~**lidenhet**, pity, compassion, sympathy; ~**menneske**, fellow being; ~**mindre**, unless; ~**regnet**, counting, including, included; ~**skyldig**, *adj* accessory (i: to); *s* accomplice (i: in); ~**tatt**, (utslitt) worn out; ~**vind**, fair wind; ~**virke**, co-operate, contribute; ~**ynk**, pity, compassion.
meg, me.
meget, very; (mye) much,

plenty (of), a great (el good) deal (of).
mei, runner.
meie, mow, reap.
meieri, dairy; ~**produkter**, dairy produce; ~**st**, dairyman.
meisel; ~**le**, chisel.
meitemark, angleworm, earthworm.
mekaniker, mechanic(ian); ~**ikk**, mechanics; ~**isk**, mechanic(al), automatic; ~**isme**, mechanism.
mekle, mediate; ~**er**, mediator; *merk* broker; ~**ergebyr**, brokerage; ~**ing**, mediation.
mekre, bleat.
mektig, mighty, powerful.
mel, (siktet) flour; (grovmalt) meal.
melankoli; ~**sk**, melancholy.
melde, report, notify; announce; (i kort) declare, bid; ~**ing**, report, notification, announcement.
melk; ~**e**, milk; ~**e**, *s* milt; ~**eutsalg**, dairy; ~**evei**, milky way, galaxy.
mellom, between; (blant) among; **M ~ -Amerika**,

Central America; ~ **folkelig,** international; ~ **fornøyd,** not very pleased; ~ **golv,** midriff, diaphragm; ~ **komst,** intervention; ~ **lande,** touch down; ~ **landing,** intermediate landing; ~ **mann,** middleman; ~ **rom,** space; (tid) interval; *typogr mus* space; ~ **spill,** interlude; ~ **størrelse,** medium size; ~ **ting,** something between.

melodi, tune; melody; ~ **disk,** melodious; ~ **drama,** melodrama; ~ **dramatisk,** melodramatic.

melon, melon.

membran, membrane.

memoarer, memoirs; ~ **randum,** memorandum; ~ **rere,** memorize.

men, but.

men, *s* harm, injury.

mene, (ville ha sagt) mean; (synes) think; (være av den mening at) be of (the) opinion that, think that.

mened, perjury.

mengde, number; quantity; (av mennesker) crowd.

menig, (soldat) common soldier, private; ~ **het,** (i kirken) congregation; (sogn) parish; (sognefolk) parishioners; ~ **mann,** the man in the street.

mening, (oppfatning) opinion, view; (betydning) meaning, sense, (hensikt) intention; ~ **sforskjell,** difference of opinion; ~ **sløs,** absurd; ~ **småling,** (public) opinion poll.

menneske, man, human being; ~ **heten,** mankind; ~ **lig,** human; ~ **rettighet,** human right.

mens, while, whilst; (~ derimot) whereas.

menstruasjon, menstruation.

mental, mental; ~ **ltet,** mentality.

mente: en i ~ , carry one.

menuett, minuet.

meny, menu, bill of fare.

mer, more.

merkantil, mercantile.

merkbar, noticeable, perceptible; ~ **e,** *s* (tegn) mark; (emblem) badge; (fabrikat) brand, make; *v* mark; (legge merke til) notice; (kjenne) perceive; ~**elapp**, tag; (etikett) label; ~**elig**, remarkable; (underlig) curious, strange, odd; ~**nad**, remark, comment; ~**verdig**, remarkable; (underlig) curious, strange, odd.

merr, mare; jade.

merverdiavgift, value added tax (VAT).

mesén, patron.

meslinger, measles.

messe, (vare-) fair; (høymesse etc.) mass; (spisested) mess(room); *v* chant; ~**hakel**, chasuble; ~**skjorte**, surplice.

Messias, Messiah.

messing, brass.

mest, most; ~**eparten**, the greater part, most.

mester, master; *idr* champion; ~**kokk**, mastercook; ~**lig**, masterly; ~**skap**, (dyktighet) mastership; *idr* championship.

mestre, master, cope with.

metafysikk, metaphysics.

metall, metal; ~**isk**, metallic.

meteor, meteor; ~**olog**, meteorologist; ~**ologi**,

meteorology; ~**ologisk institutt**, Meteorological Office.

meter, metre.

metode, method; ~**isk**, methodical; ~**ist**, Methodist.

mett, **jeg er ~**, I have had enough (to eat), I am full (up); ~**e**, fill; (skaffe mat) feed; *kjem* saturate; ~**else**, satiety; *kjem* saturation.

middag, (tidspunkt) noon, midday; (måltid) dinner; ~**shvil**, after dinner nap; ~**smat**, dinner.

middel, means; ~**alderen**, the Middle Ages; ~**alderlig**, medi(a)eval; ~**havet**, the Mediterranean; ~**måtig**, mediocre; ~**s**, middling, average, medium; ~**temperatur**, mean temperature; ~**tid**, mean time; ~**vei**, middle course; **den gyldne** ~**vei**, the golden mean.

midje, waist.

midlertidig, temporary.

midnatt, midnight; ~**ssol**, midnight sun.

midt i, in the middle of; ~**iblant**, in the midst

of; ~ **erst**, middle, central; ~ **punkt**, centre; ~ **skips**, midships; ~ **sommer**, midsummer; ~ **veis**, halfway, midway.

migrene, migraine.

mikrofon, microphone; *dt* mike; ~ **skop**, microscope.

mikstur, mixture.

mil, mile.

mild, mild; gentle; ~ **het**, mildness, gentleness; ~ **ne**, mitigate, alleviate.

milepæl, milestone.

militarisme, militarism; ~ **arist**; ~ **aristisk**; militarist; ~ **s**, militia; ~ **ær**, *adj* military; *s* military man, soldier; ~ **ærnekter**, conscientious objector; ~ **ærtjeneste**, military service.

miljø, environment, milieu, surroundings; ~ **vern**, environmental protection.

milliard, milliard; *amr* billion; ~ **on**, million; ~ **onær**, millionaire.

milt, milt, spleen.

mimikk, facial expression(s); ~ **sk**, mimic.

mimre, twitch.

min (foran *s)* my; (alene) mine.

mindre, (om størrelse) smaller; (om mengde *el* grad) less; ~ **tall**, minority; ~ **verdig**, inferior; ~ **verdighetskompleks**, inferiority complex; ~ **årig**, under age, minor.

mine, (uttrykk) air, look; (gruve, sjømine) mine; ~ **felt**, mine field; ~ **ral**, mineral; ~ **ralvann**, mineral water; ~ **re**, mine, blast; ~ **skudd**, blast.

miniatyr, miniature; ~ **mal**, minimal; ~ **mum**, minimum.

minister, minister, secretary of state; (sendemann) minister; ~ **ium**, ministry; (regjering) cabinet.

mink, mink.

minke, decrease; dwindle.

minne, *s* memory; *konkr* souvenir, keepsake; *v* remind (**om**: of); ~ **lig**, amicable; ~ **lighet**: i ~, *jur* out of court; ~ **s**, (huske) remember, recollect; (feire minnet om) commemorate; ~ **smerke**, monument, memorial; ~ **verdig,** memorable.

minoritet, minority.

minske, *tr* diminish, reduce; *itr* decrease, diminish.

minst, *(mots* mest*)* least; *(mots* størst*),* smallest; **i det** ~ **e,** at least; ~ **elønn,** minimum wage(s).

minus, minus; less; ~ **utiøs,** minute; ~ **utt,** minute; ~ **uttviser,** minute hand.

mirakel, miracle; ~ **uløs,** miraculous.

misantrop, misanthrope; ~ **billige,** disapprove; ~ **billigelse,** disapproval; ~ **bruk;** ~ **bruke,** abuse; ~ **dannelse,** deformity; ~ **forhold,** disproportion; ~ **fornøyd,** displeased, dissatisfied; (stadig) discontented; ~ **forstå,** misunderstand; ~ **forståelse,** misunderstanding; ~ **foster,** monster; ~ **grep,** mistake, error; ~ **handle,** ill-treat, maltreat; ~ **handling,** ill-treatment, maltreatment.

misjon, mission; ~ **ær,** missionary.

miskreditt, discredit; ~ **ligholde,** break, fail to fulfil; ~ **ligholdelse,** (av kontrakt) breach of a contract; (av veksel) non-payment; ~ **like,** dislike; ~ **lyd,** dissonance; ~ **lykkes,** fail, not succeed; ~ **lykket,** unsuccessful; ~ **modig,** despondent, downhearted; ~ **nøye,** dissatisfaction, discontent; ~ **tanke,** suspicion.

miste, lose.

misteltein, mistletoe.

mistenke, suspect **(for:** of); ~ **elig,** suspicious; ~ **som,** suspicious; ~ **somhet,** suspicion, suspiciousness.

mistillit, distrust; ~ **tillitsvotum,** vote of no confidence; ~ **tro,** *s & v* distrust, mistrust; ~ **troisk,** distrustful, suspicious; ~ **troiskhet,** suspiciousness; ~ **tyde,** misinterpret.

misunne, envy, grudge; ~ **lig,** envious, jealous; ~ **lse,** envy, jealousy; ~ **lsesverdig,** enviable.

misvisende, misleading.

mjød, mead.

mjøl, se *mel.*

mo, s (lyngmo) heath; *mil* drillground.

mobb, mob.

mobilisere, mobilize; ~ **ing,** mobilization.

modell; ~ **ere,** model.

moden, ripe; *fig* mature; ~ **het,** ripeness, maturity.

moderasjon (måtehold), moderation; (avslag i pris), reduction, discount; ~ **at;** ~ **ere,** moderate.

moderlig, maternal.

moderne, fashionable, up-to-date; (nåværende) modern; ~ **isere,** modernize.

modifikasjon, modification; qualification; ~ **sere,** modify; qualify.

modig, courageous, brave.

modn(e), ripen; *fig* mature.

mokasin, moccasin.

mold, mould; ~ **varp,** mole.

molekyl, molecule.

moll, *mus* minor; gå i ~, go in the minor key.

molo, mole, pier.

molte, cloudberry.

moment, (faktor) point, item, factor; ~ **an,** momentary.

monark, monarch; ~ **i,** monarchy.

monn, (grad) degree; ~ **e,** (gjøre virkning) help.

monogam, monogamous; ~ **i,** monogamy.

monokkel, monocle.

monolog, monologue, soliloquy; ~ **pol,** monopoly **(på:** of); ~ **polisere,** monopolize; ~ **ton,** monotonous.

monstrum, monster.

monsun, monsoon.

montere, mount, erect; install; (sette sammen) assemble; (sette på) fit on; ~ **ering,** installation, mounting, erection, fitting on, assembly; ~ **re,** show-case; ~ **ør,** fitter; *elektr* electrician.

monument, monument, memorial; ~ **al,** monumental.

moped, moped.

mor, mother.

moral, morality, morals; (kampmoral) morale; (i historie *o.l.)* moral; ~ **isere,** moralize; ~ **isering,** moralising; ~ **ist,** moralist; moralizer; ~ **sk,** moral.

morbror, maternal uncle.

mord, murder; ~ **brann,**

arson; ~ **er**, murderer, assasin; ~ **forsøk**, attempted murder.

more, amuse, divert, entertain; *vr* enjoy oneself.

morell, morello (cherry).

moréne, moraine.

morfar, maternal grandfather.

morfin, morphia, morphine.

morgen, morning; **i ~**, tomorrow; ~ **kjole**, dressing-gown; *amr* robe.

morges, i ~, this morning.

morild, phosphorescence.

morken, decayed, rotten; (skjør) brittle; ~ **ne**, decay.

mormor, maternal grandmother.

moro, amusement, fun.

morsk, fierce-looking, grim.

morsealfabet, Morse code.

morsliv, womb; ~ **melk**, mother's milk; ~ **mål**, mother tongue.

morsom, amusing, entertaining; (pussig) funny; ~ **het**, joke.

mort, roach. ~ **er**, mortar.

mortifikasjon, annulment, cancellation; ~ **sere**, declare null and void; cancel.

mosaikk; ~ **arbeid**, mosaic.

mose, moss; ~ **grodd**, mossgrown.

mosjon, exercise; ~ **ere**, take exercise.

moské, mosque.

moskito, mosquito.

moskus, musk; ~ **okse**, musk-ox.

Moskva, Moscow.

most, (eple-) cider; (drue-) must.

moster, maternal aunt.

mot, *prp* against; (henimot) towards; *idr* og *jur* versus; *s* courage, heart; ~ **arbeide**, oppose; (motvirke) counteract; ~ **bevise**, disprove; ~ **bydelig**, disgusting; ~ **bør**, contrary winds; *fig* check, opposition.

mote, fashion, mode; ~ **forretning**, milliner's shop; ~ **hus**, fashion house; ~ **journal**, fashion magazine.

motforslag, counterproposal; (emne) motif, subject; ~ **gang**, adversity; ~ **gift**, antidote; ~ **hake**, barb.

motiv, motive; ~ere, motivate; justify; explain the motives of; ~ering, motivation.

motor, engine (især *elektr*) motor; ~båt, motorboat; ~isere, motorize; ~kjøretøy, motor vehicle; ~skip, motor ship *(el* vessel); ~stopp, engine trouble; breakdown; ~sykkel, motor-cycle; ~vei, motorway.

motpart, opponent.

motsatt, opposite, contrary; (omvendt) reverse; ~setning, opposition, contrast; ~sette seg, oppose; ~si, contradict; ~sigelse, contradiction; ~sigende, contradictory; ~spiller, adversary; ~stand, resistance, opposition; ~stander, opponent, adversary; ~strebende, reluctant; ~stridende, contradictory, conflicting; ~stå, resist, withstand; ~svare, correspond to.

motta, receive; (anta) accept; ~gelig, susceptible; ~gelighet, susceptibility; ~gelse, receipt; (særlig av person) reception; ~ker, receiver.

motto, motto.

mottrekk, countermove; ~vekt, counterbalance; ~verge, defence; ~vilje, reluctance; ~villig, reluctant; ~vind, contrary wind; ~virke, counteract.

mudder, mud, mire; ~dermaskin, drudge(r); ~derpram, mud boat.

muffe, muff; (på ledning, rør) socket.

mugg, mould; ~e, jug; (stor) pitcher; ~en, musty, mouldy.

mugne, mould.

Muhammed, Mohammed.

muhammedaner; ~ansk, Muslim, Moslem, Mohammedan.

mulatt, mulatto.

muld, se mold.

muldyr, mule.

mule, muzzle.

mulig, possible; ~ens, possibly; ~gjøre, make possible; ~het, possibility, chance.

mulkt; ~ere, fine.

multiplikasjon, multiplication; ~lisere, multiply; (med: by).

mumie, mummy.

mumle, mutter, mumble.
München, Munich.
munk, monk; ~ **ekappe,**
cowl; ~ **ekloster,** mo-
nastery; ~ **eorden,** mo-
nastic order.
munn, mouth; ~ **full,**
mouthful; ~ **hell,** say-
ing; ~ **hoggeri,** wrang-
ling; ~ **hule,** cavity of
the mouth; ~ **ing,** (elve-)
mouth, (stor) estuary;
(på skytevåpen) muzzle;
~ **kurv,** muzzle; ~ **og
klauvsyke,** foot-and-
mouth disease;
~ **skjenk,** cup-bearer;
~ **spill,** mouth-organ;
~ **stykke,** (sigarett) hol-
der; (blåseinstrument)
mouth-piece; ~ **vik,** cor-
ner of the mouth.
munter, gay, merry;
~ **het,** gaiety, merriness.
muntlig, oral, verbal.
mur, wall; ~ **er,** brick-
layer, mason; ~ **hus,**
house of brick; ~ **mes-
ter,** master bricklayer;
~ **meldyr,** marmot;
~ **stein,** brick.
mus, mouse; ~ **efelle,**
mousetrap.
muse, Muse.
museum, museum.
musikalsk, musical;

~ **ant,** ~ **er,** musician;
~ **k,** music; ~ **khandel,**
music shop; ~ **korps,**
brass band.
muskat, nutmeg; ~ **blom-
me,** mace.
muskel, muscle.
musketér, musketeer.
muskulatur, musculature;
~ **øs,** muscular.
musling (blåskjell) mus-
sel; ~ **skall,** shell.
musselin, muslin.
musserende, sparkling.
mustasje, moustache.
mutt, sulky.
mye, se *meget.*
mygg, mosquito, gnat;
~ **stikk,** mosquito bite.
myk, (bløt) soft; (smidig)
supple, lithe, pliable.
mylder, throng, crowd;
~ **re,** swarm, crowd,
teem.
mynde, greyhound.
myndig, (bydende) impe-
rious, authoritative; *jur*
of age; ~ **het,** authority;
~ ~ **salder,** *jur* majority,
full age.
mynt, coin; ~ **enhet,** mo-
netary unit; ~ **fot,** mo-
netary standard.
myr, bog; (sump) swamp,
marsh.
myrde, murder.

myrlendt, boggy, swampy.

myrra, myrrh.

myrull, cotton-grass.

myse, *v* squint; *s* whey.

mysterium, mystery; ~ **isk,** mysterious.

myte, *s* myth; ~ **isk,** mythic(al); ~ **ologi,** mythology.

mytteri; gjøre ~ , mutiny.

møbel, piece of furniture; *pl* furniture; ~ **elhandler,** furniture dealer; ~ **elsnekker,** cabinetmaker; ~ **lere,** furnish.

møkk, dung, muck; ~ **kjerre,** dung-cart.

mølje, jam, jumble, mix.

møll, moth.

mølle, mill; ~ **r,** miller.

møne, ridge of a roof.

mønje, red-lead, minium.

mønster, pattern, model; *gram* paradigm; ~ **gyldig,** model; ~ **verdig,** exemplary.

mønstre; ~ **ing,** muster; ~ **et,** patterned.

mør, (kjøtt) tender; ~ **banke,** (rundjule) beat black and blue; ~ **brad,** ~ **bradstek,** sirloin.

mørk, dark; (dyster) gloomy; ~ **e,** dark; darkness; ~ **ne,** darken.

mørtel, mortar.

møte, *v* meet; (støte på) meet with; *s* meeting; ~ **s,** meet; ~ **sted,** meeting place.

møy, maid(en), virgin; ~ **dom,** maidenhood.

møye, pains, trouble.

måfå: på ~ , at random.

måke, *s* (sea-)gull; *v* clear away, shovel.

mål, (~ **eenhet**) measure; (omfang) dimension; (hensikt) aim, goal, object(ive); (språk) tongue; language; ~ **bevisst,** purposeful; ~ **binde,** nonplus; ~ **e,** measure; ~ **er,** meter; ~ **estokk,** standard; (kart) scale; ~ **føre,** dialect; ~ **mann,** goal-keeper; ~ **stang,** goalpost; ~ **tid,** meal; ~ **trost,** song thrush.

måne, moon; (på hodet) bald spot; ~ **d,** month; ~ **dlig,** monthly; ~ **fase,** phase of the moon; ~ **ferd,** lunar flight; ~ **formørkelse,** eclipse of the moon; moonlight.

måpe, gape.

mår, marten.

måte, way, manner; fashion; ~ **hold,** modera-

tion; (i nytelser) tempe-
rance; ~**holdende**, mo-
derate, temperate; ~**lig**,

mediocre; indifferent.
måtte, (nødvendighet) be
obliged to, have to.

N

nabo, neighbour; ~**lag**,
neighbourhood, vicini-
ty; ~**skap**, neighbour-
hood.
nafta, naphtha; ~**lin**,
naphthalene.
nag, bære ~, bear malice
el grudge; ~**e**, gnaw,
rankle.
nagle, *s* og *v* rivet.
naiv, naive; ~**itet**, naive-
té.
naken, naked; (i kunst)
nude.
nakke, nape, back of the
head.
Napoli, Naples.
napp, (av fisk) bite.
narkoman, drug addict;
~**se**, narcosis; ~**tika**,
narcotics, drugs.
narr, fool; ~**aktig**, fool-
ish; ~**e**, trick, fool;
~**estreker**, pranks, fool-
ery.
nasjon, nation; ~**al**, nat-
ional; ~**aldrakt**, nation-
al costume; ~**alforsam-
ling**, national assembly;

~**alisere**, nationalize;
~**alisering**, nationaliza-
tion; ~**alisme**, national-
ism; ~**alitet**, nationali-
ty; ~**alsang**, national
anthem.
naske, pilfer; ~**ri**, pilfer-
age.
natrium, sodium; ~**on**,
soda.
natt, night; ~**bord**, bed-
side table; ~**ergal**,
nightingale; ~**kjole**,
night dress; ~**tillegg**,
bonus for night work;
~**verden**, the Lord's
Supper, the Holy
Communion.
natur, nature; (landskap)
scenery; ~**alistisk**, nat-
uralistic; ~**fag**, natural
science; ~**forsker**, natu-
ralist; ~**historie**, natural
history; ~**lig**, natural;
~**ligvis**, naturally, of
course; ~**silke**, real
silk; ~**stridig**, contrary
to nature; ~**vern**, nature
conservation; ~**viten-**

skap, (natural) science; ~**vitenskapsmann,** scientist.

nautisk, nautical.

nav, nave, hub; ~**ar,** auger.

navigasjon, navigation; ~**atør,** navigator; ~**ere,** navigate.

navle, navel; ~**streng,** navel string, umbilical cord.

navn, name; ~**e,** mark; ~**eopprop,** call-over, roll-call; ~**eskilt,** name plate; ~**etrekk,** signature; ~**gi,** name, mention by name.

nazisme, Nazism; ~**t;** ~**tisk,** Nazi.

nebb, beak, bill; ~**et,** *fig* saucy, pert; ~**tang,** pliers.

ned, down; ~**arvet,** inherited; ~**brent,** burnt down; ~**brutt,** broken (down); ~**bør,** precipitation, rainfall; ~**e,** down, below.

nedenfor, *prp adv* below; ~**fra,** from below; ~**under,** beneath; down below, downstairs.

nederdrektig, vile, base; ~**lag,** defeat; **N-land,** the Netherlands;

~**landsk,** Dutch; ~**st,** lowest, nethermost; *adv* at the bottom.

nedetter, downwards; ~**fall, radioaktivt** ~**,** fall-out; ~**gang,** (vei ned) way down, descent; *fig* decline, falling off; ~**gangstid,** recession, depression; ~**komme,** be delivered (**med:** of), give birth to; ~**komst,** delivery; ~**latende,** condescending; ~**late seg,** condescend, stoop; ~**legge** (forretning, skole *o.l.*) close (down), shut down; (arbeidet) stop, cease; (hermetisere) tin, can, pack, (frukt) preserve; ~**over,** *adv* down, downwards; *prp* down; ~**overbakke,** downhill; ~**rakking,** running down; ~**re,** lower; ~**rig,** base, vile; ~**ringet,** low(-necked), décolletée; ~**rivning,** demolition; ~**ruste,** disarm; ~**rustning,** disarmament.

nedsable, cut down; ~**satt** (pris), reduced; ~**senkning,** sinking, lowering; ~**sette,** (priser) reduce; (en komité) appoint, set up; ~ **settelse,** reduction; appointment; ~ **settende,** disparaging, depreciatory; ~ **skjæring,** reduction, cut; ~ **skrive,** (valuta) devalue; (redusere) reduce; ~ **skriving,** reduction; (av valuta) devaluation; ~ **slag** (i pris) reduction, discount; ~ **slående,** disheartening; ~ **slått,** dejected; ~ **stamme,** descend; ~ **stemt,** dejected; ~ **stemthet,** dejection.

nedtrapping, stepping-down, de-escalation.

nedtrykt, depressed; ~ **verdige,** degrade, disgrace; ~ **verdigelse,** degradation.

negativ, s & adj negative.

neger, Negro.

negl, nail; ~ **elakk,** nail varnish (el polish).

neglisjé, negligee, négligé; ~ **ere,** neglect.

nei, no.

neie, (drop a) curts(e)y.

nek, sheaf.

nektar, nectar.

nekrolog, obituary.

nekte, refuse; (be ~) deny; ~ **lse,** gram negation; ~ **nde,** negative.

nellik, pink; (krydder) clove.

nemlig (d.v.s.) namely, viz; (fordi) because, for.

nemnd, committee, board.

nepe, turnip.

neppe, hardly, scarcely.

nerve, nerve; ~ **feber,** typhoid fever; ~ **lege,** neurologist; ~ **smerter,** neuralgia; ~ **system,** nervous system.

nervøs, nervous; ~ **itet,** nervousness.

nes, isthmus, headland; ~ **e,** nose; ~ **egrus,** prostrate; ~ **evis,** saucy, impertinent; ~ **horn,** rhinoceros; dt rhino.

nesle, nettle.

nest, neste, next; ~ **e** s neighbour; ~ **en,** almost, nearly; ~ **formann,** vice-chairman, vice-president; ~ **kommanderende,** second in command; ~ **sist,** last but one.

nett, adj neat, nice; s net; (bære ~) string bag; ~ **hendt,** handy; ~ **hinne,** retina; ~ **ing,** netting; ~ **o,** net; ~ **obeløp,** net amount; ~ **opp,** just; ~ **outbygge,** net proceeds; ~ **verk,** net-work.

neve, fist; hand; ~ **nyttig**, handy.

never, birch bark.

nevne, mention; ~ **r**, denominator; ~ **verdig**, worth mentioning.

nevro|**log**, neurologist; ~ **se**, neurosis; ~ **tiker**, ~ **tisk**, neurotic.

nevø, nephew.

ni, nine.

nidkjær, zealous; ~ **het**, zeal.

niese, niece.

nifs, creepy, eerie.

nihilis|**me**, nihilism; ~ **t**, nihilist.

nikk; ~ **e**, nod.

nikkel, nickel.

nikotin, nicotine.

Nilen, the Nile.

nipp; ~ **e**, sip.

nise, porpoise.

nisje, niche.

nisse, *s* (hob)goblin, puck.

nitrat, nitrate; ~ **oglyserin**, nitro-glycerine.

nitten, nineteen; ~ **i**, ninety.

nivellere; ~ **å**, level.

nobel, noble; ~ **lesse**, nobility.

noe (et *el* annet) something; (noe som helst) anything; *adv* some-what; ~ **n**, *adj* og *s* some; any; (en *el* annen) somebody; (noen som helst) anybody; ~ **nlunde**, tolerably, fairly; ~ **nsinne**, ever; ~ **nsteds**, anywhere; (et *el* annet sted) some-where.

nok, *adj* enough, sufficient; *adv* enough, sufficiently; ~ **så**, fairly, pretty; (temmelig) rather.

nomade, nomad; ~ **folk**, nomadic people.

nominativ, the nominative; ~ **ell**, nominal; ~ **ere**, nominate.

nonne, nun; ~ **kloster**, nunnery, convent.

nord, north; ~ **enfor**, *adj* (to the) north of; ~ **isk**, northern; Nordic; ~ **lig**, northern; ~ **lys**, northern lights, aurora borealis; ~ **mann**, Norwegian; ~ **pol**, north *el* arctic pole; ~ **på**, in the North; **Nordsjøen**, the North Sea.

Norge, Norway.

norm, norm, rule, standard; ~ **al**, normal; ~ **alisere**, normalize, standardize.

norsk, Norwegian.

not, seine.

nota, bill; ~ **bene,** observe, mind.

notat, note.

note, note; (til et musikkstykke) music; ~ **re,** note, (pris) quote; ~ **ring** (pris-) quotation.

notis, note; (i avis) paragraph, notice; ~ **bok,** notebook.

notorisk, notorious.

novelle, short story.

november, November.

novise, novice.

null, (tegn) nought, naught; (punkt) zero; nil; ~ **punkt,** zero.

numerisk, numerical; ~ **mer,** number; (størrelse av klær) size; (i program) item; (utgave) issue; (eksemplar av blad) copy; ~ **merere,** number; ~ **merert plass,** reserved seat; ~ **merskilt,** (på bil) number-plate.

ny, (mots gammel) new; (ytterligere) fresh, further; (månefase) new moon.

nyanse, shade; ~ **re,** shade off.

ny|begynner, beginner; ~ **bygger,** settler.

nydelig, nice, pretty, lovely.

ny|fiken, curious, inquisitive; ~ **forlovet,** recently engaged; ~ **gift,** newly married; ~ **het(er),** news; **en** ~ **het,** a piece of news.

ny|kokt, freshly boiled; ~ **komling,** newcomer; ~ **lig,** recently, lately; of late.

nymalt, freshly painted.

nymfe, nymph.

ny|motens, newfangled; ~ **måne,** new moon.

nynne, hum.

nype, hip; ~ **rose,** dog-rose.

nyre, kidney; ~ **stein,** renal calculus, nephrite.

nys; ~ **e,** sneeze.

nysgjerrig, curious; ~ **het,** curiosity.

nysølv, nickel (el German) silver.

nyte, enjoy; ~ **lse,** enjoyment, pleasure; ~ **lsessyk,** pleasure-seeking.

nytt, s news.

nytte, v (gagne) be of use, help; (bruke) use; s use; (fordel) benefit, advantage; ~ **løs,** useless.

nyttig, useful, helpful.

nyttår, New Year; **godt**

~, a Happy New Year; ~ **saften**, New Year's Eve.

nær, *adj* near, close; *prp* near; ~ **e**, nourish, feed; (en følelse) entertain, nourish, cherish; ~ **ende**, nourishing, nutritious; ~ **gående**, indiscreet, forward; ~ **het**, neighbourhood.

næring, (føde) nourishment, food; (levevei) trade, industry; ~ **sdrivende**, trader, tradesman; ~ **sliv**, trade (and industry); ~ **svei**, industry, trade.

nærme seg, approach (draw) near; ~ **synt**, shortsighted; ~ **tagende**, touchy; sensitive; ~ **vær**, presence; ~ **værende**, present.

nød, need, want, distress; ~ **anker**, sheet-anchor; ~ **brems**, emergency brake; ~ **e**, urge, press; ~ **havn**, port of refuge; ~ **ig**, reluctantly; ~ **landing**, forced landing; ~ **lidende**, needy, destitute; ~ **løgn**, white lie; ~ **rop**, cry of distress; ~ **sfall:** i ~, in case of need; ~ **t til**, obliged *(el*

forced, compelled) to; ~ **utgang**, emergency exit; ~ **vendig**, necessary; ~ **vendiggjøre**, necessitate; ~ **vendighet**, necessity; ~ **vendigvis**, necessarily; ~ **verge**, self-defence.

nøkk, nix.

nøkkel, key; *mus* clef; (til gåte) clue; ~ **lehull**, keyhole; ~ **leknippe**, bunch of keys; ~ **lering**, key-ring.

nøktern, sober.

nøle, hesitate; ~ **ing**, hesitation.

nøste, *s* ball.

nøtt, nut; ~ **ekjerne**, kernel of a nut; ~ **eknekker**, nutcracker(s).

nøyaktig, exact, accurate; ~ **het**, exactness, accuracy.

nøye, *adj* close; (omhyggelig) careful, *vr* be content *(el* satisfied **(med:** with)); ~ **regnende**, particular **(med:** about).

nøysom, easily satisfied; ~ **het**, contentment.

nøytral, neutral; ~ **isere**, neutralize; ~ **itet**, neutrality.

nå, *adv* now; *v* reach; (tog o.l.) catch.

nåde, grace; (barmhjertighet) mercy; ~**gave,** gift of grace; ~**støt,** death blow, coup de grâce.
nådig, gracious.
nål, needle; (knappe-) pin; ~**eskog,** coniferous forest; ~**etre,** conifer.

når, when; ~ **som helst,** whenever; (at) any time.
nåtid, present time; *gram* the present (tense); ~**tildags,** nowadays; ~**vel,** well (then); ~**værende,** present, prevailing.

O

oase, oasis.
obduksjon, autopsy, post-mortem (examination); ~**sere,** perform a post-mortem on.
oberst, colonel.
objekt, object; ~**iv,** *adj* objective; *s* lens, objective; ~**ivitet,** objectivity.
oblat, wafer.
obligasjon, bond; ~**torisk,** compulsory, obligatory.
obo, oboe.
observasjon, observation; ~**atør,** observer; ~**atorium** observatory; ~**ere,** observe.
odd, point; ~**e,** *s* point; *adj* (om tall) uneven, odd.
ode, ode.
odel, allodial possession;

~**sbonde,** allodialist; ~**sgård,** allodium.
odiøs, invidious.
offensiv, offensive.
offentlig, public; ~**gjøre,** publish; ~**gjørelse,** publication.
offer, sacrifice; (for ulykke) victim; (~**gave**) offering; ~**villig,** self-sacrificing.
offiser, officer; ~**iell,** official.
ofre; ~**ing,** sacrifice.
ofte, often.
og, and; ~**så,** also; too; as well.
oker, ochre.
okkupasjon, occupation; ~**ere,** occupy.
okse, bull; (trekk-) ox; ~**kjøtt,** beef.

oksyd, oxide; ~ **ere,** oxidize; ~ **ering,** oxidation.

oktav, (format) octavo; *mus* octave.

oktober, October.

olabukser, jeans.

oldefar, great-grandfather; ~ **emor,** great-grandmother; ~ **frue,** matron; ~ **ing,** old man; ~ **tid,** antiquity.

oliven, olive; ~ **olje,** olive oil.

olje, *s & v.* oil; ~ **aktig,** oily; ~ **boring,** drilling for oil; ~ **boringsplattform,** drilling platform; ~ **farge,** oil-colour; ~ **felt,** oil-field; ~ **hyre,** oilskins; ~ **ledning,** pipeline; ~ **lerret,** oilcloth; ~ **maleri,** oilpainting.

olm, furious, mad.

olympiade, Olympic Games.

om, *konj* whether, if; (dersom) if; (selv om) even if, even though; *prp* about; of; on; *adv* ~ **igjen,** (over) again, once more; ~ **arbeide,** revise; ~ **bestemme seg,** change one's mind; ~ **bord,** on board, aboard; ~ **bringelse,** delivery;

~ **bygning,** rebuilding; ~ **bæring,** delivery; ~ **danne,** transform, convert; ~ **dannelse,** transformation, conversion; ~ **dreining,** turn, revolution; rotation; ~ **dømme,** judgment; reputation; ~ **egn,** neighbourhood, surroundings, environs.

omelett, omelet(te).

omfang, (utstrekning) extent; (størrelse) volume; ~ **fangsrik,** extensive; ~ **fatte,** (innbefatte) comprise, include, comprehend; ~ **fattende,** comprehensive, extensive; ~ **favne;** ~ **favnelse,** embrace, hug; ~ **forme,** transform.

omgang, (omdreining) rotation; (samkvem) intercourse; (i konkurranse) round; (fotball) half-time; ~ **gangskrets,** circle of acquaintances; ~ **gi,** surround; ~ **givelser,** surroundings, environment; ~ **gjengelig,** sociable; ~ **gå,** evade, *mil* outflank; ~ **gående** (pr ~) by return (of post); ~ **gås,** associate with.

om|hu, care; ~ **hyggelig,** careful; ~ **igjen,** again, over again; ~ **kamp,** *idr* play-off; ~ **kjørsel,** diversion, detour; ~ **komme,** perish; ~ **kostninger,** cost(s); (avgifter) charge(s); expense(s); ~ **kranse,** encircle; ~ **krets,** circumference; ~ **kring,** (a)round, about; ~ **kved,** refrain.

om| lag, about; ~ **land,** se *omegn;* ~ **laste,** transship; ~ **lasting,** transshipment; ~ **legging,** reorganization; rearrangement; ~ **lyd,** mutation; ~ **løp,** circulation.

omme, over, at an end.

om|ordne, rearrange; ~ **organisere,** reorganize; ~ **planting,** transplanting, replanting; ~ **reisende,** travelling; ~ **ringe,** surround; ~ **riss,** outline; ~ **råde,** territory, area; *fig* field.

om|setning, *merk* turnover, sales; ~ **setningsavgift,** purchase tax; ~ **sette,** sell; ~ **sider,** eventually, at length; ~ **skape,** transform; ~ **skipe,** trans-ship; ~ **skjære,** circumcise;

~ **skjæring,** circumcision; ~ **skolere,** reeducate; ~ **skrive,** ~ **skrivning,** paraphrase; ~ **slag,** (på brev) wrapper; (til bok) cover; *med* compress; (i været) change; ~ **sorg,** care; ~ **stendelig,** *adj* circumstantial, detailed; ~ **stendighet,** circumstance, ~ **stigning,** change; ~ **streifer,** vagrant, tramp; ~ **stridt,** disputed; ~ **styrte,** overthrow; ~ **støte,** (oppheve) set aside, reverse; ~ **sydd,** altered.

om|tale, *s v* mention; ~ **tanke,** thoughtfulness; ~ **tenksom,** thoughtful; ~ **trent,** about, approximately; ~ **trentlig,** approximate; ~ **valg,** re-election; ~ **vei,** roundabout way, detour; ~ **veltning,** revolution; ~ **vende,** convert; **en** ~ **vendt,** a convert; ~ **vendelse,** conversion; ~ **vendt,** reverse; ~ **verden,** outside world; ~ **viser,** guide; ~ **visning,** showing about; ~ **vurdering,** revaluation.

ond, evil, wicked; ~ **ar-**

tet, (sykdom) dangerous, malignant; ~e, evil; ~sinnet, evil-minded; ~skapsfull, malicious.

onkel, uncle.

onsdag, Wednesday.

opera, opera; ~asjon, operation; ~ere, operate, *tr* operate on; ~ette, operetta.

opinion, public opinion; ~sundersøkelse, (public) opinion poll.

opp, up; ~arbeide, work up; ~bevare, keep; ~bevaring, *jernb* left-luggage office; ~blåst, inflated; ~brakt, indignant; ~brett, turn-up; ~brudd, departure; ~brukt (beholdning) exhausted; (penger) spent; ~byggelig, edifying.

oppdage, discover; ~dagelse, discovery; ~dagelsesreisende, explorer; ~dra, bring up; ~drag, commission; task; ~dragelse, upbringing; education; ~drett, breeding, rearing; ~dretter, breeder; ~drift, buoyancy; *fig* ambition.

oppe, up; (åpen) open.

oppfange, (oppsnappe) intercept; ~farende, hot-tempered; ~fatning, (forståelse) comprehension; (mening) opinion, view; ~fatte, (forstå) understand, catch; ~finne, invent; ~finnelse, invention; ~finner, inventor; ~fordre, invite, call upon; ~fordring, invitation, request; ~fylle, fulfil; ~fyllelse, fulfilment; ~føre, (bygge) construct, erect; *teat* perform; (i regnskap) enter; *vr* behave; ~førelse, erection; performance; ~førsel, behaviour, conduct.

oppgang, rise; (i hus) staircase; ~gangstid, boom; ~gave, (fortegnelse) statement; (arbeid) task, job; (stil-) subject; (eksamens-) paper, test; ~gi, give up; abandon; (meddele) state; ~gjør, settlement; ~glødd, *fig* enthusiastic.

opphav, origin; ~havsmann, author; ~heve, (avskaffe) lift, abolish; (lov) repeal; ~hevelse, lifting, abolition, repeal; ~ **hisse**, excite, stir up; ~ **hisselse**, excitement; ~ **hold**, stay; (stans) break; ~ **holde**, (forsinke) delay; *vr* stay, (fast) live; ~ **holdstillatelse**, residence permit; ~ **hopning**, accumulation; ~ **hovnet**, swollen; ~ **hør**, cessation, discontinuance; ~ **høre**, cease, stop, end, discontinue; ~ **høye**, raise, elevate; ~ **høyet**, elevated; *fig* sublime.

opp|ildne, inflame.

opp|kalle etter, name after; ~ **kast**, vomit; ~ **kavet**, flurried; ~ **kjøper**, buyer; ~ **kjørsel**, drive; ~ **klare**, clear up; ~ **knappet**, unbuttoned; ~ **kok**, slight boiling, boil; *fig* rehash; ~ **komling**, upstart, parvenu; ~ **komme**, spring; well; ~ **komst**, origin, rise; ~ **krav**, (sende mot ~) send C. O. D. (cash on delivery); ~ **kvikke**, refresh; ~ **kreve**, collect.

opp|lag, (av bok) impression; (av avis) circulation; **skip i ~ lag**, laid-up ships; ~ **lagt**, (være ~, i stemning) feel fit, be in a good mood; (selvfølgelig) obvious, evident; ~ **land**, surrounding country; ~ **lesning**, reading (aloud); ~ **leve**, ~ **levelse**, experience; ~ **live**, (oppmuntre) cheer (up); ~ **livningsforsøk**, attempt at resuscitation; ~ **lyse**, light up, illuminate; (meddele) inform, state; ~ **lysning**, (piece of) information; *bare sg;* (folke~) enlightenment; ~ **lysningstiden**, the Age of Enlightenment; ~ **lyst** (om belysning) illuminated, lit up; (om kunnskaper) enlightened, educated; ~ **læring**, training; ~ **lært**, trained; ~ **løp**, riot; ~ **løse**, dissolve; ~ **løsning** dissolution; *kjem* solution.

opp|mann, umpire, arbitrator; ~ **merksom**, attentive; (være ~ på), be aware of; ~ **merksomhet**, attention; ~ **muntre**, (tilskynde) encourage; (gjøre glad) cheer up; ~ **muntring**, encouragement; ~ **navn**, nick-

name; ~ **nevne**, appoint;
~ **nå**, obtain, achieve,
attain, gain.
opp|ofre; ~ **ofrelse**, sacri-
fice; ~ **ofrende**, devoted.
oppon|ent, opponent;
~ **ere**, object, raise ob-
jections.
opportun|ist; ~ **istisk**, op-
portunist.
opposisjon, opposition.
oppover, up, upward(s).
opp|-pakning, pack;
~ **pussing**, renovation,
redecoration.
opp|regning, enumera-
tion; ~ **reisning**, repara-
tion; satisfaction;
~ **reist**, erect; ~ **rette**,
found, establish; ~ **ret-
telse**, foundation, estab-
lishment; ~ **rettholde**,
maintain; ~ **riktig**, sin-
cere; ~ **riktighet**, since-
rity; ~ **ringning**, call;
~ **rinnelig**, original;
~ **rinnelse**, origin; ~ **ri-
vende**, harrowing; ~ **rop**,
proclamation; (navne-)
call-over, roll-call;
~ **rustning**, rearmament;
~ **rydding**, clearance;
~ **rør**, rebellion, revolt;
(opptøyer) riot(s); ~ **rø-
re**, (vekke avsky) revolt;
~ **rørende**, shocking, re-

volting; ~ **rører**, rebel;
~ **rørsk**, rebellious;
~ **rørt**, (hav) rough; *fig*
shocked; ~ **rådd**, at a
loss.
opp|samling, accumula-
tion; ~ **satt på**, bent *(el*
keen) on; ~ **sigelig**, ter-
minable; (obligasjon)
redeemable; (funksjo-
nær) removable; ~ **si-
gelse**, notice; (kontrakt)
termination; (lån) call-
ing in; ~ **sigelsestid**,
term of notice; ~ **sikt**,
attention; (sterkere) sen-
sation; ~ **siktsvekkende**,
sensational; ~ **skaket**,
upset; ~ **skjørtet**, bus-
tling; ~ **skremt**, alarm-
ed, startled; ~ **skrift**, re-
cipe; ~ **skrive** (forhøye)
write up; ~ **skrytt**,
overpraised; ~ **slag**, (på
erme) cuff; (plakat) bill,
notice; ~ **slagsbok**, refe-
rence book; ~ **slagstav-
le**, notice board;
~ **snappe**, *fig* catch;
(brev *o.l.)* intercept;
~ **spedd**, diluted,
thinned; ~ **spilt**, *fig*
keyed up; ~ **spinn**, fab-
rication; ~ **spore**, trace.
opp|stand, insurrection,
rising; ~ **standelse**, (fra

de døde) resurrection; (røre) excitement, stir; ~ stemt, in high spirits; ~ stigende, ascending; ~ stigning, ascent; ~ stille, (ordne) arrange; ~ stilling, arrangement; *mil* falling in; ~ stiver, pick-me-up; ~ stoppernese, snub nose; ~ strammer, (tiltale) talking-to; ~ styltet, stilted; ~ styr, stir, commotion; ~ stå, *fig* arise; ~ suge, absorb; ~ summere, sum up; ~ summering, summary; ~ sving, *merk* boom, upswing; ~ svulmet, swollen; ~ syn, supervision; ~ synsfartøy, fishery protection vessel; ~ synsmann, inspector, supervisor; ~ søke (besøke) go and see, look up.

oppta, take up, occupy; ~ tagelse, admission; ~ tagelsesprøve, entrance examination; ~ tak (lydbånd *o.l.)* recording; ~ tatt, engaged; (plass *o.l.* også) taken; ~ tegne; ~ tegnelse, record; ~ tog, procession; ~ trapping, es-

calation, stepping-up; ~ tre, *teat* appear; (handle) act; ~ treden, appearance; (handling) action; (oppførsel) conduct; ~ trekker, bottle opener; ~ trinn, scene; ~ trykk, reprint; ~ tøyer, riot(s).

oppvakt, bright, intelligent; ~ varming, heating; ~ varte, wait upon *el* on; ~ vask, washing-up; *konkr* dishes; ~ vaskmaskin, dishwashing machine, dishwasher; ~ veie, counterbalance; ~ vekst, adolescence; ~ vigle, stir up; ~ vigler, agitator; ~ vigleri, agitation; ~ vise, show; ~ visning, display, show.

oppøve, train.

optiker, optician.

optimisme, optimism; ~ t, optimist; ~ tisk, optimistic.

orakel, oracle.

oransje, orange.

ord, word; be om ~ et, request leave to speak; gi ~ et, call on, give the floor; ~ bok, dictionary.

orden, order; ~ smann, methodical person; (på

skole) monitor; ~ **stall**, ordinal number; ~ **tlig**, (som er i orden) orderly, tidy; (riktig); proper, regular; (anstendig) decent.

ord|forråd, vocabulary; ~ **fører**, chairman; (i bykommune) mayor.

ordin|asjon, ordination; ~ **ere**, ordain; *med* prescribe; ~ **ær**, ordinary; (simpel) common.

ord|klasse, part of speech; ~ **lyd**, wording.

ord|ne, arrange, fix; ~ **ing**, arrangement.

ordonnans, orderly.

ordre, order.

ord|rett, literal, verbatim; ~ **skifte**, debate, discussion; ~ **spill**, pun; ~ **språk**, proverb; ~ **stilling**, word order; ~ **styrer**, chairman.

organ, organ; (stemme) organ of speech, voice; ~ **isasjon**, organization; ~ **isator**, organizer; ~ **isere**, organize; ~ **isk**, organic; ~ **isme**, organism; ~ **ist**, organist.

orgel, organ.

orgie, orgy.

orient|alsk, oriental; ~ **en**, the East, the Orient;

~ **ere**, inform, brief; ~ **ere seg**, take one's bearings, orientate oneself; ~ **ering**, (rettledning) guidance, information.

original, original.

orkan, hurricane.

orke (greie) manage; (holde ut) bear.

orkester, orchestra, band.

orkidé, orchid.

orm, worm; (slange) snake.

ornament; ~ **ere**, ornament.

ortodoks, orthodox.

ortografi, orthography; ~ **sk**, orthographic.

os, (røyk) smoke; (elve-) mouth, outlet; ~ **e**, smoke.

osean, ocean.

oss, us.

ost, cheese.

osv, etc, and so on, and so forth.

oter, otter.

otium, leisure, retirement.

oval, *adj & s* oval.

oven|for, *adv & prp* above; ~ **nevnt**; ~ **stående**, above(-mentioned); ~ **på** (i etasjen over) upstairs.

over, over; (høyere oppe

enn) above; **(tvers ~)** across; ~ **alt**, everywhere; ~ **anstrenge seg**, overwork *(el* overstrain) oneself; ~ **anstrengelse**, overstrain; ~ **arm**, upper arm.

over|befolket, over-populated; ~ **bevise**, convince **(om:** of); ~ **bevisning**, conviction; ~ **blikk**, general view; ~ **bord**, overboard; ~ **bringe**, deliver; ~ **by**, outbid; ~ **bærende**, indulgent **(med:** to); ~ **bærenhet**, indulgence.

over|del, upper part; ~ **dra**, transfer; (myndighet) delegate; ~ **dreven**, exaggerated; ~ **drive**, exaggerate; ~ **drivelse**, exaggeration; ~ **døve**, drown; ~ **dådig**, luxurious, sumptuous.

over|ens: komme, stemme ~, agree; ~ **enskomst**, agreement; ~ **ensstemmelse**, accordance, agreement.

over|fall, ~ **falle**, assault; ~ **fart**, crossing, passage; ~ **fladisk**, ~ **flate**, surface; ~ **flod**, abundance; ~ **flødig**, superfluous; ~ **for** *prp adv*

opposite; *prp fig* in (the) face of; ~ **fylt**, overcrowded; ~ **føre**, transfer; (TV og radio) transmit; ~ **føring**, transfer; (TV og radio) transmission; ~ **ført**, (om betydning) figurative.

over|gang, crossing; *fig* transition; ~ **gangsalder**, climacteric; ~ **gangsbillett**, transfer(-ticket); ~ **gi**, hand over; ~ **gi seg**; ~ **givelse**, surrender; ~ **grep**, encroachment; ~ **grodd**, overrun; ~ **gå**, exceed, surpass.

over|hale; **overhaling**, overhaul; ~ **hengende**, (om fare) imminent, impending; ~ **herredømme**, supremacy; ~ **hode**, head; ~ **hodet**, (i det hele tatt) at all; ~ **holde**, observe, keep; ~ **høvle**, *fig* dress down; ~ **hånd**, **ta ~ ~**, become rampant.

overilt, rash.

overingeniør, chief engineer.

over|kjeve, upper jaw; ~ **kjørt: bli ~**, get run over; ~ **klasse**, upper classes; ~ **kokk**, chef; ~ **kommando**, chief command; ~ **komme**, manage; ~ **kommelig**, (pris) reasonable.

over|lagt, premeditated; wilful; ~ **last**, injury; ~ **late**, leave; ~ **lege**, chief physician; ~ **legen**, superior; (i vesen) haughty, supercilious; ~ **legenhet**, superiority; (i vesen) haughtiness; ~ **legg: med** ~, deliberately; ~ **leve**, survive; ~ **levere**, deliver; ~ **liste**, outwit; ~ **lær**, upper vamp; ~ **løper**, deserter, defector.

over|makt, superiority; ~ **mann**, superior; ~ **manne**, overpower; ~ **menneske**, superman; ~ **moden**, overripe; ~ **morgen: i** ~, the day after to-morrow; ~ **måte**, extremely.

over|natte, stay overnight, spend the night; ~ **naturlig**, supernatural.

over|oppsyn, supervision; ~ **ordentlig**, extraordinary; ~ **ordnet**, superior.

over|raske; ~ **raskelse**, surprise; ~ **reise**, crossing, passage; ~ **rekke**, present; ~ **rumple**, take by surprise.

over, til overs, left(over); ~ **se**, (ikke se) overlook, miss; ~ **sette**, translate; ~ **settelse**, translation; ~ **setter**, translator; ~ **sikt**, survey; ~ **sjøisk**, oversea(s); ~ **skride**, exceed; ~ **skrift**, heading; (i avis) headline; ~ **skudd**, surplus; ~ **skyet**, overcast; ~ **slag**, estimate; ~ **spent**, high-strung; ~ **stige**, exceed, surpass; ~ **strykning**, crossing out, deletion; ~ **strømmende**, effusive, profuse; ~ **svømme**, overflow, flood; *fig* overrun; ~ **svømmelse**, flood, inundation; ~ **søster**, head nurse.

over|ta, take over; ~ **tak: ha** ~ **et**, have the upper hand; ~ **tale**, persuade; ~ **talelse**, persuasion; ~ **tid**, overtime; ~ **tre**, (lov *o.l.*) infringe, break; ~ **treffe**, exceed, surpass; ~ **trekke**, (konto) overdraw; ~ **tro**, superstition; ~ **troisk**, superstitious.

over|veie, consider, think over; ~ **veielse**, conside-

ration, deliberation;
~ **veiende**, *adv* mainly,
chiefly; ~ **vekt**, over-
weight; *fig* preponde-
rance; predominance;
~ **velde**, overwhelm;
~ **vinne**, conquer, de-
feat; (vanskelighet)
overcome; ~ **vintre**,

winter; ~ **vurdere**, over-
estimate; ~ **være**, at-
tend; ~ **våke**, watch
(over), supervise.
overøse med, shower st
on.
ovn, stove; **(baker ~)**
oven; (smelte-) furnace;
elektr heater.

P

padde, toad.
padle, paddle.
pakk, (pøbel) mob; ~ **e**,
v pack; wrap; ~ **e opp**,
unpack; unwrap; ~ **e**
inn, wrap up; ~ **e** *s* par-
cel; (fabrikkpakket)
packet; ~ **epost**, parcel
post; ~ **hus**, warehouse;
~ **is**, pack ice.
pakning, package, pack-
ing.
pakt, pact, covenant.
palass, palace.
palett, palette.
palme, palm; ~ **søndag**,
Palm Sunday.
panel, (på vegg), wain-
scot; (TV, radio) panel.
panikk; panisk, panic.
panne, (steke-) frying-
pan; (ansiktsdel) fore-
head; ~ **kake**, pancake.

panser, armour; (på bil)
bonnet; *amr* hood;
~ **bil**, armoured car;
~ **hvelv**, strong room.
pant, pledge; (hånd-)
pawn; (i fast eiendom)
mortgage; (for flaske)
deposit; ~ **e**, distrain
on; ~ **elåner**, pawn-
broker; ~ **obligasjon**,
mortgage (deed); ~ **set-**
te, pawn; (i fast eien-
dom) mortgage.
papegøye, parrot.
papir, paper; ~ **forret-**
ning, stationer's shop;
~ **kurv**, wastepaper bas-
ket; ~ **masse**, paper-
pulp; ~ **pose**, paper bag.
papp, (limt) pasteboard;
(kartong) cardboard;
~ **eske**, cardboard box,
carton.

parade; ~**dere**, parade; ~**dis**, paradise; **hoppe** ~**dis**, play hopscotch; ~**doks**, paradox; ~**doksal**, paradoxical; ~**fin**, paraffin; ~**frase**, paraphrase; ~**graf**, paragraph; (i lov) section; ~**llell**, parallel; ~**ply**, umbrella; ~**sitt**, parasite; ~**soll**, parasol; ~**t**, ready.

parentes, parenthesis, *pl* ~**theses**.

parere, parry; (adlyde) obey.

parfyme, perfume; ~**butikk**, perfumery; ~**re**, perfume.

pari, par.

paringstid, pairing (el mating) season.

park, park; ~**ere**, park; ~**eringsplass**, parking-place (el ground); (otorre) car-park; ~**ett**, (golv) parquet; *teat* stalls.

parlament, parliament; ~**arisk**, parliamentary.

parlør, phrase book.

parodi, parody; ~**sk**, parodic.

parole (slagord) watchword, slogan.

parsell, lot; ~**ere**, parcel out.

part, part share; *jur* party; ~**ere**, cut up; ~**erre**, pit; ~**i** *pol* party; (vare-) consignment, shipment; (giftermål) match; *mus* part; ~**isan**, partisan; ~**isipp**, participle; ~**isk**, partial; ~**itur**, score.

parykk, wig.

pasient, patient.

pasifisme, pacifism; ~**ist**; ~**istisk**, pacifist.

pasje, page.

pasjon, passion; ~**ert**, (ivrig) keen, ardent.

pass, (reise-) passport; (fjell-, i kort) pass; (tilsyn) attention, care; (pleie) nursing; ~**asje**, passage; ~**asjer**, passenger; ~**at**, tradewind; ~**e** (være beleilig) suit, (ha rett form) fit; (ta seg av) look after; ~**ende**, suitable, fit; ~**er**, compasses; ~**ere**, pass (by); ~**erseddel**, permit; ~**iar**, talk, chat; ~**iv**, passive; ~**iva**, liabilities.

pasta, paste.

pastell-, ~**farge**, pastel.

pasteurisere, pasteurize.

pastill, pastille, lozenge.

patent, patent; ~ **ert**, patented.

patetisk, pathetic; ~ **os**, pathos.

patriark, patriarch; ~ **ot**, patriot; ~ **otisk**, patriotic.

patron, cartridge.

patrulje; ~ **re**, patrol.

patte, suck; ~ **barn**, suckling; ~ **dyr**, mammal.

pauke, kettle-drum.

pause, pause; *teat o.l.* interval; *mus* rest.

pave, pope; ~ **lig**, papal.

paviljong, pavilion.

pedagog, pedagogue, education(al)ist; ~ **isk**, pedagogic(al).

pedal, pedal.

peile, take a bearing; ~ **ing**, bearing; **ta** ~ **ing på** (sikte på) aim at.

peis, fire-place; ~ **hylle**, mantelpiece.

pek, gjøre et ~, play a trick on; ~ **e**, point (**på**: at, *fig* to); ~ **efinger**, forefinger; ~ **estokk**, pointer.

pels, fur; ~ **dyr**, furred animal; ~ **handler**, furrier; ~ **jeger**, trapper; ~ **kåpe**, furcoat.

pen, nice, handsome, pretty.

pendel, pendulum; ~ **le** (svinge) oscillate; (reise) commute; ~ **ler**, commuter.

pengeknipe, money difficulty; ~ **plassering**, investment; ~ **pung**, purse; ~ **r**, money; ~ **seddel**, banknote; ~ **skap**, safe; ~ **utpressing**, blackmail.

penn, pen; ~ **al**, pencil-case; ~ **eskaft**, pen-holder; ~ **strøk**, stroke of the pen.

pensel, brush.

pensjon, pension; (kost) board; ~ **at**, boarding-house; ~ **atskole**, boarding-school; ~ **ist**, pensioner; ~ **skasse**, pension fund.

pensum, syllabus; curriculum.

pepper, pepper; ~ **bøsse**, pepperbox; ~ **mynte**, peppermint.

per *el* pr.: ~ **stykk**, a piece; ~ **dag**, per (*el* a) day; ~ **båt, post**, by boat, by post.

perfeksjonere seg i, improve one's knowledge of; ~ **t**, perfect; ~ **um**, the perfect tense.

perforere, perforate.

pergament, parchment; ~**papir,** parchment paper.

periferi, periphery; ~**ode,** period; ~**odevis,** periodic(al); ~**skop,** periscope.

perle, pearl; (glass) bead; ~**fisker,** pearl-diver; ~**halsbånd,** pearl-necklace; ~**mor,** mother-of-pearl.

perm, cover; (omslag) file; ~**anent,** permanent; ~**isjon,** leave (of absence); ~**ittere,** (gi permisjon) grant leave; (sende bort) dismiss.

perpleks, taken aback, perplexed.

perrong, platform.

perser, Persian; ~**ianer,** Persian lamb; khan; ~**ienne,** Venetian blind; ~**ille,** parsley; ~**isk,** Persian.

person, person; *teat* character; ~**ale,** personnel, staff; ~**ifikasjon,** personification; ~**ifisere,** personify; ~**lig,** personal, in person; ~**lighet,** personality.

perspektiv, perspective.

pertentlig, meticulous, prim.

pervers, perverted.

pese, pant.

pessimisme, pessimism; ~**t,** pessimist; ~**tisk,** pessimistic.

pest, plague, pestilence.

petroleum, kerosene, paraffin oil; (jordolje) petroleum.

pianist, pianist; ~**o,** piano.

pietet, piety; ~**etsfull,** reverent; ~**isme,** pietism.

pigg, spike; ~**dekk,** studded tyre; ~**sko,** spiked shoe; ~**tråd,** barbed wire; ~**var,** turbot.

pikant, piquant, racy.

pike, girl; ~**navn** (etternavn) maiden name; **speider**~, girlguide.

pikkolo, (hotellgutt) page; *amr* bellhop, bellboy; ~**fløyte,** piccolo.

pil, *bot* willow; (til bue) arrow; ~**ar,** pillar; ~**egrim,** pilgrim; ~**egrimsferd,** pilgrimage.

pille, *s* pill; *v* pick.

pine, *s og v* pain, torture; ~**benk,** rack.

pingvin, penguin.

pinlig, awkward, painful, embarrassing.

pinne, stick; (vagle) perch.

pinnsvin, hedgehog.

pinse, Whitsun(tide); ~ **dag,** Whitsunday; ~ **lilje,** white narcissus.

pinsett, tweezers.

pion, peony.

pionér, pioneer.

pip, squeak; ~ **e,** s pipe; *mus* fife; *v* whistle; squeak; ~ **ekonsert,** cat-calls; ~ **erenser,** pipe-cleaner.

piple, trickle, ooze.

pir, (fisk) young macke-rel; (brygge) pier; (mindre) jetty.

pirat, pirate.

pirke, prod; ~ **eri;** ~ **et,** niggling.

pirre, irritate; stimulate.

pisk, whip; (pryl) flog-ging; ~ **e,** whip, flog; (fløte, egg) beat, whip.

piss, piss, urine; ~ **e,** piss, urinate; ~ **oar,** uri-nal.

pistol, pistol; gun.

pjolter, whisky and soda.

plage, s og v trouble, bother, worry; ~ **som,** troublesome.

plagg, garment.

plagiat, plagiarism; ~ **ere,** plagiarize.

plakat, placard, bill, pos-ter.

plan, *adj* plane; s c plan, scheme, design; *n* pla-ne; (nivå) level; ~ **ere,** level; ~ **et,** planet; ~ **geometri,** plane geo-metry.

planke, plank; deal; ~ **gjerde,** board fence, hoarding.

planlegge, plan; ~ **løs,** planless; ~ **messig,** sys-tematic.

plansje, (kart) chart.

plantasje, plantation; ~ **asjeeier,** planter; ~ **e,** s & v plant; ~ **eskole,** forest nursery.

plapre, babble, prattle.

plask; ~ **e,** splash; ~ **regn,** downpour.

plass, (rom) room, space; (sted) place; (firkantet ~ i en by) square; (sit-te ~) seat; (lønnet post), place, situation.

plassere, place; *merk* in-vest.

plaster, plaster.

plastikk; ~ **isk,** plast; plastic.

plate, plate; (bord-) top; (stein-) slab; (tynn me-tall- *el* glass-plate) sheet; (grammofon-) re-

cord; *elektr* hotplate;
~ **spiller**, record player.
platt, flat; vulgar;
~ **form**, platform; ~ **fot**,
flat foot; ~ **-tysk**, Low
German.
platå, plateau, tableland.
pledd, (reise-) travelling
rug.
pleie, *v* (ha for vane)
usually do st; (pleide å)
used to do st; (passe)
tend, nurse, look after;
s nursing; tending;
~ **barn**, foster-child;
~ **hjem**, nursing home;
~ **r**, ~ **rske**, nurse.
plen, lawn; ~ **klipper**,
lawn mower.
plenum, i ~, in plenary
session.
plett, spot; *fig* blot;
(sølv-) silver plate;
~ **fri**, spotless.
plikt, duty; ~ **ig**, obliged,
(in duty) bound; ~ **opp-
fyllende**, dutiful.
plire, blink, squint.
plisse, pleating.
plog, plough; ~ **fure**, fur-
row.
plombe, (i tann) filling;
(bly-) (lead) seal; ~ **re**,
(tann) fill, stop; (forseg-
le) seal (with lead).
plomme, (egg) yolk;
(frukt) plum.

pludre, babble.
plugg; ~ **e**, peg; plug.
plukke, pick; gather.
plump, *adj* coarse, vul-
gar; *s* splash; ~ **e**,
plump; ~ **het**, vulgarity.
pluss, plus.
plutselig, *adj* sudden; *adv*
suddenly.
plyndre, plunder, pillage;
rob; ~ **ing**, pillage,
plundering.
plysj, plush.
plystre, whistle.
pløse (i sko) tongue; (po-
se) bag; ~ **t**, baggy,
bloated.
pløye, plough.
podagra, gout.
pode, *v* graft.
poeng, point; ~ **tere**,
emphasize; ~ **tert**, *adv*
pointedly.
poesi, poetry; ~ **t**, poet.
pokal, cup.
pokker, the deuce, the
devil.
pol, pole; ~ **akk**, Pole;
~ **ar**, polar; ~ **arsirkel**,
polar *(el* nordlig arctic)
circle.
polemikk, controversy;
~ **sk**, controversial, po-
lemic.
Polen, Poland.
polere, polish.

poliklinikk, policlinic.
polise, policy; ~ **ti,** police; ~ **tifullmektig,** superintendent; ~ **tikammer,** police-station; ~ **tiker,** politician; ~ **tikk,** (virksomhet) politics; (linje, fremgangsmåte) policy; ~ **timann,** police officer, policeman; ~ **timester,** chief constable, chief of police; ~ **tisk,** political; ~ **tistasjon,** police-station; ~ **tur,** polish.
polsk, Polish.
polstre, upholster.
polygami, polygamy.
polypp, *zool* polyp; *med* polyp(us).
pomade, pomade.
pomp, pomp, state; ~ **øs,** pompous, stately.
ponni, pony.
poppel, poplar.
popularisere, popularize; ~ **aritet,** popularity; ~ **ær,** popular.
pore, pore.
pornografi, pornography; ~ **sk,** pornographic.
porselen, china, porcelain; ~ **svarer,** china-(ware).
porsjon, portion, share; (mat) helping.

port, gate; ~ **al,** portal; ~ **efølje,** portfolio; ~ **emoné,** purse; ~ **forbud,** curfew; ~ **ier,** hall-porter; ~ **iere,** curtain, portiére; ~ **ner,** porter; ~ **o,** postage; ~ **rett,** portrait; ~ **ugal,** Portugal; ~ **ugiser;** ~ **ugisisk,** Portuguese; ~ **vin,** port.
porøs, porous.
pose, bag; ~ **re,** pose.
posisjon, position; ~ **tiv,** positive; ~ **tur,** attitude, pose.
post, (brev *o.l.*) post, mail; (~ **vesen**) post; (stilling) appointment, post, situation; (på program og i regnskap) item; ~ **anvisning,** money order; ~ **boks,** post office box; ~ **bud,** postman; *amr.* mailman.
postei, pie; pâté.
postere, post; ~ **e,** post, mail; ~ **giro,** post giro, postal cheque (service); ~ **hus,** post office; ~ **kasse,** letterbox; ~ **kontor,** post office; ~ **kort,** postcard; ~ **legge,** post, mail; ~ **mester,** postmaster; ~ **nummer,** postcode; ~ **oppkrav,** (sende mot ~) send C.

O. D. (cash on delivery); ~**pakke**, postal parcel; ~**stempel**, postmark.

pote, paw.

potens, power; (kjønnskraft også) potency.

potet, potato; ~**mel**, potato flour; ~**stappe**, mashed potatoes.

pottaske, potash; ~**e**, pot; ~**emaker**, potter; ~**eplante**, pot(ted) plant.

pragmatisk, pragmatic.

Praha, **Prag**, Prague.

praie, hail.

praksis, practice; ~**t**, splendour; ~**tfull**, splendid; ~**tikant**, trainee; ~**tisere**, practise; ~**tisk**, practical.

pram, lighter, barge.

prange, shine; ~**med**, show off.

prat; ~**e**, chat; ~**som**, talkative.

predikant, preacher.

preferanse, preference; ~**aksje**, preference share.

preg, impress, stamp; ~**e**, stamp, characterize.

preke, preach; ~**n**, sermon; ~**stol**, pulpit.

prektig, splendid; excellent.

prekær, precarious.

prelle av, glance off.

preludium, prelude.

premie, (forsikrings-) premium; (belønning) prize; ~**konkurranse**, prize competition.

première, first night *el* performance.

premisse, premise.

preparat, preparation; ~**ere**, prepare.

preposisjon, preposition.

presang, present, gift.

presenning, tarpaulin.

presens, the present (tense); ~**tabel**, presentable; ~**tasjon**, (av person) introduction; (av veksel) presentation; ~**tere**, (person) introduce (**for**: to); (regning, veksel) present.

president, president; (ordfører) chairman; ~**ere**, preside.

presis, precise, punctual; (om klokkeslett) sharp; ~**ere**, define precisely; ~**jon**, precision.

press, pressure; (påkjenning) strain; ~**e**, *s* press; *v* press; ~**ebyrå**, news agency; ~**efrihet**, freedom of the press; ~**erende**, urgent;

~**gruppe,** pressure group.
prest, clergyman; parson; (katolsk) priest; (sogne-) rector, vicar; (kapellan) curate; (skips-, felt- *etc)* chaplain; (Skottland og dissenter-) minister; ~**asjon,** achievement; ~**egård,** rectory, vicarage; ~**ekjole,** cassock; ~**ekrage** *bot* ox-eye daisy; ~**ere,** perform, achieve; ~**isje,** prestige.
pretensiøs, pretentious.
Preussen, Prussia.
prevensjon, contraception; ~**tiv,** *adj* preventive; ~**tive midler,** contraceptives.
prikk, dot; (flekk) spot; ~**e,** dot; (stikke) prick.
prima, first-class; ~**itiv,** primitive; ~**us,** primus; spirit stove; ~**ær,** primary.
prins, prince; ~**esse,** princess; ~**gemal,** Prince Consort; ~**ipiell,** fundamental, in principle; ~**ipp,** principle.
prioritere, give preference *(el* priority) to; ~**et,** priority; (pant) mortgage; ~**etsaksje,**

preference share; ~**ets-lån,** mortgage loan.
pris, price; (premie) prize; ~**avslag,** allowance, reduction in the price, discount; ~**e,** (rose) praise; (fastsette prisen på) price; ~**fall,** fall in price(s); ~**for-høyelse,** se *-stigning;* ~**liste,** price-list; ~**me,** prism; (i lysekrone) drop; ~**nedsettelse,** reduction in *(el* of) prices; price reduction; ~**note-ring,** quotation; ~**stig-ning,** rise of *(el* in) prices; ~**stopp,** price freeze; ~**verdig,** praiseworthy.
privat, private.
privilegium, privilege.
problem, problem.
produksjon, production; ~**kt,** product; ~**ktiv,** productive; ~**sent,** producer; ~**sere,** produce.
profan, profane; ~**fe-sjon,** profession; (håndverk) trade; ~**fesjonell,** professional; ~**fessor,** professor; ~**fet,** prophet; ~**feti,** prophecy; ~**fil,** profile; ~**fitt;** ~**fittere,** profit.
prognose, prognosis;

~ **gram**, ~ **grammere**, program(me); ~ **gressiv**, progressive; ~ **klamasjon**, proclamation; ~ **klamere**, proclaim.
proletar, proletarian; ~ **log**, prologue; ~ **menade**, promenade; ~ **mille**, per thousand.
pronomen, pronoun; ~ **pell**, propeller; screw; ~ **porsjon**, proportion.
propp, plug; ~ **e**, (fylle) cram; ~ **e seg**, gorge (oneself); ~ **full**, chokefull.
prosa, prose; ~ **isk**, prosaic.
prosedere, *jur* plead; ~ **yre**, final addresses of counsel; (fremgangsmåte) procedure.
prosent, per cent; (-sats) percentage.
prosesjon, procession.
prosess, *jur* (law)suit, action; (kjemi) process.
prosjekt, project, scheme; ~ **sjektør**, *teat* spotlight; (til film) projector; ~ **sjektil**, projectile; ~ **spektkort**, (picture) postcard; ~ **stitusjon**, prostitution.
protest, protest; ~ **testant**, Protestant; ~ **tes-**

tere, protest; ~ **tokoll**, register, record (møte-) minute-book; ~ **tokollere**, register, record.
proviant, provisions; ~ **ere**, take in supplies.
provins, province; ~ **vinsiell**, provincial; ~ **visjon**, commission; ~ **visorisk**, provisional, temporary; ~ **vokasjon**, provocation; ~ **vosere**, provoke.
prute, haggle, bargain.
pryd, ornament; ~ **e**, adorn, decorate, ornament.
pryl, thrashing, beating; ~ **e**, thrash, beat.
prærie, prairie.
prøve, *s* trial, test; (av noe, vare-) sample; *teat* rehearsal; *v* try; (fagmessig) test; *teat* rehearse; ~ **lse**, trial; ~ **tur**, trial trip.
prøysser; ~ **isk**, Prussian.
psevdonym, pseudonym, pen-name.
psykiater, psychiatrist; ~ **iatri**, psychiatry; ~ **isk**, psychic(al); ~ **oanalyse**, psychoanalysis; ~ **olog**, psychologist; ~ **ologi**, psychology; ~ **ologisk**, psychological.

pubertet, puberty.
publikasjon, publication; ~**kum**, the public; *teat* audience; ~**sere**, publish.
pudder; ~**re**, powder.
pudding, pudding.
puff; ~**e**, push.
pugg; ~**e**, cram, swot.
pukkel, hump, hunch; ~**rygg**, hunch-back.
pulje, *idr* division, group; (i spill) pool.
pull (på hatt) crown.
puls, pulse; ~**ere**, pulsate; ~**åre**, artery.
pult, desk.
pulver, powder.
pumpe, *s & v* pump.
pund, pound; ~**seddel**, pound note.
pung, purse; *zool* pouch; ~**dyr**, marsupial.
punkt, point; (prikk) dot; ~**ere**, ~**ering**, puncture; ~**lig**, punctual; ~**tum**, full stop.
punsj, punch.
pupill, pupil.
puppe, *zool,* pupa, chrysalis; ~**hylster**, cocoon.
pur, (ren, skjær) pure.
puré, purée.
puritaner, Puritan; ~**sk**, puritan(ical).
purke, sow.

purpur, purple.
purre, *s* leek; *v* (vekke), call; rouse; *mar* turn out; (minne om) remind of, press for.
pus, pussy.
pusle, (små-) fiddle, potter; ~**spill**, (jig-saw) puzzle.
puss, (materie) pus; (pynt) finery; (mur) plaster; (påfunn) trick; ~**e**, (gjøre blank) clean; (rense) polish; ~**emiddel**, polish; ~**ig**, queer, funny.
pust, breath; (vind-) puff; ~**e**, breathe; ~**erom**, breathing space, respite.
pute, (sofa-) cushion; (hode-) pillow; ~**var**, pillow-case *(el* slip).
putre, (småkoke) simmer.
pygmé, pygmy.
pyjamas, pyjama(s).
pynt, ornament; (besetning) trimmings; (odde) point; ~**e**, decorate; ~ **seg**, dress up.
pyramide, pyramid; ~**oman**, pyromaniac.
Pyrenéene, the Pyrenees.
pytt, *s* pool, puddle.
pæl, pole, stake.
pære, pear; *elektr* bulb.

pøbel, mob; ~ **aktig,** vulgar.

pøl, pool, puddle.

pølse, sausage; ~ **bu,** hot dog stand.

pøns(k)e på, be up to; ~ **ut,** devise, think out.

pøs, bucket; ~ **e,** pour.

på, *prp* on, upon; ~ **berope seg,** plead; ~ **bud;** ~ **by,** order.

påfallende, striking; ~ **fugl,** peacock; ~ **funn,** invention; ~ **følgende,** following; ~ **gripe,** *jur* arrest; ~ **gående,** pushing; ~ **hengsmotor,** outboard motor.

påkalle, (oppmerksomheten) attract; ~ **kjenning,** strain, stress; ~ **kledd,** dressed; ~ **kledning,** dress.

påle, pole, stake.

pålegg, (forhøyelse) increase, rise; (på brød) cheese, meat etc.; ~ **legge,** (skatt *o.l.*) impose; ~ **litelig,** reliable; ~ **lydende,** *s* face value; ~ **løpne renter,** accrued interest.

påminnelse, reminder; ~ **mønstre,** engage; ~ **passelig,** attentive, careful; ~ **peke,** point

out; ~ **pekende,** *gram* demonstrative; ~ **rørende,** relative.

påse at, see (to it) that, take care that.

påske, Easter; ~ **dag,** Easter Day *el* Sunday; ~ **lilje,** daffodil.

påskjønne, (belønne) reward; ~ **skrift** (på veksel *o.l.*) endorsement; (underskrift) signature; ~ **skudd,** pretext, excuse; ~ **skynde,** hasten; ~ **stand,** assertion; ~ **stå,** assert, maintain; ~ **ståelig,** assertive, stubborn.

påta seg, assume, undertake; ~ **tale,** *v* criticize; *s* censure; *jur* prosecution; ~ **talemyndighet,** prosecuting authority; ~ **tegne,** endorse; (underskrive) sign; ~ **trengende,** obtrusive; (~ **nødvendig)** urgent; ~ **trykk,** pressure; ~ **tvinge,** force upon.

påvente: i ~ av, in anticipation of; pending; ~ **virke;** ~ **virkning,** influence; ~ **vise,** point out, show; (bevise) prove; ~ **visning,** demonstration.

R

rabalder, noise, row.
rabarbra, rhubarb.
rabatt, *merk* discount; (bed) border.
rable, scribble.
rad, row; (rekke) rank.
radaranlegg, radar installation.
radiator, radiator.
radikal; ~ **er,** radical; ~ **isme,** radicalism.
radio, radio, wireless; ~ **aktiv,** radioactive; ~ **apparat,** radio set;
radium, radium; ~ **s,** radius.
raffinade, lump sugar; ~ **eri,** refinery.
rage (fram) project; (~ opp) rise, tower.
rak, straight; ~ **e,** (angå) concern; (med rive) rake.
rakett, rocket; *mil* missile.
rakke ned på, abuse, run down.
rakne, (om tøy) rip; (om strømpe) ladder; ~ **fri,** ladderproof.
rakrygget, erect, upright.
ralle, rattle.

ram, (om smak) acrid, rank; ~ **askrik,** outcry; ~ **bukk,** rammer.
ramle, (falle) tumble; (skramle) rumble, lumber.
ramme, *v* hit, strike; *s* frame.
ramn, raven.
ramp, *koll* mob, rabble; (en person) hooligan; ~ **elys,** footlights; *fig* limelight; ~ **onere,** damage.
ramse, på ~, by rote; ~ **e opp,** reel off.
ran, robbery.
rand, (kant) edge; (på glass) brim; *fig* brink, verge.
rane, rob.
rang, rank; (for-) precedence; ~ **el,** spree, booze, revel; ~ **ere,** rank; ~ **le,** (rasle) rattle; (ture) go on the booze *el* spree, revel; *s* rattle.
rank, straight, erect.
ransake, search, ransack; *dt* frisk; ~ **sel,** knapsack; (skole-) satchel; ~ **smann,** robber.

rap; ~ **e**, belch.
rapp, *adj* quick, swift.
rapport; ~ **ere**, report.
rar, queer, strange; ~ **ing**, odd type; ~ **itet**, curiosity.
ras, landslide, landslip; (snø-) avalanche; ~ **e**, (ut) slide; (være rasende) rage, rave; storm; *s* race; (dyre-) breed; ~ **ediskriminering**, racial discrimination; ~ **ehat**, racial hatred; ~ **ende**, furious; ~ **ere**, raze; ~ **eri**, fury, rage.
rasjon; ~ **ere**; ration; ~ **alisere**, rationalize; ~ **ering**, rationing.
rask, *adj* quick; rapid, fast.
rasle, rattle; rustle; clank.
rasp; ~ **e**, rasp.
rast; ~ **e**, rest; ~ **løs**, restless.
rate, instalment; (frakt-) rate.
ratt, (steering-) wheel.
raut; ~ **e**, low.
rav, *s* amber; ~ **e**, stagger, reel.
razzia, raid.
re en seng, make a bed.
reagensglass, test-tube; ~ **agere**, react; ~ **aksjon**,

reaction; ~ **aksjonær**, reactionary.
real, honest; straight; (virkelig) real; ~ **fag**, science; ~ **isasjon**, realization; (utsalg) disposal sale; ~ **isere**, realize; ~ **isme**, realism; ~ **ist**, realist; (lærer i realfag) science teacher; ~ **itet**, reality; ~ **lønn**, real wages.
rebell, rebel; ~ **sk**, rebellious.
red, roads *pl*
redaksjon, (kontor) editorial office; (stab) editorial staff; ~ **tør**, editor.
redd, afraid, scared, frightened.
redde, save; (befri) rescue.
reddik, radish.
rede, ready; ~ **gjøre**, give an account (for: of); ~ **gjørelse**, account, statement; ~ **lig**, honest; ~ **r**, shipowner; ~ **ri**, shipping company.
redigere, (avis) edit; (formulere) draft.
redning, saving; rescue; ~ **sbelte**, lifebelt; ~ **sbåt**, lifeboat; ~ **svest**, life-jacket.
redsel, horror, terror;

~**sfull**, horrible, terrible, dreadful.

redskap, tool, implement.

reduksjon, reduction; ~**sere**, reduce.

reell, real.

referanse, reference; ~**at**, report; (fra møte) minutes; ~**erent**, reporter; ~**ere** (et møte) report; (~ **til**) refer (to).

refleks, reflex; ~**tere**, reflect (**over:** on).

reform; ~**ere**, reform.

refreng, refrain, chorus.

refse, chastise, punish; ~**lse**, chastisement, punishment.

refundere, refund; ~**ing**, refundment.

regatta, regatta.

regel, rule; ~**messig**, regular.

regent, ruler, regent; ~**gime**, regime; ~**giment**, regiment; ~**gion**, region; ~**gissør**, *teat* state manager; (film) director.

register, register, record; (alfabetisk) index; ~**rere**, register, record.

regjere, govern, rule; ~**ing**, government.

regle, jingle; ~**ment**, regulations.

regn, rain; ~**bue**, rainbow; ~**byge**, shower; ~**e**, rain; (telle) count; (be-) reckon, calculate; ~**efeil**, miscalculation; ~**emaskin**, calculator, calculating machine; computer; ~**eoppgave**, arithmetical problem; ~**frakk**, raincoat; ~**ing**, (fag) arithmetic; (regnskap) account; (for varer *el* annet) bill; ~**skap**, account(s); ~**skapsbilag**, voucher; ~**skapsfører**, accountant; ~**skur**, shower; ~**vær**, rainy weather.

regulativ, (lønns-) scale of wages; ~**ere**, regulate; (justere) adjust; ~**ering**, regulation, adjustment.

rehabilitere, rehabilitate.

rein, reindeer.

rein, *adj* clean; (ublandet) pure; ~**t** *adv* (helt) purely, quite, completely.

reingjøring, cleaning (up); ~**hold**, cleaning; ~**slig**, cleanly.

reip, rope.

reir, nest.

reise, *vt* raise, erect; *vi* go; (av-) leave, depart

(til: for); (være på reise) travel; s journey; mar voyage; passage; (kort ~) trip; ~ byrå, travel bureau, tourist agency; ~ gods, luggage; ~ leder, tour conductor, courier, guide; ~ nde, traveller; ~ radio, portable radio; ~ rute, itinerary; ~ sjekk, traveller's cheque.

reisning, revolt; (holdning) carriage.

reiv; ~ e, swaddle.

reke, v (drive) stray, roam; s shrimp, (større) prawn.

rekke, v reach; (levere) hand; pass; s row, range, series; mil rank; mar rail; ~ følge, order, sequence; ~ hus, terraced (el undetached) house; ~ vidde, reach, scope.

rekkverk, rail(ing); (i trapp) banisters pl.

reklamasjon, complaint; (krav) claim; ~ e, advertising; ~ ebyrå, advertising agency; ~ ere, (klage) complain, claim; (drive reklame) advertise.

rekognosere, reconnoitre;

~ **kommandert brev**, registered letter; ~ **konvalesens**, convalescence; ~ **kord**, record; ~ **krutt**; ~ **kruttere**, recruit.

rektor, headmaster; (ved fagskole) principal; (universitet) rector.

rekyl; ~ **ere**, recoil.

relativ, relative; ~ **itetsteorien**, the theory of relativity.

relevant, relevant, pertinent.

relieff, relief.

religion, religion; ~ **øs**, religious.

relikvie, relic.

rem, strap; (liv-) belt; ~ **isse**, remittance; ~ **se**, strip.

ren, se rein.

renessanse, renaissance.

renke, intrigue; ~ **smed**, intriguer.

renn, run; idr race, run; ~ **e**, s conduit, pipe; (tak-) spout; mar channel; (i is) lane; (grøft) canal, drain; v run; flow; (sola) rise; (lekke) leak; ~ **eløkke**, noose; ~ **estein**, gutter; ~ **ing**, warp.

renommé, reputation.

renonsere på, renounce, give up.

rense, clean; (kjemisk) dry-clean; ~ **anlegg,** purifier plant; ~ **ri,** cleaner's.

rente(r), interest; ~ **fot,** rate.

reol, shelves *pl,* bookcase.

reparasjon; ~ **ere,** repair.

repertoar, repertory; ~ **petere,** revise; ~ **petisjon,** revision; ~ **plikk,** *jur* rejoinder; *teat* speech; ~ **plisere,** reply; ~ **portasje,** report; *rad* (running) commentary.

represalier, reprisals.

representant, representative; ~ **asjon,** representation; (bevertning) entertainment; ~ **ere,** represent.

reprimande, reprimand.

reprise, *teat* revival; *rad* repeat.

reproduksjon, reproduction; ~ **sere,** reproduce.

republikaner; ~ **ikansk,** republican; ~ **ikk,** republic.

resepsjon, (hotell) reception desk; ~ **sdame,** receptionist; ~ **ssjef,** reception clerk, receptionist.

resept, prescription.

reservasjon, reservation; ~ **e,** reserve; ~ **edel,** spare part; ~ **elege,** assistant physician; ~ **ere,** reserve; ~ **oar,** reservoir, basin.

residens, residence; ~ **solusjon,** resolution; ~ **sonans,** resonance; ~ **sonnement,** reasoning; ~ **sonnere,** reason.

respekt, respect, regards; ~ **abel,** respectable; ~ **ere,** respect.

ressurser, resources.

rest, remainder; (med bestemt *art)* rest; (av beløp, ordre) balance; ~ **anse,** arrears *pl.*

restaurant, restaurant; ~ **atør,** restaurant keeper; ~ **ere,** restore.

restere, remain, be left; ~ **riksjon,** restriction.

resultat; ~ **tere,** result.

resymé, summary, résumé; ~ **ere,** sum up, summarize.

retning, direction; ~ **snummer** (telefon) dialling code; ~ **sviser,** (bil) trafficator, direction indicator.

retorikk, rhetoric.

rett, *s* (mat) dish, course; (motsatt urett) right; *jur* lawcourt; **ha** ~, be right; *adj adv* right; (direkte) straight; ~**e**, (gjøre ben) straighten; correct; (henvende) address, direct; *s* the right side; ~**else,** correction; ~**tenkende,** rightminded; ~**ergang,** process; ~**esnor,** *fig* guide.

rettferdig, just; ~**het,** justice.

rettighet, right, privilege; ~**ledning,** guidance; ~**messig,** lawful, legitimate; ~**skaffen,** upright; ~**skrivning,** orthography, spelling; ~**slig,** legal; ~**ssak,** case, (law)suit; ~**vinklet,** right-angled.

retur, return; ~**billett,** return(ticket); ~**nere,** return.

rev, *mar* reef; *zool* fox.

revansje, revenge; ~**velje,** reveille; ~**vers,** reverse.

revesaks, fox-trap.

revidere, revise; (som revisor) audit; ~**sjon,** revision; (av regnskap) audit(ing); ~**sor,** auditor, **(statsautorisert ~)** chartered accountant.

revmatisk, rheumatic;

~**isme,** rheumatism.

revne, *s* (sprekk) crack; (flenge) rent; *v* (briste) crack; (sprekke) tear.

revolusjon, revolution; ~**volusjonær,** revolutionary; ~**volver,** revolver; ~**vy,** (mønstring) review; *teat* revue.

Rhinen, the Rhine.

ri, *s* fit, spell; *v* se *ride.*

ribbe, *s* rib; *idr* wall bars; *v* pluck.

ridder, knight; ~**lig,** chivalrous; ~**vesen,** chivalry.

ride, ride, go on horseback; ~**hest,** saddle horse; ~**pisk,** horsewhip; ~**tur,** ride.

rifle, (gevær) rifle.

rift, tear; (på kroppen) scratch; (etterspørsel) rush, demand.

rigg, rigging; ~**e (til)** rig.

rik, rich, wealthy; ~**dom,** riches; wealth; ~**e,** kingdom; ~**elig,** plentiful, abundant; ~**sadvokat,** attorney-general; ~**stelefon**(sentral) trunk exchange; (samtale) trunk *(el* long-distance) call.

riktig, *adj* right, correct; *adv* (ganske) quite;

~ **het** correctness; ~ **nok,** ... (men), it is true... (but).

rim, (-frost) hoar frost, rime; (vers) rhyme; ~ **e,** rime; rhyme; ~ **elig,** reasonable.

ring, ring; ~ **e,** ring; *adj* (tarvelig) poor; (ubetydelig) slight; ~ **eakt,** contempt; ~ **eakte,** despise; ~ **eapparat,** bell; ~ **er,** ringer.

rinskvin, Rhine wine, hock.

rip(e), (båt-) gunwale; ~ **e,** *s & v* scratch.

rippe opp i, rake up.

rips, *bot* red currant.

ris, (kvister) twigs; (til straff) rod; (bjørke-) birch; (korn) rice; ~ **e,** *v* birch; *s* giant; ~ **engryn,** rice.

risikabel, ~ **ere;** ~ **o,** risk.

risle, ripple, run.

risp; ~ **e,** scratch.

riss, (utkast) sketch, draft; ~ **e,** scratch; (tegne) draft, sketch, outline.

rist, (jern-) grate, grating; (på fot) instep; ~ **e,** (steke) grill; (brød) toast; (ryste) shake.

ritt, ride.

ritual, ritual.

rival; ~ **isere,** rival.

rive, *v* (flenge, rykke) tear; (snappe) snatch; *s* rake; ~ **jern,** grater, rasp; *fig* shrew.

ro, *s* rest; (stillhet) quiet; *v* row, pull; ~ **båt,** rowboat.

robber (kortspill), rubber.

roesukker, beet-sugar.

rogn, (i fisk) roe; *bot* roan, rowan.

rojalist; ~ **tisk,** royalist.

rokk, spinning wheel; ~ **e,** *v* (vugge) rock; (flytte) budge; (svekke) shake; *s* (fisk) ray.

rolig, quiet, calm, still.

rolle, part, role; ~ **besetning,** cast.

rom, (værelse) room, (plass også) space; *mar* hold; (drikk) rum.

Roma, Rome.

roman, novel; ~ **forfatter,** novelist; ~ **se;** ~ **tikk,** romance; ~ **tisk,** romantic.

romer; ~ **sk,** Roman; ~ **tall,** Roman numeral.

romfarer, astronaut; ~ **t,** space travelling.

romme, contain, hold; ~ **lig,** spacious, roomy.

rop; ~ **e,** call, cry, shout; ~ **ert,** megaphone.

ror, helm; (blad) rudder.

ros, praise.

rosa, pink; ~ **e,** v praise; s rose; ~ **enkrans,** rosary; ~ **enkål,** Brussels sprouts pl.

rosin, raisin.

rosverdig, praiseworthy.

rot, root; (uorden) disorder, mess; ~ **asjon,** rotation; ~ **ere,** rotate, revolve; ~ **e,** (lage rot) make a mess; (gjennom ~) rummage; ~ **et,** messy; ~ **festet,** rooted; ~ **løs,** rootless.

rotte, rat; ~ **felle,** rattrap.

rov, prey; ~ **dyr,** beast of prey.

ru, rough.

rubin, ruby.

rubrikk, (spalte) column (til utfylling) space, blank.

rug, rye; ~ **de,** woodcock.

ruge, brood; (~ **ut)** hatch.

ruin; ~ **ere,** ruin.

rujern, pig-iron.

rulett, roulette.

rull, roll; (valse) roller; (spole) reel; (tøy) mangle; s (kles-) mangle; ~ **ebane,** runway; ~ **eblad,** record; ~ **egardin,** blind; ~ **eskøyte,** rollerskate; ~ **estol,** wheel (el Bath) chair; ~ **etrapp,** escalator.

rumle; ~ **mel,** rumble.

rumpe, buttocks pl. behind, rump.

rund, adj adv; ~ **e** s & v round; ~ **håndet,** generous, openhanded; ~ **jule,** thrash; ~ **kjøring,** roundabout; ~ **reise,** round trip; ~ **skriv,** circular; ~ **spørring,** public opinion (el Gallup) poll; ~ **stykke,** roll.

rune, rune; ~ **alfabet,** runic alphabet.

runge, ring.

rus, intoxication; ~ **drikk,** intoxicant.

rushtid, peak (el rush) hours.

rusk, s (støvgrann) mote; (svær kar) hulk; adj crazy; ~ **e,** pull; shake; ~ **evær,** rough weather.

rusle, loiter, potter.

russer; ~ **isk,** Russian.

Russland, Russia.

rust, rust; ~ **e,** rust; mil arm; (utstyre) fit out; ~ **en,** rusty; ~ **fri,** rustless, stainless; ~**ning,** armour.

rute, (vei) route; (forbindelse) service; (-plan) time-table; (glass) pane; (firkant) square; ~**bil,** bus; ~**fly,** airliner; ~**r** (kort), diamonds; ~**t,** chequered.

rutine, routine; (erfaring) experience, practice; ~**rt,** experienced.

rutsje, glide, slide.

ruve, bulk.

ry, renown, fame.

rydde, clear; ~**dig,** orderly, tidy; ~**ning,** clearing.

rye, rug.

rygg, back; (fjell-) ridge; ~**e,** back, reverse; ~**esløs,** depraved; ~**marg,** spinal cord; ~**rad,** spine; *fig* backbone; ~**sekk,** rucksack.

ryke (gå i stykker), burst, snap; (sende ut røyk) smoke; (ulme) smoulder.

rykk; ~**e,** jerk; ~**evis,** by jerks.

rykte, report, rumour; (omdømme) reputation; ~**s,** be rumoured.

rynke, *s & v* wrinkle; ~ **pannen,** frown.

rype, ptarmigan, grouse.

ryste, shake; (forferde) shock; ~**lse,** concussion, tremor.

rytme, rhythm; ~**isk,** rhythmical.

rytter, horseman, rider.

rød, red; ~**bete,** beetroot; ~**e hunder,** German measles; **R-e Kors,** Red Cross; ~**me,** *s & v* blush; ~**musset,** ruddy; ~**spette,** plaice; ~**vin,** red wine; (bordeaux) claret.

røkelse, incense.

rømme *vi* run away; (om fange) escape; *vt* (e)vacuate; *s* (heavy) cream; ~**ning,** flight, escape.

rønne, hovel.

røntgen (-stråler) X-rays; ~**behandling,** X-ray treatment.

røpe, betray, give away.

rør (ledning) pipe; (mindre) tube; ~**e,** *v* move, stir; (berøre) touch; (våse) talk nonsense; *s* (oppstyr) commotion, stir; (rot)muddle; ~**ende,** touching, moving; ~**ledning,** pipeline; ~**legger,** plumber, pipe layer; ~**lig,** movable; ~**sukker,** cane sugar.

røst, voice.
røve, rob; (plyndre) plunder; ~**r,** robber.
røyk; ~**e,** smoke; ~**ekupé,** smoker, smoking-compartment; ~**er,** smoker.
røys, heap of stones; ~**katt,** stoat, ermine.
rå, *s mar* yard; *adj* raw; crude; (grov) coarse; rude; vulgar; (luft) damp, raw; *v* se *råde*.
råd, advice *sg;* (et ~) a piece of advice; (utvei) means; (forsamling) council; ~**e,** advise; (herske) rule; ~**elig,** advisable; ~**føre seg,** con-

sult; ~**giver,** adviser; ~**hus,** town hall; ~**løs,** perplexed; ~**mann,** alderman; ~**slagning,** deliberation; ~**slå,** consult, deliberate; ~**spørre,** consult; ~**vill,** perplexed, at a loss.
råk, (is) lane; ~**e,** se *treffe.*
råkjører, road hog.
råmaterial, raw material; ~**olje,** crude oil; ~**produkt,** raw product; ~**stoff,** raw material.
råtne, rot, decay; ~**ten,** rotten, decayed; ~**tenskap,** rottenness, decay.

S

sabbat, Sabbath.
sabel, sword; sabre.
sabotasje; ~**ere,** sabotage.
saft, juice; *bot* sap; (med sukker) syrup; ~**ig,** juicy.
sag, saw.
saga, saga.
sagbruk, sawmill; ~**e,** saw; ~**flis,** sawdust.
sagn, legend, tradition.
sak, (anliggende) matter;

(emne) subject; (idé) cause; *jur* case; ~**kunnskap,** expert knowledge, know-how; ~**kyndig,** expert; ~**lig,** unbiased; objective; ~**lighet,** objectivity; ~**liste,** agenda.
sakrament, sacrament; ~**isti,** vestry, sacristy.
saks, scissors *pl.*
saksofon, saxophone.
saksomkostninger, costs;

~ **søke**, bring an action against; sue; ~ **søker**, plaintiff; ~ **søkte**, defendant.

sakte, slow; ~ **ens**, no doubt; ~ **modig**, mild, meek, gentle; ~ **modighet**, mildness; ~ **ne**, (på farten) slow down; slacken.

sal, hall; (hest) saddle.

salat, *bot* lettuce; (rett) salad.

saldere; ~ **o**, balance.

sale, saddle.

salg, sale; til ~ **s**, for (el on) sale; ~ **savdeling**, sales department; ~ **ssjef**, sales manager.

salig, blessed, blest; ~ **het**, salvation.

salmaker, upholsterer, saddler.

salme, hymn.

salmiakk, sal-ammoniac.

salong, drawing-room; *mar* saloon; ~ **gevær**, saloon rifle.

salpeter, salpetre, nitre; ~ **syre**, nitric acid.

salt, *s & adj* salt; ~ **bøsse**, salt castor; ~ **e**, salt; ~ **holdig**, saline; ~ **kar**, saltcellar; ~ **lake**, brine, pickle; ~ **sild**, salted herring(s).

saltomortale, somersault.

salutt; ~ **ere**, salute.

salve, (gevær-) volley; (smurning) salve, ointment; *v* anoint; ~ **lse**, *fig* unction.

salær, fee.

samarbeid, co-operation, collaboration; ~ **e**, co-operate.

samband, se *forbindelse;* ~ **eie**, joint ownership; ~ **ferdselsmiddel**, means of communication; ~ **funn**, society, community; ~ **funnsforhold**, social conditions; ~ **hold**, concord; ~ **hørighet**, solidarity; ~ **kvem**, intercourse.

samle, collect, gather; ~ **lebånd**, assembly belt; ~ **leie**, coitus, sexual intercourse; ~ **ler**, collector; ~ **ling**, collection; (mennesker) assembly.

samme, the same.

sammen, together; ~ **bitt**, clenched; ~ **blanding**, mixture; (forveksling) confusion; ~ **brudd**, collapse, breakdown; ~ **drag**, summary, précis; ~ **fatte**, sum up; ~ **føyning**, joining, junction; ~ **heng**, connection; ~**kalle**, se *innkal-le;* ~**komst**, meeting; ~**krøpet**, crouching; ~**ligne**, compare; ~**ligning**, comparison.

sammensatt, (innviklet) complex; (~ **av**) composed of; ~**setning**, composition; ~**slutning**, union; *merk* amalgamation, merger; ~**smeltning**, fusion; ~**støt**, collision; ~**surium**, hotchpotch; ~**sveise**, weld together; ~**sverge seg**, conspire; ~**svergelse**, conspiracy; ~**treff**, coincidence; ~**trekning**, contraction; ~**trengt**, concentrated; ~**trykt**, compressed.

samordne, co-ordinate; ~**råd**, consultation; ~**svar** se *overensstemmelse;* ~**t** together with; ~**tale**, *s* conversation, talk; *v* converse, talk; ~**taleavgift**, charge for a call; ~**tidig**, *adj* contemporary; (**som inntreffer** ~) simultaneous; *adv* at the same time; ~**tykke**, *v & s* consent; ~**virkelag**, co-operative society; ~**vittighet**, conscience;

~**vittighetsfull**, conscientious; ~**vittighets-kval**, pangs of conscience; ~**vittighetsløs**, unscrupulous.

sanatorium, sanatorium.

sand, sand; ~**al**, sandal; ~**papir**, sand-paper.

sanere (bydel) clear (slums); *merk* reorganize.

sang, song; singing; ~**er**, singer; ~**kor**, choir.

sanitet, *mil* medical corps; ~**sbind**, sanitary towel.

sanitær, sanitary.

sanksjon; ~**ere**, sanction.

sankt, Saint, St.; ~**hans-aften**, Midsummer eve.

sann, true; ~**elig**, indeed; ~**ferdig**, veracious; ~**het**, truth; ~**synlig**, probable, likely; ~**synlighet**, probability, likelihood; ~**synligvis**, probably, most likely.

sans, sense; ~**e**, perceive, notice; ~**elig**, sensuous; (sensuell) sensual; ~**eløs**, senseless.

sardin, sardine.

sarkofag, sarcophagus.

sart, delicate, tender.

satellitt, satellite.

sateng, satin; (imitert) sa-
teen.
satire, satire; ~ **isk,** sati-
ric(al).
sats, (takst) rate; *typogr*
type; *mus* movement;
(ved sprang) take-off;
~ **e på,** take on.
sau, sheep; ~ **bukk,** ram,
~ **ekjøtt,** mutton.
saus, sauce; ~ **nebb,**
sauce boat.
savn, want; ~ **e,** (lengte
etter) miss; (mangle)
want, be missing.
scene, scene; *teat konkr*
stage.
se, see; (se på) look.
sed, custom, usage.
seddel, slip of paper;
(penge-) (bank-)note.
sedelighetsforbryter, sex-
ual criminal.
sedvane, custom, usage;
~ **erett,** customary law;
(i England) common
law; ~ **lig,** customary,
usual.
segl, seal; ~ **lakk,** sea-
ling-wax.
segne, sink, drop.
sei, *zool* coalfish.
seidel, mug, tankard.
seier, victory; ~ **herre,**
victor, conqueror;
~ **rik,** victorious; ~ **sik-**

ker, confident of victo-
ry.
seig, tough.
seil, sail; ~ **as,** sailing,
race; ~ **båt,** sailing
boat; ~ **duk,** canvas;
~ **e,** sail.
sein, se *sen*.
seire, conquer, win, be
victorious.
sekk, sack; (mindre) bag;
~ **epipe,** bagpipe.
sekret, secretion; ~ **ariat,**
secretariat; ~ **ær,** secre-
tary.
seks, six.
seksjon, section.
sekstant, sextant; ~ **ten,**
sixteen; ~ **ualdrift,** sex-
ual instinct *el* urge;
~ **ualundervisning** sex
instruction; ~ **uell,** sex-
ual.
sekt, sect; ~ **or,** sector.
sekund, second; ~ **a,** se-
cond-rate; ~ **ant,** ~ **ere,**
second; ~ **ær,** seconda-
ry.
sel, seal.
sele, *s & v* harness; ~ **r,**
(bukse-) braces; *amr* su-
spenders; ~ **tøy,** har-
ness.
selfangst, sealing, seal
fishery.
selge, sell; ~ **r,** seller;
(yrke) salesman.

selje, sallow.

selleri, celery.

selskap, (-elig sammen-komst) party; company; (forening) society; (ak-sje- o.l.) company; ~ **elig,** social; (~ an-lagt) sociable; ~ **san-trekk,** evening dress; ~ **sreise,** conducted tour.

selters, seltzer (water).

selv, *pron* myself *etc; adv* even; ~ **aktelse,** self-respect; ~ **angivelse,** in-come tax return.

selv bebreidelse, self-re-proach; ~ **bedrag,** self-delusion; ~ **beherskelse,** self-command; ~ **betje-ning,** self-service; ~ **be-visst,** self-confident; ~ **biografi,** autobiogra-phy.

selv eier, freeholder; ~ **ervervende,** self-support-ing; ~ **forsvar,** self-de-fence; ~ **følge,** matter of course; ~ **følgelig,** *adj* natural; obvious; mat-ter-of-course; *adv* of course, naturally.

selv gjort, self-made; ~ **god,** conceited; ~ **hjulpen,** self-support-ing; ~ **isk,** selfish;

~ **mord;** ~ **morder,** sui-cide; ~ **motsigelse,** self-contradiction.

selv om, even if; even though; ~ **oppofrelse,** self-sacrifice; ~ **portrett,** self-portrait; ~ **rådig,** wilful; ~ **rådighet,** wil-fulness.

selv sagt, se *selvfølgelig;* ~ **sikker,** self-confident; ~ **starter,** self-starter; ~ **stendig,** independent; ~ **stendighet,** indepen-dence; ~ **styre,** self-government; ~ **sugges-tion,** autosuggestion; ~ **syn,** personal inspec-tion.

selv tekt, taking the law into one's own hands; ~ **tilfreds,** self-satisfied; ~ **tillit,** self-confidence.

semafor; ~ **ere,** sema-phore.

sement; ~ **ere,** cement.

semester, term; *amr* se-mester.

semifinale, semi-final.

semsket (skinn), chamois (leather).

sen, (langsom) slow; (tid) late; ~ **t,** late.

senat, senate; ~ **or,** sena-tor.

sende, send; (ved bordet)

pass; *rad* transmit; ~ **bud**, messenger; ~ **r**, sender.

sending, (varer) consignment, shipment; *rad* transmission.

sene, sinew, tendon; ~ **knute**, ganglion; ~ **strekk**, sprain.

seng, bed; ~ **eforlegger**, bedside rug; ~ **etid**, bedtime; ~ **etøy**, bedding, bedclothes; ~ **ekant**, bedside.

senil, senile; ~ **or**, senior.

senit, zenith.

senke, lower; (redusere) reduce; ~ **ned** (i vann) submerge.

senkning, *med* sedimentation.

sennep, mustard; ~ **skrukke**, mustard-pot.

sensasjon, sensation; ~ **ell**, sensational.

sensibel, sensitive.

sensor, (film- o.l.) censor; (ved eksamen) external examiner; ~ **ur**, censorship; (ved eksamen) marking; ~ **urere**, censor; give marks.

senter, centre; *amr* center.

sentimental, sentimental.

sentral, *adj* central; *s* (te-

lephone) exchange; ~ **albord**, switchboard; ~ **alborddame**, telephonist, (switchboard) operator; ~ **alfyring**, central heating; ~ **alisering**, centralization; ~ **ifugalkraft**, centrifugal force; ~ **um**, centre; *amr* center.

separasjon, separation; ~ **t**; **separere**, separate.

september, September.

septer, sceptre.

septiktank, septic tank.

seremoni, ceremony.

serenade, serenade.

serie, series.

sersjant, sergeant.

sertifikat, (kjørekort) driving (*el* driver's) licence; (ellers) certificate.

servere, serve; ~ **ering**, service; ~ **eringsavgift**, service charge; ~ **eringsdame**, waitress; ~ **icebil**, breakdown lorry; ~ **iett**, napkin, serviette; ~ **ise**, service, set; ~ **itør**, waiter.

sesjon, session, sitting.

sesong, season; ~ **arbeid**, seasonal work.

sete, seat.

setning, sentence; (ledd-) clause.

sett, (sammenhørende ting) set; (måte) way; ~ **at,** suppose.

sette, place, put, set; *typogr* compose, set; ~ **seg,** sit down; ~ **maskin,** composing machine; ~ **potet,** seed potato; ~ **r,** *zool* setter; *typogr* compositor; ~ **ri,** composing-room.

severdig, worth seeing; ~ **het,** sight.

sevje, sap.

sfære, sphere; ~ **isk,** spherical.

Shetlandsøyene, the Shetland isles.

si, say, tell; ~ **fra,** let know; ~ **opp,** give notice.

Sibir, Siberia.

Sicilia, Sicily.

sid, long; ~ **de,** length.

side, side; (dyr) flank; (bok) page; (av en sak) aspect; ~ **gate,** side street, by-street; ~ **mann,** neighbour.

siden, *prp, konj & adv* since; (senere) later, afterwards; (derpå) then.

sider, cider.

sidestykke, parallel,

counterpart; ~ **vei,** side road.

siffer, figure; ~ **skrift,** cipher.

sigar, cigar; ~ **ett,** cigarette.

sigd, sickle.

sige, (gli) glide; (gi etter) sag.

signal, signal; ~ **ement,** description; ~ **ere,** signal.

signatur, signature.

signe, bless.

signere, sign.

signet, seal, signet.

sigøyner, gipsy.

sikker, (viss) sure, certain; (trygg) safe; ~ **het,** (trygghet) safety, security; (visshet) certainty; ~ **hetsbelte,** seat *(el* safety) belt; ~ **hetsnål,** safety pin; ~ **hetsrådet,** the Security Council; ~ **hetsventil,** safety valve; ~ **t,** *adv* (trygt) safely; certainly.

sikle, slobber, slaver.

sikre, secure, ensure; ~ **ing,** (på våpen) safety catch; *jur* preventive detention; *elektr* fuse.

siksak, zigzag.

sikt, *merk* sight; (såld) sieve; ~ **barhet,** visibili-

ty; ~e, aim, (på, til:
at); charge (for: with);
(mel) sift; s (mål) aim;
(synlighet) sight, view;
~else, *jur* charge;
~ekorn, sight.
sil, strainer.
sild, herring; ~efiske,
herring fishery; ~emel,
herring meal.
sildre, trickle.
sile, *vt* strain, filter.
silhuett, silhouette.
silke, silk; ~stoff, silk
fabric.
silregn, pouring rain.
simpel, (tarvelig) mean,
poor; (udannet) com-
mon; vulgar; ~then
simply.
simulere, simulate, feign.
sinders, patent coke.
sindig, (rolig) steady,
cool.
singel, gravel, shingle.
sink, zinc; ~hvitt, zinc
oxide.
sinke, *v* retard, delay; *s*
backward child.
sinn, mind; ~e, temper,
anger; ~elag, disposi-
tion; ~rik, ingenious.
sinnsbevegelse, emotion,
agitation; ~forvirret,
distracted, mentally de-
ranged; ~forvirring, de-

rangement; ~ro, peace
of mind; ~syk, insane;
~sykdom, mental dis-
ease, insanity; ~syke-
hus, mental hospital;
~tilstand, state of
mind.
sint, angry (på: with).
sionisme, Zionism.
sirene, siren; (fabrikk-)
hooter.
sirkel circle; ~elsag, cir-
cular saw; ~ulasjon,
circulation; ~ulere, cir-
culate; ~ulære, circu-
lar; ~us, circus.
sirup, syrup; (mørk)
treacle.
sist(e), last; (nyeste) lat-
est; ~en, (lek) tag;
~nevnte, last-men-
tioned; (av: to) the lat-
ter.
sitat, quotation; ~ere,
quote.
sitre, tremble, quiver.
sitron, lemon.
sitte, sit; ~plass, seat.
situasjon, situation.
siv, rush, reed.
sive, ooze; filter; *fig* leak
out.
sivil, civil; civilian; ~in-
geniør, graduate engi-
neer; ~isasjon, civiliza-
tion; ~isere, civilize;

~ økonom, Bachelor of Science in Economics.

sjaber, shabby.

sjakett, morning coat.

sjakk, chess; **holde i ~,** keep in check; **si ~,** say check; **~ brett,** chessboard; **~ brikke,** chessman; **~ matt,** chessmate.

sjakt, shaft.

sjal, shawl.

sjalte, switch; **~ ut,** switch off, cut out.

sjalu, jealous **(på:** of); **~ si,** jealousy.

sjampinjong, mushroom.

sjangle, reel, stagger.

sjanse, chance **(for:** of).

sjargong, jargon.

sjarm; ~ ere, charm.

sjattering, shade.

sjau, (travelhet) bustle; (støy) noise; **~ e,** bustle; make noise; **~ er,** labourer, docker.

sjef, manager, head; *dt* boss, chief; **~ redaktør,** chief editor.

sjeik, sheik.

sjekk, cheque **(på:** for); *amr* check; **~ hefte,** cheque book.

sjel, soul.

sjelden, *adj* rare, scarce; *adv* seldom, rarely;

~ het, rare thing; *konkr* rarity.

sjelelig, mental; psychical; **~ messe,** requiem; **~ sørger,** spiritual guide.

sjelfull, soulful.

sjenere, (hindre) hamper, (plage) trouble, bother; annoy; **~ ende,** embarrassing, troublesome; **~ t,** (av vesen) shy; **~ øs,** generous.

sjikane, chicane, spite; **~ øs,** spiteful.

sjiraff, giraffe.

sjofel, mean, shabby.

sjokk; ~ ere, shock.

sjokolade, chocolate.

sjonglere, juggle; **~ ør,** juggler.

sju, seven.

sjø, (innå) lake; (hav) sea, ocean; **~ aure,** salmon-trout, **~ farende,** sea-faring; **~ fart,** navigation, shipping; **~ folk,** seamen; **~ forklaring,** maritime declaration; **~ gang,** heavy sea; **~ kart,** chart; **~ mann,** sailor, seaman; **~ mil,** nautical mile; **~ orm,** seaserpent; **~ reise,** voyage; **~ rett,** maritime court; (lov) maritime law; **~ røver,**

pirate; ~**sette**, launch; ~**skade**, seadamage; ~**stjerne**, star-fish; ~**syk**, seasick; ~**syke**, seasickness; ~**tunge**, sole.

sjåfør, driver; (privat-) chauffeur.

skabb, scabbies.

skade, *v* (såre) hurt, injure, harm; (beskadige) damage; *s* (på person) injury, hurt; (materiell-) damage; (ulempe) harm; ~**fro**, malicious; ~**fryd**, spite; ~**lig**, injurious, harmful; detrimental; ~**serstatning**, indemnity, compensation; *jur* damages; ~**sløs: holde** ~, indemnify.

skaffe, procure, obtain, get; (forsyne med) supply (*el* provide) with.

skafott, scaffold.

skaft, handle; ~**estøvler**, high boots.

skake, shake; (vogn) jolt.

skala, scale.

skalk, (av brød) heel; (hatt) bowler; ~**e lukene** batten down the hatches.

skall, shell; (av frukt) peel; ~**dyr**, shellfish;

~**e**, *s* skull; *v* (~ **av**) peel (off), scale; ~**et**, bald.

skalp; ~**ere**, scalp.

skam, shame, disgrace; ~**full**, ashamed; ~**løs**, shameless; ~**me seg**, be ashamed.

skammel, (foot-)stool.

skammelig, shameful, disgraceful; ~**plett**, stain.

skandale, scandal; ~**øs**, scandalous.

skandinav; ~**isk**, Scandinavian; S-**ia**, Scandinavia.

skanse, *mil* earthwork; *mar* quarter-deck.

skap, (kles-) wardrobe; cabinet; (mat) cupboard; (lite) locker; ~**e**, create; ~**else**, creation; ~**ende**, creative; ~**er**, creator; ~**ing**, creation; ~**ning**, (vesen) creature; ~**sprenger**, safe-breaker.

skar, (i fjell) gap; ~**e**, crowd; (på snø) crust; ~**lagen**, scarlet; ~**lagensfeber**, scarlet fever.

skarp, sharp, keen; ~**retter**, executioner; ~**sindig**, keen, acute; ~**skytter**, sharp-shooter; ~**synt**, keen-sighted.

skarv, *zool* cormorant; (slyngel) scamp, rogue.

skatt, (kostbarhet) treasure; (til stat) tax; (til kommune) rate; ~**bar,** taxable; ~**e,** (verdsette); estimate, value; (yte skatt) pay taxes; ~**ebetaler,** taxpayer; ~**ebyrde,** burden of taxation; ~**efoged,** collector of income tax; ~**egraver,** treasure-hunter; ~**eligning,** assessment (of taxes); ~**esnyteri,** tax evasion; ~**kammer,** treasury; ~**legge,** tax.

skaut, headscarf.

skavank, fault, defect.

skavl, snow-drift.

skepsis, scepticism; ~**tiker,** sceptic; ~**tisk,** sceptical.

ski, ski; **gå på ~,** ski, go skiing.

skibbrudd, shipwreck; ~**en,** shipwrecked.

skifer; ~**tavle,** slate.

skift, shift; ~**e,** *s* change; *jur* division; *v* change; (dele) divide; ~**enøkkel,** (monkey) wrench; ~**erett,** probate court.

skiføre, skiing conditions; ~**gard,** wooden fence.

skikk, custom; ~**elig,** decent; ~**else,** form, shape, figure; ~**et,** fitted), suitable.

skilderhus, sentry-box; ~**re,** describe; ~**ring,** description.

skill, parting; ~**e,** *v* separate, part; ~**es,** part; (ektefolk) be divorced; ~**emynt,** (small) change; ~**etegn,** punctuation mark; ~**evegg,** partition; ~**evei,** crossroads.

skilpadde, tortoise; (hav-) turtle.

skilsmisse, divorce; ~**sak,** divorce suit.

skilt, *s* sign; *adj* (fra-) divorced; ~**vakt,** sentry.

skiløper, skier; ~**løype,** skitrack.

skingre, shrill.

skinke, ham.

skinn, (av dyr) skin; (lær) leather; (pels) fur; (lys) light; ~**angrep,** mock attack, feint; ~**død,** *adj* apparently dead; ~**e,** *v* shine; *jernb* rail; ~**ebein,** shin-bone, tibia; ~**hanske,** leather glove; ~**hellig,** hypocritical; ~**kåpe,** fur coat; ~**syk,** jealous; ~**syke,** jealousy.

skip, ship; (kirke) nave; *typogr* galley; ~ **e,** ship.

skipper, captain.

skips|byggeri, shipyard; ~ **fart,** shipping; (seilas) navigation; ~ **handler,** ship-chandler; ~ **mekler,** shipbroker; ~ **reder,** shipowner; ~ **rederi,** shipping company; ~ **verft,** shipyard.

skirenn, skiing competition.

skisport, skiing.

skisse; ~ **re,** sketch, outline.

skistav, ski stick.

skitt, dirt, filth; *fig* trash, rubbish; ~ **en,** dirty, soiled; ~ **entøy,** dirty linen.

skive, (skyte-) target; (brød, kjøtt) slice; (telefon-, ur-) dial.

skje, *v* happen, occur; *s* spoon.

skjebne, fate, destiny; ~ **svanger (for:** to); (avgjørende) fateful, fatal.

skjede, sheath, scabbard.

skjegg, beard.

skjele, squint.

skjelett, skeleton.

skjell, shell; (fiske-) scale.

skjelle, (ut) abuse; ~ **sord,** invective.

skjelm, rogue; ~ **sk,** roguish.

skjelne, distinguish, discern.

skjelve, tremble, shiver.

skjema, form; ~ **tisk,** schematic.

skjemme, spoil; ~ **bort,** spoil; ~ **seg ut,** disgrace oneself.

skjemt; ~ **e,** jest, joke.

skjendig, disgraceful.

skjenk, (møbel) sideboard; ~ **e,** (gi) present, give; (helle) pour (out); ~ **erett,** licence.

skjenn, scolding; ~ **e,** scold.

skjensel, disgrace, dishonour.

skjeppe, bushel.

skjerf, scarf, muffler.

skjerm, screen; (lampe-) shade; ~ **bildeundersøkelse,** mass radiography; ~ **e,** screen, shield.

skjerpe, (gjøre skarp) sharpen, whet; (gjøre strengere) tighten up.

skjev, wry, crooked; *fig* distorted; ~ **het,** wryness; obliqueness; distortion.

skjold, shield; ~ **bruskkjertel,** thyroid gland; ~ **et,** stained; discoloured.

skjorte, shirt; ~ **erme,** shirt-sleeve.

skjul, hiding(-place); (ved-) shed; ~ **e,** hide, conceal.

skjær, s (lys) gleam; (farge) tinge; (i sjøen) rock; ~ **e,** s magpie; v cut; ~ **ende,** (om lyd) shrill; (motsetn.) glaring; ~ **gård,** skerries; ~ **ing,** jernb cutting; ~ **ings-punkt,** point of intersection; ~ **sild,** purgatory; ~ **torsdag,** Maundy Thursday.

skjød, lap; ~ **ehund,** lap dog; ~ **esløs,** careless.

skjønn, s judgment; (overslag) estimate; adj beautiful; ~ **e,** understand; ~ **er,** connoisseur; ~ **het,** beauty; ~ **hetskonkurranse,** beauty contest; ~ **hets-middel,** cosmetic; ~ **hetssalong,** beauty parlour; ~ **ssak,** matter of judgment.

skjønt, konj (al)though.

skjør, brittle, fragile; ~ **buk,** scurvy.

skjørt, skirt.

skjøt, (frakke-) tail; (sammenføyning) joint; ~ **e,** s jur deed (of con-veyance); v (på) lengthen; ~ **sel,** care; ~ **te,** take care of.

skli, slide; (om hjul) skid; ~ **e,** slide.

sko, s & v shoe.

skodde, mist; (tykk) fog; (vindus-) shutter.

skofte, shirk, cut work.

skog, forest; (mindre) wood; ~ **bruk,** forestry; ~ **lendt,** wooded; ~ **vokter,** forest guard.

skokrem, shoe polish.

skole, school; ~ **fag,** (school) subject; ~ **ferie,** (school) holidays; vacation; ~ **hjem,** reform school; ~ **kjøkken,** school kitchen; ~ **penger,** school fees; ~ **re,** school, train; ~ **styrer,** headmaster; ~ **veske,** school bag.

skolisse, shoe-lace.

skomaker, shoemaker.

skonnert, schooner.

skopusser, shoeblack.

skorpe, crust; (sår) scab.

skorpion, scorpion.

skorstein, chimney; mar funnel; ~ **sfeier,** chimney-sweep(er).

skotsk, Scottish; (om produkter) Scotch.

skotte, Scot(sman);

Scotchman; **S-land,** Scotland.

skotøy, footwear; ~ **forretning,** shoe shop.

skral, poor; (syk) poorly.

skrall; ~ **e,** peal.

skramme, scratch.

skrangel; ~ **le,** rattle.

skranke, (i bank *o.l.*) counter; *jur* bar.

skrap, rubbish, trash; (avfall) refuse; ~ **e,** *v* scrape, *s* (irettesettelse) reprimand; ~ **handel,** junk shop; ~ **jern,** scrap-iron.

skravle, chatter, jabber.

skred, (snø-) avalanche; (jord-) landslide.

skredder, tailor; ~ **sydd,** tailored, tailor-made.

skrei, cod(fish).

skrekk, terror, fright; ~ **elig,** terrible, dreadful; ~ **slagen,** terrorstruck.

skrell, (skall) peel, parings; ~ **e,** peel, pare.

skremme, frighten, scare.

skrent, steep, slope.

skreppe, bag, knapsack; ~ **kar,** pedlar.

skreve, (ta lange steg) stride; (sprike) spread; ~ **s over,** astride.

skribent, writer.

skride, stride, stalk.

skrift, *c* (hånd-) (hand)-writing; *typogr* type, letter; *n* book; pamphlet; ~ **e,** *s* confession; *v* confess; ~ **emål,** confession; ~ **lig,** written, in writing; ~ **språk,** written language; ~ **sted,** text.

skrik; ~ **e,** cry; (sterkere) scream, shriek.

skrin, box; casket; ~ **legge,** shelve.

skritt, pace, step; *anat* crutch, crotch, fork; ~ **e,** pace; ~ **vis,** step by step.

skriv, letter; se *brev;* ~ **e,** write; *mask* type; ~ **ebok,** exercise book; ~ **ebord,** writing table, desk; ~ **emaskin,** typewriter.

skrog, (skip) hull; (bil) chassis.

skrot, (skrap) scrap, junk.

skrott, (dyr) carcase.

skrubbe, scrub; ~ **sulten,** ravenous; ~ **sår,** graze.

skrue, *s & v* screw; ~ **estikke,** vice; ~ **jern,** screwdriver.

skrukke, wrinkle.

skrukork; ~ **lokk,** screw cap.

skrumpe inn, sammen, shrink, shrivel up.

skrunøkkel, wrench, spanner.

skruppel, scruple.

skrutrekker, screwdriver.

skryt; ~ **e,** brag, boast; (esel) bray; ~ **er,** braggart, boaster.

skrøne, s & v yarn, fib.

skrøpelig, frail, weak.

skrå, s quid (of tobacco); adj sloping, slanting; v cross; (tobakk) chew.

skrål; ~ **e,** bawl, roar, shout.

skråne; ~ **ning,** slope, slant; ~ **plan,** inclined plane; fig downward path; ~ **sikker,** cocksure; ~ **strek,** shilling stroke; ~ **tak,** sloping roof; ~ **tobakk,** chewing tobacco.

skubb; ~ **e,** push.

skudd, shot; bot shoot, sprout; ~ **hold,** range; ~ **sikker,** bullet-proof; ~ **år,** leap-year.

skueplass, scene; ~ **spill,** play; ~ **spiller,** actor; ~ **spillerinne,** actress.

skuff, drawer; ~ **e,** s & v shovel; v (ikke oppfylle forventning) disappoint; ~ **else,** disappointment.

skulder, shoulder; ~ **trekk,** shrug; ~ **veske,** shoulder bag.

skule, scowl.

skulke, shirk; (skolen) play truant, shirk school.

skulptur, sculpture.

skuls: være ~ , be quits.

skum, s foam; (såpe) lather; (øl) head, froth; ~ **gummi,** foam rubber; ~ **me,** vi foam; (øl) froth; (såpe) lather; vt skim; ~ **mel,** sinister, dismal.

skumring, twilight, dusk.

skur, shed; (regn) shower.

skurd, (skuronn) reaping season.

skure, scrub, scour; ~ **fille,** floor cloth; ~ **kone,** char-woman; ~ **pulver,** scouring powder.

skurk, scoundrel, villain; ~ **estrek,** dirty trick.

skuronn, reaping season.

skurre, jar, grate.

skute, vessel, ship, craft.

skvalp; ~ **e,** splash.

skvett, splash; (liten slant) dash, drop; ~ **e,** vt splash; sprinkle; vi start; ~ **skjerm,** mudguard, wing.

sky, *v* shun, avoid; *adj* shy; *s* cloud; ~ **brudd**, cloud-burst; ~ **et**, cloudy.

skygge, shade; (~ **bilde**) shadow; (på lue) peak; ~ **lue**, peaked cap.

skyhøy, sky-high.

skylapper, blinkers.

skyld, (feil) fault; (som blir tillagt) blame; *jur* guilt; ~ **bevisst**, guilty; ~ **e**, owe; ~ **es**, be due to; ~ **ig**, guilty; (i: of); (som skyldes) owing, due; ~ **ner**, debtor.

skylle, (rense) rinse; ~ **vekk** wash.

skynde seg, hurry, hasten.

skyskraper, skyscraper.

skyss, få ~, get a lift.

skyte, shoot; ~ **bane**, shooting range; ~ **skive**, target; ~ **våpen**, fire-arms.

skytsengel, guardian angel; ~ **helgen**, patron saint.

skytter, marksman, shot; ~ **grav**, trench; ~ **lag**, rifle club.

skyve, push, shove.

skøy, fun; ~ **er**, rogue.

skøyte, *mar* smack; *idr* skate; ~ **bane**, skating rink; ~ **løp**, skating; (et ~ ~) skating competition.

skål, (bolle) bowl; (til kopp) saucer; (som utbringes) toast; ~ ! (to) your health! (uformelt) cheers! ~ **e for**, drink the health of; ~ **tale**, toast.

skåne, spare.

skår, (potte-) sherd; (hakk) cut.

sladder, gossip; ~ **re**, gossip; (~ **om**) tell tales (on); ~ **rekjerring**, gossip.

slag, blow, hit; *mil* battle; (maskin- *o.l.*) stroke; (rytmisk) beat; (på jakke) lapel; *med* stroke, apoplexy; (sort) kind, sort; ~ **anfall**, apoplectic stroke; ~ **er**, hit; ~ **ferdig**, quick-witted.

slagg, slag; (av koks) cinders.

slagkraft, striking-power; ~ **mark**, battle-field; ~ **ord**, catchword, slogan; ~ **s**, sort, kind; ~ **side**, *mar* list; ~ **skip**, battleship; ~ **smål**, fight, brawl.

slakk, slack; ~ **e**, slacken.

slakte, kill, slaughter; ~ **r,** butcher.

slam, mud, sludge.

slamp, scamp.

slange, snake; (gummi-) tube; (større vann-) hose.

slank; ~ **e seg,** slim.

slapp, slack, loose; ~ **e av,** relax.

slaps, sludge, slush.

slarv; ~ **e,** gossip.

slave, slave; ~ **handel,** slave traffic; ~ **ri,** slavery.

slede, sledge, sleigh, sled.

slegge, sledgehammer; *idr* hammer; ~ **kaster,** hammer-thrower.

sleip, slippery; *fig* (også) oily.

sleiv, ladle.

slekt, family; ~ **ledd,** generation; ~ **ning,** relative, relation; ~ **skap,** relationship.

slem, bad; (uskikkelig) naughty; (kort) slam.

slendrian, carelessness.

sleng|bemerkning, casual remark; ~ **e,** (kaste) fling; (dingle) dangle; **(gå og ~)** idle, loaf.

slentre, saunter, stroll.

slep, (kjole) train; **ha på ~,** have in tow; ~ **e,** drag; *mar* tow, tug; ~ **ebåt,** tug(boat); ~ **enot,** trawl.

slepphendt, butterfingered.

slesk, oily, fawning.

slett, (dårlig) bad; (jevn) level, flat; ~ **ikke,** not at all; ~ **e,** *s* plain; *v* smooth.

slibrig, *fig* indecent, obscene, smutty; ~ **het,** obscenity.

slik, such, like that.

slikke, lick; ~ **rier,** sweets.

slim, slime; *anat* phlegm.

slingre, *mar* roll; (hjul o.l.) wobble.

slipe, grind; (glass) cut; ~ **stein,** grindstone.

slippe, (løsne taket) let go; (la falle) drop; (unngå) avoid; ~ **opp for,** run out of.

slips, tie.

slire, sheath.

slit, (strev) toil, drudgery; ~ **asje,** wear (and tear); ~ **e,** (hale) pull, tear; (klær) wear; (arbeide hardt) toil; ~ **en,** tired; ~ **t,** worn.

slok|ke, extinguish, put out; (tørst) quench; ~ **ne,** go out.

slott, palace, castle.
slu, sly, cunning, crafty.
sludd, sleet.
sludder, nonsense.
sluk, (fiske-) spoon(bait); (avgrunn) abyss; (kloakk) gully-hole; ~ **e,** swallow, devour; ~ **hals,** glutton; ~ **øret,** crestfallen.
slumkvarter, slum area.
slump, (rest) remainder; (tilfeldighet) chance; (mengde) lot; **på** ~, at random.
slumre, slumber, doze.
slunken, (mager) lean.
slurk, gulp, draught.
slurpe, slurp.
slurv, carelessness, negligence; ~ **e,** be careless.
sluse, sluice; (i kanal) lock.
slusk, tramp, bum.
slutning, conclusion.
slutt, close, end; (endt) finished; ~ **e,** close, finish, end, stop, conclude; ~ **e seg sammen,** unite; *merk* merge; ~ **seg til,** join; ~ **stein,** keystone.
slynge, *v* (kaste) fling, hurl, sling; (sno) wind, twine; *s* sling; ~ **el,** rascal, scoundrel; ~ **plante,** creeper, climber.

slør, veil; ~ **et,** (stemmet) husky.
sløse; ~ **ri,** waste.
sløv, blunt; *fig* dull.
sløyd, woodwork.
sløye, gut.
sløyfe, *s* (bundet) bow; (linje) loop; *v* (utelate) leave out, omit, cut out.
slå, beat; (lett slag) strike, hit; (hjerte) beat, throb; (ur, lyn) strike; (gras) mow; (beseire) beat, defeat; ~ **på** (lys *o.l.*) turn *(el* switch) on; ~ **brok,** dressing-gown; ~ **maskin,** mower; mowing machine.
slåss, fight; ~ **kjempe,** rowdy.
slått, *agr* mowing, haymaking; *mus* tune, air.
smadre, smash.
smak; ~ **e,** taste; ~ **ebit,** sample; ~ **full,** tasteful; ~ **løs,** tasteless; ~ **ssak,** matter of taste.
smal; ~ **ne,** narrow.
smalfilm, substandard film.
smaragd, emerald.
smatte, smack (one's lips).
smed, smith; (grov-) blacksmith; ~ **edikt,** lampoon.

smekk, (smell) click; (i bukse) fly; ~ **e,** v click; s bib; ~ **er,** slim; slender; ~ **lås,** latch.

smell; ~ **e,** crack; bang.

smelte, melt; (malm) smelt; ~ **digel,** crucible; *fig* melting-pot; ~ **ovn,** melting furnace.

smerte, *vi* hurt; *vt* pain, grieve; s pain; ~ **full;** ~ **lig,** painful; ~ **stillende (middel),** anodyne; pain-killer.

smi, forge; ~ **e,** forge, smithy.

smidig, (myk) supple; (bøyelig) flexible.

smiger, flattery; ~ **re,** flatter.

smijern, wrought iron.

smil; ~ **e,** smile; ~ **ehull,** dimple.

sminke, v & s paint, rouge, make-up.

smiske for, fawn on, wheedle.

smitte, v infect; **bli** ~ **et,** catch the infection; s infection; ~ **som,** contagious, infectious, catching.

smoking, dinner-jacket.

smug, alley lane; **i** ~, secretly; ~ **le,** smuggle; ~ **ler,** smuggler.

smul, smooth, calm.

smuldre, crumble, moulder.

smule, s particle, bit; (brød) crumb; v crumble.

smult, s lard.

smurning, grease, lubricant.

smuss, filth, dirt; ~ **e til,** soil, dirty; ~ **ig,** dirty, foul.

smutte, slip; ~ **hull,** loophole.

smyge, creep, crawl.

smykke, s ornament; (juvel) jewel; v adorn, decorate; ~ **skrin,** jewel box, casket.

smør, butter; ~ **blomst,** buttercup; ~ **brød,** (open) sandwich; ~ **e,** (smør) butter; (fett) grease; (olje) oil, lubricate; (bestikke) bribe; ~ **ekanne,** oil can; ~ **eolje,** lubricating oil.

små, small, little; ~ **bruk,** small-holding; ~ **bruker,** small-holder; ~ **jobber,** odd jobs; ~ **lig,** (gjerrig) mean, stingy; ~ **penger,** (small) change; ~ **sten,** pebble; ~ **ting** (bagatell), trifle.

snabel, trunk; ~ **dde,** pipe.

snakk, talk; ~ **e,** chat, talk; ~ **esalig,** talkative.

snappe, snap, snatch.

snar, *adj* quick; ~ **t,** *adv* soon, shortly, presently; ~ **e,** snare; ~ **ere,** (heller) rather, sooner; ~ **est,** as soon as possible; ~ **lig,** early; ~ **rådig,** resourceful; ~ **tur,** flying *(el* hurried) visit.

snau, (bar) bare; (knapp) scant(y).

snegle, snail; ~ **hus,** snail shell.

snekker, (møbel-) cabinet-maker; (bygnings-) joiner, carpenter.

snelle, reel; (spole også) bobbin, spool.

snerk, skin; ~ **pet,** prudish.

snerre, snarl, growl.

snes, score.

snev, (antydning) touch; ~ **er,** narrow, restricted; ~ **ersyn,** narrow-mindedness.

snike, sneak; ~ **mord,** assassination; ~ **morder,** assassin; ~ **myrde,** assassinate; ~ **skytter,** sniper.

snill, kind, good.

snipp, collar; ~ **kjole,** dresscoat, tail coat.

snitt, cut, incision; ~ **e,** cut.

sno, *vt* twist, twine; *vr* wind; *s* biting, icy wind.

snobb, snob; ~ **et,** snobbish; ~ **eri,** snobbery.

snodig, funny, queer, odd.

snor, (tynn) string; (tykk) cord.

snorke, snore.

snu (seg), turn.

snuble, stumble, trip.

snue, cold (in the head).

snus, snuff; ~ **dåse,** snuffbox; ~ **e,** (med nesen) sniff; (tobakk) snuff; *fig* pry; ~ **hane,** snooper.

snute, muzzle, snout.

snylte, sponge; ~ **dyr;** ~ **r,** parasite.

snyte, (bedra) cheat; (nesen) blow.

snø, *s & v* snow; ~ **ball,** snowball; ~ **briller,** snow goggles; ~ **fonn,** snowdrift; ~ **kjetting,** snow chain.

snøre, *s* (fiske-) line; *v* lace (up); ~ **opp,** unlace.

snøskred, snow-slide, avalanche; ~ **slaps,**

slush; ~ **vær**, snowy weather.

snål, queer, droll, odd.

sofa, sofa; ~ **pute**, sofa cushion.

sogn, parish; ~ **eprest**, rector, vicar.

sokk, sock; ~ **eholder**, suspender.

sokkel, pedestal, base.

sokne, drag (**etter**: for).

sol, sun; ~ **bad**, sunbath; ~ **brent**, sunburnt; (brun) tanned; ~ **briller**, sun-glasses, goggles; ~ **bær**, black currant.

sold, pay; ~ **at**, soldier.

sole, *vr* sun oneself; ~ **eklar**, obvious; ~ **formørkelse**, eclipse of the sun.

solid, solid; strong; ~ **arisk**, having solidarity; ~ **aritet**, solidarity.

solist, soloist.

solnedgang, sunset.

soloppgang, sunrise; ~ **sikke**, sunflower; ~ **skinn**, sunshine; ~ **stikk**, sunstroke; ~ **ur**, sun-dial.

som, *pron* who, which, that; *konj* as; like; ~ **om**, as if, as though.

somle, dawdle; ~ **bort**, (tid) waste; (noe) mislay; ~ **mel**, dawdling.

sommer, summer; ~ **fugl**, butterfly.

sonde; ~ **re**, sound; probe.

sondre, (skjelne) distinguish.

sone, *v* (bøte for) expiate, atone for; (straff) serve; *s* zone.

sonett, sonnet.

soning, expiation, atonement; (av straff) serving.

sope, sweep; ~ **lime**, broom.

sopp, fungus *pl* fungi; (spiselig) mushroom; (i hus) dry-rot.

sopran, soprano.

'**sordin**, mute, sordine.

sorg, sorrow, grief; ~ **full**, sorrowful; ~ **løs**, careless.

sort, *s* sort, kind; *adj* black.

sortere, sort, assort, grade.

sosial, social; ~ **arbeider**, social worker; ~ **demokratisk**, social democratic; ~ **isere**, socialize; ~ **isme**, socialism; ~ **ist**, socialist; ~ **kurator**, welfare officer; ~ **økonomi**, economics.

sosiologi, sociology.

sot; ~ **e,** soot; ~ **et,** sooty.

sove, sleep; be asleep; ~ **plass,** (på båt, tog) berth; ~ **sal,** dormitory; ~ **vogn,** sleeping car, sleeper; ~ **værelse,** bedroom.

Sovjetunionen, the Soviet Union.

sovne, fall asleep.

spa; ~ **de,** spade.

spak, s lever; (på fly) (control)stick; adj quiet, meek; ~ **ne,** (om vind) subside.

spalte, s split, cleft; typogr column; v split.

Spania, Spain.

spanier, Spaniard.

spann, bucket, pail; (trekkdyr) team.

spansk, Spanish; ~ **rør,** cane.

spar, (kort) spades; ~ **dame,** queen of spades.

spare, save; (skåne) spare; ~ **bank,** savings bank; ~ **bøsse,** savingsbox; ~ **gris,** piggy-bank; ~ **penger,** savings.

spark; ~ **e,** kick.

sparsommelig, thrifty, economical; ~ **melighet,** economy, thrift.

spasere, walk; ~ **stokk,** walking-stick, cane; ~ **tur,** walk.

spe, adj slender, delicate; v dilute, thin; ~ **barn,** baby.

spedalsk, leprous.

spedisjon, forwarding.

speide, watch; ~ **r,** scout; ~ **rgutt,** boy scout; ~ **rpike,** girl guide.

speil, mirror, lookingglass; ~ **blank,** glassy; ~ **e,** (egg) fry; reflect, mirror; ~ **egg,** fried eggs; ~ **glass,** plateglass.

spekepølse, smoked and salted sausage; ~ **sild,** salt (el pickled) herring; ~ **skinke,** cured ham.

spekk; ~ **e,** lard.

spekulant, speculator; ~ **asjon,** speculation; ~ **ere,** speculate.

spenn, (bru) span; (spark) kick; ~ **e,** (stramme) stretch, tighten; (over) span; (sparke) kick; s buckle; ~ **ende,** exciting, thrilling; ~ **ing,** tension; excitement; (usikkerhet) suspense; elektr voltage.

spenstig, elastic; fig buoyant.

spent, tense; (nysgjerrig) curious, anxious.

sperre, v block, close.

spesialisere seg, specialize; ~**alist,** specialist; ~**alitet,** speciality; ~**ell,** special, particular; ~**elt,** (især) especially, particularly; (særskilt) specially.

spetakkel, (bråk) uproar, row; (støy) noise.

spett, bar, crowbar.

spidd; ~**e,** spit.

spiker; ~**re,** nail.

spikke, whittle.

spile, v stretch; ~**øynene opp,** open one's eyes wide; s lath; (paraply) rib.

spill, play; (lek) game; *teat* playing, acting; (tap) loss, waste; ~**e,** play; (søle) spill, (ødsle bort) waste; ~**edåse,** music-box; ~**emann,** fiddler; ~**er,** player; ~**erom,** scope.

spinat, spinach.

spindelvev, cobweb.

spinkel, slender, thin.

spinne, spin; ~**ri,** spinning mill.

spion, spy; ~**asje,** espionage; ~**ere,** spy.

spir, spire; ~**al,** spiral.

spire, s germ, sprout; v sprout, germinate.

spiritisme, spiritualism; ~**ist,** spiritualist; ~**uell,** witty; ~**uosa,** spirits, liquor.

spise, eat; ~**bord,** dining table; ~**lig,** eatable, edible; ~**rør,** gullet; ~**sal,** dining-room; ~**skje,** table-spoon; ~**vogn,** dining car.

spiskammer, larder, pantry.

spiss, s point, tip; *adj* pointed, sharp; ~**e,** sharpen; ~**findig,** hairsplitting; ~**rot, løpe** ~, run the gauntlet; ~**vinklet,** acute-angled.

spjeld, damper, register.

spjelke, s splint; v splinter.

spleis; ~**e,** splice; (skyte sammen) club (together), go Dutch; ~**elag,** Dutch treat.

splint, (stykke) splinter; ~**er ny,** brand new; ~**re(s),** shatter, shiver.

splitt; ~**e,** split; ~**else,** split.

spole, s & v spool, reel.

spolere, spoil, ruin.

spon, chips; (høvel-) shavings; (fil-) filings.

spontan, spontaneous.

spor, (fot) footprint; (jakt) track, trail; (hjul) track, rut; *jernb* tracks, rails; *fig* track, trace; ~ **e**, *v* trace, track; (an-) spur, urge; *s* spur; *fig* stimulus, incentive; *bot* spore.

sport, sport(s); ~ **sartikler**, sports goods; ~ **sfisker**, angler; ~ **smann**, sportsman, athlete.

spor|vei, tramway; ~ **vogn**, tram(car); *amr* streetcar.

spotsk, mocking, derisive.

spott, mockery, derision; ~ **e**, scoff at, deride, mock.

spraglet, mottled; (gloret) gaudy.

sprang, leap, jump.

spre, spread; scatter.

sprek, vigorous, fit.

sprekk, (brist) crack; (åpning) chink; ~ **e**, crack, burst.

sprelle, kick about; (fisk) flop.

sprenge, burst, break.

sprett; ~ **e**, bound; bounce; ~ **e av**, rip off; ~ **e opp**, rip open, unstitch; ~ **en**, frisky.

sprike, stand out, spread.

spring, (water)tap; ~ **brett**, spring-board; *fig* stepping-stone; ~ **e**,

(hoppe) spring, leap, jump; (løpe) run; (briste) burst; ~ **ende punkt**, salient point; ~ **er**, (sjakk) knight; ~ **marsj**, *mil* at the double.

sprinkel, bar; ~ **kasse**, crate.

sprit, spirit(s).

sprudle, bubble, sparkle.

sprut; ~ **e**, spurt.

sprø, (mat) crisp; (skjør) brittle.

sprøyte, *s* syringe; (brann-) fire engine; *v* spray; (sprute) spurt, squirt; *med* inject.

språk, language; ~ **forsker**, linguist; ~ **kunnskaper**, knowledge of languages; ~ **lig**, linguistic.

spurt; ~ **e**, spurt.

spurv, sparrow.

spy, *s* & *v* vomit.

spyd, spear; (kaste-) javelin.

spydig, sarcastic; ~ **het**, sarcasm.

spyd|kast *idr* throwing the javelin; ~ **kaster**, javelin thrower.

spyle, wash, flush.

spytt, spittle, saliva; ~ **e**, spit.

spøk; ~ **e**, jest, joke; ~ **e** (gå igjen) haunt;

~**efugl,** wag, joker; ~**else,** ghost.

spørre, ask; (~ **ut)** question; (fore-) inquire; ~**konkurranse,** quiz; ~**skjema,** questionnaire.

spørsmål, question; ~**stegn,** question mark

spå, prophesy, predict; ~**dom,** prophecy; ~**kone,** fortune-teller.

sta, obstinate.

stab, staff.

stabbestein, guard-stone.

stabbur, storehouse on pillars.

stabel, pile, stack; *mar* stocks; ~**avløpning,** launch(ing).

stabil, stable; (om person) steady; ~**isere,** stabilize.

stable, pile, stack.

stadfeste, confirm; ~**festelse,** confirmation; ~**ig,** steady, constant; *adv* constantly; ~**ion,** stadium; ~**ium,** stage.

stafettløp, relay race.

staffeli, easel.

stagge, curb, check, restrain.

stagnasjon, stagnation; ~**ere,** stagnate.

stake, *s* stake; (lang) pole; (lyse-) candlestick;

mar sparbuoy; *v* pole, stake.

stakitt, paling; (av jern) railing.

stakk, (hay)stack, rick.

stakkar, poor creature; ~**s,** poor.

stall, stable; ~**kar,** groom.

stam: **være** ~, stammer; ~**far,** ancestor; ~**gjest,** regular (customer), habitué; ~**me,** (tre-) *s* stem, trunk; (folk) tribe; *s* (fra) stem from, date from, (ned-) descend *(el* be descended) from; (**være** ~) stammer, stutter.

stampe (gå tungt) tramp; *mar* pitch; (pantsette) pawn.

stamtavle, pedigree; genealogical table; ~**tre,** pedigree, genealogical tree.

stand, (til-) state, condition; (samfunns-) class, rank; (**være i** ~ **til)** be able to; ~**ard,** standard; ~**haftig,** firm, steadfast; ~**punkt,** standpoint, point of view; ~**rett,** summary court-martial; ~**smessig,** suitable to one's station.

stang, (stake) pole; (fiske) rod; (metall-) bar, (flagg-) staff; ~ **e,** butt.

stank, stench, stink.

stans, break, pause; stop; ~ **e,** stop, cease; (presse) stamp, punch.

stappe, *s* mash; *v* stuff, cram.

stas, finery; show; ~ **elig,** fine, splendid.

stasjon, station; ~ **svogn,** station-wag(g)on, estate car.

stat state.

statist, (film) extra; *teat* walker-on.

statistikk, statistics; ~ **sk,** statistical.

stativ, stand, rack.

statsadvokat, public prosecutor; ~ **autorisert revisor,** chartered accountant; ~ **bedrift,** state enterprise; ~ **borger,** citizen, subject; ~ **eiendom,** public property; ~ **forvaltning,** public administration; ~ **funksjonær,** civil servant; ~ **gjeld,** national debt; ~ **kasse,** the Treasury, the Exchequer; ~ **kirke,** state-church; (i England) established church; ~ **kupp,** coup d'Etat;

~ **mann,** statesmann; ~ **minister,** prime minister; ~ **råd,** *c* Cabinet minister; *n* Cabinet meeting; ~ **tjenestemann,** civil servant; ~ **vitenskap,** political science.

statholder, governor.

statue, statue.

status, status; (tilstand) state of affairs; *merk* balance sheet; ~ **symbol,** status symbol.

statutter, statutes, rules.

staur, pole.

stav, staff, stick; ~ **e,** spell; ~ **else,** syllable.

stavn, (for-) stem; prow; (bak-) stern.

stavsprang, pole-jump *el* vault.

stebarn, stepchild.

sted, place, spot; ~ **fortreder,** deputy, substitute; ~ **sans,** sense of locality.

stefar, stepfather.

steil, (bratt) steep; (sta) stubborn; ~ **e,** (bli forbløffet) be staggered; (om hest) rear up.

stein, stone; ~ **alder,** Stone Age; ~ **brudd,** stone-quarry; ~ **e,** stone; ~ **hogger,** stonecutter; ~ **kast,** stone's throw; ~ **kull,** coal; ~ **tøy,** crockery.

stek, joint; roast; ~ **e,** roast; (i panne) fry; ~ **eovn,** oven; ~ **epanne,** frying pan.

stell, (styre) management; (omsorg) care; ~ **e,** (pleie) nurse, care for.

stemme, s voice; pol vote; vi vote; vt tune; (være riktig) be right; ~ **bånd,** vocal chord; ~ **rett,** franchise; ~ **seddel,** ballot paper.

stemning, (sinns-) mood, temper; (i selskap) atmosphere.

stemor, stepmother.

stempel, stamp; mask piston; (på varer) mark, brand; ~ **avgift,** stamp duty.

stemple, stamp, mark.

steng, shot, seine-full; ~ **e,** (sperre) block; (lukke) shut, close; ~ **el,** stem; (stilk) stalk; ~ **etid,** closing time; ~ **sel,** bar, barrier.

stenograf, shorthand writer, shorthand typist; ~ **ere,** write shorthand;

~ **i,** shorthand, stenography.

stensil; ~ **ere,** stencil.

steppe, steppe, prairie; v tap dance; ~ **ing,** tapdancing.

steril, sterile; ~ **isere,** sterilize.

sterk, strong; (lyd) loud.

stett, stem.

stevne, (møte) rally; (idretts-) meeting; v (styre) steer, head; (innkalle) summon; ~ **møte,** date; rendezvous.

sti, path; (i øyet) sty.

stift, (med hode) tack; (uten hode) brad; ~ **e,** (grunnlegge) found, establish; (gjeld) contract; ~ **else,** foundation, establishment.

stigbrett, (bil) runningboard; ~ **bøyle,** stirrup; ~ **e,** rise, go up; (øke) increase; s ladder; ~ **ning,** rise, increase; (på vei) gradient, incline.

stikk, (av insekt) sting; (nåle-) pin-prick; (med kniv o.l.) stab; (kort) trick; ~ **e,** (med noe spisst) stick; (med nål) prick; (insekt) sting; (putte) put; ~ **elsbær,**

gooseberry; ~ **-kontakt,** socket; (støpsel) plug; ~ **ord,** *mil* password; (oppslagsord) entry; *teat* cue; ~ **prøve,** spot *(el* random) test.

stil, style; (skole-) composition, essay-paper; ~ **e,** (til) address; ~ **ig,** stylish, smart; ~ **k,** stem, stalk.

stillas, scaffold(ing).

stille, *adj* still, quiet; *mar* calm; *v* (anbringe) put, place, set; **S-havet,** the Pacific (Ocean).

stillferdig, quiet, gentle; ~ **het,** stillness, calm, quiet(ness); ~ **ing,** position; (ansettelse også) post, situation, *dt* job; (holdning) attitude; ~ **stand,** standstill, stagnation; ~ **tiende,** tacit.

stim, (fisk) school, shoal; ~ **le sammen,** crowd, throng.

stimulans, stimulant, stimulus; ~ **ere,** stimulate.

sting, stitch.

stinkdyr, skunk; ~ **e,** stink.

stipendiat, scholarship holder; ~ **um,** scholarship.

stirre, stare, gaze.

stiv, stiff, rigid; ~ **e;** ~ **else,** starch; ~ **krampe,** tetanus; ~ **nakket,** *fig* stiffnecked; ~ **ne,** stiffen; (om væske) coagulate.

stjele, steal.

stjerne, star; ~ **bilde,** constellation; ~ **skudd,** shooting star; ~ **tyder,** astrologer.

stoff, (tøy) material, fabric, cloth; (substans) stuff, matter, substance; ~ **skifte,** metabolism.

stokk, (spaser-) stick, cane; ~ **døv,** stone-deaf.

stol, chair.

stole på, rely *(el* depend) (up)on, trust.

stolpe, post; pole.

stolt, proud; ~ **het,** pride.

stopp, (i pute) padding, stuffing; (på strømpe) darn; (stans) stop(page); ~ **e,** *vt* fill, stuff; (stanse) stop; (strømper) darn, mend; *vi* stop, halt; ~ **egarn,** darning wool; ~ **eklokke,** stop watch; ~ **ested,** stop-(ping-place).

stor, great; big; large; (høy) tall; ~ **artet,** grand, splendid.

Storbritannia, Great Britain.

storfinans, high finance; ~**industri,** large-scale industry.

stork, stork.

storm, gale; (sterk ~ og *fig)* storm.

stormagasin, department store; ~**makt,** Great Power; ~**mannsgalskap,** megalomania; ~**vilt,** big game.

strabaser, hardships; ~**iøs,** fatiguing.

straff, punishment; *jur* penalty; ~**bar,** punishable; ~**arbeid,** penal servitude; ~**e,** punish; ~**elov,** criminal law; ~**eporto,** (postal) surcharge; ~**esak,** criminal case; ~**espark,** penalty kick.

straks, at once, immediately.

stram, (ikke løs) tight; (rank) erect; ~**me,** tighten; ~**tsittende,** tight-fitting.

strand, shore, beach; ~**e,** run aground, strand; *fig* fail; ~**hogg,** raid.

strateg, strategist; ~**i,** strategy; ~**isk,** strategic(al).

strebe, strive; ~**r,** careerist.

streif, (av lys) gleam; (berøring) graze; ~**e,** (berøre lett) graze; *fig* touch on; (~**e om)** roam; ~**skudd,** grazing shot; ~**tog,** raid.

streik; ~**e,** strike; ~**ebryter,** strike-breaker; ~**evakt,** picket.

strek, line; (puss) prank, trick; ~**e,** draw lines; (~**e under)** underline.

strekke (seg), stretch; ~ **til,** be sufficient *el* enough, suffice.

strekning, stretch, distance.

streng, *adj* strict; (hard) severe, rigorous; *s* string.

strev, (slit) toil, labour; ~**e,** (slite) work hard, toil; (forsøke) strive; ~**som,** hard-working; (hard) hard.

stri, (av sinn) obstinate; (streng) rigorous; (strøm) rapid; *v* (slite) toil.

strid, dispute, strife; ~**e,** fight, struggle; ~**ende,** *mil* combatant; ~**ig,** obstinate; ~**ighet,** dispute, controversy; ~ **spunkt,** point at issue.

strie, sacking.

strikk, elastic (band); ~ **e,** knit; ~ **epinne,** knitting-needle; ~ **etøy,** knitting.

strimmel, strip, slip.

stripe, stripe, streak; ~ **t,** striped.

striregne, pour down.

stritte, bristle; ~ **imot,** resist.

strofe, stanza.

stropp, strap.

struktur, structure.

strupe, s throat; v strangle; ~ **hode,** larynx.

struts, ostrich.

stryk, (pryl) beating; (i elv) rapids; (eksamen) failure; ~ **e,** stroke; (tøy) iron; (til eksamen) fail; (~ e ut) cross (out); ~ **efri,** non-iron; ~ **ejern,** iron.

strø, strew, sprinkle.

strøk, (egn) part, district; region; (penne-) stroke.

strøm, current; (noe som strømmer) stream; ~ **e,** stream, pour; ~ **måler,** electricity meter.

strømpe, stocking; ~ **bukser,** tights; ~ **bånd,** garter.

strå, straw.

stråle, s ray, beam; (vann) jet; v shine, radiate, beam; ~ **nde,** splendid, brilliant.

stråmann, dummy, man of straw; ~ **tak,** thatched roof.

stubb(e), stub, stump.

student, student; ~ **ere,** study; ~ **ie,** ~ **ium,** study; ~ **io,** studio.

stue, s (sitting-)room; (hytte) cottage; v (mat) stew; mar stow.

stuert, steward.

stuing, stew.

stum, mute, dumb; ~ **film,** silent film.

stump, s (sigarett-, lys-o.l.) stub; (av arm, ben) stump; adj blunt; (vinkel) obtuse.

stund, while; ~ **om,** at times, sometimes.

stup, precipice; (hopp) dive; ~ **e,** (hoppe) dive; (falle) pitch.

stusse, (klippe) trim; (undres) wonder.

stut, bull(ock); ~ **teri,** stud.

stygg, ugly; (dårlig) nasty, bad.

stykke, s piece, bit; teat

play; *v* ~ **opp**, split up, divide; ~ **ut**, parcel out.

stylte, stilt.

styr, holde ~ på, keep in check; ~ **bord**, starboard; ~ **e**, *vt* steer; (lede) manage, direct; (regjere) govern, rule; *s* (sykkel) handle-bar; *(abst* ledelse) management; (stats-) government, rule; (direksjon) board of directors; (i forening) (executive) committee; ~ **eformann**, chairman; ~ **er**, se *bestyrer*.

styrke, *s* strength; force; *v* strengthen, fortify.

styrmann, mate, officer.

styrt, (bad) shower-(-bath); ~ **e**, *vi* fall down, tumble down; (om fly) crash; (fare avsted) rush, dash; (om-) overthrow; ~ **hjelm**, crash helmet; ~ **regn**, pouring rain.

stær, *zool* starling; *med* (grå) cataract; (grønn) glaucoma.

stø, *s* landingplace; *adj* steady.

støkk, start, shock; ~ **e**, (skremme) startle; (bli skremt) start (up).

stønad, aid; (trygd) benefit.

stønn; ~ **e**, moan, groan.

støpe, (metaller) cast; (forme) mould; ~ **form**, mould; ~ **jern**, castiron; ~ **ri**, foundry.

støpsel, plug.

størje, tunny.

størkne, (sement *o.l.)* harden, set; (væske) coagulate.

størrelse, size; (omfang) extent; ~ **sorden**, magnitude; *mat* quantity.

størstedelen, the greater part.

støt, (skubb) push; (slag) blow; (dolke-) stab; *elektr* shock; (trompet-) blast; ~ **e**, push; (dunke) bump; (fornærme) offend, hurt; ~ **fanger**, fender, bumper; ~ **pute**, buffer.

støtt, always, constantly; ~ **e**, *v* support; *fig* også back (up); *s* support; backing; (billed-) statue.

støv, dust; ~ **e**, be dusty; ~ **et**, dusty; ~ **eklut**, duster.

støvel, boot.

støvsuger, vacuum cleaner.

støy, noise; ~e, make a noise; ~ende, noisy.

stå, stand; ~hei, fuss.

stål, steel; ~tråd, steel wire.

ståplass, standing room; ~billett, standing ticket.

subjekt, subject; ~iv, subjective.

sublim, sublime.

subsidier, subsidies; ~e, subsidize.

subskribent, subscriber; ~ere, subscribe (på: to); ~psjon, subscription.

substantiv, substantive, noun.

subtil, subtle.

subtrahere, subtract.

sufflere, prompt; ~lør, ~løse, prompter.

sug, suction; ~e, suck; ~erør, straw.

suite, suite.

sukk; ~e, sigh.

sukker, sugar; ~erter, sugar-peas; ~klype, sugar-tongs; ~kopp, sugar-basin; ~rør, sugar-cane; ~syke, diabetes; ~tøy, sweets; *amr* candy.

sukre, sugar, sweeten.

sult, hunger; ~e, starve;

~efore, underfeed; ~elønn, starvation wages; ~en, hungry.

sum, sum; ~marisk, summary; ~me, hum, buzz; ~me seg, collect oneself; ~mere, sum up; ~etone, (telefon) dialling tone.

sump, swamp, bog; ~et, swampy, boggy.

sund, sound, strait.

sunn, (frisk) sound, healthy; (gagnlig) wholesome, healthy; ~het, health.

suppe, soup; ~terrin, tureen.

supplement, ~re, supplement.

sur, sour; (syrlig) acid; ~deig, leaven.

surre, (summe) hum, buzz; (binde) lash, secure.

surrogat, substitute.

sursild, pickled herring; ~stoff, oxygen.

sus, whistling; humming; ~e, whistle, whizz.

sutre, whimper, whine.

suvenir, souvenir.

suveren, sovereign; ~itet, sovereignty.

svada, claptrap, hot air.

svaie, sway.

svak, weak; (ubetydelig) feeble, faint; ~ **het**, weakness.

sval, *adj* cool; *s* gallery, balcony; ~ **e**, *v* cool; *s* swallow.

svamp, sponge; ~ **aktig**, spongy.

svane, swan; ~ **sang**, swansong.

svanger, pregnant; ~ **skap**, pregnancy.

svans, tail.

svar; ~ **e**, answer, reply.

svart, black; ~ **ebørs**, black market; ~ **edauden**, the Black Death; **S-ehavet**, the Black Sea; ~ **eliste**, black list; ~ **emarja**, Black Maria.

sveise, weld; ~ **er**, (metall-) welder; (fjøskar) dairyman.

Sveits, Switzerland; ~ **er**; ~ **isk**, Swiss.

sveiv; ~ **e**, crank.

svekke, weaken; ~ **lse**, weakening.

svekling, weakling.

svelg, throat, gullet; (avgrunn) abyss, gulf; ~ **e**, swallow.

svelle, swell.

svensk, Swedish; ~ **e**, Swede.

svepe, whip.

sverd, sword; ~ **fisk**, swordfish; ~ **side**, male line.

sverge, swear; ~ **falsk**, perjure.

Sverige, Sweden.

sverm, swarm; crowd; ~ **e**, swarm; ~ **e for**, have a crush on.

sverte, *v* blacken; *s* (sko-) blacking.

svett, sweaty; ~ **e**, *v* perspire, sweat; *s* perspiration, sweat.

sveve, hover, float.

svi, *vi* smart; *vt* singe, scorch.

sviger|datter, ~ **far**, ~ **foreldre**, daughter-in-law, father-in-law, parents-in-law; ~ **inne**, sister-in-law.

svik, fraud, deceit; ~ **e**, deceive, betray, cheat.

svikt, (brist) flaw; (uteblivelse) failure; ~ **e**, fail.

svim|e av, faint; **i** ~ **e**, unconscious; ~ **lende**, dizzy.

svin, pig; *koll* swine.

svindel; ~ **le**, swindle; ~ **ler**, swindler.

svine|kjøtt, pork; ~ **lær**, pigskin; ~ **ri**, filthiness; ~ **stek**, roast pork.

sving, swing; (på vei) curve, bend, turn(ing); ~ **dør,** revolving door; ~ **e,** swing; (bil, vei) turn; (hatten) wave; ~ **ning,** (variasjon) fluctuation; (fram og tilbake) oscillation.

svinn, waste, loss; ~ **e,** (forminskes) diminish, dwindle.

svir, carousing; ~ **e,** carouse, booze.

svirre, (også *fig*) buzz.

sviske, prune.

svoger, brother-in-law.

svor (fleske-), rind.

svovel, sulphur; ~ **syre,** sulphuric acid.

svull, (is-) ice-fall; (hevelse) swelling; ~ **me,** swell.

svulst, tumo(u)r; ~ **ig,** bombastic.

svær, very large, huge; heavy; ~ **vekt,** heavyweight.

svømme, swim; ~ **basseng,** swimming-pool; ~ **belte,** swimming-belt; ~ **fugl,** web-footed bird; ~ **hud,** web; ~ **r,** swimmer.

svøpe, *fig* scourge.

sy, sew; ~ **dame,** dressmaker.

Syden, the South.

sydfrukter, fruits from the South; ~ **lig,** south(ern).

Sydpolen, the South Pole.

syerske, seamstress.

syk, ill (foran *s*) sick; (som predikatsord) ill; ~ **dom,** illness, sickness, disease; ~ **ebil,** ambulance; ~ **ehus,** hospital; ~ **epleier,** (hospital) nurse.

sykkel, (bi)cycle, bike; ~ **le,** cycle; bike; ~ **list,** cyclist.

syklon, cyclone.

syklubb, sewing circle.

syl, awl.

sylinder, cylinder.

sylte, *v* (frukt *o.l.*) preserve; (i eddik) pickle; *s* brawn; ~ **tøy,** jam, preserve(s).

symaskin, sewing machine.

symbol, symbol; ~ **isere,** symbolize; ~ **sk,** symbolic.

symfoni, symphony.

symmetrisk, symmetrical.

sympati, sympathy; ~ **sere,** sympathize; ~ **sk,** likeable, nice.

syn, sight; (mening) view.

synagoge, synagogue.

synd; ~**e**, sin; (det er synd, leit) it is a pity; ~**ebukk**, scapegoat; ~**er**, sinner; ~**floden**, the Flood; ~**ig**, sinful.

syne, (vise) show; ~**s**, think; consider, find; (se ut som) appear, seem.

synge, sing.

synke, sink; fall.

synlig, visible; ~**sbedrag**, optical delusion; ~**sk**, clairvoyant, second-sighted; ~**punkt**, point of view, viewpoint; ~**srand**, horizon.

syntetisk, synthetic.

synål, (sewing) needle.

syre, acid; *bot* sorrel.

syrin, lilac.

syrlig, sourish, acidulous.

sysselsette, employ; ~**setting**, employment.

system, system; ~**atisk**, systematic; *adv* systematically.

syt; ~**e**, whimper, whine.

sytråd, sewing-thread; ~**tøy**, needle-work.

sæd, seed; (væske) semen, sperm.

særdeles, highly, most; ~**deleshet: i ~**, in par-

ticular, especially; ~**egen**, peculiar; ~**egenhet**, peculiarity; ~**eie**, separate estate; ~**lig**, *adj* special, particular; *adv* especially, particularly; ~**preg**, distinctive stamp; ~**skilt**, separate; ~**tilbud**, special offer.

sødme, sweetness.

søke, seek, search *(el* look) for; (sende søknad) apply for; (forsøke) try; ~**er**, *fotogr* view-finder; (til stilling) applicant.

søkk, (fordypning) hollow, depression; (trykk) start; ~**våt**, drenched, soaked.

søknad, application; ~**smål**, (law)suit; ~**t**, *fig* far-fetched.

søl, mess; ~**e**, mud; *v* (spille væske) spill, slop; (~**e til**) soil; ~**epytt**, puddle; ~**et**, muddy, dirty.

sølibat, celibacy.

sølje, (filigree) brooch.

sølv, silver; ~**bryllup**, silver wedding; ~**tøy**, table silver.

søm, (det å sy) sewing;

(sammensying) seam; *med bot* suture; ~ me seg, be becoming; ~ melig, decent, becoming; ~ melighet, decency, propriety.

søndag, Sunday.

sønn, son; ~ edatter, grand-daughter; ~ esønn, grandson.

søppel, rubbish, refuse; ~ kasse, dustbin; refuse bin.

sør, south.

sørge, (føle sorg) grieve, mourn; ~ for (skaffe) provide, arrange for; ~ klær, mourning; ~ lig, sad; ~ marsj, funeral march.

sørgmodig, sad, sorrowful.

sørlig, southern; (vind) southerly.

sørpe, slush, sludge.

søsken, brothers and sisters; ~ barn, cousin.

søster, sister.

søt, sweet; ~ e, v sweeten.

søvn, sleep; ~ gjenger, sleep-walker; ~ ig, sleepy; ~ løs, sleepless; ~ løshet, insomnia.

søyle, pillar, column.

så, v sow; *adv* then; so; ~ dan, such; ~ kalt, so called; ~ korn, seedcorn.

såld, riddle, sieve.

såle, s & v, sole.

således, so, thus; ~ mann, sower; ~ maskin, sowing-machine.

sånn, such; (således) so, thus.

såpe, s & v soap; ~ skum, lather; ~ stykke, cake of soap.

sår, s wound; *adj* sore; painful; ~ bar, vulnerable; ~ e, wound; *(fig også)* hurt; ~ ende, *fig* cutting, wounding; ~ t, sorely.

såte, (hay)cock.

T

ta, take; (beregne seg) charge.

tabbe, blunder.

tabell, table; ~ lett, tab-

let; ~ lå, tableau; ~ u, taboo; ~ urett, stool.

taffel, table.

tafs, wisp of hair.

tagg, (pigg) spike, barb.
tak, (med hånd) grasp, hold; (med åre) stroke; (på hus) roof; (i værelse) ceiling.
takkammer, attic, garret.
takk, thanks; thank you; ~ **e,** thank; ~ **et være,** thanks to; ~ **nemlig,** grateful, thankful; ~ **nemlighet,** gratitude.
takle, tackle; *(mar også)* rig.
takrenne, gutter.
taksameter, (taxi)meter; ~ **ere,** value, appraise, rate; ~ **ering,** valuation, appraisement.
takskjegg, eaves; ~ **stein,** tile.
takst, rate (person-) fare; (verdi) appraised value; ~ **mann,** appraiser.
takt, time; (finfølelse) tact; ~ **fast,** measured; ~ **full,** tactful; ~ **ikk,** tactics; ~ **isk,** tactical; ~ **løs,** tactless; ~ **løshet,** tactlessness; ~ **stokk,** baton.
takvindu, skylight.
tale, *v* speak, talk; *s* speech; (snakk) talk; ~ **feil,** speech defect; ~ **frihet,** freedom; ~ **språk,** spoken *(el* colloquial) language.

talent, talent; ~ **full,** talented.
taler, speaker; (begavelse) orator; ~ **stol,** rostrum, platform.
talg, tallow.
talje, tackle.
talkum, talcum.
tall, number; (-tegn) figure, digit.
tallerken, plate.
tallord, numeral; ~ **rik,** numerous; ~ **skive,** dial; ~ **øs,** countless, innumerable.
talong, counterfoil, stub.
talsmann, spokesman, mouthpiece; (for en sak) advocate.
tam, tame; ~ **het,** tameness.
tamp, rope end.
tampong, tampon.
tandem, tandem; ~ **der,** delicate, frail.
tang, (ild-) tongs; (knipe-) pincers; *bot* seaweed; ~ **e,** tongue (of land); ~ **ent,** tangent; (piano) key; ~ **ere,** touch.
tank, tank; ~ **bil,** ~ **båt,** tanker.
tanke, thought, idea; ~ **full,** thoughtful; ~ **gang,** train of

thought; ~ **løs**, thoughtless; ~ **strek**, dash.

tann, tooth; (på hjul) cog; ~ **børste**, toothbrush; ~ **hjul**, cogwheel; ~ **kjøtt**, gum; ~ **krem**, tooth-paste; ~ **lege**, dentist; ~ **pasta**, tooth-paste; ~ **verk**, tooth-ache.

tante, aunt.

tap, loss; ~ **e**, lose; ~ **er**, loser.

tapet, wallpaper; ~ **sere**, paper.

tapp, (kran), tap; (omdreinings-) pivot; ~ **e**, tap, draw; (på flaske) bottle; ~ **enstrek**, tattoo.

tapper, brave, valiant; ~ **het**, bravery, valour.

tara, tare.

tare, seaweed.

tariff, tariff.

tarm, intestine; *(pl også)* bowels, guts; ~ **slyng**, ileus.

tast, key; ~ **atur**, keyboard.

tater, gipsy.

tatovere; ~ **ing**, tattoo.

tau, rope; ~ **båt**, ~ **e**, se *slepe(båt)*.

taus, silent; ~ **het**, silence.

tavle, (skole-) black-

board; *elektr* switch-board, fuse board.

te, tea.

teater, theatre; ~ **forestilling**, theatrical performance; ~ **sjef**, theatre *(el* theatrical) manager.

teatralsk, theatrical.

teft, scent; **fin ~ for,** a good nose for.

teglstein, (til tak) tile; (til mur) brick.

tegn, sign, mark; ~ **e**, draw; ~ **efilm**, (animated) cartoon; ~ **er**, draughtsman; (mote-) designer; (karikatur-) cartoonist; ~ **eserie** (strip) cartoon, (comic) strip; ~ **estift**, drawing pin; ~ **ing**, drawing; ~ **setning**, punctuation.

tekanne, tea-pot; ~ **kjøkken**, kitchenette.

tekke, *v* roof; (med strå) thatch; ~ **lig**, decent, proper.

tekniker, technician; ~ **ikk**, technique; ~ **isk**, technical.

tekst, text; *mus* words.

tekstil, textile; ~ **fabrikk**, textile mill.

tele, *s* frozen earth.

telefonboks, call-box, telephone kiosk; ~ **ere**,

telephone; ~**katalog,** telephone directory; ~**oppringning,** (telephone) call; ~**sentral,** telephone exchange.

telegraf; ~**ere,** telegraph; wire; ~**i,** telegraphy; ~**isk,** telegraphic, by wire, by cable; ~**ist,** telegraphist.

telegram, telegram, wire, cable.

teleks, telex; ~**melding,** telex(call).

telepati, telepathy; ~**skop,** telescope; ~**visjon,** television, se *fjernsyn.*

telle, count, number; ~**apparat,** turnstile; ~**r,** (i brøk) numerator.

telt, tent; ~**duk,** tentcanvas; ~**leir,** camp of tents.

tema, *mus* theme; (emne) subject, topic.

temme, tame; (gjøre til husdyr) domesticate; ~**lig,** rather, pretty; fairly.

tempel, temple.

temperament, temperament, temper; ~**atur,** temperature; ~**ere,** temper.

tempo, pace, tempo.

tendens, tendency, trend; ~**iøs,** tendentious, bias(s)ed.

tendere, tend.

tenke, think; (akte) mean; (~ **seg**) imagine; ~**lig,** imaginable; ~**r,** thinker.

tenne, light; *elektr* switch *(el* turn) on; (ved gnist) ignite; ~**ing,** ignition.

tennis, tennis; ~**bane,** tenniscourt.

tennplugg, spark(ing-)plug.

tenor, tenor.

tentamen, preliminary examination.

tenåring, teenager.

teolog, theologian; ~**logi,** theology; ~**retiker,** theorist; ~**retisk,** theoretic(al); ~**ri,** theory.

teppe, (gulv-) carpet; (lite) rug; *teat* curtain.

terapeutisk, therapeutic(al); ~**i,** therapy.

termin, period, term; (avdrag) instalment.

termometer, thermometer; ~**sflaske,** thermos-(flask); ~**stat,** thermostat.

terning, die; *pl* dice.

terpentin, turpentine.

terrasse, terrace.

terreng, country, ground; ~ **løp,** cross-country race.

terrin, tureen.

territorialfarvann, territorial waters; ~ **ium,** territory.

terror, terror; ~ **isere** terrorize; ~ **isme,** terrorism; ~ **ist,** terrorist.

terskel, threshold.

terte, tart; ~ **fin,** prudish.

tesil, tea-strainer; ~ **skje,** tea-spoon.

testament(e), testament, will; ~ **arisk,** testamentary; ~ **ere,** bequeath, leave by will.

testikkel, testicle.

tett, *adj* (ikke lekk) tight; (ikke spredt) dense; (nær) close; *adv* close, closely; ~ **e,** make tight; ~ **sittende,** tight(-fitting).

ti, ten.

tid, time; *gram* tense; ~ **evann,** tide; ~ **feste,** determine the time of; ~ **lig,** early; ~ **ligere,** previous; earlier; ~ **ligst,** at the earliest; ~ **salder,** age; ~ **sfordriv,** pastime; ~ **sfrist,** time limit; ~ **snok,** in time; ~ **spunkt,** time,

moment, hour; ~ **skrift,** periodical, review.

tie, be silent.

tiende, *num* tenth; *s* tithe.

tigger, tiger.

tigge, beg; ~ **r,** beggar; ~ **ri,** begging.

tikamp, decathlon.

tikke, tick.

til, *prp* to; *adv* en ~, one more; *konj* till, until.

tilbake, back; (igjen) left; behind; ~ **betale,** repay; ~ **blikk,** retrospect; ~ **fall,** relapse; ~ **gang,** decline; ~ **holden,** reserved; ~ **holdenhet,** reserve; ~ **komst,** return; ~ **legge,** cover; ~ **levere,** return; ~ **reise,** return journey; ~ **slag,** setback; ~ **tog,** retreat; ~ **trekning,** withdrawal; ~ **trukket,** retired; ~ **vei,** way back; ~ **virkende,** retroactive; ~ **vise,** reject; ~ **visning,** rejection.

tilbe, worship; ~ **der,** worshipper; *fig* admirer.

tilbehør, accessories; ~ **berede,** prepare; ~ **bringe,** spend; ~ **bud;** ~ **by,** offer; ~ **børlig,** due; ~ **bøyelig,** inclined; (ha lett for) be apt to; ~ **bøyelighet,** inclination, tendency.

til|dele, (anvise) allot, assign; (ved kvote) allocate; ~ **deling,** allotment, assignment; allocation; ~ **dels,** partly; ~ **egne,** dedicate; *vr* (kunnskaper *o.l.*) acquire.

til|falle, fall to; ~ **feldig,** casual, accidental; ~ **feldighet,** chance; (sammentreff) coincidence; ~ **feldigvis,** by chance, accidentally; ~ **felle,** case; ~ **felles,** in common; ~ **flukt,** refuge; ~ **freds,** satisfied; (fornøyd) pleased, content(ed); ~ **fredshet,** satisfaction; contentment; ~ **fredsstille,** satisfy; ~ **fredsstillelse,** satisfaction; ~ **fredsstillende,** satisfactory; ~ **frosset,** frozen (over); ~ **førsel,** supply; ~ **føye,** add; (volde) cause.

tilgi, forgive, pardon; ~ **givelig,** pardonable; ~ **givelse,** pardon; ~ **gjengelig,** accessible; ~ **gjort,** affected; ~ **godehavende,** outstanding debt.

til|henger, adherent, follower, supporter; ~ **holdssted,** resort; ~ **hylle,** veil; ~ **høre,** belong to; ~ **hører,** listener.

tilintetgjøre, annihilate, destroy; ~ **lse,** destruction.

til|kalle, call, summon; ~ **kjenne,** award; ~ **kjennegi,** make known; ~ **knytning,** connection; ~ **komme,** (være ens plikt) be one's duty.

til|laget, prepared; ~ **lags: gjøre** ~, please; ~ **late,** allow, permit; ~ **latelig,** permissible; ~ **latelse,** permission, leave; (skriftlig) permit; ~ **legg,** addition; supplement; ~ **lempe,** adapt; ~ **liggende,** adjacent; ~ **lit,** confidence; ~ **litsfull,** confident; ~ **litsvotum,** vote of confidence; ~ **løp,** (til hopp) starting run; *fig* effort, attempt.

tilnærmelse, approach; *fig* advance; ~ **svis,** approximately; (ikke-) not nearly.

til overs, left (over).

tilpasning, adap(ta)tion; ~ **se**, adapt.

til reisende, visitor; ~ **rettelegge**, arrange; ~ **rettevise**; ~ **rettevisning**, rebuke; ~ **rive seg**, usurp; ~ **rop**, cry, hail; ~ **rå**, advise; ~ **rådelig**, advisable.

tilsagn, promise; ~ **sammen**, altogether, in all; ~ **setning**, admixture; ~ **sette**, add; (ansette) engage, appoint; ~ **sidesette**, (person) slight, pass over; (forsømme) neglect; ~ **siktet**, intentional; ~ **skjærer**, cutter; ~ **skrive**, ascribe; ~ **skudd**, grant, contribution; ~ **skuer**, spectator; ~ **skynde**, prompt, urge; ~ **slag**, (auksjon) knocking down; ~ **slutning**, (bifall) approval; (samtykke) consent; ~ **sløre**, veil; ~ **snikelse**, subreption; ~ **spisse seg**, become critical; ~ **sprang**, start; ~ **stand**, state, condition; ~ **stede**, present; ~ **stelning**, arrangement; ~ **strekkelig**, sufficient; ~ **strømning**, influx; ~ **støte**, happen to; ~ **støtende**,

adjacent; ~ **stå**, confess; (innrømme) admit; ~ **ståelse**, confession; admission; ~ **svare**, correspond to; ~ **svarende**, corresponding; ~ **syn**, supervision; ~ **syne**: **komme** ~, appear; ~ **synelatende**, seeming, apparent; ~ **synsmann**, inspector; ~ **søle**, soil, dirty.

til ta, grow, increase; ~ **tak**, (foretagende) enterprise; (forholdsregel) measure; ~ **tale**, v (snakke til) address; (behage) please, appeal to; *jur* charge (**for**: with), prosecute; **den** ~ **talte**, the accused, the defendant; ~ **tale**, s address; *jur* charge, prosecution; ~ **talende**, attractive; ~ **tre** (stilling) take up; ~ **trekke**, attract; ~ **trekkende**, attractive; ~ **trekning**, attraction; ~ **tro**, s confidence; ~ **vant**, accustomed; ~ **vekst**, increase; ~ **værelse**, existence.

time, hour; (undervisning) period, lesson; ~ **plan**, timetable; table of lessons.

tind(e), (fjell-) peak; ~ **ebestiger,** Alpinist, mountaineer.

tindre, sparkle.

tine, thaw, melt.

ting, thing; ~ **lyse,** register.

tinktur, tincture.

tinn, (metallet) tin; (i bruksgjenstand) pewter; ~ **varer,** pewter(ware).

tinning, temple.

tippe, (gjette, og i drikkepenger) tip; (med tippekupong) do the pools; ~ **ekupong,** pools coupon.

tippoldefar, great-great-grandfather; ~ **mor,** great-great-grandmother.

tirre, tease, provoke.

tirsdag, Tuesday.

tispe, bitch.

tistel, thistle.

titte, peep.

tittel, title; ~ **blad,** title page.

titulere, address, style.

tivoli, amusement park, fun fair.

tiår, decade.

tjene, serve; (~ **penger)** earn, (ved fortjeneste) make; ~ **r,** servant; ~ **ste,** service; favour;

~ **stemann,** public servant; ~ **stepike,** maid(-servant).

tjern, small lake, tarn.

tjor; ~ **e,** tether.

tjue, twenty.

tjære, *s & v* tar; ~ **papp,** tarred roofing felt.

to, *num* two; (stoff) stuff.

toalett, toilet; (~ **rom** også) lavatory, W.C.; ~ **bord,** dressing *(el* toilet) table; ~ **papir,** toilet paper.

tobakk, tobacco; ~ **sbutikk,** tobacconist's (shop); ~ **shandler,** tobacconist.

tog, train; (opptog) procession; ~ **plan,** railway timetable.

tokt, cruise; (ri) fit.

toleranse, tolerance; ~ **ant,** tolerant; ~ **ere,** tolerate.

tolk, interpreter; ~ **e,** interpret; (uttrykke) express.

toll, (avgift) duty; (~ **vesen)** Customs; (avgift), (customs) duty; ~ **bu,** customhouse; ~ **egang,** oar-lock; ~ **ekniv,** sheath-knife; ~ **er,** customs officer; ~ **fri,** duty-free; ~ **vesenet,** the Customs.

tolv, twelve.

tom, empty; ~ **at,** tomato; ~ **bola,** tombola; ~ **hendt,** empty-handed; ~ **het,** emptiness.

tomme, inch; ~ **lfinger,** thumb; ~ **liten,** Tom Thumb; ~ **stokk,** folding rule.

tomt, (bygge-) site, (rundt et hus) grounds.

tone, *v* (lyde) sound; tone; *s* tone; (enkelt-) note; ~ **angivende,** leading; ~ **høyde,** pitch.

tonn, ton; ~ **asje,** tonnage.

topp, top; (fjell- og *fig*) summit; ~ **e,** top; ~ **figur,** figurehead; ~ **gasje,** top salary; ~ **møte,** summit meeting; ~ **punkt,** summit; *geom* apex; ~ **stilling,** top position.

torden, thunder; ~ **skrall,** thunder clap; ~ **vær,** thunderstorm.

tordivel, (dung)beetle.

tordne, thunder.

tore, dare, venture.

torg, market(-place).

torn, thorn; ~ **efull,** thorny.

torpedere; ~ **o,** torpedo.

torsdag, Thursday.

torsk, cod(-fish); ~ **elevertran,** cod-liver oil.

tortur; ~ **ere,** torture.

torv, (myr-) peat; (gress-) turf.

tosk, fool; ~ **et,** foolish.

total, total; ~ **itær,** totalitarian.

tradisjon, tradition; ~ **ell,** traditional.

trafikk, traffic; ~ **ert,** busy, crowded; ~ **-knute,** traffic jam; ~ **åre,** artery.

tragedie, tragedy; ~ **isk,** tragic.

trakt, funnel; (egn) region, tract; ~ **at,** treaty; ~ **e,** (sile) filter; ~ **e etter,** aspire to.

traktor, tractor.

tralle, *v,* sing; *s* trolley, truck.

tramp, tramp, stamp; ~ **e,** tramp, stamp, trample; ~ **fart,** tramp trade.

tran, cod-liver oil.

trane, crane.

trang, *s* (behov) want, need; (lyst) desire; *adj* narrow; (om klær) tight; ~ **synt,** narrow-minded.

transe, trance.

transaksjon, transaction; ~ **formator,** transformer; ~ **itiv,** transitive; ~ **itthandel,** transit

trade; ~ **latør**, translator; ~ **port**, transport, conveyance; ~ **portbånd**, conveyor belt; ~ **portere**, transport; ~ **portmiddel**, means of transport *el* conveyance.
trapés, trapeze; *mat* trapezium.
trapp, stairs; (trappeoppgang) staircase; (utenfor dør) (door-)steps; ~ **eavsats**, landing; ~ **egelender**, banisters *pl;* ~ **etrinn**, step.
traske, trudge; plod.
trass(ig) se *tross(ig)*.
tratte, draft.
trau, trough.
traust, steady, sturdy.
trav; ~ **e**, trot.
travbane, trotting-track.
travel, busy; ~ **het**, bustle.
tre, *num* three; *v* tread; step; *s* tree; (ved) wood; ~ **demølle**, treadmill; ~ **dje;** ~ **djedel**, third; ~ **enighet**, Trinity.
treffe, hit; (møte) meet; ~ **ende**, apt; to the point.
trefning, *mil* engagement.
treg, sluggish, slow; inert; ~ **het**, indolence; inertia.

tregrense, tree *(el* timber) line; ~ **hjulssykkel**, tricycle.
trekant, triangle; ~ **et**, triangular.
trekk, *n* (rykk) pull; (ansikts-) feature; (sjakk) move; (karakter-) trait, feature; (dekke) cover; *c* draught; ~ **e**, draw, pull; (betrekke) cover; ~ **e fra**, deduct; *mat* subtract; ~ **e tilbake**, withdraw; ~ **fugl**, migratory bird; ~ **full**, draughty; ~ **papir**, blotting-paper; ~ **spill**, accordion.
treklang, triad; ~ **kløver**, trefoil.
trekning, (lotteri) draw; (krampe) convulsion; ~ **sliste**, list of prizes.
trekull, charcoal; ~ **last**, timber, wood.
trell, slave; ~ **binde**, enslave; ~ **dom**, bondage; ~ **e**, slave.
tremasse, wood-pulp.
tremenning, second cousin.
trene, train, practise; ~ **r**, trainer, coach; ~ **re**, delay, retard.
trenge, (presse) press, force, push; (behøve)

need, want, require; ~ **seg fram**, press forward; ~ **igjennom**, penetrate; ~**nde**, needy.

trengsel, (folk) crowd; (nød) distress.

treningsdrakt, training suit.

treske, thresh; ~**maskin**. thresher; threshing-machine.

treskje, wooden spoon.

treskjærer, wood-carver; ~**sko**, clog, wooden shoe; ~**snitt**, woodcut; ~**sprit**, wood alcohol; ~**stamme**, trunk (of a tree).

tresteg, hop, step, and jump.

trett, tired; (kjed) weary (av: of); ~**e**, *v* tire; (stride) quarrel; *s* dispute, quarrel; ~**ekjær**, quarrelsome; ~**en**, thirteen; ~**het**, weariness, fatigue; ~**e**, thirty.

treull, wood-wool.

trevarer, woodware.

trevl, fibre; (av tøy) thread.

triangel, triangle; ~**bune**, stand; (overbygd) grand stand; ~**gonometri**, trigonometry; ~**kin**, trichina.

trikk, (knep) trick; (sporvogn) tram(-car); *amr* streetcar.

trikot, tricot; ~**asje**, hosiery.

trille, roll; *mus s & v* trill; ~**bår**, wheelbarrow.

trilling, triplet.

trinn, step; (stige) rung; (stadium) stage.

trinse, pulley; (lite hjul) castor.

trio, trio.

tripp; ~**e**, trip.

trisse, pulley.

trist, sad, dismal, gloomy; ~**het**, sadness, gloom.

tritt, step; *fig* holde ~ **med**, keep pace with.

triumf, triumph; ~**bue**, triumphal arch; ~**ere**, triumph; ~**erende**, triumphant.

trives, thrive; (like seg) feel comfortable; ~**iell**, commonplace, trivial, trite; ~**sel**, prosperity; (velvære) well-being.

tro, *adj* faithful, loyal; *s* faith, belief; (grise-) trough; *v* believe; think; ~**fast**, faithful, loyal; ~**fasthet**, fidelity, faithfulness.

trofé, trophy.
trolig, credible; (sannsynlig) probable, likely.
troll, troll, ogre; ~ **binde**, spellbind; ~ **dom**, witchcraft, sorcery; ~ **et**, naughty; ~ **kjerring**, witch; ~ **mann**, sorcerer.
troløs, faithless.
tromme, *s* drum; *v* (beat the) drum; ~ **hinne**, ear-drum, membrane; ~ **hvirvel**, roll of drums; ~ **l**, drum; ~ **slager**, drummer; ~ **stikke**, drumstick.
trompet, trumpet.
tronarving, heir to the throne; ~ **e**, *s & v* throne; ~ **følger**, successor; ~ **himmel**, canopy; ~ **tale**, speech from the Throne.
troplene, the tropics; ~ **isk**, tropical.
tropp, troop; ~ **erevy**, review.
troskap, fidelity, loyalty; ~ **skyldig**, unsuspecting.
tross, *s* defiance; *prp* (til ~ **for**) in spite of; ~ **e**, *v* defy; *s* hawser; ~ **ig**, obstinate.
trost, thrush.

troverdig, trustworthy, reliable, credible.
trubadur, minstrel, troubadour.
true, threaten, menace.
trumf, trump.
trusel, threat, menace.
truser, briefs.
trutne, swell.
trygd, insurance; ~ **ekasse**, health insurance fund.
trygg, secure, safe (for: from); ~ **e**, make safe, secure; ~ **het**, security, safety.
trygle, beg, entreat, implore.
trykk, *n* pressure; (betoning) stress; *c* print; **på** ~, in print; ~ **e**, press; (klemme) pinch; *typogr* print; ~ **efrihet**, freedom of the press; ~ **er**, printer; ~ **eri**, printingworks; ~ **feil**, misprint; ~ **knapp**, snap fastener; (til klokke) push-button; ~ **saker**, printed matter.
trylle, conjure; ~ **fløyte**, magic flute; ~ **kunstner**, conjurer; ~ **ri**, magic; ~ **stav**, magic wand.
tryne, snout.
trøffel, truffle.
trøst, consolation, com-

fort; ~ e, comfort, console.

trøye, jacket, coat.

trå, step, *adj* (harsk) trancid.

tråd, thread; (metall) wire; ~ **løs**, wireless; ~ **snelle**, (cotton) reel.

tråkk, trampling; ~ **e**, step, trample.

tråkle, tack.

trål; ~ **e**, trawl; ~ **er**, trawler.

tsar, czar.

tsjekkisk, Czech; **T-oslovakia**, Czechoslovakia.

tube, tube.

tuberkulose, tuberculosis; ~ **øs**, tuberculous.

tue, mound; (maur-) ant hill.

tukle med, tamper with.

tukt, discipline; (straff) punishment; ~ **e**, chastise, punish; ~ **hus**, gaol, prison.

tulipan, tulip; ~ **løk**, tulip bulb.

tull, (tøv) rubbish, nonsense; ~ **e**, (tøve) talk nonsense *(el* rubbish); ~ **inn**, wrap up; ~ **et**, crazy; ~ **ing**, fool, silly person.

tumle, tumble; ~ **le med**, struggle with; ~ **me-**

lumsk, bewildered; ~ **ult**, tumult.

tun, farm-yard.

tunfisk, tunny.

tung, heavy; ~ **e**, tongue; ~ **hørt**, hard of hearing; ~ **industri**, heavy industries; ~ **nem**, dull; ~ **sindig**, ~ **sindighet**, melancholy; ~ **tveiende**, *fig* weighty; ~ **vint**, cumbersome.

tunnel, tunnel; ~ **bane**, underground, tube; *amr* subway.

tur, (spaser-) walk; (liten reise) trip; se *reise;* (til å gjøre noe) turn; (dans) figure; ~ **bin**, turbine; ~ **ist**, tourist; ~ **n**, gymnastics *pl;* ~ **né**, tour.

turne, do gymnastics; ~ **er**, gymnast; ~ **ering**, tournament; ~ **hall**, gymnasium.

turnips, turnip.

tur-retur-billett, return ticket.

tusen, thousand; ~ **fryd**, daisy.

tusj, Indian ink.

tuske; ~ **handel**, barter.

tusmørke, dusk, twilight.

tut, (på kanne) spout; (ul) howl; (av fløyte, ugle) hoot; (horn, fløyte) toot; ~ **e,** howl; hoot; toot; (gråte) cry.

tvang, force, compulsion; ~ **sarbeid,** hard labour; ~ **sauksjon,** forced sale; ~ **sforestilling,** obsession; ~ **strøye,** straitjacket.

tverr, sullen, cross; ~ **bjelke,** crossbeam; ~ **ligger,** *idr* crossbar; ~ **snitt,** cross-section.

tvers igjennom, right through; ~ **over,** right *(el* straight) across; **på** ~, crosswise.

tvert imot, *adv* on the contrary; *prp* contrary to.

tvetydig, ambiguous; ~ **het,** ambiguity.

tvil; ~ **e,** doubt; ~ **er,** doubter.

tvilling, twin.

tvilrådig, in doubt; ~ **som,** doubtful.

tvinge, force, compel.

tvinne, twist, wind, twine.

tvist, (strid) dispute; (bomullsgarn) cotton waste.

tvungen, compulsory; (unaturlig) forced.

ty til, resort to.

tyde, make out; ~ **på,** indicate; ~ **lig,** clear; (lett

å se, forstå) distinct; ~ **ligvis,** evidently, obviously.

tyfus, typhus, tyhpoid fever.

tygge, chew; ~ **gummi,** chewing-gum.

tykk, thick; (om person) corpulent, stout, fat; (tett) dense; ~ **else,** thickness; ~ **hudet,** *fig* callous; ~ **tarm,** large intestine, colon.

tylft, dozen.

tyll, tulle.

tyngde, weight; ~ **dekraft,** force of gravity; ~ **e,** oppress, weigh upon.

tynn, thin; (spe) slender; ~ **slitt,** worn thin; ~ **tarm,** small intestine.

type, type; ~ **isk,** typical (for: of); ~ **ograf,** typographer.

tyr, bull; ~ **ann,** tyrant; ~ **anni,** tyranny; ~ **annisk,** tyrannical; ~ **efekting,** bullfight.

tyrk, Turk; **T-ia,** Turkey; ~ **isk,** Turkish.

tysk; ~ **er,** German; **T-land,** Germany.

tyst, silent.

tyttebær, cowberry.

tyv, thief; (innbrudds-)

burglar; ~**eri,** theft; burglary.

tære, (om rust *o.l.*) corrode; ~**ing,** *med* consumption.

tø; ~ **opp,** thaw.

tøffel, slipper; ~**helt,** henpecked husband.

tølper, churl, boor.

tømme, *s* rein; *v* empty.

tømmer, timber; *amr* lumber; ~**fløting,** floating; ~**flåte,** raft; ~**hogger,** lumber-jack; ~**hytte,** log cabin; ~**mann,** carpenter; ~**menn,** *fig* hangover; ~**stokk,** log.

tømre, build, make.

tønne, barrel, cask; ~**band,** hoop; ~**stav,** barrel stave; ~**vis,** by the barrel.

tør (han ~ ikke) he dare not *el* he does not dare to; se *våge.*

tørk, drying; ~**e,** *s* drought; *v* dry; ~**e av,** wipe.

tørkle, (hals-) scarf; (hode-) headscarf, kerchief.

tørn, turn; spell.

tørr, dry; ~**dokk,** dry dock; ~**fisk,** stockfish; ~**legge,** drain; ~**melk,** dried milk; ~**skodd,** dry-shod.

tørst, *s* thirst; *adj* thirsty; ~**e,** be thirsty; (etter) thirst (for).

tøs, tart, hussy.

tøv, nonsense, rubbish; ~**e,** talk nonsense.

tøvær, thaw.

tøy (klær) clothes; se *stoff.*

tøye, stretch; strain; ~**lig,** elastic, extensible.

tøyle, *s* rein; *v* bridle; ~**sløs,** unbridled, licentious.

tøys, nonsense, rubbish.

tå, toe; **på** ~, on tiptoe.

tåke, fog; (lett) mist; ~**lur,** fog-horn *el* -siren; ~**t,** foggy, misty; *fig* vague, foggy, hazy.

tåle, (ikke ta skade av) stand; (utstå) bear, stand; (finne seg i) put up with, stand; ~**modig,** patient; ~**modighet,** patience.

tåpe, fool; ~**lig,** foolish, silly; ~**lighet,** foolishness, folly.

tår, drop; ~**e,** tear; ~**egass,** tear gas.

tårn, tower; (kirke) steeple; (sjakk) castle; *mar* turret; ~**e seg opp,** pile up.

tåteflaske, feeding-bottle.

U

uaktet, *prp* despite, in spite of; *konj* (al-though; ~som, negligent, careless; ~somhet, negligence, carelessness.
ualminnelig, uncommon, rare, unusual.
uanfektet, unmoved, unaffected; ~meldt, unannounced; ~selig, insignificant; ~sett, *prp* without regard to; ~stendig, indecent; ~stendighet, indecency; ~svarlig, irresponsible; ~svarlighet, irresponsibility; ~tagelig, unacceptable; inapplicable.
uappetittlig, unappetizing; ~atskillelig, inseparable.
uavbrutt, continuous; ~gjort, unsettled, undecided; *idr* a draw; ~hengig, independent; ~hengighet, independence; ~kortet, unabridged; ~latelig, unceasing, continual.
ubarbert, unshaven; ~barmhjertig, merciless, relentless.

ubebodd, uninhabited; ~elig, uninhabitable.
ubedt, unasked, uninvited.
ubefestet, unfortified; *fig* unsettled; ~gavet, unintelligent; ~grenset, incomprehensible; ~hagelig, unpleasant, disagreeable; ~hagelighet, unpleasantness; ~hersket, uncontrolled, unrestrained; ~hjelpelig, awkward; ~kvem, uncomfortable; ~kvemhet, inconvenience; ~kymret, unconcerned; ~kymrethet, unconcern; ~leilig, inconvenient; ~merket, unnoticed.
ubenyttet, unused; ~regnelig, incalculable; ~rettiget, unjustified, unwarranted; ~rørt, untouched; (upåvirket) unaffected.
ubeseiret, unconquered; *idr* unbeaten; ~sindig, imprudent, rash; ~skjeden, immodest; ~skjeftiget, unem-

ployed; ~ **skrivelig,** indescribable; ~ **sluttsom,** irresolute; ~ **stemmelig,** indeterminable; ~ **stemt,** indefinite; (ubesluttsom) undecided; (uklar) vague; ~ **stikkelig,** incorruptible; ~ **stridt,** undisputed; ~ **esvart,** unanswered.

ubetalt, unpaid; ~ **talelig,** invaluable; ~ **tenksom,** (tankeløs) thoughtless; (overilet) rash; ~ **tenksomhet** thoughtlessness, rashness; ~ **tinget,** unconditional; absolute; ~ **tont,** unaccented; ~ **tydelig,** insignificant, slight.

ubevegelig, immovable; (som ikke beveger seg, også) motionless; ~ **vegelighet,** immobility; ~ **visst,** unconscious; ~ **voktet,** unguarded.

ublandet, unmixed; ~ **blodig,** bloodless; ~ **blu,** (om pris) exorbitant; ~ **brukbar,** useless, unfit for use; ~ **brukt,** unused; ~ **buden,** uninvited; ~ **bundet,** unrestrained; ~ **bønnhørlig,** inexorable; ~ **bøyelig,**

inflexible; *gram* indeclinable; ~ **båt,** submarine.

udannet, uneducated; (i opptreden) rude; ~ **delelig,** indivisible; ~ **delt,** undivided; ~ **demokratisk,** undemocratic; ~ **dryg,** uneconomical; ~ **dugelig,** incapable; ~ **dyr,** monster; ~ **dyrket,** uncultivated; ~ **dødelig,** immortal; ~ **dåd,** misdeed, outrage, atrocity.

uegennyttig, disinterested; ~ **ekte,** imitation; false; (barn) illegitimate; ~ **elskverdig,** unkind, unamiable; ~ **endelig,** endless, infinite; ~ **endelighet,** infinity; ~ **enig, (være ~)** disagree, be disagreed; ~ **enighet,** disagreement; ~ **ensartet,** heterogeneous.

uerfaren, inexperienced; ~ **farenhet,** inexperience; ~ **stattelig,** irreplaceable; (om tap) irreparable.

ufarbar, impassable; (elv) unnavigable; ~ **farlig,** safe, harmless; not dangerous; ~ **fatte-**

lig, incomprehensible;
(utrolig) inconceivable;
~ **feilbar**, infallible;
~ **feilbarlig**, unfailing;
~ **ferdig**, unfinished;
~ **fin**, (simpel) rude;
~ **flaks**, bad luck;
~ **flidd**, unkempt.
uforanderlig, unchangeable; ~ **andret**, unchanged, unaltered;
~ **bederlig**, incorrigible;
~ **beholden**, unreserved;
~ **beredt**, unprepared.
ufordelaktig, disadvantageous; ~ **dervet**, uncorrupted, unspoiled;
~ **dragelig**, intolerable;
~ **døyelig**, indigestible;
~ **døyd**, undigested.
uforenlig, incompatible;
~ **falsket**, genuine;
~ **ferdet**, undaunted;
~ **gjengelig**, imperishable; ~ **glemmelig**, unforgettable.
uforholdsmessig, disproportionate; ~ **klarlig**, inexplicable; ~ **kortet**, unabridged.
uformelig, shapeless;
~ **mell**, informal;
~ **minsket**, undiminished; ~ **nuftig**, unwise, senseless; ~ **rettet**, (med ~ **sak**) without success.

uforsiktig, (skjødesløs) careless; (ikke varsom) incautious; ~ **skammet**, insolent, impudent;
~ **skammethet**, insolence, impudence;
~ **skyldt**, undeserved;
~ **sonlig**, implacable;
(om motsetninger) irreconcilable; ~ **stand**, want of understanding;
~ **styrrelig**, imperturbable; ~ **styrrelighet**, imperturbability; ~ **styrret**, undisturbed; ~ **stäelig**, incomprehensible, unintelligible; ~ **svarlig**, indefensible, inexcusable;
~ **sørget**, unprovided for.
ufortjent, undeserved;
~ **tollet**, duty unpaid, uncustomed; ~ **utsett**, unforeseen; ~ **varende**, unawares.
uframkommelig, impassable; ~ **frankert**, unstamped; ~ **fri**, unfree;
~ **frihet**, (slaveri) bondage; ~ **frivillig**, involuntary; ~ **fruktbar**, infertile, barren.
ufullkommen, imperfect;
~ **stendig**, incomplete.
ufyselig, disgusting;
~ **følsom**, insensible,

unfeeling; ~**før,** disabled; ~**føretrygd,** disablement insurance.

u**gagn,** mischief; ~**gift,** unmarried, single.

ugjen**drivelig,** irrefutable; ~**kallelig,** irrevocable; ~**kjennelig,** irrecognizable.

ugjennom**førlig,** impracticable; ~**siktig,** opaque; ~**trengelig,** impenetrable.

ugjern**e,** reluctantly; ~**ing,** outrage, misdeed.

u**gjestfri,** inhospitable; ~**gjestfrihet,** inhospitality; ~**gjort,** undone; ~**gjørlig,** impracticable; ~**glad,** sad.

ugle, owl.

u**gras,** weed; ~**greie,** tangle; *fig* difficulty, trouble; ~**grunnet,** unfounded; ~**gudelig,** impious; ~**gudelighet,** impiety; ~**gunstig,** unfavourable; ~**gyldig,** invalid.

u**harmonisk,** inharmonious; ~**hederlig,** dishonest; ~**helbredelig,** incurable; ~**heldig,** unlucky; (ikke vellykket) unfortunate; ~**heldigvis,** unfortunately;

~**hell,** misfortune; (ulykkestilfelle) accident; ~**hensiktsmessig,** unsuitable, inexpedient; ~**hildet,** unbiased; ~**holdbar,** untenable; ~**hygge,** uncanniness; (nifs) uncanny; (utrivelig) dismal; (illevarslende) sinister; ~**hygienisk,** insanitary; ~**hyre,** adj tremendous, enormous; s monster; ~**høflig,** impolite, rude; ~**høflighet,** impoliteness, rudeness; ~**hørt,** unheard (enestående) of; ~**håndterlig,** unhandy, awkward.

uimot**sagt,** uncontradicted; ~**ståelig,** irresistible; ~**tagelig,** insusceptible.

uinn**budt,** uninvited; ~**bundet,** unbound; ~**fridd;** ~**løst,** unredeemed; *merk* unpaid; ~**innskrenket,** unlimited; ~**vidd,** (jord) unconsecrated; (i hemmelighet) uninitiated.

uinteres**sant,** uninteresting; ~**sert,** uninterested.

u**jevn,** uneven, rough.

uke, week; ~**blad,** weekly (paper); ~ **dag**, week-day; ~ **lønn**, weekly wages *pl;* ~ **ntlig**, week-ly; ~ **vis: i** ~, for weeks.

ukjennelig, unrecogniz-able; ~ **t**, unknown.

uklanderlig, irreproach-able; ~ **klar**, (utydelig) indistinct; *fig* vague; *mar* foul; ~ **klarhet**, dimness; indistinctness; confusion; ~ **klok**, un-wise, imprudent; ~ **krenkelig**, inviolable; ~ **kritisk**, uncritical; ~ **kuelig**, indomitable; ~ **kultivert**, uncultured, unrefined; ~ **kunstlet**, artless; ~ **kurant** (om varer) unsal(e)able; ~ **kvemsord**, abusive words; ~ **kvinnelig**, un-womanly; ~ **kyndig**, in-competent; (ikke fag-lært), unskilled.

ul, hoot(ing); howl(ing).

ulage, disorder; ~ **-land**, developing country; ~ **leilige**; ~ **leilighet**, trouble, inconvenience; ~ **lempe**, drawback; ~ **lendt**, rugged; ~ **len-kelig**, lanky; ~ **leselig**, illegible.

ulik, unlike; (tall) odd; ~ **het**, dissimilarity.

ull, wool; ~ **en**, woollen; ~ **garn**, woollen yarn; (kam-) worsted; ~ **tep-pe**, blanket.

ulme, smoulder.

ulogisk, illogical; ~ **lov-lig**, illegal, unlawful.

ulv, wolf; ~ **eflokk**, pack of wolves; ~ **inne**, she-wolf.

ulydig, disobedient (mot: to).

ulykke(stilfelle) accident; (katastrofe) disaster; (uhell) misfortune; ~ **lig**, unhappy; ~ **sfor-sikring**, accident insur-ance; ~ **stilfelle**, acci-dent.

ulyst, (motstreben) reluc-tance; ~ **lønnet**, unpaid; ~ **lønnsom**, unprofita-ble; ~ **løselig**, unsolva-ble.

umak, pains, trouble; ~ **e**, odd.

umalt, unpainted; ~ **mandig**, unmanly; ~ **medgjørlig**, unman-ageable; ~ **menneske**, monster; ~ **menneskelig**, inhuman; ~ **merkelig**, imperceptible; ~ **mette-lig**, insatiable.

umiddelbar, immediate; (naturlig) spontaneous; ~ **het**, spontaneity.

uminnelig, immemorial.

umoden, unripe; *fig* immature; ~ **moderne**, unfashionable, out of fashion; ~ **moral**, immorality; ~ **moralsk**, immoral; ~ **mulig**, impossible; ~ **mulighet**, impossibility; ~ **myndig**, under age; ~ **møblert**, unfurnished; ~ **måtelig**, immense, enormous.

unaturlig, unnatural; (påtatt) affected.

under, *s* wonder, miracle; *prp* under; (neden-) below; (om tid) during; ~ **arm**, forearm; ~ **avdeling**, subdivision; ~ **betale**, underpay; ~ **bevisst**, subconscious; ~ **bevissthet**, subconsciousness; ~ **bukser**, pants, drawers.

underdanig, submissive; ~ **direktør**, assistant manager; ~ **ernæring**, undernourishment; ~ **ernært**, undernourished; ~ **forstå**, imply.

undergang, destruction, ruin, fall; (for fortjengere) subway; ~ **gjerning**,

wonder, miracle; ~ **gjørende**, miraculous; ~ **grave**, undermine, sap; ~ **grunnsbane**, underground, tube; *amr* subway; ~ **gå**, undergo.

underhold; ~ **e**, support; (more) entertain; ~ **ning**, entertainment.

Underhuset, the (House of) Commons.

underhånden, privately.

underjordisk, subterranean, underground; ~ **kaste**, submit; ~ **kastelse**, submission; ~ **kjøle**, slip; ~ **klassen**, the lower classes; ~ **kue**, subdue, subjugate; ~ **kuelse**, subjugation; ~ **køye**, lower berth.

underlag, foundation, base; ~ **legen**, inferior; ~ **legenhet**, inferiority; ~ **lig**, strange, queer, curious; ~ **liv**, abdomen; ~ **minere**, undermine; *(fig* også) sap; ~ **måler**, numskull.

underoffiser, non-commissioned officer.

underordne, subordinate; ~ **et**, subordinate; (uviktig) secondary.

underretning, information; ~ **te**, inform.

under|setsig, thickset, stocky; ~**sjøisk,** submarine; ~**skjørt,** petticoat, underskirt; ~**skrift,** signature; ~**skrive,** sign; ~**skudd,** deficit; ~**slag,** embezzlement; ~**slå,** embezzle; (brev) intercept; ~**st,** lowest, undermost; ~**stell,** (på bil) chassis; ~**streke,** underline; *fig* (også) stress, emphasize; ~**støtte,** assist, help, support; ~**støttelse,** help, support, relief; ~**søke,** examine; (granske) investigate; go into; ~**søkelse,** examination; inquiry; investigation; ~**sått,** subject.

under|tegne, sign; ~**tiden,** sometimes, now and then; ~**trykke,** suppress; (underkue) oppress; ~**trykkelse,** suppression; oppression; ~**trøye,** vest; ~**utviklet,** underdeveloped; ~**tøy,** underwear.

under|vannsbåt, submarine; ~**vannsskjær,** sunken rock; ~**veis,** on the way; ~**vekt,** underweight; ~**vektig,** short in weight; ~**verden,** underworld; ~**verk,** wonder, miracle; ~**vise,** teach; ~**visning,** instruction; ~**vurdere,** underrate, underestimate; ~**vurdering,** underrating, underestimation.

undre, wonder; se *forbause;* ~**es,** wonder; ~**ing,** wonder, astonishment, surprise.

undulat, budgerigar.

unektelig, undeniable.

unevnelig, unmentionable.

ung, young; ~**dom,** youth; (unge mennesker) young people; ~**dommelig,** youthful; ~**domsherberge,** youth hostel; ~**domskriminalitet,** juvenile delinquency; ~**domsskole,** comprehensive school; ~**e,** kid, child; (bjørn, rev etc.) cub; ~**kar,** bachelor.

uniform; ~**ere,** uniform.

union, union.

univers, universe; ~**al;** ~**ell,** universal; ~**itet,** university.

unna, away, off; out of the way; ~**dra,** withdraw; *vr* avoid; evade; ~**fallen,** yielding;

~ **fange,** conceive; ~ **gjelde,** pay, suffer; ~ **gå,** (med vilje) avoid; (unnslippe) escape; ~ **late,** fail; (forsømme) omit; ~ **latelse,** failure; omission.

unnselig, bashful, shy; ~ **setning,** relief; ~ **skylde,** excuse; (tilgi) pardon; ~ **skyldning,** excuse; **(det å be om ~)** apology.

unnta, except; ~ **gelse,** exception; ~ **gen,** except, save; but; ~ **kstilstand,** state of emergency.

unnvikende, evasive; ~ **være,** do *(el* go) without.

unote, bad habit; ~ **nytte,** uselessness; ~ **nyttig,** useless; ~ **nødvendig,** unnecessary, needless; ~ **nøyaktig,** inaccurate; ~ **nøyaktighet,** inaccuracy; ~ **nåde,** disgrace.

uomgjengelig, unsociable; (uunngåelig) unavoidable; ~ **tvistelig,** indisputable.

uoppdragen, rude, illmannered; ~ **fordret,** uninvited; ~ **hørlig,** incessant; ~ **lagt,** indis-

posed; ~ **løselig,** indissoluble; *kjem* insoluble.

uoppmerksom, inattentive; ~ **merksomhet,** inattention; ~ **nåelig,** unattainable; ~ **rettelig,** irreparable; ~ **sigelig,** (funksjonær) not subject to notice; (kontrakt) irrevocable; ~ **skåret,** uncut.

uorden, disorder; ~ **entlig,** disorderly.

uorganisert, unorganized, non union.

uoverensstemmelse, disagreement; (avvik) discrepancy; ~ **kommelig,** insurmountable; ~ **lagt,** rash; ~ **treffelig,** unsurpassable; ~ **truffet,** unsurpassed; ~ **veid,** rash; ~ **vinnelig,** invincible.

upartisk, impartial; ~ **partiskhet,** impartiality; ~ **passende,** improper; ~ **personlig,** impersonal; ~ **plettet,** unstained; ~ **populær,** unpopular; ~ **praktisk,** unpractical.

upåaktet, unnoticed; ~ **klagelig,** irreproachable; ~ **litelig,** unreliable; ~ **passelig,** heedless; ~ **talt,** unchallenged.

ur, watch; (større) clock; (stein) rock-strewn slope.

ur|**raffinert**, unrefined; ~ **ransakelig**, inscrutable; ~ **ravstemning**, ballot; ~ **redd**, (seng) unmade; (modig) fearless; ~ **redelig**, dishonest; ~ **regelmessig**, irregular; ~ **ren**, unclean; ~ **renhet**, impurity; ~ **renslig**, uncleanly.

urett, wrong; injustice; ~ **ferdig**, unjust; ~ **ferdighet**, injustice; ~ **messig**, illegal.

uriktig, wrong, incorrect.

urimelig, unreasonable; (meningsløs) absurd; ~ **het**, unreasonableness, absurdity.

urin, urine; ~ **ere**, urinate.

urmaker, watch-maker.

urne, urn; (valg-) ballotbox.

uro, unrest; (engstelse) anxiety; ~ **e**, disturb, trouble.

urokke|**lig**, firm, inflexible; ~ **t**, unshaken.

uro|**lig**, restless; (engstelig) uneasy, anxious; (vær) rough; ~ **lighet**, disturbance, trouble.

ur|**skive**, dial; ~ **skog**, primeval forest.

urt, herb, plant.

ur|**verk**, works of a clock (el watch); ~ **viser**, hand of a clock (el watch).

u|**ryddig**, untidy; ~ **rørlig**, immovable; ~ **rørt**, untouched; ~ **råd**, impossibility; **ane** ~ **råd**, suspect mischief.

u|**sagt**, unsaid; ~ **sakkyndig**, incompetent; ~ **saklig**, bias(s)ed; ~ **sammenhengende**, incoherent; ~ **sammensatt**, simple.

usann, untrue, false; ~ **ferdig**, untruthful; ~ **het**, untruth, lie, falsehood; ~ **synlig**, improbable, unlikely; ~ **synlighet**, improbability, unlikelihood.

u|**sedelig**, immoral; ~ **sedelighet**, immorality; ~ **sedvanlig**, unusual, uncommon; ~ **seilbar**, unnavigable; ~ **selskapelig**, unsociable; ~ **selvstendig**, (om person) dependent on others; (om arbeid) unoriginal; ~ **sigelig**, unspeakable; ~ **sikker**, uncertain; (forbundet med fare) unsafe; insecure; ~ **sikkerhet**, uncertainty; unsafeness; ~ **siktbar**, thick, hazy; ~ **sivilisert**, uncivilized; ~ **sjenert**, (uberørt) unconcerned; ~ **skadd**, (om person) unhurt; (om ting) undamaged; ~ **skadelig**, harmless.

uskikk, bad habit; ~ **elig**, naughty; ~ **et**, unfit, unqualified (til: for).

uskyld, innocence; ~ **ig**, innocent.

usling, wretch.

uslitelig, everlasting; ~ **smakelig**, unsavoury; ~ **sminket**, unpainted; *fig* unvarnished; ~ **spiselig**, inedible.

ussel, wretched, miserable; ~ **het**, misery, wretchedness.

ustadig, unsteady; ~ **stadighet**, unsteadiness; ~ **stand, i** ~, out of order; ~ **stanselig**, incessant; ~ **stemt**, (om språklyd) voiceless; ~ **straffet**, unpunished; ~ **styrlig**, unruly; ~ **stø**, unsteady; ~ **sunn**, unhealthy; ~ **svekket**, unimpaired; ~ **svikelig**, unfailing; ~ **sympatisk**,

unpleasant; ~ **synlig**, invisible; ~ **sømmelig**, indecent; ~ **sårlig**, invulnerable.

ut, out; ~ **abords**, outboard; ~ **advendt**, extrovert.

utakknemlig, ungrateful; ~ **het**, ingratitude.

utakt: komme i ~, fall out of step; ~ **tallig**, innumerable, countless.

utarbeide, prepare, work out; ~ **arbeidelse**, preparation.

utbasunere, blazon abroad; ~ **be seg**, request; ~ **betale**, pay out; ~ **betaling**, payment, disbursement; ~ **bre**, spread; ~ **bredelse**, spreading; diffusion; ~ **bredt**, widespread; ~ **brudd**, outbreak; *fig* outburst; ~ **brukt**, worn out; ~ **bryte** (si) exclaim, cry; (bryte ut) break out; ~ **bytte**, *v* exploit; *s merk* profit, proceeds; *fig* benefit, profit.

utdanne, educate, train; ~ **dannelse**, education; ~ **dele**, distribute; ~ **deling**, distribution; ~ **drag**, extract; summa-

ry; ~ **dype**, amplify;
~ **død**, extinct.

ute, out; ~ **arbeid**, out-
door work; ~ **bli**, fail to
come; ~ **late**, leave out,
omit; ~ **liv**, out-door
life; ~ **lukke**, *fig* ex-
clude; ~ **lukkende**, ex-
clusively; ~ **lukket**, out
of the question.

uten, without; ~ **at**, by
heart; ~ **bys**, out of
town; ~ **for**, *adv* out-
side; *prp* out of, outside;
~ **fra**, from without,
from (the) outside.

utenkelig, unthinkable,
inconceivable.

uten|lands, abroad;
~ **landsk**, foreign;
~ **om**: gå ~, evade;
~ **omsnakk**, irrelevant
talk; ~ **på**, outside;
~ **riks**, abroad; ~ **riks-
departement**, ministry of
foreign affairs; (i Eng-
land) the Foreign Of-
fice; ~ **rikshandel**, for-
eign trade; ~ **riksminis-
ter**, foreign minister; (i
England) Foreign Secre-
tary, (i USA) Secretary
of State.

ute|stengt, shut out;
~ **stående**, outstanding.

utett, (lekk) leaky; (slut-
ter ikke) not tight.

ut|fall, issue, result; *mil*
sally; ~ **fart**, excursion;
exodus; ~ **ferdige**, draw
up, prepare; ~ **flod**, dis-
charge; ~ **flukt**, excur-
sion, outing; *fig* excuse,
evasion; ~ **folde**, un-
fold; (legge for dagen)
display; ~ **fordre**;
~ **fordring**, challenge;
~ **forme**, shape; ~ **for-
ming**, design, shaping;
~ **forrenn**, *idr* downhill
racing; ~ **forske**, inves-
tigate; (geografisk) ex-
plore; ~ **fylle**, fill; (skje-
ma) fill in; ~ **føre**, (be-
sørge) carry out; (eks-
portere) export; (bestil-
ling) execute; *mus* exe-
cute, play; ~ **førelse**,
carrying out; (av bestil-
ling) execution; (**fag-
messig** ~) workman-
ship; ~ **førlig**, full, de-
tailed.

ut|gang, (dør) exit, way
out; (slutt) end, close;
~ **gangsdør**, exit door;
~ **gangspunkt**, starting-
point; ~ **gave**, edition;
~ **gi** (sende i bokhande-
len) publish; (redigere)
edit; ~ **gift**, expense;

~ **givelse**, publication; ~ **giver**, publisher; ~ **gjøre**, constitute, make up; ~ **graving**, excavation; ~ **gyte**, pour out; ~ **gå**, (utelates) be left out; ~ **gående**, outgoing; (skip) outward bound; ~ **gått**, (sko) worn out.

ut**heve**, *typogr* distinguish by italics; *fig* emphasize; ~ **hevelse**, italics; emphasizing; ~ **holdende**, persevering; ~ **holdenhet**, perseverance; ~ **hule**, hollow; ~ **huling**, hollowing; ~ **hus**, outhouse; ~ **hvilt**, rested.

ut**id**: i ~ e, out of season.

ut**tilbørlig**, improper; ~ **bøyelig**, disinclined; ~ **freds**, dissatisfied, discontented; ~ **fredshet**, dissatisfaction; ~ **fredsstillende**, unsatisfactory; ~ **givelig**, unpardonable; ~ **gjengelig**, inaccessible; ~ **latelig**, *adj* inadmissible; ~ **nærmelig**, unapproachable; ~ **regnelig**, irresponsible; ~ **strekkelig**, insufficient; ~ **talende**, unpleasant.

ut**kant**, outskirts; ~ **kast**, draft; (skisse) sketch (til: of); ~ **kik(k)**, lookout; ~ **kjempe**, fight (out); ~ **kjørt**, exhausted, worn out; ~ **klekke**, hatch; ~ **klipp**, cutting; ~ **kledd**, dressed up; ~ **kommandere**, call out; ~ **komme**, *v* be published, appear; *s* living, livelihood; ~ **kåre**, choose, elect.

ut**landet**, foreign countries; i ~, abroad; ~ **lede**, deduce; ~ **legg**, outlay, expense; *jur* execution; ~ **legge**, explain; ~ **leie**, *s* hiring out, letting (out); ~ **lending**, foreigner; ~ **levere**, deliver, give up; ~ **levering**, delivery; (av forbrytere) extradition; ~ **ligne**, (betale) settle, balance; (oppveie) offset; *idr* equalize; ~ **ligning**, (betaling) payment, settlement; *idr* equalization; (av skatt) assessment; ~ **lodning**, lottery; ~ **løp**, outlet; (munning) mouth; (tid) expiration; ~ **løpe**, (tid) expire; ~ **løse**, release; (fremkalle) provoke; ~ **lån,** loan.

ut|**mattelse,** exhaustion; ~ **mattet,** exhausted; ~ **merke,** distinguish; ~ **merkelse,** distinction; ~ **merket,** excellent.

ut|**navn,** nickname; ~ **nevne,** appoint; ~ **nevnelse,** appointment; ~ **nytte,** utilize; ~ **nyttelse,** utilization.

utover, (hinsides) beyond, in excess of.

ut|**pakking,** unpacking; ~ **panting,** distraint, distress; ~ **parsellere,** parcel out; ~ **peke,** point out; ~ **pint,** exhausted; ~ **plyndre,** plunder; ~ **post,** outpost; ~ **preget,** marked; ~ **pressing,** (penge-) blackmail.

utrette, do; (oppnå) achieve.

utrettelig, indefatigable, untiring.

utringet, low-necked, low cut.

utrivelig, uncomfortable.

utro, unfaithful (**mot:** to); ~ **lig,** incredible; unbelievable.

utrop, exclamation; ~ **e,** proclaim; ~ **er,** herald, crier; ~ **stegn,** exclamation mark.

utroskap, unfaithfulness.

utrust|**e,** fit out, equip; ~ **ning,** equipment, outfit.

utrydde, exterminate, extirpate; ~ **lse,** extermination, extirpation.

utrygg, insecure; ~ **het,** insecurity.

utrøstelig, inconsolable.

ut|**sagn,** statement; ~ **salg,** sale(s); ~ **satt,** exposed; *typogr* finished; ~ **seende,** appearance, look(s); ~ **sendelse,** sending; *rad* broadcast, transmission; ~ **sending,** delegate; ~ **sette,** (oppsette) put off, postpone, defer; (for fare) expose; (dadle) find fault with; *mus* transcribe, adapt; ~ **settelse,** postponement, deferment, delay; *mus* transcription, adaption; (for fare) exposure.

ut|**sikt,** view; (fremtids-) prospect; ~ **skeielser,** excesses; ~ **skifting,** replacement; ~ **skille,** separate; (utsondre) secrete; ~ **skjæring,** cutting; (kunstnerisk) carving, sculpture; *med* excision; ~ **skrive,** (skatt) levy; (soldater) raise, enlist; (fra sykehus) discharge; ~ **skrivning**, conscription, enlistment; ~ **skudd**, refuse, scum; ~ **skytningsplattform**, launching pad; ~ **slag: gjøre** ~ **et**, decide the matter; ~ **slett**, rash, eruption; ~ **slette**, obliterate, wipe out; ~ **slitt**, worn out.

ut|**smykke**, decorate; ~ **smykning**, decoration; ~ **snitt**, cut(ting); *mat* sector; ~ **solgt**, out of stock, sold out; ~ **spark** (fra mål) kick-out; ~ **spekulert**, designing, cunning; ~ **spill**, lead; ~ **spring**, (elvs) source; ~ **spørre**, question; ~ **stede**, issue, make out; (trekke) draw; ~ **stedelse**, issue.

ut**stilling**, exhibition; (varemesse) fair; (hunde-blomster *o.l.*) show; (vindus-) display; ~ **s-gjenstand**, exhibit; ~ **svindu**, show-window.

ut|**strakt**, extensive, wide; ~ **strekning**, extent; ~ **strømning**, flow; *fig* emanation; ~ **stråle**, radiate; ~ **stråling**, radia-

tion; ~ **stykke**, parcel out; ~ **styr**, outfit, equipment; (hus-) furnishings; (brude-) trousseau; ~ **styre**, equip, fit out; (forsyne) supply; furnish; ~ **stå**, se *tåle;* ~ **suge**, *fig* fleece; ~ **sultet**, famished; ~ **svevelser**, debauchery; ~ **svevende**, dissolute, licentious; ~ **søkt**, select(ed), exquisite.

ut|**taking**, selection; ~ **tale**, *v* pronounce; *s* pronunciation; ~ **talelse**, statement, declaration.

ut**trykk**, expression; ~ **e**, express; ~ **elig**, *adj* express; ~ **sfull**, expressive; ~ **småte**, mode of expression.

ut|**tært**, emaciated; ~ **tømme**, exhaust; ~ **tømmende**, exhaustive.

utur, bad luck.

ut|**valg**, (av varer) selection; choice; (komité) committee; ~ **vandre**, emigrate; ~ **vandrer**, emigrant; ~ **vandring**, emigration; ~ **vanning**, *fig* diluting; ~ **vei**, (middel) means, expedient, way out; ~ **veksle**, ~ **veksling**, exchange;

~**vekst**, protuberance;
~**velge**, select, pick out;
~**vendig**, *adj* outside,
external; *adv* (on the)
outside.

utvetydig, unequivocal.

utvide, widen, extend, expand; ~**videlse**, extension, expansion; ~**vikle**, develop; ~**vikling**, development; (fysikk) evolution; (kjemi) emission; ~**viklingshjelp**, development aid; ~**viklingsland**, developing country; ~**viklingslæren**, the theory of evolution.

utvilsom, undoubted; *adv* undoubtedly, without doubt, no doubt.

utvinne, extract, win; ~**virke**, obtain; ~**vise**, expel; (legge for dagen) show; ~**visning**, expulsion; ~**vortes**, external.

utvungen, (naturlig) free and easy; ~**het**, ease.

utydelig, indistinct.

utyske, monster.

utøse, pour out; ~**øve**; ~**øvelse**, exercise; ~**øvende**, executive.

utøy, vermin; ~**tøylet**, unbridled; ~**tålelig**, intolerable; ~**tålmodig**,

impatient (**over:** at);
~**tålmodighet**, impatience.

utånde, (dø) expire; (puste ut) exhale.

uunngåelig, inevitable;
~**værlig**, indispensible.

uutgrunnelig, unfathomable; ~**holdelig**, intolerable, unbearable; ~**sigelig**, unutterable;
~**slettelig**, indelible;
~**tømmelig**, inexhaustible; ~**viklet**, undeveloped.

uvane, bad habit; ~**vanlig**, se *usedvanlig*;
~**vant**, unaccustomed;
~**vedkommende**, irrelevant; (**en** ~) intruder;
~**vel**, unwell, uncomfortable; ~**velkommen**, unwelcome; ~**venn**, enemy; ~**vennlig**, unfriendly, unkind;
~**vennskap**, enmity;
~**ventet**, unexpected;
~**verdig**, unworthy;
~**vesen**, nuisance; ~**vesentlig**, unessential, immaterial; ~**viktig**, insignificant; ~**vilje**, ill-will; (ulyst) reluctance; ~**vilkårlig**, involuntary;
~**villig**, *adj* unwilling;
~**virkelig**, unreal;

~ **virksom**, inactive, idle; (virkningsløs) ineffective; ~ **virksomhet**, inactivity; ~ **viss**, uncertain; ~ **visshet**, uncertainty; ~ **vitende**, ignorant (om: of); ~ **vitenhet**, ignorance; ~ **vitenskapelig**, unscientific; ~ **vurderlig**, invaluable; ~ **væpnet**, unarmed;

~ **vær**, storm, bad weather; ~ **vøren**, reckless.
uærbødig, disrespectful; ~ **het**, disrespect.
uærlig, dishonest; ~ **het**, dishonesty.
uøkonomisk, (som ikke lønner seg) uneconomisk; (om person og udrøy) uneconomical.

V-W

va, (vade) wade.
vable, blister.
vadefugl, wading-bird; ~ **sted**, ford.
vadmel, frieze, russet.
vaffel, waffle, wafer.
vagabond, vagabond, tramp; amr hobo.
vagle, perch, roost.
vaie, fly, wave, float.
vakker, beautiful, handsome.
vakle, (sjangle) stagger, reel; fig waver, vacillate.
vaksinasjon, vaccination; ~ **e**, vaccine; ~ **ere**, vaccinate.
vakt, watch, guard; (tjeneste) duty; mar watch; ~ **avløsning**, changing of the guard; ~ **havende**,

on duty, in charge; ~ **hund**, watchdog; ~ **mann**, watchman; ~ **mester**, caretaker; (særlig amr) janitor; (i leiegård) (house) porter; ~ **post**, sentry; ~ **somhet**, vigilance.
vakuum, vacuum.
valen, benumbed, numb.
valfart, pilgrimage; ~ **e**, make a pilgrimage.
valg, choice; pol election; ~ **bar**, eligible; ~ **fri**, optional; ~ **kamp**, election campaign; ~ **krets**, constituency; ~ **lokale**, polling station; ~ **språk**, motto.
valmue, poppy; ~ **nøtt**, walnut.

valp, pup(py), whelp.
vals; ~ **e**, (dans) waltz;
(~ **e**), *s* cylinder, roller;
~ **e**, *v* roll; ~ **takt**,
waltztime.
valuta, (pengesort) cur-
rency; (-kurs) exchange;
(verdi) value; ~ **kurs**,
rate of exchange.
vampyr, vampire.
vandel, conduct; ~ **sat-**
test, certificate of good
conduct.
vandre, wander, roam;
~ **pokal**, challenge cup;
~ **r**, wanderer.
vane, habit, custom;
~ **messig**, habitual, rou-
tine; ~ **sak**, matter of
habit.
vanfør, crippled, dis-
abled; ~ **het**, disable-
ment.
vanhellig; ~ **e**, profane.
vanilje, vanilla.
vanke, (besøke ofte) fre-
quent.
vankelmodig, inconstant,
wavering.
vanlig, usual, customary;
~ **vis**, usually, generally.
vann, water; ~ **basseng**,
water reservoir; ~ **e**, *v*
water; ~ **farge**, water-
colour; ~ **forsyning**, wa-
ter supply; ~ **klosett**,

water-closet, W.C.;
~ **kopper**, chicken pox;
~ **kraft**, water-power;
~ **melon**, water-melon;
~ **rett**, horizontal, level;
~ **skille**, watershed;
~ **skrekk**, hydrophobia;
~ **slange**, (water-)hose;
zool water-snake;
~ **stoff**, hydrogen;
~ **tett**, watertight; (om
tøy) waterproof; ~ **verk**,
waterworks.
vanry, bad repute, disre-
pute; ~ **røkt**, neglect;
~ **skapt**, deformed.
vanskelig, *adj* difficult,
hard; ~ **gjøre**, compli-
cate, make difficult;
~ **het**, difficulty.
vanskjøtte, mismanage,
neglect; ~ **stell**, bad
management; ~ **styre**,
misrule.
vant til, used *(el* accus-
tomed) to.
vante, woollen glove.
vantrives, feel uncomfort-
able; ~ **tro**, *adj* unbe-
lieving; *s* unbelief.
vanvare, inadvertence; **av**
~, inadvertently;
~ **vidd**, insanity, mad-
ness; ~ **vittig**, mad,
(sinnssyk) insane.

vanære, *s & v* dishonour, disgrace.
varaformann, vice-chairman, vice-president; ~ **mann**, deputy, substitute.
varde, cairn.
vare, *s* (handels-) article, product, line, commodity; ~ **r**, goods; **ta seg i** ~ **for**, beware of; **ta** ~ **på**, take care of; *v* (ved-) last; ~ **beholdning**, stock; ~ **bil**, van; ~ **hus**, ~ **magasin**, department store; ~ **merke**, trade mark; ~ **messe**, (industries) fair, trade fair; ~ **parti**, consignment shipment, parcel; ~ **prøve**, sample; ~ **skur**, goods shed; ~ **ta**, attend to, look after; ~ **tekt**, custody, care; ~ **tektsarrest**, custody; ~ **trekk**, cover.
variabel, variable; ~ **asjon**, variation; ~ **ere**, vary; ~ **eté**, variety, music-hall.
varig, lasting, permanent; ~ **het**, duration.
varm, warm; hot; ~ **e**, *s* warmth, heat; *v* warm, heat; ~ **ebølge**, heat wave; ~ **eflaske**, hot-

water bottle; ~ **egrad**, degree of heat; ~ **tvannsbeholder**, hot-water tank.
varsel, (advarsel) warning; *jur* notice, summons; (for-) omen, sign; ~ **ku**, *v* warn, *s* warning; ~ **le**, (gi melding) notify; (advare) warn; (være ~) augur; ~ **om**, cautious.
varte opp, wait (upon), attend.
vasall, vassal; ~ **stat**, satellite state.
vase, *s* (blomster-) vase.
vaselin, vaseline.
vask, washing; (kum) sink; ~ **bar**, washable; ~ **e**, wash; ~ **eekte**, washproof; ~ **emaskin**, washing-machine; ~ **epulver**, washing-powder; ~ **eri**, laundry; ~ **eservant**, wash-stand.
vasse, wade; ~ **trukken**, sodden, waterlogged.
vater, **i** ~, level; ~ **pass**, spirit-level.
vatt, wadding; ~ **ere**, wad, stuff; ~ **ering**, wadding.
ved, *prp* by, at; on, in.
ved, *s* wood.

vedbli, continue, go on, keep on.

vedde, bet, wager; ~ **løp,** race; ~ **løpsbane,** race-course; ~ **mål,** wager, bet.

vedgå, admit, own.

vedhogger, wood-cutter; ~ **st,** wood-cutting.

vedholdende, persevering, continuous; ~ **het,** perseverance.

vedkjenne seg, own, acknowledge.

vedkomme, concern, bear on; ~ **nde,** concerned; *s* for mitt ~ **nde,** for my part, personally.

vedlagt, (i brev) enclosed; ~ **legg,** enclosure; ~ **legge,** enclose; ~ **likehold,** maintenance; ~ **likeholde,** keep in repair, maintain.

vedskjul, wood-shed.

vedta, adopt, pass, carry; ~ **tak,** resolution; ~ **tekter,** rules, regulations.

vedvare, last, continue; ~ **nde,** unceasing, constant.

vegetabilsk, vegetable; ~ **arianer,** vegetarian.

vegg, wall; ~ **edyr,** ~ **elus,** bedbug; ~ **epryd,** wall-flower.

vegne: på mine ~, on my behalf.

vegre seg, refuse, decline; ~ **ing,** refusal.

vei, road; (retning) way, route; (hoved-) high-road, highway; ~ **arbeider,** navvy; ~ **bom,** turnpike.

veie, weigh.

veigrøft, (roadside) ditch.

veik, (myk) flexible; (svak) weak; ~ **het,** weakness.

veikryss, crossroad.

veilede, guide, instruct; ~ **er,** guide, instructor; ~ **ning,** guidance; instruction(s).

veiv, crank(handle); ~ **e,** (svinge) swing, wave.

veivals, steam-roller; ~ **viser,** guide.

veke, (lampe-) wick.

vekk, (borte) away, gone; (bort) away, off.

vekke, awake(n), wake; (etter avtale) call; *fig* arouse, excite; *relg* revival; ~ **rur,** alarm-clock.

veksel, *merk* bill (of exchange), (tratte) draft; ~ **aksept,** acceptance of a bill (of exchange); ~ **bruk,** *agr* rotation of crops; ~ **strøm,** *elekt* alternating current; ~ **virkning,** reciprocal action; ~ **vis,** *adv* by turns.

veksle, change; (ut-) exchange; ~ **penger,** change.

vekst, growth; (høyde) stature; *bot* herb, plant.

vekt, weight; (veieinnretning) scales, balance; **legge** ~ **på,** lay stress on; ~ **ig,** weighty; ~ **skål,** scale; ~ **stang,** balance-lever.

vel, *s* welfare, good, benefit; *adv* well; ~ **befinnende,** health; ~ **behag,** delight, pleasure; ~ **berget,** safe.

velde, power; might; ~ **ig,** (kraftig) powerful; (stor) enormous.

veldedig, charitable; ~ **het,** charity.

velferd, welfare; ~ **ferdsstat,** welfare state; ~ **fortjent,** well-deserved.

velge, choose; *pol* elect; ~ **r,** elector.

velgjerning, benefit, charitable deed; ~ **gjort,** well done; ~ **gjørende,** (sunn) beneficial; (veldedig) charitable; ~ **gjø-**

renhet, charity; ~ **gjører,** benefactor.

velhavende, well-to-do; wealthy, prosperous.

velkjent, well-known; ~ **klang,** harmony; ~ **kledd,** well-dressed; ~ **klingende,** melodious, harmonious; ~ **kommen;** ~ **komst,** welcome.

velling, thin porridge, gruel.

velluktende, fragrant, sweet-scented, perfumed; ~ **lyd,** euphony; ~ **lykket,** successful; ~ **lyst,** voluptuousness, sensuality; ~ **lystighet,** lasciviousness.

velnært, well-fed.

veloppdragen, well-bred; ~ **het,** good manners.

velsigne, bless; ~ **signelse,** blessing; ~ **skapt,** well-shaped; ~ **skikket,** well qualified (**til:** for); ~ **smakende,** savoury, tasty; ~ **stand,** prosperity; ~ **standssamfunnet,** the Affluent Society; ~ **stående,** well-to-do, prosperous, well off.

veltalende, eloquent; ~ **het,** eloquence; rhetoric.

velte, *vt* upset, overturn; *vi* tumble over, be upset.

velvalgt, well-chosen; ~**vilje,** benevolence, good-will; ~**villig,** benevolent, kind; ~**være,** well-being.

velynder, well-wisher, patron.

velærverdig, reverend.

vemmelig, disgusting, nasty; ~**lse,** disgust; ~**s,** be disgusted.

vemod, sadness; ~**ig,** sad.

vende, turn; ~**ekrets,** tropic; ~**epunkt,** turning point; ~**ing,** turning, turn; *fig* turn, (talemåte) phrase.

vene, vein; ~**risk,** veneral.

venn, friend; ~**e,** accustom; ~**eløs,** friendless; ~**esæl,** liked, beloved; ~**etjeneste,** friendly turn; ~**inne,** (girl) friend; ~**lig,** kind; (vennskapelig) friendly; ~**lighet,** kindness; friendliness; ~**ligsinnet,** friendly; ~**skap,** friendship; ~**skapelig,** friendly.

venstre, *adj* left; til ~, to *(el* on) the left.

vente, *vi* wait, (på: for); *vt* expect, await; ~**liste,** waiting list; ~**værelse,** waiting-room.

ventil, ventilator; *mark* valve; ~**asjon,** ventilation; ~**ere,** ventilate.

veps, wasp; ~**ebol,** wasp's nest.

veranda, veranda.

verb, verb.

verd, *adj* worth; (verdig) worth; *s* worth, value.

verden, world; ~**sbanken,** the World Bank; ~**sberømt,** world-famous; ~**sdel,** continent; ~**shistorie,** history of the world; ~**skrig,** world war; ~**smester,** world champion; ~**smesterskap,** world championship; ~**somseiling,** circumnavigation of the world; ~**srommet,** space; ~**sutstilling,** world exhibition, world('s) fair.

verdi, value, worth; ~**ifull,** valuable; ~**ig,** worthy; ~**ighet,** dignity; ~**igjenstand,** article of value; ~**iløs,** valueless, worthless; ~**ipapir,** security; ~**ipost,** insured mail; ~**isaker,** valuables; ~**sette,** estimate, value.

verdslig, secular, worldly; ~ **het,** secularity, worldliness.

verft, shipbuilding yard, shipyard.

verge, *v* defend; *s* (formynder) guardian; (våpen) weapon of defence; ~ **løs,** defenceless.

verifisere, verify; ~ **ing,** verification.

verk, *arb* work; *mus* opus; (bruk) factory, works, mill; (smerte) ache; (materie) puss, matter; ~ **e,** ache, pain; ~ **efinger,** swollen finger; ~ **sted,** workshop; ~ **tøy,** tool.

verken ... eller, neither ... nor.

vern, defence; ~ **e,** defend; ~ **eplikt,** compulsory military service.

verpe, lay.

verre, worse.

vers, stanza, verse; ~ **efot,** foot; ~ **emål,** metre; ~ **ere,** circulate.

versjon, version.

verst, worst.

vert, host; (hus *o.l.*) landlord.

vertikal, vertical.

vertinne, hostess; (på pensjonat *o.l.*) landlady; ~ **shus,** inn; ~ **shusholder,** innkeeper; ~ **skap,** host and hostess.

verve, enlist; recruit.

vesen, being; *filos* entity; *dt* creature; (egenart) essence; (natur) nature; (opptreden) manners; ~ **sforskjell,** essential difference; ~ **tlig,** *adj* essential; *adv* essentially; (mest) chiefly, mostly.

veske, (hand)bag; (mappe) briefcase.

vesle, little; ~ **voksen,** precocious.

vest, (plagg) waistcoat; *amr* vest; (retn.) west; ~ **enfor,** west of; **V-Europa,** Western Europa; ~ **kanten,** the West End; ~ **lig,** *adj* western, westerly; *adv* towards the west; **vestmaktene,** the Western Powers; ~ **over,** to the west.

veteran, veteran.

veterinær, veterinary, vet.

veto, veto.

vett, brains, sense; ~ **løs,** stupid; ~ **skremt,** scared, out of one's senses.

vev, (-stol) loom; (det som veves) web; *fig* tissue; ~e, weave; ~er, weaver; ~eri, textile factory, weaving mill.

vi, we; via, via, by way of.

vibrasjon, vibration; ~ere, vibrate.

vid, wide; ~d, (vittighet) wit; ~de, width; ~e ut, broaden, widen; ~ere, wider; (ytterligere) farther, further; inntil ~ere, until further notice; ~eregående, further, advanced; ~eregående skole, secondary school; ~erekommet, advanced.

vidt, adv far, widely; ~gående, far-going, extreme; ~rekkende, far-reaching.

vidunder, wonder, miracle; ~barn, (child) prodigy; ~lig, wonderful, marvellous.

vie, consecrate; dedicate; (ektefolk) marry; ~lse, wedding ceremony; ~lsesattest, marriage certificate; ~vann, holy water.

vifte, v flutter, wave; s fan.

vignett, vignette; ~sel, consecration; ~sle, consecrate.

vik, creek, cove, inlet.

vikar, substitute, deputy; ~iat, position as a deputy; ~iere, act as substitute.

vike, give way (for: to); ~ tilbake, retreat; flinch (for: from); ~ til side, step aside; ~plikt, duty to keep clear.

vikle, wrap, twist.

viktig, important; (innbilsk) conceited; ~het, importance.

vilje, will; ~kraft, willpower; ~løs, weakwilled; ~sak, matter of will; ~sterk, strongwilled; ~styrke, willpower.

vilkår, conditions; (pl også) terms; ~lig, arbitrary; ~lighet, arbitrariness.

vill, wild; savage; fierce.

villa, detached house, villa.

ville, be willing; (ønske) wish, want; jeg vil, I will; ~else, delirium; ~het, wildness, savageness; ~ig, adj willing; ready; ~ighet, willingness; ~ede, lead astray; ~edende, misleading; ~mann, savage;

~ **mark,** wilderness; ~ **rede,** perplexity, confusion; ~ **spor,** wrong track.

vilt, game; (kjøtt) venison; ~ **er,** giddy, wild; ~ **handel,** poulterer's shop.

vimpel, pennant.

vimse, fuss, bustle.

vin, wine.

vind, wind; ~ **e,** wind; ~ **eltrapp,** winding stairs; ~ **ing,** winding, twist; ~ **kast,** squall, gust of wind; ~ **mølle,** windmill; ~ **rose,** compass card.

vindrue, grape.

vindstille, calm.

vindu, window; ~ **skarm,** window-frame; ~ **spost,** sill; ~ **srute,** window-pane.

vinge, wing; ~ **skutt,** winged.

vingle, flutter about; stray; *fig* vacillate.

vingård, vineyard; ~ **høst,** vintage; ~ **kart,** wine card.

vink, sign, signal; (antydning) hint; ~ **e,** wave, beckon.

vinkel, angle.

vinne, (oppnå) gain, win;

(erobre) conquer, win; ~ **ende,** winning; *fig* prepossessing; ~ **er,** winner; ~ **ing,** gain, profit.

vinsj, winch.

vinter, winter; ~ **dvale,** hibernation, winter-sleep.

virke, act, work; influence; (gjøre virkning) take effect; (om legemidler) operate; *s* material; building materials; ~ **felt,** field of activity; ~ **lig,** *adj* real, actual; (sann) veritable; *adv* really, actually; indeed; ~ **liggjøre,** realize; ~ **liggjørelse,** realization; ~ **lighet,** reality; ~ **lyst,** energy; ~ **lysten,** energetic; ~ **middel,** means, agent.

virkning, effect; ~ **ningsfull,** effective; ~ **ningsløs,** ineffective; ~ **som,** active; ~ **somhet,** activity; (arbeid) operations.

virtuous, virtuoso.

virvar, confusion, mess.

vis, *adj* wise; *s* way, manner; ~ **dom,** wisdom; ~ **domstann,** wisdom tooth; ~ **e,** *v* show; (legge for dagen) display;

(bevise) prove; ~e seg, appear; (dukke opp) turn up; (viste seg å være) prove; ~e, s song, ditty, ballad; ~e-, (forstavelse) vice-, deputy; ~er, hand; ~ergutt, errand-boy, messenger.

visitas, visitation; ~ere, inspect; search; ~t, visit; avlegge ~t, call on, pay a visit; ~tkort, card.

visjon, vision; ~ær, visionary.

viske, rub; ~lær, India rubber, eraser.

visne, wither, fade.

visp; ~e, beat, whisk.

viss, certain, sure; ~elig, certainly, to be sure.

vissen, withered; ~het, withered state.

visshet, certainty; ~t, certainly; ~tnok, no doubt.

visum, visa; ~tvang, compulsory visa.

visvas, nonsense.

vital, vital; ~itet, vitality.

vitamin, vitamin.

vite, know; få ~, learn; ~n; ~nde, knowledge; ~nskap, science (ånds-) scholarship; ~nskape-

lig, scientific; ~nskaps-mann, scientist; (lærd) scholar.

vitne, v testify, witness, give evidence; s witness; ~sbyrd, evidence; (fra skole) certificate; ~utsagn, evidence.

vits, joke; ~tig, witty; ~tighet, wittiness; (vits) joke.

vogge, s cradle; v rock; ~esang, lullaby.

vogn, carriage; (firhjulet arbeids-) waggon; (tohjulet arbeids-) cart; jernb carriage; amr car.

vokal, s vowel; adj vocal.

voks, wax; ~duk, oil-cloth; ~e, (med voks) wax; (bli større) grow; (tilta) increase; ~en, grown(-up), adult; ~enopplæring, adult education.

vokte, watch, guard; ~r, keeper.

vold, (overlast) violence, force; ~gift, arbitration; ~som, violent; ~somhet, violence; ~ta, ~tekt, rape.

voll, mound, dike; mil rampart; (gras-) green field; ~grav, moat.

volt, volt.

volum, volume.

vom, belly, paunch.

vond, bad, evil, wicked.

vorte, wart; (bryst-) nipple.

vott, mitten.

vrak, wreck; ~ **e,** (forkaste) reject; (sortere) sort; ~ **gods,** wreckage.

vrang, (vrengt) inverted, pulled inside out; (forkjært) wrong, (vanskelig) intricate; ~ **e,** wrong side; ~ **forestilling,** delusion; ~ **lære,** heresy; ~ **lærer,** heretic; ~ **lås: døra gikk i** ~, the lock caught; ~ **strupe: få i** ~ **n,** swallow the wrong way; ~ **vilje,** disobligingness; ~ **villig,** disobliging.

vred, angry; **bli** ~ **over,** get angry at; ~ **e,** anger, wrath.

vrenge, turn inside out.

vri, *v* twist, wring; ~ **dning,** torsion; ~ **en,** (person) wayward; (ting) intricate.

vrikke, wriggle; *mar* scull; (forvri) contort, sprain.

vrimle; ~ **mel,** swarm, shoal **(av:** with).

vrinsk; ~ **e,** neigh.

vrist, instep.

vrøvl, nonsense; ~ **e,** talk nonsense; ~ **ebøtte,** twaddler.

vulkan, volcano; ~ **isere,** vulcanize; ~ **sk,** volcanic.

vurder|e, value, estimate **(til:** at); (skatte) appreciate, value; ~ **ing,** valuation.

væpne, arm; ~ **r,** esquire; armour-bearer.

vær, weather; (sauebukk) ram; ~ **bitt,** weatherbitten; ~ **e,** be; (lukte) scent; ~ **else,** room; ~ **fast,** weather-bound; ~ **hane,** weather-cock; ~ **hard,** exposed, unsheltered; ~ **melding,** weather forecast *(el* report).

væske, *s* liquid, fluid.

væte, *v* wet, moisten; *s* wet, moisture.

våg, (bukt) bay, inlet; (materie) matter, pus; ~ **al,** audacious, daring; ~ **e,** venture; risk; ~ **estykke,** daring (venture); ~ **et,** bold, risky.

våke, wake, be awake; ~ **over,** watch over; ~ **n,**

awake; ~**ne**, (a)wake
(**av**: from).
våningshus, dwelling
house.
våpen, weapon; arms;
(familie-) (coat of)
arms; ~**hvile**, armistice,
truce; ~**makt**, military
power; ~**merke**, device.
vår, *pron* our; *s* spring.

vås, nonsense, rubbish;
~**e**, talk nonsense.
våt, wet.

watt, watt.
whisky, whisky; ~**pjol-
ter**, whisky and soda.
Wien, Vienna; **wiener-
brød**, Danish pastry.

Y-Æ-Ø

yacht, yacht.
ydmyk, humble; ~**e**, hu-
miliate; ~**else**, humilia-
tion; ~**het**, humility.
ymt; ~**e**, hint.
ynde, *s* grace, charm;
~**efull**, graceful; ~**ig**,
graceful; charming;
~**ling**, favourite.
yngel, brood; ~**le**,
breed; ~**ling**, youth.
yngre, younger; (temme-
lig ung) youngish; (av
seinere dato) later; ~**st**,
youngest.
ynk, misery; (medynk)
pity; ~**e**, pity; ~**e seg**,
moan; ~**elig**, miserable.
ypperlig, excellent.
yppig, exuberant; ~**het**,
exuberance.
yr, *adj* giddy, wild;

(duskregn) drizzle; ~**e**,
drizzle; (kry) teem,
swarm.
yrke, occupation, craft,
trade; (akademisk) pro-
fession; ~**dag**, work-
day; ~**skvinne**, working
woman; ~**sskole**, voca-
tional school; ~**sveiled-
ning**, vocational guid-
ance.
yste, make cheese; ~ **ost**,
make cheese; ~**ri**,
cheese factory.
yte, grant, give; ~**lse**,
performance; ~**evne**,
capacity.
ytre, *adj* outer; external;
s the exterior; *v* utter,
express.
ytring, remark; ~**sfrihet**,
freedom of speech.

ytterligere, further, extreme(ly); ~ **liggående**, extreme; ~ **lighet**, extreme; ~ **tøy**, outdoor things.

æra, era.
ærbar, modest; chaste.
ærbødig, respectful; ~ **het**, respect; ~ **st**, (i brev) Yours faithfully.
ære, s honour; glory; v honour; ~ **frykt**, awe, veneration; ~ **krenkelse**, defamation.
ærend, errand.
æresborger, honorary citizen; ~ **doktor**, honorary doctor; ~ **ord**, word of honour.
ærfugl, eider duck.
ærlig, honest; ~ **het**, honesty.
ærverdig, venerable.
ætling, descendant.
ætt, family; ~ **esaga**, family saga; ~ **etavle**, genealogical table; ~ **ledd**, generation.

øde, adj deserted, desolate; v waste; ~ **legge**, ruin, destroy; (skade) damage, (skjemme) spoil; ~ **leggende**, ruinous; ~ **leggelse**, ruin,

destruction; ~ **mark**, waste land.
ødsel, prodigal; wasteful; ~ **le**, be wasteful.
øgle, lizard; (utdødde arter, pl) saurians.
øke, increase; ~ **navn**, nickname.
økolog, ecologist; ~ **i**, ecology; ~ **isk**, ecological.
økonom, economist; ~ **i**, (sosial-) economics; (sparsommelighet) economy; ~ **isk**, (som angår økonomi) economic; (om en persons økonomi) financial; (sparsommelig) economical.
øks, axe, hatchet.
økt, spell (of work).
øl, beer; ale; ~ **bryggeri**, brewery.
øm, tender; (vondt) sore; ~ **fintlig**, sensitive (for: to); ~ **het**, soreness; fig tenderness; ~ **hjertet**, tender-hearted; ~ **tålig**, (skjør) fragile; fig delicate.
ønske, s wish, desire; v desire, wish; want; ~ **lig**, desirable.
ør, confused.
øre, ear; ~ **døvende**, dea-

fening; ~**fik,** box on the ear; ~**flipp,** lobe of the ear; ~**kyte,** minnow; ~**pine,** earache.

ørken, desert; wilderness.

ørkesløs, idle.

ørliten, puny, tiny, wee.

ørn, eagle; ~**enese,** acquiline nose, hooknose; ~**ung,** eaglet.

ørret, trout.

ørsk, bewildered.

øse, *v* bale, scoop; (brønn, *fig)* draw; (suppe) serve *el* ladle; *s* scoop; ladle; ~**kar,** baler, scoop.

øsregn, downpour of rain.

øst, east; ~**en,** the East; ~**erlandsk,** oriental.

Østerrike, Austria.

østers, oyster.

østgående, easterly; *mar* eastward bound; ~**kanten,** East End; ~**lig,** eastern; ~**over,** eastward.

øve, practise; exercise, train; ~**lse,** practice, exercise.

øverst, uppermost, hightest; *fig* supreme.

øy, island; (i navn) isle.

øye, eye; ~**blikk,** instant, moment; ~**blikkelig,** immediate; momentary; ~**bryn,** eyebrow; ~**eple,** eyeball; ~**kast,** glance; ~**lokk,** eyelid; ~**med,** object, aim; ~**nsynlig,** evident; ~**stikker,** dragonfly; ~**vipper,** eyelashes; ~**vitne,** eye-witness.

øyne, see, behold.

Å

å, to, (elv) rivulet, brook.

åbor, perch.

åger, usury; ~**gerpris,** exorbitant price; ~**re,** practise usury.

åk, yoke.

åker, field.

ål, eel; ~**eteine,** eel-pot.

ånd, spirit; (spøkelse) ghost, spirit; (forstand) mind, intellect; ~**e,** *s* breath; *v* breathe; ~**edrett,** respiration; ~**elig,** mental, intellectual; (motsatt verdslig) spiritual; ~**eløs,** breathless; ~**enød,** difficulty in breathing.

åndsarbeid, intellectual work; ~ **evne**, (mental) faculty; ~ **fraværende**, absent-minded; ~ **frihet**, intellectual freedom; ~ **frisk**, sound in mind; ~ **kraft**, mental power; ~ **svak**, imbecile, mentally deficient; ~ **svakhet**, imbecility, mental deficiency.

åpen, open; ~ **bar**, evident, obvious; ~ **bare**, reveal; ~ **het**, openness; *fig* frankness; ~ **hjertig**, openhearted, frank; ~ **lys**, open, undisguised.

åpne, open **(for:** to); ~ **ing**, opening; (innvielse) inauguration.

år, year; ~ **bok**, yearbook, annual.

åre, vein; (puls) artery; *min* grain, vein; *mar* oar; ~ **blad**, oar-blade; ~ **forkalket**, suffering from arteriosclerosis; ~ **knute**, varicose vein; ~ **late**, bleed; ~ **latning**, bleeding; ~ **mål: på** ~,

on a term of years; ~ **tak**, stroke; ~ **vis: i** ~, for years.

årgang, (tidsskrift *o.l.)* volume; (vin og *fig)* vintage; ~ **hundre**, century; ~ **lig**, yearly, annual.

årsak, cause; (grunn) reason.

årsberetning, annual report; ~ **møte**, annual meeting; ~ **tall**, year, date; ~ **tid**, season.

årvåken, vigilant, alert; ~ **het**, vigilance, alertness.

ås, (mountain) ridge, hill; (bjelke) beam; ~ **rygg**, crest.

åsted, scene of the crime.

åsyn, face, visage, countenance.

åte, bait.

åtsel, carcass, carrion; ~ **gribb**, vulture.

åtte, eight; ~ **kant**, octagon; ~ **nde**, eighth.

åtti, eighty; ~ **ende**, eightieth; ~ **åri(n)g**, octogenarian.

Apprendix
Neuter Gender
Nouns

APPENDIX
NEUTER GENDER NOUNS*

A

abonnement
adjektiv
adoptivbarn
adverb
agentur
agn
akademi
aks
aksjeselskap
akterdekk
aktorat
aktstykke
akvarium
album
alfabet
allmenn befinnende
alter
alternativ
aluminium
alvor
amalgam
anarki
anbud
andragende
anfall
anførselstegn
angrep
angå

anker
ankerspill
anlegg
anliggende
anneks
ansikt
ansiktstrekk
anstøt
ansvar
antall
antiluftskyts
antrekk
apotek
apparat
arbeid
arbeiderparti
arbeidsværelse
areal
argument
arkiv
arkivskap
armbånd
armbåndsur
arr
arsenal
artilleri
arvegods
askebeger
asyl
atelier

*The majority of Norwegian nouns are masculine or feminine ("common") gender nouns. This appendix lists neuter gender nouns. See preface for further explanations.

broderi
brodermord
brorskap
brott
brudepar
brudekjole
brudd
bruddstykke
bruk
bruttobeløp
bry
bryderi
brygg
brygghus
bryllup
bryn
bryst
brystbilde
brystvern
brød
brøl
bud
budsjett
budskap
bulder
bunnfall
bur
buskas
bybud
byrå
byråkrati
bystyre
bytte
bær
bønneskrift

bål
bånd
båtbyggeri
båtnaust

C

cellevev
cellull
centigram
certeparti

D

dagblad
dagslys
dambrett
dampbad
dampskip
dekk
dekret
deksel
delta
dementi
demokrati
departement
depositum
depot
desinfeksjonsmiddel
despoti
dike
dikt
diktat
diktatur
dilemma

dill
diplom
diplomati
direktorat
diskotek
distrikt
djevelskap
dobbeltspill
dobbeltbokholderi
dobbeltværelse
dogg
dokument
drag
drama
drap
driftsår
drivgarn
drivhjul
drivhus
drivstoff
druesukker
drypp
drønn
dun
dunder
dusin
duskregn
dydsmønster
dynasti
dynn
dyr
dødsleie
døgn
døpenavn
dørslag

dådyr

E

ederdunegennavn
egennavn
egg
eggeglass
eid
eie
ekko
ekorn
eksamensvitnemål
eksem
eksempel
eksemplar
eksil
eksosrer
eksperiment
ekstranummer
ekstratog
ektepar
ektefelle
ekteskap
ekteskapsbrudd
element
elfenbein
elveleie
embete
emblem
emne
enevelde
enfold
engasjement
enkeltværelse

entall
eple
eposerme
erme
erstatnings-krav
erverv
esel
espalier
ess
etablissement
etterkommer
etterretningsvesen
etterskudd
etterspill
ettersyn
ettertrykk
etui
evangelium
eventyr

F

fabat
fadervår
fag
faktum
fakultet
falskneri
fall
familienavn
fang
fangenskap
fargefjernsyn
fartøy
farvann

farvel
fastland
fat
favntak
fe
fedreland
feie
fellesskap
felt
felttog
fengsel
fenomen
fesjå
fiendskap
fikenblad
filmatelier
filmbyrå
filter
fingeravtrykk
fingerbøl
finnested
firma
firmamerke
fiskskap
fiskerigrense
fjas
fjell
fjelland
fjernsyn
fjernsynsapparat
fjernvalg
fjøs
flagg
flak
flass

flateinhold
flerkoneri
flerstavelsesord
flertall
flesk
flir
flor
flygeblad
flygel
fnugg
folk
folkeferd
fond
fôr
forbehold
forbilde
forbruk
forbud
forbund
foredrag
foretagende
forfall
forheng
forhjul
forhold
forhør
forkle
forlag
forlik
forlis
forløp
format
formular
formål
fornavn

forord
forrertningsbrev
forretningslokale(r)
forræderi
forråd
forsalg
forsett
forsikringsselskap
forslag
forsprang
forsvar
forsyn
forsyning
fort
fortau
fortrinn
fotografi
fotokopi
fotostat
fotspor
fottrinn
fottoy
fradrag
frafall
fraktbrev
fraktgods
framkomstmiddel
frammøte
framsteg
framstøt
fravær
fremskritt
frikvarter
friland
friluftsliv

frimerke
frispark
frontglass
frontlys
frysepunkt
fryseri
fråtseri
fugleskremsel
fundament
funn
futteral
fylke
fyrstme
furtårn
furverkeri
fødselsår
følehorn
føll
fører
førerkort
fårekjøtt
fåtall

G

gagn
galla(antrekk)
galleri
gamlehjem
gap
garn
garnnøste
gartneri
gassverk
gebiss

gebyr
gehør
geledd
gelender
gemytt
geni
gevær, militærgevær
giftermål
gilde
gir
gironummer
gisp
gissel
gitter
gjel
gjeldsbevis
gjemme
gjemsel
gjennombrudd
gjennomslag
gjennomsnitt
gjennomsyn
gjenskinn
gjensyn gjenp
gjerde
gjesp
gjøn
gjøremal
glansbilde
glasur
glass
glassmaleri
glimt
glipp
glis

gloseforråd
gnål
godstog
golv
gram
gras
gravkapell
gravskrift
greip
grenseland
grep
gresskar
grunnfjell
grunnlag
grunnstoff
grunnvann
grus
grustak
gry
gryn
grynt
gudbarn
gudebilde
gufs
gull
gullbryllup
gulv
gulvteppe
gummistrikk
gymnas
gys

H

hagebruk
hagl
hakekors

hakk
halmstrå
halmtak
halsbånd
halvmørke
handelsbrev
handelsflate
handelsgymnas
hankjønn
hareskår
harem
hasardspill
hastverk
hat
hav
havari
havblikk
havnemyndigheter
havnevesenet
havre
havremjøl
hedenskap
hefte
heftplaster
lιekkeløp
hekseri
hektogram
hele
helikopter
hell
helsevesen
helvete
henblikk
henhold
hensyn
hensynsledd
herbárium

herberge
herred
herredstyre
herredømme
hestdeløp
heteslag
hi
hikk
himmelstrøk
hinder
hinderløp
hittebarn
hittegodskonter
hjelpemiddel
hjem
hjemland
hjerte
hjerteanfall
hjerteonde
hjerteslag
hjorteskinn
hjul
hjulspor
hjorne
hode
hodearbeid
hoff
hoffolk
hogg
hold
holdepunkt
holt
honorar
hopp
hor

horn
hospital
hotell
hovedkontor
hovedkvarter
hovedpostkontor
hovmod
huk
hul
hull
hullkort
hulmål
hulrom
hundehus
hundeveddeløp
hundreårsjubileum
hunkjønn
hurrarop
hurtigløp
hurtigtog
hus
husarbeid
husbruk
husdyr
husly
hvetemjøl
hvin
hyl
hylster
hypotek
hyrdedikt
hærverk
hønsehus
hønseri
høreapparat

horerør
høve
høy
høydehopp
høydepunkt
høyfjell
høyfjellshotell
høyræderi
høytrykk
høyvann
høyvånn
hån
håndjern
håndkle
håndledd
håndtak
håndtrykk
håndverk
håp
hår
hårvann

I

idéal
ilbud
ildsted
ilgods
illebefinnende
iltelegram
imperium
indisium
individ
interi
ingefær

initialer
initiativ
innblikk
innbo
innbrudd
innfall
inngifte
inngrep
innhold
innkjøp
innlegg
innpakningspapir
innskudd
innslag
innsnitt
inntrykk
insekt
instinkt
institutt
instrument
interiør
intermesso
intervall
intervju
intetkjønn
inventar
irr
isfjell
isfjellflak

J

jag
jagfly
jernbanetog

jernbeslag
jernblikk
jernteppe
jernverk
jetfly
jevndøgn
jordbruk
jornbær
jordegods
jordskjelv
jubileum
jugl
juks
jur
justisdepartement
justismord
jærtegn

K

kabinett
kabinettspørsmål
kadaver
kalas
kaliber
kalvekjøtt
kamera
kameratskap
kamgarn
kammer
kandidatur
kaos
kapell
kaperfartøy
kapittel
kapp

kappløp
kar
karneval
karosseri
kart
kartell
kartotek
kartotekskap
kasino
kassekontrollapparat
kast
kastespyd
kateter
kavaleri
keiserdøm
kilogram
kinn
kinnskjegg
kirsebær
kitt
kje
kjeglespill
kjekl
kjeks
kjennemerke
kjennskap
kjoleliv
kjolestoff
kjælenavn
kjærtegn
kjøkken
kjøleanlegg
kjøleskap
kjønn
kjøp

kjørekort
kjøretøy
kjøtt
klabbeføre
klammeri
klander
klapp
klappsete
klapre
klaps
klask
klaver
klede
kledebon
klemt
klengenavn
kleskott
klesplagg
klesskap
klima
klipp
klirr
kliss
klister
kloakkinnhold
kloakkanlegg
klokkeslett
klor
klorvann
klosett
kloster
klubblokale
klukk
kluss
klynk

klyp
klyster
knall
knapphull
kne
knekk
knekkebrød
knep
knepp
knip
knipetak
knippe
knips
knis
knurr
knutepunkt
kny
kobbel
kobber
kokepunkt
kollektiv
kolli
kolon
komma
kommissariat
kommunikasjonsmiddel
kommuniké
kompani
kompass
kompleks
kompliment
komplott
kompromiss
konditori
kongedømme

kongerike
konsept
konsern
konsulat
kontinent
kontor
konversasjonsleksikon
kopperstikk
kor
korallrev
korn
korps
kors
korsett
korstog
kort
kortspill
kosteskaft
kott
kram
kraniebrudd
krater
kratt
krav
kreatur
kremt
krepp
kritt
kroppsarbeid
krus
krusifiks
krutt
krydder
krydderi
krypdyr

kryss
kryssfinér
krysforhør
krystall
kubein
kubikkinnhold
kulelager
kulestøt
kull
kullstoff
kunstig
kunststoff
kunstverk
kupp
kursted
kursus
kutt
kvantum
kvartal
kvarter
kveg
kvelstoff
kvikksølv
kvistkammer
kyss

L

laboratorium
ladested
lag
lager
laken
lam
lammekjøtt

land
landbruk
landområde
landsforræderi
landskap
landslag
landsmøte
langrenn
lappeteppe
lass
lasterom
laug
lavland
le
ledd
legat
legemiddel
legeme
legg
leketøy
leksikon
lem
lende
lerret
lettanker
levebrød
leven
levesett
levne
lik
likhetstegn
likkapell
lim
lin
linoleum

lintøy
liv
livbelte
livré
lodd
loft
loftsrom
lokal
lokk
lokomotiv
lommetørkle
lommeur
loppemarked
lotteri
lovforslag
luftslott
lufttrykk
lune
lurveleven
ly
lydbånd
lyn
lynne
lys
lyse
lyspunkt
lysthus
lystspill
lær
løft
løftebrudd
lønnsstopp
løp
løpmer
løsarbeid

løsøre
lån
lår

M

magasin
magesår
maksimum
maleri
malm
malt
malurtbeger
mammon
mandat
manstyre
manifest
mannskap
manntall
mansjett
manuskript
mareritt
marked
marmor
marsvin
mas
maskineri
maskingevær
maskinrom
materiale
medhold
medlem
medlemskap
medmenneske
meieriprodukter

meklergebyr
mel
melkeutsalg
mellomgolv
mellomrom
mellomspill
melodrama
memorandum
menneske
mentalitet
mesterskap
metall
middel
mikroskop
miljø
miljøvern
mindretall
mindreverdighetskom
  -pleks
minefelt
mineral
mineralvan
mineskudd
minimum
ministerium
minne
minnesmerke
minusutt
mirakel
misbruk
misforhold
misfoster
misgrep
mislitsvotum
mjøl

molekyl
moment
monarki
monogami
monopol
monstrum
monument
mord
mordforsøk
morsealfabet
morsliv
mosaikkarbeid
motehus
motforslag
motiv
motorkjøretøy
motorskip
motto
mottrekk
mugg
muldyr
munkekloster
munnhell
munnhoggeri
munnspill
munnstykke
murhus
murmeldyr
mus
museum
musikkorps
muslingskall
musselin
myggstikk
mylder

myntenhet
mysterium
mytteri
møbel
møne
mønster
mørke
møte
møtested
mål
målføre
måltid
måtehold

N

nabolag
naboskap
nag
napp
naske
natrium
natriumon
nattbord
natilleg
naturfag
naturvern
nav
navn
navneopprop
navneskilt
navnetrekk
nebb
nedfal
nedslag

nek
nervesystem
nes
neshorn
nett
nettobeløp
nettoutbygge
nettverk
nikk
nipp
nitrat
nomadefolk
nonnekloster
nordlys
notat
nullpunkt
nummer
nummerskilt
nysov
nytt
nyttår
næringsliv
nødanker
nødrop
nødsfall
nøklehull
nøkleknippe
nøste
nådestøt

O

objekt
observatorium
oksekjøtt
oksyd
oljefelt

oljelerret
oljemaleri
omdømme
omfang
omkved
om lag
omløp
omriss
område
omslag
omvalg
onde
oppbrudd
oppdra
oppdrett
oppgjør
opphav
opphold
oppkast
oppkok
oppkrav
opplag
oppland
opplivningsforsøk
oppløp
oppnavn
opprivende
opprør
oppslag
oppspinn
oppstyr
oppsving
oppsyn
oppsynsfartøy
opptak
opptog
opptrinn

opptrykk
oppvigleri
orakel
ord
ordenstall
ordforråd
ordskifte
ordspill
ordspråk
organ
orgel
orkester
ornament
osean
otium
overblikk
overfall
overgrep
overherredømme
overhode
overlær
overoppsyn
overskudd
overslag
overtak

P

pakk
pakkhus
palass
panel
panser
panserhvelv
pant
papir
paradis

paradoks
parkett
parlament
parterre
partisipp
partitur
pass
patent
pattebarn
pattedyr
pelsdyr
pengeskap
pennal
penneskaft
pennestrøk
pensjonat
pensum
perfekum
pergament
pergamentpapir
periskop
perlehalsbånd
perlemor
personale
perspektiv
piano
piggdekk
pikenavn
pinnsvin
pip
pirkeri
piss
pissoar
plagg
plagiat
plankegjerde
plask

plaskregn
plaster
platå
pledd
pleiebarn
pleiehjem
plenum
pluss
poeng
polimer
polygami
porselen
portbud
portrett
postvesen
postbud
posthus
postkontor
postkort
postnummer
postoppkrav
poststempel
potetmel
preg
preludium
preparat
press
pressebyrå
prinsipp
prioritetslån
prisavslag
prisfall
prisstopp
privilegium
problem
produkt
program

prosjekt
prosjektil
psevdonym
publikum
pudder
puff
pugg
pulver
pund
pungdyr
punkt
punkttum
purpur
puslespill
puss
pussemiddel
pusterom
putevar
pynt
påberope
påbud
påfunn
pålegg
pådende
påskudd
påtrykk

R

rabalder
radaranlegg
radioapparat
radium
raffineri
ramaskrik
rampelys
ran

rap
ras
rasehat
raseri
rasp
ratt
raut
rav
reagensglass
realfag
rederi
redningsbelte
redskap
referat
refreng
regime
regiment
register
reglement
regn
regnskap
regnskapsbilag
regnvær
regulativ
reinhold
reip
reir
reisebyrå
reisegods
rekkehus
rekkverk
reklamebyrå
relieff
relikvie
renn
renommé
renseanlegg

renseri
repertoar
reservoar
resonnement
resultat
resymé
retningsnummer
rev
riddervesen
rim
ringeapparat
ris
risengryn
risp
riss
ritt
ritual
rivjern
roesukker
rom
romertall
rop
ror
rov
rovdyr
rujern
rulleblad
rundskriv
rundstykke
runealfabet
rusk
ruskevær
rutefly
ry
rykk
rykte
rør

rørsukker
råd
rådhus
råmaterial
råprodukt
råstoff

S

sagbruk
sagn
sakrament
sakristi
salg
salonggevær
salt
saltkar
salær
samarbeid
samband
samferdselsmiddel
samfunn
samfunnsforhold
samhold
samkvem
samlebånd
samleie
sammenbrudd
sammendrag
sammenheng
sammenstøt
sammensurium
sammentreff
samråd
samsvar
samtykke
samvirkelag

sanatorium
sandpapir
sangkor
sanitetsbind
sauekjøtt
savn
segl
seil
sekret
sekretariat
sekund
seletøy
selskap
selskapsantrekk
selvbedrag
selvmord
selvportrett
selvstyre
selvsyn
semester
senat
sendebud
senestrekk
sengetøy
senter
sentralbord
sentrum
septer
sertifikat
sesongarbeid
sete
sett
setteri
sidestykke
siffer
signal
signalement

sikkerhetsbelte
siksak
sikte
siktekorn
silregn
sinn
sinnelag
sinnssykehus
sirkulære
sirkus
sitat
siv
sjakkbrett
sjal
sjokk
sjøkart
skabb
skafott
skaft
skall
skalldyr
skap
skar
skattesnyteri
skattkammer
skaut
skibbrudd
skift
skiføre
skilderhus
skill
skilletegn
skilt
skinn
skinnangrep
skinnebein
skip

skipsbyggeri
skipsrederi
skipsverft
skirenn
skittentøy
skjegg
skjelett
skjell
skjellsord
skjema
skjenn
skjerf
skjold
skjul
skjær
skjæringspunkt
skjød
skjønn
skjønnhetsmiddel
skjørt
skjøte
skogbruk
skolefag
skolehjem
skolekjøkken
skotøy
skrall
skrangel
skrap
skrapjern
skred
skrell
skriftemål
skriftspråk
skriftsted
skrik
skrin

skritt
skriv
skrivebord
skrog
skrot
skrubbsår
skrujern
skrulokk
skryt
skrål
skråplan
skråtak
skubb
skudd
skuddhold
skuddår
skuespill
skuldertrekk
skum
skur
skurepulver
skvalp
skybrudd
skyggebilde
skytevåpen
skytterlag
skår
slag
slaganfall
slagg
slagord
slagskip
slagsmål
slam
slaps
slary
slari

slaveri
slektledd
slektskap
slep
slim
slips
slit
slott
sludd
sludder
sluk
slumkvarter
slør
smededikt
smell
smijern
smil
smilehull
smug
smuss
smutthull
smykke
smykkeskrin
smør
smørbrød
småbruk
snakk
sneglehus
snes
snesersyn
snikmord
snitt
snusdase
snyltedyr
snøre
snøskred
snøslaps

snøvær
sogn
solbad
solbær
solskinn
solstikk
sommel
soveveærelse
spann
spark
spebarn
speil
speilegg
speilglass
spekk
spenn
spetakkel
spett
spidd
spill
spillerom
spindelvev
spinneri
spir
spise
spiserør
spiskammer
spjeld
spleiselag
spon
spor
sprang
springbrett
språk
spy
spyd
spydkast

spytt
spøkelse
spørreskjema
spørsmål
spørsmalstegn
stabbur
stadion
stadium
stafettløp
staffeli
stakitt
stamtre
standpunkt
stativ
statskupp
statsråd
statussymbol
stavsprang
stebarn
sted
steinbrudd
steinkast
steinkull
steintøy
stell
stemmebånd
stempel
steng
stengsel
stevne
stevnemøte
stigbrett
stikk
stikkelsbær
stikkstikkontakt
stikkord
stillas

sting
stinkdyr
stipendium
stjernebilde
stjerneskudd
stoff
stoffskifte
stoppegarn
stoppested
stormagasin
storvilt
straffarbeid
straffespark
strandhogg
streif
streifskudd
streiftog
strev
stridspunkt
strikk
strikketøy
strupehode
stryk
strykejern
strøk
strømpeband
strå
stråtak
studium
studio
stup
stykke
styrtregn
støkk
stønn
støperi
støt

støv
stål
substantiv
sug
sugerør
sukk
sukker
sukkerrør
sukkertøy
sund
supplement
surrogat
surstoff
sus
suvenir
svangerskap
svar
svelg
sverd
svik
svin
svinekjøtt
svinelær
svineri
svinn
svovel
svømmebasseng
svømmebelte
sykehus
syltetøy
symbol
syn
synlig
synpunkt
system
sytøy
særeie

særpraeg
særtilbud
søkk
søksmål
søl
sølibat
sølv
sølvbryllup
sølvtøy
søppel
søskenbarn
såkorn
såld
såpeskum
såpestykke
sår

T

tablå
tabu
taffel
tak
takkammer
taksameter
taksjegg
takvindu
talespråk
talent
talkum
tall
talltegn
tallord
tannhjul
tannkjott
tap
tapet

tastatur
tau
teater
tegn
telegram
teleskop
telleapparat
telt
tema
tempel
tempo
teppe
termometer
terreng
terrengløp
territorialfarvann
territorialfarvannium
testamente
tidevann
tidefordriv
tidspunkt
tidskrift
tiggeri
tilbakeblikk
tilbakefall
tilbakeslag
tilbaketog
tilbehør
tilbud
tilholdssted
tillegg
tillitsvotum
tilløp
tilrop
tilsagn
tilskudd
tilslag

tilsprang
tilsyn
tiltak
tinn
tittelblad
tiår
tjern
tjor
toalett
toalettrom
toalettbord
toalettpapir
tog
tokt
tollvesen
tonn
toppmøte
toppppunkt
toppskrall
toppvær
torg
tory
transbånd
transportmiddel
trappegelender
trappetrinn
trau
trav
trekk
trekkpapir
trekkspill
trekkløver
trekull
tresnitt
tresteg
triangel
trikk

trinn
tritt
trofé
troll
trykk
trykkeri
trylleri
tryne
tråkk
tukthus
tun
tusmørke
tvangsarbeid
tverrsnitt
tyranni
tyttebær
tyveri
tømmer
tønneband
tørkle
tøv
tøvær
tøy
tøys
tårn

U

ugras
uharmoniskhyre
ukeblad
uklanderlig kvemsord
ul
ulage
ulikgarn
ulikteppe
ulykke(stilfelle)

ulykkestilfelle
umaltmenneske
under
underhold
underliv
underskjø
underscudd
understell
undertøy
undervannsskjær
underverk
ungdomsherberge
univers
universitet
ur
urverk
urr
uråd
utbrudd
utbytte
utdrag
ute
uteliv
utenomsnakk
utenriksdepartment
utfall
utforenn
utgangspunkt
uthus
utklipp
utlegg
utløp
utnavn
utrop
utropstegn
utroskap
utsagn

utsalg
utskudd
utslag
utslett
utsnitt
utspark
utspill
utspring
utstillingsvindu
uttrykk
utvalg
utviklingsland
utyske
utøy
uvennskap
uvesen
uvær

V

vadested
vadmel
vakuum
valg
valglokale
valgspråk
vann
vannbasseng
vannklosett
vannskille
vannstoff
vannverk
vanstyre
vanvidd
varehus
varemagasin
varemerke

vareparti
varetrekk
varsel
varsku
vaskepulver
vaskeri
vaterpass
vedde
veddemål
vedlegg
vedlikehold
vedskjul
vedtak
veggedyr
veikryss
vekkerur
vekselbruk
velbefinende
velde
velvære
vemod
vendepunkt
vennskap
venteværelse
vepsebol
verb
verdensmesterskap
verdipapir
verft
verk
verksted
verktøy
vern
vers
versemål
vertshus
vertskap

vesen
veto
vett
vev
veveri
vidd
vidunder
vidunderbarn
vievann
vikariat
vilkår
villspor
vilt
vindkast
vindu
vinkart
vink
virkefelt
virkemiddel
virvar
visittkort
viskelær
visum
visvas
vitne
vitnesbyrd
vitneutsagn
voks
volum
vrak
vrakgods
vrøvl
vulkan
vær
værelse
ågestykke
våpen

vås

W

wienerbrød

Y

ymt
ynk
yrke
ysteri
yttertøy

Æ

ærend
æresord
ættledd

Ø

ødc
økenavn
økt

øl
ølbryggeri
ønske

øsekar
øsregn
øye
øyeblikk
øyebryn
øyekast
øyeeple
øyelokk
øyemed
øyevitne

Å

åk
åndedrett
åndsarbeid
år
åreblad
årcmål
åretak
århundre
årsmøte
årstall
åsted
åsyn
åtsel

HIPPOCRENE CONCISE DICTIONARIES

Arabic-English/English-Arabic,
Romanized (Egyptian &
Syrian)
4,500 entries • 0-7818-0686-0 •
$12.95pb

Armenian-English/
English-Armenian
9,000 entries • 0-7818-0150-8 •
$11.95pb

Azerbaijani-English/
English-Azerbaijani
8,000 entries • 0-7818-0244-X •
$14.95pb

Bemba-English/
English-Bemba
10,000 entries • 0-7818-0630-5 •
$13.95pb

Bosnian-English/
English-Bosnian
8,500 entries • 0-7818-0276-8 •
$14.95pb

Bugotu-English/
English-Bugotu
4,500 entries • 0-7818-0660-7 •
$9.95pb

Byelorussian-English/
English-Byelorussian
10,000 entries • 0-87052-114-4 •
$9.95pb

Catalan-English/
English-Catalan
9,000 entries • 0-7818-0099-4 •
$9.95pb

English-Chinese
Pinyin Dictionary
10,000 entries • 0-7818-0427-2 •
$19.95pb

Creole-English/
English-Creole (Caribbean)
8,000 entries • 0-7818-0455-8 •
$11.95pb

Creole-English/
English-Creole (Haitian)
8,000 entries • 0-7818-0275-X •
$11.95pb

Czech-English/English-Czech
7,500 entries • 0-87052-981-1 •
$11.95pb

Dutch-English/English-Dutch
14,000 entries • 0-87052-910-2 •
$11.95pb

Estonian-English/
English-Estonian
6,500 entries • 0-87052-081-4 •
$11.95pb

Farsi-English/English-Farsi
(Persian)
,000 entries • 0-7818-0860-X •
12.95pb

Finnish-English/
English-Finnish
2,000 entries • 0-87052-813-0 •
$11.95pb

Gaelic-English/English-Gaelic
5,000 entries • 0-7818-0789-1 •
$12.95pb

Galician-English/English-
Galician (Galego)
,000 entries • 0-7818-0776-X •
14.95pb

German-English/
English-German
4,000 entries • 0-7818-0906-1 •
12.95pb

Gypsy English/English-Gypsy
,000 entries • 0-7818-0775-1 •
12.95pb

Hungarian-English/
English-Hungarian
,000 entries • 0-7818-317-9 •
14.95pb

Icelandic-English/
English-Icelandic
0,000 entries • 0-87052-801-7 •
9.95pb

Irish-English/English-Irish
20,000 entries • 0-7818-0777-8 •
$12.95pb

Japanese-English/
English-Japanese, Romanized
8,000 entries • 0-7818-0162-1 •
$11.95pb

Kurdish-English/
English-Kurdish
8,000 entries • 0-7818-0246-6 •
$12.95pb

Kyrgyz-English/English-Kyrgyz
6,000 entries • 0-7818-0641-0 •
$12.95pb

Ladino-English/English-Ladino
8,000 entries • 0-7818-0658-5 •
$19.95pb

Lithuanian-English/
English-Lithuanian
0,000 entries • 0-7818-0151-6 •
$14.95pb

Macedonian-English/
English-Macedonian
14,000 entries • 0-7818-0516-3 •
$14.95pb

Neo-Melanesian-English/
English-Neo-Melanesian
(Guinea Pidgin)
2,000 entries • 0-7818-0656-9 •
$11.95pb

Pilipino-English/
English-Pilipino (Tagalog)
5,000 entries • 0-87052-491-7 •
$9.95pb

Polish-English/English-Polish
8,000 entries • 0-7818-0133-6 •
$9.95pb

Russian-English/
English-Russian
10,000 entries • 0-7818-0132-X •
$11.95pb

Sanskrit-English
18,000 entries • 0-7818-0203-2 •
$14.95pb

Scots-English/English-Scots
20,000 entries • 0-7818-0779-4 •
$12.95pb

Scottish-English/
English-Scottish (Doric)
12,000 entries • 0-7818-0655-0 •
$12.95pb

Serbian-English/English-Serbian
7,500 entries • 0-7818-0556-2 •
$14.95pb

Slovak-English/English-Slovak
7,500 entries • 0-87052-115-2 •
$11.95pb

Sorbian-English/
English-Sorbian (Wendish)
4,000 entries • 0-7818-0780-8 •
$11.95pb

Spanish-English/English-
Spanish (Latin American)
8,000 entries • 0-7818-0261-X •
$11.95pb

Twi-English/English-Twi
6,000 entries • 0-7818-0264-4 •
$12.95pb

Uzbek-English/English-Uzbek
7,500 entries • 0-7818-0165-6 •
$11.95pb

Welsh-English/English-Welsh
20,000 entries • 0-7818-0781-6 •
$12.95pb
